# COLLECTION GÉNÉRALE

## DES LOIX,

### PROCLAMATIONS, INSTRUCTIONS,

### ET AUTRES ACTES

### DU POUVOIR EXÉCUTIF.

# COLLECTION GÉNÉRALE

## DES LOIX,

### PROCLAMATIONS, INSTRUCTIONS,

### ET AUTRES ACTES

### DU POUVOIR EXÉCUTIF,

Publiés pendant l'Assemblée Nationale constituante & législative, depuis la convocation des États-généraux jusqu'au 31 décembre 1791 ;

*Avec Tables chronologiques & de Matières.*

## TOME PREMIER. II.<sup>me</sup> PARTIE.

*Avril = Août 1790.*

## A PARIS,

## DE L'IMPRIMERIE ROYALE.

M. DCC. XCII.

# TABLE CHRONOLOGIQUE

*Des Loix , Proclamations , Règlemens , Instructions , &c. contenus dans la* Seconde Partie *du Tome* I*er*.

LETTRES

*Tome I.* 2ᵉ *Partie.*          *b*

*Tome I.* 2.<sup>e</sup> Partie.                                                                      c

# LETTRES PATENTES DU ROI,

*Sur le décret de l'Assemblée nationale, du 19 du présent mois, qui abolissent le droit de ravage, fautrage, préage, coiselage, parcours ou pâturage fur les Prés avant la fauchaison de la première herbe, sous quelque dénomination qu'il soit connu ; & qui portent que les procès intentés à raison de ce droit ne pourront être jugés que pour les frais des procédures.*

Données à Paris, au mois d'Avril 1790.

LOUIS, par la grâce de Dieu & par la loi conftitutionnelle de l'état, ROI DES FRANÇOIS : A tous préfens & à venir ; SALUT. L'affemblée nationale a décrété, le 19 du préfent mois, & nous voulons & ordonnons ce qui fuit :

Le droit de ravage, fautrage, préage, coifelage, parcours ou pâturage fur les prés avant la fauchaifon de la première herbe, fous quelque dénomination qu'il foit connu, eft aboli, fauf indemnité, dans le cas où il feroit juftifié dans la forme prefcrite par l'article 29 du titre II du décret du 15 mars dernier, avoir été établi par convention ou par conceffion de fonds, & fans que, fous ce prétexte, il puiffe être prétendu par ceux qui en ont joui jufqu'à-préfent aucun droit de pâturage fur les fecondes herbes ou regains, lorfqu'il ne leur feroit pas attribué par titre, comme un ufage valable.

Les procès intentés & non décidés par jugemens en dernier reffort avant la publication des préfentes, relativement au droit ci-deffus aboli, ne pourront être jugés que pour les frais des procédures faites antérieurement à cette époque.

MANDONS &c. A Paris, au mois d'avril, l'an de grâce mil fept cent quatre-vingt-dix, & de notre règne le feizième. *Signé* LOUIS. *Et plus bas*, par le roi, DE SAINT-PRIEST. Vu au confeil Lambert. Et fcellées du fceau de l'état.

## LETTRES PATENTES DU ROI,

*Sur le décret de l'Assemblée nationale, du 22 Mars 1790, relatif au service public de l'année 1790.*

Données à Paris, le premier Avril 1790.

LOUIS, par la grâce de Dieu & par la loi conftitutionnelfe de l'état, ROI DES FRANÇOIS: A tous ceux qui ces préfentes lettres verront; SALUT.

L'affemblée nationale, voulant affurer dans tous les cas le fervice public de l'année 1790, a décrété, le 22 mars dernier, & nous voulons & ordonnons que fi, par de nouvelles économies ou la bonne adminiftration des moyens de finance adoptés par nous, il fe trouvoit de l'excédent, cet excédent fera verfé dans la caiffe de l'extraordinaire, & employé au remboursement des dettes les plus onéreufes; & que fi, par quelque obitacle ou quelque évènement inattendu, il fe trouvoit encore du déficit, il y fera pourvu par la caiffe de l'extraordinaire.

MANDONS & ordonnons à tous les tribunaux, corps adminiftratifs & municipalités, que les préfentes ils faffent tranfcrire fur leurs regiftres, lire, publier & afficher dans leurs refforts & départemens refpectifs. En foi de quoi nous avons figné & fait contrefigner cefdites préfentes, auxquelles nous avons fait appofer le fceau de l'état. A Paris, le premier jour du mois d'avril, l'an de grâce mil fept cent quatre-vingt-dix, & de notre règne le feizième. *Signé* LOUIS. *Et plus bas*, par le roi, DE SAINT-PRIEST. Vu au confeil, LAMBERT. Et fcellées du fceau de l'état.

# LETTRES PATENTES DU ROI,

*Sur le décret de l'Assemblée nationale, du 22 Mars 1790, sur l'emploi des Dons patriotiques faits à cette Assemblée.*

Données à Paris, le premier Avril 1790.

L O U I S , par la grâce de Dieu & par la loi conſtitution⬤ nelle de l'état , ROI DES FRANÇOIS : A tous ceux qui ces préſentes lettres verront ; SALUT. L'aſſemblée nationale , après avoir entendu ſes tréſoriers des dons patriotiques, ſur le réſultat de leurs conférences avec les ſyndics des payeurs de rentes , conformément à ſon décret du 7 de ce mois , a décrété , le 22 mars dernier, & nous voulons & ordonnons ce qui ſuit :

### ARTICLE PREMIER.

LES propriétaires des rentes perpétuelles & viagères payables à l'hôtel-de-ville de Paris , de cinquante livres par année & au-deſſous , qui ne ſont impoſés qu'à ſix livres de capitation ou à une ſomme inférieure , feront payés dès-à-préſent , à bureau ouvert & à toutes lettres , des deniers provenant des dons patriotiques , de ce qui peut leur être dû des arrérages de l'année 1788 , en joignant à leurs quittances & autres pièces néceſſaires à leur payement , un *duplicata* ſur papier ordinaire , de la quittance de leur capitation, qui leur ſera délivré ſans frais par les prépoſés à la perception de ladite impoſition.

### II.

CES *duplicata*, pour les rentiers réſidant en province, feront légaliſés , également ſans frais , par un des officiers municipaux du lieu de leur réſidence ; quant aux rentiers réſidant en

Lorraine, où la capitation n'a pas lieu, & dans les lieux où elle n'est pas répartie séparément des autres impositions, ils rapporteront un *duplicata*, aussi légalisé par un officier municipal, de la quittance de six livres pour toute imposition, des receveurs desdites provinces.

### I I I.

IL en sera usé de même pour les rentes de 1789, lesquelles feront payées sans retard, mais dans l'ordre des lettres.

### I V.

LES deniers des dons patriotiques seront remis successivement, par les tréforiers des dons patriotiques, aux payeurs des rentes, fur leurs récépissés, qui feront convertis par la fuite en quittances comptables.

### V.

LES contrôleurs des rentes enverront aux tréforiers des dons patriotiques, à la fin de chaque mois, l'état certifié des payemens qui auront été faits en exécution du préfent décret.

MANDONS & ordonnons à tous les tribunaux, corps administratifs & municipalités, que les préfentes ils faffent tranfcrire fur leurs regiftres, lire, publier & afficher dans leurs refforts & départemens refpectifs, & exécuter comme loi du royaume. En foi de quoi nous avons figné & fait contrefigner cefdites préfentes, auxquelles nous avons fait appofer le fceau de l'état. A Paris, le premier jour du mois d'avril, l'an de grâce mil fept cent quatre-vingt-dix, & de notre règne le feizième. *Signé* LOUIS. *Et plus bas*, par le roi, DE SAINT-PRIEST. Vu au confeil, LAMBERT Et fcellées du fceau de l'état.

LETTRES

# LETTRES PATENTES DU ROI,

*Sur le décret de l'Assemblée nationale, du 27 Mars dernier, relatif au p. yement de la Contribution patriotique.*

Données à Paris, le premier Avril 1790.

LOUIS, par la grâce de Dieu & par la loi conftitutionnelle de l'état, ROI DES FRANÇOIS : A tous préfens & à venir ; SALUT. L'affemblée nationale a décrété, le 27 mars dernier, & nous voulons & ordonnons ce qui fuit :.

### ARTICLE PREMIER.

TOUTE perfonne jouiffant de fes droits & de fes biens , qui a au-delà de quatre cents livres de revenu net , devant payer la contribution patriotique établie par le décret du 6 oftobre dernier , fanftionné par le Roi , ceux dont les revenus , ou partie des revenus confiftent en redevances en grains ou autres fruits , doivent évaluer ce revenu fur le pied du terme moyen du prix d'une année fur les dix dernières.

### I I.

TOUT bénéfice, traitemens annuels, penfions ou appointemens , excepté la folde des troupes, tous gages & revenus d'offices qui, avec les autres biens d'un particulier , excèderont quatre cents livres de revenu net , doivent fervir , comme les produits territoriaux ou induftriels, de bafe à fa déclaration , fauf à lui à diminuer fes deux derniers payemens dans la proportion de la perte ou diminution des traitemens , penfions , appointemens ou revenus quelconques, qui pourroient avoir lieu par des économies que l'affemblée nationale fe propofe , où par l'effet de fes décrets de nous fanctionnés.

*Tome I.* O o o o

### I I I.

La perte d'une penſion , d'un emploi ou d'une partie quelconque de l'aiſance , n'eſt pas une raiſon pour ſe diſpenſer de faire une déclaration & de payer la contribution patriotique , ſi , cette partie déduite , il reſte encore plus de quatre cents livres de revenu net.

### I V.

Tout fermier ou colon partiaire doit faire une déclaration & contribuer à raiſon de ſes profits induſtriels , s'ils excèdent quatre cents livres de revenu net.

### V.

Les tuteurs , curateurs & autres adminiſtrateurs ſont tenus de faire les déclarations pour les mineurs & interdits , & pour les établiſſemens dont ils ont l'adminiſtration , excepté les hôpitaux & maiſons de charité ; & la contribution qu'ils payeront leur ſera allouée dans leurs comptes.

### V I.

Les officiers municipaux impoſeront ceux qui , domiciliés , ou abſens du royaume , & jouiſſant de plus de quatre cents livres de rente , n'auront pas fait la déclaration preſcrite par le décret du 6 octobre , de nous ſanctionné le 9 du même mois. Ils feront notifier cette taxation à la perſonne ou au dernier domicile de ceux qu'elle concernera.

### V I I.

Dans un mois du jour de cette notification , les perſonnes ainſi impoſées par les municipalités pourront faire leurs déclarations , leſquelles feront reçues & vaudront comme ſi elles avoient été faites avant la taxation de la municipalité , leſdites perſonnes affirmant que leurs déclarations contiennent vérité. Ce délai d'un mois expiré , la taxation des officiers municipaux ne pourra plus être conteſtée ; elle ſera inſérée dans le rôle de la contribution patriotique , & le premier payement ſera exigible , conformément au décret du 6 octobre.

## V I I I.

TOUT citoyen actif, fujet à la contribution patriotique parce qu'il poſſèderoit plus de quatre cents livres de revenu net, fera tenu, s'il affiſte aux affemblées primaires, de repréfenter avec l'extrait de ſes cottes d'impoſitions, tant réelles que perſonnelles, dans les lieux où il a ſon domicile ou ſes propriétés territoriales, l'extrait de ſa déclaration pour ſa contribution patriotique ; & ces pièces feront, avant les élections, lues à haute voix dans les affemblées primaires.

## I X.

LES municipalités enverront à l'affemblée primaire le tableau des déclarations pour la contribution patriotique. Ce tableau contiendra les noms de ceux qui les auront faites, & les dates auxquelles elles auront été reçues. Il ſera imprimé & affiché, pendant trois années conſécutives, dans la ſalle où les affemblées primaires tiendront leurs ſéances.

## X.

. S'IL s'eſt tenu des affemblées primaires, & fait des déclarations avant la publication du préfent décret, elles ne feront pas recommencées, & on ne pourra en attaquer la validité ſur les motifs que les diſpoſitions de ce décret n'y auroient pas été exécutées.

MANDONS & ordonnons à tous les tribunaux, corps adminiſtratifs & municipalités, que les préfentes ils faffent tranſcrire ſur leurs regiſtres, lire, publier & afficher dans leurs reſſorts & départemens reſpectifs, & exécuter comme loi du royaume. En foi de quoi nous avons ſigné & fait contreſigner ceſdites préfentes, auxquelles nous avons fait appoſer le ſceau de l'état. A Paris, le premier jour du mois d'avril, l'an de grâce mil ſept cent quatre-vingt-dix, & de notre règne le ſeizième. _Signé_ LOUIS. _Et plus bas_, par le roi, DE SAINT-PRIEST. Vu au conſeil, LAMBERT. Et ſcellées du ſceau de l'état.

# PROCLAMATION DU ROI,

*Sur le décret de l'Assemblée nationale, du 23 Mars dernier, relatif à la caisse d'Escompte.*

Du premier Avril 1790.

VU par le roi le décret de l'assemblée nationale, du 23 mars dernier, dont la teneur suit :

L'ASSEMBLÉE nationale, après avoir entendu le rapport du comité des finances, a décrété & décrète que les douze commissaires nommés par son décret du 17 de ce mois, pour aviser au choix & à l'estimation des biens domaniaux & ecclésiastiques qui seront vendus & aliénés à la municipalité de Paris & autres municipalités du royaume, sont autorisés à choisir quatre d'entre eux, pour prendre connoissance successivement de la situation & des opérations habituelles de la caisse d'escompte, & pour mettre la commission en état de concilier l'intérêt des créanciers de la caisse d'escompte, porteurs de ses billets, avec les mesures qui pourroient être prises avec lesdites municipalités, relativement aux biens domaniaux & ecclésiastiques qui leur seront aliénés.

LE roi a sanctionné & sanctionne ledit décret, & ordonne aux administrateurs de la caisse d'escompte de s'y conformer.

A Paris, le premier avril mil sept cent quatre-vingt-dix. *Signé* LOUIS. *Et plus bas*, par le roi, DE SAINT-PRIEST.

# PROCLAMATION DU ROI,

*Sur le décret de l'Assemblée nationale, du 25 Mars 1790, concernant le payement des appointemens des Officiers en activité des États-majors des places de guerre.*

### Du premier Avril 1790.

VU par le roi le décret de l'assemblée nationale, du 25 mars dernier, dont la teneur suit :

LES commandans, lieutenans-de-roi, majors, aides-majors des places de guerre, en activité, continueront d'être payés de leurs appointemens par le trésor public, comme par le passé.

LE roi a sanctionné & sanctionne ledit décret, pour être exécuté suivant sa forme & teneur.

A Paris, le premier avril mil sept cent quatre-vingt-dix. *Signé* LOUIS. *Et plus bas,* par le roi, DE SAINT-PRIEST.

## LETTRES PATENTES DU ROI,

*Sur un décret de l'Assemblée nationale, portant que les Accusés qui auroient été ou qui seroient condamnés par des jugemens prévôtaux à quelques peines, autres néanmoins que des peines afflictives, seront provisoirement élargis.*

Données à Paris, le 3 Avril 1790.

LOUIS, par la grâce de Dieu & par la loi constitutionnelle de l'état, ROI DES FRANÇOIS : A tous ceux qui ces présentes lettres verront ; SALUT. L'assemblée nationale a décrété le 30 du mois dernier, & nous voulons & ordonnons ce qui suit :

LES accusés qui auroient été ou qui seroient condamnés par des jugemens prévôtaux à quelques peines, autres toutefois que des peines afflictives, seront provisoirement élargis, à la charge par eux de se représenter quand ils en seront requis, pour subir leur jugement, s'il y échoit, après la mainlevée du sursis ordonné par nos précédentes lettres patentes ;

A la charge en outre de donner caution des condamnations pécuniaires prononcées contre eux au profit des parties civiles, s'il y en a.

MANDONS & ordonnons à tous les tribunaux, corps administratifs & municipalités, que les présentes ils fassent transcrire sur leurs registres, lire, publier & afficher dans leurs ressorts & départemens respectifs, & exécuter comme loi du royaume. En foi de quoi nous avons signé & fait contresigner lesdites présentes, auxquelles nous avons fait apposer le sceau de l'état. A Paris, le troisième jour du mois d'avril, l'an de grâce mil sept cent quatre-vingt-dix, & de notre règne le seizième. *Signé* LOUIS. *Et plus bas,* par le roi, DE SAINT-PRIEST. Et scellées du sceau de l'état.

# LETTRES PATENTES DU ROI,

*Sur le décret de l'Assemblée nationale, du 22 Mars 1790, concernant les formes à observer pour l'acquit de la Contribution que les villes auront à fournir dans le remplacement de la Gabelle, des Droits de traite sur les Sels, de ceux de marque des Cuirs & de marque des Fers, & des Droits de fabrication sur les Huiles & les Amidons.*

### Données à Paris, le 5 Avril 1790.

LOUIS, par la grâce de Dieu & par la loi constitutionnelle de l'état, ROI DES FRANÇOIS : A tous ceux qui ces présentes lettres verront; SALUT. L'assemblée nationale, voulant adoucir pour les villes la portion de contribution qu'elles auront à fournir, en raison de leurs droits d'entrées pour remplacement de la gabelle, des droits de traite sur le sel, des droits de marque des cuirs & de marque des fers, & des droits de fabrication sur les huiles & les amidons, & rendre la perception de cette contribution à-la-fois plus sûre & plus facile, a décrété, le 22 mars dernier, & nous voulons & ordonnons ce qui suit :

### ARTICLE PREMIER.

LA somme dont chaque ville sera contribuable provisoirement, à raison de ses droits d'entrée pour le remplacement de la portion qu'elle acquittoit dans les différens droits supprimés ou abonnés par nos lettres patentes sur les décrets de l'assemblée nationale, du 22 mars 1790 & autres jours précédens, sera incessamment réglée ; & sur la notion qui

fera officiellement donnée à chaque ville de fa part contri-
butoire, la municipalité fera tenue de propofer au directoire
de fon diftrict, fous quinze jours au. plus tard, fon opinion
fur la forme de l'établiffement qu'elle jugera le plus convenable pour procurer cette fomme, foit par une addition de
fous pour livre à fes anciens octrois, foit par une augmentation dans quelques parties de ceux-ci qui paroîtroient
n'avoir pas été fuffifamment élevés dans les tarifs, foit par un
octroi nouveau fur quelques marchandifes dont les anciens
tarifs auroient omis l'énonciation, foit par un plus grand
accroiffement dans les contributions perfonnelles, foit par les
autres impofitions qui peuvent être regardées comme mi-
toyennes entre les impofitions perfonnelles & les impofitions
réelles, qui font relatives aux loyers ou à quelques circonftances
particulières des maifons.

### I I.

LES directoires de diftrict feront paffer dans le délai de huit
jours, avec leur avis, les délibérations defdites villes au
directoire de leur département, qui les enverra dans le même
efpace de huit jours, avec fon avis, au fieur contrôleur général
de nos finances, lequel donnera communication à l'affemblée
nationale defdites délibérations & avis, pour être par ladite
affemblée nationale décrété, & par nous ordonné ce qu'il
appartiendra fur l'homologation ou modification defdites délibérations & la perception defdites impofitions de remplacement; & dans le cas où les municipalités pourroient
propofer leur avis avant la formation des directoires de diftrict
& de département, elles font & demeureront autorifées à
l'adreffer directement au fieur contrôleur général de nos finances, pour être pareillement tranfmis à l'affemblée nationale.

### I I I.

DANS le cas où le produit excèderoit dans quelques villes
la fomme demandée, il fera par la légiflature décrété, & par
nous ordonné ce qu'il appartiendra fur l'emploi de l'excédent

au

au profit de ces villes, fur l'avis du directoire de diftrict & du directoire de département.

Dans le cas de déficit, il y fera pourvu par augmentation fur les impofitions directes de la ville.

MANDONS & ordonnons à tous les tribunaux, corps adminiftratifs & municipalités, que les préfentes ils faffent tranfcrire fur leurs regiftres, lire, publier & afficher dans leurs refforts & départemens refpectifs, & exécuter comme loi du royaume. En foi de quoi nous avons figné & fait contrefigner cefdites préfentes, auxquelles nous avons fait appofer le fceau de l'état. A Paris, le cinquième jour du mois d'avril, l'an de grâce mil fept cent quatre-vingt-dix, & de notre règne le feizième. *Signé* LOUIS. *Et plus bas*, par le roi, DE SAINT-PRIEST. Vu au confeil, LAMBERT. Et fcellées du fceau de l'état.

## LETTRES PATENTES DU ROI,

*Sur un décret de l'Assemblée nationale, qui assujettit tous les Citoyens au logement des Gens de guerre.*

Données à Paris, le 7 Avril 1790.

LOUIS, par la grâce de Dieu & par la loi constitutionnelle de l'état, ROI DES FRANÇOIS : A tous ceux qui ces présentes lettres verront; SALUT. L'assemblée nationale ayant, par ses précédens décrets par nous sanctionnés, ordonné l'égale répartition de toutes les charges publiques, a déclaré, le 23 janvier dernier, & nous déclarons ce qui suit :

TOUS les citoyens, sans exception, sont & devront être soumis au logement des gens de guerre, jusqu'à ce qu'il ait été pourvu à un nouvel ordre de choses.

MANDONS & ordonnons à tous les tribunaux, corps administratifs & municipalités, que les présentes ils fassent transcrire sur leurs registres, lire, publier & afficher dans leurs ressorts & départemens respectifs, & exécuter comme loi du royaume. En foi de quoi nous avons signé & fait contresigner cesdites présentes, auxquelles nous avons fait apposer le sceau de l'état. A Paris, le septième jour du mois d'avril, l'an de grâce mil sept cent quatre-vingt-dix, & de notre règne le seizième. *Signé* LOUIS. *Et plus bas*, par le roi, DE SAINT-PRIEST. Et scellées du sceau de l'état.

# PROCLAMATION DU ROI,

*Sur un décret de l'Assemblée nationale, concernant l'île de Saint-Domingue.*

### Du 9 Avril 1790.

VU par le roi le décret dont la teneur suit :

*DÉCRET de l'Assemblée nationale, du 28 Mars 1790.*

L'ASSEMBLÉE nationale, après avoir entendu la lecture des *instructions* rédigées par le comité des colonies, en exécution de ses décrets du 8 du présent mois pour les colonies de Saint-Domingue, à laquelle sont annexées les petites îles de la Tortue, la Gonave & l'île à Vaches ; de la Martinique, de la Guadeloupe, à laquelle sont annexées les petites îles de la Désirade, Marie-Galante, les Saintes, la partie Françoise de l'île Saint-Martin, de Cayenne & la Guyanne, de Sainte-Lucie, de Tabago, de l'île-de-France & de l'île-de-Bourbon, a déclaré approuver & adopter lesdites instructions dans tout leur contenu ; en conséquence, elle décrète qu'elles seront transcrites sur le procès-verbal de la séance, & que son président se retirera par-devers le roi, pour le prier de leur donner son approbation.

Décrète en outre que le roi sera supplié d'adresser incessamment lesdites instructions, ainsi que le présent décret & celui du 8 de ce mois, concernant les colonies, aux gouverneurs établis par sa majesté dans chacune desdites colonies, lesquels observeront & exécuteront lesdites instructions & décrets en ce qui les concerne, à peine d'en être responsables, & sans qu'il soit besoin de l'enregistrement & de la publication d'iceux par aucuns tribunaux.

Au furplus, l'affemblée nationale déclare n'entendre rien
ftatuer, quant à préfent, fur les établiffemens François dans
les différentes parties du monde, non énoncés dans le préfent
décret, lefquels, à raifon de leur fituation ou de leur moindre
importance, n'ont pas paru devoir être compris dans les difpofitions décrétées pour les colonies.

Le roi a fanctionné & fanctionne ledit décret ; en conféquence, ordonne qu'il fera envoyé, ainfi que la proclamation
de fa majefté fur le décret du 8 du mois dernier, & l'inftruction adreffée par l'affemblée nationale à la colonie de
Saint-Domingue, à laquelle font annexées les petites îles de
la Tortue, la Gonave & l'île à Vaches, au gouverneur de
cette colonie, auquel fa majefté mande & ordonne de les
obferver & faire exécuter en ce qui le concerne. Fait à Paris,
le neuf avril mil fept cent quatre-vingt-dix. *Signé* LOUIS.
*Et plus bas*, par le roi, La Luzerne.

# INSTRUCTION

### ADRESSÉE PAR L'ASSEMBLÉE NATIONALE

#### A LA COLONIE DE SAINT-DOMINGUE,

*A laquelle font annexées les petites îles de la Tortue,
la Gonave & l'île à Vaches.*

##### Du 2 Avril 1790.

L'ASSEMBLÉE nationale ayant, par fon décret du 8 de ce
mois, invité toutes les colonies Françoifes à lui tranfmettre
leurs vues fur la conftitution, fur l'adminiftration, fur les loix,
& généralement fur tous les objets qui peuvent concourir à
leur profpérité, a annoncé qu'il feroit joint à fon décret
quelques inftructions néceffaires pour parvenir plus fûrement
& plus promptement à ce but.

Ces inftructions doivent avoir pour objet la formation des
affemblées deftinées à exprimer le vœu des colonies, &
quelques points généraux propres à fervir de bafe à leur
travail.

Pour connoître le vœu des colonies, il eft indifpenfable
de convoquer des affemblées coloniales, foit dans les colonies où il n'en exifte point encore, foit dans celles où les
affemblées exiftantes ne feroient pas autorifées par la confiance
des citoyens.

Obligée de tracer provifoirement un mode pour leur formation, l'affemblée nationale a cru devoir choifir les formes
les plus fimples, les plus rapprochées de celles qui ont été
adoptées dans les colonies où les citoyens fe font d'eux-
mêmes & librement affemblés ; enfin, les plus convenables.

à des affemblées dont le principal objet doit être de préparer des plans de conftitution.

Ces affemblées méditeront elles-mêmes en préparant la conftitution des colonies, quels doivent être pour l'avenir la compofition & le mode de convocation des affemblées coloniales. Vouloir en ce moment prefcrire à cet égard des règles multipliées . & compliquées, vouloir faire plus qu'il n'étoit indifpenfable, ç'eût été non-feulement s'expofer à des erreurs, non-feulement appeler des difficultés dans l'exécution, mais altérer l'efprit du décret rendu en faveur des colonies, en faifant pour ainfi dire d'avance la conftitution qu'elles font invitées à propofer.

D'après ces confidérations, l'affemblée nationale a cru que la députation aux premières affemblées coloniales devoit être directe & fans aucun degré intermédiaire d'électeurs ;

Qu'elle devoit fe faire dans les paroiffes ;

Que chaque paroiffe devoit députer à raifon du nombre des citoyens actifs qu'elle renferme dans fon fein ;

Que pour cette convocation & jufqu'à ce que la conftitution foit arrêtée, on devoit confidérer comme citoyen actif tout homme majeur, propriétaire d'immeubles, ou, à défaut d'une telle propriété, domicilié dans la paroiffe depuis deux ans, & payant une contribution.

Les raifons communes à tous ces articles font l'extrême facilité de l'exécution, leur reffemblance avec tout ce qui s'eft pratiqué dans les colonies où les habitans ont formé d'eux-mêmes des affemblées ; enfin, le caractère d'une repréfentation pure, immédiate & univerfelle, qui convient particulièrement à des affemblées deftinées à préparer des plans de conftitution.

On pourroit ajouter pour la députation directe, que la population des colonies s'y prête fans difficulté, & que ce mode de repréfentation, le feul que la nature indique & que la févérité des principes avoue, eft d'une obligation rigoureufe toutes les fois qu'il eft poffible ;

Pour la députation par paroiſſes, qu'elles ſont dans ce moment dans les colonies les ſeules diviſions politiques qu'on puiſſe faire ſervir commodément à la repréſentation ;

Pour la repréſentation proportionnée au nombre de citoyens actifs, qu'elle offre évidemment dans le moment actuel la ſeule meſure poſſible, & qu'elle tient au principe fondamental des aſſemblées qui préparent des conſtitutions ; car ces aſſemblées exerçant un droit qui appartient eſſentiellement au peuple même, tous ceux qui jouiſſent du droit de cité y ſont naturellement appelés, tous devroient y prendre place, ſans l'impoſſibilité qui réſulte de leur nombre ou de quelqu'autre motif. La nomination des députés n'eſt autre choſe, pour ces aſſemblées, qu'une réduction néceſſitée par les circonſtances, & ne peut par conſéquent être porportionnée qu'au nombre de ceux qui, dans l'ordre naturel, auroient dû concourir à la délibération.

On verra ſucceſſivement quelles précautions ont été priſes, pour que cette forme de repréſentation ne fût pas déſavantageuſe aux campagnes.

Quant aux conditions attachées proviſoirement à la qualité de citoyen actif, on peut ajouter à tout ce qui précède, qu'il eſt de l'intérêt général de chaque colonie d'en multiplier le nombre autant qu'il eſt poſſible, & que le même intérêt exiſte en particulier pour toutes les paroiſſes, puiſque le nombre de leurs députés ſera proportionné à celui de leurs citoyens actifs. Cependant il a paru qu'à défaut d'une propriété immobiliaire, la ſimple condition d'une contribution ne pouvoit pas être ſuffiſante, & que dans les colonies, où beaucoup de gens n'habitent que momentanément & ſans aucun projet de s'y fixer, le domicile de deux ans étoit indiſpenſable pour attribuer la qualité de citoyen actif au contribuable non propriétaire.

Cette diſpoſition eſt une de celles qui contribueront à

garantir les campagnes de l'influence prédominante des villes.

En adoptant ces bafes & toutes celles qui réuniroient la juftice & la célérité, il eft impoffible de déterminer d'avance, & d'une manière exacte, le nombre des députés qui formeront les affemblées coloniales ; mail il fuffit évidemment de le prévoir par approximation établie dans chaque colonie entre le nombre des députés & celui des citoyens actifs.

Le nombre des députés à chaque affemblée coloniale doit être affez grand pour autorifer la confiance de la colonie & celle de la métropole ; il doit être affez borné pour que les déplacemens ne deviennent pas une charge pénible pour les habitans, & pour que la célérité des opérations, que toutes les circonftances rendent fi défirable, n'en foit pas néceffairement arrêtée.

L'affemblée nationale a penfé que l'affemblée coloniale de Saint-Domingue, à laquelle font jointes les petites îles de la Tortue, la Gonave & l'île à Vaches, auroit le nombre de députés convenable, fi chaque pàroiffe en nommoit un à raifon de cent citoyens actifs, avec les modifications fuivantes.

La députation devant fe faire dans chaque paroiffe ifolée & féparée, la juftice exige que la moindre paroiffe ne demeure pas fans repréfentation, & qu'en conféquence elle nomme un député, quand même le nombre de fes citoyens feroit très-inférieur à cinquante.

Quant aux paroiffes qui auroient plus de cent ciroyens, il a paru jufte que le nombre qui pourra fe trouver par-delà les centaines complettes obtienne un député quand il fera de cinquante au moins, puifqu'étant près du nombre où le député feroit entièrement dû, & de celui où il n'y auroit rien à prétendre, la faveur de la repréfentation, & celle qui dans les colonies eft particulièrement due aux campagnes, doivent déterminer à l'accorder.

Il

Il est évident que ces deux dernières dispositions, comme celles qui sont relatives à la qualité de citoyen actif, sont toutes en faveur des campagnes, & tendent à rétablir en leur faveur la juste proportion d'influence qu'elles doivent avoir avec les villes.

Ces formes de représentation étant convenues, l'assemblée nationale doit indiquer la marche qui sera suivie pour les mettre à exécution.

La plus prompte & la plus simple a paru la meilleure.

La transcription, la publication & l'autorité des tribunaux, sont en général des moyens peu convenables à l'établissement des assemblées représentatives ; ils convenoient moins encore dans les circonstances actuelles.

Il a paru à l'assemblée nationale que la diligence du gouverneur de chaque colonie, garantie par la surveillance des citoyens & par sa responsabilité, devoit suffire pour faire parvenir, proclamer & afficher dans toutes les paroisses ses décrets & ses instructions.

Cette forme étant remplie, les décrets & les instructions étant authentiquement connus, le zèle & l'intelligence des citoyens suffisent à leur exécution.

D'eux-mêmes ils se formeront en assemblées paroissiales ; ils vérifieront quels sont ceux qui remplissent les conditions requises pour y voter ; ils en calculeront le nombre pour connoître celui des députés qu'ils doivent envoyer à l'assemblée coloniale ; ils éliront enfin les députés qui se rendront immédiatement dans la ville centrale, indiquée par cette instruction, & qui, de concert, y formeront l'assemblée coloniale, ou la transféreront dans tel lieu qui leur paroîtra mieux convenir.

Les seules difficultés qui pourroient naître seroient relatives aux assemblées coloniales déjà formées & existant dans quelques colonies.

Si ces assemblées, après avoir connu les décrets &

*Tome I.*                                 Q q q q

l'instruction de l'assemblée nationale, jugent elles-mêmes que la formation d'une nouvelle assemblée, conformément à cette instruction, est plus avantageuse à la colonie que leur propre continuation, il est hors de doute que leur délibération sera parfaitement suffisante, & qu'on devra procéder sur-le-champ à de nouvelles élections.

Mais si elles n'énoncent point cette opinion, il reste à connoître à leur égard les dispositions des habitans.

L'assemblée nationale a annoncé que ces assemblées pourroient remplir les fonctions indiquées par son décret du 8 mars, lorsqu'elles auroient été librement élues, & qu'elles feroient avouées par les citoyens.

Loin d'avoir, par cette disposition, interdit aux habitans des colonies la faculté d'opter entre ces assemblées existantes & celles qui pourroient être formées d'après la présente convocation, elle l'a au contraire implicitement énoncée.

Mais quand elle ne leur auroit pas reconnu ce droit, ils le tiendroient de la nature, & rien ne pourroit obliger ni la métropole ni la colonie à traiter ensemble par l'entremise d'une assemblée que ceux mêmes qui l'auroient élue ne reconnoitroient pas.

Il s'agit donc de tracer une forme suivant laquelle cette option puisse s'effectuer promptement & paisiblement.

On ne sauroit y parvenir que par la délibération des paroisses.

Il faudra donc que chacune s'explique, & cet objet de délibération doit être le premier travail des assemblées paroissiales.

Dans l'espace de quinze jours après la proclamation & l'affiche, elles seront tenues d'énoncer leur vœu, & elles le feront parvenir immédiatement au gouverneur de la colonie & à l'assemblée coloniale.

Chacune d'elles comptera pour autant de suffrages qu'en

fuivant la forme de cette inftruction elle devroit avoir de députés à l'affemblée coloniale.

Celles qui auront opté pour la formation d'une nouvelle affemblée ne nommeront point leurs députés avant que le vœu de la majorité ait été reconnu conforme à leur opinion; car une élection anticipée ne feroit propre qu'à exciter des troubles & des conteftations.

Tandis que le vœu de la colonie ne fera point encore connu, l'affemblée coloniale exiftante pourra commencer à s'occuper des travaux indiqués par le décret de l'affemblée nationale ; mais il eft évident que le droit de mettre à exécution, & de modifier provifoirement les décrets de l'affemblée nationale fur les municipalités & les affemblées adminiftratives , ne fauroit lui appartenir avant que le vœu des paroiffes ait confirmé fes pouvoirs & fon exiftence.

Après le terme écoulé où toutes les affemblées paroiffiales auront dû s'expliquer à cet égard, le gouverneur notifiera de la manière la plus publique le réfultat des délibérations qui lui feront parvenues , & en donnera à chaque paroiffe une connoiffance particulière & authentique.

Si la moitié, plus un des fuffrages des paroiffes qui auront délibéré, demande la formation d'une nouvelle affemblée , il s'enfuivra clairement que l'affemblée exiftante n'eft pas avouée & autorifée par la colonie ; fes pouvoirs cefferont, il fera procédé immédiatement à la formation d'une nouvelle affemblée , fuivant les formes indiquées dans cette inftruction ; & en conféquence, toutes les affemblées paroiffiales procèderont comme elles l'euffent fait fi, lors de la première proclamation , il n'eût point exifté d'affemblée coloniale dans la colonie.

Si, au contraire, la moitié au moins des fuffrages des paroiffes délibérantes a voté pour la continuation de l'affemblée coloniale, elle fera confervée, & elle exercera dans leur plénitude les fonctions & les pouvoirs attribués par le décret de l'assemblée nationale.

Ainsi les momens n'auront point été inutilement consommés; la forme admise librement par les habitans pour la formation de leur assemblée n'aura point été contrariée; mais les pouvoirs auront été retirés ou confirmés au moment où de nouvelles fonctions & de nouvelles circonstances ne permettent plus de fonder sur ceux qu'elle avoit reçus précédemment l'adhésion de la colonie & la confiance de la métropole.

Aucun doute, aucun désordre, aucun retard dangereux ne pourront résulter de l'observation de ces formes, si les colons sont pénétrés de l'idée que leurs intérêts les plus chers & les devoirs les plus sacrés du citoyen les obligent à se soumettre sans murmure au vœu de la majorité; s'ils sentent que la promptitude & la conciliation dans l'exécution des mesures qui leur sont indiquées peuvent seules les faire sortir heureusement de l'état de crise où les circonstances les ont placés; qu'il s'agir pour eux d'assurer promptement par une bonne constitution & les espérances qu'ils ont conçues, & les avantages qui leur sont offerts; & que loin de les conduire à ce but, le prolongement de la fermentation les environneroit bientôt de dangers si pressans & si terribles, que tous les secours qui leur seroient portés n'arriveroient jamais assez tôt pour les garantir.

L'assemblée nationale, après avoir indiqué les moyens de former les assemblées qui lui présenteront le vœu des colonies, est également obligée de fixer quelques bases à leurs plans de constitution, pour s'assurer, autant qu'il est possible, que tous ceux qui lui seront offerts seront susceptibles d'être accueillis.

Mais elle a voulu réduire ces conditions aux termes les plus simples, aux maximes les plus incontestables; & au-delà de ce qui constitue les rapports fondamentaux des colonies à la métropole, elle n'a voulu rien ajouter qui pût imposer quelque limite à la liberté des assemblées coloniales.

Les affemblées coloniales , occupées du travail de la conftitution , appercevront la diftinction des fonctions légiflati-
ves , exécutives , judiciaires , adminiftratives : elles examineront comment il convient de les organifer dans la conftitution
de la colonie ; les formes fuivant lefquelles les pouvoirs légiflatif & exécutif doivent y être exercés ; le nombre , la compofition , la hiérarchie des tribunaux ; en quelles mains doit
être confiée l'adminiftration ; le nombre , la formation , la
fubordination des différentes affemblées qui doivent y concourir ; les qualités qui pourront être exigées pour être citoyen
actif , pour exercer les divers emplois ; en un mot , tout ce qui
peut entrer dans la compofition du gouvernement le plus
propre à affurer le bonheur & la tranquillité des colonies.

La nature de leurs intérêts , qui ne fauroient jamais entièrement fe confondre avec ceux de la métropole , les notions
locales & particulières que néceffite la préparation de leurs
loix ; enfin , la diftance des lieux & le temps néceffaire pour
les parcourir , établiffent de grandes différences de fituation
entre elles & les provinces Françoifes , & néceffitent , par conféquent , des différences dans leur conftitution.

Mais en s'occupant à les rechercher , il ne faut jamais perdre
de vue qu'elles forment cependant une partie de l'empire François , & que la protection qui leur eft due par toutes les forces
nationales , que les engagemens qui doivent exifter entre elle
& le commerce François ; en un mot , que tous les liens d'utilité réciproque qui les attachent à la métropole , n'auroient
aucune efpèce de folidité fans l'exiftence des liens politiques
qui leur fervent de bafe.

De ces différentes vues il réfulte , quant au pouvoir légiflatif ,

Que les loix deftinées à régir intérieurement les colonies ,
indépendamment des relations qui exiftent entre elles & la
métropole , peuvent & doivent fans difficulté fe préparer dans
leur fein ;

Que ces mêmes loix peuvent être provisoirement exécutées avec la sanction du gouverneur ;

Mais que le droit de les approuver définitivement doit être réservé à la législature Françoise & au roi ;

A la législature , parce qu'elle est revêtue de la puissance nationale , & parce qu'il seroit impossible d'assurer, sans sa participation , que les loix préparées dans la colonie ne porteroient aucune atteinte aux engagemens contractés avec la métropole ;

Au roi , parce que la sanction & toutes les fonctions de la royauté lui sont attribuées sur les colonies comme sur toutes les parties de l'empire François.

Il résulte également que les loix à porter sur les relations entre les colonies & la métropole , soit qu'elles ayent été demandées par les assemblées coloniales , soit qu'elles ayent été préparées dans l'assemblée nationale , doivent recevoir de celle-ci leur existence & leur autorité , & ne peuvent être exécutées , même provisoirement , qu'après avoir été décrétées par elle ; maxime de législation qui n'a point de rapport aux exceptions momentanées que peuvent exiger des besoins pressans & impérieux , relativement à l'introduction des subsistances.

Il résulte de ces mêmes vues , quant au pouvoir exécutif ,

Qu'il est nécessaire que les fonctions attribuées au roi dans toutes les parties de l'empire François soient provisoirement exercées dans les colonies par un gouverneur qui le représente ;

Qu'en conséquence , le choix & l'installation des officiers qui sont à sa nomination , l'approbation nécessaire à l'exécution des décrets des assemblées administratives , & les autres actes qui exigent célérité , doivent être provisoirement attribués à ce gouverneur , sous la réserve positive de l'approbation du roi ;

Mais que dans les colonies , comme en France , le roi est

le dépofitaire fuprême du pouvoir exécutif; que tous les officiers de juftice, d'adminiftration, les forces militaires, doivent
le reconnoître pour leur chef, & que tous les pouvoirs attribués à la royauté dans la conftitution Françoife ne peuvent
être exercés provifoirement que par ceux qu'il en a chargés,
définitivement que par lui.

Ces principes étant reconnus, toutes les vues qui peuvent
concourir à la profpérité des colonies peuvent être prifes en
confidération par les affemblées coloniales.

La nation Françoife ne veut exercer fur elles d'autre influence
que celle des liens établis & cimentés pour l'utilité commune ;
elle n'eft point jaloufe d'établir ou de conferver des moyens
d'oppreffion.

Et quelles fources de profpérité n'offriront pas au patriotifme
des affemblées coloniales les diverfes parties du travail qui
leur eft confié ? l'établiffement d'un ordre judiciaire fimple,
affurant aux citoyens une juftice impartiale & prompte ; une
adminiftration rémife entre les mains de ceux qui y font intéreffés ; un mode d'impofition approprié à leurs convenances,
dont les formes ne pourront être changées, dont la quotité ne
fera réglée que par le vœu même des affemblées coloniales.

La France, à qui les loix de commerce avec les colonies
doivent affurer avec avantage le dédommagement des frais
qu'elle eft obligée de foutenir pour les protéger, ne cherche
point dans leur poffeffion une reffource fifcale. Leurs impofitions particulières fe borneront aux frais de leur propre gouvernement ; elles-mêmes en propoferont l'établiffement & la
mefure.

La France ne cherche point dans fes colonies un moyen
d'affouvir l'avidité, de flatter la tyrannie de quelques hommes
prépofés à leur adminiftration; les intérêts des citoyens doivent
être gérés par eux-mêmes, & l'adminiftration ne peut être
confiée qu'à ceux qu'ils ont librement élus.

Les frais d'une juftice compliquée, les longueurs & les

artifices de la chicane, les déplacemens occafionnés par le reffort trop étendu de certains tribunaux, ne peuvent convenir à des hommes inceffamment occupés d'une culture avantageufe & du commerce de fes produétions : il faut donc aux colonies, plus rigoureufement encore qu'à la métropole, une juftice prompte, rapprochée & dépouillée de tous les moyens de defpotifme & d'oppreffion.

Il n'eft aucune de ces vues que l'affemblée nationale n'adopte avec fatisfaétion, lorfqu'elles lui feront propofées par les affemblées coloniales ; mais après avoir confidéré ce qui convient au bonheur intérieur des colonies, il refte à jeter un regard fur leurs intérêts extérieurs.

L'affemblée nationale exerce envers chacune des parties de l'empire François les droits qui appartiennent au corps focial fur tous les membres qui le compofent : chacun trouve en elle la garantie de fes intérêts & de fa liberté ; chacun eft foumis par elle à l'exercice de la volonté de tous. Dépofitaire de la plus légitime & de la plus impofante des autorités, la nation qui l'a chargée de la confervation de fes droits a mis à fa difpofition toutes les forces néceffaires pour les garantir. C'eft donc pour elle un devoir rigide, une obligation facrée de les maintenir fans altération ; mais plus ces droits font inconteftables, plus la nation qui les a confiés a de moyens pour les foutenir, & moins il convient à l'affemblée qui la repréfente d'appeler à leur fecours les armes de la foibleffe & de la tyrannie. Une circomfpeétion timide, une vaine diffimulation ravaleroient fon caraétère au niveau des pouvoirs ufurpés ou chancelans : elle peut donc, elle doit donc, en traitant avec les enfans de la patrie, oublier un moment & mettre de côté tous les droits & tous les pouvoirs qu'elle eft chargée d'exercer fur eux, examiner & difcuter leurs intérêts avec franchife, les attacher à leurs devoirs par le fentiment de leur propre bien, & prêter à la majefté de la nation qu'elle repréfente le feul langage qui puiffe lui convenir, celui de la raifon & de la vérité.

En

En admettant les vues qui ont été expofées fur leur régime intérieur, les colonies font tranquilles, bien adminiftrées : échappées à leur oppreffion, il leur refte encore un befoin.

Elles offrent à tous les peuples, par leurs richeffes, l'objet d'une active ambition, & n'ont point la population, & ne peuvent fe procurer les forces maritimes & militaires qu'il eft néceffaire de leur oppofer.

Il faut donc qu'unies, identifiées avec une grande puiffance, elles trouvent dans la difpofition de fes forces la garantie des biens qui leur feront acquis par une bonne conftitution, par de bonnes loix intérieures.

Il faut que cette puiffance, intéreffée à leur confervation par les avantages qu'elle recueillera de fes tranfactions avec elles, fe faffe un devoir envers elles de la plus conftante équité ; qu'elle préfente toujours une maffe de forces fuffifantes à leur protection, & que par fon induftrie, par fes productions, par fes capitaux, elle ait en elle tous les moyens qui doivent préparer les rapports de commerce les plus avantageux.

Voilà ce qui, pour les colonies, forme le complément néceffaire de leur exiftence politique, en leur affurant la confervation de tous les biens intérieurs ; voilà ce que doivent leur avoir dit tous ceux qui leur ont infpiré le défir d'une bonne conftitution.

S'il étoit des hommes affez infenfés pour ofer les inviter à une éxiftence politique ifolée, à une indépendance abfolue, on leur demanderoit, en laiffant de côté la foi, les engagemens & tout ce que toutes les plus grandes nations peuvent employer pour les faire valoir ; on leur demanderoit quel eft donc le fecret de leurs efpérances, où font leurs forces pour les protéger ? Enlèveront-ils les hommes à la culture pour en faire des matelots ou des foldats ? les oppoferont-ils avec quelque efpoir aux premières puiffances du monde ?

Mais, diront-ils, nous nous procurerons des alliances & des garanties. Et les croyez-vous donc défintéreffées ? quand elles pourroient l'être un jour, penfez-vous qu'elles le fuffent long-temps? ne voyez-vous pas que toute protection feroit pour vous le commencement d'un nouveau gouvernement arbitraire? Nous, à qui tant de devoirs, à qui tant de chaînes vous lient, ne pourrions-nous pas vous dire, en oubliant tout, excepté vos intérêts: voilà nos principes, voilà nos loix; choififfez d'être les citoyens libres d'une nation libre, ou de devenir bientôt les efclaves de ceux qui s'offriroient aujourd'hui pour vos alliés.

Et quand ils-fe flatteroient qu'une domination établie fur de tels fondemens pût conferver pendant quelque temps une apparence de juftice, on leur demanderoit encore quelle eft cette nation qui pourroit promettre à nos colonies plus de loyauté, plus de fraternité que nous n'en prouvons aujourd'hui?

Quelle eft cette nation qui pourroit déployer, pour leur protection, des forces plus impofantes & plus folidement fondées que celles dont nous difpoferons après la crife qui nous régénère?

Quelle eft cette nation à qui la nature a donné plus de moyens pour commercer avec elles? qui peut produire & préparer dans fon fein plus de matières propres à leur confommation? qui peut faire un plus grand ufage des leurs? qui poffède enfin plus que nous tout ce qui peut conduire au point où les échanges font des deux parts les plus avantageux poffibles?

Elles n'ont pas, il eft vrai, jufqu'à ce jour recueilli dans toute leur étendue les fruits que ces diverfes confidérations doivent leur faire atteindre; mais où les caufes en étoient-elles, fi ce n'eft dans les abus que nous avons détruits?

Le régime de leur gouvernement étoit oppreffif: la réponfe eft dans notre révolution; la réponfe eft dans les décrets & les inftructions que nous envoyons dans les colonies.

Nos forces navales n'ont jamais atteint le degré de prépondérance que leur affignoient l'étendue de nos moyens & notre pofition géographique. Eh! qu'avoient de plus que nous ceux qui, avec moins d'hommes & moins de richeffes naturelles, fe font maintenus au premier rang des puiffances maritimes? ils avoient une conftitution, ils étoient libres.

Enfin, la fituation de notre commerce ne préfentoit pas toute la fupériorité d'avantages que lui garantit l'enfemble de nos reffources, auffi-tôt qu'elles feront développées.

Mais ignore-t-on que jufqu'à ce jour le génie feul de la nation Françoife a lutté contre toutes les inftitutions, toutes les entraves, tous les préjugés ?

Ignore-t-on qu'une opinion inconcevable plaçoit prefque toutes les profeffions au-deffus du commerce, de l'agriculture & de l'induftrie productive, & détruifoit ainfi chez une nation amoureufe de la confidération & de la gloire, ce germe qui donne naiffance à tous les genres de perfection?

Ignore-t-on que jufqu'à ce jour, parmi nous, on fe livroit au commerce, dans l'efpoir de s'enrichir promptement, & qu'on le quittoit auffi-tôt qu'on avoit acquis affez de fortune pour le fuivre d'une manière grande, également avantageufe à foi & à ceux avec qui l'on négocie ?

Ignore-t-on que les capitaux qui auroient dû faire fleurir toutes les induftries utiles étoient abforbés par un gouvernement emprunteur, & par le tourbillon d'agioteurs dont il étoit environné?

Ignore-t-on que les profits qu'il étoit obligé d'offrir en retour de la plus jufte méfiance, & ceux de l'infâme trafic qui s'alimentoit de fes profufions, foutenoient en France l'intérêt de l'argent à un prix qui fuffifoit feul pour retenir dans la médiocrité toutes les branches de notre induftrie, & pour changer toutes les proportions de notre concours avec les autres peuples ?

Voilà les abus que nous n'avons ceffé d'attaquer, que nous nous fommes occupés chaque jour à détruire: chaque jour nous approche du terme où, dégagés des entraves qui jufqu'ici ont contraint toutes nos facultés, nous prendrons enfin parmi les nations la place qui nous fut affignée. Alors, notre liberté, notre puiffance, notre fortune, feront le patrimoine de tous ceux qui auront partagé notre deftinée ; alors, notre profpérité fe répandra fur tous ceux qui contraêteront avec nous. L'affemblée nationale ne connoît point le langage & les détours d'une politique artificieufe ; elle ignore, elle méprife fur-tout les moyens de captiver les peuples autrement que par la juftice. Attachement réciproque, avantages communs, inaltérable fidélité ; voilà, peuple des colonies, ce qu'elle vous promet & ce qu'elle vous demande. La nation Françoife éprouve depuis long-temps ce qu'on peut attendre de vous ; nous ne vous demandons point d'autres fentimens ; nous comptons fur eux avec certitude, & nous voulons qu'ils foient chaque jour mieux mérités & plus juftifiés de notre part. Nous vous recommandons en ce moment une tranquillité profonde, une grande union entre vous, une grande célérité dans les travaux qui doivent préparer votre nouvelle exiftence. Ces confeils font effentiels à votre bonheur, ils le font à votre fûreté ; ne donnez point autour de vous l'exemple d'une divifion, d'une fermentation contagieufe. Vous avez, plus que d'autres, befoin de paix, & vous n'avez plus befoin de vous agiter pour conquérir ce que l'affemblée nationale a réfolu de vous propofer dès le premier moment où vous avez été l'objet de fes délibérations.

Elle va rapprocher dans une fuite d'articles précis les difpofitions effentielles de l'inftruêtion qu'elle vous envoie.

### ARTICLE PREMIER.

LE décret de l'affemblée nationale fur les colonies, du 8 de ce mois, & la préfente inftruêtion ayant été envoyés de la part du roi au gouverneur de la colonie de Saint-Domingue, ce gouverneur fera tenu, auffi-tôt après leur réception, de les communiquer à l'affemblée coloniale, s'il en exifte une déjà formée, de les notifier également aux affemblées provinciales, d'en donner la connoiffance légale & authentique aux habitans de la colonie, en les faifant proclamer & afficher dans toutes les paroiffes.

## I I.

S'IL exifte une affemblée coloniale, elle pourra en tout état déclarer qu'elle juge la formation d'une nouvelle affemblée coloniale plus avantageufe à la colonie que la continuation de fa propre activité; & dans ce cas, il fera procédé immédiatement aux nouvelles élections.

## I I I.

SI „au contraire, elle juge fa continuation plus avantageufe à la colonie, elle pourra commencer à travailler fuivant les indications de l'affemblée nationale, mais fans pouvoir ufer de la faculté accordée aux affemblées coloniales, de mettre à exécution certains décrets, jufqu'à ce que l'intention de la colonie, relativemeut à fa continuation, ait été conftatée par les formes qui feront indiquées ci-après.

## I V.

IMMÉDIATEMENT après la proclamation & l'affiche du décret & de l'inftruction dans chaque paroiffe, toutes les perfonnes âgées de vingt-cinq ans accomplis, propriétaires d'immeubles, ou à défaut d'une telle propriété, domiciliées dans la paroiffe depuis deux ans & payant une contribution, fe réuniront pour former l'affemblée paroiffiale.

## V.

L'ASSEMBLÉE paroiffiale étant formée, commencera par prendre une parfaite connoiffance du décret de l'affemblée nationale du 8 de ce mois, & de la préfente inftruction, pour procéder à leur exécution, ainfi qu'il fuit.

## V I.

S'IL n'exifte point dans la colonie d'affemblée coloniale

précédemment élue , ou fi celle qui exiftoit a déclaré qu'elle
juge plus avantageux d'en former une nouvelle , l'affemblée
paroiffiale procèdera immédiatement à l'élection de fes députés à l'affemblée coloniale.

### V I I.

A cet effet , il fera fait un état de dénombrement de toutes
les perfonnes de la paroiffe , abfentes ou préfentes , ayant les
qualités exprimées à l'article IV de la préfente *inftruction* ,
pour déterminer , d'après leur nombre , celui des députés qui
doivent être envoyés à l'affemblée coloniale.

### V I I I.

CE dénombrement fait , le nombre des députés à nommer
fera déterminé à raifon d'un pour cent citoyens , en obfervant , 1°. que la dernière centaine fera cenfée complette par
le nombre de cinquante citoyens ; de forte que pour cent
cinquante citoyens , il fera nommé deux députés ; pour
deux cent cinquante citoyens , trois députés , & ainfi de
fuite ; 2°. qu'on n'aura aucun égard, dans les paroiffes où il y
aura plus de cent citoyens, au nombre fractionnaire, lorfqu'il
fera au-deffous de cinquante ; de forte que pour cent quarante-
neuf citoyens , il ne fera nommé qu'un député , & ainfi
de fuite ; 3°. enfin, que les paroiffes où il fe trouvera
moins de cent citoyens nommeront toujours un député ,
quelque foible que puiffe être le nombre des citoyens qui
s'y trouveront.

### I X.

APRÈS avoir déterminé le nombre des députés qu'elles
ont à nommer, les affemblées paroiffiales procèderont à cette
élection dans la forme qui leur paroîtra le plus convenable.

### X.

LES affemblées paroiffiales feront libres de donner des inftructions à leurs députés, mais elles ne pourront les charger

d'aucuns mandats tendant à gêner leur opinion dans l'assemblée coloniale, & moins encore y inférer des claufes ayant pour objet de les fouftraire à l'empire de la majorité. Si une paroiffe donnoit de tels mandats, ils feront réputés nuls, & l'affemblée coloniale pourroit n'y avoir aucun égard; mais l'élection des députés n'en feroit pas invalidée.

### X I.

LES députés élus par l'affemblée paroiffiale fe rendront immédiatement dans la ville de Léogane, & y détermineront le lieu où doit fiéger l'affemblée coloniale.

### X I I.

SI, au moment où l'affemblée paroiffiale s'eft formée, il exiftoit dans la colonie une affemblée coloniale précédemment élue, & fi cette affemblée n'a point déclaré qu'elle juge avantageux à la colonie de la remplacer par une nouvelle, l'affemblée paroiffiale commencera par examiner elle-même cette queftion; elle pèfera toutes les raifons qui peuvent décider ou à autorifer l'affemblée coloniale exiftante à remplir les fonctions indiquées par le décret de l'affemblée nationale, ou à mettre à fa place une nouvelle affemblée élue conformément à la préfente inftruction.

### X I I I.

L'ASSEMBLÉE paroiffiale fera tenue de faire fon option dans l'efpace de quinze jours, à compter de celui où la proclamation aura été faite, & d'en donner immédiatement connoiffance au gouverneur de la colonie & à l'affemblée coloniale. Son vœu fera compté pour autant de voix qu'elle eût dû envoyer de députés à l'affemblée coloniale, en fe conformant à cette inftruction.

### X I V.

LORSQUE le terme dans lequel toutes les paroiffes auront dû s'expliquer fera écoulé, le gouverneur de la colonie vérifiera le nombre des paroiffes qui ont opté pour la formation d'une

nouvelle affemblée ; il en rendra le réfultat public par l'impreffion, avec le nom de toutes les paroiffes qui ont délibéré,
l'expreffion du vœu que chacune a porté, & le nombre de
voix qu'elle doit avoir à raifon du nombre de fes citoyens
actifs ; il notifiera d'une manière particulière ce même réfultat
à toutes les paroiffes de la colonie.

## X V.

Si le défir de former une nouvelle affemblée n'a pas été
exprimé par la majorité des voix des paroiffes, l'affemblée
coloniale déjà élue continuera d'exifter, & fera chargée de
toutes les fonctions indiquées par le décret de l'affemblée
nationale ; & en conféquence il ne fera point procédé dans les
paroiffes à de nouvelles élections. Si, au contraire, le défir de
former une nouvelle affemblée eft exprimé par la majorité
des voix des paroiffes, tous les pouvoirs de l'affemblée coloniale exiftante cefferont, & il fera procédé fans délai dans
toutes les paroiffes à de nouvelles élections, comme fi, à l'arrivée du décret, il n'en eût point exifté, en obfervant que les
membres, foit de l'affemblée coloniale, foit des affemblées
provinciales exiftantes, pourront être élus, aux mêmes conditions que les autres citoyens, pour la nouvelle affemblée.

## X V L

L'ASSEMBLÉE coloniale, formée ou non formée de la manière énoncée ci-deffus, s'organifera & procèdera ainfi qu'il
lui paroîtra convenable, & remplira les fonctions indiquées
par le décret de l'affemblée nationale, du 8 de ce mois, en
obfervant de fe conformer, dans fon travail fur la conftitution,
aux maximes énoncées dans les articles fuivans.

## X V I I.

EXAMINANT les formes fuivant lefquelles le pouvoir légiflatif doit être exercé relativement aux colonies, elles reconnoîtront que les loix deftinées à les régir, méditées &
préparées dans leur fein, ne fauroient avoir une exiftence

entière

entière & définitive, avant d'avoir été décrétées par l'assemblée nationale & sanctionnées par le roi ; que si les loix
purement intérieures peuvent être provisoirement exécutées
avec la sanction d'un gouverneur, & en réservant l'approbation
définitive du roi & de la législature Françoise, les loix proposées qui toucheroient aux rapports extérieurs, & qui
pourroient en aucune manière changer ou modifier les relations entre les colonies & la métropole, ne sauroient recevoir
aucune exécution, même provisoire, avant d'avoir été consacrées par la volonté nationale ; n'entendant point comprendre
sous la dénomination des loix les exceptions momentanées
relatives à l'introduction des substances qui peuvent avoir
lieu à raison d'un besoin pressant, & avec sanction du gouverneur.

## X V I I I.

En examinant les formes suivant lesquelles le pouvoir exécutif doit être exercé relativement aux colonies, elles
reconnoîtront que le roi des François est dans la colonie comme
dans tout l'empire, le dépositaire suprême de cette partie de
la puissance publique. Les tribunaux, l'administration, les
forces militaires le reconnoîtront pour leur chef ; il sera
représenté dans la colonie par un gouverneur qu'il aura nommé,
& qui exercera provisoirement son autorité, mais sous la
réserve toujours observée de son approbation définitive. *Signé*
LOUIS. *Et plus bas*, LA LUZERNE.

# PROCLAMATION DU ROI,

*Concernant la confection des Rôles de supplément des Six derniers mois 1789, sur les ci-devant Privilégiés de la ville de Paris.*

Du 11 Avril 1790.

LE ROI ayant sanctionné, par sa déclaration du 27 septembre 1789, le décret de l'assemblée nationale sur les impositions, en date du 26 du même mois, duquel décret les articles I<sup>er</sup>, II & III portent que les rôles des impositions de l'année 1789 & des années antérieures arriérées seront exécutés & acquittés en entier dans les termes prescrits par les règlemens ; que pour les six derniers mois de l'année d'imposition 1789, il sera fait dans chaque communauté un rôle de supplément des impositions ordinaires & directes, autres que les vingtièmes, dans lesquels rôles les noms & les biens de tous les privilégiés qui possèdent des biens en franchise personnelle ou réelle seront compris à raison de leurs propriétés, exploitations & autres facultés, & leur cotisation faite dans la même proportion & dans la même forme qui auront été suivies pour les impositions ordinaires de la même année vis-à-vis des autres contribuables ; & qu'enfin, les sommes provenant de ces rôles de supplément seront destinées à être réparties en moins imposé, sur les anciens contribuables en 1790, dans chaque province : & le roi s'étant fait aussi représenter ses lettres-patentes du 29 novembre dernier, sur le décret de l'assemblée nationale du 28 du même mois, portant que les ci-devant privilégiés seront imposés pour les six derniers mois 1789 & pour 1790, en raison de leurs biens, non dans le lieu où ils ont leur domicile, mais dans celui où lesdits biens sont situés ; &

celles du 30 décembre 1789 , fur le décret de l'affemblée
nationale du 15 du même mois , portant règlement pour le
jugement provifoire des conteftations relatives aux impofitions de la ville de Paris, de l'année 1789 ou années antérieures ; fa majefté a jugé inftant d'expliquer & de prefcrire
les difpofitions néceffaires pour l'exécution , dans la ville de
Paris , tant defdits articles Ier, II & III du fufdit décret , que
de fes lettres patentes du 29 novembre fuivant , en ce qui
concerne la confeêtion des rôles de fupplément fur les ci-
devant privilégiés de ladite ville de Paris pour les fix derniers
mois 1789. En conféquence , le roi a ordonné & ordonne
ce qui fuit :

### A R T I C L É   P R E M I E R.

LES rôles des impofitions de toute nature de l'année 1789
feront exécutés & acquittés en entier dans les termes prefcrits par les règlemens , & toutes les fommes non encore
recouvrées fur les rôles des années antérieures à 1789 , dont
les termes font déjà expirés , feront de même acquittées par
les contribuables en retard. Ordonne fa majefté aux gardes,
fyndics & adjoints des corps & communautés d'arts & métiers
de la ville de Paris,& aux receveurs particuliers des finances, de
faire à cet effet toutes les diligences & pourfuites néceffai**** dans
la forme prefcrite par les règlemens; fait défenfes à toutes perfonnes de troubler dans leurs fonêtions lefdits gardes , fyndics & adjoints,& receveurs particuliers des finances, ainfi que les porteurs
de contraintes par eux employés , fous peine de devenir refponfables en leur propre & privé nom du retardement de la
perception , & d'être pourfuivies aux termes des ordonnances.
Enjoint fa majefté aux officiers municipaux de prêter ou faire
prêter auxdits gardes , fyndics & adjoints & receveurs particuliers des finances , tout aide, concours, affiftance & appui
néceffaires.

### I I.

IL fera formé , pour les fix derniers mois 1789, fous la

furveillance & infpection de la municipalité de la ville de Paris, des rôles de fupplément par département de recettes particulières des finances, dans lefquels les ci-devant privilégiés feront cotifés à la capitation pour ladite demi-année, dans les mêmes proportions qui ont été fuivies pour l'affiette de l'année entière 1789, vis-à-vis des anciens contribuables ordinaires.

### I I I.

LESDITS rôles de fupplément indiqueront à chaque article la bafe de la cotifation de chacun des contribuables, & cette bafe devant néceffairement être l'une de celles qui ont été fuivies pour 1789, à l'égard des anciens contribuables ordinaires, un eccléfiaftique féculier ayant un carrofle fera impofé fur le pied de la taxe réglée dans ce cas pour les contribuables ordinaires. Ceux defdits eccléfiaftiques féculiers qui n'ont point de voitures feront pareillement impofés, foit à raifon du nombre de leurs domeftiques, s'ils en ont deux ou trois, foit à raifon de cinq pour cent du prix de leurs loyers, s'ils n'ont qu'un feul domeftique. Ne feront toutefois dans le cas d'être compris dans lefdits rôles que ceux defdits eccléfiaftiques féculiers qui n'auroient point été cotifés à la capitation pour l'année entière 1789, foit dans le rôle de la cour, foit dans ceux qui s'expédient pour la retenue de cette impofition fur les appointemens des officiers des maifons du roi & de la reine, & de celles des princes & princeffes de la famille royale.

### I V.

AU moyen de la fufdite cotifation individuelle des eccléfiaftiques féculiers demeurant dans la ville de Paris, les chapitres établis dans ladite ville n'y feront point cotifés collectivement à raifon des biens-fonds qu'ils y poffèdent, attendu que l'impofition particulière de chacun des membres defdits chapitres fera réputée correfpondre, tant à leur portion afférente dans cette partie du revenu de leurs chapitres, qu'aux biens patrimoniaux de chacun d'eux, & à leurs facultés personnelles.

## V.

A l'égard des communautés régulières de l'un & de l'autre sexe, des collèges, hôpitaux, fabriques, &c. les bafes énoncées en l'article III précédent ne pouvant leur être appliquées, les chefs, fupérieurs ou adminiftrateurs defdites maifons religieufes & autres établiffemens, feront tenus de fournir une déclaration exacte des revenus annuels provenant des biens-fonds par eux poffédés dans la ville de Paris, & en outre de leurs rentes conftituées & autres revenus également étrangers à la propriété foncière, & dès-lors impofables au feul lieu du domicile. Le total defdites déclarations étant ainfi établi, & attendu que le dixième du revenu a toujours été reconnu être la proportion la plus générale des loyers dans la ville de Paris, la cotifation de chacune defdites maifons religieufes & autres établiffemens fera réglée en maffe, conformément à la dernière des proportions indiquées par l'article III précédent, à raifon de cinq pour cent du dixième de leurs revenus, conftatés par les déclarations qui auront été fournies par les chefs defdites maifons.

## V I.

LESDITES déclarations devront être adreffées au maire de la ville de Paris ou au lieutenant de maire, préfident en fon abfence le comité chargé du détail des impofitions de ladite ville, dans le délai de quinze jours, à compter de la date de la préfente proclamation, pour fervir de bafe à la confection des rôles de fupplément qui feront formés dans le bureau du directeur des impofitions.

## V I I.

IL fera fait, pour chacun des départemens de recettes particulières des finances, trois expéditions defdits rôles de fupplément. L'une, après avoir été vérifiée & vifée par le comité des confeillers-adminiftrateurs au département des impofitions, de la ville de Paris, préfidé par le maire ou par le lieutenant de maire, fera adreffée par lefdits maire ou lieutenant de maire au fieur contrôleur général des finances, pour lefdits rôles être enfuite rendus exécutoires en la même forme que l'ont été les autres rôles de la capitation de l'année 1789.

La deuxième expédition, revêtue des formes exécutoires, fera remife au receveur particulier des finances du département.

La troifième & dernière fera dépofée aux archives de l'hôtel-de-ville de Paris.

### V I I I.

LES ci-devant privilégiés qui auront des réclamations à former contre leur cotifation dans aucuns defdits rôles de fupplément pour les fix derniers mois 1789, feront tenus de fe pourvoir en première inftance par fimples mémoires, au fufdit comité, lequel, préfidé par le maire, ou en fon abfence par le lieutenant de maire, ftatuera provifoirement & fans frais fur lefdites réclamations, conformément aux lettres patentes du roi, du 30 décembre 1789, fur le décret de l'affemblée nationale, du 15 du même mois.

### I X.

LESDITS rôles de fupplément fur les ci-devant privilégiés pour les fix derniers mois 1789 feront recouvrés par les receveurs particuliers des finances de la ville de Paris, & le produit defdits rôles par eux verfé, à la déduction des taxations ordinaires, entre les mains du receveur général des finances de ladite ville en exercice, lequel, à la même déduction des taxations ordinaires, tiendra ladite fomme à la difpofition des officiers municipaux de la ville de Paris, pour être employée en la préfente année 1790 en diminution d'impofitions, en exécution de l'article III du décret de l'affemblée nationale du 26 feptembre dernier, fanctionné par le roi le 27 du même mois.

### X.

LES extraits du rôle général des impofitions des corps & communautés d'arts & métiers de la ville de Paris, que le lieutenant-général de police étoit autorifé à arrêter particulièrement pour chacun defdits corps & communautés qui fe trouveroit n'avoir pas encore été revêtu de cette formalité pour l'année dernière, feront remis fans délai au fieur contrôleur général des finances, lequel les fera arrêter en la même forme que le rôle général defdites impofitions.

### X I.

ENJOINT fa majefté à la municipalité de la ville de Paris de veiller, s'employer & concourir à l'exécution de la préfente proclamation, qui fera imprimée, publiée & affichée par-tout où befoin fera. A Paris, le onzième jour d'avril mil fept cent quatre-vingt-dix. *Signé* LOUIS. *Et plus bas*, DE SAINT-PRIEST.

# PROCLAMATION DU ROI,

*Sur le décret de l'Assemblée nationale , du 22 Mars*
*1790, concernant le payement, dans les trois mois*
*d'Avril , Mai & Juin, des débets qui peuvent avoir*
*lieu sur les droits d'Aides & autres y réunis; le paye-*
*ment exact des droits de Traites , Aides & autres*
*qui ne sont point supprimés ; le rétablissement des*
*Barrières & le rapprochement , dans le cours de la*
*présente année 1790 , des payemens à faire sur les*
*impositions arriérées.*

Du 11 Avril 1790.

V U par le roi le décret dont la teneur suit :

*ETRAIT du procès - verbal de l'Assemblée nationale , du 22*
*Mars 1790.*

L'ASSEMBLÉE nationale, confidérant que la fuppreffion ou
l'abonnement des droits de marque des cuirs , de marque des
fers , & fur la fabrication des huiles,des favons & des amidons ;
la fuppreffion des dix fous pour livre fur les droits de gabelle
& fur les droits qui fe percevoient aux tranfports des fels ,
dont elle n'a remplacé que le principal ; la ceffation des dépenfes & des vexations auxquelles la perception de ces
différens droits donnoit lieu ; & enfin la contribution des ci-
devant privilégiés, augmentent notablement, dans la préfente
année , les moyens de contribution que tous bons François
défirent employer au falut de l'état ; & voulant concilier la

fûreté

sûreté du fervice public avec le foulagement qu'elle a cru devoir accorder au peuple, a décrété & décrète ce qui fuit:

## ARTICLE PREMIER.

LES débets qui peuvent avoir lieu fur les droits d'aides & autres y réunis, feront acquittés par tiers, de mois en mois, dans les trois mois d'avril, mai & juin.

### I I.

LES droits de traites, aides & autres qui n'ont été ni fupprimés ni abonnés par les décrets de l'affemblée nationale, feront exactement acquittés en la forme prefcrite par les ordonnances & règlemens, jufqu'à ce qu'il en ait été autrement ordonné par l'affemblée nationale ; & les barrières néceffaires à leur perception feront inceffamment & efficacement rétablies.

### I I I.

LES villes, paroiffes & communautés qui font arriérées dans le payement de leurs impofitions, feront tenues de fe rapprocher, dans le cours de la préfente année, d'une fomme équivalente aux deux tiers de ce qu'aura produit à chacune defdites villes, paroiffes & communautés, la portion de la contribution des ci-devant privilégiés qui doit tourner au profit des anciens contribuables de ces villes, paroiffes & communautés, pour les fix derniers mois de 1789, & pour l'année 1790.

### I V.

L'ASSEMBLÉE nationale difpenfe du rapprochement ordonné par l'article précédent les villes, paroiffes & communautés qui ont fait ou qui feront don patriotique à la nation de ladite contribution des ci-devant privilégiés, pour les fix derniers mois de 1789

*Tome I.*                                    T t t t

COLLATIONNÉ à l'original, par nous préſident & ſecrétaires de l'aſſemblée nationale. A Paris, le vingt-quatre mars mil ſept cent quatre-vingt-dix. *Signé* RABAUD DE SAINT-ETIENNE, *préſident*; le marquis DE BONNAY, MONGINS DE ROQUE-FORT, GOSSIN, GUILLAUME, MERLIN, DE CROIX, *ſecrétaires.*

LE ROI a ſanctionné & ſanctionne ledit décret, pour être envoyé aux municipalités du royaume, auxquelles ſa majeſté ordonne de le faire exécuter chacune dans ſon territoire.

FAIT à Paris, le onze avril mil ſept cent quatre-vingt-dix. *Signé* LOUIS. *Et plus bas*, par le roi, DE SAINT-PRIEST.

# INSTRUCTIONS

## PUBLIÉES PAR ORDRE DU ROI,

*Sur la manière d'opérer les compensations .de la moitié des Quittances de Décimes ou de Capitation payées par les ci-devant privilégiés, avec leurs cotifations dans les Rôles de fupplément des fix derniers mois 1790.*

LA contribution des eccléfiaftiques dans les décimes, ou dans les dons gratuits repréfentatifs de la capitation, étoit réglée par une feule cotte pour l'univerfalité des biens dépendant du bénéfice dont ils étoient titulaires dans tel ou tel diocèfe.

Les nobles, privilégiés & officiers de judicature ou finance, précédemment cotifés à la capitation dans les rôles particuliers arrêtés au confeil, & les officiers dont la capitation étoit retenue fur leurs gages employés dans les états du roi, acquittoient de même leur contribution à la capitation par une feule taxe relative à l'univerfalité de leurs facultés.

Pour l'année entière 1789, les eccléfiaftiques, nobles & autres ci-devant privilégiés, ont encore acquitté de cette matière les décimes ou la capitation.

Mais en vertu du décret de l'affemblée nationale, du 29 feptembre dernier, tous les ci-devant privilégiés ont dû être en outre cotifés aux impofitions ordinaires, par un rôle de fupplément pour les fix derniers mois 1789, à raifon de leurs propriétés, exploitations & facultés, dans la même proportion que tous les anciens contribuables. Il devenoit dès-

T t t t 2

lors indifpenfable , pour qu'ils n'éprouvaffent point une double cotifation pour le même efpace de temps, de décider que la *moitié* des décimes ou de la capitation qu'ils juftifieroient avoir acquittée fuivant l'ancienne forme pour l'année entière 1789, feroit compenfée jufqu'à due concurrence avec les cottes nouvelles qui leur feroient demandées pour les fix derniers mois de la même année 1789.

Ces fortes de compenfations s'opéroient précédemment, en remettant pour comptant au percepteur chargé de recouvrer la cotte plus forte , un *duplicata* de la quittance délivrée par le percepteur qui avoit reçu en efpèces le payement de la cotte plus foible.

Mais cette forme ne peut point être fuivie aujourd'hui , parce que les ci-devant privilégiés ont été cotifés pour les fix derniers mois 1789 , en exécution des décrets de l'affemblée nationale, fanctionnés par le roi , au lieu de la fituation de chacune de leurs propriétés , & qu'ainfi leur feconde impofition pour les fix derniers mois 1789 fe trouve fouvent divifée en plufieurs rôles , dont quelques-uns peuvent même appartenir à différentes généralités.

En conféquence, pour faciliter cette compenfation de l'an- cienne impofition fur la nouvelle , compenfation qui eft de toute juftice à l'égard defdits ci-devant privilégiés , mais qui en même-temps doit être exacte, pour que le produit des rôles des fix derniers mois 1789 ne foit pas diminué au-delà de la quotité du remboursement légitime , par des quittances reçues avec trop de facilité par les collecteurs des cam- pagnes, fa majefté a prefcrit par la préfente inftruction les formes qu'elle entend être obfervées dans les différentes provinces du royaume.

## ARTICLE PREMIER.

LES eccléfiaftiques & autres ci-devant privilégiés acquitte- ront en totalité les décimes & la capitation auxquelles ils auront été taxés pour l'année entière 1789, & dont le produit appartient au tréfor public. Ils auront foin de s'en faire délivrer par les receveurs une quittance qu'ils garderont pardevers eux, & un *duplicata* de ladite quittance dont ils feront ufage ainfi qu'il fera ci-après expliqué.

Les ci-devant privilégiés qui payent la capitation par retenue fur leurs gages fe procureront un certificat de la retenue qui aura lieu fur leurs gages de 1789.

### I I.

LA *moitié* des décimes que les eccléfiaftiques juftifieront avoir acquittées pour l'année entière 1789 fera compenfée avec les impofitions auxquelles ils auront été cotifés dans les rôles de fupplément des fix derniers mois 1789, pour les *biens dépendant de leurs bénéfices feulement* ; le payement defdites décimes ne pouvant entrer en compenfation avec l'impofition qui leur feroit demandée pour des biens par eux poffédés patrimonialement.

### I I I.

LES eccléfiaftiques qui faifoient partie des clergés des frontières pourront de même demander, conformément aux proclamations du roi, rendues pour l'exécution dans lefdites provinces des décrets de l'affemblée nationale, concernant les impofitions, la compenfation de *la moitié* de leur contribution, en 1789, dans le don gratuit defdits clergés, repréfentatif de la capitation & acceffoires, mais non de leur contribution dans l'abonnement diftinct du fufdit don gratuit, repréfentatif de la capitation dont ils jouiffoient pour les vingtièmes En conféquence, les eccléfiaftiques Lorrains, qui ne contribuoient qu'aux vingtièmes & n'acquittoient point de don gratuit pour la capitation qui n'avoit point lieu en Lor˜ ˜˜˜ n'auront aucune compenfation à demander fur la ˷˷ation des biens dépendant de leurs *bénéfices Lorrains* dans les rôles de fupplément des fix derniers mois 1789.

Seront tenus au furplus les collecteurs des villes &

communautés de Lorraine, de recevoir pour comptant, fans
aucune difficulté, les ordonnances de compenfation qui feront
expédiées dans la forme prefcrite ci-après, en faveur des
eccléfiaftiques des provinces voifines payant les décimes ou le
don gratuit repréfentatif de la capitation, qui fe trouveroient
cotifés dans les rôles de fupplément de Lorraine, pour des biens
dépendant de ceux de leurs bénéfices dont le chef-lieu feroit
fitué hors de Lorraine.

### I V.

LES eccléfiaftiques feront tenus, pour fe procurer les compenfations qui leur feront légitimement dues fu: les impofitions ordinaires auxquelles ils feront cotifés pour les fix
derniers mois 1789, d'adreffer à la commiffion interrnédiaire
ou autres adminiftrateurs de la province dans laquelle fe
trouvera fitué, fuivant l'ancienne divifion du royaume, le
chef-lieu du bénéfice pour lequel ils contribuoient aux décimes, un mémoire auquel fera joint, 1°. le *duplicata* de la
quittance des décimes qu'ils auront acquittées pour 1789, à
raifon dudit bénéfice; 2°. une note détaillée par communautés,
de toutes les impofitions qui pourront leur être demandées pour
les biens *dépendant du même bénéfice*, en vertu de rôles de
fupplément des fix derniers mois 1789, en ayant foin toutefois de ne porter dans cette note que les impofitions à eux
demandées dans des communautés dépendant de l'ancienne
divifion par intendances ou généralités comprenant le chef-
lieu de leur bénéfice.

### V.

LES nobles & autres ci-devant privilégiés qui feront dans
le cas de réclamer la compenfation de la *moitié* de leur capitation de 1789 joindront de même à leur mémoire un
*duplicata* de leur quittance de capitation privilégiée, & la
note détaillée des impofitions qui leur feront demandées pour
les fix derniers mois 1789, dans les différentes communautés
de la généralité ou intendance à laquelle leur cote privi

légiée de capitation appartenoit, & ils préfenteront ce mémoire à la commiffion intermédiaire ou autres adminiftrateurs
de ladite province.

### V I.

LORSQUE les directoires des nouveaux départemens feront
en activité, les mémoires devront être adreffés au directoire
du département dans lequel fe trouvera fitué le chef-lieu du
bénéfice pour les eccléfiaftiques, & pour les autres ci-devant
privilégiés, le domicile où ils avoient été capités en 1789 ;
mais la note de leurs cotifations dans les rôles de fupplément
de 1789, qui devra être jointe à leur mémoire, comprendra
toutes les impofitions auxquelles ils fe trouveront cotifés dans
les communautés de l'ancienne divifion par intendance ou
généralité, à laquelle appartenoit leur bénéfice ou leur capitation,
quand bien même quelques-unes de ces communautés ne
dépendroient point de l'arrondiffement du nouveau département.

### V I I.

SUR le vu defdits mémoires & pièces à l'appui, les commiffions intermédiaires ou autres adminiftrateurs actuels, &
par la fuite les directoires de département, lorfqu'ils feront en
activité, délivreront à chacun des ci-devant privilégiés qui
fe feront pourvus, autant d'ordonnances de compenfation que
lefdits ci-devant privilégiés auront été impofés dans des communautés différentes, en ayant foin que le montant de
l'ordonnance de compenfation à donner pour comptant dans
telle communauté foit égal à la cotifation faite dans le rôle
de ladite communauté ; fauf à n'expédier pour la dernière
paroiffe qu'une ordonnance inférieure à la cotifation faite
dans ladite communauté, fi cela eft néceffaire, pour que
le total réuni defdites ordonnances de compenfation n'excède
point la *moitié* de la quittance de décimes ou de capitation
repréfentée.

### V I I I.

DANS le cas où les cotifations réunies qui feront demandées

à un eccléfiaftique dans l'étendue d'une province, fuivant
l'ancienne divifion du royaume, ne complèteroient point la
*moitié* de fes décimes, & où ce même eccléfiaftique fe
trouveroit également cotifé pour les fix derniers mois 1789,
dans quelque généralité voifine, à raifon d'autres biens dépendant *du même bénéfice*, alors il indiquera cette même
généralité fur laquelle il défirera obtenir le complément de
la compenfation, & la première commiffion intermédiaire
devant laquelle il fe fera pourvu lui délivrera le certificat dont
le modèle fuit :

*NOUS, membres de la commiffion intermédiaire provinciale
de ( l'Isle-de-France, ) certifions à MM. de la commiffion
intermédiaire provinciale de ( l'Orléanois, ) qu'après avoir
délivré à M .......... ( prieur de ) ......... fur la moitié des
décimes auxquelles il avoit été impofé en 1789, pour la
totalité des biens ( du fufdit prieuré, ) defquelles décimes la
quittance par duplicata eft dépofée dans nos archives, ( cinq )
ordonnances de compenfation à imputer fur les cotes d'impofitions qui lui ont été demandées pour les fix derniers mois
1789, dans les rôles de fupplément des différentes communautés dépendant de l'ancienne divifion de la province ( de
l'Isle-de-France, ) il lui refte encore à réclamer pardevant
vous de nouvelles compenfations, jufqu'à concurrence de la
fomme de               fur les impofitions auxquelles il
peut fe trouver cotifé dans les rôles de fupplément de votre
province, pour les autres biens dépendant du même prieuré
de             , qui y font fitués.*
    *FAIT à                      ce*

## I X.

IL fera également délivré des certificats qui auront le même
objet aux nobles, officiers de juftice & autres ci-devant privilégiés dont la moitié de la capitation n'aura pas été abforbée par le montant de leur cotifation dans les rôles de
fupplément de la généralité où ils étoient domiciliés, & qui
feront dans le cas de réclamer le complément de la compenfation dans une autre généralité où ils poffèderont auffi des
biens.

X.

### X.

En vertu de ces certificats, les eccléfiaftiques & autres ci-devant privilégiés qui les auront obtenus fe pourvoiront devant la feconde commiffion intermédiaire, comme ils l'avoient fait devant la première, en joignant à leur mémoire, 1°. ce certificat; 2°. la note des impofitions à eux demandées dans cette feconde province, pour y obtenir le complément de compenfation qui leur fera dû.

### X I.

A l'égard des eccléfiaftiques impofés dans les rôles de fupplément de capitation à former pour les fix derniers mois 1789, dans la ville de Paris, il fera néceffaire de diftinguer fi le bénéfice pour lequel ils auront payé les décimes en 1789 eft fitué dans la ville de Paris, ou bien dans l'étendue de la généralité de l'île-de-France ou autres provinces.

### X I I.

Si le chef-lieu du bénéfice eft dans la ville de Paris, il fera encore néceffaire de diftinguer fi quelques-uns des biens dépendant de ce bénéfice font fitués dans la province de l'île-de-France ou autres provinces, ou s'ils le font en totalité dans l'enceinte de la ville de Paris.

Dans le cas où quelques-uns des biens appartenant au bénéfice dont le chef-lieu feroit à Paris feroient fitués dans la province de l'île-de-France, alors l'eccléfiaftique titulaire de ce bénéfice fera tenu de fe pourvoir d'abord, ainfi qu'il a été ci-deffus expliqué par l'art. IV, devant la commiffion intermédiaire de l'île-de-France, en joignant à fon mémoire le *duplicata* de fa quittance de décimes, & la note des impofitions qui lui auroient été demandées dans les rôles de fupplément de la province de l'île-de-France.

Dans le cas où les ordonnances de compenfation délivrées audit eccléfiaftique par la commiffion intermédiaire de l'île-de-France ne fuffiroient point pour abforber la *moitié* de fes décimes de 1789, & où il poffèderoit encore dans d'autres provinces des biens dépendant du même bénéfice, ladite commiffion intermédiaire de l'île-de-France lui délivrera un certificat pour la commiffion intermédiaire de la province voifine, dans la forme indiquée par l'article VIII précédent. Enfin, ledit eccléfiaftique ne pourra fe pourvoir en définitif devant la municipalité de Paris, en attendant que le directoire du département de Paris foit en activité, pour obtenir une compenfation quelconque fur l'impofition qui lui fera demandée dans les rôles fupplétifs de cette ville pour les fix derniers mois 1789, que dans le cas où toutes les ordonnances de compenfation qui lui auroient été accordées pour des impofitions faites hors de cette ville n'auroient point fuffi pour compléter la *moitié* de ces décimes de 1789.

Si tous les biens dépendant du bénéfice dont le titulaire fe trouvera impofé dans les rôles de la ville de Paris font fitués dans l'enceinte de ladite ville, ledit bénéficier fe pourvoira, dans la forme prefcrite par l'article IV précédent, devant la municipalité de la ville de Paris, en attendant que le directoire du département foit en activité pour obtenir l'ordonnance de compenfation qu'il aura à réclamer.

## X I I I.

DANS le cas où l'eccléfiaftique domicilié à Paris, & compris dans les rôles de fupplément de cette ville pour les fix derniers mois 1789, n'y poffèderoit aucun bénéfice, il ne pourra y réclamer, auprès de la municipalité, une ordonnance de compenfation, qu'autant que quelques-uns des biens dépendant d'un bénéfice qu'il poffèderoit hors de Paris feroient fitués dans cette ville, & que la *moitié* des décimes qu'il auroit payées à raifon dudit bénéfice n'auroit point été abforbée en totalité par les ordonnances de compenfation à lui déjà accordées par les adminiftrateurs de celles des provinces où feroient fitués le chef-lieu ou quelques dépendances de fon bénéfice.

## X I V.

A l'égard des nobles, officiers de judicature & autres ci-devant privilégiés, domiciliés dans la ville de Paris, & qui y auront été cotifés à la capitation en 1789, foit dans les rôles de ladite ville, foit dans celui de la cour, fi lefdits ci-devant privilégiés fe trouvoient impofés hors de Paris, dans des rôles de fupplément de quelques autres communautés, pour les fix derniers mois 1789, ils fe pourvoiront, dans la forme indiquée par l'article V précédent, devant la commiffion intermédiaire de la province où ils auront été cotifés, pour obtenir les ordonnances de compenfation qu'ils auront à réclamer jufqu'a concurrence de la moitié de leur capitation payée à Paris pour 1789, pourvu qu'ils ne pofsèdent aucune propriété foncière dans ladite ville de Paris, ce qu'ils feront tenus de délarer par leur mémoire.

### X V.

Si au contraire ils y font propriétaires de quelques maifons ou autres biens-fonds, ils feront tenus de fe pourvoir devant la commiffion intermédiaire de l'île-de-France, en joignant à leur mémoire, non-feulement le *duplicata* de leur quittance de capitation pour l'année entière 1789, & la note des impofitions qui leur feront demandées dans la province de l'île-de-France ou autres provinces, mais encore la quittance des vingtièmes qu'ils auront payés pour l'année 1789, à raifon defdites maifons.

### X V I.

D'après ladite impofition aux vingtièmes, la commiffion intermédiaire de l'île-de-France calculera le revenu defdites maifons & biens-fonds; elle évaluera enfuite ce que lefdits ci-devant privilégiés auroient été dans le cas de payer d'impofitions ordinaires pour une demi-année dans la généralité de Paris, à raifon de ces biens-fonds, s'ils y euffent été fitués, & déduira cette cotifation ainfi évaluée pour fix mois, fur la moitié de leur capitation privilégiée, pour que le furplus feulement foit admis en compenfation avec les cotifations demandées auxdits ci-devant privilégiés dans les rôles de fupplément d'autres villes & communautés.

D'après les ordres du roi, ce 13 avril 1790.
*Signé* LAMBERT.

V v v v 2

# PROCLAMATION DU ROI,

*Sur un décret de l'Assemblée nationale, concernant les Juifs.*

Du 18 Avril 1790.

VU le Décret dont la teneur suit :

*DÉCRET de l'Assemblée Nationale, du 16 Avril 1790.*

L'ASSEMBLÉE nationale met de nouveau les Juifs de l'Alsace & des autres provinces du royaume sous la sauve-garde de la loi : défend à toutes personnes d'attenter à leur sûreté ; ordonne aux municipalités & aux gardes nationales de protéger de tout leur pouvoir leurs personnes & leurs propriétés.

LE ROI a sanctionné & sanctionne ledit décret ; en conséquence, mande & ordonne aux municipalités & aux gardes nationales de s'y conformer, & de le faire exécuter & observer.

FAIT à Paris, le dix-huit avril mil sept cent quatre-vingt-dix, & de notre règne le seizième. *Signé* LOUIS. *Et plus bas,* par le roi, DE SAINT-PRIEST.

# PROCLAMATION DU ROI,

*Relative aux Assignats décrétés par l'Assemblée nationale.*

Du 19 Avril 1790.

LE R o i vient de fanctionner le décret de l'affemblée nationale pour la création & l'admiffion dans les payemens d'une fomme de 400 millions de billets nationaux, portant trois pour cent d'intérêt jufqu'à leur remboufement. Ces billets, indépendamment de l'hypothèque fpéciale qui leur a été affurée, doivent être confidérés comme la dette la plus facrée de la nation : ainfi, quoique le décret, revêtu de la fanction du roi, n'ait impofé & n'ait pu impofer que l'obligation de recevoir ces billets dans les payemens qui ont lieu d'un débiteur à un créancier, fa majefté invite tous les habitans du royaume à les recevoir de même fans aucune exception ni difficulté dans tous les contrats & les marchés libres ; de telle manière que, par l'effet d'une jufte confiance, les billets nationaux foient eftimés par-tout à l'égal du numéraire effectif. Un fentiment patriotique doit faire à tous les bons François une loi de cette conduite ; & dans un temps où tant de biens doivent dériver d'un pareil fentiment, fa majefté ne fauroit douter que chacun ne s'y montre fidèle. Il n'exiftera jamais d'occafion où l'on puiffe manifefter d'une manière plus réelle & plus utile la puiffance étendue d'une nation, lorfque les citoyens font unis par l'honneur, la raifon & la liberté. Le roi protègera dans tous les temps l'engagement folemnel que les repréfentans de cette grande nation viennent de contracter pour la fûreté des affignats, auxquels ils ont donné le caractère de monnoie : ainfi, le roi, en invitant fes fujets à favorifer de tout leur pouvoir le crédit & le cours de ces affignats, croit concilier parfaitement fon inviolable attachement aux principes inaltérables de la juftice avec l'intérêt dont il fera conftamment animé pour le rétabliffement de l'ordre dans les finances, la facilité du commerce & la profpérité générale du royaume. A Paris, le dix-neuf avril mil fept cent quatre-vingt-dix. *Signé* LOUIS. *Et plus bas*, par le roi, DE SAINT-PRIEST.

# PROCLAMATION DU ROI,

*Sur le décret de l'Assemblée nationale, du 27 Mars 1790, qui ordonne que la ville & le port de l'Orient rentreront, quant aux droits de Traites, au même état où ils étoient avant l'arrêt du 14 Mai 1784.*

Du 20 Avril 1790.

VU par le roi le décret dont la teneur suit :

*DÉCRET de l'Assemblée nationale, du 27 Mars 1790.*

L'ASSEMBLÉE nationale, considérant que la franchise accordée à la ville de l'Orient, par arrêt du 14 mai 1784, n'avoit pour objet que de procurer aux états-unis de l'Amérique un entrepôt dans tous les ports ouverts au commerce des colonies, & dont l'Orient fait partie ; & que cette franchise, aussi fâcheuse pour les habitans de cette ville & des campagnes voisines, que nuisible aux manufactures nationales, est encore destructive des revenus de l'état, & occasionne pour son maintien une dépense qu'il est instant de faire cesser, a décrété ce qui suit :

### ARTICLE PREMIER.

A compter de la publication du présent décret, la ville & le port de l'Orient rentreront, quant aux droits de traites, au même état où ils étoient avant l'arrêt du 14 mai 1784.

### I I.

LE roi sera supplié de faire prendre des précautions suffisantes pour que les marchandises étrangères qui se trouveront dans la ville de l'Orient ne puissent point entrer dans le royaume, soit en contrebande, soit en fraude des droits.

SA MAJESTÉ a fanctionné & fanctionne ledit décret; en conféquence, ordonne que les propriétaires defdites marchandifes qui fe trouveront dans le port de l'Orient feront tenus de les déclarer dans huitaine au bureau des fermes, par qualités, poids, mefures ou valeurs, fous peine de faifie & confifcation defdites marchandifes, & d'une amende de trois cents livres pour celles dont l'introduction eft permife dans le royaume, & de mille livres pour celles dont l'entrée eft prohibée: autorife à cet effet fa majefté l'adjudicataire des fermes à faire, ledit délai paffé, toutes les perquifitions néceffaires en préfence des officiers municipaux de la ville de l'Orient, ou de telles perfonnes qui feront par eux indiquées, pour conftater les marchandifes non déclarées. A l'égard de celles qui auront été déclarées, elles jouiront, fi l'introduction en eft permife, d'un entrepôt fictif d'une année, pendant laquelle elles pourront être exportées en franchife à l'étranger; & paffé cedit délai, elles feront fujètes aux droits. Si au contraire les marchandifes font prohibées, elles jouiront d'un entrepôt réel de quatre années, à l'exception des tabacs, pour lefquels ledit entrepôt ne fera que d'un an. Ce terme expiré, celles de ces marchandifes qui n'auront pas été exportées demeureront faifies & confifquées, avec amende de mille livres contre le fourniffionnaire. Les magafins d'entrepôt réel feront fournis par le commerce, qui fera tenu de les faire fermer à deux clefs différentes, dont l'une fera remife au prépofé de l'adjudicataire des fermes; & pendant la durée & à l'expiration du délai defdits entrepôts, les marchandifes, tant permifes que prohibées, feront affujetties aux formalités prefcrites fur le fait des entrepôts, par les règlemens relatifs aux commerces privilégiés. Enjoint fa majefté aux municipalités, notamment à celle de l'Orient & aux corps adminiftratifs du royaume, de veiller à l'exécution du préfent décret. A Paris, le vingtième jour d'avril mil fept cent quatre-vingt-dix. *Signé* LOUIS. *Et plus bas*, par le roi, LA LUZERNE.

LETTRES

## LETTRES PATENTES DU ROI,

*Sur le décret de l'Assemblée nationale, du 11 du pré-*
*sent mois, qui autorise la ville de* Dax *, ainsi que*
*toutes les autres villes du Royaume, à continuer*
*de percevoir les droits d'Octrois.*

Données à Paris , le 20 Avril 1790.

LOUIS, par la grâce de Dieu & par la loi conftitutionnelle
de l'état, ROI DES FRANÇOIS : A tous ceux qui ces préfentes
lettres verront; SALUT. L'affemblée nationale a décrété , le
11 du préfent mois d'avril , & nous voulons & ordonnons
ce qui fuit :

LA ville de Dax , ainfi que toutes les autres villes du
royaume , font autorifées à continuer de percevoir les droits
d'octrois , fans avoir befoin de lettres patentes ni d'autres
titres que ces préfentes.

MANDONS & ordonnons à tous les tribunaux , corps adminiftratifs & municipalités , que les préfentes ils faffent tranfcrire fur leurs regiftres , lire , publier & afficher & exécuter
dans leurs refforts & départemens refpectifs. En foi de quoi
nous avons figné & fait contrefigner cefdites préfentes, auxquelles nous avons fait appofer le fceau de l'état. A Paris,
le vingtième jour du mois d'avril , l'an de grâce mil fept
cent quatre - vingt - dix , & de notre règne le feizième.
*Signé* LOUIS. *Et plus bas*, par le roi, DE SAINT-PRIEST.
Vu au confeil, LAMBERT. Et fcellées du fceau de l'état.

## LETTRES PATENTES DU ROI,

*Sur un décret de l'Assemblée nationale, qui excepte les Prevôts de la Marine des dispositions des Lettres patentes du 7 Mars dernier, concernant les Juridictions prévôtales.*

Données à Paris, le 20 Avril 1790.

LOUIS, par la grâce de Dieu & par la loi constitutionnelle de l'état, ROI DES FRANÇOIS : A tous ceux qui ces présentes lettres verront ; SALUT. L'assemblée nationale a déclaré, le 15 de ce mois, & nous déclarons ce qui suit:

LES dispositions de nos lettres patentes du 7 mars dernier, concernant les juridictions prévôtales, ne s'étendent point aux prevôts de la marine, dont la juridiction & les fonctions sont conservées jusqu'à ce qu'il en ait été ordonné autrement.

MANDONS & ordonnons à tous les tribunaux, corps administratifs & municipalités, que les présentes ils fassent transcrire sur leurs registres, lire, publier & afficher dans leurs ressorts & départemens respectifs, & exécuter comme loi du royaume. En foi de quoi nous avons signé & fait contresigner cesdites présentes, auxquelles nous avons fait apposer le sceau de l'état. A Paris, le vingtième jour du mois d'avril, l'an de grâce mil sept cent quatre-vingt-dix, & de notre règne le seizième. *Signé* LOUIS. *Et plus bas*, par le roi, DE SAINT-PRIEST. Et scellées du sceau de l'état.

# LETTRES PATENTES DU ROI,

*Sur un décret de l'Assemblée nationale, contenant diverses dispositions relatives aux Administrations de Département & de District, & à l'exercice de la Police.*

Données à Paris, le 20 Avril 1790.

LOUIS, par la grâce de Dieu & par la loi constitutionnelle de l'état, ROI DES FRANÇOIS : A tous présens & à venir ; SALUT. L'assemblée nationale a décrété, les 20, 23 mars & 19 avril présent mois, & nous voulons & ordonnons ce qui suit :

### ARTICLE PREMIER.

LES membres absens de l'assemblée nationale ne pourront durant la session actuelle, même en donnant leur démission, être élus membres de l'administration du département dans l'étendue duquel ils se trouveront à l'époque des élections, ni des districts qui en dépendent.

### I I.

LES administrateurs comptables, trésoriers ou receveurs des anciens pays d'états, qui n'ont pas encore rendu compte de la gestion des affaires de chaque province, ou du maniement des deniers publics, ne pourront, avant l'arrêté de leurs comptes, être élus membres des administrations de département ou de district.

Il en sera de même des trésoriers ou comptables des pays

X x x x 2

d'élection ou autres parties du royaume, lesquels ne seront admissibles aux administrations du département ou du district qu'après l'arrêté de leurs comptes.

### I I I.

LORSQUE le maire & les officiers municipaux seront en fonctions, ils porteront pour marque distinctive, pardessus leur habit, une écharpe aux trois couleurs de la nation, bleu, rouge & blanc, attachée d'un nœud, & ornée d'une frange couleur d'or pour le maire, blanc pour les officiers municipaux, & violet pour le procureur de la commune.

### I V.

LES rangs seront ainsi réglés :

Le maire, puis les officiers municipaux, selon l'ordre des tours de scrutin où ils auront été nommés, & dans le même tour, selon le nombre des suffrages qu'ils auront obtenus ; enfin, le procureur de la commune & ses substituts, que suivront les greffiers & trésoriers. Quant aux notables, ils n'ont de rang que dans les séances du conseil général ; ils y siègeront à la suite du corps municipal, selon le nombre des suffrages donnés à chacun d'eux. En cas d'égalité, le pas appartient au plus âgé.

### V.

CET ordre sera observé, même dans les cérémonies religieuses, immédiatement à la suite du clergé. Cependant, la préséance attribuée aux officiers municipaux sur les autres corps ne leur confère aucun des anciens droits honorifiques dans les églises.

### V I.

LA condition du domicile de fait, exigée pour l'exercice des droits de citoyen actif dans une assemblée de commune, ou

dans une assemblée primaire , n'emporte que l'obligation
d'avoir dans le lieu ou dans le canton une habitation depuis
un an , & de déclarer qu'on n'exerce les mêmes droits dans
aucun autre endroit.

## V I I.

Ne feront réputés domestiques ou serviteurs à gages les
intendans ou régisseurs , les ci-devant feudistes , les secrétaires , les charretiers ou maîtres-valets de labour employés par
les propriétaires , fermiers ou métayers , s'ils réunissent d'ailleurs les autres conditions exigées.

## V I I I.

Les limites contestées entre les communautés feront réglées par les administrations de district ; & à l'égard des héritages qui , par suite de ces prétentions respectives , auroient
été imposés sur plusieurs rôles , les administrations de district
ordonneront & feront faire la radiation des taxes sur le rôle
des communautés dans le territoire desquelles ces héritages ne
font pas situés , ainsi que la réimposition au profit des propriétaires ou fermiers qui auroient payé ces taxes , quand
leur opposition n'auroit pas été formée dans le délai fixé
par les anciens règlemens.

## I X.

La police administrative & contentieuse fera par provifion , & jusqu'à l'organisation de l'ordre judiciaire , exercée
par les corps municipaux , à la charge de se conformer en
tout aux règlemens actuels , tant qu'ils ne feront ni abrogés
ni changés.

## X.

L'appel des jugemens de police rendus par les corps
municipaux aura lieu provisoirement , & jusqu'à l'organisation de l'ordre judiciaire , dans le cas où il est autorisé
par les règlemens actuels; & provisoirement aussi, cet

appel fera porté pardevant les bailliages & fénechauffées royaux, ou autres fièges qui en tiennent lieu dans quelques provinces, pour y être jugé en dernier reffort par trois juges au moins.

MANDONS & ordonnons à tous les tribunaux, corps adminiftratifs & municipalités, que les préfentes ils faffent tranfcrire fur leurs regiftres, lire, publier & afficher dans leurs refforts & départemens refpectifs, & exécuter comme loi du royaume. En foi de quoi nous avons figné & fait contrefigner cefdites préfentes, auxquelles nous avons fait appofer le fceau de l'état. A Paris, le vingtième jour du mois d'avril, l'an de grâce mil fept cent quatre-vingt-dix, & de notre règne le feizième. *Signé* LOUIS. *Et plus bas*, par le roi, DE SAINT-PRIEST. *Vifa* ✠ L'ARCHEVÊQUE DE BORDEAUX. Et fcellées du fceau de l'état.

# PROCLAMATION DU ROI,

*Sur un décret de l'Assemblée nationale, concernant les comptes à rendre par les anciens Administrateurs aux nouveaux Corps administratifs, & la remise des pièces & papiers relatifs à l'administration de chaque Département.*

#### Du 20 Avril 1790.

VU par le roi le décret dont voici la teneur :

*EXTRAIT du procès verbal de l'Assemblée nationale, du lundi 28 Décembre 1789.*

L'ASSEMBLÉE nationale a décrété & décrète ce qui suit :

|Les états provinciaux, assemblées provinciales, commissions intermédiaires, intendans & subdélégués, rendront aux administrations qui les remplaceront le compte des fonds dont ils ont eu la disposition, & leur remettront toutes les pièces & tous les papiers relatifs à l'administration de chaque département.

Les corps municipaux actuels rendront de même leurs comptes à ceux qui vont leur succéder, & leur remettront tous les titres & papiers appartenant aux communautés.

Dans les départemens où il y a des trésoriers & receveurs établis par les provinces, ils rendront également leurs comptes aux nouvelles administrations.

Les comptes des dix dernières années pourront être revisés par les administrations de département, sans que les états provinciaux, commissions intermédiaires, ni aucuns autres administrateurs puissent en être dispensés.

Les pourfuites ne pourront néanmoins fe faire contre les héritiers & les veuves des adminiftrateurs morts.

L'affemblée nationale excepte du préfent décret les comptes jugés par les cours fupérieures.

LE ROI a fanctionné & fanctionne ledit décret ; en conféquence, mande & ordonne aux corps adminiftratifs & municipalités de s'y conformer, & de le faire exécuter & obferver fuivant fa forme & teneur. FAIT à Paris, le vingt avril mil fept cent quatre-vingt-dix. *Signé* LOUIS. *Et plus bas*, par le roi, DE SAINT-PRIEST.

PROCLAMATION

# PROCLAMATION DU ROI,

*Portant nomination de trois Députés de la chambre du Commerce, pour l'examen des comptes des Grains & Farines achetés & vendus par ordre du Gouvernement.*

### Du 21 Avril 1790.

Sur ce qui a été représenté au roi par son contrôleur général des finances, que dès le mois d'octobre 1788 il a été reconnu indispensable de pourvoir à la subsistance, tant de la capitale que de plusieurs provinces; que pour y subvenir, il a été successivement, & en conséquence des ordres de sa majesté, fait des achats considérables de grains dans le royaume & chez l'étranger; que ces achats, réunis d'abord dans les principaux ports, ont été ensuite distribués & vendus dans les lieux qui manifestoient des besoins, ce qui n'a pu s'opérer que par l'entremise de plusieurs agens, dont il convient de vérifier & apurer la comptabilité; & que pour assurer la marche de cette opération, il conviendroit de nommer quelques-uns des députés au bureau du commerce, auxquels lesdits comptes feroient communiqués, & qui, d'après les connoissances qu'ils ont dans cette matière, feroient à portée de discuter ces divers comptes, & d'éclairer l'administration par leur avis : à quoi voulant pourvoir, ouï le rapport du sieur Lambert, conseiller d'état ordinaire, contrôleur général des finances; le roi étant en son conseil, a nommé les sieurs Rostagny, député de la chambre du commerce de Marseille, Deschamps, député de la chambre du commerce de Rouen, & Gosselin, député de celle de Flandres, pour examiner les comptes relatifs aux

*Tome I.*                              Y y y y

achats des grains faits par ordre de fa majefté , tant chez l'étranger que dans l'intérièur du royaume , depuis le mois d'octobre 1788 , & en donner leur avis , à l'effet , fur le compte qui en fera rendu à fa majefté en fon confeil , d'y être par elle définitivement ftatué.

FAIT au confeil d'état du roi , fa majefté y étant , tenu à Paris le vingt-un avril mil fept cent quatre-vingt-dix.

*Signé* DE SAINT-PRIEST.

# PROCLAMATION DU ROI,

*Sur un décret de l'Affemblée nationale, portant que*
*les Affemblées qui vont avoir lieu pour la forma-*
*tion des Corps adminiftratifs ne doivent pas, dans*
*ce moment, s'occuper de l'élection de nouveaux*
*Députés à l'Affemblée nationale.*

### Du 21 Avril 1790.

VU par le roi le décret dont la teneur fuit :

DÉCRET *de l'Affemblée nationale, du lundi* 19 *Avril* 1790.

L'ASSEMBLÉE nationale déclare que les affemblées qui vont
avoir lieu pour la formation des corps adminiftratifs, dans les
départemens & dans les diftricts, ne doivent pas, dans ce
moment, s'occuper de l'élection de nouveaux députés à l'affemblée nationale ; que cette élection ne peut avoir lieu qu'au
moment où la conftitution fera près d'être achevée, & qu'à
cette époque, qu'il eft impoffible de déterminer précifément,
mais qui eft très-rapprochée, l'affemblée nationale fuppliera fa
majefté de faire proclamer le jour où les affemblées électorales
fe formeront pour élire la première légiflature.

Déclare auffi, qu'attendu que les commettans de quelques
députés n'ont pu leur donner le pouvoir de ne travailler qu'à
une partie de la conftitution ; qu'attendu le ferment fait, le
20 juin, par les repréfentans de la nation, & approuvé par
elle, de ne fe féparer qu'au moment où la conftitution feroit
achevée, elle regarde comme toujours fubfiftans, jufqu'à la
fin de la conftitution, les pouvoirs de ceux dont les mandats
porteroient limitation quelconque, & confidère la claufe limi-
tative comme ne pouvant avoir aucun effet.

Ordonne que son président se retirera dans le jour pardevers le roi, pour porter le présent décret à son acceptation, & pour supplier sa majesté de donner les ordres nécessaires pour qu'il soit, le plus promptement possible, envoyé
aux commissaires qu'elle a nommés pour l'établissement des
départemens, afin qu'ils en donnent connoissance aux assemblées
électorales.

Le roi, acceptant ledit décret, a ordonné & ordonne qu'il
sera envoyé aux commissaires que sa majesté a nommés pour
l'établissement des départemens, afin qu'ils en donnent connoissance aux assemblées électorales.

Fait à Paris, le vingt-un avril mil sept cent quatre-vingt-
dix. *Signé* LOUIS. *Et plus bas*, par le roi, DE SAINT-
PRIEST.

# LETTRES PATENTES DU ROI,

*Sur un décret de l'Assemblé nationale, portant qu'en cas de vacance de titre de Bénéfice-cure dans les Églises paroissiales où il y en a plusieurs, il sera sursis à toute nomination.*

Données à Paris, le 21 Avril 1790.

LOUIS, par la grâce de Dieu & par la loi constitutionnelle de l'état, ROI DES FRANÇOIS: A tous ceux qui ces présentes lettres verront ; SALUT. L'assemblée nationale a décrété, le 11 de ce mois , & nous voulons & ordonnons ce qui suit :

DANS toutes les églises paroissiales où il y a deux ou plusieurs titres de bénéfices-cures, il sera par provision, en cas de vacance par mort , démission ou autrement, d'un des titres, sursis à toute nomination, collation & provision.

MANDONS & ordonnons à tous les tribunaux, corps administratifs & municipalités , que les présentes ils fassent transcrire sur leurs registres , lire, publier & afficher dans leurs ressorts & départemens respectifs, & exécuter comme loi du royaume. En foi de quoi nous avons signé & fait contresigner cesdites présentes, auxquelles nous avons fait apposer le sceau de l'état. A Paris, le vingt-unième jour du mois d'avril, l'an de grâce mil sept cent quatre-vingt-dix , & de notre règne le seizième. *Signé* LOUIS. *Et plus bas,* par le roi, DE SAINT-PRIEST. Et scellées du sceau de l'état.

## LETTRES PATENTES DU ROI,

*Sur les décrets de l'Assemblée nationale, des 16 &*
*17 de ce mois, concernant les Dettes du Clergé,*
*les Assignats & les Revenus des Domaines*
*nationaux.*

Données à Paris, le 22 Avril 1790.

LOUIS, par la grâce de Dieu & par la loi constitutionnelle
de l'état, ROI DES FRANÇOIS : A tous ceux qui ces préfentes lettres verront ; SALUT. L'affemblée nationale a décrété,
les 16 & 17 de ce mois, & nous voulons & ordonnons ce qui
fuit :

### ARTICLE PREMIER.

A COMPTER de la préfente année, les dettes du clergé font
réputées nationales ; le tréfor public fera chargé d'en acquitter
les intérêts & les capitaux.

La nation déclare qu'elle regarde comme créanciers de
l'état tous ceux qui juftifieront avoir légalement contracté
avec le clergé, & qui feront porteurs de contrats de rentes
affignées fur lui. Elle leur affecte & hypothèque en conféquence toutes les propriétés & revenus dont elle peut difpofer,
ainfi qu'elle fait pour toutes fes autres dettes.

### I I.

LES biens eccléfiaftiques qui feront vendus & aliénés, en
vertu des décrets des 19 décembre 1789 & 17 mars dernier,
font affranchis & libérés de toute hypothèque de la dette
légale du clergé dont ils étoient ci-devant grevés, & aucune
oppofition à la vente de ces biens ne pourra être admife de la
part defdits créanciers.

### I I I.

LES affignats créés par les décrets des 19 & 21 décembre

1789, par nous fanctionnés, auront cours de monnoie entre toutes perfonnes dans toute l'étendue du royaume, & feront reçus comme efpèces fonnantes dans toutes les caiffes publiques & particulières.

### I V.

Au lieu de cinq pour cent d'intérêt par chaque année qui leur étoient attribués, il ne leur fera plus alloué que trois pour cent, à compter du 15 avril de la préfente année, & les rembourfemens, au lieu d'être différés jufqu'aux époques mentionnées dans lefdits décrets, auront lieu fucceffivement par la voie du fort, auffi-tôt qu'il y aura une fomme d'un million réalifée en argent, fur les obligations données par les municipalités pour les biens qu'elles auront acquis, & en proportion des rentrées de la contribution patriotique des années 1791 & 1792. Si les payemens avoient été faits en affignars, ces affignats feroient brûlés publiquement, ainfi qu'il fera dit ci-après, & l'on tiendra feulement regiftre de leurs numéros.

### V. •

Les affignats feront depuis mille livres jufqu'à deux cents livres. L'intérêt fe comptera par jour ; l'affignat de mille livres vaudra un fou huit deniers par jour ; celui de trois cents livres, fix deniers ; celui de deux cents livres, quatre deniers.

### V I.

L'assignat vaudra chaque jour fon principal, plus l'intérêt acquis, & on le prendra pour cette fomme. Le dernier porteur recevra au bout de l'année le montant de l'intérêt, qui fera payable à jour fixe par la caiffe de l'extraordinaire, tant à Paris que dans les différentes villes du royaume.

### V I I.

Pour éviter toute difcuffion dans les payemens, le débiteur fera toujours obligé de faire l'appoint, & par conféquent de fe procurer le numéraire d'argent néceffaire pour folder exactement la fomme dont il fera redevable.

### VIII.

LES affignats feront numérotés ; il fera fait mention en marge de l'intérêt journalier , & leur forme fera réglée de la manière la plus commode & la plus fûre pour la circulation , ainfi qu'il fera ordonné.

### I X.

EN attendant que la vente des domaines nationaux qui feront défignés foit effectuée , leurs revenus feront verfés , fans délai , dans la caiffe de l'extraordinaire, pour être employés, déduction faite des charges , aux payemens des intérêts des affignats : les obligations des municipalités pour les objets acquis y feront dépofées également ; & à mefure des rentrées de deniers, par les ventes que feront lefdites municipalités de ces biens, ces deniers y feront verfés fans retard & fans exception , leur produit & celui des emprunts qu'elles devront faire , d'après les engagemens qu'elles auront pris avec l'affemblée nationale, ne pouvant être employés , fous aucun prétexte , qu'à l'acquittement des intérêts des affignats & à leur rembourfement.

### X.

LES affignats emporteront avec eux hypothèque, privilège & délégation fpéciale , tant fur le revenu que fur le prix defdits biens, de forte que l'acquéreur qui achetera des municipalités aura le droit d'exiger qu'il lui foit légalement prouvé que fon payement fert à diminuer les obligations municipales & à éteindre une fomme égale d'affignats : à cet effet les payemens feront verfés à la caiffe de l'extraordinaire , qui en donnera fon reçu à valoir fur l'obligation de telle ou telle municipalité.

### X I.

LES quatre cent millions d'affignats feront employés , premièrement , à l'échange des billets de la caiffe d'efcompte , jufqu'à concurrence des fommes qui lui font dûes par la nation, pour le montant des billets qu'elle a remis au tréfor public en vertu des décrets de l'affemblée nationale.

Le

Le furplus fera verfé fucceffivement au tréfor public, tant pour éteindre les anticipations à leur échéance, que pour rapprocher d'un femeftre les intérêts arriérés de la dette publique.

## X I I.

Tous les porteurs de billets de la caiffe d'efcompte feront échanger ces billets contre des affignats de même fomme à la caiffe de l'extraordinaire, avant le quinze juin prochain ; & à quelque époque qu'ils fe préfentent dans cet intervalle, l'affignat qu'ils recevront portera toujours intérêt à leur profit, à compter du quinze avril : mais s'ils fe préfentoient après l'époque du quinze juin, il leur fera fait décompte de leur intérêt, à partir du quinze avril, jufqu'au jour où ils fe préfenteront.

## X I I I.

L'intérêt attribué à la caiffe d'efcompte fur la totalité des affignats qui devoient lui être délivrés ceffera, à compter de ladite époque du quinze avril, & l'état fe libèrera avec elle, par la fimple reftitution fucceffive qui lui fera faite de fes billets, jufqu'à concurrence de la fomme fournie en ces billets.

## X I V.

Les affignats à cinq pour cent que la caiffe d'efcompte juftifiera avoir négociés avant la date des préfentes n'auront pas cours de monnoie, mais feront acquittés exactement aux échéances, à moins que les porteurs ne préfèrent de les échanger contre des affignats-monnoie. Quant à ceux qui fe trouveront entre les mains des adminiftrateurs de la caiffe d'efcompte, ils feront remis à la caiffe de l'extraordinaire, pour être brûlés en préfence des commiffaires qui feront nommés par l'affemblée nationale, & qui en drefferont procès-verbal.

## X V.

Le renouvellement des anticipations fur les revenus ordinaires ceffera entièrement, à compter de la date des

*Tome I.* Zzzz

préfentes , & des affignats ou des promeffes d'affignats feront donnés en payement aux porteurs defdites anticipations à leur échéance.

### X V I.

En attendant la fabrication des affignats, le receveur de l'extraordinaire eft autorifé, jufqu'à la délivrance des affignats, à endoffer, fous la furveillance de deux commiffaires de l'affemblée, les billets de caiffe d'efcompte deftinés à être envoyés dans les provinces feulement, en y infcrivant les mots *promeffe de fournir affignat*; & ladite promeffe aura cours comme affignat, à la charge d'être endoffée de nouveau par ceux qui les tranfmettront dans les provinces & qui les y feront circuler.

Toutes lefdites promeffes feront retirées auffitôt après la fabrication des affignats.

### X V I I.

Il fera préfenté inceffamment à l'affemblée nationale, par le comité des finances, un plan de régime d'adminiftration de la caiffe de l'extraordinaire, pour accélérer l'exécution des préfentes.

Mandons & ordonnons à tous les tribunaux, corps adminiftratifs & municipalités, que les préfentes ils faffent tranfcrire fur leurs regiftres, lire, publier & afficher dans leurs refforts & départemens refpectifs, & exécuter comme loi du royaume. En foi de quoi nous avons figné & fait contrefigner cefdites préfentes, auxquelles nous avons fait appofer le fceau de l'état. A Paris, le vingt-deuxième jour du mois d'avril, l'an de grâce mil fept cent quatre-vingt-dix, & de notre règne le feizième. *Signé* LOUIS. *Et plus bas*, par le roi, DE SAINT-PRIEST. Vu au confeil, LAMBERT. Et fcellées du fceau de l'état.

# LETTRES PATENTES DU ROI,

*Sur les décrets de l'Assemblée nationale, des 14 &*
*20 de ce mois, concernant l'Administration des*
*Biens déclarés à la disposition de la Nation, l'abo-*
*lition des Dixmes, & la continuation de leur per-*
*ception pendant l'année 1790, & la manière dont*
*il sera pourvu aux frais du Culte, à l'entretien*
*des Ministres des Autels, au soulagement des*
*Pauvres & aux Pensions des Ecclésiastiques.*

Données à Paris, le 22 Avril 1790.

LOUIS, par la grâce de Dieu & par la loi constitutionnelle
de l'état, ROI DES FRANÇOIS : A tous ceux qui ces présentes
lettres verront ; SALUT. L'assemblée nationale a décrété les
14 & 20 de ce mois, & nous voulons & ordonnons ce
qui suit :

### ARTICLE PREMIER.

L'ADMINISTRATION des biens déclarés, par le décret du 2
novembre dernier, être à la disposition de la nation, sera &
demeurera dès la présente année confiée aux administrations
de département & de district, ou à leurs directoires, sous les
règles, les exceptions & les modifications qui seront expliquées.

### I I.

DORÉNAVANT, & à compter du premier janvier de la
présente année, le traitement des ecclésiastiques sera payé en
argent, aux termes & sur le pied qui seront incessamment

Z z z z 2

fixés ; néanmoins les curés des campagnes continueront d'administrer provisoirement les fonds territoriaux attachés à leurs bénéfices, à la charge d'en compenser les fruits avec leurs traitemens, & de faire raison du surplus, s'il y a lieu.

### I I I.

LES dixmes de toute espèce, abolies par l'article cinq du décret du 4 août dernier & jours suivans, ensemble les droits & redevances qui en tiennent lieu, mentionnés audit décret, comme aussi les dixmes inféodées appartenant aux laïcs, à raison desquelles il sera accordé une indemnité aux propriétaires sur le trésor public, cesseront toutes d'être perçues, à compter du premier janvier 1791 ; & cependant les redevables seront tenus de les payer à qui de droit exactement la présente année, comme par le passé, à défaut de quoi ils y seront contraints.

### I V.

LA dixme sur les fruits décimables crûs pendant l'année 1790 sera néanmoins perçue, même après le premier janvier 1791.

### V.

DANS l'état des dépenses publiques de chaque année, il sera porté une somme suffisante pour fournir aux frais du culte de la religion catholique, apostolique & Romaine, à l'entretien des ministres des autels, au soulagement des pauvres, & aux pensions des ecclésiastiques, tant féculiers que réguliers, de manière que les biens mentionnés au premier article puissent être dégagés de toutes charges, & employés par le corps législatif aux plus grands & aux plus pressans besoins de l'état.

La somme nécessaire au service de l'année 1791 sera incessamment déterminée.

### V I.

IL n'y aura aucune distinction entre cet objet de service public & les autres dépenses nationales. Les contributions

publiques feront proportionnées de manière à y pourvoir ; &
la répartition en fera faite fur la généralité des contribuables
du royaume, ainfi qu'il fera inceffamment décrété par l'affemblée.

### V

IL fera inceffamment procédé par les affemblées adminiftratives à la liquidation des dixmes inféodées, & de manière
à ce que l'indemnité des propriétaires foit affurée avant l'époque
à laquelle leurs dixmes cefferont d'être perçues.

### V I I I.

SONT & demeurent exceptés, quant à préfent, des difpofitions de l'article premier du préfent décret l'ordre de Malte,
les fabriques, les hôpitaux, les maifons de charité & autres
où font reçus les malades, les collèges & maifons d'inftitution,
étude & retraite, adminiftrés par des eccléfiaftiques ou par
des corps féculiers, ainfi que les maifons de religieufes occupées à l'éducation publique & au foulagement des malades ;
lefquels continueront comme par le paffé, & jufqu'à ce qu'il en
ait été autrement ordonné par le corps légiflatif, d'adminiftrer
les biens, & de percevoir durant la préfente année feulement les dixmes dont ils jouiffent, fauf à pourvoir, s'il y
a lieu, pour les années fuivantes, à l'indemnité que pourroit
prétendre l'ordre de Malte, & à fubvenir aux befoins que les
autres établiffemens éprouveroient par la privation des
dixmes.

### I X.

TOUS les eccléfiaftiques, corps, maifons ou communautés
de l'un ou de l'autre fexe, autres que ceux exceptés par les
articles précédens, continueront de régir & exploiter durant
la préfente année les biens & dixmes qui ne font pas donnés
à ferme, à la charge d'en verfer les produits entre les mains
du receveur de leur diftrict.

Ils feront néanmoins autorifés à retenir le traitement qui
leur aura été accordé.

A l'égard des objets donnés à bail ou ferme, les fermiers & locataires feront également tenus de verfer les loyers ou fermages dus pour les fruits & revenus de la préfente année dans la caiffe du diftrict.

Les comptes defdits eccléfiaftiques, corps, maifons & communautés, & ceux de leurs locataires & fermiers, feront communiqués préalablement à la municipalité du lieu, pour être enfuite vérifiés & apurés par les affemblées adminiftratives, ou par leurs directoires.

### X.

Ils feront tenus pareillement, eux, leurs fermiers, régiffeurs ou prépofés, ainfi que tous ceux qui doivent des portions congrues, de les acquitter dans la préfente année comme par le paffé, & d'acquitter toutes les autres charges légitimes, même le terme de la *contribution patriotique échu le premier de ce mois ; à défaut de quoi ils y feront contraints. Il leur fera tenu compte de ce qu'ils auront légitimement payé, ainfi qu'il appartiendra.

### X I.

Les baux à ferme des dixmes, tant eccléfiaftiques qu'inféodées, fans mélange d'autres biens ou droits, feront & demeureront réfiliés à l'expiration de la préfente année, fans autre indemnité que la reftitution des pots-de-vin, celle des fermages légitimement payés d'avance, & la décharge de ceux non payés, le tout au prorata de la non-jouiffance.

Quant aux fermiers qui ont pris à bail des dixmes, conjointement avec d'autres biens ou droits, fans diftinction du prix, ils pourront feulement demander réduction de leurs pots-de-vin, loyers & fermages, en proportion de la valeur des dixmes dont ils cefferont de jouir, fuivant l'eftimation qui en fera faite par les affemblées adminiftratives ou leurs directoires, fur les obfervations des municipalités.

## X I I.

Aussi-tôt après la publication des préfentes, les affemblées de diftricts ou leurs directoires feront faire, fans aucun frais, même de contrôle, un inventaire du mobilier, des titres & papiers dépendant de tous les bénéfices, corps, maifons & communautés de l'un & de l'autre fexe, compris au premier article, qui n'auront pas été inventoriés par les municipalités en vertu du décret du 20 mars dernier, fauf auxdites affemblées à commettre les municipalités pour les aider dans ce travail; & les uns & les autres fe feront également remettre les inventaires faits dans chaque bénéfice ou maifon, après la mort du dernier titulaire ou religieux.

Mandons & ordonnons à tous les tribunaux, corps adminiftratifs & municipalités, que les préfentes ils faffent tranfcrire fur leurs regiftres, lire, publier & afficher dans leurs refforts & départemens refpectifs, & exécuter comme loi du royaume. En foi de quoi nous avons figné & fait contrefigner cefdites préfentes, auxquelles nous avons fait appofer le fceau de l'état. A Paris, le vingt-deuxième jour du mois d'avril, l'an de grâce mil fept cent quatre-vingt-dix, & de notre règne le feizième. *Signé* LOUIS. *Et plus bas*, par le roi, DE SAINT-PRIEST. Vu au confeil, LAMBERT. Et fcellées du fceau de l'état.

# PROCLAMATION DU ROI,

*Sur le décret de l'Assemblée nationale, du 17 Avril
1790, relatif à la Caisse d'Escompte.*

### Du 22 avril 1790.

VU par le roi le décret de l'assemblée nationale, du 17 avril
dernier, dont la teneur suit :

L'ASSEMBLÉE nationale ayant, par le décret de ce jour,
ordonné que les billets de la caisse d'escompte seront remplacés
par des assignats portant intérêt à trois pour cent, à partir du
15 de ce mois, & que lesdits billets de la caisse d'escompte
pourroient tenir lieu de ces assignats jusqu'à leur fabrication,
a décrété & décrète, 1°. qu'aucune émission nouvelle de billets
de la caisse d'escompte ne pourra être faite d'ici à nouvel
ordre, sans un décret de l'assemblée nationale, & autrement
qu'en présence de ses commissaires ; 2°. qu'en présence
desdits commissaires, il sera remis dans le jour au trésor
public, par les administrateurs de la caisse d'escompte, vingt
millions en billets, qui seront employés aux dépenses publiques, & tiendront lieu des assignats décrétés par le décret
de ce jour.

LE ROI a sanctionné & sanctionne ledit décret, pour être
exécuté selon sa forme & teneur. FAIT à Paris, le vingt-deux
avril mil sept cent quatre-vingt-dix. *Signé* LOUIS. *Et plus
bas*, par le roi, DE SAINT-PRIEST.

LETTRES

# LETTRES PATENTES DU ROI,

*Sur un décret de l'Assemblée nationale, portant que les précédens Décrets qui règlent les conditions nécessaires pour être Citoyen actif seront exécutés sans avoir égard aux dispenses d'âge.*

Données à Paris, le 23 Avril 1790.

LOUIS, par la grâce de Dieu & par la loi constitutionnelle de l'état, ROI DES FRANÇOIS : A tous ceux qui ces présentes lettres verront ; SALUT. L'assemblée nationale a décrété, le 10 de ce mois, & nous voulons & ordonnons ce qui suit :

LES précédens décrets par nous acceptés, & qui règlent les conditions nécessaires pour être citoyen actif, seront exécutés en toutes circonstances, sans aucunes exceptions quelconques, & notamment sans égard aux dispenses d'âge qui ont pu être ci-devant obtenues.

MANDONS & ordonnons à tous les tribunaux, corps administratifs & municipalités, que les présentes ils fassent transcrire sur leurs registres, lire, publier & afficher dans leurs ressorts & départemens respectifs, & exécuter comme loi du royaume. En foi de quoi nous avons signé & fait contresigner lesdites présentes, auxquelles nous avons fait apposer le sceau de l'état. A Paris, le vingt-troisième jour du mois d'avril, l'an de grâce mil sept cent quatre-vingt-dix, & de notre règne le seizième. *Signé* LOUIS. *Et plus bas*, par le roi, DE SAINT-PRIEST. Et scellées du sceau de l'état.

*Tome I.*        Aaaaa

# PROCLAMATION DU ROI,

*Sur le décret de l'Assemblée nationale , du 9 du présent mois , relatif aux mesures à remplir par les Municipalités qui voudront acquérir des Biens domaniaux ou ecclésiastiques , & notamment par la Municipalité de Paris.*

Du 25 avril 1790.

VU par le roi le décret dont la teneur suit :

*E X T R A I T du procès-verbal de l'Assemblée nationale, du 9 avril 1790.*

L'ASSEMBLÉE nationale , considérant qu'il est important d'assurer le payement à époques fixes, des obligations municipales qui doivent être un des gages des assignats,

Décrète que toutes les municipalités qui voudront , en vertu des précédens décrets , acquérir des biens domaniaux & ecclésiastiques , devront , préalablement au traité de vente, soumettre au comité chargé par l'assemblée de l'aliénation de ces biens , les moyens qu'elles auront pour garantir l'acquittement de leurs obligations , aux termes qui seront convenus ;

En conséquence , que la commune de Paris sera tenue de fournir une soumission de capitalistes solvables & accrédités, qui s'engageront à faire les fonds dont elle auroit besoin pour acquitter les premières obligations , jusqu'à concurrence de soixante-dix millions ;

Et qu'elle est autorisée à traiter des conditions de cette

foumiffion, à la charge d'obtenir l'approbation de l'affemblée nationale.

> COLLATIONNÉ à l'original, par nous préfident & fecrétaires de l'affemblée nationale, à Paris, le neuf avril mil fept cent quatre-vingt-dix. *Signé* le baron DE MENOU, *préfident*; GOSSIN, *fecrétaire*; MOUGINS DE ROQUEFORT, *fecrétaire*; le marquis DE BONNAY, *fecrétaire*; le prince DE BROGLIE, *fecrétaire*; BREVET DE BEAUJOUR, *fecrétaire*; LAPOULE, *fecrétaire*.

LE ROI a fanctionné & fanctionne ledit décret, ordonne qu'il fera envoyé à toutes les municipalités, pour être exécuté par chacune d'elles felon fa forme & teneur. A Paris, le vingt-cinq avril mil fept cent quatre-vingt-dix. *Signé* LOUIS. *Et plus bas*, par le roi, DE SAINT-PRIEST.

# PROCLAMATION DU ROI,

*Concernant la vérification des Rôles supplétifs pour les six derniers mois* 1789, *& de ceux des Impositions ordinaires de* 1790, *dans la province de l'île-de-France.*

Du 25 Avril 17 90.

LE ROI, par l'article premier des instructions du 21 mars 1790, publiées par ses ordres pour accélérer la confection des rôles supplétifs des six derniers mois 1789 & de ceux de 1790, dans les différentes villes & communautés de l'île-de-France, a ordonné que les procès-verbaux de changemens & évaluations qui auroient été dressés pour parvenir à la rédaction desdits rôles, par les commissaires aux impositions avec les membres des précédentes assemblées municipales, & signés par lesdits officiers municipaux avant la formation complette de la nouvelle municipalité, auroient leur plein & entier effet. En conséquence, sa majesté a déclaré réguliers les rôles formés par les commissaires aux impositions, d'après lesdits procès-verbaux, & ordonné que les expéditions en forme desdits rôles seroient signées sans aucun retard, & présentées ensuite à la vérification ; faisant sa majesté très-expresses inhibitions & défenses aux nouvelles municipalités, d'élever aucune contestation sur les évaluations antérieurement faites & réglées, & de retarder sous aucun prétexte la vérification & mise desdits rôles en recouvrement.

Sa majesté est informée que, malgré lesdites injonctions & défenses, quelques-unes des nouvelles municipalités diffèrent ou refusent de signer les rôles qui leur ont été envoyés pour être ensuite présentés à la vérification, sous le prétexte que les procès-verbaux de changemens & évaluations ont été concertés avec les membres des précédentes affemblées municipales, & non point avec elles. Pour faire ceffer l'effet de ces retards inexcufables fous tous les rapports & prévenir de femblables difficultés, fa majefté a ordonné & ordonne ce qui fuit :

## ARTICLE PREMIER.

LES nouveaux officiers municipaux auxquels ont été communiquées les expéditions du rôle fupplétif pour les fix derniers mois 1789 ou de celui de 1790, formés & rédigés d'après les procès-verbaux de changemens & évaluations arrêtés de concert par le commiffaire aux impofitions avec la précédente municipalité, feront tenus de faire remettre au receveur particulier des finances lefdites expéditions fignées d'eux dans le délai de trois jours, à partir de celui où la préfente proclamation leur aura été fignifiée à la requête du procureur-fyndic du département ; faute de quoi lefdits officiers municipaux feront perfonnellement & folidairement garans & refponfables du retard des recouvremens, fans que la préfente difpofition puiffe être réputée comminatoire ; à l'effet de quoi, faute par lefdits officiers municipaux d'avoir, dans le délai de trois jours ci-deffus prefcrit, fait la remife defdites expéditions, le receveur particulier des finances fera & demeurera autorifé à faire fignifier auxdits officiers municipaux la déclaration de leur garantie & refponfabilité folidaire.

## I I.

LESDITES expéditions des rôles remifes au receveur particulier des finances par les municipalités en retard, conformément à l'article précédent, feront par lui dépofées entre les mains des officiers des élections, pour lefdits rôles être vérifiés & rendus exécutoires, & enfuite mis en recouvrement.

## I I I.

POUR prévenir de femblables retards, autorife fa majefté les officiers des fièges d'élection de la province de l'île-de-

France, a proceder à la vérification de ceux des rôles supplétifs des six derniers mois mil sept cent quatre-vingt-neuf, & de ceux de mil sept cent quatre-vingt-dix, qui ne seroient pas encore rendus exécutoires, aussi-tôt qu'ils leur seront présentés par le commissaire aux impositions, revêtus de la signature dudit commissaire, & en outre de son certificat au pied desdits rôles, portant qu'ils ont été par lui dressés d'après le procès-verbal de changemens & évaluations concerté par lui avec les membres de la précédente municipalité, signé desdits anciens officiers municipaux, vérifié par le bureau intermédiaire & étant entre ses mains. A Paris, le vingt-cinq avril mil sept cent quatre-vingt-dix. *Signé* LOUIS. *Et plus bas*, par le roi, DE SAINT PRIEST.

# PROCLAMATION DU ROI,

*Pour les Impositions de* 1790, *en Languedoc.*

Du 25 Avril 1790.

LE ROI a fait connoître, par sa proclamation du 27 décembre dernier, de quelle manière il devoit être procédé en Languedoc à l'imposition des biens ci-devant privilégiés, tant pour les six derniers mois 1789, que pour la présente année 1790; mais différens doutes qui se sont élevés sur l'execution de cette loi exigent que sa majesté explique plus particulièrement ses intentions. Il est nécessaire en même-temps qu'elle pourvoye à ce que, conformément au décret de l'assemblée nationale du 26 septembre dernier, sanctionné par les lettres patentes du 27 du même mois, les impositions de 1790 soient levées dans cette province sur le même pied qu'elles l'ont été en 1789, en cotisant néanmoins les ci-devant privilégiés avec les autres contribuables, dans la même proportion & la même forme, à raison de leurs propriétés, exploitations & autres facultés. Sa majesté s'est fait représenter à cet effet les lettres patentes, commission & arrêts portant fixation des sommes à imposer en 1789, tant pour le don gratuit que pour la capitation & impositions accessoires, vingtièmes & autres, ensemble les lettres patentes du 26 mars dernier, sur le décret du 23, portant établissement en Languedoc d'une commission principale & des commissions secondaires qui puissent, à défaut de commissions intermédiaires dans cette province, assurer le recouvrement desdites impositions. En conséquence, sa majesté a ordonné & ordonne ce qui suit:

### ARTICLE PREMIER.

POUR composer la commission provisoire, établie par l'article premier du décret du 23 mars dernier, sa majesté a

nommé le fieur Chauliac, officier municipal de Touloufe ; le
fieur abbé Gauzy, doyen du chapitre de Caftelnaudary ; le
fieur Souteyran neveu, le fieur Sicard, confeiller en la cour
des aides de Montpellier ; le fieur Boiffier de Sauvage, d'Alais ;
le fieur Boyer, fubftitut du procureur de la commune à Alby ;
le fieur de l'Hermet, ancien fyndic du diocèfe de Mende, &
le fieur Barruel, lieutenant général de la fénéchauffée de
Ville-neuve-de-Berg.

### I I.

LADITE commiffion procèdera à la répartition des impofitions de la préfente année 1790, fuivant les formes ufitées
dans la province de Languedoc, en y comprenant les biens
ci-devant privilégiés, ainfi qu'il eft prefcrit par le décret du
27 feptembre dernier, & elle connoitra de tous les objets attribués ci-devant à la commiffion de 1734 & à la commiffion
des vingtièmes, jufqu'à ce qu'il en foit autrement ordonné.

### I I I.

SOUS la dénomination de biens privilégiés feront compris, non-feulement les fonds de terre, bois, maifons, châteaux, moulins, forges, verreries, pêcheries, ufines & fabriques, enfin toute efpèce d'immeubles réels, reconnus ou réputés nobles, mais encore les cens, champarts, bacs, péages,
rentes feigneuriales, dixmes eccléfiaftiques ou inféodées, &
autres redevances ou droits & revenus quelconques tenus
noblement, & qui par cette raifon n'étoient point affujettis à
la taille.

### I V.

DANS le département defdites impofitions, il fera fait diftinction entre les fonds d'héritages, c'eft-à-dire, les fonds de
terre ou bâtimens de toute efpèce, ci-devant tenus noblement,
& les droits ou revenus nobles, confiftant en cens, champarts,
rentes feigneuriales, &c., pour, du produit de la contribution qui fera fupportée par les fonds d'héritages, être fait

un

un moins impofé fur l'univerfalité de la province , tandis que la contribution des droits & revenus nobles ne profitera qu'aux municipalités dans le territoire defquelles lefdits droits feront perçus.

## V.

LES fonds d'héritages & autres immeubles réels, ci-devant privilégiés, feront allivrés conformément à ce qui eft prefcrit par les art. II , III & IV de la proclamation du 27 décembre dernier, & portés tant fur les rôles de fupplément des impofitions ordinaires & directes, pour les fix derniers mois 1789 , que fur les rôles des mêmes impofitions pour l'année 1790 , fauf aux communautés dans lefquelles les fonds de terre cidevant nobles ont été ajoutés aux compoix, à s'en tenir à cet allivrement, pour régler la cotifation defdits biens à la taille ; & dans les communautés où lefdits fonds d'héritages cidevant privilégiés ne font pas portés fur le compoix , l'allivrement en fera réglé également d'après les déclarations des propriétaires , ou fuivant l'évaluation & eftimation qui en feront faites par experts , au *prorata* des biens ruraux du même taillable.

## V I.

QUANT aux cens , rentes feigneuriales & autres droits ou revenus nobles, il en fera fait déclaration par les propriétaires , conformément à l'art. II de la proclamation du 27 décembre ; où à défaut de déclaration , il en fera fait évaluation par enquête fur commune renommée ; & fur ladite déclaration ou évaluation, lefdits revenus & droits nobles feront allivrés dans chaque communauté fur la proportion exacte du compoix-terrier , de telle manière que cent livres de revenus de cette efpèce fupportent le même allivrement qu'un fonds d'héritage d'un pareil produit, & par conféquent la même contribution à la taille ; auquel effet, cet allivrement fera additionné aux rôles & brevets ordinaires dans chaque taillable.

## V I I.

LES fonds de terre & autres immeubles réels qui ne font

*Tome I.*                    B b b b b

enclavés dans le territoire d'aucune communauté, ainsi que les maisons & terres situées dans les villes ou communautés ci-devant franches & immunes de tailles, feront allivrés par les commissions secondaires, établies en vertu du décret du 23 mars dernier, suivant les formes ci-dessus prescrites, à moins que lesdites villes ou communautés franches n'ayent déjà un compoix pour leurs affaires particulières, dans lequel les biens-fonds & maisons seroient allivrés; auquel cas, il sera procédé seulement à l'estimation générale de leur terroir, eu égard à l'allivrement des autres communautés dans le tarif du diocèse.

## V I I I.

A l'égard des cens, rentes & autres droits ou revenus nobles, assis ou perçus dans le territoire desdites villes & communautés franches, l'allivrement en sera fait & réglé ainsi qu'il est prescrit par l'art. VI de la présente proclamation. Permet néanmoins sa majesté aux commissions secondaires de traiter par abonnement, s'il y a lieu, avec les habitans desdites communautés &. les propriétaires desdits biens & droits nobles, de la somme à payer, tant pour les six derniers mois 1789, que pour la présente année 1790.

## I X.

FAUTE par les possesseurs & propriétaires des biens-fonds, revenus & droits spécifiés dans les articles précédens, de fournir leurs déclarations dans le délai d'un mois, à compter du jour de la publication de la présente proclamation, les municipalités ou communautés dans le territoire desquelles les biens nobles, désignés par les art. V & VII, font situés ou perçus, & les commissions secondaires, pour ceux des biens désignés par les art. VI & VIII, feront procéder à leur allivrement; savoir, pour les fonds d'héritages nobles ou immunes de tailles, par la voie de l'arpentage & estimation par experts; & pour les revenus & droits nobles, par la voie de l'enquête sur commune renommée; dans lesquels cas les frais faits pour parvenir audit allivrement feront à la charge des propriétaires défaillans ou refufans, contre lefquels il fera délivré exécutoire pour le payement de ces frais.

### X.

LES maires & officiers municipaux des villes & communautés, après en avoir délibéré avec les notables, enverront le plus tôt poffible aux commiffions fecondaires les états détaillés par défignation de propriétaire, tant des fonds d'héritages & immeubles réels précédemment tenus noblement, & enclavés dans leur territoire, qué des droits & revenus nobles perçus dans leur même territoire, en ufant de la diftinction établie par l'article IV. Ils enverront en outre l'état du nouvel allivrement, & la note du montant de la contribution que cet allivrement auroit fupportée, s'il eût été compris dans les rôles ordinaires de 1789, de laquelle contribution moitié formera la cote fupplétive à fupporter par les biens & droits ci-devant privilégiés pour les fix derniers mois de ladite année 1789.

### X I.

QUINZE jours après l'envoi des états mentionnés en l'article précédent, chaque commiffion fecondaire adreffera à la commiffion principale, en la ville de Montpellier, le tableau général defdits états; & fur ces tableaux réunis, la commiffion principale rédigera le rôle général de la contribution qui fera fupportée par tous les fonds d'héritages ci-devant privilégiés : elle formera enfuite celui du moins impofé réfultant des cotes fupplétives des fix derniers mois 1789, lequel profitera à l'univerfalité des contribuables, au moins fur le dernier terme de leur contribution, fi l'état ne pouvoit en être plus tôt arrêté, afin que les perceptions ordinaires n'éprouvent aucun retard.

### X I I.

LA capitation faifant partie des impofitions ordinaires & directes, les eccléfiaftiques y feront affujettis comme les autres contribuables, tant pour les fix derniers mois 1789 que pour la préfente année 1790. Pourront néanmoins lefdits eccléfiaftiques, conformément au décret de l'affemblée nationale du 23 janvier dernier, donner en compenfation de leur cotifation fupplétive, tant à la capitation qu'aux autres impofitions pour les fix derniers mois 1789, les quittances des décimes par eux payées pour le même femeftre 1789.

## X I I I.

Au moyen de la contribution qui fera fupportée par les biens, droits & revenus ci-devant privilégiés, conformément à ce qui eft prefcrit ci-deffus, le rôle connu dans la province fous le nom de *rôle des vingtièmes des biens & droits nobles, bacs & péages*, &c. fera fupprimé, & le montant des fommes qui y étoient portées fera additionné aux autres impofitions de l'année 1790.

## X I V.

Les rôles de fupplément pour les fix derniers mois 1789, ordonnés par l'article II du décret du 26 feptembre dernier, & qui doivent être mis à la fuite des rôles des anciens contribuables, énonceront les noms, qualités & demeures de tous les privilégiés qui pofsèdent des biens en franchife perfonnelle ou réelle, laïcs ou eccléfiaftiques, la défignation de ces biens, ainfi que le montant des cotes refpectives aux impofitions qui, d'après ledit décret, leur deviennent communes avec les anciens taillables.

## X V.

En exécution du décret du 26 feptembre dernier, les impofitions ordinaires, directes & indirectes à lever en 1790 pour le tréfor royal, feront réglées, levées & perçues fur tous & chacun les diocèfes du Languedoc, conformément aux commiffions, lettres patentes & arrêts du confeil qui ont réglé ces impofitions pour l'année 1789.

## X V I.

PERMET fa majefté d'impofer, en fus des fommes prove-
nantes de l'article précédent, celles qui feront jugées néceffaires
par la commiffion principale, pour les dépenfes particulières
de la province ou de celles des fénéchauffées qui, fuivant l'ancien ufage, pourvoyoient par des départemens féparés à leurs
charges refpectives. Et feront en outre levées toutes les fommes
qui font régiées & d'ufage, tant pour les taxations & remifes
ordinaires du tréforier général de la province & des receveurs
particuliers, que pour l'acquittement des frais de rôle, de
collecte & de recouvrement, & pour faire face aux non-
valeurs, décharges ou modérations, s'il y échoit; fauf à ladite
commiffion principale & aux commiffions fecondaires à
déterminer l'emploi des impofitions levées pour acquitter les
charges de la province.

## X V I I.

LES rôles de fupplément fur les ci-devant privilégiés pour
les fix derniers mois 1789 feront recouvrés par les collecteurs de l'année 1789; & quant aux impofitions de l'année
1790, les rôles en feront recouvrés par les collecteurs choifis
ou nommés fuivant l'ufage de la province pour ladite année,
ainfi & de la manière que l'ont été les rôles des impofitions
correfpondantes en 1789; tous les règlemens rendus fur le
fait des impofitions, & particuliers à la province de Languedoc, devant être exécutés en tout ce qui n'y eft pas dérogé
par la préfente proclamation.

## X V I I I.

LE produit des impofitions de 1790 fera, conformément
aux lettres patentes du 3 février dernier, fur le décret de l'affemblée nationale du 30 janvier précédent, verfé net, aux
termes ordinaires & accoutumés, par les collecteurs & receveurs
de chaque ville ou communauté, entre les mains du receveur

de chaque diocèfe, & par celui-ci, à fur & à mefure de fes recouvremens, en la caiffe du tréforier général de la province de Languedoc.

### X I X.

LA commiffion principale & les commiffions fecondaires font autorifées à traiter avec le tréforier général de la province, & avec les receveurs particuliers des diocèfes, aux conditions ordinaires pour l'avance du premier terme des contributions.

### X X.

N'ENTEND néanmoins fa majefté rien innover quant à l'emploi & au verfement de la partie des impofitions levées pour le tréfor royal, ou pour les objets relatifs au fervice qui ont une deftination précife, laquelle fera confervée & maintenue comme par le paffé jufqu'à nouvel ordre.

### X X I.

ENJOINT fa majefté aux commiffaires qui doivent compofer, tant la commiffion principale féant à Montpellier, que les commiffions fecondaires dans les villes chef-lieux des diocèfes, établies en exécution du décret du 23 mars dernier, ainfi qu'à tous autres exerçant les fonctions municipales dans les villes, paroiffes & communautés du Languedoc, de concourir, veiller, s'employer & tenir la main à l'exécution de la préfente proclamation, qui fera imprimée, publiée & affichée par-tout où befoin fera. A Paris, le vingt-cinq avril mil fept cent quatre-vingt-dix. *Signé* LOUIS. *Et plus bas*, par le roi, DE SAINT-PRIEST.

# LETTRES PATENTES DU ROI,

*Sur un décret de l'Assemblée nationale, interprétatif de celui des 8 & 9 Octobre dernier, concernant la réformation provisoire de la Procédure criminelle.*

Données à Paris, le 25 Avril 1790.

LOUIS, par la grâce de Dieu & par la loi conftitutionnelle de l'état, ROI DES FRANÇOIS : A tous ceux qui ces préfentes lettres verront; SALUT. L'affemblée nationale, ouï le rapport du mémoire remis par notre très-cher & féal garde des fceaux de France, & de plufieurs autres adreffes concernant des diffi-cultés élevées fur l'exécution de fon décret des 8 & 9 octobre dernier, par nous fanctionné, touchant la réformation pro-vifoire de l'ordonnance criminelle; confidérant combien il importe qu'une loi auffi effentielle à la fûreté publique & à la liberté individuelle foit uniformément conçue & exécutée par ceux qui font chargés de l'appliquer, a décrété, le 22 de ce mois, & nous voulons & ordonnons ce qui fuit :

### ARTICLE PREMIER.

LES adjoints doivent être appelés au rapport des procé-dures fur lefquelles interviendront les décrets.

### I I.

LES adjoints qui affifteront au rapport ne pourront inter-rompre le rapporteur; mais avant de fe retirer, ils pourront faire aux juges toutes les obfervations qui, pour l'éclairciffe-ment des faits, leur paroîtront convenables.

### I I I.

LA préfence des adjoints aura lieu dans tous les cas jufqu'à ce que les accusés ou l'un d'eux ayent satisfait au décret, ou que le jugement de défaut ait été prononcé contre eux ou l'un d'eux ; & après cette époque, le surplus de la procédure sera fait publiquement, tant à l'égard des accusés présens qu'à l'égard des accusés absens ou contumax.

### I V.

NUL citoyen ne sera contraint d'accepter la fonction honorable de représenter la commune en qualité d'adjoint.

### V.

LES juges ou les officiers du ministère public feront notifier, par un écrit signé d'eux, aux greffes des municipalités, l'heure à laquelle ils devront procéder aux actes pour lesquels ils requièrent l'assistance des adjoints, & les municipalités seront chargées de pourvoir à ce qu'il se trouve toujours des notables disposés à remplir cette fonction.

### V I.

SI les adjoints ou l'un d'eux ne se trouvent pas à l'heure indiquée à l'acte de la procédure auquel ils auront été requis d'assister, le juge, pour procéder audit acte, sera tenu de nommer en leur place un ou deux d'entre les notables du conseil de la commune ; & s'ils ne comparoissent pas, le juge passera outre à la confection dudit acte, en faisant mention de sa réquisition, de l'absence des adjoints ou de l'un d'eux, de la nomination supplétoire par lui faite, & de la non-comparution des notables du conseil de la commune : ladite mention à peine de nullité.

### V I I.

LES adjoints qui seront parens ou alliés des parties, jusqu'au quatrième degré inclusivement, seront tenus de se récuser. Lorsqu'un adjoint comparoîtra pour la première fois dans une procédure, le juge sera tenu de l'avertir de cette obligation, & de lui déclarer les noms, surnoms & qualités des plaignans,

ainsi

ainsi que ceux des accusés qui se trouveront dénommés dans la plainte, à peine de nullité, sans que néanmoins on puisse déclarer nul l'acte auquel des parens avertis par le juge auroient assisté comme adjoints, en dissimulant leur qualité, ou faute d'avoir su qu'ils fussent parens de l'une ou de l'autre partie. La parenté des adjoints avec les officiers du ministère public n'est point une cause de récusation.

## VIII.

LORSQU'UN acte d'instruction ne se fera que par le juge seul, accompagné du greffier, les adjoints qui y assisteront prendront séance après le juge au même bureau. Si l'acte se fait en la chambre du conseil & le tribunal assemblé, les adjoints prendront séance au banc du ministère public & après lui.

## X I.

IL ne sera donné aucun conseil à l'accusé ou aux accusés contumax ou absens.

## X.

IL ne sera délivré par le greffier qu'une seule copie sans frais, sur papier libre, de toute la procédure, quand bien même il y auroit plusieurs accusés qui requerroient ladite copie; & elle sera remise au conseil de l'accusé ou à l'ancien d'âge des conseils, s'il y en a plusieurs. Pourront néanmoins les autres accusés se faire expédier telles copies qu'ils voudront en payant les frais d'expédition.

## X I.

LORSQU'IL y aura un ou plusieurs accusés, chacun d'eux sera interrogé séparément, & il ne sera pas donné copie des interrogatoires subis par les autres à ceux qui seront interrogés les derniers, si ce n'est après qu'ils auront eux-mêmes subi leurs interrogatoires.

*Tome I.* C c c c c

## X I I.

L'ACCUSÉ ni fon confeil ne pourront, dans l'information, adreffer ni faire adreffer aucune interpellation au témoin ; mais lors de la confrontation, l'accufé ou fon confeil qui auront remarqué dans la dépofition du témoin ou dans fes déclarations quelque circonftance propre à éclaircir le fait ou à juftifier l'innocence de l'accufé, pourront requérir le juge de faire à ce fujet au témoin les interpellations convenables, & néanmoins l'accufé ni fon confeil ne pourront en aucun cas adreffer directement au témoin aucune interpellation.

## X I I I.

LES dispofitions de nos lettres patentes du mois d'octobre dernier, concernant la réformation provifoire de la procédure criminelle, non plus que celles des préfentes, n'auront aucune application au cas où le titre d'accufation ne pourra conduire à une peine afflictive ou infamante.

## X I V.

A l'avenir tous les procès de petit criminel feront portés & jugés à l'audience, & ne pourront en aucun cas être réglés à l'extraordinaire, à quelque fomme que les dommages & intérêts paroiffent devoir s'élever en définitif, dérogeant à toutes loix & règlemens à ce contraires.

MANDONS & ordonnons à tous les tribunaux, corps adminiftratifs & municipalités, que les préfentes ils faffent tranfcrire fur leurs regiftres, lire, publier & afficher dans leurs refforts & départemens refpectifs, & exécuter comme loi du royaume. En foi de quoi nous avons figné & fait contrefigner cefdites préfentes, auxquelles nous avons fait appofer le fceau de l'état. A Paris, le vingt-cinquième jour du mois d'avril, l'an de grâce mil fept cent quatre-vingt-dix, & de notre règne le feizième. *Signé* LOUIS. *Et plus bas*, par le roi, DE SAINT-PRIEST. Et fcellées du fceau de l'état.

# LETTRES PATENTES DU ROI,

*Sur le décret de l'Assemblée nationale, concernant l'Assiette des Impositions ordinaires de la ville de Paris, de l'année 1790.*

Données à Paris, le 29 Avril 1790.

LOUIS, par la grâce de Dieu & par la loi conftitution-nelle de l'état, ROI DES FRANÇOIS : A tous préfens & à venir ; SALUT. L'affemblée nationale, d'après le compte qui lui a été rendu par fon comité des finances, du régime qui a exifté par le paffé, pour l'affiette des impofitions ordinaires de la ville de Paris, a reconnu que pour remplir l'efprit de fes décrets des 26 feptembre & 28 novembre 1789, concernant les impofitions de 1790 ; il devenoit indifpenfable d'en déter-miner plus précifément les bafes pour l'affiette des impofitions ordinaires de la préfente année 1790 : en conféquence, elle a décrété, le 18 de ce mois, & nous voulons & ordonnons ce qui fuit :

### ARTICLE PREMIER.

TOUS les habitans de la ville de Paris, indiftinctement, feront compris dans le même rôle, pour l'impofition ordinaire à payer par chacun d'eux pour la préfente année 1790 ; le montant des locations fera l'unique bafe de la fixation des taxes, toutes les fois que le contribuable n'aura point de voiture.

### II.

LESDITES taxes feront réglées ; favoir, pour les loyers au-deffous de cinq cents livres, à raifon de neuf deniers pour livre

Ccccc 2

du montant defdits loyers ; pour ceux de cinq cents livres &
au-deffus, jufqu'à moins de fept cents livres, à raifon du fou
pour livre ou du vingtième des loyers ; & enfin, pour ceux
de fept cents livres & au-deffus, à raifon du quinzième du
montant des locations, le tout avec deux fous pour livre addi-
tionnels feulement, au lieu des quatre fous pour livre qui
étoient précédemment perçus. Les taxes des fimples journaliers
feront réduites de trente-fix fous, à quoi elles étoient fixées
par le paffé, à vingt-quatre fous feulement, fans aucuns
acceffoires.

### I I I.

Il ne fera dérogé aux proportions réglées par l'article précédent que pour les contribuables ayant une voiture, foit à
deux chevaux, foit à un feul cheval, lefquels ne pourront
être impofés, les premiers, à moins de cent cinquante livres
de principal, & les feconds, à moins de cent livres auffi de
principal ; mais la bafe du loyer fera préférée, toutes les fois
qu'il en réfultera une cotifation excédant les fixations ci-deffus
déterminées.

### I V.

Il fera ajouté à chaque cote ainfi réglée, à l'exception de
celles relatives à des loyers au-deffous de cinq cents livres ;
favoir, deux fous pour livre à celles provenant des loyers de
cinq cents livres & au-deffus, jufqu'à moins de fept cents
livres, & quatre fous pour livre, à celles relatives à des loyers
de fept cents livres & au-deffus, pour tenir lieu de la taxe
individuelle à laquelle les domeftiques étoient ci-devant
impofés.

### V.

Les rôles des impofitions de la ville de Paris feront encore,
pour la préfente année 1790, arrêtés & rendus exécutoires,
ainfi & de la même manière que l'ont été ceux de l'année
1789.

## V I.

LES contribuables qui auroient des réclamations à faire contre leur cotifation dans les rôles de 1790 fe pourvoiront, jufqu'à ce qu'il en ait été autrement ordonné, pardevant le comité compofé des confeillers-adminiftrateurs de la ville de Paris, au département des impofitions, lequel, préfidé par le maire ou en fon abfence par le lieutenant de maire, ftatuera fur lefdites réclamations provifoirement & fans frais, conformément au décret de l'affemblée nationale, du 15 décembre 1789, concernant le jugement des conteftations relatives aux impofitions de ladite année 1789 & années antérieures.

MANDONS & ordonnons à tous les tribunaux & à la municipalité de Paris, que ces préfentes ils faffent tranfcrire fur leurs regiftres, lire, publier & afficher dans leurs refforts & départemens refpeétifs, & exécuter comme loi du royaume. En foi de quoi nous avons figné & fait contrefigner ces préfentes, aùxquelles nous avons fait appofer le fceau de l'état. A Paris, le vingt-neuvième jour du mois d'avril, l'an de grâce mil fept cent quatre-vingt-dix, & de notre règne le feizième. *Signé* LOUIS. *Et plus bas*, par le roi, DE SAINT-PRIEST. Vû au confeil, LAMBERT. Et fcellées du fceau de l'état.

## LETTRES PATENTES DU ROI,

*Sur un décret de l'Assemblée nationale, du 23 Avril 1790, qui déclare qu'aucun Citoyen ne peut être inquiété à raison de ses opinions.*

Données à Paris, le 30 Avril 1790.

LOUIS, par la grâce de Dieu & par la loi constitutionnelle de l'état, ROI DES FRANÇOIS : A tous ceux qui ces présentes letttres verront ; SALUT. L'assemblée nationale a déclaré, le 23 août 1789, & nous déclarons ce qui suit :

AUCUN citoyen ne peut être inquiété à raison des opinions ou projets par lui présentés, des abus par lui dénoncés, soit dans les assemblées élémentaires, soit dans le sein de l'assemblée nationale ; en conséquence, déclarons la procédure instruite par le parlement de Rouen contre notre procureur au bailliage de Falaise, nulle & attentatoire à la liberté nationale, & sur le surplus des demandes de notredit procureur, le renvoyons à se pourvoir ainsi & pardevant qui il appartiendra.

MANDONS & ordonnons à tous les tribunaux, corps administratifs & municipalités, que les présentes ils fassent transcrire sur leurs registres, lire, publier & afficher dans leurs ressorts & départemens respectifs, & exécuter comme loi du royaume. En foi de quoi nous avons signé & fait contresigner cesdites présentes, auxquelles nous avons fait apposer le sceau de l'état. A Paris, le trentième jour du mois d'avril, l'an de grâce mil sept cent quatre-vingt-dix, & de notre règne le seizième. *Signé* LOUIS. *Et plus bas*, par le roi, DE SAINT-PRIEST. Et scellées du sceau de l'état.

# LETTRES PATENTES DU ROI,

*Sur un décret de l'Assemblée nationale, concernant la Chasse.*

Données à Paris, le 30 Avril 1790.

LOUIS, par la grâce de Dieu & par la loi conftitutionnelle de l'état, ROI DES FRANÇOIS : A tous ceux qui ces préfentes lettres verront ; SALUT. L'affemblée nationale, confidérant que, par fes décrets des 4, 5, 7, 8 & 11 août 1789, le droit exclufif de la chaffe eft aboli, & le droit rendu à tout propriétaire de détruire ou faire détruire, *fur fes poffeffions feulement*, toute efpèce de gibier, fauf à fe conformer aux loix de police qui pourroient être faites relativement à la fûreté publique ; mais que, par un abus répréhenfible de cette difpofition, la chaffe eft devenue une fource de défordres qui, s'ils fe prolongeoient davantage, pourroient devenir funeftes aux récoltes, dont il eft fi inftant d'affurer la confervation, a par provifion, & en attendant que l'ordre de fes travaux lui permette de plus grands développemens fur cette matière, décrété, les 22, 23 & 28 de ce mois, & nous voulons & ordonnons ce qui fuit :

### ARTICLE PREMIER.

IL eft défendu à toutes perfonnes de chaffer, en quelque temps & de quelque manière que ce foit, fur le terrain d'autrui, fans fon confentement, à peine de vingt livres d'amende envers la commune du lieu, & d'une indemnité de dix livres envers le propriétaire des fruits, fans préjudice de plus grands dommages-intérêts, s'il y échoit.

Défenfes font pareillement faites, fous ladite peine de vingt livres d'amende, aux propriétaires ou poffeffeurs de chaffer dans leurs terres non clofes, même en jachères, à compter du jour de la publication des préfentes, jufqu'au premier feptembre prochain, pour les terres qui feront alors dépouillées, & pour les autres terres, jufqu'après la dépouille entière des fruits, fauf à chaque département à fixer pour l'avenir le temps dans lequel la chaffe fera libre, dans fon arrondiffement, aux propriétaires fur leurs terres non clofes.

### I I.

L'AMENDE & l'indemnité ci-deffus ftatuées contre celui qui aura chaffé fur le terrain d'autrui feront portées refpectivement à trente livres & à quinze livres, quand le terrain fera clos de murs & de haies, & à quarante livres & vingt livres, dans le cas où le terrain clos tiendroit immédiatement à une habitation, fans entendre rien innover aux difpofitions des autres loix qui protègent la fûreté des citoyens & de leurs propriétés, & qui défendent de violer les clôtures, & notamment celles des lieux qui forment leur domicile, ou qui y font attachés.

### I I I.

CHACUNE de ces différentes peines fera doublée en cas de récidive ; elle fera triplée, s'il furvient une troifième contravention ; & la même progreffion fera fuivie pour les contraventions ultérieures ; le tout dans le courant de la même année feulement.

### I V.

LE contrevenant qui n'aura pas, huitaine après la fignification du jugement, fatisfait à l'amende prononcée contre lui, fera contraint par corps, & détenu en prifon pendant vingt-quatre heures pour la première fois ; pour la feconde fois pendant huit jours ; & pour la troifième ou ultérieure contravention, pendant trois mois.

### V.

DANS tous les cas, les armes avec lefquelles la contravention

aura

aura été commife, feront confifquées, fans néanmoins que les gardes puiffent défarmer les chaffeurs.

## V I.

Les pères & mères répondront des délits de leurs enfans mineurs de vingt ans, non mariés & domiciliés avec eux, fans pouvoir néanmoins être contraints par corps.

## V I I.

Si les délinquans font déguifés ou mafqués, ou s'ils n'ont aucun domicile connu dans le royaume, ils feront arrêtés fur-le-champ, à la réquifition de la municipalité.

## V I I I.

Les peines & contraintes ci-deffus feront prononcées fommairement & à l'audience par la municipalité du lieu du délit, d'après les rapports des gardes-meffiers, baugards ou gardes-champêtres, fauf l'appel, ainfi qu'il a été réglé par le décret de l'affemblée nationale, du 23 mars dernier, que nous avons accepté : elles ne pourront l'être que, foit fur la plainte du propriétaire ou autre partie intéreffée, foit même dans le cas où l'on auroit chaffé en temps prohibé, fur la feule pourfuite du procureur de la commune.

## I X.

A cet effet, le confeil général de chaque commune eft autorifé à établir un ou plufieurs gardes-meffiers, baugards ou gardes-champêtres, qui feront reçus & affermentés par la municipalité, fans préjudice de la garde des bois & forêts, qui fe fera comme par le paffé, jufqu'à ce qu'il en ait été autrement ordonné.

## X.

Lesdits rapports feront ou dreffés par écrit, ou faits de vive voix au greffe de la municipalité, où il en fera tenu regiftre. Dans l'un & l'autre cas, ils feront affirmés entre les

*Tome I.*                                    D d d d d

mains d'un officier municipal , dans les vingt-quatre heures
du délit qui en fera l'objet , & ils feront foi de leur contenu
jufqu'à la preuve contraire , qui pourra être admife fans
infcription de faux.

## X I.

Il pourra être fuppléé auxdits rapports par la dépofition de
deux témoins.

## X I I.

Toute action pour délit de chaffe fera prefcrite par le
laps d'un mois, à compter du jour où le délit aura été
commis.

## X I I I.

Il eft libre à tous propriétaires ou poffeffeurs , de chaffer
ou faire chaffer en tout temps, & nonobftant l'article premier
des préfentes, dans fes lacs & étangs, & dans celles de fes
poffeffions qui font féparées par des murs ou des haies
vives, d'avec les héritages d'autrui.

## X I V.

Pourra également tout propriétaire ou poffeffeur, autre
qu'un fimple ufager, dans les temps prohibés par ledit article
premier, chaffer ou faire chaffer, fans chiens courans, dans
fes bois & forêts.

## X V.

Il eft pareillement libre, en tout temps, aux propriétaires
ou poffeffeurs, & même au fermier, de détruire le gibier
dans fes récoltes non clofes, en fe fervant de filets ou autres
engins qui ne puiffent pas nuire aux fruits de la terre, comme
auffi de repouffer avec des armes à feu les bêtes fauves qui
fe répandroient dans lefdites récoltes.

## X V I.

Il fera pourvu par une loi particulière à la confervation
de nos plaifirs perfonnels ; & par provifion, en attendant

que nous ayons fait connoître les cantons que nous voulons réferver exclufivement pour notre chaffe, défenfes font faites à toutes perfonnes de chaffer & de détruire aucune efpèce de gibier dans les forêts à nous appartenant, & dans les parcs attenant aux maifons royales de Verfailles, Marli, Rambouillet, Saint-Cloud, Saint-Germain, Fontainebleau, Compiègne, Meudon, bois de Boulogne, Vincennes & Villeneuve-le-Roi.

MANDONS & ordonnons à tous les tribunaux, corps adminiftratifs & municipalités, que les préfentes ils faffent tranfcrire fur leurs regiftres, lire, publier & afficher dans leurs refforts & départemens refpectifs, & exécuter comme loi du royaume. En foi de quoi nous avons figné & fait contrefigner cefdites préfentes, auxquelles nous avons fait appofer le fceau de l'état. A Paris, le trentième jour du mois d'avril, l'an de grâce mil fept cent quatre-vingt-dix, & de notre règne le feizième. *Signé* LOUIS. *Et plus bas*, par le roi, DE SAINT-PRIEST. Et fcellées du fceau de l'état.

# EXTRAIT

## DU PROCÈS-VERBAL

## DE L'ASSEMBLÉE NATIONALE,

### *Du 30 Avril 1790.*

### ADRESSE DE L'ASSEMBLÉE NATIONALE

## AUX FRANÇOIS,

*Sur l'émission des Assignats - monnoie.*

L'Assemblée nationale vient de faire un grand pas vers la régénération des finances. Elle s'est déterminée à de grands sacrifices ; elle n'a été arrêtée par aucun obstacle , par aucun préjugé : le salut de l'état lui en imposoit le devoir. Espérant tout de l'esprit public, qui chaque jour semble acquérir de nouvelles forces, l'assemblée nationale eût pu ne craindre aucune fausse interprétation de ses motifs & se reposer sur leur pureté ; mais cette confiance d'elle-même ne lui suffit pas ; elle veut que la nation entière puisse la juger, & jamais de plus grands intérêts n'ont été soumis à un tribunal plus imposant.

Donner une constitution à l'empire ; assurer par elle le destin de la fortune publique , & par la fortune publique , le maintien de la constitution ; telle fut la mission de l'assemblée nationale.

François, les bases de la constitution sont posées ; le roi que vous chérissez les a acceptées : vos suffrages ont accueilli ce premier fruit de nos travaux ; & dès ce moment , c'est avec la certitude que nous allions travailler pour un peuple libre, que nous avons entrepris de rétablir l'ordre dans les finances.

Un abîme étoit ouvert devant nous; des impôts à-la-fois exceſſifs & oppreſſeurs dévoroient en vain la ſubſtance du peuple; ils étoient inſuffiſans à l'immenſité des charges publiques : ſoixante millions de nouveaux ſubſides les euſſent à peine acquittées; & tandis que les dépenſes les plus néceſſaires étoient arriérées, tandis que les créanciers les plus légitimes étoient ſoumis à d'injuſtes délais, les reſſources même de l'avenir n'avoient pas été reſpeɛtées.

L'aſſemblée nationale n'a oppoſé à tant de déſordres que votre autorité, ſon courage & ſes principes. Juſte & inébranlable à-la-fois, ce que chacun de vous eût dit, elle l'a dit en votre nom. Fidélité pour tous les engagemens, ſoulagement pour le peuple; tel étoit votre vœu, tel a été ſon ſerment.

Une recherche ſévère ſur les dépenſes lui a prouvé que la ſomme des anciens revenus ſeroit plus que ſuffiſante, lorſqu'ils ceſſeroient d'être prodigués. Elle a ordonné auſſi-tôt toutes les économies qui pouvoient s'opérer ſans délai; elle a tout préparé pour les autres.

L'examen des anciens revenus lui a montré que le peuple pouvoit être fort ſoulagé, ſans que le tréſor public fût appauvri : déjà le plus déſaſtreux des impôts a été templacé par un ſubſide que n'accroiſſent plus des frais immenſes de perception, & cette première opération n'eſt que l'eſſai d'un plan général.

L'arriéré des dépenſes étoit incalculable, & le déſordre ſe perpétuoit à la faveur des ténèbres qui l'enveloppoient. L'aſſemblée nationale a porté la lumière dans cette obſcurité; elle a ſoumis à une liquidation rigoureuſe tout ce qui étoit dû au premier janvier dernier, & à un payement régulier toutes les dépenſes à partir de ce jour.

Les anticipations abſorboient une grande partie des revenus de l'année, & leur renouvellement eût continué, dans les années fuivantes, de mettre au hafard d'un crédit incertain & ruineux les befoins les plus urgens & les engagemens les plus facrés. L'affemblée n'a point voulu facrifier plus long-temps l'avenir au préfent, & fans autre calcul, elle a défendu toute anticipation nouvelle.

Elle employoit en même-temps tous fes coopérateurs, les uns à approfondir la dette publique en en préparant la liquidation, les autres à méditer un fyftême d'impofition établi fur les bafes de la liberté, & réglé d'après les véritables convenances de la chofe publique; d'autres à combiner les befoins de l'état avec ceux de l'agriculture & du commerce; d'autres enfin, à connoître la valeur des domaines que, dans des temps plus heureux ou moins éclairés, nos pères avoient affignés à l'acquittement d'une partie des charges publiques. L'affemblée nationale préparoit ainfi les matériaux du plan régénérateur que les repréfentans de la nation pouvoient feuls entreprendre avec quelque efpoir de fuccès.

Ce plan fi vafte, fruit de tant de travaux divers, ne pouvoit promettre ces réfultats heureux que dans l'avenir. L'affemblée nationale en a irrévocablement fixé le terme à l'année prochaine; & pour atteindre à cette époque fans compromettre, ni la sûreté publique, ni les principes d'une fage adminiftration, elle a porté une attention courageufe fur les befoins urgens de la préfente année.

C'eft fur cette année particulièrement que pefoit l'accumulation de tous les défordres précédens. Tandis que la plus grande partie des recettes ordinaires étoit fufpendue ou détruite, foit par les chocs inféparables de la plus heureufe révolution, foit par l'incertitude qui accompagne les changemens, même les plus favorables; tandis que la réduction des dépenfes ne donnoit encore que des fecours lents & graduels, il falloit à-la-fois fournir aux frais de l'adminiftration générale, acquitter une dette de cent foixante-dix millions, contractée fous la foi publique avec une banque dont le crédit avoit été la feule reffource de l'année dernière; éteindre cent quarante & un millions de ces anticipations proscrites par nos décrets & par la voix publique, & redevenir justes envers les rentiers de l'état, envers ces rentiers qui n'ont pas reçu encore les restes de l'année 1788, & dont l'aisance ou la misère influe si directement sur toutes les classes de l'industrie.

Telle étoit la position sur laquelle l'assemblée nationale a osé fixer ses regards sans désespérer de la patrie, & sans être détournée du ferme dessein de rejeter toute mesure qui mettroit obstacle au succès de ses méditations pour l'année 1791.

Le salut de l'état tenoit donc évidemment à la découverte & à l'emploi de ressources tout-à-la-fois nouvelles & immenses, avec lesquelles il fût possible d'atteindre cette époque importante, & sur-tout de l'atteindre sans accroître des charges déjà trop pesantes, & sans essayer les moyens illusoires d'un crédit anéanti.

Déterminée par ces puissantes considérations, convaincue, après un examen approfondi, qu'elle suivoit la seule marche convenable, l'assemblée nationale a rejeté tout expédient incertain; elle a osé croire qu'une nation puissante, qu'un peuple libre & gouverné par des loix, pouvoit, dans des circonstances difficiles, se commander à lui-même ce que l'autorité arbitraire eût en vain sollicité de la confiance publique. Déjà l'assemblée avoit décrété, le 19 décembre dernier, une création d'assignats sur le produit d'une vente des biens ecclésiastiques & domaniaux, jusqu'à la concurrence de quatre cent millions; déjà elle les avoit destinés à des remboursemens & à un subside pour les dépenses de l'année courante. En confirmant de nouveau ces dispositions, l'assemblée nationale vient de décréter que ces assignats feroient l'office de monnoie.

Délivrée, par ce grand moyen, de toute incertitude & de tous les résultats ruineux d'un crédit abandonné sans cesse aux caprices de la cupidité, la nation n'a plus besoin que d'union, de constance, de fermeté, que d'elle-même, en un mot, pour assurer à ce décret les plus heureux effets, pour qu'il ramène dans le public & dans toutes les branches de l'induſtrie épuiſée la force , l'abondance & la proſpérité.

François , les ennemis de la liberté peuvent ſeuls affoiblir cette eſpérance : il importe de rendre inutiles leurs inſinuations ; il importe de prouver juſqu'à l'évidence , que la réſolution de l'aſſemblée nationale n'eſt pas ſeulement fondée ſur la plus impérieuſe néceſſité , mais qu'elle l'eſt encore ſur des principes ſains , qu'elle l'eſt ſans inconvéniens ; que ſous tous les rapports , enfin , c'eſt une loi ſage & ſalutaire.

Portez un inſtant vos regards en arrière ; c'eſt le déſordre des finances qui nous ramène les jours heureux de la liberté : appelés par un roi citoyen au ſecours de la choſe publique , vous ne pouviez la ſauver d'une manière ſûre , honorable pour vous & pour lui , qu'en détruiſant les cauſes qui , après vous avoir accablés de maux , pourroient les reproduire un jour , & peut-être les rendre incurables. Le mépris des droits de l'homme étoit le principe de vos malheurs ; dès ce moment vos repréſentans ont dû poſer les droits de l'homme pour baſe d'une conſtitution propre à conſerver au royaume ſa force , aux François leur dignité , à la choſe publique tous les avantages réſultant de notre heureuſe poſition. Dès ce moment auſſi , les vrais repréſentans de la nation , ceux qui , ne voulant rien pour eux , ont tout demandé pour elle , n'ont eu que des combats à ſoutenir : ils les ont ſoutenus avec courage ; l'aſſemblée nationale n'en a que mieux connu vos vrais intérêts.

Par-tout où , ſous l'empire de la liberté , l'homme jouit de tous les droits dont la ſociété ne peut le priver ſans injuſtice , l'eſprit de corps ne ſauroit être conſervé ſans danger ; il tend ſans ceſſe à ſéparer ſon intérêt de l'intérêt commun : tous les moyens de réunion qu'on lui laiſſe ſont des armes offenſives. Vainement voudroit-on employer l'intérêt ſacré de la religion pour juſtifier une exception à ces principes , ſans leſquels il n'y a point de liberté. Les ſaints devoirs que la

religion

religion prefcrit, les auguftes myftères dont elle conferve la tradition, exigent fans doute une profeffion particulière, une profeffion qui confacre la vie entière à foutenir de grandes vérités par de grands exemples, mais elle ne doit pas féparer ceux qui l'embraffent du refte des citoyens. L'influence morale de la religion ne doit donner aucune influence politique à fes miniftres. Ainfi, travaillant à régénérer la France, à lui rendre la vraie liberté, à réunir tous les intérêts privés, toutes les volontés particulières fous l'empire de la volonté générale, la nation a dû reprendre à elle la difpofition de biens qui n'ont pu ceffer de lui appartenir, de biens qui fervoient moins à l'entretien décent des vrais miniftres du culte qu'à conftituer un état dans l'état, & à favorifer une dangereufe indépendance.

Dès-lors la nation a dû faire de ces biens l'ufage le plus fage, felon les conjonctures où elle fe trouve.

Subvenir à des dépenfes de fûreté, acquitter des engagemens dont la fufpenfion eft tout-à-la-fois défaftreufe pour les citoyens, & honteufe pour la nation, font les premiers befoins ou plutôt les premiers devoirs. Eût-il été poffible de les négliger long-temps fans compromettre le fort de tous les miniftres de la religion eux-mêmes? Peut-on concevoir une claffe d'hommes, une claffe de propriétés qui n'eût été perdue dans la confufion & dans l'anarchie? L'affemblée nationale eût donc manqué à tous les principes, elle eût trahi votre confiance en héfitant de confacrer dès-à-préfent une portion des domaines nationaux à la fûreté & au foulagement de toute la nation.

Quelles circonftances furent jamais plus impérieufes? Les ennemis de la liberté n'ont plus de reffource que dans les défordres & dans les plaintes de la mifère: ils s'aveuglent fans doute, s'ils penfent triompher du défefpoir; mais nous ne mériterions pas d'être libres, fi nous ne réuniffions tous nos éfforts pour prévenir d'auffi déplorables extrémités.

*Tome I.* E e e e e

Ainſi, c'eſt ſous l'empire des principes politiques les plus
certains & des beſoins les plus urgens, que l'aſſemblée nationale, acceptant l'intervention & le ſecours des municipalités,
a décrété la vente de ces domaines, dont le ſage emploi pouvoit ſeul arrêter les progrès du mal ; & puiſque leur ancienne
adminiſtration ne peut plus ſubſiſter, puiſqu'en les rendant à
la circulation ils ſeront une ſource plus féconde de richeſſes
nationales, l'aſſemblée a ſatisfait à tous ſes devoirs en diſpo-
ſant de ces biens ; mais dès-lors elle devoit mettre à la charge
de la nation entière toutes les dépenſes qu'ils acquittoient.

La religion, ſes miniſtres, les religieux, les pauvres, ſont
à la nation : vos repréſentans ont décrété que dorénavant les
frais du culte, le traitement juſte & honorable des miniſtres
des autels, l'entretien des religieux, celui des pauvres, ſeroient
fournis par le tréſor de la nation ; elle a placé les créanciers
du clergé au rang des créanciers de l'état. Aux biens eccléſiaſtiques qui ſont dans la nation, elle a joint tous les ſiens
pour répondre des mêmes charges. Ces diſpoſitions ſont ſages;
vous n'en feriez en aucun temps, ni de plus ſûres, ni de plus
conformes à la ſaine politique, ni de mieux aſſorties au véritable eſprit de la religion.

François, vous ſoutiendrez toutes ces meſures ; vous ne
permettrez pas que la plus légère réſiſtance arrête l'exécution
des décrets de l'aſſemblée, ſanctionnés par le roi. Que ceux
d'entre vous à qui il conviendra d'acheter les biens qui ſont
mis en vente ſe préſentent ſans crainte ; la propriété qu'ils
acquerront leur eſt aſſurée ; c'eſt de la nation elle-même qu'ils
la tiendront. Les deſpotes, les tyrans, ceux qui gouvernent
ſans loix, ne ſe doivent rien ; ils peuvent détruire impunément
l'ouvrage les uns des autres. Une nation ne frappe pas ainſi ſur
elle-même: quel intérêt auroit-elle jamais à dépoſſéder celui
qu'elle auroit mis en poſſeſſion ? Il faudroit la concevoir fou-
lant aux pieds les loix qu'elle s'eſt données, ou bien il faudroit ſuppoſer poſſible qu'elle conſentit de nouveau à s'expoſer
au pillage du deſpotiſme, & qu'elle permit encore à quelques

hommes d'envahir fa liberté. La conftitution que chacun de vous a juré de maintenir nous garantit à jamais de ce malheur.

Si l'on peut acquérir de la nation avec fûreté , fi toute idée contraire ne peut être admife avec quelque apparence de raifon , l'affemblée nationale a pu difpofer à l'avance du produit des ventes qu'elle a décrétées ; c'eft le but des affignats. Les biens dont ils repréfentent le produit forment leur valeur intrinfèque ; cette valeur eft auffi évidente que celle du métal renfermé dans notre numéraire habituel. Ces affignats euffent tôt ou tard été néceffaires pour diftribuer entre les créanciers de l'état la portion de ces biens deftinée par nos premiers décrets à fecourir le tréfor public. Que cette diftribution fe faffe plus tôt ou plus tard , cette circonftance ne change rien à leur nature, leur valeur refte la même ; & fi l'on délivre les affignats avant que les biens foient vendus, c'eft qu'on a befoin d'une monnoie qui remplace promptement celle qui a difparu du commerce. Sans cette anticipation falutaire, le tréfor public & vous-mêmes ne fortiriez point de la crife dangereufe qu'il eft fi important de faire ceffer.

L'affemblée nationale n'a cependant fait céder aucun principe aux loix de l'impérieufe néceffité. Elle a examiné les affignats-monnoie fous tous les rapports , avant de fe déterminer. Elle n'a écarté les vaines déclamations fur les anciens abus du papier-monnoie, qu'après la plus exaête analyfe de fon projet. Elle a confidéré que l'or & l'argent monnoyés eux-mêmes ont deux valeurs différentes, l'une comme marchandife , l'autre comme figne des échanges. La première pouvant varier fuivant la rareté ou l'abondance , qui toujours élèvent ou abaiffent le prix de toutes les denrées , il falloit que la loi leur imprimât une feconde valeur immuable , pour ne pas multiplier les embarras dans le commerce. L'exaête correfpondance de ces deux valeurs feroit pour la monnoie le point de la perfeêtion ; ainfi , le figne légal des échanges doit toujours être auffi rapproché qu'il eft poffible d'une valeur réelle égale à la valeur de convention. Voilà pourquoi un papier-monnoie fans valeur effective ( & il ne peut en avoir aucune, s'il ne repréfente des propriétés fpéciales ) eft inadmiffible dans le commerce pour concourir avec les métaux qui ont une valeur réelle & indépendante de toute convention ; voilà pourquoi le papier-monnoie qui n'a eu pour bafe que l'autorité a toujours-caufé la ruine des pays où il a été établi ; voilà pourquoi les billets de banque de 1720, après avoir caufé les plus grands malheurs, n'ont laiffé que d'affreux fouvenirs. L'affemblée nationale n'a pas voulu vous expofer à ce danger. Ainfi, lorfqu'elle donne aux affignats une valeur de convention obligatoire, ce n'eft qu'après leur avoir affuré une valeur réelle, une valeur immuable, une valeur qui leur permet de foutenir avantageufement la concurrence avec les métaux eux-mêmes.

A quoi ferviroient des affignats qu'on feroit libre de refufer ? placés comme marchandife dans le commerce, loin qu'ils fuppléaffent à la rareté du numéraire, ils rendroient cette rareté plus incommode encore, & plus funefte peut-être ; car le prix d'une marchandife ne peut que décroître toutes les fois qu'elle devient plus commune, fur-tout au moment où les moyens de l'acquérir font plus rares.

Les pièces de monnoie ordinaire dont le cours ne feroit pas forcé auroient elles-mêmes un inconvénient prefque égal à celui des affignats libres ; elles ne fe placeroient dans la circulation que comme une marchandife dont le prix pourroit varier à chaque inftant ; rien ne s'exécuteroit qu'au travers de mille difficultés. Il eft donc indifpenfable que la loi fixe le cours de la monnoie ordinaire, & qu'elle règle auffi impérieufement tout ce qui doit remplacer le numéraire dans la circulation. Mais le légiflateur n'a droit de donner ce caractère légal qu'après s'être affuré de la valeur à laquelle il l'imprime. C'eft ce qu'a fait l'affemblée nationale ; elle n'a créé des affignats-monnoie qu'après avoir déterminé une maffe de biens nationaux & difponibles, & en avoir formé le fubfide de quatre cent millions pour fecourir le tréfor public.

L'assemblée nationale s'attend donc à voir tous les bons François applaudir à cette mesure. Elle les délivre de l'art funeste des expédiens en finance ; elle soulage les revenus de l'état d'une dépense considérable ; elle prépare l'extinction de la dette publique ; elle est utile à l'industrie ; elle est digne enfin d'une nation éclairée , qui ne veut ni se tromper elle-même, ni tromper les autres.

L'intérêt attaché aux assignats rappellera bientôt le numéraire enfoui ; ils ont déjà opéré sur le change avec l'étranger une révolution favorable ; elle sera complette, tout se ranimera à-la-fois, dès que les provinces seront à l'unisson de la capitale sur l'usage des assignats.

L'assemblée nationale auroit-elle besoin de rassurer les citoyens sur le sort de la religion & de ses ministres, sur celui de toutes les personnes qui regarderoient les biens ecclésiastiques comme une hypothèque ou un patrimoine ? Quoi ! l'hypo-thèque des créanciers du clergé s'affoibliroit-elle , parce qu'elle passera dans les mains de la nation ; parce que les biens ecclésiastiques seront désormais cultivés par de vrais proprié-taires ; parce que l'industrieuse sollicitude des pères de famille mettra à la place de l'activité usufruitière qui épuise les forces productives, l'économie prévoyante qui les réserve pour nourrir des générations ? François, faut-il vous rappeler qu'éclairée, soutenue, encouragée par vos travaux, l'assemblée nationale régénère & ne détruit pas ; que les ruines dont elle semble environnée sont les frêles étais du despotisme & non les solides appuis de la prospérité publique ? Eh , qu'importe quels biens acquitteront votre dette envers les ministres de la religion, pourvu qu'ils soient honorablement traités, pourvu que leur salaire ne les éloigne pas de leur devoir, qu'il les rapproche au contraire des hommes qu'ils doivent, édifier , instruire & consoler ? Où sont les exemples d'un peuple qui , en devenant libre , soit devenu injuste envers ceux qui le servent ? & n'avons-nous pas établi les dépenses de la religion au premier rang des dépenses publiques , ainsi que vous placez tous la religion elle-même au premier rang de vos devoirs ? Quand il est si évident que la liberté améliore l'homme, qu'elle lui donne des vertus en lui rendant sa dignité, qu'elle ne le délivre de la superstition qu'en donnant plus de force aux devoirs de la morale, quel aveuglement ou quelle perversité ne faudroit-il pas pour chercher à vous persuader que vous deviendrez irréligieux, que vous mépriserez les gardiens des mœurs & de la morale, parce qu'au lieu de laisser au clergé la disposition de ses biens, vous entretiendrez le clergé des deniers de votre trésor ? Souffrirez-vous qu'on vous croye moins bienfaisans envers vos frères pauvres, parce que les loix veilleront elles-mêmes sur eux, & que les droits de l'homme sont plus que jamais reconnus & sacrés ?

Après vous avoir prouvé la sûreté des assignats-monnoie, la justice & la sagesse des résolutions qui leur servent de base, quelle objection nous resteroit-il à détruire ? faudra-t-il répondre encore à la crainte frivole de la falsification, tandis qu'il est si aisé d'en prévenir les effets, & d'y opposer une surveillance dont l'action toujours présente multipliera autour de vous les moyens de garantie & ceux de vérification ?

L'assemblée nationale n'oubliera rien pour conduire à sa fin la plus honorable entreprise. N'oubliez jamais à votre tour que sans les efforts de vos représentans, les malheurs de cette année eussent entraîné la perte de l'avenir ; que cet avenir désormais est à vous ; que l'opération des assignats-monnoie étoit la seule qui pût vous en répondre ; qu'elle se lie à la constitution, qu'elle en est une heureuse conséquence ; qu'elle n'est souillée par aucun intérêt fiscal ; qu'elle délivre la chose publique de cet art si cruellement mensonger avec lequel on a si long-temps abusé de notre crédulité & de nos forces.

Après ces explications, hésiterez-vous à donner votre appui aux assignats-monnoie, à regarder comme vos ennemis, comme les ennemis de la liberté, ceux qui chercheroient

à en troubler le cours, à détruire la juste confiance que
vous vous devez à vous-mêmes, à vos propres intérêts,
aux décrets rendus par vos représentans, par des citoyens
choisis par vous, animés par votre esprit, dévoués avec courage
aux combats que vous leur avez ordonnés ?

François, vous n'oublierez pas que l'union est le salut des
peuples qui veulent briser leurs fers ; vous n'oublierez pas que
l'assemblée à qui vous avez donné le droit de représenter la
nation est l'unique centre de cette union. Elle s'occupe,
d'accord avec votre roi, à préserver pour toujours vos droits
des attentats du pouvoir arbitraire, à garantir vos biens, le
fruit de vos peines & de vos sollicitudes, des mains avides
des déprédateurs. Tous leurs désordres sont maintenant sous
nos yeux ; les moyens qui les ont favorisés nous indiquent
ceux qui doivent nous en garantir. On ne peut plus vous en
imposer par de vains sophismes ; elles ont disparu ces administrations compliquées, plus organisées pour servir de refuge
aux abus que pour les prévenir. Ou nous périrons, ou les
contributions de votre justice & de votre patriotisme seront
constamment & fidèlement employées à leur destination. Les
mêmes fonds que vous destinerez à l'extinction de la dette ne
serviront qu'à éteindre la dette ; ceux qui devront maintenir
la force publique & les défenseurs de la patrie sur un pied
respectable n'auront pas d'autre destination. La religion, ses
ministres, les pauvres, n'auront point à craindre qu'on dissipe
à d'autres usages ce qui leur sera consacré. La majesté du trône,
devenue plus imposante encore par ses augustes fonctions,
celles d'exécuter les décrets d'un peuple libre, ne sera plus
exposée à entendre les gémissemens de tant de malheureux.
Les criminelles extensions d'impôts, l'avidité des percepteurs
qui les étendoient encore, ne flétriront plus le gouvernement
du meilleur des rois.

Par-tout l'ordre, la règle, & leur incorruptible gardien, la
publicité loyale, deviendront les garans de l'obéissance & la
sauve-garde de vos propriétés.

ᶠ François, fecondez l'affemblée nationale par votre confiance; fes infatigables travaux le méritent. Un peu de temps encore, & les avantages de notre conftitution atteindront toutes les claffes de la fociété ; un peu de temps encore , & nul peuple n'aura autant mérité les bénédictions du genre humain.

*Cette adreffe a été applaudie & adoptée par l'affemblée, qui a de plus ordonné fon impreffion, fon envoi dans les provinces, & la lecture aux prônes de toutes les paroiffes.*

## *Du* 3 *Mai* 1790.

L'ASSEMBLÉE nationale a décrété que *l'Adreffe aux François* ci-deffus tranfcrite & des autres parts, fera préfentée au roi , & que fa majefté fera fuppliée de donner des ordres pour qu'elle foit promptement envoyée dans les départemens.

Vu ledit décret , le roi a ordonné & ordonne qu'il fera exécuté fuivant fa forme & teneur ; en conféquence, que *l'Adreffe aux François* fera imprimée & promptement envoyée dans tous les départemens , pour y être lue & publiée aux prônes des paroiffes. FAIT à Paris , le cinq mai mil fept cent quatre-vingt-dix. *Signé* LOUIS. *Et plus bas*, par le roi, DE SAINT-PRIEST.

LETTRES

## LETTRES PATENTES DU ROI,

*Sur un décret de l'Assemblée nationale, concernant les conditions requises pour être réputé François, & admis à l'exercice des droits de Citoyen actif.*

Données à Paris, le 2 Mai 1790.

LOUIS, par la grâce de Dieu & par la loi constitutionnelle de l'état, ROI DES FRANÇOIS : A tous présens & à venir; SALUT. L'assemblée nationale, voulant prévenir les difficultés qui s'élèvent principalement dans les départemens des frontières & dans les villes maritimes, au sujet des conditions requises pour devenir François, a décrété, le 30 du mois dernier, & nous voulons & ordonnons ce qui suit :

TOUS ceux qui, nés hors du royaume, de parens étrangers, font établis en France, feront réputés François, & admis, en prêtant le serment civique, à l'exercice des droits de citoyens actifs, après cinq ans de domicile continu dans le royaume, s'ils ont en outre, ou acquis des immeubles, ou épousé une Françoise, ou formé un établissement de commerce, ou reçu dans quelques villes des lettres de bourgeoisie, nonobstant tous réglemens contraires auxquels il est dérogé ; sans néanmoins qu'on puisse induire des présentes qu'aucune élection faite doive être recommencée, & sans que par lesdites présentes nous entendions rien préjuger sur la question des Juifs, qui a été & demeure ajournée.

MANDONS & ordonnons à tous les tribunaux, corps administratifs & municipalités, que les présentes ils fassent transcrire sur leurs registres, lire, publier & afficher dans leurs ressorts & départemens respectifs, & exécuter comme

*Tome I.*                                F ffff

loi du royaume. En foi de quoi nous avons figné & fait contrefigner cefdites préfentes , auxquelles nous avons fait appofer le fceau de l'état. A Paris , le deuxième jour du mois de mai , l'an de grâce mil fept cent quatre-vingt-dix , & de notre règne le feizième. *Signé* LOUIS. *Et plus bas* , par le roi, DE SAINT-PRIEST. ✠ *Vifa* L'ARCHEVÊQUE DE BORDEAUX. Et fcellées du fceau de l'état.

# PROCLAMATION DU ROI,

*Sur un décret de l'Assemblée nationale, concernant les Gardes nationales.*

#### Du 2 Mai 1790.

VU par le roi le décret dont la teneur suit :

*Décret de l'Assemblée nationale, du 30 Avril 1790.*

L'ASSEMBLÉE nationale, voulant prévenir les difficultés qui résultent des règlemens & projets opposés qui lui font adressés de toutes parts, relativement au régime des gardes nationales, décrète provisoirement que jusqu'à la prochaine organisation des gardes nationales, elles resteront sous le régime qu'elles avoient lorsque les municipalités dans l'arrondissement desquelles elles font établies ont été régulièrement constituées, & que les modifications que les circonstances rendroient nécessaires ne feront faites que de concert entre les gardes nationales actuellement existantes & les nouvelles municipalités.

LE ROI a sanctionné & sanctionne ledit décret; mande & ordonne aux corps administratifs, municipalités, & à tous ceux qu'il appartiendra, de le faire exécuter & observer. FAIT à Paris, le deux mai mil sept cent quatre-vingt-dix. *Signé* LOUIS. *Et plus bas*, par le roi, DE SAINT-PRIEST.

# PROCLAMATION DU ROI,

*Sur le décret de l'Assemblée nationale, du 3 Avril, pour la liberté du commerce de l'Inde au-delà du Cap de Bonne-Espérance.*

### Du 2 Mai 1790.

VU par le roi le décret dont la teneur suit :

*EXTRAIT du procès-verbal de l'Assemblée nationale, du 3 Avril 1790.*

L'ASSEMBLÉE nationale a décrété & décrète que le commerce de l'Inde au-delà du Cap de Bonne-Espérance est libre pour tous les François.

COLLATIONNÉ par nous, président & secrétaires de l'assemblée nationale. A Paris, le seize avril mil sept cent quatre-vingt-dix. *Signé*, le marquis DE BONNAY, *président*; le prince DE BROGLIE, MUGUET DE NANTHOU, BREVET DE BEAUJOUR, ROEDERER, LA POULE, *secrétaires.*

LE ROI a sanctionné & sanctionne ledit décret, pour être envoyé à toutes les municipalités du royaume, auxquelles sa majesté ordonne de le faire publier & afficher chacune dans leur ressort. Fait à Paris, le deux mai mil sept cent quatre-vingt-dix, *Signé* LOUIS. *Et plus bas*, par le roi, DE SAINT-PRIEST.

## LETTRES PATENTES DU ROI,

*Sur le décret de l'Assemblée nationale, du 25 Avril 1790, concernant le service des Maîtres de Poste, & l'indemnité des Privilèges dont ils jouissoient précédemment.*

Données à Paris, le 5 Mai 1790.

LOUIS, par la grâce de Dieu & par la loi constitutionnelle de l'état, ROI DES FRANÇOIS : A tous ceux qui ces présentes lettres verront ; SALUT. L'assemblée nationale a décrété, le 25 avril, & nous voulons & ordonnons ce qui suit :.

### ARTICLE PREMIER.

EN indemnité des privilèges supprimés, il sera accordé, à compter du jour où ces privilèges ont cessé, une gratification annuelle de trente livres par cheval entretenu pour le service de la poste, à chacun des maîtres de poste, d'après le nombre de chevaux fixé tous les ans par chaque relai, les vérifications & inspections faites à cet effet par les municipalités, suivant le nombre de chevaux qui aura été réglé sur les états présentés par l'intendant & le conseil des postes, & arrêtés par chaque législature.

### I I.

LES maîtres de poste doivent continuer à être chargés du service des malles à raison de dix sous par poste & par cheval ; de celui des courriers du cabinet à raison de quinze sous ; de celui des estafettes à raison de quarante sous par poste, savoir : vingt-cinq sous pour le cheval, & quinze sous pour le postillon. La dépense extraordinaire des voyages de la cour

demeurera fupprimée, & le prix des chevaux de pofte demeurera fixé à vingt-cinq fous par pofte & par cheval.

### I I I.

Les maîtres de pofte feront tenus de fournir, à la réquifition
des fermiers des meffageries, deux chevaux à vingt-cinq fous
par pofte & par cheval, pour les cabriolets chargés d'une ou
deux perfonnes feulement, & de deux porte-manteaux de
vingt-cinq à trente livres pefant; trois chevaux à vingt-cinq
fous par pofte & par cheval, pour les mêmes voitures chargées de trois perfonnes & de trois porte-manteaux; trois
chevaux à vingt-cinq fous par pofte & par cheval, pour les
voitures à quatre roues, chargées d'une ou deux perfonnes
& de cinquante à foixante livres d'effets; trois chevaux à
trente fous par pofte & par cheval, pour les voitures chargées
de trois ou quatre perfonnes & de cent à cent vingt livres
d'effets, & vingt fous de plus feulement par pofte, pour chaque
quintal excédant le port d'effets fufdits.

Mandons & ordonnons à tous les tribunaux, corps adminiftratifs & municipalités, que les préfentes ils faffent tranfcrire
fur leurs regiftres, lire, publier & afficher dans leurs refforts
& départemens refpectifs, & exécuter comme loi du royaume.
En foi de quoi nous avons figné & fait contrefigner cefdites
préfentes, auxquelles nous avons fait appofer le fceau de l'état.
A Paris, le cinquième jour du mois de mai, l'an de grâce
mil fept cent quatre-vingt-dix, & de notre règne le feizième.
*Signé* LOUIS. *Et plus bas*, par le roi, DE SAINT-PRIEST.
Vu au confeil, LAMBERT. Et fcellées du fceau de l'état.

# PROCLAMATION DU ROI,

*Sur un décret de l'Assemblée nationale, concernant l'exécution des décrets pour la division du Royaume en Départemens & en Districts.*

### Du 5 Mai 1790.

VU par le roi le décret de l'assemblée nationale dont la teneur suit :

*DÉCRET de l'Assemblée nationale, du premier Mai 1790.*

L'ASSEMBLÉE nationale décrète :

1.º Que le décret rendu le 5 février pour le département du Tarn sera exécuté, & qu'en conséquence, l'assemblée de ce département, qui sera convoquée à Castres, alternera avec les villes d'Alby & de Lavaur, dans l'ordre où elles sont nommées.

2.º Que dans le cas où la rédaction des décrets de la division du royaume en un seul décret général, du 26 février, présenteroit dans le sens ou dans les expressions quelques difficultés, les décrets particuliers rendus pour chaque département seront exécutés, à moins que, par un décret subséquent & particulier, l'assemblée nationale n'en ait expressément modifié ou interprété quelques dispositions.

LE ROI, acceptant ledit décret, mande & ordonne, tant à l'assemblée du département du Tarn qu'aux assemblées des autres départemens du royaume, & à tous ceux qu'il appartiendra, de s'y conformer & de le faire observer & exécuter. Fait à Paris, le cinq mai mil sept cent quatre-vingt-dix. *Signé* LOUIS. *Et plus bas*, par le roi, DE SAINT-PRIEST.

# PROCLAMATION DU ROI,

*Sur un décret de l'Affemblée nationale, relatif au ferment des Officiers municipaux.*

Du 5 Mai 1790.

VU par le roi le décret de l'affemblée nationale dont la teneur fuit:

*DÉCRET de l'Affemblée nationale, du 3 Mai 1790.*

L'ASSEMBLÉE nationale décrète que les officiers municipaux n'ont pour l'exercice de la police d'autre ferment à prêter que celui qu'ils ont fait lors de leur inftallation, d'être fidèles à la nation, à la loi & au roi, & de remplir exactement les fonctions civiles & municipales qui leur font confiées.

LE ROI a accepté & accepte ledit décret, pour être envoyé à toutes les municipalités du royaume, auxquelles fa majefté mande & ordonne de l'obferver & exécuter. Fait à Paris, le cinq mai mil fept cent quatre-vingt-dix. *Signé* LOUIS. *Et plus bas,* par le roi, DE SAINT-PRIEST.

LETTRES

# LETTRES PATENTES DU ROI,

*Sur le décret de l'Assemblée nationale, du 30 Avril dernier, concernant les Assignats.*

Données à Paris, le 7 Mai 1790.

LOUIS, par la grâce de Dieu & par la loi constitutionnelle de l'état, ROI DES FRANÇOIS : A tous ceux qui ces présentes lettres verront ; SALUT. L'assemblée nationale a décrété, le 30 avril dernier, & nous voulons & ordonnons ce qui suit :

LES assignats-monnoie dont l'émission a été décrétée le 17 avril seront libellés, avec l'indication spéciale de leur hypothèque sur les domaines nationaux.

Le comité des finances est autorisé à nommer quatre commissaires pour suivre & surveiller avec le premier ministre des finances la confection & la fabrication des assignats, la livraison du papier, & celle qui sera faite définitivement des assignats, lorsqu'ils seront en état d'être mis en circulation.

MANDONS & ordonnons à tous les tribunaux, corps administratifs & municipalités, que les présentes ils fassent transcrire sur leurs registres, lire, publier & afficher dans leurs ressorts & départemens respectifs. En foi de quoi nous avons signé & fait contresigner cesdites présentes, auxquelles nous avons fait apposer le sceau de l'état. A Paris, le septième jour du mois de mai, l'an de grâce mil sept cent quatre-vingt-dix, & de notre règne le seizième. *Signé* LOUIS. *Et plus bas*, par le roi, DE SAINT-PRIEST. Vu au conseil, LAMBERT. Et scellées du sceau de l'état.

*Tome I.* Gggg g

# LETTRES PATENTES DU ROI,

*Sur le décret de l'Affemblée nationale, du 30 Mars 1790, portant que dans la Lorraine, le Barrois & les Trois-Évéchés, & dans toutes les provinces où le Don gratuit a lieu, les collecteurs recevront pour comptant les quittances du Don gratuit, en déduction de l'impofition des Eccléfiaftiques, pour les fix derniers mois de l'année 1789.*

Données à Paris, le 7 Mai 1790.

LOUIS, par la grâce de Dieu & par la loi conftitutionnelle de l'état, ROI DES FRANÇOIS: A tous ceux qui ces préfentes lettres verront ; SALUT. L'affemblée nationale a décrété, le 30 mars 1790, & nous voulons & ordonnons ce qui fuit :

DANS la Lorraine, le Barrois & les Trois-Évéchés, les collecteurs recevront pour comptant les quittances du don gratuit, en déduction de l'impofition des eccléfiaftiques pour les fix derniers mois de l'année 1789.

Cette difpofition aura fon exécution dans toutes les provinces où le don gratuit a lieu.

MANDONS & ordonnons à tous les tribunaux, corps adminiftratifs & municipalités, que les préfentes ils faffent tranfcrire fur leurs regiftres, lire, publier & afficher dans leurs refforts & départemens refpectifs, & exécuter commé loi du royaume. En foi de quoi nous avons figné & fait contrefigner cefdites préfentes, auxquelles nous avons fait appofer le fceau de l'état. A Paris, le feptième jour du mois de mai, l'an de grâce mil fept cent quatre-vingt-dix, & de notre règne le feizième. *Signé* LOUIS. *Et plus bas*, par le roi, DE SAINT-PRIEST. Vu au confeil, LAMBERT. Et fcellées du fceau de l'état.

## LETTRES PATENTES DU ROI,

*Sur le décret de l'Assemblée nationale, du 27 Avril 1790, concernant l'arrêté & mise en recouvrement des rôles des Impositions ordinaires, pour l'année 1790, des Villes & Communautés de l'Élection d'Amiens.*

Données à Paris, le 7 Mai 1790.

LOUIS, par la grâce de Dieu & par la loi conftitution-nelle de l'état, ROI DES FRANÇOIS : A tous ceux qui ces préfentes lettres verront ; SALUT. L'affemblée nationale , fur le rapport de fon comité des finances, a décrété le 27 avril 1790 , & nous voulons & ordonnons que les rôles faits fur les premiers mandemens fignés des membres du bureau inter-médiaire du département d'Amiens , & fans qu'il en foit be-foin d'autres, foient inceffamment rendus exécutoires par le premier officier de l'élection, fur la préfentation qui lui en fera faite par les procureurs-fyndics du département; pourvu toutefois que la fomme impofée auxdits rôles foit con-forme à celle arrêtée au département fait avec les officiers de l'élection, & d'eux figné le 16 février , dont ils ont un double pardevers eux; finon, & fur le refus, que lefdits rôles foient & deviennent exécutoires par le fimple vu de la commiffion intermédiaire, pour être inceffamment mis en recouvrement.

MANDONS & ordonnons à tous les tribunaux, corps adminiftratifs & municipalités de l'élection d'Amiens, que les préfentes ils faffent tranfcrire fur leurs regiftres, lire, publier & afficher dans leurs ressorts & territoires respectifs, & exécuter comme loi du royaume. En foi de quoi nous avons signé & fait contresigner cesdites présentes, auxquelles nous avons fait apposer le sceau de l'état. A Paris, le septième jour du mois de mai, l'an de grâce mil sept cent quatre-vingt-dix, & de notre règne le seizième. *Signé* LOUIS. *Et plus bas*, par le roi, DE SAINT-PRIEST. Vu au conseil, LAMBERT. Et scellées du sceau de l'état.

# PROCLAMATION DU ROI,

*Relative au Droit de voter dans les Assemblées primaires.*

Du 8 Mai 1790.

LE ROI étant informé qu'il s'est répandu dans quelques provinces une opinion aussi contraire aux droits essentiels de de tout citoyen François qu'aux dispositions précises des décrets de l'assemblée nationale, sanctionnés ou acceptés par sa majesté; que plusieurs citoyens se sont vus forcés, soit par des menaces, soit par des excès, de s'éloigner des assemblées primaires, sous prétexte de leur qualité d'ecclésiastiques ou de ci-devant privilégiés, tandis que tous y sont également appelés par la loi; que les violences ont même en quelques lieux été portées jusqu'au point d'attenter à la vie de quelques-uns des membres de l'assemblée;

Sa majesté considérant que des égaremens de cette nature, que des désordres si affligeans pour son cœur paternel, & si contraires à tous les principes, se font spécialement à ceux de la constitution dans la formation des assemblées électives ou administratives, auxquelles tous les citoyens actifs peuvent & doivent assister pour y jouir librement de leurs droits, sous la sauve-garde des loix; & voulant veiller au maintien de la tranquillité publique, à la sûreté de ses sujets, & lever les obstacles qui contrarient l'exécution des dispositions fondamentales sur lesquelles doit reposer la prospérité nationale, elle a cru devoir manifester ses intentions, tant pour prémunir les peuples contre les illusions qui pourroient les égarer, que pour intimider ceux qui seroient tentés de se livrer à de pareils excès.

A ces causes, le roi fait savoir à tous & à chacun, que l'entrée & le droit de voter dans les assemblées primaires appartiennent essentiellement à tous les citoyens actifs, sans aucune exception ; pourvu toutefois qu'ils ayent rempli les conditions prescrites par les décrets de l'assemblée nationale, sanctionnés ou acceptés par sa majesté ; qu'on ne peut les en exclure ni les en éloigner , sous quelque prétexte que ce soit , & moins encore par des menaces & des voies de fait. Veut sa majesté que les excès de cette nature soient exemplairement punis ; & qu'à cet effet , leurs auteurs , fauteurs , complices & adhérens soient poursuivis , pour leur procès leur être fait & parfait suivant la rigueur des ordonnances. Invite sa majesté tous ses fidèles sujets à seconder ses intentions paternelles , en concourant paisiblement & avec zèle à la formation des assemblées qui doivent assurer la tranquillité & le bonheur de la France. Fait à Paris , le huit mai mil sept cent quatre-vingt-dix. *Signé* LOUIS. *Et plus bas* , par le roi , DE SAINT-PRIEST.

# LETTRES PATENTES DU ROI,

*Sur le décret de l'Assemblée nationale, du 3 de ce mois, concernant les Droits féodaux rachetables.*

Données à Paris, le 9 Mai 1790.

LOUIS, par la grâce de Dieu & par la loi constitutionnelle de l'état, ROI DES FRANÇOIS : A tous ceux qui ces présentes lettres verront ; SALUT, L'assemblée nationale a décrété, le 3 de ce mois, & nous voulons & ordonnons ce qui suit :

*Des principes, du mode & du taux du rachat des Droits seigneuriaux déclarés rachetables par les articles I & II du titre III du décret du 15 mars.*

### ARTICLE PREMIER.

TOUT propriétaire pourra racheter les droits féodaux & censuels dont son fonds est grevé, encore que les autres propriétaires de la même seigneurie ou du même canton ne voulussent pas profiter du bénéfice du rachat, sauf ce qui sera dit ci-après à l'égard des fonds chargés de cens ou redevances solidaires.

### I I.

TOUT propriétaire pourra racheter lesdits droits à raison d'un fief ou d'un fonds particulier, encore qu'il se trouve posséder plusieurs fiefs ou plusieurs fonds censuels mouvant de la même seigneurie, pourvu néanmoins que ces fonds ne soient pas tenus sous des cens & redevances solidaires, auquel cas le rachat ne pourra être divisé.

III.

### I I I.

AUCUN propriétaire de fief ou fonds censuel ne pourra racheter divisément les charges & redevances annuelles dont le fief ou le fonds est grevé, sans racheter en même-temps les droits casuels & éventuels.

### I V.

- LORSQU'UN fonds tenu en fief ou en censive, & grevé de redevances annuelles solidaires, sera possédé par plusieurs co-propriétaires, l'un d'eux ne pourra point racheter divisément lesdites redevances au prorata de la portion dont il est tenu, si ce n'est du consentement de celui auquel la redevance est due, lequel pourra refuser le remboursement total, en renonçant à la solidarité vis-à-vis de tous les co-obligés. Mais quand le redevable aura fait le remboursement total, il demeurera subrogé aux droits du créancier, pour les exercer contre les co-débiteurs, à la charge de ne les exercer que comme pour une simple rente foncière & sans aucune solidarité ; & chacun des autres co-débiteurs pourra racheter à volonté sa portion divisément.

### V.

POURRA néanmoins le co-propriétaire d'un fonds grevé de redevances solidaires, en rachetant, ainsi qu'il vient d'être dit, la redevance entière, ne racheter les droits casuels que sur sa portion, sauf au propriétaire du fief à continuer de percevoir les mêmes droits casuels sur les autres portions du fonds & sur chacune d'elles divisément, lorsqu'il y aura lieu, jusqu'à ce que le rachat en ait été fait.

### V I.

POURRONT les propriétaires de fiefs ou de fonds censuels traiter avec les propriétaires de fiefs dont ils sont mouvant, de gré à gré, à telle somme & sous telles conditions qu'ils jugeront à propos, du rachat, tant des redevances annuelles que des droits casuels ; & les traités ainsi faits de gré à gré

*Tome I.*                                        H h h h h

entre majeurs ne pourront être attaqués sous prétexte de
léfion quelconque , encore que le prix du rachat fe trouve inférieur ou fupérieur à celui qui auroit pu réfulter du mode &
du prix qui fera ci-après fixé.

### V I I.

LES tuteurs , curateurs & autres adminiftrateurs des pupilles , mineurs ou interdits , les grevés de fubftitution , les
maris , dans les pays où les dots font inaliénables , même avec
le confentement des femmes , ne pourront liquider les rachats
des droits dépendant des fiefs appartenant aux pupilles , aux
mineurs , aux interdits , à des fubftitutions & auxdites femmes
mariées , qu'en la forme & au taux ci-après prefcrits , & à la
charge du remploi. Il en fera de même à l'égard des propriétaires des fiefs , lefquels, par les titres , font affujettis au droit
de réverfion en cas d'extinction de la ligne mafculine ou dans
d'autres cas. Le redevable qui ne voudra point demeurer garant
du remploi pourra configner le prix du rachat , lequel ne
fera délivré aux perfonnes qui font affujetties au remploi ,
qu'en vertu d'une ordonnance du juge , rendue fur les conclufions du miniftère public , auquel il fera juftifié du remploi.

### V I I I.

LORSQUE le rachat aura pour objet des droits dépendant
d'un fief appartenant à une communauté d'habitans , les officiers municipaux ne pourront fe liquider & en recevoir le
prix , que fous l'autorité & avec l'avis des affemblées adminiftratives de département , ou de leur directoire , lefquels feront tenus de veiller au remploi du prix.

### I X.

SI le rachat concerne les droits dépendant de fiefs appartenant à des gens de main-morte , & dont l'adminiftration feroit
confiée à une municipalité , le rachat fera liquidé par les officiers de la municipalité dans le reffort defquels fe trouvera
fitué le chef-lieu du fief. Les officiers municipaux ne pourront.

procéder à cette liquidation qu'avec l'autorifation des affemblées adminiftratives du département ou de leur directoire, & feront tenus d'en dépofer le prix entre les mains du tréforier du département, fous la réferve de ftatuer ultérieurement fur l'emploi du prix defdits rachats.

### X.

A l'égard des biens ci-devant poffédés par les eccléfiaftiques, & dont l'adminiftration a été déférée aux affemblées adminiftratives, lefdites affemblées liquideront le rachat des droits dépendant defdits biens, & en feront dépofer le prix entre les mains de leur tréforier, fous la réferve de ftatuer ultérieurement fur l'emploi du prix defdits rachats.

### X I.

IL eft réfervé pareillement de ftatuer fur l'emploi du prix des rachats des droits dépendant des fiefs appartenant à la nation, fous les titres de domaines de la couronne, apanages, engagemens ou échanges non encore confommés, ainfi que fur les perfonnes avec lefquelles lefdits rachats pourront être liquidés, & auxquelles le payement en devra être fait.

### X I I.

LORSQUE les parties auxquelles il eft libre de traiter de gré à gré ne pourront point s'accorder fur le prix du rachat des droits feigneuriaux, foit fixes ou cafuels, le rachat fera fait fuivant les règles & les taux ci-après.

### X I I I.

POUR liquider le rachat des droits fixes ( tels que les cens & redevances annuelles en argent, grains, denrées ou fruits de récolte ), il fera formé d'abord une évaluation du produit annuel total des charges dont le fonds eft grevé ; & ce produit annuel fera racheté au taux ci-après indiqué. Quant à l'évaluation du produit annuel, elle fera faite pour chaque efpèce de redevances, ainfi qu'il fuit.

### XIV.

A l'égard des redevances en grains, il fera formé une année commune de leur valeur, d'après le prix des grains de même nature, relevé fur les regiftres du marché du lieu ou du marché plus prochain, s'il n'y en a pas dans le lieu. Pour former l'année commune, on prendra les quatorze années antérieures à l'époque du rachat ; on retranchera les deux plus fortes & les deux plus foibles : l'année commune fera formée fur les dix années reftantes.

### XV.

IL en fera de même pour les redevances en volailles, agneaux, cochons, beurre, fromage, cire & autres denrées, dans les lieux où leur prix eft porté dans les regiftres des marchés. A l'égard des lieux où il n'eft point d'ufage de tenir regiftre du prix des ventes de ces fortes de denrées, les directoires des diftricts en formeront inceffamment un tableau eftimatif, fur le prix commun auquel ont coutume d'être évaluées ces fortes de denrées pour le payement des redevances foncières. Ce tableau eftimatif fervira, pendant l'efpace de dix années, de taux pour l'eftimation du produit annuel des redevances dues en cette nature dans le reffort de chaque diftrict ; le tout fans déroger aux évaluations portées par les titres, coutumes ou règlemens.

### XVI.

CHAQUE directoire de diftrict formera pareillement un eftimatif du prix ordinaire des journées d'hommes, de chevaux, bêtes de travail, de fomme & de voitures. Ce tableau eftimatif fera formé fur le taux auquel lefdites journées ont accoutumé d'être eftimées pour les corvées, & fervira pendant l'efpace de dix années de taux pour l'eftimation du produit annuel des corvées réelles ; le tout fans déroger aux évaluations portées par les titres, les coutumes ou les règlemens.

## X V I I.

QUANT aux redevances qui confiftent en une certaine portion de fruits récoltés fur les fonds ( tels que champarts, terrages, agriers, taíques, dixmes feigneuriales & autres de même
nature ), il fera procédé, par des experts que les parties nommeront, ou qui feront nommés d'office par le juge, à une évaluation de ce que le fonds peut produire en nature dans une
année commune. La quotité annuelle du droit à percevoir
fera enfuite fixée dans la proportion du produit de l'année commune du fonds; & ce produit du droit annuel fera évalué en
la forme prefcrite par l'article XIV ci-deffus pour l'évaluation
des redevances en grains.

## X V I I I.

QUANT à celles des banalités que l'article XXIV du décret
du 15 mars, par nous accepté, a déclarées exceptées de la fuppreffion fans indemnité, lorfque les communautés d'habitans
voudront s'en libérer, il fera fait par des experts choifis par
les parties, ou nommés d'office par le juge, une eftimation de
la diminution que le four, moulin, preffoir ou autre ufine
pourra éprouver dans fon produit annuel par l'effet de la fuppreffion du droit de banalité & de la liberté rendue aux habitans; n'entendant point au furplus déroger aux loix antérieures
qui, dans quelques provinces, ont autorifé les communautés
d'habitans à racheter fous des conditions particulières les banalités auxquelles elles étoient affujetties.

## X I X.

DANS tous les cas où l'évaluation du produit annuel d'une
redevance pourra donner lieu à une eftimation d'experts, fi
le rachat a lieu entre des parties qui ayent la liberté de traiter
de gré à gré, le redevable pourra faire au propriétaire des
droits, par acte extrajudiciaire, une offre réelle d'une fomme
déterminée. En cas de refus d'accepter l'offre, les frais de l'expertife qui deviendra néceffaire feront fupportés par celui qui

aura fait l'offre , ou par le refufant , felon que l'offre fera jugée fuffifante ou infuffifante.

### X X.

Si l'offre mentionnée en l'article ci-deffus eft faite à un tuteur, à un grevé de fubftitution ou à d'autres adminiftra-teurs quelconques, qui n'ont point la liberté de traiter de gré à gré, ces adminiftrateurs pourront employer en frais d'admi-niftration ceux de l'expertife, lorfqu'ils auront été jugés devoir refter à leur charge.

### X X I.

Le rachat de la fomme à laquelle aura été liquidé le pro-duit annuel des droits de redevances fixes & annuelles fe fera, favoir, pour les redevances en argent & corvées, & pour le produit des banalités au denier vingt; & quant aux redevances en grains, volailles, denrées & fruits de récoltes, au denier vingt-cinq.

### X X I I.

Tout redevable qui voudra racheter les droits feigneuriaux dont fon fonds eft grevé fera tenu de rembourfer avec le capital du rachat tous les arrérages de rentes fixes & annuelles qui fe trouveront dus, tant pour les années antérieures que pour l'année courante, au prorata du temps qui fera écoulé depuis la dernière échéance jufqu'au jour du rachat.

### X X I I I.*

A l'avenir les corvées réelles, les agriers, champarts & autres redevances énoncées en l'article XVII, ne s'arrérageront point, même dans les pays où le principe contraire avoit lieu, fi ce n'eft qu'il y ait eu demande fuivie de condamnation. Les corvées ne pourront pas non plus être exigées en argent, mais en nature feulement, fi ce n'eft qu'il y ait eu demande fuivie de condamnation. En conféquence, il ne fera tenu compte, lors du rachat des corvées, agriers, champarts &

autres redevances énoncées en l'article XVII, que de l'année courante, laquelle fera évaluée en argent, au prorata du temps qui fera écoulé dépuis la dernière échéance jufqu'au jour du rachat.

### XXIV.

QUANT au rachat des droits cafuels, c'eft-à-dire, de ceux qui ne font dus que dans le cas de mutation, foit de la part du propriétaire du fonds ci-devant roturier, foit de la part des fonds ci-devant appelés fiefs, il fera fait d'après les règles & les diftinctions ci-après.

### XXV.

DANS les pays & les lieux où les fonds font foumis à un droit particulier pour les mutations par vente, ou autres actes équipollens à vente, il fera payé pour le rachat de ce droit particulier, favoir :

1°. Pour les fonds fur lefquels le droit de vente eft de la moitié du prix ou au-deffus, cinq feizièmes dudit droit ;

2.° Pour les fonds fur lefquels le droit eft du tiers, cinq quinzièmes, ou le tiers du droit ;

3.° Pour les fonds fur lefquels le droit eft du quint & requint ou du quart, cinq quatorzièmes dudit droit ;

4.° Pour les fonds fur lefquels le droit eft du quint, cinq treizièmes dudit droit ;

5.° Pour les fonds fur lefquels le droit eft du fixième, cinq douzièmes dudit droit ;

6.° Pour les fonds fur lefquels le droit eft du huitième, cinq onzièmes ;

7.° Pour les fonds fur lefquels le droit n'eft que du douzième, ou à une quotité inférieure, quelle qu'elle foit, la moitié du droit.

### XXVI.

DANS les pays & les lieux où le droit dû pour les mutations

par vente ne fe trouveroit pas être dans aucune des
proportions ci-deffus indiquées, & dont la quotité fe trouveroit être à un terme moyen entre deux des fept claffes ci-
deffus, le rachat dudit droit fe fera fur le pied de celle de
ces deux claffes dont le taux eft le moins fort.

### X X V I I.

DANS les pays & les lieux où les fonds font foumis, outre
le droit dû pour les mutations par vente, à un droit particulier & différent pour les mutations d'un autre genre, le
rachat de cette feconde efpèce de droit fe fera d'après les diftinctions & les règles ci-après.

### X X V I I I.

1.º DANS les pays & les lieux où ce droit eft dû à toutes
les mutations, à la feule exception des fucceffions & donations en directe, & des mutations de la part du feigneur, il fera
payé pour le rachat dudit droit fur les fonds qui y font fujets,
les cinq douzièmes dudit droit.

### X X I X.

2.º DANS les pays & les lieux où ce même droit n'eft dû
que pour les feules mutations en fucceffion collatérale, il
fera payé pour le rachat les cinq dix-huitièmes dudit droit.

### X X X.

3.º DANS les pays & les lieux où le même droit eft dû à
toutes mains, c'eft-à-dire, à toutes les mutations de la part du
propriétaire du fonds redevable, & même pour les fucceffions
& donations en directe, il fera payé pour le rachat les cinq
fixièmes dudit droit.

### X X X I.

5.º DANS les pays & les lieux où le même droit, quoique
dû pour les fucceffions & donations directes & collatérales,
n'a lieu que quand l'héritier ou donataire fuccède ou auroit
fuccédé

succédé par moyen, ou quand il eſt mineur, il ne ſera payé pour le rachat que les cinq huitièmes dudit droit.

### X X X I I.

5.º DANS les pays & les lieux où le droit ci-deſſus déſigné ſe paye à toutes les mutations autres que par vente, tant de la part du vaſſal ou emphytéote, que de la part du ci-devant ſeigneur, il ſera payé pour le rachat un droit entier.

### X X X I I I.

DANS les pays & les lieux où le droit dû pour les mutations qui ne s'opèrent point par vente, ne pourroit point ſe placer dans l'une des cinq claſſes ci-deſſus compriſes aux articles précédens, ſoit parce qu'il ne ſeroit point dû dans tous les cas exprimés par l'un de ces articles, ſoit parce qu'il ſeroit dû dans un cas non prévu par l'article, le rachat s'en fera au taux fixé par celui deſdits articles qui réunira le plus grand nombre des cas pour leſquels le droit eſt dû dans ces pays ou ces lieux particuliers.

### X X X I V.

DANS l'application de l'article précédent, on n'aura aucun égard au droit que certaines coutumes ou certains titres accordent pour les prétendues mutations par mariage ou par la mort du mari ſur les biens perſonnels de la femme, lequel droit eſt & demeure ſupprimé, à compter du jour de la publication des préſentes.

### X X X V.

DANS les pays & les lieux où les fonds ne ſont ſoumis qu'à un ſeul & même droit, tant pour les mutations par vente que pour les autres mutations, il ſera payé pour le rachat les cinq ſixièmes du droit.

### X X X V I.

DANS la coutume du grand Perche, ſi celui qui devoit

*Tome I.* Iiiii

devant porter la foi pour ses puînés ou boursaux, veut racheter les droits casuels dont est tenu le fief boursal, il sera tenu de payer au propriétaire desdits droits, conformément à l'article précédent, les cinq sixièmes d'un droit de rachat, liquidé sur les évaluations portées par la coutume; & au moyen dudit rachat, il pourra exiger de ses puînés ou boursaux la contribution dont ils étoient ci-devant tenus, lorsqu'il arrivera dans sa portion du fief une mutation de la nature de celle qui donnoit lieu à cette contribution; & si les puînés ou boursaux veulent se racheter eux-mêmes vis-à-vis de leur aîné de cette contribution, il lui sera payé les cinq douzièmes d'un droit de rachat, au payement desquels cinq douzièmes chacun des puînés ou boursaux qui voudra se racheter, contribuera pour sa part & portion.

Il en sera de même dans les pays & les lieux où les mêmes règles & les mêmes usages ci-dessus rappelés, quant à la coutumes du grand Perche, ont lieu.

### X X X V I I.

LORSQU'IL s'agira de liquider le rachat des droits casuels dus pour les mutations par vente, l'évaluation du droit se fera sur le prix de l'acquisition, si le rachat est offert par un nouvel acquéreur; sinon sur le prix de la dernière des ventes qui aura été faite du fonds, dans le cours des dix années antérieures.

### X X X V I I I.

SI le rachat n'est point offert par un nouvel acquéreur, ou s'il n'existe point de vente du fonds faite dans les dix années précédentes, dans le cas où les parties ne s'accorderoient point de gré à gré, le redevable qui voudra se racheter pourra faire une offre extrajudiciaire d'une somme. En cas de refus de la part du propriétaire des droits d'accepter l'offre, les frais de l'estimation par experts seront supportés par celui qui aura fait l'offre ou par celui qui l'aura refusée, selon que l'offre fera déclarée fuffifante ou infuffifante; fauf aux adminiftrateurs qui n'ont point la faculté de compofer de gré à gré, à employer en frais d'adminiftration ceux de l'expertife, ainfi qu'il eft dit en l'article XX ci-deffus.

### X X X I X.

LORSQU'IL s'agira de liquider le rachat des droits cafuels qui fe payent à raifon du revenu, l'évaluation s'en fera fur le taux du dernier payement qui en aura été fait dans les dix années antérieures : s'il n'en exifte pas, le redevable pourra faire une offie d'une fomme ; & en cas de refus, les frais de l'eftimation par experts feront fupportés comme il eft dit en l'article précédent.

### X L.

IL ne fera payé aucun droit ni de vente ni rachat pour les fonds domaniaux & eccléfiaftiques, qui feront vendus en exécution des décrets des 19 décembre 1789, & 17 mars dernier, par nous fanctionnés ou acceptés. L'exemption n'aura lieu cependant à l'égard des biens eccléfiaftiques, que pour ceux qui feront mouvans de fonds domaniaux, ou qui auront payé le droit d'indemnité aux propriétaires des fiefs dont ils relèvent, ou à l'égard defquels le droit d'indemnité fe trouveroit préfcrit, conformément aux règles qui avoient lieu ci-devant.

### X L I.

LES fommes qui feront dues pour le rachat, foit des redevances annuelles, foit des droits cafuels, feront payées aux propriétaires defdits droits, outre & indépendamment de ce qui fe trouvera leur être dû pour raifon de mutations ou d'arrérages échûs antérieurement à l'époque du rachat.

### X L I I.

SI le même propriétaire qui aura racheté les droits feigneuriaux cafuels & autres, dont fon fonds étoit chargé, vend ce même fonds ou l'aliène dans les deux années poftérieures au rachat, par un acte volontaire quelconque fujet au droit de mutation, le droit fera dû nonobftant le rachat. Seront néanmoins exceptés de la préfente difpofition, ceux qui fe racheteront dans le cours de deux années, à compter du jour de la publication des préfentes.

### X L I I I.

Les lignagers de celui qui aura reçu le rachat des droits feigneuriaux dépendant de fon fief, ne pourront point exercer le retrait defdits droits, fous prétexte que le rachat équipolle à une vente.

### X L I V.

Les propriétaires de fiefs qui auront reçu le rachat en tout ou en partie, des droits feigueuriaux fixes ou cafuels dépendant de leurs fiefs, & qui feront foumis eux-mêmes à des droits cafuels envers un autre fief, feront tenus de payer au propriétaire du fief le rachat qui lui fera dû, proportionnellement aux fommes qu'ils auront reçues, & ce rachat fera exécuté progreffivement dans tous les degrés de l'ancienne échelle féodale.

### X L V.

Le rachat dû par les propriétaires du fief inférieur, fera liquidé fur la fomme portée en la quittance qu'il aura donnée, encore que la quotité en foit inférieure aux taux ci-deffus fixés, à moins qu'il n'y ait fraude & déguifement dans l'énonciation de la quittance, & ce rachat fera liquidé fur ceux des taux ci-deffus fixés, qui feront applicables au fief dont dépendoient les droits rachetés; en telle forte qu'il ne fera payé pour ce rachat, que la même fomme qui feroit due pour le rachat d'un fief de la même valeur que celle portée en la quittance.

### X L V I.

Tout propriétaire de fief qui aura reçu le rachat de droits dépendant de fon fief, fera tenu à peine de reftitution du double, d'en donner connoiffance au propriétaire du fief dont il relève, dans le cours du mois de janvier de l'année fuivant celle dans laquelle les rachats lui auront été faits, fans préjucice du droit du propriétaire fupérieur, d'exiger les rachats à lui dus avant ce terme, s'il en a eu connoiffance autrement.

### X L V I I.

POURRONT tous les propriétaires des fiefs qui ont fous leur mouvance d'autres fiefs, former s'ils le jugent à-propos, au greffe des hypothèques du reffort de la fituation des cheflieux des fiefs mouvant d'eux, une feule oppofition générale au rembourfement de toutes fommes provenant des rachats offerts aux propriétaires des fiefs qui font fous leur mouvance; mais ils ne pourront former aucune oppofition particulière entre les mains des redevables; & les frais de l'oppofition générale, ainfi que ceux qu'elle occafionneroit, feront à leur charge, fi la notification ordonnée par l'article XLVI leur a été faite, ou leur eft faite dans le délai prefcrit.

### X L V I I I.

LES créanciers des propriétaires des fiefs dont dépendent les droits féodaux ou cenfuels rachetables, pourront former au greffe des hypothèques du reffort de la fituation des chef-lieux defdits fiefs, une feule oppofition générale au rembourfement des fommes provenant defdits droits; mais ils ne pourront former aucune oppofition particulière entre les mains des redevables, à peine de nullité, & de répondre en leur propre & privé nom des frais qu'elles occafionneroient.

### X L I X.

DANS le pays où l'édit de juin 1771 n'a point d'exécution, les oppofitions générales dont il eft parlé aux articles XLVII & XLVIII ci-deffus, pourront être formées au greffe du fiège royal du reffort; il y fera tenu à cet effet un regiftre particulier par le greffier, auquel il fera payé les mêmes droits établis par l'édit de juin 1771.

## L.

LES propriétaires de fiefs & les créanciers qui formeront les oppositions générales défignées dans les articles XLV, XLVIII & XLIX ci-deffus, ne feront point obligés de les renouveller tous les trois ans : lefdites oppofitions dureront trente ans, dérogeant, quant à ce feulement, à l'édit de juin 1771.

## L. I.

LES créanciers qui auront négligé de former leur oppofition, ne pourront exercer aucun recours contre les redevables qui auront effectué le payement de leur rachat.

## L I I.

LES redevables ne pourront effectuer le payement de leur rachat, qu'après s'être affurés qu'il n'exifte aucune oppofition au greffe des hypothèques, ou au greffe du fiège royal dans les pays où il n'y a point de greffe des hypothèques. Dans le cas où il exifteroit une ou plufieurs oppofitions, ils s'en feront délivrer un extrait, qu'ils dénonceront à celui fur lequel elles feront faites, fans pouvoir faire aucune autre procédure, ni fe faire autorifer à configner que dans trois mois après la dénonciation, dont ils pourront répéter les frais, ainfi que ceux de l'extrait des oppofans.

## L I I I.

LES offres tendant au rachat des droits feigneuriaux fixes ou cafuels, feront faites au chef-lieu du fief dont dépendront les droits rachetables. Pourront néanmoins les parties liquider les rachats, & en opérer le payement en tel lieu qu'elles jugeront à-propos. Dans ce dernier cas, les payemens qui feront faits en conféquence d'un certificat délivré par le greffier des hypothèques, ou par celui du fiège royal, qu'il n'exiftoit point d'oppofitions, feront valables nonobftant les oppofitions qui feroient furvenues depuis, pourvu que la quittance ait été contrôlée dans le mois de la date dudit certificat.

### L I V.

. Toutes quittances de rachat des droits feigneuriaux, même celles reçues par les notaires dont les aftes font exempts du contrôle, feront affujetties au contrôle : il en fera tenu un regiftre particulier, fur lequel le commis enregiftrera par extrait la quittance, en énonçant le nom du propriétaire du fief qui aura reçu le rachat, celui du fief dont dépendoient les droits rachetés, le nom de celui qui aura fait le rachat, & la fomme payée. Il ne fera payé que quinze fous pour le droit de contrôle & d'enregiftrement ; les frais en feront à la charge de celui qui fera le rachat, lequel fera tenu de l'obligation de faire contrôler la quittance, fous les peines prefcrites par les réglemens exiftant.

### L V.

Dans les pays où le contrôle n'a pas lieu, il fera établi dans chaque fiège royal un regiftre particulier pour le contrôle & enregiftrement des quittances de rachat ; & il fera payé au greffier quinze fous pour tout droit.

### L V I.

Il ne fera perçu aucun droit de centième denier fur les rachats & rembourfemens des droits ci-devant feigneuriaux, foit fixes, foit cafuels.

### L V I I.

Il fera libre aux fermiers qui ont ci-devant pris à bail les droits cafuels d'un ou plufieurs fiefs, fans mélange d'autres biens, ou dont les baux ne comprendroient avec lefdits droits cafuels, que des droits fupprimés fans indemnité par le décret du 15 mars, que nous avons accepté, de remettre leurs baux, fans pouvoir prétendre, à l'égard defdits droits cafuels, d'autre indemnité que la reftitution des pots-de-vin & fermages payés d'avance au prorata de la jouiffance.

A l'égard des fermiers qui ont pris à bail les droits cafuels avec d'autres biens, ils percevront tous les droits cafuels qui échoiront pendant le cours de leur bail fur les fonds qui n'ont point été rachetés, ou fur lefquels ils feroient dus nonobftant le rachat; & s'il furvient fur des fonds rachetés, des mutations qui euffent donné lieu à un droit cafuel, le propriétaire du fief auquel le droit auroit appartenu, en tiendra compte au fermier, à la déduction néanmoins d'un quart fur le montant dudit droit.

A l'égard des redevances fixes & annuelles qui feroient rachetées pendant le cours du bail, le propriétaire defdits droits en tiendra compte annuellement au fermier, par diminution fur le fermage.

## L V I I I.

Les droits d'échange établis au profit du roi, par les édits de 1645 & 1647, & autres réglemens fubféquens, foit qu'ils foient perçus à notre profit, foit qu'ils foient perçus par des conceffionnaires engagiftes ou apanagiftes, font & demeurent fupprimés, à compter de la publication des lettres patentes du 3 novembre 1789, fans néanmoins aucune reftitution des droits qui auroient été perçus depuis ladite époque. Quant à ceux defdits droits qui étoient perçus à notre profit, toutes pourfuites intentées ou à intenter pour raifon des mutations arrivées avant ladite époque, font & demeureront éteintes. Les acquéreurs defdits droits préfenteront, dans le délai de fix mois, à compter du jour de la publication des préfentes, leurs titres au comité de liquidation, établi par le décret du,

23

23 janvier de la préfente année ; & il fera pourvu à leur rembourfement ainfi qu'il appartiendra.

MANDONS & ordonnons à tous les tribunaux, corps adminiftratifs & municipalités, que les préfentes ils faffent tranfcrire fur leurs regiftres, lire, publier & afficher dans leurs
refforts & départemens refpectifs, & exécuter comme loi du
royaume. En foi de quoi nous avons figné & fait contrefigner
cefdites préfentes, auxquelles nous avons fait appofer le
fceau de l'état. A Paris, le neuvième jour du mois de mai,
l'an de grâce mil fept cent quatre-vingt-dix, & de notre
règne le feizième. *Signé* LOUIS. *Et plus bas*, par le roi,
DE SAINT-PRIEST. Vu au confeil, LAMBERT. Et fcellées du
fceau de l'état.

## LETTRES PATENTES DU ROI,

*Sur le décret de l'Assemblée nationale, du 25 Avril dernier, pour l'emploi au payement des Rentes de Cent livres & au-dessous, des Dons patriotiques faits à l'Assemblée nationale.*

Données à Paris, le 10 Mai 1790.

LOUIS, par la grâce de Dieu & par la loi constitutionnelle de l'état, ROI DES FRANÇOIS : A tous ceux qui ces présentes lettres verront; SALUT. L'assemblée nationale, sur le compte qui lui a été rendu par les tréforiers des dons patriotiques, a décrété le 25 avril dernier, & nous voulons & ordonnons ce qui suit :

LES sommes que les tréforiers des dons patriotiques remettront aux payeurs des rentes serviront à acquitter les rentes de cent livres & au-dessous, en se conformant d'ailleurs aux dispositions du décret du 22 mars dernier, tant sur la quotité de l'imposition à justifier par les rentiers, que sur ce qui a rapport à la comptabilité des payeurs.

MANDONS & ordonnons à tous les tribunaux, corps administratifs & municipalités, que les présentes ils fassent transcrire sur leurs regiftres, lire, publier & afficher dans leurs reftorts & départemens refpectifs. En foi de quoi nous avons figné & fait contrefigner cefdites préfentes, auxquelles nous avons fait appofer le fceau de l'état. A Paris, le deuxième jour du mois de mai, l'an de grâce mil fept cent quatre-vingt-dix, & de notre règne le dix-feptième. *Signé* LOUIS. *Et plus bas*, par le roi, DE SAINT-PRIEST. Vu au confeil, LAMBERT. Et fcellées du fceau de l'état.

# LETTRES PATENTES DU ROI,

*Sur les décrets de l'Assemblée nationale, des 23 Avril dernier & 4 du présent mois, portant distraction des grandes & petites Gabelles & des Gabelles locales, du bail général des Fermes, passé à Jean-Baptiste Mager, le 19 Mars 1786.*

Données à Paris, le 10 Mai 1790.

LOUIS, par la grâce de Dieu & par la loi constitutionnelle de l'état, ROI DES FRANÇOIS : A tous ceux qui ces présentes lettres verront ; SALUT. L'assemblée nationale a décrété, les 23 avril dernier & 4 du présent mois, & nous voulons & ordonnons ce qui suit :

### ARTICLE PREMIER.

CONFORMÉMENT à la stipulation portée par l'article XV du bail général des fermes, passé à Jean-Baptiste Mager, le 19 mars 1786, laquelle a prévu le cas de la distraction dudit bail des parties de perceptions qu'il seroit jugé convenable d'en retirer, les grandes & petites gabelles & gabelles locales seront distraites dudit bail, à compter du premier janvier 1789 ; & seront ledit adjudicataire & ses cautions tenus de compter de clerc à maître, comme pour les objets dont ils ne font que régisseurs, de toutes les recettes & dépenses qu'ils auront faites relativement aux gabelles depuis cette époque.

En conséquence de ladite résiliation, la nation rentre en jouissance de tous les greniers, magasins, bateaux, pataches, meubles, ustensiles de mesurage, & autres objets qui servoient à l'exploitation desdites gabelles, ainsi que de l'universalité des sels que ledit Mager avoit à sa disposition le premier avril.

Les cautions dudit Mager , chargées par nos lettres patentes du 30 mars dernier , fur le décret du 20 dudit mois , de faire pour le compte de la nation , au cours fixé par la concurrence du commerce , & fans pouvoir excéder en aucun lieu le prix de trois fous la livre , la vente de tous les fels exiftant au premier avril dans les dépôts , magafins & greniers de la nation , même de ceux achetés pour le compte de l'état , ou qui étoient à fa difpofition antérieurement à nofdites lettres patentes du 30 mars , compteront tous les mois des produits de ladite vente , à l'adminiftrateur général des finances , & en verferont de mois en mois les deniers au tréfor national , jufqu'à parfaire la fomme de douze millions , deftinés aux dépenfes de l'état.

Il fera enfuite tenu compte audit adjudicataire & à fes cautions , fur le produit defdites ventes , de la valeur des fels & autres effets , fuivant les règles établies pour leur évaluation , & comme il fe pratiquoit à l'expiration de chaque bail , lorfque l'adjudicataire fortant tranfmettoit à fon fucceffeur les fels & effets dont celui-ci lui rembourfoit le prix ; & le furplus du produit de la vente defdits fels continuera d'être appliqué d'autant au rembourfement des fonds & avances defdites cautions de Mager , conformément à l'article V de nofdites lettres patentes du 30 mars dernier.

## I I.

Tous les juges & officiers des gabelles en titre d'office quelconque , tant dans les greniers que dans les dépôts , falorges , falins & autres établiffemens qui tenoient à la manutention & au régime des gabelles dans les provinces de grandes & petites gabelles , de gabelles locales , pays de quart-bouillon , dépôts fitués aux frontières des pays exempts & rédimés de cet impôt , font fupprimés , & cefferont toutes fonctions à compter de la date des préfentes.

Il fera procédé à la liquidation de leurs offices en la forme qui fera inceffamment réglée ; leurs gages feront acquittés jufqu'au jour de leur fuppreffion ; & il fera pourvu , à compter dudit jour, au payement des intérêts de leur finance jufqu'à leur remboursement.

## I I I.

Les quantités de fels appartenant à la nation, & qui exiftoient au premier avril 1790, à fa difpofition, tant dans les greniers, magafins, dépôts & falorges, que fur les marais falans, feront conftatées par les officiers municipaux des lieux ; favoir, dans les dépôts & magafins, d'après les regiftres & procès-verbaux, tant des officiers juridictionnels & porte-clefs ; que des prépofés de la ferme générale, & lefdits regiftres & procès-verbaux feront clos & arrêtés par lefdits officiers municipaux, à la fuite de quoi les officiers porte-clefs remettront lefdites clefs aux prépofés de la ferme, qui leur en donneront une reconnoiffance, avec décharge de la refponfabilité & garantie des maffes dont lefdits prépofés continueront feuls d'être tenus, fous l'infpection des municipalités, jufqu'à la formation des affemblées adminiftratives de diftricts & de départemens qui en feront chargés, & pourront commettre, felon les cas, les municipalités des lieux.

Quant aux fels achetés pour le compte de la nation avant le premier avril, & non encore enlevés des marais falans, leur quantité fera juftifiée par la repréfentation des polices d'achat & des livres de compte des commiffionnaires, lefquels livres & polices feront repréfentés aux officiers municipaux des lieux, pour être par eux vifés & arrêtés.

## I V.

Le droit qui étoit exercé pour la nation fur les fels des falins de Peccais, Hières, Berres, Badon, Peyriac & Sijean, ne pourra être étendu au-delà de ceux qui font actuellement fabriqués. La nation renonce pour l'avenir à tous privilèges fur les fels defdits falins : la prochaine récolte & les fuivantes feront à la libre difpofition des propriétaires.

### V.

POUR affurer la comptabilité & la rentrée des recouvremens faits & à faire par les receveurs généraux & particuliers des gabelles, ils feront tenus de laiffer au tréfor public les cautionnemens qu'ils y ont confignés, & dont les intérêts continueront de leur être payés comme par le paffé, jufqu'au rembourfement, fans que, dans aucun cas & fous aucun prétexte, ils puiffent retenir aucune fomme, ni faire compenfation des recouvremens provenant de la vente des fels avec le montant de leurs cautionnemens, à peine d'être pourfuivis comme pour divertiffement des deniers de l'état.

Cette difpofition aura effet contre ceux defdits receveurs & comptables qui n'auroient pas vidé leurs mains, & remis toutes les fommes qu'ils ont touchées pour le compte de l'état.

### V I.

LES notaires & huiffiers aux greniers à fels ne font point compris dans les difpofitions de l'article II des préfentes; en conféquence ces officiers continueront, comme par le paffé, les fonctions qu'ils exerçoient en concurrence avec les autres notaires & huiffiers; & ce, jufqu'à ce qu'il y ait été autrement pourvu.

MANDONS & ordonnons à tous les tribunaux, corps adminiftratifs & municipalités, que les préfentes ils faffent tranfcrire fur leurs regiftres, lire, publier & afficher dans leurs refforts & départemens refpectifs, & exécuter comme loi du royaume. En foi de quoi nous avons figné & fait contrefigner cefdites préfentes, auxquelles nous avons fait appofer le fceau de l'état. A Paris, le dixième jour du mois de mai, l'an de grâce mil fept cent quatre-vingt-dix, & de notre règne le feizième. *Signé* LOUIS. *Et plus bas*, par le roi, DE SAINT-PRIEST. Vu au confeil, LAMBERT. Et fcellées du fceau de l'état.

## LETTRES PATENTES DU ROI,

*Sur un décret de l'Assemblée nationale, du 10 Avril 1790, interprétatif de celui du 18 Janvier précédent, portant que les Actes relatifs aux élections des Municipalités, Corps administratifs, délibérations, & généralement tous les Actes de pure administration intérieure, seront seuls exempts de la formalité du Contrôle & du Papier timbré dans les lieux où ces droits font en usage.*

Données à Paris, le 11 Mai 1790.

LOUIS, par la grâce de Dieu & par la loi constitutionnelle de l'état, ROI DES FRANÇOIS : A tous ceux qui ces présentes lettres verront ; SALUT. L'assemblée nationale, instruite que son décret du 18 janvier dernier, par nous sanctionné, avoit été abusivement interprété dans différentes municipalités du royaume, a décrété, le 10 avril suivant, & nous déclarons ce qui suit :

LES actes relatifs aux élections des municipalités, corps administratifs, délibérations, & généralement tous les actes de pure administration intérieure, seront seuls exempts de la formalité du contrôle & du papier timbré, dans les lieux où ces droits font en usage ; & à l'égard de tous autres actes ci-devant assujettis aux droits de contrôle & de formule, ils continueront d'y être sujets comme par le passé, sans rien préjuger sur le contrôle des ventes & aliénations à faire aux municipalités ; & à l'égard de celles qui, par une fausse interprétation du décret du 18 janvier, se seroient dispensées de la

formule & du contrôle pour quelques actes qui y étoient
sujets, elles seront soumises au droit ordinaire sans aucune
contravention.

MANDONS & ordonnons à tous les tribunaux, corps administratifs & municipalités, que les présentes ils fassent transcrire sur leurs registres, lire, publier & afficher dans leurs
ressorts & départemens respectifs, & exécuter comme loi du
royaume. En foi de quoi nous avons signé & fait contresigner
cesdites présentes, auxquelles nous avons fait apposer le sceau
de l'état. A Paris, le onzième jour du mois de mai, l'an
de grâce mil sept cent quatre-vingt-dix, & de notre règne
le dix-septième. *Signé* LOUIS. *Et plus bas*, par le roi, DE
SAINT-PRIEST. Vu au conseil, LAMBERT. Et scellées du
sceau de l'état.

LETTRES

## LETTRES PATENTES DU ROI,

*Sur le décret de l'Affemblée nationale, du premier Mai 1790, concernant la Contribution de foixante mille livres à lever dans la ville de Bourges, pour le foulagement de fes Pauvres.*

Données à Paris, le 12 Mai 1790.

LOUIS, par la grâce de Dieu & par la loi conftitutionnelle de l'état, ROI DES FRANÇOIS : A tous ceux qui ces préfentes lettres verront ; SALUT. L'affemblée nationale, fur le rapport de fon comité des finances, vu la délibération de la municipalité & du confeil général de la ville de Bourges, du 31 mars dernier, confirmative de celles prifes par l'ancienne municipalité & le bureau de charité de ladite ville pour le foulagement de fes pauvres, a décrété, le premier mai 1790, & nous voulons & ordonnons qu'il fera fait par les officiers municipaux de la ville de Bourges un rôle de contribution de la fomme de foixante mille livres fur tous les citoyens capités à trois livres & au-deffus, proportionnellement à leurs revenus & facultés. Il fera précompté à ceux qui ont déjà fait des contributions volontaires, le montant defdites contributions, à la charge par lefdits officiers municipaux de rendre compte des fommes à percevoir en vertu du nouveau rôle.

MANDONS & ordonnons à tous les tribunaux, corps adminiftratifs & municipalités de Bourges, que les préfentes ils faffent tranfcrire fur leurs regiftres, lire, publier & afficher dans leurs refforts & territoires refpectifs, & exécuter comme loi du royaume. En foi de quoi nous avons figné & fait contre-

*Tome I.*                      L l l l l

signer cesdites préfentes, auxquelles nous avons fait appofer le fceau de l'état. A Paris, le douzième jour du mois de mai, l'an de grâce mil fept cent quatre-vingt-dix, & de notre règne le dix-feptième. *Signé* LOUIS. *Et plus bas*, par le roi, DE SAINT-PRIEST. Vu au confeil, LAMBERT. Et fcellées du fceau de l'état.

## LETTRES PATENTES DU ROI,

*Sur un décret de l'Affemblée nationale, portant que les Citoyens en procès avec la Régie, antérieurement au décret du 22 Mars dernier, à l'occafion des droits de Marque des Cuirs, des Fers & autres, pourront continuer de pourfuivre la réparation des torts qu'ils auroient éprouvés.*

Données à Paris, le 14 Mai 1790.

LOUIS, par la grâce de Dieu & par la loi conftitutionnelle de l'état, ROI DES FRANÇOIS : A tous ceux qui ces préfentes lettres verront ; SALUT. L'affemblée nationale a déclaré que, par fon décret du 22 mars dernier, que nous avons fanctionné, fon intention a été d'ufer d'indulgence envers les particuliers qui, à l'occafion des droits de marque fur les cuirs & fers, & de ceux fur la fabrication & le tranfport des huiles & favons, auroient encouru des amendes & mérité quelque condamnation ;

Qu'elle n'a point entendu priver ceux des citoyens qui étoient en procès avec la régie antérieurement audit décret, & qui prétendroient avoir été vexés & inquiétés injuftement, de pourfuivre par voies de droit la réparation des torts qu'ils auroient éprouvés, fauf à fubir eux-mêmes les condamnations pécuniaires dont ils feroient fufceptibles.

A en conféquence décrété, le 6 de ce mois, & nous voulons & ordonnons ce qui fuit :

### ARTICLE PREMIER.

TOUT citoyen qui étoit en procès avec le régiffeur & fes prépofés, avant le décret du 22 mars dernier, par nous fanctionné, & feprétendroit fondé à exiger la réparation de dommages à lui caufés, pourra continuer fes pourfuites devant les juges auxquels la connoiffance en appartient, & fe faire adjuger les condamnations qui lui feront dues, fuivant qu'elles feront déterminées par les tribunaux, en faifant néanmoins fignifier au régiffeur, dans les trois mois, pour tout délai, de la publication des préfentes, la déclaration qu'il entend reprendre la fuite de fes diligences.

### I I.

LE citoyen qui, ayant refufé de jouir du bénéfice du décret du 22 mars dernier que nous avons fanctionné, aura continué fes diligences en vertu des préfentes, ne pourra fe fouftraire au payement des amendes qu'il auroit encourues, & des autres condamnations pécuniaires qu'il aura méritées, fi, par l'évènement, les conteftations qu'il aura perpétuées font trouvées mal fondées; à l'effet de quoi les loix ci-devant en vigueur fubfifteront pour ces particuliers feulement, & feront à cet égard exécutées fuivant leur forme & teneur.

MANDONS & ordonnons à tous les tribunaux, corps adminiftratifs & municipalités, que les préfentes ils faffent tranfcrire fur leurs regiftres, lire, publier & afficher dans leurs refforts & départemens refpectifs, & exécuter comme loi du royaume. En foi de quoi nous avons figné & fait contrefigner cefdites préfentes, auxquelles nous avons fait appofer le fceau de l'état. A Paris, le quatorzième jour du mois de mai, l'an de grâce mil fept cent quatre-vingt dix, & de notre règne le dix-feptième. Signé LOUIS. Et plus bas, par le roi, DE SAINT-PRIEST. Et fcellées du fceau de l'état.

# LETTRES PATENTES DU ROI,

*Sur le décret de l'Assemblée nationale, du 9 du présent mois, relatif aux Baux passés aux sieurs Karcher, Braun, & autres particuliers de la Lorraine-Allemande, du droit connu en Lorraine sous la dénomination de* Droit de troupeau à part.

Données à Paris, le 16 Mai 1790.

LOUIS, par la grâce de Dieu & par la loi constitutionnelle de l'état, ROI DES FRANÇOIS : A tous ceux qui ces présentes lettres verront; SALUT. L'assemblée nationale, après avoir ouï le rapport de son comité de féodalité, a décrété le 9 du présent mois, & nous voulons & ordonnons que les baux passés aux sieurs Karcher, Braun, & autres particuliers de la Lorraine-Allemande, du droit connu en Lorraine sous la dénomination de *droit de troupeau à part*, seront exécutés suivant leur forme & teneur, jusqu'au 11 novembre de la présente année; les autorisons, en conséquence, à continuer de mettre séparément sur la pâture des territoires où ils en ont le droit, & jusqu'à due concurrence, les troupeaux à eux appartenant. Faisons défenses de les troubler par voies de fait dans l'exercice dudit droit, sous telles peines qu'il appartiendra, & en outre de leurs dommages & intérêts, desquels demeureront solidairement responsables ceux qui pourroient y apporter empêchement; à charge par lesdits sieurs Karcher, Braun & autres, dans le cas où le droit de troupeau à part viendroit à cesser avant ladite époque dn 11 novembre prochain, de payer proportionnellement aux communautés intéressées, par forme d'indemnité, le prix de leur fermage, sans entendre rien préjuger à l'égard dudit droit de troupeau à part, fur lequel l'affemblée nationale fe réferve de prononcer.

MANDONS & ordonnons à tous les tribunaux, corps adminiftratifs & municipalités, que les préfentes ils faffent tranfcrire fur leurs regiftres, lire, publier & afficher & exécuter dans leurs refforts & départemens refpectifs. En foi de quoi nous avons figné & fait contrefigner ces préfentes, auxquelles nous avons fait appofer le fceau de l'état. A Paris, le feizième jour du mois mai, l'an de grâce mil fept cent quatre-vingt-dix, & de notre règne le dix-feptième. *Signé* LOUIS. *Et plus bas*, par le roi, LA TOUR-DU-PIN. Vu au confeil, LAMBERT. Et fcellées du fceau de l'état.

# PROCLAMATION DU ROI,

*Sur un décret de l'Assemblé nationale, portant qu'aucuns de ses membres ne pourront assister comme Électeurs dans les assemblées de District & de Département.*

### Du 16 Mai 1790.

VU par le roi le décret dont la teneur suit :

*DÉCRET de l'Assemblée nationale, du 14 Mai 1790.*

L'ASSEMBLÉE nationale a décrété qu'aucuns de ses membres ne pourront assister comme électeurs dans les assemblées de district & de département.

LE roi, acceptant ledit décret, mande & ordonne aux assemblées de département & de district de l'observer & exécuter.

FAIT à Paris, le seize mai mil sept cent quatre-vingt-dix. *Signé* LOUIS. *Et plus bas*, par le roi, DE SAINT-PRIEST.

# LETTRES PATENTES DU ROI,

*Sur le décret de l'Affemblée nationale , portant qu'il fera fourni par le Tréfor public , à titre d'avance , une fomme de Six cent mille livres pour l'achèvement des travaux du Canal du Charollois.*

### Données à Paris , le 16 Mai 1790.

LOUIS , par la grâce de Dieu & par la loi conftitutionnelle de l'état , ROI DES FRANÇOIS : A tous ceux qui ces préfentes lettres verront ; SALUT. L'affemblée nationale a décrété , le 8 de ce mois , & nous voulons & ordonnons ce qui fuit :

### ARTICLE PREMIER.

IL fera fourni par le tréfor public provifoirement , & à titre d'avance , une fomme de fix cent mille livres , pour être employée à l'achèvement des travaux du canal du Charollois , fauf à ftatuer ultérieurement par qui la dépenfe doit en être fupportée.

### II.

LE payement de cette fomme de fix cent mille livres fe fera de mois en mois , en fix termes égaux , de cent mille livres chacun , dont le premier eft fixé au premier juin prochain ; & il fera effectué auxdites époques entre les mains de l'adminiftrateur comptable qui fera indiqué par le directoire du département de Saône & Loire.

### III.

LADITE fomme de fix cent mille livres fera appliquée en totalité

totalité au payement des travaux qui reftent à faire au canal, & nulle portion n'en pourra être diftraite, même fous prétexte d'acquitter les dépenfes précédentes, fauf à pourvoir d'une autre manière au remboursement des avances ci-devant faites par les entrepreneurs.

MANDONS à tous tribunaux, à l'affemblée du département de Saône & Loire, & aux affemblées des autres départemens intéreffés à l'achèvement du canal du Charollois, que les préfentes ils faffent tranfcrire fur leurs regiftres, obfervent & faffent obferver & exécuter le contenu en icelles; à l'effet de quoi nous avons figné & fait contrefigner cefdites préfentes, auxquelles nous avons fait appofer le fceau de l'état. FAIT à Paris, le feizième jour du mois de mai, l'an de grâce mil fept cent quatre-vingt-dix, & de notre règne le dix-feptième. *Signé* LOUIS. *Et plus bas*, par le roi, DE SAINT-PRIEST. *Vifa*, ✠ L'ARCHEVÊQUE DE BORDEAUX. Et fcellées du fceau de l'état.

# LETTRES PATENTES DU ROI,

*Sur le décret de l'Assemblée nationale, du premier Mai 1790, concernant les Cotisations relatives à des Rentes constituées à prix d'argent, perpétuelles ou viagères, généralement ou spécialement hypothéquées sur des biens-fonds, qui auroient pu être faites dans les rôles des six derniers mois 1789 ou ceux de 1790, au lieu de la situation desdits biens, sans que les Créanciers desdites rentes fussent domiciliés au même lieu.*

Données à Paris, le 16 Mai 1790.

LOUIS, par la grâce de Dieu & par la loi constitutionnelle de l'état, ROI DES FRANÇOIS : A tous ceux qui ces présentes lettres verront ; SALUT. L'assemblée nationale, oui le rapport de son comité des finances, a déclaré le premier mai 1790, & nous voulons & déclarons ce qui suit :

PAR nos lettres patentes du 29 novembre 1789, sur le décret du 28 du même mois, lesquelles portent que les ci-devant privilégiés seront imposés à raison de leurs biens-fonds pour les six derniers mois de 1789 & pour 1790, dans le lieu où lesdits biens sont situés, nous n'avons point entendu que les créanciers des rentes constituées à prix d'argent, perpétuelles ou viagères, généralement ou spécialement hypothéquées sur des biens-fonds, fussent imposés à raison de ces rentes, dans le lieu où les biens-fonds qui leur servent d'hypothèque se trouvent situés, si lesdits propriétaires de rentes n'y étoient pas en même-temps domiciliés : en conféquence, les impofitions qui n'auront pas eu d'autres motifs, dans les rôles des fix derniers mois de 1789 & dans ceux de l'année 1790, en feront diftraites; & pour en opérer le remboursement & la reftitution à ceux qui les auroient acquittées, il fera fait pour 1791 un rôle de fupplément ou réimpofition du montant defdites contributions, & la fomme à provenir dudit rôle de fupplément fera remife à ceux qui auront été induement impofés, en juftifiant par eux du payement qu'ils en auront fait aux collecteurs des fix derniers mois 1789 & de l'année 1790.

MANDONS & ordonnons à tous les tribunaux, corps ad-miniftratifs & municipalités, que les préfentes ils faffent tranfcrire fur leurs regiftres, lire, publier & afficher dans leurs reflorts & départemens refpectifs, & exécuter comme loi du royaume. En foi de quoi nous avons figné & fait contrefigner cefdites préfentes, auxquelles nous avons fait appofer le fceau de l'état. A Paris, le feizième jour du mois de mai, l'an de grâce mil fept cent quatre-vingt-dix, & de notre règne le dix-feptième. Signé LOUIS. Et plus bas, par le roi, DE SAINT-PRIEST. Vu au confeil, LAMBERT. Et fcellées du fceau de l'état.

## LETTRES PATENTES DU ROI,

*Sur le décret de l'Assemblée nationale, du 14 Mai 1790, pour la vente de Quatre cent millions de Domaines nationaux.*

Données à Paris, le 17 Mai 1790.

LOUIS, par la grâce de Dieu & par la loi constitutionnelle de l'état, ROI DES FRANÇOIS : A tous ceux qui ces présentes lettres verront; SALUT. L'assemblée nationale, considérant qu'il est important de répondre à l'empressement que témoignent les municipalités. & tous les citoyens, pour l'exécution des décrets des 19 décembre 1789 & 17 mars 1790, sur la vente des domaines nationaux, & de remplir en même temps les deux objets proposés dans cette opération, le bon ordre des finances & l'accroissement heureux, sur-tout parmi les habitans des campagnes, du nombre des propriétaires, par les facilités qui seront données pour acquérir ces biens, tant en les divisant qu'en accordant aux acquéreurs des délais suffisans pour s'acquitter, & en dégageant toutes les transactions auxquelles les ventes & reventes pourront donner lieu des entraves gênantes & dispendieuses qui pourroient en retarder l'activité, a décrété, le 14 mai 1790, & nous voulons & ordonnons ce qui suit:

### TITRE PREMIER.

*Des Ventes aux Municipalités.*

#### ARTICLE PREMIER.

LES municipalités qui voudront acquérir seront tenues d'adresser leurs demandes au comité établi par l'assemblée nationale pour l'aliénation des domaines nationaux. Ces demandes feront faites en vertu d'une délibération du conseil général de la commune.

## I I.

LES particuliers qui voudront acquérir directement des domaines nationaux pourront faire leurs offres au comité, qui les renverra aux adminiftrations ou directoires de département, pour en conftater la véritable valeur & les mettre en vente, conformément au règlement qui fera inceffamment donné à cet effet.

## I I I.

LE prix capital des objets portés dans les demandes fera fixé d'après le revenu net effectif ou arbitré, mais à des deniers différens, felon l'efpèce de biens actuellement en vente, qui à cet effet font rangés en quatre claffes.

*1.<sup>re</sup> Claffe*. Les biens ruraux, confiftant en terres labourables, prés, vignes, pâtis, marais falans, & les bois, bâtimens & autres objets attachés aux fermes ou métairies, & qui fervent à leur exploitation;

*2.<sup>e</sup> Claffe*. Les rentes & preftations en nature de toute efpèce, & les droits cafuels auxquels font fujets les biens grevés de ces rentes ou preftations;

*3.<sup>e</sup> Claffe*. Les rentes & preftations en argent, & les droits cafuels dont font chargés les biens fur lefquels ces rentes & preftations font dues.

La *4.<sup>e</sup> Claffe* fera formée de toutes les autres efpèces de biens, à l'exception des bois non compris dans la première claffe, fur lefquels il fera ftatué par une loi particulière.

## I V.

L'ESTIMATION du revenu des trois premières claffes de biens fera fixée d'après les baux à ferme exiftans, paffés ou reconnus pardevant notaires, & certifiés véritables par le ferment des fermiers devant le directoire du diftrict; & à défaut de bail de cette nature, elle sera faite d'après un rapport d'experts, sous l'inspection du même directoire, déduction faite de toutes impositions dues à raison de la propriété.

Les municipalités seront obligées d'offrir pour prix capital des biens des trois premières classes dont elles voudront faire l'acquisition, un certain nombre de fois le revenu net, d'après les proportions suivantes.

Pour les biens de la première classe, vingt-deux fois le revenu net;

Pour ceux de la deuxième, vingt fois;

Pour ceux de la troisième, quinze fois;

Le prix des biens de la quatrième classe sera fixé d'après une estimation.

## V.

Les municipalités déposeront dans la caisse de l'extraordinaire, immédiatement après leur acquisition, quinze obligations payables d'année en année, & montant ensemble aux trois quarts du prix convenu.

Elles pourront rapprocher le terme desdits payemens, mais elles seront tenues d'acquitter une obligation chaque année.

Les fermages des biens vendus auxdites municipalités, les rentes, loyers, & le prix des bois qu'elles auront le droit d'exploiter, seront versés dans la caisse de l'extraordinaire ou du district, à concurrence des intérêts par elle dus.

## V I.

Les obligations des municipalités porteront intérêt à cinq pour cent sans retenue, & cet intérêt sera versé, ainsi que les capitaux, dans la caisse de l'extraordinaire.

## V I I.

Les biens vendus seront francs de toutes rentes, redevances ou prestations foncières, comme aussi de tous droits de mutation, tels que quint & requint, lods & ventes, reliefs, & généralement de tous les droits seigneuriaux ou fonciers, soit fixes,

foit cafuels, qui ont été déclarés rachetables par les décrets du
4 août 1789, par nous fanctionnés, & par nos lettres patentes
fur le décret du 15 mars 1790. La nation demeurant chargée
du rachat defdits droits, fuivant les règles prefcrites, & dans
les cas déterminés par nos lettres patentes fur le décret du 3 de
ce mois, le rachat fera fait des premiers deniers provenant des
reventes.

### V I I I.

SERONT pareillement lefdits biens affranchis de toutes dettes,
rentes conftituées & hypothèques, conformément à nos lettres
patentes fur les décrets des 14 & 16 avril 1790.

Dans le cas où il feroit formé des oppofitions, elles font dès-
à-préfent déclarées nulles & comme non avenues, fans qu'il
foit befoin que les acquéreurs obtiennent de jugement.

### I X.

LES baux à ferme ou à loyer defdits biens qui ont été faits
légitimement, & qui auront une date certaine & authentique,
antérieure au 2 novembre 1789, feront exécutés felon leur
forme & teneur, fans que les acquéreurs puiffent expulfer les
fermiers, même fous l'offre des indemnités de droit & d'ufage.

### X.

LES municipalités revendront à des particuliers, & compteront de *clerc à maître* avec la nation, du produit de ces
reventes.

### X I.

LES municipalités feront chargées de tous les frais relatifs
aux eftimations, ventes, fubrogations & reventes; il leur fera
alloué & fait raifon par le receveur de l'extraordinaire, du feizième du prix capital des reventes qui feront faites aux particuliers, à mefure & à proportion des fommes payées par les
acquéreurs.

## X I I.

Si , pour completter le payement des obligations aux époques fixées , quelques municipalités avoient besoin de recourir à des emprunts , elles y seront autorisées par l'assemblée nationale , ou par les législatures qui en règleront les conditions.

## X I I I.

Les payemens à faire par les municipalités , ou par les acquéreurs à leur décharge, ne seront reçus à la caisse de l'extraordinaire qu'en espèces ou en assignats.

## X I V.

La somme totale des ventes qui seront faites aux municipalités , en vertu du présent décret , ne pourra excéder la somme de quatre cent millions ; l'assemblée nationale se réservant de prescrire les règles qui seront observées pour les ventes ultérieures qui pourroient avoir lieu.

---

## T I T R E  I I.

*De la préférence réservée aux Municipalités , sur les biens situés dans leurs territoires.*

### A R T I C L E   P R E M I E R.

Toute municipalité pourra se faire subroger, pour les biens situés dans son territoire, à la municipalité qui les auroit acquis ; mais cette faculté n'arrêtera pas l'activité des reventes à des acquéreurs particuliers , dans les délais & les formes prescrites ci-après. Les municipalités subrogées jouiront cependant du bénéfice de cette subrogation, lorsqu'elle se trouvera consommée avant l'adjudication définitive.

## I I.

Toutes les terres & dépendances d'un corps de ferme seront
censées

cenfées appartenir au territoire dans lequel fera fitué fe principal bâtiment fervant à fon exploitation.

Une pièce de terre non dépendant d'un corps de ferme, & qui s'étendra fur le territoire de plufieurs municipalités, fera cenfée appartenir à celui qui en comprendra la plus grande partie.

### I I I.

LA fubrogation devra comprendre la totalité des objets qui auront été réunis dans une feule & même eftimation.

### I V.

LES municipalités qui auront acquis hors de leurs territoires feront tenues de le notifier aux municipalités dans le territoire defquelles les biens font fitués, & de retirer de chacune un certificat de cette notification, qui fera envoyé au comité.

Les municipalités ainfi averties auront un mois, à dater du jour de la notification, pour former leur demande en fubrogation ; & le mois expiré, elles n'y feront plus admifes.

### V.

LA demande en fubrogation fera faite par délibération du confeil général de la commune, contiendra la défignation des objets, fera adreffée au comité, & notifiée à la municipalité qui auroit précédemment acquis.

### V I.

LORSQUE la demande en fubrogation aura été admife par l'affemblée nationale, la municipalité fubrogée dépofera dans la caiffe de l'extraordinaire, 1°. des obligations pour les trois quarts du prix de l'eftimation des biens qui lui font cédés ; 2°. la foumiffion de rembourfer à la municipalité fur laquelle elle exercera la fubrogation la part proportionnelle des frais relatifs à la première acquifition, lefquels, en cas de difficulté,

feront réglés par le corps légiflatif, ou les commiffaires nommés par lui.

## V I I.

L E receveur de l'extraordinaire prendra pour comptant les
obligations de la municipalité fubrogée, & donnera décharge
d'autant à la municipalité évincée par la fubrogation.

## V I I I.

L ES municipalités admifes à la fubrogation feront tenues
de remplir les conditions énoncées par l'article VI, dans le délai de deux mois pour celles qui ne font pas à plus de cinquante lieues de la municipalité évincée ;

De deux mois & demi pour celles qui font diftantes depuis
cinquante jufqu'à cent lieues, & de trois mois pour les autres:

Le tout à compter du jour de la notification prefcrite par
l'article IV. Ces délais expirés, elles feront déchues de la fubrogation.

## I X.

T OUTES les municipalités qui, dans le délai d'un mois, à
dater de la publication des préfentes, fe feront fait fubroger,
pour les fonds fitués dans leurs territoires, aux municipalités
qui auroient fait des foumiffions antérieures, jouiront de la
totalité du bénéfice porté par l'article XI du titre premier.

## X.

L ES municipalités qui fe feront fait fubroger après le délai
ci-deffus jouiront pareillement dudit bénéfice ; mais il en fera
diftrait un quart au profit de la municipalité qui, après avoir
fait fa foumiffion la première, fe trouvera évincée par la fubrogation, pourvu qu'elle ait confommé l'acquifition dans le
mois qui fuivra cette foumiffion.

## X I.

L 'ACQUISITION fera cenfée confommée, lorfqu'après l'eftimation des biens faite dans la forme prefcrite par l'article

IV du titre premier, les offres auront été acceptées par le corps législatif.

## TITRE III.

### Des Reventes aux Particuliers.

#### ARTICLE PREMIER.

DANS les quinze jours qui fuivront l'acquifition, les municipalités feront tenues de faire afficher aux lieux accoutumés de leurs territoires, à ceux des territoires où font fitués les biens, & des villes chef-lieux de diftrict de leurs départemens, un état imprimé & détaillé de tous les biens qu'elles auront acquis, avec énonciation du prix de l'eftimation de chaque objet, & d'en dépofer des exemplaires aux hôtels communs defdits lieux, pour que chacun puiffe en prendre communication ou copie fans frais.

#### II.

AUSSI-TÔT qu'il fera fait une offre au moins égale au prix de l'eftimation, pour totalité ou partie des biens vendus à une municipalité, elle fera tenue de l'annoncer par des affiches dans tous les lieux où l'état des biens aura été ou dû être envoyé, & d'indiquer le lieu, le jour & l'heure auxquels les enchères feront reçues.

#### III.

LES adjudications feront faites dans le chef-lieu & pardevant le directoire du diftrict de la fituation des biens, à la diligence du procureur ou d'un fondé de pouvoir de la commune venderefle, & en préfence de deux commiffaires de la municipalité dans le territoire de laquelle les biens font fitués, lefquels commiffaires figneront les procès-verbaux d'enchère & d'adjudication, avec les officiers du directoire & les parties intéreffées, fans que l'abfence des commiffaires duement avertis, de laquelle fera fait mention dans le procès-verbal, puiffe arrêter l'adjudication.

## I V.

LES enchères feront reçues publiquement. Il y aura quinze jours d'intervalle entre la première & la feconde publication, & il fera procédé, un mois après la feconde, à l'adjudication définitive, au plus offrant & dernier enchériffeur, fans qu'il puiffe y avoir ouverture ni au tiercement, ni au doublement, ni au triplement. Les jours feront indiqués par des affiches, où le montant de la dernière enchère fera mentionné.

## V.

POUR appeler à la propriété un plus grand nombre de citoyens, en donnant plus de facilité aux acquéreurs, les payemens feront divifés en plufieurs termes.

La quotité du premier payement fera réglée en raifon de la nature des biens plus ou moins fufceptibles de dégradation. Dans la quinzaine de l'adjudication, les acquéreurs des bois, des moulins & des ufines, payeront trente pour cent du prix de l'acquifition à la caiffe de l'extraordinaire;

Ceux des maifons, des étangs, *des fonds morts* & des emplacemens vacans dans les villes, vingt pour cent;

Ceux des terres labourables, des prairies, des vignes, bâtimens fervant à leur exploitation, & des biens de la feconde claffe, douze pour cent.

Dans le cas où des biens de ces diverfes natures feront réunis, il en fera fait ventilation pour déterminer la fomme du premier payement.

Le furplus fera divifé en douze annuités égales, payables en douze ans d'année en année, & dans lefquelles fera compris l'intérêt du capital, à cinq pour cent fans retenue.

Pourront néanmoins les acquéreurs accélérer leur libération par des payemens plus confidérables & plus rapprochés, ou même fe libérer entièrement, à quelque échéance que ce foit.

Les acquéreurs n'entreront en poffeffion réelle qu'après avoir effectué leur premier payement.

## V I.

Les enchères feront en même-temps ouvertes fur l'enfemble ou fur les parties de l'objet compris en une feule & même eftimation ; & fi, au moment de l'adjudication définitive, la fomme des enchères partielles égale l'enchère faite fur la maffe, les biens feront de préférence adjugés divifément.

## V I I.

A chacun des payemens fur le prix des reventes, le receveur de l'extraordinaire fera tenu de faire paffer à la municipalité qui aura vendu un *duplicata* de la quittance délivrée aux acquéreurs, & portant décharge d'autant fur les obligations qu'elle aura fournies.

## V I I I.

A défaut de payement du premier à-compte ou d'une annuité échue, il fera fait dans le mois, à la diligence du procureur de la commune venderesse, fommation au débiteur d'effectuer fon payement avec les intérêts du jour de l'échéance ; & fi ce dernier n'y a pas fatisfait deux mois après ladite fommation, il fera procédé fans délai à une adjudication nouvelle, à fa folle-enchère, dans les formes prefcrites par les articles III & IV.

## I X.

Le procureur de la commune de la municipalité pourfuivante fe portera premier enchériffeur pour une fomme égale au prix de l'eftimation, ou pour la valeur de ce qui reftera dû à fa municipalité. Si cette valeur eft inférieure au prix de l'eftimation, il fera prélevé fur le prix de la nouvelle adjudication le montant de ce qui fe trouvera échu avec les intérêts & les frais, & l'adjudicataire fera tenu d'acquitter, au lieu & place de l'acquéreur dépoffédé, toutes les annuités à écheoir.

## X.

Si une municipalité croyoit devoir conferver pour quelque objet d'utilité publique une partie des biens par elle acquis, elle fera tenue de fe pourvoir dans les formes preferites par nos lettres patentes fur le décret du 14 décembre 1789, pour obtenir l'autorifation néceffaire, après laquelle elle fera admife à enchérir concurremment avec les particuliers; & dans le cas où elle demeureroit adjudicataire, elle payera dans les mêmes formes & dans les mêmes délais que tout autre acquéreur.

## X I.

PENDANT les quinze années accordées aux municipalités pour acquitter leurs obligations, il ne fera perçu pour aucune acquifition, adjudication, vente, fubrogation, revente, ceffion & rétroceffion des domaines nationaux, même pour les actes d'emprunts, obligations, quittances, & autres frais relatifs auxdites tranflations de propriété, aucun autre droit que celui de contrôle qui fera fixé à quinze fous.

MANDONS & ordonnons à tous les tribunaux, corps adminiftratifs & municipalités, que les préfentes ils faffent tranfcrire fur leurs regiftres, lire, publier & afficher dans leurs refforts & départemens refpectifs. En foi de quoi nous avons figné & fait contrefigner cefdites préfentes, auxquelles nous avons fait appofer le fceau de l'état. A Paris, le dix-feptième jour de mai, l'an de grâce mil fept cent quatre-vingt-dix, & de notre règne le dix-feptième. *Signé* LOUIS. *Et plus bas*, par le roi, DE SAINT-PRIEST. Vu au confeil, LAMBERT. Et fcellées du fceau de l'état.

# LETTRES PATENTES DU ROI,

*Sur un decret de l'Assemblée nationale, du 17 Mai,
portant que toute demande en Retrait féodal ou
censuel, qui n'a-pas été adjugée avant la publication des Lettres patentes du 3 Novembre dernier,
est & doit demeurer sans effet.*

Données à Paris, le 21 Mai 1790.

LOUIS, par la grace de Dieu & par la loi constitutionnelle de l'état, ROI DES FRANÇOIS : A tous ceux qui ces
présentes lettres verront ; SALUT. L'assemblée nationale, considérant qu'il importe à la tranquillité des citoyens d'arrêter
les poursuites en retrait féodal ou censuel, qui depuis &
nonobstant la sanction & publication du décret du 15
mars dernier, continuent de s'exercer dans plusieurs tribunaux, sous prétexte qu'elles avoient été commencées avant
cette époque, a déclaré le 17 de ce mois, & nous déclarons
& ordonnons ce qui suit :

CONFORMÉMENT à l'article XXXIV du titre II dudit
décret, toute demande en retrait féodal ou censuel qui n'a
pas été adjugée avant la publication des lettres patentes du
3 novembre 1789), par un jugement en dernier ressort,
est & doit demeurer sans effet, sauf à faire droit sur les
dépens des procédures antérieures à cette époque ; & feront
déclarés nuls tous jugemens & arrêts qui auroient été ou
feroient ci-après rendus au contraire.

MANDONS & ordonnons à tous les tribunaux, corps
administratifs & municipalités, que les présentes ils fassent

transcrire sur leurs regiftres, lire, publier & afficher dans leurs reſſorts & départemens reſpectifs, & exécuter comme loi du royaume. En foi de quoi nous avons figné & fait contrefigner cefdites préfentes, auxquelles nous avons fait appoſer le fceau de l'état. A Paris, le vingt-unième jour du mois de mai, l'an de grâce mil fept cent quatre-vingt-dix, & de notre règne le dix-feptième. Signé LOUIS. Et plus bas, par le roi, DE SAINT-PRIEST. Et fcellées du fceau de l'état.

LETTRES

# LETTRES PATENTES DU ROI,

*Sur le décret de l'Assemblée nationale, du 14 du présent mois, qui prohibent l'entrée du Sel étranger dans le Royaume.*

Données à Paris, le 22 Mai 1790.

LOUIS, par la grâce de Dieu & par la loi conftitutionnelle de l'état, ROI DES FRANÇOIS : A tous ceux qui ces préfentes lettres verront ; SALUT. L'affemblée nationale a décrété, le 14 mai préfent mois, & nous voulons & ordonnons ce qui fuit :

### ARTICLE PREMIER.

L'ENTRÉE du fel étranger, déjà prohibée par l'ordonnance de 1680, le fera dans toute l'étendue du royaume, & provifoirement, fous les peines prefcrites par les ordonnances relativement aux autres marchandifes prohibées, à l'exception néanmoins de toutes peines afflictives.

Le tranfport & le cabotage des fels deftinés à la confommation du royaume ne pourront être faits que par des vaiffeaux & bâtimens François, dont le capitaine & les deux tiers au moins de l'équipage foient François.

### I I.

LES fels chargés avant le premier avril & expédiés depuis jouiront de l'exemption des droits de traite fur le fel deftiné à la confommation du royaume.

MANDONS & ordonnons à tous les tribunaux, corps adminiftratifs & municipalités, que les préfentes ils faffent

*Tome I.*                    O o o o o

tranfcrire fur leurs regiftres , lire , publier & afficher dans leurs refforts & départemens refpectifs , & exécuter comme loi du royaume. En foi de quoi nous avons figné & fait contrefigner cefdites préfentes , auxquelles nous avons fait appofer le fceau de l'état. A Paris, le vingt-deuxième jour du mois-de mai , l'an de grâce mil fept cent quatre-vingt-dix, & de notre règne le dix-feptième. *Signé* LOUIS. *Et plus bas* , par le roi , DE SAINT-PRIEST. Vu au confeil, LAMBERT. Et fcellées du fceau de l'état.

# LETTRES PATENTES DU ROI,

*Sur un décret de l'Affemblée nationale, interprétatif de ceux des 11 Décembre 1789, 23 Février & 15 Mars 1790, concernant l'abolition du droit de Triage, & la propriété des Bois, Pâturages, Marais vacans, Terres vaines & vagues.*

Données à Paris, le 26 Mai 1790.

LOUIS, par la grâce de Dieu & par la loi conftitutionnelle de l'état, ROI DES FRANÇOIS : A tous ceux qui ces préfentes lettres verront ; SALUT. L'affemblée nationale, informée des défordres & voies de fait auxquels plufieurs communautés d'habitans & particuliers fe font portés dans différentes provinces du royaume, par une fauffe interprétation des articles XXX & XXXI du titre II du décret du 15 mars dernier, fanctionné par lettres patentes du roi, du 28 du même mois, a décrété le 15 mai, & nous voulons & ordonnons que par l'abolition du droit de triage, c'eft-à-dire, de l'action qu'avoit ci-devant le feigneur pour fe faire délivrer, dans certains cas, le tiers des biens par lui concédés précédemment aux communautés d'habitans, il ne foit rien préjugé fur la propriété des bois, pâturage, marais vacans, terres vaines & vagues, ni attribué fur ces biens aucun nouveau droit aux communautés d'habitans, ni aux particuliers qui les compofent. Ordonnons que toutes les communautés & tous les particuliers qui préten-droient avoir fur les bois, pâturages, marais vacans, terres vaines & vagues, des droits de propriété, d'ufage, de pacage

Q o o o o 2

ou autres dont ils n'auroient pas eu la poffeffion réelle & de
fait au 4 août 1789 , feront tenus de fe pourvoir par les voies
de droit contre les ufurpations dont ils croiroient avoir droit
de fe plaindre. Mettons tous les poffeffeurs & afféagiftes actuels
defdits biens fous la fauve-garde fpéciale de la loi ; faifons
défenfes à toutes perfonnes de les troubler par voies de fait, à
peine d'être pourfuivies extraordinairement, fauf à faire juger
contradictoirement avec eux , par les juges qui en doivent
connoître, la légitimité ou l'illégitimité de leurs poffeffions.
Ordonnons aux curés & vicaires deffervant les paroiffes, de
faire lecture au prône, tant des préfentes lettres patentes , que
de l'article II de celles du mois de décembre 1789 , intervenues fur le décret du 11 décembre 1789, enfemble de l'article
III des lettres patentes du 26 février 1790 , intervenues fur le
décret du 23 février, & de l'article V du titre III des lettres
patentes du 28 mars dernier, intervenues fur le décret du 15
du même mois , lefquelles à cet effet feront annexées par extrait
à l'expédition des préfentes.

MANDONS & ordonnons à tous les tribunaux, corps adminiftratifs & municipalités , que les préfentes ils faffent tranfcrire
fur leurs regiftres , lire, publier & afficher dans leurs refforts
& départemens refpectifs, & exécuter comme loi du royaume.
En foi de quoi nous avons figné & fait contrefigner cefdites
préfentes, auxquelles nous avons fait appofer le fceau de l'état.
A Paris , le vingt-fixième jour du mois de mai , l'an de grâce
mil fept cent quatre-vingt-dix , & de notre règne le dix-
feptième. *Signé* LOUIS. *Et plus bas* , par le roi, DE SAINT-
PRIEST. Vu au confeil, LAMBERT. Et fcellées du fceau de
l'état.

EXTRAIT des Lettres patentes du mois de Décembre 1789,
du 26 Février & 28 Mars 1790, sur les Décrets de l'Assemblée nationale, des 11 Décembre 1789, 23 Février & 15
Mars 1790.

## ARTICLE II.

DÉFENSES sont faites à toutes communautés d'habitans, sous *Lettres patentes du*
le prétexte de droit de propriété, d'usurpation, & sous tout *mois de décembre*
autre quelconque, de se mettre en possession, par voie de *1789, sur le décret*
fait, d'aucuns des bois, pâturages, terres vagues & vaines *du 11 décembre*
dont elles n'auroient pas la possession réelle au 4 août dernier, *1789.*
sauf auxdites communautés à se pourvoir, par les voies de
droit, contre les usurpations dont elles croiroient avoir droit
de se plaindre.

## III.

LES officiers municipaux emploîront tous les moyens que *Lettres patentes du*
la confiance publique met à leur disposition pour la protec- *26 février 1790,*
tion efficace des propriétés publiques & particulières, & des *sur le décret du 23*
personnes, & pour prévenir & dissiper tous les obstacles qui *février 1790.*
seroient apportés à la perception des impôts; & si la sûreté
des personnes, des propriétés & la perception des impôts
étoient mises en danger par des attroupemens séditieux, ils
feront publier la loi martiale.

## TITRE III.
### ARTICLE V.

AUCUNE municipalité, aucune administration de district ou *Lettres patentes du*
de département ne pourront, à peine de nullité, de prise à *28 mars 1790, sur*
partie, & de dommages & intérêts, prohiber la perception *le décret du 15 mars*
d'aucuns des droits seigneuriaux dont le payement sera *1790.*
réclamé, sous prétexte qu'ils se trouveroient implicitement ou
explicitement supprimés sans indemnité, sauf aux parties intéressées à se pourvoir, par les voies de droit ordinaires, devant
les juges qui doivent en connoître.

# PROCLAMATION DU ROI,

*Sur le décret de l'Assemblée nationale, concernant le Droit de faire la Paix & la Guerre.*

Du 27 Mai 1790.

Vu par le roi le décret dont voici la teneur :

*Décret de l'Assemblée Nationale, du 22 Mai 1790.*

L'assemblée nationale décrète comme articles conftitutionnels ce qui fuit :

### Article premier.

Le droit de la paix & de la guerre appartient à la nation.

La guerre ne pourra être décidée que par un décret du corps légiflatif, qui fera rendu fur la propofition formelle & néceffaire du roi, & enfuite fanétionné par fa majefté.

### II.

Le foin de veiller à la fûreté extérieure du royaume, de maintenir fes droits & fes poffeffions, eft délégué au roi par la conftitution de l'état ; ainfi lui feul peut entretenir des relations politiques au-dehors, conduire les négociations, en choifir les agens, faire les préparat:fs de guerre proportionnés à ceux des états voifins, diftribuer les forces de terre & de mer, ainfi qu'il le jugera convenable, & en régler la direétion en cas de guerre.

### III.

Dans le cas d'hoftilités imminentes ou commencées, d'un

allié à foutenir, d'un droit à conferver par la force des armes, le pouvoir exécutif fera tenu d'en donner, fans aucun délai, la notification au corps légiflatif, d'en faire connoître les caufes & les motifs ; & fi le corps légiflatif eft en vacance, il fe raffemblera fur-le-champ.

### I V.

SUR cette notification, fi le corps légiflatif juge que les hoftilités commencées foient une aggreffion coupable de la part des miniftres ou de quelque autre agent du pouvoir exécutif, l'auteur de cette aggreffion fera pourfuivi comme criminel de lèze-nation ; l'affemblée nationale déclarant à cet effet que la nation Françoife renonce à entreprendre aucune guerre dans la vue de faire des conquêtes, & qu'elle n'emploira jamais fes forces contre la liberté d'aucun peuple.

### V.

SUR la même notification, fi le corps légiflatif décide que la guerre ne doit pas être faite, le pouvoir exécutif fera tenu de prendre fur-le-champ des mefures pour faire ceffer ou prévenir toutes hoftilités, les miniftres demeurant refponfables des délais.

### V I.

TOUTE déclaration de guerre fera faite en ces termes: *De la part du roi des François, au nom de la nation.*

### V I I.

PENDANT tout le cours de la guerre, le corps légiflatif pourra requérir le pouvoir exécutif de négocier la paix, & le pouvoir exécutif fera tenu de déférer à cette réquifition.

### V I I I.

A l'inftant où la guerre ceffera, le corps légiflatif fixera le délai dans lequel les troupes levées au-deffus du pied de paix feront congédiées, & l'armée réduite à fon état permanent.

La folde defdites troupes ne fera continuée que jufqu'à la même
époque , après laquelle , fi les troupes excédant le pied de paix
reftoient raffemblées , le miniftre fera refponfable & pourfuivi comme criminel de lèze-nation.

### I X.

IL appartient au roi d'arrêter & figner avec les puiffances
étrangères tous les traités de paix , d'alliance & de commerce , & autres conventions qu'il jugera néceffaires au bien
de l'état; mais lefdits traités & conventions n'auront d'effet
qu'autant qu'ils auront été ratifiés par le corps légiflatif.

LE ROI a accepté & accepte ledit décret , pour être exécuté fuivant fa forme & teneur. FAIT à Paris , le vingt-fept
mai mil fept cent quatre-vingt-dix. *Signé* LOUIS. *Et plus
bas* , par le roi , GUIGNARD,

PROCLAMATION

# PROCLAMATION DU ROI,

*Sur un décret de l'Assemblée nationale, du 20 Mai 1790, portant qu'à l'avenir il ne sera reçu dans les Galères de France aucune personne condamnée par des jugemens étrangers.*

### Du 27 Mai 1790.

VU par le roi le décret dont voici la teneur :

DÉCRET de l'Assemblée nationale, du 20 Mai 1790.

L'ASSEMBLÉE nationale, après avoir entendu son comité des rapports, a décrété & décrète ce qui suit :

### ARTICLE PREMIER.

QU'A l'avenir il ne sera reçu dans les galères de France aucune personne condamnée par des jugemens étrangers.

### II.

QUE son président se retirera pardevers le roi, pour le supplier de donner des ordres pour que les nommés *Sudan* & *Haguenot*, Fribourgeois, actuellement détenus aux galères à Brest, soient mis en liberté dans la huitaine du jour de la sanction du présent décret.

### III.

QUE sa majesté sera également suppliée de faire connoître les dispositions du présent décret aux puissances dont les sujets sont actuellement détenus aux galères de France.

LE roi a sanctionné & sanctionne ledit décret, pour être exécuté suivant sa forme & teneur. Fait à Paris, le vingt-sept mai mil sept cent quatre-vingt dix. *Signé* LOUIS. *Et plus bas*, par le roi, LA LUZERNE.

*Tome I.* Ppppp

## LETTRES PATENTES DU ROI,

*Sur un décret de l'Assemblée nationale, du 27 Mai 1790, concernant les Saisies & Ventes de meubles contre les Communautés ecclésiastiques, la remise des titres de leurs Créanciers, & les Procès relatifs aux fonds qui ont été déclarés être à la disposition de la Nation.*

Données à Paris , le 28 Mai 1790.

LOUIS, par la grâce de Dieu & par la loi constitutionnelle de l'état, ROI DES FRANÇOIS : A tous préfens & à venir ; SALUT. L'assemblée nationale a décrété, le 27 de ce mois, & nous voulons & ordonnons ce qui fuit :

### ARTICLE PREMIER.

IL fera furfis à toutes faifies-exécutions , ventes de fruits, de meubles , & autres pourfuites généralement quelconques , contre les corps & communautés eccléfiaftiques , réguliers & féculiers, jufqu'à ce qu'il en ait été autrement ordonné ; & tous les meubles & effets mobiliers qui pourroient avoir été faifis feront laiffés à la garde defdits corps & communautés , qui en rendront compte ainfi & à qui il appartiendra.

### I I.

TOUS ceux qui font ou qui fe prétendent créanciers d'aucuns defdits corps ou communautés feront tenus de remettre aux affemblées adminiftratives de leur département leurs titres de créances , pour y être examinés , & enfuite pourvu à leur payement.

## I I I.

A dater du jour de la publication des préfentes , & pendant quatre mois après la formation des directoires de département , il fera pareillement furfis à l'inftruction & au jugement de toutes caufes , inftances & procès mûs & à mouvoir entre quelque perfonne que ce foit , concernant les fonds & droits qui ont été déclarés être à la difpofition de la nation.

MANDONS & ordonnons à tous les tribunaux , corps adminiftratifs & municipalités , que les préfentes ils faffent tranfcrire fur leurs regiftres , lire , publier & afficher dans leurs refforts & départemens refpectifs , & exécuter comme loi du royaume. En foi de quoi nous avons figné & fait contrefigner cefdites préfentes , auxquelles nous avons fait appofer le fceau de l'état. A Paris , le vingt-huitième jour du mois de mai , l'an de grâce mil fept cent quatre-vingt-dix , & de notre règne le dix-feptième. *Signé* LOUIS. *Et plus bas*, par le roi, DE SAINT-PRIEST, Et fcellées du fceau de l'état.

# LETTRES PATENTES DU ROI,

*Sur un décret de l'Assemblée nationale, concernant les Assemblées électorales.*

Données à Paris, le 28 Mai 1790.

LOUIS, par la grâce de Dieu & par la loi constitutionnelle de l'état, ROI DES FRANÇOIS : A tous présens & à venir ; SALUT. L'assemblée nationale a décrété, le 28 de ce mois, & nous voulons & ordonnons ce qui suit :

### ARTICLE PREMIER.

LES assemblées électorales pourront accélérer leurs opérations, en arrêtant, à la pluralité des voix , de se partager en plusieurs bureaux composés au moins de cent électeurs pris proportionnellement dans les différens districts , qui procèderont séparément aux élections , & qui députeront chacun deux commissaires chargés de faire ensemble le recensement des scrutins.

### I I.

LES bureaux procèderont tous , au même moment, aux élections.

### I I I.

TOUT bulletin qui aura été apporté dans les assemblées , & qui n'aura pas été ou écrit par le votant lui-même , sur le bureau , ou dicté par lui aux scrutateurs , s'il ne sait pas écrire , sera rejetté comme nul.

### I V.

APRÈS le serment civique prêté par les membres de l'assemblée , dans les mêmes termes ordonnés par le décret du 4 février dernier, le préfident de l'affemblée, ou de chacun des bureaux, prononcera, avant de commencer les fcrutins, cette formule de ferment : *Vous jurez & promettez de ne nommer que ceux que vous aurez choifis en votre ame & confcience, comme les plus dignes de la confiance publique, fans avoir été déterminé par dons, promeffes, follicitations ou menaces.* Cette formule fera écrite en caractères très-vifibles, & expofée à côté du vafe du fcrutin. Chaque citoyen apportant fon bulletin, lèvera la main, & en le mettant dans le vafe, prononcera à haute voix : *Je le jure.*

Le même ferment fera prêté dans toutes les élections des juges & officiers municipaux, & députés à l'affemblée nationale.

## V.

AUCUN citoyen reconnu actif, de quelqu'état & proffion qu'il foit, ne pourra être exclus des affemblées primaires. Il ne pourra y être admis que des citoyens actifs ; ils affifteront aux affemblées primaires & électorales fans aucunes efpèces d'armes ni bâtons. Une garde de fûreté ne pourra être introduite dans l'intérieur fans le vœu exprès de l'affemblée, fi ce n'eft qu'on y commit des violences : auquel cas l'ordre du préfident fuffira pour appeler la force publique. Le préfident pourra auffi, en cas de violences, lever feul la féance ; autrement elle ne pourra être levée fans avoir pris le vœu de l'affemblée.

## V I.

LES affemblées électorales ne s'occuperont que des élections & des objets qui leur font renvoyés par les décrets de l'affemblée nationale que nous avons fanctionnés ou acceptés ; elles ne prendront aucune délibération fur les matières de légiflation ou d'adminiftration, fans préjudice des pétitions qui pourront être préfentées par les affemblées tenues en la forme autorifée par l'article LXII du décret par nous accepté fur les municipalités.

MANDONS & ordonnons à tous les tribunaux, corps adminiſtratifs & municipalités, que les préſentes ils faſſent tranſcrire ſur leurs regiſtres, lire, publier & afficher dans leurs
reſſorts & départemens reſpectifs, & exécuter comme loi du
royaume. En foi de quoi nous avons ſigné & fait contreſigner
ceſdites préſentes, auxquelles nous avons fait appoſer le ſceau
de l'état. A Paris, le vingt-huitième jour du mois de mai,
l'an de grâce mil ſept cent quatre-vingt-dix, & de notre règne
le dix-ſeptième. *Signé* LOUIS. *Et plus bas*, par le roi,
DE SAINT-PRIEST. Et ſcellées du ſceau de l'état.

# PROCLAMATION DU ROI,

*Pour le rétablissement de la tranquillité & du bon ordre.*

Du 28 Mai 1790.

JAMAIS des circonſtances plus impérieuſes n'ont invité tous les François à ſe réunir dans un même eſprit, à ſe rallier avec courage autour de la loi, & favoriſer de tout leur pouvoir l'établiſſement de la conſtitution. Nous n'avons rien négligé pour inſpirer ces ſentimens à tous les citoyens; nous leur avons nous-mêmes donné l'exemple de la confiance la moins équivoque dans les repréſentans de la nation, & de nos diſpoſitions conſtantes pour tout ce qui peut concourir au bonheur de nos ſujets & à la proſpérité de la France.

Seroit-il donc poſſible que des ennemis du bien public cherchaſſent encore à troubler les travaux importans dont l'aſſemblée nationale eſt occupée, de concert avec nous, pour aſſurer les droits du peuple & préparer ſon bonheur; que l'on eſſayât d'émouvoir les eſprits, ſoit par de vaines terreurs & de fauſſes interprétations des décrets de l'aſſemblée nationale, acceptés ou ſanctionnés par nous, ſoit en entreprenant d'inſpirer ſur nos intentions des doutes auſſi mal fondés qu'injurieux, & en voilant des intérêts ou des paſſions privées, du nom ſacré de la religion?

Une oppoſition ſi coupable nous affligeroit ſenſiblement, en même-temps qu'elle exciteroit toute notre animadverſion. L'objet continuel de nos ſoins eſt de prévenir & de réprimer tout ce qui en porteroit le caractère. Nous avons même jugé digne de notre ſollicitude paternelle d'interdire juſqu'aux ſignes qui ſeroient propres à manifeſter des diviſions & des partis.

Mûs par ces confidérations, & inftruits qu'en divers lieux du royaume, des particuliers fe feroient permis de porter des cocardes différentes de la cocarde nationale que nous portons nous-mêmes, & confidérant les inconvéniens qui peuvent réfulter de cette diverfité, nous avons cru devoir l'interdire. En conféquence, faifons défenfes à tous nos fidèles fujets, & dans toute l'étendue de notre royaume, de faire ufage d'aucune autre cocarde que de la cocarde nationale.

Exhortons tous les bons citoyens à s'abftenir, dans leurs difcours comme dans leurs écrits, de tous reproches ou qualifications capables d'aigrir les efprits, de fomenter la divifion & de fervir même de prétexte à de coupables excès. DONNÉ à Paris, le vingt-huit mai mil fept cent quatre-vingt-dix. *Signé* LOUIS. *Et plus bas*, par le roi, DE SAINT-PRIEST.

LETTRES

# LETTRES PATENTES DU ROI,

*Sur le décret de l'Assemblée nationale, du 24 du présent mois, portant prorogation jusqu'au 15 Août prochain, terme fixé par les Lettres patentes du 24 Avril dernier, pour la conversion des Billets de la Caisse d'Escompte en Assignats.*

Données à Paris, le 29 Mai 1790.

LOUIS, par la grâce de Dieu & par la loi constitutionnelle de l'état, ROI DES FRANÇOIS : A tous ceux qui ces présentes lettres verront ; SALUT. Par nos lettres patentes du 22 avril dernier, données sur le décret de l'assemblée nationale, du 17 du même mois, il a été ordonné que les billets de la caisse d'escompte feroient fonction d'assignats jusqu'au 15 juin 1790, & qu'ils seroient changés pendant cet intervalle contre des assignats portant intérêt à trois pour cent, à compter du 15 avril de la même année, & que faute par les porteurs desdits billets de la caisse d'escompte d'avoir satisfait à cette loi dans le courant de cette époque, il ne leur seroit plus tenu compte des intérêts, qu'à partir du moment de la présentation.

L'assemblée nationale, s'étant fait rendre compte par ses commissaires des retards inévitables qu'a éprouvés la fabrication desdits assignats, tant par les précautions à prendre pour la sûreté publique, que par les signatures nécessaires à y apposer, a décrété, le 24 du présent mois, & nous voulons & ordonnons que le terme de rigueur qui avoit été fixé pour ces échanges au 15 de juin soit prorogé jusqu'au 15 d'août de la présente année, & que cependant les intérêts courent & soient toujours comptés à partir du 15 d'avril dernier.

*Tome I.* Q q q q q

MANDONS & ordonnons à tous les tribunaux, corps adminiſtratifs & municipalités , que les préſentes ils faſſent tranſcrire ſur leurs regiſtres, lire , publier & affi- cher dans leurs reſſorts & départemens reſpectifs, & exécuter comme loi du royaume. En foi de quoi nous avons ſigné & fait contreſigner ceſdites préſentes , auxquelles nous avons fait appoſer le ſceau de l'état. A Paris , le vingt-neuvième jour du mois de mai , l'an de grâce mil ſept cent quatre-vingt-dix, & de notre règne le dix-ſeptième. *Signé* LOUIS. *Et plus bas* , par le roi, DE SAINT-PRIEST. Vu au conſeil, LAMBERT. Et ſcellées du ſceau de l'état.

# LETTRES PATENTES DU ROI,

*Sur un décret de l'Assemblée nationale, qui ordonnent
l'exécution des différens Décrets sanctionnés par
le Roi, relatifs à la libre circulation des Grains
dans le Royaume, & défendent à toutes personnes
d'exiger que le prix du Grain soit taxé au-dessous
du prix courant.*

Données à Paris, le 30 Mai 1790.

LOUIS, par la grâce de Dieu & par la loi constitutionnelle
de l'état, ROI DES FRANÇOIS : A tous ceux qui ces présentes
lettres verront ; SALUT. L'assemblée nationale, informée par
les procès-verbaux qui lui ont été envoyés par la municipalité
de Montbrison en Forez, & par celle de Montesguet & du
Donjon, & autres lieux en Bourbonnois, de différens attroupemens & émeutes qui ont eu lieu les 10 & 11 de ce mois &
jours suivans, pour obtenir que le prix du grain fût taxé par
les municipalités à un taux au-dessous du prix courant, & que
dans les provinces du Forez & du Bourbonnois on apporte de
l'obstacle à la libre circulation des grains dans le royaume ;
l'assemblée, persistant dans les décrets rendus les 29 août
1789, 18 septembre & 5 octobre suivans, relatifs à la libre
circulation des grains dans le royaume, a décrété, le 27 de
ce mois, que nous serions suppliés de faire défendre à toutes
personnes d'exiger que le prix du grain soit taxé, à peine
par les contrevenans d'être poursuivis & punis suivant la rigueur des loix, & de faire donner des ordres pour que les au-
eurs & instigateurs de ces désordres soient poursuivis.

Ce considérant, nous avons ordonné & ordonnons que les

fufdits décrets des 29 août, 18 feptembre & 5 octobre 1789, par nous fanctionnés, feront exécutés fuivant leur forme & teneur.

Défendons à toutes perfonnes d'exiger que le prix du grain foit taxé, à peine par les contrevenans d'être pourfuivis & punis fuivant la rigueur des loix. En conféquence, voulons que les auteurs & inftigateurs des différens attroupemens & émeutes qui ont eu lieu les 10, 11 de ce mois & jours fuivans, dans les provinces du Forez & du Bourbonnois, foient pourfuivis.

MANDONS & ordonnons à tous les tribunaux, corps adminiftratifs & municipalités, que les préfentes ils faffent tranfcrire fur leurs regiftres, lire, publier & afficher dans leurs refforts & départemens refpectifs, & exécuter comme loi du royaume. En foi de quoi nous avons figné & fait contrefigner cefdites préfentes, auxquelles nous avons fait appofer le fceau de l'état. A Paris, le trentième jour du mois de mai, l'an de grâce mil fept cent quatre-vingt-dix, & de notre règne le dix-feptième. *Signé* LOUIS. *Et plus bas*, par le roi, DE SAINT-PRIEST. Et fcellées du fceau de l'état.

## LETTRES PATENTES DU ROI,

*Sur un décret de l'Assemblée nationale, du 25 Mai 1790, portant injonction aux Municipalités qui font en retard de former leurs Rôles d'impositions de la présente année 1790, de les terminer dans le délai de quinze jours, à peine par lesdits Officiers municipaux de demeurer garans & responsables du recouvrement des Impositions de leur Communauté ;*

*Et concernant la vérification & rectification des iné-galités, erreurs ou doubles emplois qui auroient eu lieu dans la répartition des Impositions de 1790, entre les différentes Municipalités.*

Données à Paris, le 30 Mai 1790.

LOUIS, par la grâce de Dieu & par la loi conftitution-nelle de l'état, ROI DES FRANÇOIS : A tous ceux qui ces pré-fentes lettres verront ; SALUT. L'affemblée nationale a décrété, le 25 mai préfent mois, & nous voulons & ordonnons ce qui fuit :

### ARTICLE PREMIER.

LES municipalités & autres afféeurs chargés de la confection des rôles, qui n'ont pas encore procédé à la répartition des impofitions ordinaires de 1790, feront tenus de la terminer dans le délai de quinze jours, à compter de la publication des préfentes ; & les officiers qui ont dû jufqu'à préfent en faire la vérification & les rendre exécutoires, ou ceux qui, à leur défaut , ou en cas de refus , ont été autorifés par nos lettres patentes du 7 mai préfent mois , fur le décret de l'affemblée nationale, du 27 avril précédent , à les vérifier , feront tenus de les rendre exécutoires fans retard , faute de quoi lefdits officiers municipaux chargés de la confection des rôles , ou autres officiers chargés de la vérification d'iceux , demeureront garans & refponfables du retard qui réfulteroit dans le recouvrement des impofitions de chaque communauté.

## I I.

AUSSI-TÔT que les affemblées adminiftratives feront établies , les départemens veilleront à ce que , dans chaque diftrict ; il foit nommé des commiffaires à l'effet de vérifier les plaintes qui leur feroient adreffées fur les inégalités , erreurs ou doubles emplois qui auroient été commis dans la répartition des impofitions ordinaires de la préfente année 1790 , entre les différentes municipalités. Lefdits commiffaires en drefferont procès-verbal , & en feront leur rapport au directoire du diftrict , qui le portera devant le directoire du département & y joindra fon avis , pour par le directoire du département en rendre compte au corps légiflatif , en lui propofant les mefures qu'il croira les plus convenables pour réparer lefdites furtaxes , erreurs ou doubles emplois , & être enfuite par l'affemblée nationale décrété , & par nous ordonné ce qu'il appartiendra.

MANDONS & ordonnons à tous les tribunaux , corps adminiftratifs & municipalités , que les préfentes ils faffent tranfcrire fur leurs regiftres , lire , publier & afficher dans leurs refforts & départemens refpectifs , & exécuter comme loi du royaume. En foi de quoi nous avons figné & fait contrefigner cefdites préfentes , auxquelles nous avons fait appofer le fceau de l'état. A Paris , le trentième jour du mois de mai , l'an de grâce mil fept cent quatre-vingt-dix , & de notre règne le dix-feptième. *Signé* LOUIS. *Et plus bas* , par le roi , DE SAINT-PRIEST. Vu au confeil, LAMBERT. Et fcellées du fceau de l'état.

# LETTRES PATENTES DU ROI,

*Sur un décret de l'Assemblée nationale, du 21 Mai
1790, concernant la distribution des Bois communaux en usance.*

Données à Paris, le 31 Mai 1790.

LOUIS, par la grâce de Dieu & par la loi constitutionnelle de l'état, ROI DES FRANÇOIS : À tous ceux qui ces présentes lettres verront ; SALUT. L'assemblée nationale , sur le
rapport de son comité des finances , pour prévenir les fausses
interprétations données à ses décrets des 26 septembre , 29 novembre & 17 décembre 1789, concernant les impositions, a
déclaré , le 21 mai 1790 , & nous voulons & déclarons ce
qui suit :

Par nos lettres patentes sur les précédens décrets de l'assemblée nationale concernant les impositions, nous n'avons entendu apporter aucun changement à la manière dont les bois
communaux en usance doivent être distribués entre ceux qui
y ont droit ; en conséquence , ordonnons que dans les lieux
où les bois étoient en partie distribués au marc la livre , & où
les fermiers & cultivateurs payoient ci-devant les tailles pour
les biens par eux exploités , & où l'on a imposé les propriétaires non-résidens , au lieu & place de leurs fermiers , ceux-
ci, quoique non compris dans le rôle , comme ils l'étoient antérieurement , continueront néanmoins d'avoir la portion de
bois qui devoit leur arriver dans la distribution au marc la
livre.

MANDONS & ordonnons à tous les tribunaux , corps administratifs & municipalités, que les présentes ils fassent transcrire

ſur leurs regiſtres, lire, publier & afficher dans leurs reſſorts & territoires reſpectifs, & exécuter comme loi du royaume.
En foi de quoi nous avons ſigné & fait contreſigner ceſdites
préſentes, auxquelles nous avons fait appoſer le ſceau de l'état.
A Paris, le trente-unième jour du mois de mai, l'an de grâce
mil ſept cent quatre-vingt-dix, & de notre règne le dix-ſeptième. *Signé* L O U I S. *Et plus bas*, par le roi, DE SAINT-
PRIEST. Vu au conſeil, LAMBERT. Et ſcellées du ſceau de
l'état.

**LETTRES**

# LETTRES PATENTES DU ROI,

*Sur le décret de l'Assemblée nationale, du 31 Mai 1790, relatif à l'Instruction pour la vente de quatre cent millions des Domaines nationaux.*

Données à Paris, le 3 Juin 1790.

LOUIS, par la grâce de Dieu & par la loi constitutionnelle de l'état, ROI DES FRANÇOIS : A tous ceux qui ces présentes lettres verront ; SALUT. L'assemblée nationale a décrété , le 31 mai dernier, & nous voulons & ordonnons que l'instruction qu'elle a adoptée pour l'exécution du décret de l'assemblée nationale, du 14 mai dernier, revêtu de nos lettres patentes du 17 du même mois, sur la vente des domaines nationaux, soit suivie & exécutée selon sa forme & teneur, comme le décret dudit jour 14 mai, & que les tableaux des calculs d'annuités soient imprimés à la suite de l'instruction.

*Suit la teneur de ladite Instruction.*

LES dispositions de la loi sont renfermées sous trois titres différens.

Le premier autorise toutes les municipalités du royaume à acquérir des domaines nationaux jusqu'à concurrence d'une somme de quatre cent millions, règle les formalités & les conditions qu'elles auront à remplir, & fixe les profits qu'elles doivent retirer de leurs acquisitions.

Le second assure à chaque municipalité une préférence sur les biens situés dans l'étendue de son territoire, lui permet de de se faire subroger à la municipalité qui les auroit précédemment acquis, & détermine les conditions, les formes & les avantages de la subrogation.

*Tome I.*     R r r r r

Le troifième oblige les municipalités à revendre auffi-tôt qu'il leur fera fait des offres égales au prix de l'eftimation, & règle les termes & les facilités qui feront accordés aux acqué-reurs particuliers.

L'analyfe & le développement des difpofitions de la loi en faciliteront l'intelligence, & préviendront les difficultés que fon exécution pourroit faire naître.

### TITRE PREMIER.

*Des Ventes aux Municipalités.*

Il faut diftinguer dans les quatorze articles du premier titre, huit principaux objets.

1°. Les opérations antérieures aux ventes ;

2°. La fixation du prix ;

3°. Ce qui formera le titre tranflatif de propriété en faveur des municipalités ;

4°. La manière dont le payement doit s'effectuer ;

5°. Les précautions prifes pour affurer l'acquittement exact de toutes les obligations des municipalités, même pendant leur jouiffance intermédiaire, jufqu'à l'époque des reventes ;

6°. Les profits accordés aux municipalités, & la manière dont il leur en fera fait raifon ; -

7°. Les obligations qui leur font impofées ;

8°. Enfin, quelques difpofitions qui ne tiennent qu'indirec-tement à l'efprit général de la loi.

Le premier & le fecond objets font réglés par les articles I, III & IV.

Les municipalités convoqueront le confeil général de leur commune, pour en connoître le vœu fur l'acquifition des do-maines nationaux. Si l'acquifition eft réfolue par le confeil général, fans une défignation expreffe des objets, la munici-palité s'occupera inceffamment d'en arrêter le choix, & d'en faire l'indication.

La connoiffance des baux de ces biens lui fera fournie à fa première réquifition, foit par les municipalités qui en auront dreffé l'inventaire, foit par tous autres dépofitaires publics ou particuliers, & même par les fermiers & locataires.

La municipalité défignera par fa demande les biens qu'elle aura choifis, & conformera fes offres aux difpofitions du décret & au modèle annexé à la préfente inftruction.

Il faudra diftinguer foigneufement les biens des trois premières claffes de ceux de la quatrième.

Point de difficulté lorfque les baux ne renfermeront que des biens de la première claffe : la municipalité offrira vingt-deux fois le montant de la redevance annuelle.

Les impofitions dues à raifon de la propriété, foit que l'ufufruitier les fupporte, ou que le fermier les paye à fa décharge, feront déduites pour déterminer le montant du revenu net, & fixer celui du capital.

Lorfque les baux renfermeront des biens de la première, des deuxième & troifième claffes, s'il eft impoffible de diftinguer avec précifion les portions de redevances appliquées aux uns & aux autres, les municipalités pourront offrir vingt-deux fois le montant de la redevance des biens de la première claffe, vingt fois le montant de celle des biens de la deuxième, & quinze fois le montant de celle des biens de la troifième.

Lorfqu'une diftinction précife ne fera pas poffible, & toutes les fois que les biens demandés feront de la quatrième claffe, ou confondus avec des biens des trois dernières, il fera indifpenfable de procéder à une eftimation ou ventilation.

La ventilation fera également néceffaire à l'égard des biens de la première claffe qui font affermés confufément avec des dixmes ou des droits féodaux fupprimés dont le fermage n'eft pas déterminé par les baux.

Les experts feront nommés, l'un par la municipalité, l'autre par l'affemblée ou le directoire du diftrict, & le tiers-expert, en cas de partage, par le département ou fon directoire.

Les départemens ou directoires font fpécialement autorifés à faire ces nominations, & chargés d'entretenir une correfpondance exacte avec le comité de l'affemblée nationale.

Toutes perfonnes pourront être admifes aux fonctions d'experts; il fuffira qu'elles en ayent été jugées capables, & choifies par les parties intéreffées.

Lorfque la demande d'une municipalité donnera lieu à une eftimation ou ventilation, elle défignera par fa demande même l'expert qu'elle voudra choifir.

Quant à la commune de Paris, dont la municipalité n'eft pas formée, les experts feront nommés, l'un par les commiffaires actuels de la commune, l'autre par ceux de l'affemblée nationale, qui, relativement aux biens fitués hors du département de Paris, chargeront de ces nominations les diftricts des lieux ou leur directoire. S'il eft befoin d'un tiers-expert, le comité le nommera pour les biens fitués dans le département de Paris; & pour les autres, il le fera nommer par les affemblées ou directoires de département.

Les experts donneront dans leurs rapports une connoiffance exacte, claire & précife des objets demandés & du produit annuel, mais ils s'abftiendront des détails, qui ne ferviroient qu'à multiplier les frais.

Les experts eftimeront par des rapports féparés les biens fitués fur des territoires différens, fauf les cas énoncés par l'article II du titre II.

3°. Les décrets par lefquels, après l'évaluation des objets, les offres des municipalités feront admifes, foit qu'ils concernent une feule ou plufieurs municipalités réunies, formeront leurs titres de propriété.

Quant aux municipalités qui ont fait ou feront des foumif

fions pour des fommes confidérables, les biens qu'elles voudront acquérir pourront leur être adjugés par des décrets féparés & fucceffifs.

4°. & 5°. Les articles V, VI, X, XI & XII du premier titre, VI & VII du fecond, & V du troifième, doivent être rappiochés & réunis.

Ils affurent le payement très-exaĉt de toutes les fommes qui feront dues par les municipalités, en capital & intérêts.

Jufqu'aux reventes, les fermages & loyers des biens qu'elles auront acquis, les rentes aĉtives, les produits des bois qu'elles auront droit d'exploiter, feront payés à concurrence des intérêts de leurs obligations, dans la caiffe de l'èxtraordinaire, ou dans celles des diftriĉts qui feront prépofées à cet effet, & avec lefquelles la caiffe de l'extraordinaire correfpondra.

Quant aux municipalités qui, n'ayant pas revendu, auroient befoin de recourir à des emprunts pour fe libérer, l'article XII veut qu'elles y foient autorifées par l'affemblée nationale ou les légiflatures fuivantes, qui en règleront les conditions.

Les municipalités payeront les intérêts de leurs obligations, fupporteront les impofitions, à compter du jour du décret par lequel leurs offres auront été admifes, & percevront les fruits des biens acquis, à compter de la même époque, en proportion de la durée de leur jouiffance ; en forte qu'une municipalité dont les offres auront été admifes le premier juillet aura droit à la moitié des fruits de l'année, foit que la récolte ait précédé ou fuivi fon acquifition.

Lorfque les reventes feront effeĉtuées, les deniers qui en proviendront feront tous verfés direĉtement à la caiffe de l'extraordinaire, ou dans celle des diftriĉts.

Les receveurs & tréforiers de l'extraordinaire & des diftriĉts feront annuellement raifon aux municipalités des profits qui leur feront acquis, & après leur libération complette, de la totalité des fommes qui leur appartiendront. C'eft ainfi que doit s'entendre l'article X, qui oblige les municipalités à compter de clerc à maître du produit de toutes les reventes.

6°. Les avantages accordés aux municipalités par les articles V, VII, VIII & XI, ont le même motif. C'eft parce que le prix de toutes les reventes entrera directement dans la caiffe de l'extraordinaire, que les municipalités ne font foumifes à y dépofer des obligations que jufqu'à concurrence des trois quarts du prix convenu. Ainfi, jufqu'à l'époque des reventes, elles profiteront d'une portion des intérêts de leurs obligations, & après les adjudications, du feizième du prix de toutes les reventes aux particuliers.

Ce profit ne fera point, dans le premier cas, du quart entier de l'intérêt de leurs obligations, puifque d'un côté, leur capital ne leur donnera pas un produit annuel de cinq pour cent, tandis qu'elles payeront ainfi l'intérêt des obligations, & que de l'autre, elles auront des charges à fupporter. Dans le cas des reventes, le produit du feizième fera également diminué par les frais des eftimations, ventes, fubrogations & reventes.

7.° Les municipalités font tenues, ainfi que les adjudicataires particuliers, à l'entretien des baux antérieurs au 2 novembre 1789, & conformes aux différentes loix, ftatuts & coutumes du royaume, & elles demeureront chargées des réparations locatives & ufufruitières.

8.° L'article II a pour objet de rendre poffible la vente des domaines nationaux qui ne feroient demandés ni par les municipalités des lieux ni par aucune autre, & fur-tout de répondre au vœu d'un grand nombre de citoyens qui défirent pouvoir en acquérir directement.

Les foumiffions multipliées que les particuliers adreffent au comité font & feront auffi infcrites toutes par ordre de date, en un regiftre tenu à cet effet, & envoyées aux départemens & diftricts, ou à leurs directoires.

Un décret spécial réglera inceffamment les formes des adjudications qui feront faites directement aux particuliers.

Un comité exprès fera chargé de la liquidation des objets énoncés en l'article VII. Sa difpofition & celle de l'article XIV n'apporteront aucun changement à l'intention principale de la loi. Les ventes qui feront faites en vertu du décret du 14 mai feront portées à une fomme de quatre cent millions, déduction faite des rachats & rembourfemens dont la nation eft chargée par le même article.

## TITRE II.

*De la préférence réfervée aux Municipalités fur les biens fitués en leurs territoires.*

LES difpofitions de ce titre déterminent,

1.º La nature & l'objet du droit de fubrogation accordé aux municipalités des lieux ;

2.º L'obligation impofée en leur faveur aux municipalités qui auront acquis directement ;

3.º Celles qu'auront à remplir les municipalités qui voudront être fubrogées ;

4.º Les conditions defquelles dépendra, pour ces dernières, la confervation entière des profits de l'acquifition ;

5.º Les précautions prifes pour que les fubrogations n'arrêtent en aucun cas l'activité des reventes.

1.º Les articles I, II & III font très-clairement connoître les domaines nationaux pour lefquels chaque municipalité aura un droit de préférence, & ceux qu'elle fera tenue de réunir dans fa demande.

2.º La notification qui leur fera faite par la municipalité qui les auroit directement acquis ne leur laiffera point ignorer l'exiftence de leur droit. L'article IV les avertit qu'elles n'ont pour l'exercer que le délai d'un mois, à compter du jour de la notification.

3.º Les articles V, VI & VIII leur indiquent très-précisément les obligations qu'elles auront à remplir pour obtenir & conserver l'effet de la subrogation.

4.º Ce qu'elles doivent sur-tout soigneusement distinguer, c'est le cas où les municipalités subrogées profiteront seules du bénéfice accordé par l'article II du premier titre, & celui où elles le partageront avec les municipalités évincées par la subrogation.

Le bénéfice appartiendra en entier à toute municipalité qui aura demandé & obtenu la subrogation dans le mois de la publication de la loi. Elle n'en conservera que les trois quarts, lorsque la subrogation n'aura point été demandée & obtenue dans ce délai.

Mais, comme il ne seroit pas juste qu'une municipalité souffrit d'un retard qui ne seroit pas de son fait, elle sera censée avoir demandé & obtenu la subrogation dans le délai fixé, lorsque dans le mois de la publication de la loi sa demande en subrogation sera parvenue au comité, avec les états contenant la désignation des biens & les offres & soumissions, aux termes de l'article VI du titre II.

Il sera tenu par le comité un registre général où seront très-exactement inscrites par ordre de date toutes les demandes des municipalités, à l'effet d'en constater les époques & les objets, & d'éviter entr'elles toute espèce de difficultés.

5.º Une municipalité qui, sur des offres particulières, aura fait commencer les publications, les fera continuer & poursuivra l'adjudication définitive. Le bénéfice sera ou ne sera point partagé, suivant que la municipalité subrogée aura ou n'aura point satisfait aux conditions imposées dans les délais prescrits.

TITRE

## TITRE III.

### *Des Reventes aux Particuliers.*

Les deux premiers & les sept derniers articles du titre III n'exigeant point d'éclairciſſemens, on ſe bornera à quelques obſervations relatives aux articles III & IV , & à l'exécution générale de la loi.

Les adjudications définitives ſeront faites à la chaleur des enchères & à l'extinction des feux.

On entend par feux, en matière d'adjudication, de petites bougies qu'on allume pendant les enchères, & qui doivent durer chacune au moins un demi-quart d'heure.

L'adjudication prononcée ſur la dernière des enchères faites avant l'extinction d'un feu, ſera ſeulement proviſoire, & ne ſera définitive que lorſqu'un dernier feu aura été allumé & ſera éteint, ſans que pendant ſa durée il ait été fait aucune autre enchère.

Les municipalités dans l'acquiſition deſquelles il ſe trouvera des portions de bois aménagés ſe conformeront aux règles précédemment obſervées pour la coupe de ces bois.

A l'égard de ceux qui n'étoient point aménagés, les municipalités ne pourront faire de coupes qu'en vertu de l'autoriſation des départemens, qui, dans leurs déciſions, ſuivront l'uſage le plus ordinaire des lieux.

Si pendant la jouiſſance intermédiaire d'une municipalité, de groſſes réparations ſont jugées néceſſaires, elle ne pourra en faire la dépenſe ſans y être autoriſée par le département, qui en décidera ſur l'avis du directoire de diſtrict.

Les municipalités ne pourront également commencer ou ſuivre des conteſtations en juſtice, qu'en vertu d'une pareille autoriſation.

Quant aux étangs & aux uſines , les départemens & diſtricts ſont ſpécialement chargés de veiller à ce que les municipalités,

& même les acquéreurs particuliers, jufqu'à l'entier acquittement des obligations, n'y caufent point de dégradation, &
en jouiffent en bons pères de famille.

MANDONS & ordonnons à tous les tribunaux, corps adminiftratifs & municipalités, que les préfentes ils faffent tranfcrire
fur leurs regiftres, lire, publier & afficher dans leurs refforts
& départemens refpectifs, & exécuter comme loi du royaume.
En foi de quoi nous avons figné & fait contrefigner cefdites
préfentes, auxquelles nous avons fait appofer le fceau de
l'état. A Paris, le troifième jour du mois de juin, l'an de
grâce mil fept cent quatre-vingt-dix, & de notre règne le
dix-feptième. *Signé* LOUIS. *Et plus bas*, par le roi, DE
SAINT-PRIEST. Vu au confeil, LAMBERT. Et fcellées du fceau
de l'état.

*Modèle de Soumission à souscrire par les Municipalités qui veulent acquérir des* Domaines nationaux.

Département de
District de
Canton de
Municipalité de

Nous, officiers municipaux de
en exécution de la délibération prise par le conseil général de la commune, le                                        &
conformément à l'autorisation qui nous y est donnée, déclarons que nous sommes dans l'intention de faire, au nom de notre commune, l'acquisition des domaines nationaux dont la désignation suit :

( *Suivra la teneur des domaines nationaux qu'on veut acquérir, avec indication de la date & du prix des baux.* )

Lesquels biens font affermés ou loués par des baux authentiques passés devant
notaires                          le ( ou les )
& font constatés être d'un produit annuel de la somme de

Pour parvenir à l'acquisition desdits biens, nous nous soumettons à en payer le prix de la manière déterminée par les dispositions du décret de l'assemblée nationale ; & quant à ceux des biens ci-dessus qui ne font point affermés, & dont le décret ordonne que le produit annuel sera évalué par des experts pour en fixer le prix capital, nous consentons à le

S f f f f 2

payer également conformément à l'évaluation qui en sera faite par experts ; à l'effet de laquelle estimation nous déclarons choisir pour notre expert la ( ou les ) personne de
que nous autorisons à y procéder conjointement avec l'expert ( ou les experts ) qui seront nommés par le directoire du district ; consentons à en passer par l'estimation du tiers-expert qui , en cas de partage , sera nommé par le département ou son directoire.

En conséquence , nous nous soumettons à déposer en la caisse de l'extraordinaire, à concurrence des trois quarts du prix qui sera fixé , quinze obligations payables en quinze années , & portant intérêt à cinq pour cent, comme aussi à nous conformer d'ailleurs très-exactement , & pour le payement de nos obligations, & pour notre jouissance jusqu'à l'époque des recettes, à toutes les dispositions du décret & de l'instruction de l'assemblée nationale.

FAIT à               le

*Nota. Les municipalités qui ont déjà formé des demandes sont invitées à envoyer sans délai , au comité chargé de l'aliénation des domaines nationaux , une nouvelle soumission dans la forme ci-jointe. Leur première soumission enregistrée au comité servira néanmoins à constater , par l'ordre de la date , la priorité , dans le cas de concours.*

---

*INSTRUCTION pour le payement des annuités & leur remboursement*

L'ASSEMBLÉE nationale a autorisé les acquéreurs de domaines nationaux à ne payer comptant qu'une partie du prix , à condition qu'ils acquitteroient le reste en douze payemens égaux faits d'année en année, le premier payement devant avoir lieu un an après le jour de l'adjudication.

L'acquéreur devant payer l'intérêt de la somme dont il reste débiteur , les douze payemens égaux doivent être déterminés. de manière que chacun de ces payemens renferme d'abord l'intérêt qui eſt dû , & de plus, une partie du capital. Le taux de cet intérêt eſt fixé à cinq pour cent , ſans retenue.

L'on ſait qu'on appelle en général *annuités* des payemens égaux , deſtinés à répartir également , ſur un certain nombre d'années , l'acquittement d'un capital & de ſes intérêts.

D'après cette vue, l'aſſemblée nationale a converti la portion du prix que l'acquéreur ne paye pas comptant en une annuité payable pendant douze années. L'intérêt à cinq pour cent s'y trouvant compris.

Pour cent livres de capital, avec l'intérêt ſur ce pied,l'annuité eſt de 11 livres 5 ſous 7 deniers ; ainſi un acquéreur doit, par an, autant de fois 11 livres 5 ſous 7 deniers qu'il lui reſtera de fois 100 livres à payer.

Mais voulant donner aux acquéreurs la facilité de ſe libérer quand ils le déſirent, l'aſſemblée nationale a décrété qu'ils pourroient rembourſer leurs annuités à volonté, mais ſeulement néanmoins un an avant l'époque de chaque échéance, afin d'éviter les fractions d'année dans le calcul des intérêts.

Deux exemples ou deux tableaux de calcul vont rendre cette opération ſenſible.

### P R E M I E R   E X E M P L E.

Le débiteur d'une annuité de 11 livres 5 ſous 7 deniers veut la rembourſer ; la ſomme néceſſaire pour opérer ce rembourſement dépend du nombre d'années pendant leſquelles il doit la payer encore, ou du nombre d'années pour léquel il veut la rembourſer, le rembourſement ſe faiſant toujours un an avant l'époque de l'échéance ſuivante.

Ainſi le débiteur de cette annuité (de 11 liv. 5 ſ. 7 den.) voulant la rembourſer dès la première échéance , c'eſt-à-dire , ayant encore à la payer pendant douze années, doit rembourſer une ſomme de 100 livres.

*Première Table relative au premier exemple.*

Pour le remboursement de douze échéances d'une annuité
de 11 livres 5 sous 7 deniers... 100ᵗᵗ  5  d
Pour onze années...................... 93. 14.  5
Pour dix année........................ 87.  2.  4
Pour neuf années...................... 80.  3. 11
Pour huit années...................... 72. 18.  5
Pour sept années...................... 65.  5.  9
Pour six années....................... 57.  5.  4
Pour cinq années...................... 48. 17.  »
Pour quatre années.................... 40.  »   2
Pour trois années..................... 30. 14.  6
Pour deux années...................... 20. 19.  7
Pour une année........................ 10. 14. 11

LE détail des élémens de ce calcul seroit trop long à insérer ; chacun pourra en vérifier ou faire vérifier l'exactitude.

En jetant les yeux sur cette table, chaque acquéreur voit, suivant le nombre d'années qu'il veut rembourser, qu'elle somme il doit payer pour chaque annuité de 11 liv. 5 sous 7 deniers ; il doit payer autant de fois cette somme qu'il devoit payer de fois une annuité de 11 livres 5 sous 7 deniers, ou, ce qui revient au même, qu'il lui restoit à payer de fois 100 livres sur le prix de son acquisition.

Comme il peut être commode aux acquéreurs, & qu'ils peuvent préférer de payer une annuité d'une somme exprimée en nombre rond, comme 100 livres, par exemple, & que dans ce cas il est convenable qu'ils connoissent précisément la somme dont ils s'acquitteront en capital, en se soumettant au payement d'une annuité de 100 livres, la table suivante présentera cette indication, ainsi que celle des sommes qu'un acquéreur devra payer lorsqu'il voudra également rembourser une annuité de 100 livres.

La somme représentée par une annuité de 100 livres ( laquelle comprend le capital & l'intérêt ) est de 886 livres 6 sous 5 deniers.

Ainſi, un acquéreur acquittera ſur le prix de ſon acquiſition autant de fois la ſomme de 886 liv. 6 ſous 5 deniers, qu'il ſe ſera ſoumis à payer d'annuités de 100 livres.

Et lorſque le débiteur d'une annuité de 100 livres voudra la rembourſer, il aura à payer les ſommes indiquées par la table ſuivante, d'après le nombre d'années pour lequel il s'agira de la rembourſer.

### Seconde Table.

Un an avant la première échéance, c'eſt-à-dire, auſſi-tôt après l'acquiſition, il faut payer :

| | | | |
|---|---|---|---|
| Pour les douze années............ | 886* | 6ſ | 5ᵈ , |
| Pour onze années................. | 830. | 12. | 10 |
| Pour dix année .................. | 772. | 1. | 5 |
| Pour neuf années................. | 710. | 15. | 10 |
| Pour huit années................. | 646. | 6. | 5 |
| Pour ſept années..... ........... | 578. | 12. | 8 |
| Pour ſix années.................. | 507. | 11. | 5 |
| Pour cinq années................. | 432. | 13. | 10 |
| Pour quatre années............... | 354. | 12. | 2 |
| Pour trois années................ | 272. | 6. | 5 |
| Pour deux années................. | 185. | 18. | 10 |
| Pour une année................... | 95. | 4. | 8 |

Par le moyen de ces deux tables & de l'obſervation qu'une annuité de 11 liv. 5 ſous 7 deniers répond à 100 livres de capital, & celle de 886 l. 6 ſ. 5 den. de capital à une annuité de 100 livres, on n'aura beſoin que de calculs très-ſimples pour appliquer à chaque acquiſition particulière les clauſes du décret.

# LETTRES PATENTES DU ROI,

*Sur le décret de l'Assemblée nationale, du 2 de ce*
*mois, concernant les poursuites à exercer & les*
*précautions à prendre contre les Brigands & les*
*Imposteurs qui séduisent, trompent & soulèvent le*
*Peuple, notamment dans les départemens du Cher,*
*de la Nièvre, de l'Allier & de la Corrèze.*

Données à Paris, le 3 Juin 1790.

LOUIS, par la grâce de Dieu & par la loi constitutionnelle
de l'état, ROI DES FRANÇOIS : A tous ceux qui ces présentes
lettres verront; SALUT. L'assemblée nationale, informée &
profondément affligée des excès qui ont été commis par des
troupes de brigands & de voleurs dans les départemens du
Cher, de la Nièvre & de l'Allier, & qui se sont étendus jusque
dans celui de la Corrèze; excès qui, attaquant la tranquillité
publique, les propriétés & les possessions, la sûreté & la clôture des maisons & des héritages, la liberté si nécessaire de la
vente & circulation des grains & subsistances, répandent par-
tout la terreur, menacent même la vie des citoyens, & amène-
roient promptement, s'ils n'étoient réprimés, la calamité de la
famine ; excès enfin qui, par la contagion de l'exemple, par
des insinuations perfides, par la publication de faux décrets de
l'assemblée nationale, ont entraîné quelques-uns des bons &
honnêtes habitans des campagnes dans des violences contraires
à leurs principes connus, & capables de les priver pour long-
temps du bonheur que l'assemblée nationale travaille sans
cesse à leur procurer :

Considérant

Confidérant qu'il n'y a que deux moyens d'empêcher les défordres ; l'un , en éclairant continuellement les bons citoyens & les *honnêtes gens* que les ennemis de la conftitution & du bien public effayent continuellement de tromper; l'autre, en oppofant aux brigands, d'un côté, des forces capables de les contenir , d'un autre côté, une juftice prompte & févère qui puniffe les chefs, auteurs & inftigateurs des troubles, & effraye les méchans qui pourroient être tentés de les imiter, a décrété , le 2 de ce mois, & nous voulons & ordonnons ce qui fuit :

### ARTICLE PREMIER.

Tous ceux qui excitent le peuple des villes ou des campagnes à des voies de fait & violences contre les propriétés, poffeffions & clôtures des héritages , la vie & la sûreté des citoyens, la perception des impôts , la liberté de vente & de circulation des denrées & fubfiftances , font déclarés ennemis de la conftitution, des travaux de l'affemblée nationale, de la nation & de nous. Il eft enjoint à tous les *honnêtes gens* d'en faire la dénonciation aux municipalités, aux adminiftrations de département & à l'affemblée nationale.

### I I.

Tous ceux qui excitent le peuple à entreprendre fur le pouvoir légiflatif des repréfentans de la nation, en propofant des règlemens quelconques fur le prix des denrées , la police champêtre , l'évaluation des dommages, le prix & la durée des baux , les droits facrés de la propriété & autres matières , font également déclarés ennemis de la conftitution , & il eft enjoint de les dénoncer : tous règlemens femblables font déclarés nuls & de nul effet.

### I I I.

Tous ceux qui fe prévaudront d'aucuns prétendus décrets de l'affemblée nationale , non revêtus des formes prefcrites par la conftitution, & non publiés par les officiers qui font chargés

*Tome I.*                                    T t t t t

de cette fonction, font déclarés ennemis de la constitution, de la nation & de nous. Il est enjoint de les dénoncer, & ils feront punis comme perturbateurs du repos public, aux termes de l'article I.er du décret du 23 février dernier, par nous sanctionné.

### I V.

Les curés, vicaires & deffervans qui se refuferont à faire au prône, à haute & intelligible voix, la publication des décrets de l'affemblée nationale, acceptés ou fanctionnés par nous, font déclarés incapables de remplir aucunes fonctions de citoyens actifs ; à l'effet de quoi il fera dreffé procès-verbal, à la diligence du procureur de la commune, de la réquifition faite aux curés, vicaires & deffervans, & de leur refus.

### V.

Il est défendu à tout citoyen actif de porter aucune efpèce d'armes ni bâtons dans les affemblées primaires ou électorales ; il est enjoint aux maires & officiers municipaux d'y veiller, tant en empêchant les citoyens de partir armés pour le chef-lieu de canton, qu'en obligeant, à l'arrivée dans le chef-lieu, les citoyens actifs des différentes paroiffes de dépofer les armes qu'ils pourroient avoir & leurs bâtons avant d'entrer dans l'affemblée.

Il est expreffément défendu de porter aucune efpèce d'armes dans les églifes, dans les foires, marchés & autres lieux de raffemblement, fans préjudice des gardes chargées du maintien de la police.

### V I.

Tout citoyen qui, dans une affemblée primaire ou électorale, fe portera à quelque violence, fera quelque menace, engagera à quelque acte de révolte, excluera ou propofera d'exclure de l'affemblée quelques citoyens connus pour citoyens actifs, fous le prétexte de fon état, de fa profeffion, & fous tous autres prétextes, fera jugé à l'inftant par l'affemblée même, condamné à fe retirer & privé de fon droit de fuffrage. Les *honnêtes gens* & les amis de la conftitution font fpécialement chargés de veiller à l'exécution du préfent article.

## V I I.

LES officiers municipaux, tant du chef-lieu que des paroiffes dont les habitans compoferont les affemblées primaires, fe concerteront enfemble pour avoir une force fuffifante à l'effet de maintenir la tranquillité publique & l'exécution des articles ci-deffus dans le lieu des affemblées, fans néanmoins qu'aucun homme armé puiffe entrer dans ces affemblées, fi ce n'eft dans les cas prévus par le décret du 28 mai dernier, que nous avons accepté.

## V I I I.

Tous les citoyens, quel que foit leur état & profeffion, les laboureurs, fermiers & métayers, les commerçans & marchands de grains & fubfiftances, toutes propriétés & toutes poffeffions actuelles, font placés fous la fauve-garde & protection de la loi, de la conftitution, de nous & de l'affemblée nationale, fans préjudice, foit des actions que chacun pourra porter devant les tribunaux, foit des précautions que les corps municipaux ou adminiftratifs prendront pour affurer d'une manière paifible la fubfiftance du peuple. Tous ceux qui contreviendront au préfent article feront reconnus & dénoncés par les honnêtes gens, comme ennemis de la conftitution & des travaux de l'affemblée nationale, de la nation & de nous.

## I X.

CEUX qui fe permettront des excès ou outrages à l'égard des officiers municipaux, des adminiftrateurs de département & de diftrict, & des juges, feront rayés du tableau civique, déclarés incapables & privés de tout exercice des droits de citoyen actif, en punition d'en avoir violé les devoirs.

Ttttt 2

## X.

QUANT à ceux-qui auront commis ou commettront des voies de fait & des violences, foit contre les propriétés & poffeffions actuelles, foit contre les perfonnes, & particulièrement quant aux chefs des émeutes, & fur-tout aux auteurs & inftigateurs de pareils attentats, ils feront arrêtés, conftitués prifonniers & punis felon toute la rigueur des loix, fans préjudice de l'exécution de la loi martiale, dans les cas où elle doit avoir lieu, fuivant le décret du 21 octobre dernier, par nous fanctionné.

## X I.

TOUS les citoyens de chaque commune qui auront pu empêcher les dommages caufés par ces violences, en demeureront refponfables, aux termes de l'article V du décret du 23 février dernier, par nous fanctionné.

## X I I.

LES gardes nationales, qui ne font que les citoyens actifs eux-mêmes, & les enfans armés pour la défenfe de la loi, les troupes réglées, les maréchauffées, déféreront fans délai à toutes réquifitions qui leur feront faites par les corps adminiftratifs & municipaux pour le maintien de la tranquillité & du refpect pour les décrets de l'affemblée nationale, acceptés ou fanctionnés par nous. Elles veilleront particulièrement fur le bon ordre dans les affemblées qu'il eft d'ufage de former en divers lieux pour célébrer la fête de chaque paroiffe, ou pour louer les domeftiques de campagne.

## X I I I.

LA connoiffance & le jugement en dernier reffort des crimes & attentats commis dans les émeutes & attroupemens qui ont eu lieu, à compter du premier mai dernier, ou qui auroient lieu à l'avenir dans les départemens du Cher, de la Nièvre, de l'Allier & de la Corrèze, font attribués refpectivement aux

fièges préfidiaux, bailliages & fénéchauffées de Bourges,
Saint-Pierre-le-Moutier, Moulins & Limoges. Il leur eft enjoint de rechercher principalement & de punir fuivant toute
la rigueur des loix les chefs des émotions populaires, les
auteurs, fauteurs & inftigateurs des troubles, & de faire, fans
retardation du jugement, parvenir à l'affemblée nationale
tous les renfeignemens, inftruétions & preuves qu'ils auront
pu fe procurer par la voie de la procédure.

MANDONS & ordonnons à tous les tribunaux, corps adminiftratifs & municipalités, que les préfentes ils faffent tranfcrire fur leurs regiftres, lire, publier & afficher dans leurs
refforts & départemens refpeétifs, & exécuter comme loi du
royaume. Ordonnons en outre que cefdites préfentes feront
envoyées fpécialement & fans délai aux préfidiaux, bailliages
& fénéchauffées de Bourges, Saint-Pierre-le-Moutier, Moulins
& Limoges, ainfi qu'aux villes, bourgs & communautés des
départemens du Cher, de la Nièvre, de l'Allier & de la Corrèze.
En foi de quoi nous avons figné & fait contrefigner cefdites
préfentes, auxquelles nous avons fait appofer le fceau de l'état.
A Paris, le troifième jour du mois de juin, l'an de grâce mil
fept cent quatre-vingt-dix, & de notre règne le dix-feptième.
*Signé* LOUIS. *Et plus bas*, par le roi, DE SAINT-PRIEST.
Et fcellées du fceau de l'état.

# PROCLAMATION DU ROI,

*Sur un décret de l'Assemblée nationale, en faveur du sieur de la Borde, Lieutenant général de la ville de Crécy.*

Du 5 Juin 1790.

VU par le roi le décret dont la teneur suit :

*Décret de l'Assemblée Nationale, du 20 Avril 1790.*

L'ASSEMBLÉE nationale, après avoir entendu son comité des rapports, déclare que tout citoyen qui n'est prévenu d'aucun délit doit jouir tranquillement de sa liberté & de son état, & être en sûreté sous la sauve-garde de la loi ; en conséquence, que la municipalité de Crécy auroit dû & doit employer tous les moyens qui sont en son pouvoir pour faire jouir le sieur de la Borde, lieutenant général de cette ville, des droits appartenant à tous les citoyens.

LE roi a sanctionné & sanctionne ledit décret ; en conséquence, sa majesté mande & ordonne aux officiers municipaux de la ville de Crécy d'employer tous les moyens qui sont en leur pouvoir pour faire jouir le sieur de la Borde, lieutenant général de cette ville, des droits appartenant à tous les citoyens. FAIT à Paris, le cinq juin mil sept cent quatre-vingt-dix. *Signé* LOUIS. *Et plus bas*, par le roi, DE SAINT-PRIEST.

# PROCLAMATION DU ROI,

*Pour l'exécution des Lettres patentes & Proclamation
des 3 Février, 11 Avril & 30 Mai 1790, fur
les décrets de l'Affemblée Nationale, des 30 Janvier, 22 Mars & 25 Mai de la même année,
concernant la confeftion des Rôles, la forme du
verfement & l'accélération du recouvrement des
Impofitions ordinaires de 1790.*

### Du 6 Juin 1790.

LE ROI, par l'article I.er de fes lettres patentes du 30 mai
1790, fur le décret de l'affemblée nationale, du 25 du même
mois, a ordonné que les *municipalités & autres affeeurs chargés
de la confeftion des rôles des impofitions ordinaires de 1790,
qui n'auroient pas encore procédé à la répartition defdites impofitions, feroient tenus de la terminer dans le délai de quinze
jours, à compter de la publication defdites lettres patentes ;
faute de quoi lefdits officiers municipaux demeureroient perfonnellement & folidairement garans & refponfables du retard du
recouvrement des impofitions de leur communauté.*

En même-temps, pour affurer le redreffement des inégalités,
erreurs ou doubles emplois dont quelques communautés pourroient avoir à fe plaindre dans la fixation de leur contribution,
il a été ordonné par l'article II des mêmes lettres patentes,
que *les departemens veilleroient à ce qu'il fût nommé dans
chaque diftrift des commiffaires, à l'effet de vérifier lefdites
inégalités, erreurs ou doubles emplois,* pour être pris enfuite
les mefures les plus convenables pour les réparer.

Ainfi les municipalités, aſſurées aujourd'hui qu'après la confection du rôle elles obtiendront, ſur la fixation de la ſomme qui leur a été donnée à répartir, l'allègement qui pourra être dû à leur communauté, ne peuvent ſe diſpenſer, ſous aucun prétexte, de terminer la formation dudit rôle, & de le faire vérifier dans le délai preſcrit.

D'un autre côté, en ce qui concerne le recouvrement, il a été ordonné par l'article I.er des lettres patentes de ſa majeſté, du 13 février 1790, ſur le décret de l'aſſemblée nationale du 30 janvier précédent, *que les prépoſés au recouvrement des impoſitions ordinaires & directes dans les differentes municipalités du royaume ſeroient tenus de verſer entre les mains des receveurs ordinaires de l'ancienne diviſion des provinces, chargés dans les années précédentes de la perception des impoſitions, le montant entier deſdites impoſitions de l'exercice 1790 & des exercices antérieurs, dans la forme & dans les termes précédemment preſcrits par les règlemens.*

Par l'article II des mêmes lettres patentes, il a été auſſi ordonné qu'*attendu que les contribuables ſeroient ſoulagés, dans l'année préſente, par la contribution des ci-devant privilégiés, qui tourne à leur décharge, les tréſoriers ou receveurs généraux entre les mains deſquels verſent les receveurs particuliers des finances ſeroient tenus de faire de leur côté toutes diligences pour que les impoſitions de l'année 1790 & années antérieures fuſſent acquittées entièrement dans les ſix premiers mois de 1791, au plus tard.*

Enfin, par la proclamation du roi, du 11 avril 1790, portant ſanction du décret de l'aſſemblée nationale, du 22 mars précédent, il a été ordonné qu*e les villes, paroiſſes & communautés qui ſeroient arriérées dans le payement de leurs impoſitions ſeroient tenues de ſe rapprocher, dans le cours de la préſente année 1790, d'une ſomme équivalente aux deux tiers de ce qu'aura produit à chacune deſdites villes, paroiſſes & communautés, la portion de la contribution des ci-devant privilégiés, qui doit tourner au profit des anciens contribuables.*

Malgré

Malgré des difpofitions auffi précifes & auffi pofitives, tant fur la continuation du verfement des impofitions de 1790 entre les mains des receveurs particuliers des finances fuivant l'ancienne divifion du royaume, que fur le rapprochement du payement des impofitions prefcrit expreffément aux receveurs généraux, aux receveurs particuliers & pareillement aux contribuables, le roi eft informé que quelques municipalités fe font permis de défendre aux collecteurs de verfer le produit de leurs recouvremens entre les mains des receveurs particuliers des finances, & que d'autres communautés, par une fauffe interprétation de l'article II des lettres patentes du 3 février 1790, ont même prétendu qu'il fuffifoit qu'elles entraffen en payement fur les impofitions de 1790 dans les fix premiers mois 1791, puifque les receveurs généraux n'étoient tenus d'acquitter les impofitions que dans le même délai, & que par conféquent les receveurs particuliers des finances ne pouvoient faire aucunes diligences contre les collecteurs & les contribuables, pour les contraindre au payement des termes échus, fuivant les anciens règlemens.

Sa majefté a jugé dès-lors indifpenfable de prefcrire les mefures néceffaires pour l'entière exécution des lettres patentes & proclamation des 3 février, 11 avril & 30 mai 1790, portant fanction des trois décrets de l'affemblée nationale ci-deffus relatés ; en conféquence, le roi a ordonné & ordonne ce qui fuit :

### ARTICLE PREMIER.

DANS le cas où aucunes des municipalités qui font en retard de former leurs rôles de 1790 ne les auroient point terminés dans le délai de quinze jours, à compter de celui de la publication des lettres patentes du 30 mai dernier, ainfi qu'il eft prefcrit par lefdites lettres patentes, enjoint fa majefté aux procureurs du roi des fièges d'élection de faire faire, à l'expiration dudit délai, la fignification des fufdites lettres patentes à celles des municipalités qui pourroient être encore en retard,

*Tome I.* V v v v v

avec déclaration auxdits officiers municipaux que, faute de
s'être conformés aux dispositions de l'article I.er des susdites
lettres patentes, la garantie & responsabilité personnelle &
solidaire pour les impositions de la présente année 1790 est
par eux encourue.

## I I.

LESDITS procureurs du roi des sièges d'élection adresseront
en outre au sieur contrôleur général des finances un état indicatif, tant desdites municipalités en retard, que de la date de
la signification qui leur aura été faite, conformément à l'article
précédent, pour desdits états être par ledit sieur contrôleur
général des finances rendu compte à sa majesté.

## I I I.

HUIT jours après celui où ladite signification aura été faite
aux municipalités en retard, les receveurs particuliers des
finances seront & demeureront autorisés à décerner contre
lesdits officiers municipaux une contrainte solidaire, après que
ladite contrainte aura été visée dans la forme prescrite par les
règlemens.

## I V.

FAIT sa majesté très-expresses inhibitions & défenses à aucuns
collecteurs de verser les deniers par eux recouvrés sur les impositions de la présente année 1790, & années antérieures, en
d'autres mains qu'en celles du receveur particulier des finances
de l'élection dont dépendoit leur communauté, suivant l'ancienne division du royaume ; faisant pareillement sa majesté
très-expresses défenses à aucun particulier de s'immiscer dans
les fonctions desdits receveurs particuliers des finances pour le
recouvrement des impositions de ladite année 1790 & années
antérieures, sous peine d'être poursuivi comme concus-
sionnaire.

## V.

ENJOINT de rechef sa majesté aux municipalités de veiller à

ce que la perception des impofitions de la préfente année 1790
& années antérieures ne puiffe être troublée fous aucun prétexte, & de faire tout ce qui fera en leur pouvoir pour procurer les rapprochemens de payemens preferits par l'article III
du décret de l'affemblée nationale, du 22 mars dernier, fanctionné par fa majefté; enfin, de prêter & faire prêter aux
collecteurs, receveurs particuliers des finances, porteurs de
contraintes par eux employés, toute aide, concours, affiftance
& appui néceffaires.

### V I.

LA préfente proclamation fera imprimée & publiée dans
toutes les villes & communautés, & affichée dans chacune
defdites villes & communautés à la porte de l'églife paroiffiale,
au lieu des féances de la municipalité & autres lieux publics,
à la diligence du procureur de la commune. A Paris, le fix
juin mil fept cent quatre-vingt-dix. *Signé* LOUIS. *Et plus
bas*, par le roi, DE SAINT-PRIEST.

V v v v v 2

# LETTRES PATENTES DU ROI,

*Sur le décret de l'Assemblée nationale, du 6 Juin 1790, concernant l'assujétissement aux Droits d'entrée de la ville de Paris, de tout le territoire que renferme la ligne de l'enceinte des murs de cette ville.*

Données à Paris, le 9 Juin 1790.

LOUIS, par la grâce de Dieu & par la loi constitutionnelle de l'état, ROI DES FRANÇOIS: A tous ceux qui ces présentes lettres verront; SALUT. L'assemblée nationale à décrété, le 6 de ce mois, & nous voulons & ordonnons ce qui suit:

A compter du jour de la publication des présentes, tout le territoire que renferme la ligne de l'enceinte des murs de Paris sera soumis aux droits d'entrée dans cette ville, & réciproquement le territoire qui étoit antérieurement sujet à ces droits, & qui se trouve placé hors de l'enceinte, sera soumis au régime des impositions ou perceptions établies dans la banlieue dont il fera désormais partie. Ordonnons en outre que la municipalité de Paris veillera à l'exécution des réglemens précédemment rendus sur la distance à observer entre les bâtimens & les murs, & sur tous les objets relatifs à la sûreté de la perception.

MANDONS & enjoignons à tous les tribunaux, corps administratifs, & à la municipalité de Paris, que les présentes ils fassent transcrire sur leurs registres, lire, publier & afficher dans leurs refforts & territoires refpectifs, & exécuter comme loi du royaume. En foi de quoi nous avons figné & fait contrefigner cefdites préfentes, auxquelles nous avons fait appofer le fceau de l'état. A Paris, le neuvième jour du mois de juin, l'an de grâce mil fept cent quatre-vingt-dix, & de notre règne le dix-feptième. *Signé* LOUIS. *Et plus bas*, par le roi, DE SAINT-PRIEST. Vu au confeil, LAMBERT. Et fcellées du fceau de l'état.

# PROCLAMATION DU ROI,

*Sur un décret de l'Assemblée nationale, portant que personne ne pourra avoir un Commandement de Gardes nationales dans plus d'un Département.*

### Du 10 Juin 1790.

VU par le roi le décret dont la teneur suit :

*DÉCRET de l'Assemblée nationale, du mardi 8 Juin 1790, du matin.*

L'ASSEMBLÉE nationale décrète comme principe constitutionnel, que personne ne pourra avoir un commandement de gardes nationales dans plus d'un département, & se réserve de délibérer si ce commandement ne doit pas même être borné à l'étendue de chaque district.

LE ROI acceptant ledit décret, mande & ordonne à toutes les municipalités du royaume, de le faire observer & exécuter. Ordonne pareillement aux commandans des gardes nationales de s'y conformer. FAIT à Paris, le dix juin mil sept cent quatre-vingt-dix. *Signé* LOUIS. *Et plus bas*, par le roi, DE SAINT-PRIEST

# PROCLAMATION DU ROI,

*Sur un décret de l'Assemblée nationale, concernant la levée des Matelots.*

Du 10 Juin 1790.

VU par le roi le décret dont la teneur suit :

*DÉCRET de l'Assemblée nationale, du 28 Mai 1790.*

L'ASSEMBLÉE nationale décrète que la levée des matelots sera faite provisoirement comme par le passé.

Le ROI a sanctionné & sanctionne ledit décret, pour être exécuté. Mande & ordonne sa majesté aux corps administratifs & à toutes les municipalités du royaume, de tenir la main à son exécution. FAIT à Paris, le dix juin mil sept cent quatre-vingt-dix. *Signé* LOUIS. *Et plus bas*, DE SAINT-PRIEST.

# PROCLAMATION DU ROI,

*Sur un décret de l'Affemblée nationale, relatif à la Fédération générale des Gardes nationales & des Troupes du Royaume.*

Du 10 Juin 1790.

VU par le roi le décret dont voici la teneur :

*DÉCRET de l'Affemblée nationale, des mardi 8 & mercredi 9 Juin 1790.*

Du 8 Juin 1790.

L'ASSEMBLÉE nationale a décrété & décrète ce qui fuit :

### ARTICLE PREMIER.

LE directoire de chaque diftrict du royaume, & dans le cas où le directoire ne feroit pas encore en activité, le corps municipal du chef-lieu de chaque diftrict eft commis par l'af-femblée nationale, à l'effet de requérir les commandans de toutes les gardes nationales du diftrict, d'affembler lefdites gardes, chacune dans fon reffort. Lefdites gardes ainfi affem-blées choifiront fix hommes fur cent, pour fe réunir au jour fixé par le directoire, ou par le corps municipal requérant, dans la ville chef-lieu de diftrict. Cette réunion de députés choifira en préfence du directoire ou du corps municipal, dans la totalité des gardes nationales du diftrict, un homme par deux cents, qu'elle chargera de fe rendre à Paris à la fédé-ration de toutes les gardes nationales du royaume, qui aura lieu le 14 juillet. Les diftricts éloignés de la capitale de plus de cent lieues auront la liberté de n'envoyer qu'un député par quatre cents.

II.

I I.

Le directoire de chaque district, ou, à son défaut, la municipalité du chef-lieu de district, fixeront de la manière la plus
économique la dépense à allouer aux députés, pour le
voyage & le retour, & cette dépense sera supportée par chaque
district.

### Du 9 Juin.

L'assemblée nationale a décrété & décrète que tous les
corps militaires, soit de terre, soit de mer, nationaux ou
étrangers, députeront à la fédération patriotique, conformément à ce qui sera réglé ci-après.

Chaque régiment d'infanterie ou d'artillerie députera l'officier
le plus ancien de service, les années de soldat comptées. parmi
ceux qui seront présens au corps; le bas-officier le plus ancien
de service parmi ceux qui sont présens au corps, & les quatre
soldats les plus anciens de service, présens au corps, & pris
indistinctement parmi les caporaux, appointés, grenadiers,
chasseurs, fusiliers, tambours & musiciens du régiment.

Le régiment du roi & celui des gardes suisses, à raison
de leur nombre, enverront une députation double de celle
fixée pour les régimens ordinaires.

Les bataillons de chasseurs à pied députeront un officier,
un bas-officier & deux chasseurs, conformément aux règles
prescrites pour les régimens d'infanterie.

Le corps des ouvriers de l'artillerie & celui des mineurs
députeront chacun un officier, un bas-officier & deux soldats,
comme pour les bataillons de chasseurs à pied.

Les mêmes règles désignées ci-dessus seront observées pour
tous les régimens de cavalerie, dragons, chasseurs & hussards,
avec cette différence qu'ils ne députeront qu'un officier, un
bas-officier, & deux cavaliers seulement. Le seul régiment
des carabiniers, double en nombre des régimens de cavalerie
ordinaire, aura une députation double de ces derniers.

Le corps royal du génie députera le plus ancien officier de

*Tome I.* · Xxxxx

chaque grade, & à égalité d'ancienneté, le rang de promotion décidera.

La maréchauffée fera repréfentée par les quatre plus anciens officiers, les quatre plus anciens bas-officiers, & les douze plus anciens cavaliers du royaume.

La compagnie de la connétablie fera repréfentée par le plus ancien individu de chaque grade, d'officier, bas-officier & cavalier.

Par égard pour de vieux militaires qui ont bien mérité de la patrie, & qui ont acquis le droit de fe livrer au repos, le corps des invalides fera repréfenté par les quatre plus anciens officiers, les quatre plus anciens bas-officiers, & les douze plus anciens foldats retirés à l'hôtel royal des invalides.

Les commiffaires des guerres feront repréfentés par un commiffaire-ordonnateur, un commiffaire ordinaire, & un commiffaire-élève, le plus ancien de chacun de ces grades.

Le corps des lieutenans des maréchaux de France fera repréfenté par le plus ancien d'entr'eux.

Quant aux compagnies de la maifon militaire du roi, de celle des frères de fa majefté, & tous autres corps militaires non réunis, ils feront repréfentés chacun par le plus ancien de chaque grade.

En cas d'égalité de fervice, le plus ancien d'âge aura la préférence.

Les maréchaux de France, les lieutenans-généraux, les maréchaux-de-camp & les grades correfpondans de la marine, députeront les deux plus anciens officiers de chacun de ces différens grades.

L'affemblée nationale déclare qu'elle n'entend rien préjuger fur l'exiftence ou le rang des corps militaires ci-deffus dénommés, & même de ceux qui ne le font·pas.

### Dudit jour.

L'ASSEMBLÉE nationale a décrété & décrète, fur les articles à elle propofés par fon comité de marine, que le plus ancien des vice-amiraux, & les deux plus anciens officiers de chaque grade, actuellement en service dans chacun des ports de Brest, Toulon & Rochefort, seront députés au nom du corps de la marine, à la confédération générale indiquée pour le 14 juillet.

Chacune des divisions du corps royal des canonnier-matelots, actuellement en service dans les ports de Brest, Toulon & Rochefort, députera le plus ancien des officiers majors & sous-lieutenans de la division, le plus ancien des bas-officiers & les quatre plus anciens canonniers-matelots.

Les ingénieurs - constructeurs de la marine, servant dans chaque port, députeront le plus ancien d'entr'eux.

Les maîtres de toute espèce, & officiers-mariniers entretenus dans chaque port, députeront le plus ancien de service d'entr'eux, & l'ancienneté sera comptée par les services de mer.

Les deux plus anciens élèves & les deux plus anciens volontaires de la marine seront députés par le commandant dans chacun des ports de Brest, Toulon & Rochefort.

Les commissaires généraux & ordinaires des ports & arsenaux, & autres corps servant dans chacun des ports de Brest, Toulon & Rochefort, députeront le plus ancien d'entr'eux.

Dans tous les ports de mer, les capitaines de marine marchande pourront députer à la fédération générale le plus ancien d'entr'eux.

LE ROI a sanctionné & sanctionne ledit décret, pour être exécuté suivant sa forme & teneur; en conséquence, mande & ordonne aux corps administratifs & municipalités du royaume, de le faire observer & exécuter par les gardes nationales de leur ressort. Ordonne pareillement sa majesté à tous commandans des gardes nationales, & à tous commandans des corps militaires, soit de terre, soit de mer, nationaux ou étrangers, & aux officiers de tous grades, de s'y conformer ponctuellement, & de veiller, en ce qui les concernera, à son exécution. FAIT à Paris, le dix juin mil sept cent quatre-vingt-dix. *Signé* LOUIS. *Et plus bas*, par le roi, DE SAINT-PRIEST.

## LETTRES PATENTES DU ROI,

*Sur le décret de l'Assemblée nationale, du 30 Mai 1790, concernant les Mendians dans Paris ou dans les Départemens voisins.*

Données à Paris, le 13 Juin 1790.

LOUIS, par la grâce de Dieu & par la loi constitutionnelle de l'état, ROI DES FRANÇOIS : A tous ceux qui ces présentes letttres verront ; SALUT. L'assemblée nationale, informée qu'un grand nombre de mendians étrangers au royaume, abondant de toutes parts dans Paris, y enlèvent journellement les secours destinés aux pauvres de la capitale & du royaume, & y propagent avec danger l'exemple de la mendicité, qu'elle se propose d'éteindre, a décrété, le 30 mai dernier, & nous voulons & ordonnons ce qui suit :

#### ARTICLE PREMIER.

INDÉPENDAMMENT des atteliers déjà ouverts dans Paris, il en sera encore ouvert dans la ville & dans les environs, soit en travaux de terre pour les hommes, soit en filature pour les femmes & enfans, où seront reçus tous les pauvres domiciliés dans Paris, ou étrangers à la ville de Paris, mais François.

#### I I.

TOUS les mendians & gens sans aveu étrangers au royaume, non domiciliés à Paris depuis un an, seront tenus de demander des passe-ports, où sera indiquée la route qu'ils devront suivre pour sortir du royaume.

#### I I I.

TOUT mendiant né dans le royaume, mais non domicilié à

Paris depuis fix mois, & qui ne voudra pas prendre d'ouvrage, fera tenu de demander un pafle-port où fera indiquée la route qu'il devra fuivre pour fe rendre à fa municipalité.

### I V.

HUIT jours après la publication du préfent décret, tous pauvres valides trouvés mendiant dans Paris, ou dans départemens voifins, feront conduits dans les maifons deſtinées à les recevoir à différentes diftances de la capitale, pour d-là, fur les renfeignemens que donneront leurs différentes déclarations, être renvoyés hors du royaume s'ils font étrangers ; ou s'ils font du royaume, dans leurs départemens refpectifs après leur formation; le tout fur des pafle-ports qui leur feront donnés. Il fera inceffamment préfenté à l'affemblée un règlement provifoire pour le meilleur régime & la meilleure police de ces maifons, où le bien-être des détenus dépendra particulièrement de leur travail.

### V.

IL fera en conféquence accordé à chaque département, quand il fera formé, une fomme de trente mille livres pour être employée en travaux utiles.

### V I.

LA déclaration à laquelle feront foumis les mendians conduits dans ces maifons fera faite au maire ou autre officier municipal, en préfence de deux notables.

### V I I.

IL fera accordé trois fous par lieue à tout individu porteur d'un pafle-port. Ce fecours fera donné par les municipalités fucceffivement, de dix lieues en dix lieues.

Le pafle-port fera vifé par l'officier municipal auquel il fera préfenté, & la fomme qui aura été délivrée y fera relatée.

## V I I I.

TOUT homme qui, muni d'un paffe-port, s'écartera de la route qu'il doit tenir, ou féjournera dans les lieux de fon paffage, fera arrêté par les gardes nationales des municipalités, ou par les cavaliers de la maréchauffée des départemens, & conduit dans les lieux de dépôts les plus prochains ; ceux-ci rendront compte fur-le-champ aux officiers municipaux des lieux où ces hommes auront été arrêtés & conduits.

## I X.

LES municipalités des départemens voifins des frontières feront tenues de prendre les mefures & les moyens ci-deffus énoncés, pour renvoyer hors du royaume les mendians étrangers fans aveu qui s'y feroient introduits, ou tenteroient de s'y introduire.

## X.

LES mendians malades, hors d'état de travailler, feront conduits dans les hôpitaux les plus prochains, pour y être traités & enfuite renvoyés, après leur guérifon, dans leurs municipalités, munis de paffe-ports convenables.

## X I.

LES mendians infirmes, les femmes & enfans hors d'état de travailler, conduits dans ces hôpitaux & ces maifons de fecours, feront traités pendant leur féjour avec tous les foins dus à l'humanité fouffrante.

## X I I.

A la tête des paffe-ports délivrés, foit pour l'intérieur du royaume, foit pour les pays étrangers, feront imprimés les articles du préfent décret, & le fignalement des mendians y fera également infcrit.

## X I I I.

IL fera fourni par le tréfor public les fommes néceffaires

pour rembourfer cette dépenfe extraordinaire, tant aux municipalités qu'aux hôpitaux.

MANDONS & ordonnons à tous les tribunaux, corps adminiftratifs & municipalités, que les préfentes ils faffent tranfcrire fur leurs regiftres, lire, publier & afficher dans leurs
refforts & départemens refpeétifs, & exécuter comme loi du
royaume. En foi de quoi nous avons figné & fait contrefigner
cefdites préfentes, auxquelles nous avons fait appofer le fceau
de l'état. A Paris, le treizième jour du mois de juin, l'an
de grâce mil fept cent quatre-vingt-dix, & de notre règne le
dix-feptième. *Signé* LOUIS. *Et plus bas*, par le roi, DE SAINT-
PRIEST. Vu au confeil, LAMBERT. Et fcellées du fceau de
l'état.

# PROCLAMATION DU ROI,

*Concernant l'indemnité à accorder aux Habitans du territoire compris dans la ligne de l'enceinte des murs de Paris, & dès-lors assujettis aux droits d'entrée de ladite ville, par les Lettres patentes du 9 Juin 1790, sur les Impositions ordinaires auxquelles ils sont déjà cotisés dans les rôles des communautés de la campagne; & concernant l'Imposition, pour l'année 1790, de ceux des Habitans des paroisses de Paris qui se trouvent placées hors de ladite enceinte.*

Du 13 Juin 1790.

Le Roi, par ses lettres patentes du 9 juin 1790, sur le décret de l'assemblée nationale du 6 du même mois, a ordonné qu'à compter du jour de la publication desdites lettres patentes, tout le territoire que renferme la ligne de l'enceinte des murs de Paris seroit soumis aux droits d'entrées dans cette ville; & réciproquement, que le territoire qui étoit antérieurement sujet à ces droits, & qui se trouve placé hors de l'enceinte, seroit soumis au régime des impositions établies dans la banlieue dont il feroit désormais partie.

Pour concilier les dispositions de ces lettres patentes avec celles déjà faites pour l'établissement des impositions ordinaires de 1790, dans l'ancienne division de la province de l'île-de-France, sa majesté a jugé nécessaire de déterminer l'indemnité

qu'auront

qu'auront à réclamer sur leur cotisation déjà réglée pour l'année entière 1790, dans la province de l'île-de-France, ceux des habitans des paroisses voisines de la ville de Paris qui, compris dans la nouvelle enceinte, se trouveront soumis pour une portion de la même année aux droits d'entrées ; comme aussi de régler de quelle manière seront cotisés aux impositions directes, pour la présente année 1790 seulement, les habitans des paroisses de la ville de Paris qui se trouveront affranchis desdits droits d'entrées.

En conséquence, sa majesté a ordonné & ordonne ce qui suit :

### ARTICLE PREMIER.

Ceux des habitans dépendant ci-devant des paroisses & communautés de la campagne qui, imposés déjà pour l'année entière 1790, dans les rôles desdites paroisses & communautés, à l'imposition principale représentative de la taille, & aux impositions accessoires & capitation, se trouveront, au moyen de la position de leur domicile en dedans de la nouvelle enceinte, assujettis aux droits d'entrées, en exécution des lettres patentes du roi sur le décret de l'assemblée nationale du 6 de ce mois, seront, en indemnité de leur assujettissement auxdits droits d'entrées, déchargés de la moitié de la somme qui leur aura été demandée pour l'imposition principale & pour la prestation des chemins, dans lesdites paroisses & communautés.

### I I.

Lesdits habitans ne seront point au surplus cotisés, pour la présente année 1790 seulement dans les rôles de capitation de la ville de Paris ; & en conséquence, seront tenus d'acquitter la totalité des sommes pour lesquelles ils auront été cotisés aux impositions accessoires & capitation, dans les rôles de la province de l'île-de-France.

*Tome I.*                                    Yyyyy

### I I I.

A l'égard de ceux des habitans des paroiſſes de Paris
qui, ſe trouvant hors de la nouvelle enceinte, auront été
affranchis des droits d'entrées, à compter de la publication
des lettres patentes du 9 juin préſent mois, & qui, pour
ledit eſpace de temps, ne pourroient être cotiſés dans les
rôles des municipalités voiſines qui ſont déjà formés, ils
continueront, pour cette année ſeulement, d'être compris
dans les rôles de capitation de la ville de Paris, & leur
cotiſation ſera réglée d'après les baſes énoncées aux lettres
patentes du 29 avril 1790, ſur le décret de l'aſſemblée
nationale, du 18 du même mois, concernant les impoſitions
ordinaires de la ville de Paris, avec la moitié en ſus en
remplacement des droits d'entrées dont ils ſe trouveront
affranchis. A Paris, le treize juin mil ſept cent quatre-
vingt-dix. *Signé* LOUIS. *Et plus bas*, par le roi, DE SAINT-
PRIEST.

# PROCLAMATION DU ROI,

*Sur le décret de l'Assemblée nationale, du 9 Mai 1790, relatif à la signature des Assignats.*

Du 13 Juin 1790.

VU par le roi le décret de l'assemblée nationale, dont la teneur suit :

L'ASSEMBLÉE nationale décrète que la fonction de signer les assignats sur les biens nationaux fera attribuée à vingt personnes, & que le roi sera supplié de faire connoître, par une proclamation, les noms des signataires que sa majesté aura choisis.

COLLATIONNÉ à l'original, par nous président & secrétaires de l'assemblée nationale, à Paris, le onze mai mil sept cent quatre-vingt-dix. *Signe* THOURET, *président*; CHABROUD, l'abbé COLAUD DE LA SALETTE, *secretaires*; DE CHAMPEUX-PALAME, *secretaire*; le comte DE LA REVILLIERE DE LÉPAUX, *secretaire*; le comte DE CRILLON, DE FERMONT.

LE ROI a sanctionné & sanctionne ledit décret, pour être exécuté selon sa forme & teneur.

Sa majesté a choisi & nommé pour signer en qualité de tireurs;

*SAVOIR:*

*Pour les Assignats de Mille livres.*

MM.

CHARLES BORDÉAUX.
ALEXANDRE-FRANÇOIS VINCENT.

Yyyyy 2

*Pour les Aſſignats de Trois cents livres.*

MM.

François GAST.
Nicolas DAUPHIN.
Louis DOMAIN.

*Pour les Aſſignats de Deux cents livres.*

MM.

Marie-Anne-Gabriel l'ARRIVÉE.
Charles-Emmanuel-Joseph RIVIERE.
Amable-Jean-Baptiste-René NIEL.
Ignace BURTEL.
Laurent BLANLO.

Et pour ſigner en qualité d'endoſſeurs ;

*S A V O I R :*

*Pour les Aſſignats de Mille livres.*

MM.

Antoine JAME.
Florentin-Isidore LANOY.

*Pour les Aſſignats de Trois cents livres.*

MM.

Louis-Guillaume ANQUETIL.
Louis-Charles-Noel JULLIEN.
Jean-Marie GIROD.

*Pour les Affignats de Deux cents livres.*

**MM.**

ANDRÉ HUGUES.

JOSEPH AVY.

NICOLAS-CHARLES AUBOURG.

ERNEST-LOUIS BOIZOT.

JEAN-BAPTISTE-AUGUSTIN CAMBERLIN.

Sans que, pour raifon defdites fignatures, les furnommès foient tenus de rendre aucun compte , ni aucunement engagés, attendu qu'ils ne feront à cet égard aucune recette ni dépenfe.

FAIT à Paris, le treize juin mil fept cent quatre-vingt-dix. *Signé* LOUIS. *Et plus bas*, par le roi, DE SAINT, PRIEST.

# PROCLAMATION DU ROI,

*Sur le décret de l'Assemblée nationale, du premier Juin 1790, concernant la forme, la valeur & le nombre des Assignats.*

Du 13 Juin 1790.

V U par le roi le décret de l'assemblée nationale, du premier juin 1790, dont la teneur suit :

L'ASSEMBLÉE nationale, après avoir entendu le rapport des commissaires du comité des finances, chargés de surveiller la fabrication des assignats, a décrété & décrète ce qui suit :

### ARTICLE PREMIER.

LES quatre cents millions d'assignats, créés par les décrets des 19 & 21 décembre 1789, 16 & 17 avril 1790, seront divisés en douze cents mille billets ; savoir :

Cent cinquante mille billets de mille livres,
Quatre cent mille billets de trois cents livres.
Six cent cinquante mille billets de deux cents livres.

Les billets de mille livres seront divisés en six séries de vingt-cinq mille billets chacune, numérotés depuis 1 jusqu'à 25,000.

Les billets de trois cents livres seront divisés en huit séries de cinquante mille billets chacune, numérotés depuis 1 jusqu'à 50,000.

Les billets de deux cents livres seront divisés en treize séries de cinquante mille billets chacune, numérotés depuis 1 jusqu'à 50,000.

### I I.

Les billets de mille & de deux cents livres feront imprimés fur du papier blanc, & ceux de trois cents livres fur du papier rofe.

Les billets de mille livres feront imprimés en lettres rouges: ceux de trois cents & de deux cents livres en lettres noires.

### I I I.

Chaque affignat aura pour titre : *Domaines nationaux , hypothéqués au remboursement des affignats décrétés par l'af-femblée nationale , les* 19 *&* 21 *décembre* 1789 , 16 *&* 17 *avril* 1789 , *fanctionnés par le roi.*

Le corps de l'affignat contiendra un billet à ordre fur la caiffe de l'extraordinaire , figné au bas dudit billet par le tireur , & au revers par l'endoffeur ; lefquels tireur & endoffeur auront été nommés par le roi.

### I V.

Au-dessus du billet à ordre fera imprimée l'effigie du roi , & au-deffous dudit billet, un timbre aux armes de France , avec ces mots : *La loi & le roi.*

### V.

Trois coupons, d'une année d'intérêt chacun, feront placés au bas de chaque affignat ; & au revers des lignes qui les fépa-reront feront imprimés les mots : *Domaines nationaux & Caiffe de l'extraordinaire.*

Ces mots feront difpofés de manière qu'on ne puiffe féparer les coupons de l'affignat , fans en couper une ligne entière dans fa longueur.

Un timbre fec, aux armes de France , fera frappé fur le revers defdits coupons.

## V I.

LE revers de l'affignat fera divifé en plufieurs cafes, dont la première recevra la fignature de l'endoffeur nommé par le roi; les autres cafes ferviront aux autres endoffeurs, s'il y a lieu.

## V I I.

IL pourra être établi dans chaque ville chef-lieu de département, & dans toutes autres villes principales du royaume, fur leur demande, un bureau. de vérification fous la furveillance, foit des affemblées de département, foit des municipalités, & d'après le règlement que le roi fera fupplié de rendre.

D'après les demandes qui feront faites par lefdites affemblées de département ou municipalités, il leur fera adreffé les inftructions néceffaires pour la perfonne commife à la vérification.

Un double de cette inftruction fera dépofé au greffe du tribunal du département.

## V I I I.

LES vérificateurs feront tenus, toutes les fois qu'ils en feront requis, de procéder fans frais à la vérification des affignats qui leur feront préfentés, & de les certifier.

## I X.

LORSQUE les affignats feront envoyés par la pofte, ils pourront être paffés à l'ordre de celui à qui ils feront adreffés, & dès-lors ils n'auront plus de cours que par fa fignature.

## X.

LES formes qui auront été employées pour la fabrication du papier, ainfi que les lettres majufcules, les planches gravées, & les différens timbres qui auront été employés à

leur

leur compofition, feront dépofés aux archives de l'affemblée nationale, & ne pourront en être déplacés que par un décret fpécial.

> COLLATIONNÉ à l'original, par nous préfident & fecrétaires de l'affemblée nationale. A Paris, les jours & an que deffus. *Signé* BRIOIS DE BEAUMEZ, *préfident*; l'abbé COLAUD DE LA SALCETTE, CHABROUD, DE FERMON, DE JESSÉ, PRIEUR, *fecrétaires*.

LE ROI a fanctionné & fanctionne ledit décret, pour être exécuté felon fa forme & teneur. FAIT à Paris, le treize juin mil fept cent quatre-vingt-dix. *Signé* LOUIS. *Et plus bas*, par le roi, DE SAINT-PRIEST.

# LETTRES PATENTES DU ROI,

*Sur le décret de l'Assemblée nationale, du 6 Juin 1790, qui renvoye provisoirement, & jusqu'à ce qu'il en ait été autrement ordonné, aux Assemblées de Département la connoissance des contestations & difficultés qui pourroient s'élever en matière d'Impôt direct.*

Données à Paris, le 13 Juin 1790.

Louis, par la grâce de Dieu & par la loi constitution-nelle de l'état, ROI DES FRANÇOIS: A tous ceux qui ces présentes lettres verront; SALUT. L'assemblée nationale, après avoit entendu le rapport de son comité des finances; consi-dérant que rien n'est plus urgent que la confection des rôles & le recouvrement des impositions; qu'il est nécessaire que les difficultés élevées par quelques-uns des ci-devant privilégiés, tant fur la cotte que fur la qualité de l'impôt auquel ils ont été imposés au rôle de la communauté où font situés leurs biens, foient terminées par le département, a décrété le 6 juin 1790, & nous voulons & ordonnons ce qui fuit :

### ARTICLE PREMIER.

LES rôles qui auront été faits par les officiers municipaux du département de l'Eure, dans les formes ordinaires & fuivies jufqu'à préfent, feront provisoirement exécutés; & il fera furfis à toute action, & à l'exécution des jugemens en matière d'impofitions directes, s'il en avoit été rendu jufqu'à la forma-tion dudit département.

## I I.

LES contribuables qui fe croiront fondés à obtenir, foit la décharge ou une modération fur leur cotte d'impofition, fe pourvoiront par fimples mémoires devant l'affemblée adminiftrative du département, laquelle connoîtra provifoirement, & jufqu'à ce qu'il en ait été autrement ordonné, de toutes les difficultés qui pourront s'élever en matière d'impôt direct.

## I I I.

LES jugemens & décifions de l'affemblée de département feront rendus fans frais, fur papier libre, & il en fera tenu regiftre.

MANDONS & ordonnons à tous les tribunaux, corps adminiftratifs & municipalités, que les préfentes ils faffent tranfcrire fur leurs regiftres, lire, publier & afficher dans leurs refforts & départemens refpectifs, & exécuter comme loi du royaume. En foi de quoi nous avons figné & fait contrefigner cefdites préfentes, auxquelles nous avons fait appofer le fceau de l'état. A Paris, le treizième jour du mois de juin, l'an de grâce milfept cent quatre-vingt-dix, & de notre règne le dix-feptième. *Signé* LOUIS. *Et plus bas*, par le roi, DE SAINT-PRIEST. Vu au confeil, LAMBERT. Et fcellées du fceau de l'état.

# PROCLAMATION DU ROI,

*Pour l'exécution des Lettres patentes & Proclamation des 3 Février, 11 Avril & 30 Mai 1790, sur les Décrets de l'Assemblée Nationale, des 30 Janvier, 22 Mars & 25 Mai de la même année, concernant la confection des Rôles, la forme du versement & l'accélération du recouvrement des Impositions de 1790 & années antérieures.*

### Du 13 Juin 1790.

LE ROI, par l'article Ier. de ses lettres patentes du 30 mai 1790, sur le décret de l'assemblée nationale, du 25 du même mois, a ordonné que les *municipalités & autres asseeurs chargés de la confection des rôles des impositions ordinaires de 1790, qui n'auroient pas encore procédé à la répartition desdites impositions, seroient tenus de la terminer dans le délai de quinze jours, à compter de la publication desdites lettres patentes; faute de quoi lesdits officiers municipaux demeureroient personnellement & solidairement garans & responsables du retard du recouvrement des impositions de leur communauté.*

En même temps, pour assurer le redressement des inégalités, erreurs ou doubles emplois dont quelques communautés pourroient avoir à se plaindre dans la fixation de leur contribution, il a été ordonné par l'article II des mêmes lettres patentes, que *les départemens veilleroient à ce qu'il fût nommé dans chaque district des commissaires, à l'effet de vérifier lesdites inégalités, erreurs ou doubles emplois,* pour être pris ensuite les mesures les plus convenables pour les réparer.

Ainfi les municipalités, affurées aujourd'hui qu'après la confection de leur rôle elles obtiendront, fur la fixation de la
fomme qui leur a été donnée à répartir, l'allègement qui pourra
être dû à leur communauté, ne peuvent fe difpenfer, fous
aucun prétexte, de terminer la formation dudit rôle, & de le
faire vérifier dans le délai prefcrit.

D'un autre côté, en ce qui concerne le recouvrement, il a
été ordonné, par l'article I<sup>er</sup>. des lettres patentes de fa majefté, du 13 février 1790, fur le décret de l'affemblée nationale du 30 janvier précédent, *que les prépofés au recouvrement des impofitions ordinaires & directes dans les differentes
municipalités du royaume feroient tenus de verfer entre les
mains des receveurs ordinaires de l'ancienne divifion des provinces, chargés dans les années précédentes de la perception
des impofitions, le montant entier defdites impofitions de l'exercice 1790 & des exercices antérieurs, dans la forme & dans les
termes précédemment prefcrits par les règlemens.*

Par l'article II des mêmes lettres patentes, il a été auffi ordonné qu'*attendu que les contribuables feroient foulagés, dans
l'année préfente, par la contribution des ci-devant privilégiés,
qui tourne à leur décharge, les tréforiers ou receveurs généraux, entre les mains defquels verfent les receveurs particuliers des finances, feroient tenus de faire de leur côté toutes
diligences pour que les impofitions de l'année 1790 & années
antérieures fuffent acquittées entièrement dans les fix premiers
mois de 1790, au plus tard.*

Enfin, par la proclamation du roi, du 11 avril 1790, portant fanction du décret de l'affemblée nationale, du 22 mars
précédent, il a été ordonné *que les villes, paroiffes & communautés qui feroient arriérées dans le payement de leurs impofitions feroient tenues de fe rapprocher, dans le cours de la
préfente année 1790, d'une fomme équivalente aux deux tiers
de ce qu'aura produit à chacune defdites villes, paroiffes &
communautés, la portion de la contribution des ci-devant privilégiés, qui doit tourner au profit des anciens contribuables.*

Malgré des dispositions aussi précises & aussi positives, tant sur la continuation du versement des impositions de 1790 entre les mains des receveurs particuliers des finances, suivant l'ancienne division du royaume, que sur le rapprochement du payement des impositions, prescrit expressément aux receveurs généraux, aux receveurs particuliers & pareillement aux contribuables, le roi est informé que quelques municipalités se sont permis de défendre aux collecteurs de verser le produit de leurs recouvremens entre les mains des receveurs particuliers des finances, & que d'autres communautés, par une fausse interprétation de l'article II des lettres patentes du 3 février 1790, ont même prétendu qu'il suffisoit qu'elles entrassent en payement sur les impositions de 1790 dans les six premiers mois 1791, puisque les receveurs généraux n'étoient tenus d'acquitter les impositions que dans le même délai; & que par conséquent les receveurs particuliers des finances ne pouvoient faire aucunes diligences contre les collecteurs & les contribuables, pour les contraindre au payement des termes échus, suivant les anciens règlemens.

Sa majesté a jugé dès-lors indispensable de prescrire les mesures nécessaires pour l'entière exécution de ses lettres patentes & proclamations des 3 février, 11 avril & 30 mai 1790, portant sanction des trois décrets de l'assemblée nationale ci-dessus relatés: en conséquence, le roi a ordonné & ordonne ce qui suit:

### ARTICLE PREMIER.

DANS le cas où aucunes des municipalités qui sont en retard de former leurs rôles de 1790 ne les auroient point terminés dans le délai de quinze jours, à compter de celui de la publication des lettres patentes du 30 mai dernier, ainsi qu'il est prescrit par lesdites lettres patentes, enjoint sa majesté aux receveurs particuliers des bailliages, bureaux, vigueries ou autres anciens arrondissemens, de faire faire, à l'expiration du dit délai, la signification desdites lettres patentes à celles des municipalités

qui pourroient être encore en retard, avec déclaration auxdits
officiers muuicipaux que, faute de s'être conformés aux difpofitions de l'article I<sup>er</sup>. des fufdites lettres patentes, la garantie & refponfabilité perfonnelle & folidaire pour les impofitions de la préfente année 1790, eft par eux encourue.

### I I.

LESDITS receveurs particuliers adrefferont en outre au fieur
contrôleur général des finances un état indicaïif, tant defdi es
municipalités en retard, que de la date de la fignification qui
leur aura été faite, conformément à l'article précédent, pour
defdits états être par ledit fieur contrôleur général des finances
rendu compte à fa majefté.

### I I I.

HUIT jours après celui où ladite fignification aura été faite
aux municipalités en retard, les receveurs particuliers feront
& demeureront autorifés à décerner contre lefdits officiers municipaux une contrainte folidaire, après que ladite contrainte
aura été vifée dans la forme prefcrite par les règlemens.

### I V.

FAIT fa majefté très-expreffes inhibitions & défenfes à aucuns collecteurs de verfer les deniers par eux recouvrés fur les
impofitions de la préfente année 1790 & années antérieures
en d'autres mains qu'en celles du receveur particulier aïtuel du
bailliage, bureau, viguerie ou autre arrondiffement dont dépendoit leur communauté, fuivant l'ancienne divifion du
royaume; faifant pareillement fa majefté très-expreffes défenfes à aucun particulier de s'immifcer dans les fonctions defdits
receveurs particuliers pour le recouvrement des impofitions de
ladite année 1790, & années antérieures, fous peine d'être
pourfuivi comme concuffionnaire.

### V.

ENJOINT de rechef fa majefté aux municipalités de veiller à

ce que la perception des impositions de la présente année 1790 & années antérieures ne puisse être troublée, sous aucun prétexte , & de faire tout ce qui sera en leur pouvoir pour procurer les rapprochemens de payemens prescrits par l'article III du décret de l'assemblée nationale, du 22 mars dernier , sanctionné par sa majesté ; enfin, de prêter & faire prêter aux collecteurs, receveurs particuliers , & aux porteurs de contraintes par eux employés, toute aide, concours, assistance & appui nécessaires.

### V I.

LA présente proclamation sera imprimée & publiée dans toutes les villes & communautés , & affichée dans chacune desdites villes & communautés à la porte de l'église paroissiale, au lieu des séances de la municipalité , & autres lieux publics , à la diligence du procureur de la commune. A Paris, le treize juin mil sept cent quatre-vingt-dix. *Signé* LOUIS. *Et plus bas* , par le roi, DE SAINT-PRIEST.

PROCLAMATION

# PROCLAMATION DU ROI,

*Sur un décret de l'Affemblée nationale, concernant l'augmentation de la Solde des Gens de mer.*

Du 15 Juin 1790.

VU par le roi le décret dont la teneur fuit :

*DECRET de l'Affemblée nationale, du 15 Juin 1790.*

L'ASSEMBLÉE nationale, confidérant que les mêmes motifs de juftice qui l'ont portée à augmenter la folde des troupes exigent d'augmenter celle des gens de mer, a décrété & décrète ce qui fuit :

### ARTICLE PREMIER.

LA paye des matelots, qui eft actuellement déterminée en différentes claffes depuis 14 liv. jufqu'à 21 liv. par mois, fera portée de 15 jufqu'à 24 liv., en graduant les augmentations proportionnellement au fervice & au mérite.

### II.

LA paye des officiers-mariniers, qui eft fixée actuellement dans les différens grades depuis 24 jufqu'à 70 liv. par mois, fera portée de 32 jufqu'à 80 liv., en obfervant auffi les proportions relatives aux grades & au nombre des campagnes.

Au moyen de cette augmentation, il ne fera plus queftion d'indemnités pour les demi-rations aux officiers-mariniers, ni de fupplément de paye aux principaux maîtres armés fur les gros vaiffeaux.

LE ROI a fanctionné & fanctionne ledit décret, pour être exécuté. Mande & ordonne fa majefté aux commandans de fes ports & arfenaux, infpecteurs des claffes, intendans & ordonnateurs de la marine, & à tous autres qu'il appartiendra, de tenir la main à fon exécution. Fait à Paris, le quinze juin mil fept cent quatre-vingt-dix. *Signé* LOUIS. *Et plus bas*, LA LUZERNE.

*Tome I.*                    A a a a a a

# PROCLAMATION DU ROI,

*Sur un décret de l'Assemblée nationale, portant que toutes les anciennes Ordonnances sur la nature & les formes du service, notamment sur la police des Spectacles, doivent être exécutées provisoirement.*

Du 17 Juin 1790.

VU pàr le roi le décret dont la teneur suit :

*DECRET de l'Assemblée nationale, du mercredi 9 Juin* 1790.

L'ASSEMBLÉE nationale décrète qu'elle est satisfaite du zèle pour le service, & du désintéressement que témoignent les fusiliers des régimens de Beauce, Normandie, & les canonniers-matelots du corps de la marine, ainsi que de la modération & des sentimens patriotiques des grenadiers de ces régimens; mais que s'occupant avec activité de la nouvelle organisation militaire qui doit être également avantageuse à toutes les classes qui composent l'armée, elle juge que toutes les anciennes ordonnances de police & militaires sur la nature & les formes du service, & notamment sur la police des spectacles, doivent être exécutées provisoirement, jusqu'à ce qu'il en ait été autrement ordonné.

Décrète en outre que son président se retirera vers le roi, pour supplier sa majesté de donner des ordres afin de maintenir l'harmonie & l'union entre les différens corps qui composent la garnison de Brest.

LE ROI a sanctionné & sanctionne ledit décret ; veut en conséquence qu'il soit exécuté suivant sa forme & teneur. Mande & ordonne aux commandans pour son service, aux chefs des corps militaires, & à tous autres qu'il appartiendra, de le faire observer ponctuellement. Fait à Saint-Cloud, le dix-sept juin mil sept cent quatre-vingt-dix. *Signé* LOUIS. *Et plus bas*, par le roi, LA TOUR-DU-PIN.

# LETTRES PATENTES DU ROI,

*Sur un décret de l'Assemblée nationale, qui commet provisoirement la Municipalité de la ville de Paris à l'exercice de toutes les fonctions attribuées aux Administrations de Département & de District, ou à leur Directoire.*

Données à Saint-Cloud, le 18 Juin 1790.

LOUIS, par la grâce de Dieu & par la loi constitutionnelle de l'état, ROI DES FRANÇOIS : A tous ceux qui ces présentes lettres verront; SALUT. L'assemblée nationale a décrété, le 8 de ce mois, & nous voulons & ordonnons ce qui suit:

PROVISOIREMENT, & jusqu'à l'époque où l'administration du département de Paris sera en activité, la municipalité actuelle de cette ville, ou la municipalité qui sera établie conformément au règlement décrété par l'assemblée nationale, & par nous sanctionné, est commise, relativement aux biens déclarés à la disposition de la nation, par le décret du 2 novembre, que nous avons sanctionné, & situés dans la ville de Paris, pour exercer toutes les fonctions attribuées dans le décret du 14 avril, que nous avons pareillement sanctionné, aux administrations de département & de district, ou à leur directoire.

MANDONS & ordonnons à tous les tribunaux & municipalité de la ville de Paris, que les présentes ils fassent transcrire sur leurs régistres, lire, publier, afficher & exécuter. En foi de quoi nous avons signé & fait contresigner cesdites présentes, auxquelles nous avons fait apposer le sceau de l'état. A Saint-Cloud, le dix-huitième jour du mois de juin, l'an de grâce mil sept cent quatre-vingt-dix, & de notre règne le dix-septième. *Signé* LOUIS. *Et plus bas*, par le roi, DE SAINT-PRIEST. Et scellées du sceau de l'état.

## LETTRES PATENTES DU ROI,

*Sur le décret de l'Assemblée nationale, qui autorise la Municipalité de Paris à faire évacuer le couvent des Récollets du faubourg Saint-Laurent, & celui des Dominicains de la rue Saint Jacques, pour y établir des dépôts de mendicité ou atteliers de charité.*

Données à Saint-Cloud, le 18 Juin 1790.

LOUIS, par la grâce de Dieu & par la loi constitutionnelle de l'état, ROI DES FRANÇOIS : A tous présens & à venir ; SALUT. L'assemblée nationale, par son décret du 10 de ce mois, a autorisé, & nous autorisons la municipalité de Paris, en exécution du décret du 20 mai, par nous sanctionné, sur la mendicité, à faire évacuer le couvent des Récollets du faubourg Saint-Laurent & celui des Dominicains de la rue Saint-Jacques, pour être provisoirement employés à servir, soit de dépôt aux mendians infirmes, soit d'atteliers de travail pour les mendians valides.

Chargeons de plus la municipalité de Paris de prendre sur les fonds qu'elle est autorisée de percevoir par le décret du 8 du présent mois, que nous avons pareillement sanctionné, pour assurer des moyens de subsistance aux religieux de ces deux maisons, soit qu'ils veuillent être transférés dans d'autres couvens de leur ordre, soit qu'ils déclarent vouloir jouir du bénéfice de nos lettres patentes sur les décrets des 19, 20 février & 20 mars derniers.

MANDONS & ordonnons aux tribunaux, & à la municipalité de la ville de Paris, que les présentes ils faffent tranfcrire fur leurs regiftres, lire, publier, afficher & exécuter. En foi de quoi nous avons figné & fait contrefigner cefdites préfentes, auxquelles nous avons fait appofer le fceau de l'état. A Saint-Cloud, le dix-huitième jour du mois de juin, l'an de grâce mil fept cent quatre-vingt-dix, & de notre règne le dix-feptième. *Signé* LOUIS. *Et plus bas*, par le roi, DE SAINT-PRIEST. Et fcellées du fceau de l'état.

# PROCLAMATION DU ROI,

*Sur un décret de l'Assemblée nationale relatif aux Citadelles, Forts & Châteaux qui existent actuellement dans le Royaume, & notamment à la Citadelle de Montpellier.*

#### Du 18 Juin 1790.

VU par le roi le décret dont la teneur suit :

*DÉCRET de l'Assemblée nationale, du 9 Juin 1790.*

L'ASSEMBLÉE nationale décrète que son comité militaire sera chargé de lui présenter incessamment un état de toutes les villes fortifiées, citadelles, forts, châteaux & autres fortifications qui existent actuellement dans le royaume, avec son opinion motivée sur l'utilité ou inutilité de ces différentes places, afin que de concert avec le roi, elle puisse ordonner la conservation, les réparations ou même l'augmentation de toutes celles qui seront jugées nécessaires pour la défense du royaume, & la démolition, vente ou abandon de toutes celles qui ne portent pas ce caractère d'utilité.

Décrète en outre qu'elle regarderoit comme coupables tous ceux qui, dans la ville de Montpellier, ou par-tout ailleurs, se porteroient à quelques excès pour démolir, soit en totalité, soit en partie, les forts ou citadelles ; & que son président se retirera devers le roi, pour le supplier de donner des ordres, afin que les gardes nationales de Montpellier continuent de faire le service dans la citadelle, sous le commandement des officiers employés sous sa majesté, jusqu'à ce qu'il ait été pris un parti décisif sur la conservation ou abandon de la citadelle de Montpellier.

LE ROI, fanctionnant ledit décret, déclare que fa majefté
regarderoit comme coupables tous ceux qui, dans la ville de
Montpellier, ou par-tout ailleurs, fe porteroient à quelques
excès pour démolir, foit en totalité, foit en partie, les forts &
citadelles : ordonne aux gardes nationales de Montpellier de
continuer de faire le fervice dans la citadelle de ladite ville,
fous le commandement des officiers employés fous les ordres
de fa majefté, jufqu'à ce qu'il ait été pris un parti déciftf fur
la confervation ou abandon de cette citadelle. Mande & ordonne pareillement fa majefté à la municipalité de Montpellier, aux commandans des troupes de ligne, & à tous autres,
de tenir la main à l'exécution du fufdit décret. Fait à Saint-
Cloud, le dix-huit juin mil fept cent quatre-vingt-dix.
*Signé* LOUIS. *Et plus bas*, par le roi, DE SAINT-PRIEST.

## LETTRES PATENTES DU ROI,

*Sur un décret de l'Assemblée nationale, du 13 du présent mois de Juin, portant abolition des Retraits de bourgeoisie, d'habitation & autres.*

Données à Saint-Cloud, le 18 Juin 1790.

LOUIS, par la grâce de Dieu & par la loi constitution-nelle de l'état, ROI DES FRANÇOIS : À tous ceux qui ces présentes lettres verront ; SALUT. L'assemblée nationale a décrété, le 13 de ce mois, & nous voulons & ordonnons ce qui suit :

LE retrait de bourgeoisie, d'habitation ou de local, le retrait d'éclesche, le retrait de société, fraeuseté, convenance ou bientéance, font abolis.

Les procès concernant lesdits retraits, qui ne feront pas jugés en dernier reffort à l'époque de la publication des préfentes, demeureront comme non avenus, & il ne pourra être fait droit que fur les dépens qu'ils auront occafionnés.

MANDONS & ordonnons à tous les tribunaux, corps admi-niftratifs & municipalités, que les préfentes ils faffent tranfcrire fur leurs regiftres, lire, publier & afficher dans leurs refforts & départemens refpectifs, & exécuter comme loi du royaume. En foi de quoi nous avons figné & fait contrefigner cefdites préfentes, auxquelles nous avons fait appofer le fceau de l'état. À Saint-Cloud, le dix-huitième jour du mois de juin, l'an de grâce mil fept cent quatre-vingt-dix, & de notre règne le dix-feptième. *Signé* LOUIS. *Et plus bas*, par le roi, DE SAINT-PRIEST. Vu au confeil, LAMBERT. Et fcellées du fceau de l'état.

PROCLAMATION

# PROCLAMATION DU ROI,

*Sur le décret de l'Assemblée nationale relatif à l'inscription des Citoyens actifs sur le registre de service des Gardes nationales.*

Du 13 Juin 1790.

VU par le roi le décret dont la teneur suit :

L'ASSEMBLÉE nationale décrète,

1°. Que dans le courant du mois qui suivra la publication du présent décret, tous les citoyens actifs des villes, bourgs & autres lieux du royaume, qui voudront conserver l'exercice des droits attachés à cette qualité, seront tenus d'inscrire leurs noms, chacun dans la section de la ville où ils seront domiciliés, ou à l'hôtel commun, sur un registre qui y sera ouvert à cet effet pour le service des gardes nationales.

2°. Les enfans des citoyens actifs, âgés de dix-huit ans, s'inscriront pareillement sur le même registre ; faute de quoi ils ne pourront ni porter les armes, ni être employés même en remplacement de service.

3°. Les citoyens actifs qui, à raison de la nature de leur état, ou à cause de leur âge ou infirmités, ou autres empêchemens, ne pouvant servir en personne, devront se faire remplacer, ne pourront être remplacés que par ceux des citoyens actifs & de leurs enfans qui seront inscrits sur ces registres en qualité de gardes nationales.

4°. Aucun citoyen ne pourra porter les armes, s'il n'est inscrit de la manière qui vient d'être réglée ; en conséquence, tous corps particuliers de milice bourgeoise, d'arquebusiers ou autres, sous quelque dénomination que ce soit, seront tenus

*Tome I.* Bbbbbb

de s'incorporer dans la garde nationale , fous l'uniforme de la nation , fous les mêmes drapeaux , le même régime , les mêmes officiers , le même état-major : tout uniforme différent , toute cocarde autre que la cocarde nationale demeurant réformés, aux termes de la proclamation du roi. Les drapeaux des anciens corps & compagnies feront dépofés à la voûte de l'églife principale , pour y demeurer confacrés à l'union , à la concorde & à la paix.

LE ROI a accepté & accepte ledit décret , pour être exécuté fuivant fa forme & teneur ; en conféquence , fa majefté mande & ordonne à tous les corps adminiftratifs , municipalités , commandans des gardes nationales , de tenir la main à fon exécution , & à tous autres de s'y conformer. Fait à Saint-Cloud , le dix - huit juin mil fept cent quatre - vingt - dix. *Signé* LOUIS. *Et plus bas* , par le roi , DE SAINT-PRIEST.

# PROCLAMATION DU ROI,

*Sur un décret de l'Assemblée nationale , pour la suite & l'accélération des opérations des Commissaires de Sa Majesté chargés de l'établissement des Assemblées de Département.*

Du 18 Juin 1790.

Vu par le roi le décret dont la teneur suit :

Décret *de l'Assemblée nationale , du 11 Juin* 1790 *, au matin.*

L'ASSEMBLÉE nationale décrète que son président se retirera vers le roi, pour le prier d'ordonner à ses commissaires pour l'établissement des assemblées administratives des départemens , & notamment du département de la Corrèze , de suivre leurs opérations avec exactitude , de les accélérer le plus qu'il sera possible , en exécutant exactement les décrets, & d'instruire l'assemblée nationale de la suite de leur travail.

SA majesté, voulant que ledit décret soit exécuté, mande & ordonne à ses commissaires pour l'établissement des assemblées administratives des départemens, & notamment du département de la Corrèze, de s'y conformer. Fait à Saint-Cloud, le dix-huit juin mil sept cent quatre-vingt-dix. *Signé* LOUIS. *Et plus bas ,* par le roi, DE SAINT-PRIEST.

## LETTRES PATENTES DU ROI,

*Sur le décret de l'Assemblée nationale, portant suspension des Procédures relatives aux dédommagemens dus à raison des dégâts sur les terrains & marais desséchés ; & attribution aux Directoires des districts, pour régler ces dédommagemens.*

Données à Saint Cloud, le 18 Juin 1790.

LOUIS, par la grâce de Dieu & par la loi constitutionnelle de l'état, ROI DES FRANÇOIS : A tous ceux qui ces présentes lettres verront ; SALUT. L'assemblée nationale, instruite des vives poursuites judiciaires qui se font dans plusieurs lieux du royaume, & notamment dans le district de Paimbœuf, département de la basse Loire, à l'occasion des dégâts qui ont récemment eu lieu sur les terrains afféagés & les marais desséchés depuis quelques années, a décrété, le 14 de ce mois, de nous prier d'ordonner, & nous voulons & ordonnons ce qui suit :

### ARTICLE PREMIER.

LES procédures relatives aux dédommagemens qui peuvent être dus, à raison des dégâts sur les terrains afféagés & les marais desséchés depuis quelques années, seront suspendues.

### II.

COMMETTONS les directoires de district pour régler lesdits dédommagemens dans les différens cantons du royaume où ces dégâts ont eu lieu ; à l'effet de quoi les directoires de district pourront, s'il est besoin, nommer parmi leurs membres, des commissaires qui se transporteront sur les lieux, vérifieront les

dégâts, apprécieront les indemnités ; & auffi-tôt après le payement de celles-ci, les procédures demeureront abfolument
éteintes.

## I I I.

COMMETTONS le premier juge du tribunal exiftant dans
chaque ville de diftriƈt, ou s'il n'y en a pas, du tribunal de
la ville la plus voifine, pour régler fans frais les mémoires des
procédures déjà faites, afin que le montant en foit réparti &
payé de la même manière que les indemnités.

## I V.

ENJOIGNONS généralement à tous les citoyens trompés qui
ont commis des dégâts, le refpeƈt pour les propriétés, qui font
toutes fous la garde de la loi, fauf à eux à fe pourvoir dans
les tribunaux & par les voies légales, s'ils croient avoir des
droits fur les prairies, les terrains afféagés & les marais def-
féchés.

MANDONS & ordonnons à tous les tribunaux, corps adminiftratifs & municipalités, que les préfentes ils faffent
tranfcrire fur leurs regiftres, lire, publier & afficher dans
leurs refforts & départemens refpeƈtifs, & exécuter comme
loi du royaume. En foi de quoi nous avons figné & fait
contrefigner cefdites préfentes, auxquelles nous avons fait
appofer le fceau de l'état. A Saint-Cloud, le dix-huitième
jour du mois de juin, l'an de grâce mil fept cent quatre-
vingt-dix, & de notre règne le dix-feptième. *Signé* LOUIS. *Et
plus bas*, par le roi, DE SAINT-PRIEST. Et fcellées du
fceau de l'état.

# PROCLAMATION DU ROI,

Du 19 Juin 1790.

VU par le roi le décret dont la teneur suit :

*Décret de l'Assemblée nationale, du 18 Juin* 1790.

L'ASSEMBLÉE nationale a décrété & décrète :

### ARTICLE PREMIER.

QUE les pièces relatives à M. de Mirabeau le jeune , colonel du régiment de Touraine , feront renvoyées aux comités des rapports & militaire réunis.

### I I.

QUE la lettre de la municipalité de Perpignan , en date du 13 du présent mois , fera imprimée.

### I I I.

L'ASSEMBLÉE nationale rappelle au municipalités le décret qui a prononcé l'inviolabilité de fes membres ; & décrète que M. de Mirabeau le jeune viendra immédiatement rendre compte de fa conduite.

LE ROI a fanctionné & fanctionne ledit décret , pour être exécuté fuivant fa forme & teneur ; en conféquence , fa ma-jefté mande & ordonne à la municipalité de Caftelnaudary & à toutes autres , ainfi qu'aux commandans des gardes natio-nales , des troupes de ligne , & à tous ceux qu'il appartiendra , de tenir la main à fon exécution. FAIT à Saint-Cloud , le dix-neuf juin mil fept cent quatre-vingt-dix. *Signé* LOUIS. Et *plus bas* , par le roi, DE SAINT-PRIEST.

# PROCLAMATION DU ROI,

*Sur le décret de l'Assemblée nationale, du 17 Juin, relatif à la Fédération générale des Gardes nationales & des Troupes du Royaume.*

### Du 19 Juin 1790.

VU par le roi le décret dont telle est la teneur :

*DÉCRET de l'Assemblée nationale du 17 Juin 1790.*

L'ASSEMBLÉE nationale a décrété & décrète ce qui suit :

1°. Les régimens en garnison dans les colonies Françoises ne pouvant pas envoyer une députation directe, députeront pour chaque régiment le plus ancien officier, le plus ancien bas-officier, & les deux plus anciens caporaux, grenadiers, chasseurs & soldats présentement en France.

2°. Le régiment d'artillerie des colonies députera comme les régimens d'artillerie en garnison en France.

3°. Le bataillon auxiliaire des colonies, en garnison à l'Orient & au Port-Louis, députera de la manière prescrite pour tous les corps de l'armée.

4°. Le port de l'Orient députera comme ceux de Brest, Toulon & Rochefort.

5°. Les matelots députeront les deux plus anciens matelots par port de roi, & un pour chacun des autres ports.

6°. Les ingénieurs-géographes militaires députeront le plus ancien d'entr'eux.

7°. Les commissaires ordinaires & écrivains des colonies députeront dans la proportion des ports & arsenaux de marine.

8°. Les lieutenans de roi, majors, aides-majors & sous-aides-majors de place, députeront le plus ancien d'entr'eux.

9°. Enfin, les chirurgiens & aumôniers des corps députeront le plus ancien d'entr'eux.

LE ROI a sanctionné & sanctionne ledit décret, pour être exécuté suivant sa forme & teneur ; en conséquence, mande & ordonne à tous ceux dont l'autorité s'étend sur les corps mentionnés audit décret, de veiller chacun en ce qui le concerne, à ce qu'il s'y conforme ponctuellement. FAIT à Saint-Cloud, le dix-neuf juin mil sept cent quatre-vingt-dix. *Signé* LOUIS. *Et plus bas*, par le roi, LA LUZERNE.

LETTRES

# LETTRES PATENTES DU ROI,

*Sur le décret de l'Assemblée nationale, du 15 Juin 1790, concernant les droits connus sous la dénomination de* Criées de Mons, *ou Domaines du Hainaut, auxquels la ci-devant province du Hainaut demeure assujettie jusqu'à ce qu'il ait été établi un mode d'Imposition uniforme par tout le Royaume.*

Données à Paris, le 20 Juin 1790.

LOUIS, par la grâce de Dieu & par la loi constitutionnelle de l'état, ROI DES FRANÇOIS : A tous présens & à venir ; SALUT. L'assemblée nationale, informée que dans quelques parties des districts du département du Nord, qui composoient ci-devant la province du Hainaut, il a été donné à l'article XII du titre II du décret du 15 mars dernier, concernant les droits féodaux, sanctionné par nos lettres patentes du 28 du même mois, une interprétation abusive, & qui ne tendroit à rien moins qu'à faire cesser toutes les impositions indirectes dans ces districts, après avoir entendu ses comités des finances & de féodalité, a décrété, le 15 de ce mois, & nous voulons & ordonnons ce qui suit :

LE décret de l'assemblée nationale, du 28 janvier dernier, sanctionné par nous le 30 du même mois, doit être exécuté selon sa forme & teneur, n'y ayant été nullement dérogé par l'article XII du titre II de celui du 15 mars suivant, sanctionné par nous le 28 du même mois.

Ordonnons en conséquence que jusqu'à ce qu'il ait été

*Tome I.* Cccccc

établi un mode d'impofition uniforme par tout le royaume, la ci-devant province du Hainaut demeurera affujettie aux droits qui s'y perçoivent au profit du tréfor public, fur les vins, eaux-de-vie, bières, cidre, tabacs, fels, charbons de terre, bois, tuage de beftiaux, pas de penas, & fur les bêtes vives dont la rétrouve fe fait chaque année, & généralement à tous les droits connus fous la dénomination de *criées de Mons* ou *domaines du Hainaut.*

Ordonnons en outre que du moment où notre commiffaire départi en Hainaut aura ceffé fes fonctions en conformité du décret du 22 décembre 1789, par nous fanctionné, les procès-verbaux des contraventions auxdits droits feront, jufqu'à ce qu'il y ait été autrement pourvu, portés devant l'affemblée de département du Nord ou fon directoire, qui les jugera fommairement fans frais & fans appel.

Déchargeons de toutes pourfuites, pour raifon des contraventions commifes, dans l'intervalle de la publication des lettres patentes du 28 mars dernier, à celle de ces préfentes, ceux qui, dans la quinzaine, à compter du jour où ces préfentes auront été publiées & affichées par la municipalité du lieu de leur réfidence, acquitteront ou offriront réellement au bureau de la régie générale les droits par eux dus & mentionnés dans les procès-verbaux dreffés à leur charge.

MANDONS & ordonnons à tous les tribunaux, corps adminiftratifs & municipalités, que ces préfentes ils faffent tranfcrire fur leurs regiftres, lire, publier & afficher dans leurs refforts & départemens refpectifs, & exécuter comme loi du royaume. En foi de quoi nous avons figné & fait contrefigner ces préfentes, auxquelles nous avons fait appofer le fceau de l'état. A Paris, le vingtième jour du mois de juin, l'an de grâce mil fept cent quatre-vingt-dix, & de notre règne le dix-feptième. *Signé* LOUIS. *Et plus bas*, par le roi, DE SAINT-PRIEST. Vu au confeil, LAMBERT. Et fcellées du fceau de l'état.

# PROCLAMATION DU ROI,

*Qui accorde une Prime de deux pour cent du prix
de la vente des Beftiaux amenés aux Marchés de
Sceaux & de Poiffy, à commencer du lundi 5
Juillet prochain, jufques & compris le jeudi 22
du même mois.*

### Du 20 Juin 1790.

LE ROI s'étant fait rendre compte de la quantité de beftiaux
que l'on amène habituellement aux marchés de Sceaux & de
Poiffy, pour l'approvifionnement de fa bonne ville de Paris;
fa majefté auroit lieu de croire que l'activité du commerce
fuffiroit à la confommation extraordinaire que doit occafionner l'affluence des étrangers qui feront attirés dans la
capitale par la cérémonie nationale du 14 juillet prochain;
& néanmoins pour ne laiffer aucune incertitude fur un objet
auffi intéreffant, fa majefté a cru digne de fa follicitude paternelle d'appeler l'abondance par des moyens d'encouragement:
en conféquence, le roi a ordonné & ordonne qu'à commencer
du lundi 5 juillet prochain, jufques & compris le jeudi 22
du même mois, il fera payé par les fermiers de la caiffe de
Sceaux & de Poiffy, à tous ceux qui amèneront des beftiaux
dans lefdits marchés, une prime de deux pour cent du prix
de la vente, conftaté par les regiftres de ladite caiffe.

FAIT à Paris, le vingt juin mil fept cent quatre-vingt-dix.
*Signé* LOUIS. *Et plus bas*, par le roi, DE SAINT-PRIEST.

Ccccc 2

# PROCLAMATION DU ROI,

*Sur le décret de l'Assemblée nationale, du premier Juin 1790, qui ordonne aux Receveurs généraux des finances, & à ceux des Impositions de la ville de Paris, de fournir chaque mois un État de leur Recette, tant sur l'arriéré de 1789 & années antérieures, que sur les Impositions de 1790.*

### Du 20 Juin 1790.

VU par le roi le décret dont la teneur suit :

*DÉCRET de l'Assemblée nationale, du premier Juin 1790.*

L'ASSEMBLÉE nationale décrète que chaque mois les receveurs généraux des finances, & ceux des impositions de Paris, fourniront un état de leur recette, tant sur l'arriéré des rôles de 1789 & années antérieures, en énonçant le montant de l'arriéré restant à rentrer, que sur les recouvremens à compte de ceux de 1790.

Ils désigneront dans ces états les sommes reçues de chaque receveur particulier, & si elles l'ont été en espèces, assignats, promesses d'assignats, ou lettres de change.

Ces états seront imprimés & distribués chaque mois aux membres de l'assemblée, avec les états généraux de recette du trésor public, pendant le même mois.

LE ROI a sanctionné & sanctionne ledit décret, pour être exécuté selon sa forme & teneur. FAIT à Paris, le vingt juin mil sept cent quatre-vingt-dix. *Signé* LOUIS. *Et plus bas*, par le roi, GUIGNARD.

# LETTRES PATENTES DU ROI,

*Sur les décrets de l'Assemblée nationale, concernant*
*la Dixme.*

Données à Pa is, le 23 Juin 1790.

LOUIS, par la grâce de Dieu & par la loi conftitutionnelle
de l'état, ROI DES FRANÇOIS : A tous ceux qui ces préfentes
lettres verront ; SALUT. L'affemblée nationale, fur le rapport
qui lui a été fait de plufieurs pétitions· tendant à ce que
les redevables euffent la faculté de payer les dixmes en argent
la préfente année, au lieu de les acquitter en nature ; inftruite
pareillement que dans quelques endroits, un petit nombre des
redevables, fans doute égarés par des gens mal intentionnés,
fe difpofoient à refufer de les payer, même à s'oppofer à la
perception ; inftruite encore que quelques bénéficiers, corps
ou communautés ne fe difpofoient point à les percevoir, &
ne donnoient pas les foins néceffaires aux biens qu'ils font
provifoirement chargés de régir, a décrété, le 18 de ce mois,
& nous voulons & ordonnons ce qui fuit :

## ARTICLE PREMIER.

TOUS les redevables de la dixme, tant ecéléfiaftique qu'in-
féodée, feront tenus, conformément à l'article III du décret
des 14 & 20 avril dernier, par nous fanctionné, de la payer,
la préfente année feulement, à qui de droit, en la maniere
accoutumée, c'eft-à-dire, en nature & à la quotité d'ufage,
fauf l'exécution des abonnemens en argent, conftatés par
titre ou volontairement faits.

## I I.

LES redevables des champarts, terrages, arrages, agriers,

complants, & de toutes redevances payables en nature, qui n'ont pas été fupprimées fans indemnité, feront également tenus de les payer, la préfente année & les fuivant s jufqu'au rachat, en la manière accoutumée, c'eft-à-dire, en nature & à la quotité d'ufage, fauf auffi l'exécution des abonnemens conftatés par titres ou volontairement faits, conformément aux décrets fur les droits féodaux, des 15 mars & 3 mai derniers, par nous fanctionnés.

### I I I.

Nul ne pourra, fous prétexte de litige, refufer le payement de la dixme accoutumée d'être payée, ni des champars, terrages, complants, ou d'autres redevances de cette efpèce, auffi accoutumée, d'être payées, & énoncées dans l'article II du titre III dudit décret du 15 mars dernier, que nous avons fanctionné, fauf à ceux qui fe trouveront en conteftations à les faire juger, ce qu'ils ne pourront faire, quant aux dixmes & champarts nationaux, que contradictoirement avec le procureur-fyndic du diftrict ; & en cas qu'il foit décidé que les droits par eux payés n'étoient pas dus, ils leur feront reftitués.

### I V.

Ceux qui n'auroient pas payé la dixme ou les champarts l'année dernière, pourront être actionnés, lors même qu'il n'y auroit pas eu de demande formée dans l'année.

### V.

Défenses font faites à toutes perfonnes quelconques d'apporter aucun trouble à la perception de la dixme & des champarts, foit par des écrits, foit par des difcours, des menaces, voies de fait ou autrement, à peine d'être pourfuivies comme perturbateurs du repos public. En cas d'attroupement pour empêcher ladite perception, il y aura lieu de mettre à exécution les articles III, IV & V du décret du 23 février dernier, par nous fanctionné, concernant la sûreté des perfonnes,

celle des propriétés & la perception des impôts, & les municipalités feront tenues de remplir les obligations qui leur font
impofées par lefdits articles, fous les peines y portées.

### V I.

LES municipalités feront tenues de furveiller, foit la perception des dixmes, foit l'adminiftration des biens nationaux,
chacune dans leur territoire. En conféquence, dans le cas
où des bénéficiers, corps ou communautés ne pourroient
exploiter les dixmes & les autres biens qui ne font pas affermés,
ou négligeroient de le faire, elles feront tenues de les régir
ou de les donner à bail pour la préfente année, & de rendre
compte des produits au directoire du diftrict; elles ne pourront
cependant empêcher l'exécution d'aucun bail à ferme, fous
prétexte qu'il ne doit commencer à courir que de la préfente
année.

### V I I.

EN cas de dégradations & d'enlèvemens d'effets mobiliers,
beftiaux ou denrées, les municipalités en drefferont procès-
verbal, & en feront leur rapport au directoire du diftrict, pour
être fait telles pourfuites qu'il appartiendra.

### V I I I.

AUCUNS bénéficiers, corps, communautés féculières & régulières, de l'un & l'autre fexe, fabriques, hôpitaux, maifons
de charité, ou autres établiffemens publics, ne pourront
refufer de faire la déclaration de leurs biens prefcrite par le
décret du 13 novembre dernier, que nous avons fanctionné,
ni s'oppofer à l'exécution de l'article XII du décret des 14 &
20 avril fuivant, par nous pareillement fanctionné, qui
ordonne l'inventaire de leur mobilier, fous quelque prétexte
que ce foit; & dans le cas où les diftricts ne feroient pas
formés, les municipalités font autorifées à y procéder jufqu'à
ce qu'ils le foient. L'ordre de Malte demeure feul excepté de

la difpofition concernant l'inventaire ; mais chacun des membres qui le compofent fera tenu de donner fa déclaration des biens dont il jouit en France , conformément audit décret du 13 novembre dernier.

MANDONS & ordonnons à tous les tribunaux , corps adminiftratifs & municipalités, que les préfentes ils faffent tranfcrire fur leurs regiftres , lire, publier & afficher dans leurs refforts & départemens refpeêtifs , & exécuter comme loi du royaume. En foi de quoi nous avons figné & fait contrefigner cefdites préfentes, auxquelles nous avons fait appofer le fceau de l'état. A Paris , le vingt-troifième jour du mois de juin , l'an de grâce mil fept cent quatre-vingt-dix , & de notre règne le dix-feptième. *Signé.* LOUIS. *Et plus bas ,* par le roi, GUIGNARD. Et fcellées du fceau de l'état.

LETTRE

## LETTRES PATENTES DU ROI,

*Sur un décret de l'Assemblée nationale, des 6 & 7 Juin 1790, portant que le Caiffier & Adminiftrateur général, & tous dépofitaires du prix des Domaines & Bois, feront tenus de verfer dans la caiffe des Receveurs des Diftricts le montant des quarts de réferve des Bois des Communautés, tant eccléfiaftiques que laïques, fur les demandes qui leur en feront faites par les Directoires de département.*

Données à Paris, le 23 Juin 1790.

LOUIS, par la grâce de Dieu & par la loi conftitutionnelle de l'état, ROI DES FRANÇOIS : A tous ceux qui ces préfentes lettres verront ; SALUT. L'affemblée nationale, d'après le rapport de fon comité des finances, a décrété, les 6 & 7 juin 1790, & nous voulons & ordonnons, 1.° que le caiffier & adminiftrateur général des domaines & bois de la province de Franche-Comté foit tenu de verfer dans la caiffe du receveur de Champlitte, la fomme qu'il tient en dépôt, & provenant de la dernière vente des bois de réferve de ladite ville : 2.° que partie de cette fomme foit employée à payer les grains que la ville a fournis aux habitans, fauf à en recouvrer le prix fur ceux qui ne feroient pas infolvables : 3.° que le furplus de cette fomme & les recouvremens des avances faites aux particuliers foient auffi employés aux réparations prefcrites par l'arrêt du confeil qui a ordonné la vente defdits bois, fous la réferve expreffe d'en juftifier pardevant les directoires des diftricts & de département. Voulons pareillement

*Tome I.* D d d d d

que tous dépofitaires du prix des domaines & bois , même les anciens receveurs généraux des domaines & bois fupprimés en 1777 , leurs héritiers ou repréfentans , tant pour les quarts de réferve des communautés eccléfiaftiques que des communautés laïques , foient tenus de verfer dans les caiffes des receveurs de diftrict , fur les demandes qui leur en feront faites par les directoires des départemens , les fommes provenues des ventes de bois des communautés qui font actuellement en leur poffeffion , lefquelles fommes ne feront employées par les municipalités , que d'après la deftination qui en fera faite par lefdits directoires de département , de l'avis du directoire de diftrict , précédé de la délibération du confeil général des municipalités.

Mandons & ordonnons à tous les tribunaux, corps adminiftratifs & municipalités, que les préfentes ils faffent tranfcrire fur leurs regiftres, lire, publier & afficher dans leurs refforts & départemens refpectifs, & exécuter comme loi du royaume. En foi de quoi nous avons figné & fait contrefigner cefdites préfentes, auxquelles nous avons fait appofer le fceau de l'état. A Paris, le vingt-troifième jour du mois de juin, l'an de grâce mil fept cent quatre-vingt-dix, & de notre règne le dix-feptième. *Signé* LOUIS. *Et plus bas*, par le roi, DE SAINT-PRIEST. Vu au confeil, LAMBERT. Et fcellées du fceau de l'état.

## LETTRES PATENTES DU ROI,

*Sur le décret de l'Assemblée nationale, qui autorise les Villes, Bourgs, Villages & Paroisses aux-quels les ci-devant Seigneurs ont donné leurs noms de famille, à reprendre leurs noms anciens.*

Données à Paris, le 23 Juin 1790.

LOUIS, par la grâce de Dieu & par la loi constitutionnelle de l'état, ROI DES FRANÇOIS : A tous ceux qui ces présentes lettres verront; SALUT. L'assemblée nationale a décrété, le 20 de ce mois, & nous voulons & ordonnons ce qui suit:

LES villes, bourgs, villages & paroisses auxquels les ci-devant seigneurs ont donné leurs noms de famille sont autorisés à reprendre leurs anciens noms.

MANDONS & ordonnons à tous les tribunaux, corps admi-nistratifs & municipalités, que les présentes ils fassent tran-scrire sur leurs registres, lire, publier & afficher dans leurs ressorts & départemens respectifs, & exécuter comme loi du royaume. En foi de quoi nous avons signé & fait contresigner cesdites présentes, auxquelles nous avons fait apposer le sceau de l'état. A Paris, le vingt-troisième jour du mois de juin, l'an de grâce mil sept cent quatre-vingt-dix, & de notre règne le dix-septième. *Signé* LOUIS. *Et plus bas*, par le roi, GUIGNARD. Et scellées du sceau de l'état.

# PROCLAMATION DU ROI,

*Sur un décret de l'Assemblée nationale, concernant la ville de Nîmes.*

#### Du 23 Juin 1790.

VU par le roi le décret dont la teneur suit :

*DÉCRET de l'Assemblée nationale, du 17 Juin 1790.*

1.º L'ASSEMBLÉE nationale, sur le rapport qui lui a été fait au nom de son comité des recherches, de deux délibérations de quelques particuliers se disant les citoyens catholiques de Nîmes, des 20 avril dernier & premier de ce mois, ainsi que d'une autre délibération de quelques particuliers d'Uzès, se disant les citoyens catholiques d'Uzès, en adhésion à celle du 20 avril, en date du 2 mai dernier; considérant que lesdites délibérations contiennent des principes dangereux & propres à exciter des troubles & des dissensions dans le royaume, a décrété & décrète que les sieurs La Pierre, Michel, Vigne, Folacher, Robin, Froment, Velut, François Fauve, Ribens, Melquion aîné & Fernel, qui ont signé en qualité de président & de commissaires la première de ces délibérations; les sieurs de Gueydon, Baron de la Reisanglade & Gaussade, qui ont signé la seconde en qualité de président & de commissaires ; enfin, les sieurs Baron de Fonrarèches, d'Entraigues, de Cabannes, Lairac, Borie & Puget, qui, aussi en qualité de président & de commissaires ; ont signé celle des particuliers se disant les citoyens catholiques d'Uzès, en date du 2 mai, seront mandés à la barre de l'assemblée pour y rendre compte de leur conduite, & que provisoirement ils seront privés des droits attachés à la qualité de citoyen actif.

2.º Sur l'observation faite par le comité des recherches, qu'il lui a été remis un grand nombre de pièces concernant

des troubles arrivés dans la ville de Nîmes , & qu'il eſt indiſpenſable d'acquérir la preuve des faits qui y ſont dénoncés ,
circonſtances & dépendances , l'aſſemblée nationale arrête que
ſon préſident ſe retirera ſans délai pardevers le roi , pour
ſupplier ſa majeſté d'ordonner qu'il ſera informé deſdits faits
pardevant le préſidial de Nîmes.

LE ROI a ſanctionné & ſanctionne ledit décret , pour être
exécuté. Mande & ordonne ſa majeſté aux commiſſaires qu'elle
a nommés pour l'établiſſement des aſſemblées adminiſtratives
dans le département du Gard , de tenir la main à ſon exécution. Enjoint aux perſonnes y dénommées de s'y conformer,
& au procureur de ſa majeſté au préſidial de Nîmes , de faire
les diligences néceſſaires pour qu'il ſoit informé des troubles
arrivés dans ladite ville , afin d'acquérir la preuve des faits ,
circonſtances & dépendances. Fait à Paris, le vingt-trois juin
mil ſept cent quatre-vingt-dix. *Signé* LOUIS. *Et plus bas ,*
par le roi, GUIGNARD.

# LETTRES PATENTES DU ROI,

*Sur un décret de l'Affemblée nationale, qui abolit*
*la Nobleffe héréditaire , & porte que les titres de*
*Prince, de Duc , de Comte, Marquis , & autres*
*titres femblables , ne feront pris par qui que ce*
*foit, ni donnés à perfonne.*

Données à Paris, le 23 Juin 1790.

LOUIS, par la grâce de Dieu & par la loi conftitutionnelle
de l'état, ROI DES FRANÇOIS : A tous ceux qui ces préfentes
lettres verront ; SALUT. L'affemblée nationale a décrété, le 19
de ce mois , & nous voulons & ordonnons ce qui fuit :

### ARTICLE PREMIER.

La nobleffe héréditaire eft pour toujours abolie ; en conféquence, les titres de prince, de duc , de comte, marquis ,
vicomte , vidame, baron, chevalier , meffire, ecuyer, noble ,
& tous autres titres femblables, ne feront ni pris par qui que
ce foit, ni donnés à perfonne.

### I I.

AUCUN citoyen ne pourra prendre que le vrai nom de fa
famille ; perfonne ne pourra porter ni faire porter des livrées
ni avoir d'armoiries ; l'encens ne fera brûlé dans les temples
que pour honorer la divinité , & ne fera offert à qui ce foit.

### I I I.

LES titres de monfeigneur & de meffeigneurs ne feront
donnés ni à aucun corps ni à aucun individu, ainfi que les
titres d'excellence , d'alteffe , d'eminence, de grandeur &c.

fans que, fous prétexte des préfentes, aucun citoyen puiffe fe permettre d'attenter aux monumens placés dans les temples, aux chartes, titres & autres renfeignemens intéreffant les familles ou les propriétés, ni aux décorations d'aucuns lieux publics ou particuliers, & fans que l'exécution des difpofitions relatives aux livrées & aux armes placées fur les voitures puiffe être fuivie ni exigée par qui que ce foit avant le 14 juillet, pour les citoyens vivant à Paris, & avant trois mois pour ceux qui habitent la province.

### I V.

NE font compris dans la difpofition des préfentes tous les étrangers, lefquels pourront conferver en France leurs livrées & leurs armoiries.

MANDONS & ordonnons à tous les tribunaux, corps adminiftratifs & municipalités, que les préfentes ils faffent tranfcrire fur leurs regiftres, lire, publier & afficher dans leurs refforts & départemens refpectifs, & exécuter comme loi du royaume. En foi de quoi nous avons figné & fait contrefigner cefdites préfentes, auxquelles nous avons fait appofer le fceau de l'état. A Paris, le vingt-troifième jour du mois de juin, l'an de grâce mil fept cent quatre-vingt-dix, & de notre règne le dix-feptième. *Signé* LOUIS. *Et plus bas*, par le roi, GUIGNARD. Et fcellées du fceau de l'état.

# LETTRES PATENTES DU ROI,

*Sur un décret de l'Assemblée nationale, portant établissement d'une Cour supérieure provisoire à Dijon.*

Données à Paris, le 23 Juin 1790.

LOUIS, par la grâce de Dieu & par la loi constitutionnelle de l'état, ROI DES FRANÇOIS : A tous présens & à venir ; SALUT. L'assemblée nationale, instruite de la cessation de l'exercice de la justice souveraine dans le ressort du parlement de Dijon, a décrété, le 21 de ce mois, & nous voulons & ordonnons ce qui suit :

### ARTICLE PREMIER.

Il sera incessamment & sans délai composé un tribunal provisoire à Dijon, pour remplacer la chambre des vacations du parlement de cette ville, auquel effet il sera pris deux juges de chacun des présidiaux du ressort, deux de la sénéchaussée de Trévoux, deux jurisconsultes parmi ceux du barreau de Dijon, un jurisconsulte de chaque ville où les présidiaux sont établis, & un jurisconsulte de la ville de Trévoux : lesdits membres se réuniront & se mettront en activité le plus-tôt possible, & commenceront sans délai l'exercice de leurs fonctions. En cas de refus ou d'absence de partie d'entr'eux, ils appelleront provisoirement & à leur choix des avocats pour assesseurs. Ils se diviseront en deux chambres, dont l'une connoîtra de toutes les matières civiles, même de celles d'eaux & forêts, à quelques sommes qu'elles puissent monter ; l'autre, des matières criminelles. Lesdites chambres seront présidées par le plus anciennement admis au serment d'avocat, & le même ordre d'ancienneté réglera la préséance entr'eux.

.I I.

### I I.

Si parmi les officiers du parlement il s'en trouve qui defi-
rent conferver leurs fonctions, ils feront tenus de le déclarer
avant la compofition du tribunal provifoire ; auquel cas ils ne
recevront pas l'honoraire qui fera ci-après fixé, leurs gages
leur en tenant lieu, & il fera pris d'autant moins de jurifcon-
fultes dans les préfidiaux.

### I I I.

La cour fupérieure provifoire, ainfi formée, tiendra fes
féances tous les jours, même pendant ceux des fêtes de palais,
& fans aucune vacance. Elle recevra les licenciés en droit au
ferment d'avocat.

### I V.

Nos avocats & procureurs généraux rempliront les fonctions ordinaires du miniftère public, tant à l'audience qu'à la
chambre du confeil ; en cas d'abfence ou d'empêchement,
lefdites fonctions feront remplies par les fubftituts de notre
procureur-général.

### V.

Les greffiers, huiffiers, & tous autres officiers miniftériels
attachés au parlement de Bourgogne, continueront leurs fonctions auprès de ladite cour fupérieure provifoire.

### V I.

Les ci-devant juges compofant le parlement de Bourgogne
remettront au greffe, dans huit jours après l'entrée en exercice
de ladite cour, les procès & pièces qu'ils peuvent avoir ; &
faute à eux de le faire, ils feront pourfuivis à cet effet, à la
requête de notre procureur-général ou de l'un de fes fubftituts,
& condamnés aux dommages & intérêts des parties.

### V I I.

Les honoraires des juges appelés à compofer la cour fupérieure provifoire feront de douze livres par jour, à compter,

*Tome I.* E e e e e e

pour ceux des villes du reſſort, autres que Dijon, du jour de
leur départ; & pour ceux de Dijon, du jour de leur entrée en
fonctions. Autoriſons les receveurs des départemens du reſſort
à payer chaque mois leſdits honoraires, ſur un mandat du préſident, ſigné de notre procureur-général, ou de l'un de ſes
ſubſtituts. En conſéquence, leſdits juges ne percevront aucuns
droits ni épices, ſous quelque dénomination que ce ſoit. Les
ſubſtituts, greffiers & autres officiers miniſtériels n'étant point
compris dans la fixation des honoraires, continueront de recevoir les émolumens qui leur ſont attribués par le titre de
leurs offices, ou par les règlemens.

MANDONS & ordonnons à tous les tribunaux, corps adminiſtratifs & municipalités du reſſort du parlement de Bourgogne, que les préſentes ils faſſent tranſcrire ſur leurs regiſtres, lire, publier, afficher & exécuter dans leurs reſſorts
& départemens reſpectifs. En foi de quoi nous avons ſigné &
fait contreſigner ceſdites préſentes, auxquelles nous avons fait
appoſer le ſceau de l'état. A Paris, le vingt-troiſième jour du
mois de juin, l'an de grâce mil ſept cent quatre-vingt-dix,
& de notre règne le dix-ſeptième. *Signé* LOUIS. *Et plus
bas*, par le roi, GUIGNARD. Et ſcellées du ſceau de l'état.

# ARRÊT

## DU CONSEIL D'ÉTAT DU ROI,

*Qui caſſe & annulle une Sentence du Bailliage de Rouen, rendue le 9 de ce mois, & ordonne l'exécution proviſoire de celle rendue le 7 par les Officiers municipaux de Rouen.*

#### Du 25 Juin 1790.

##### EXTRAIT *des regiſtres du Conſeil d'état.*

VU par le roi en ſon conſeil la ſentence rendue par la municipalité de Rouen, le 2 juin de la préſente année, par laquelle, ſur le rapport fait par un commiſſaire de police, contre le nommé Julien Martin, boulanger en ladite ville de Rouen, & conſtatant que le pain de ſix livres trouvé chez lui étoit trop léger de quatre onces, le pain de trois livres étoit ſans marque, & trop léger de deux onces, & que le pain dit *la régence* n'en peſoit que douze au lieu de quatorze, ledit Martin a été condamné en cinquante livres d'amende, avec ſaiſie & confiſcation de ſon pain au profit de l'hôpital-général, & à fermer boutique pendant ſix mois, avec impreſſion ou affiche de la ſentence; le procès-verbal d'exécution de ladite ſentence, en date du 7 juin, & d'appoſition de ſcellés ſur le bouchoir & fermeture du four; la ſentence rendue au bailliage de Rouen, le 9 dudit mois de juin, qui, en recevant l'appel de celle de la municipalité, ordonne que, proviſoirement, Julien Martin ſera autoriſé à tenir ſa boutique ouverte, à cuire & vendre comme par le paſſé, en ſe conformant aux règlemens: vu auſſi le mémoire adreſſé par les officiers municipaux de la ville de Rouen, sa majesté considérant que la sentence du 9 juin contient une contravention formelle aux ordonnances du royaume, & notamment à l'article XII du titre XVII de celui de 1667, & à la déclaration du 6 août 1701, qui veulent que « tous jugemens définitifs ou provisoires, en matière de police, soient exécutés nonobstant toute opposition ou appellation, & fait défenses aux officiers des cours & autres d'y contrevenir. »; qu'il importe au bon ordre & à la sûreté des citoyens, à l'exercice efficace de la police, de veiller à l'exécution de ces différentes loix, & qu'il est indispensable de maintenir la juridiction qui vient d'être confiée aux municipalités, de la protéger & de la défendre des entreprises par lesquelles on essayeroit d'y porter atteinte : Oui le rapport ;

Le Roi étant en son conseil, a ordonné & ordonne que les ordonnances & règlemens qui prescrivent l'exécution provisoire des jugemens rendus en matière de police seront exécutés selon leur forme & teneur, a cassé & annullé, casse & annulle la sentence rendue par le bailliage de Rouen, sur la requête de Julien Martin, boulanger en ladite ville, le 9 juin de la présente année; ordonne que celle rendue par les officiers municipaux de Rouen, le 7 du même mois, sera exécutée suivant sa forme & teneur, jusqu'à ce qu'il ait été statué sur le fond de l'appel interjetté par ledit Martin; fait défenses sa majesté aux officiers du bailliage de Rouen & à tous autres d'en rendre à l'avenir de semblable. Charge sa majesté le procureur-général-syndic de l'assemblée du département de la Seine inférieure de faire signifier le présent arrêt audit bailliage, en la personne du procureur de sa majesté & en celle du greffier, & de le notifier à la municipalité; comme aussi de tenir la main à son exécution, & de le faire imprimer & afficher par-tout ou besoin sera.

Fait au conseil d'état du roi, sa majesté y étant, tenu à Paris le vingt-cinq juin mil sept cent quatre-vingt-dix.

*Signé* DE SAINT-PRIEST.

## LETTRES PATENTES DU ROI,

*Sur un décret de l'Assemblée nationale, concernant les Biens & Dixmes en France & dans l'Étranger, possédés respectivement par des Bénéficiers, Corps, Communautés & Propriétaires laïcs, François & étrangers.*

Données à Paris, le 25 Juin 1790.

LOUIS, par la grâce de Dieu & par la loi constitutionnelle de l'état, ROI DES FRANÇOIS: A tous ceux qui ces présentes lettres verront; SALUT. L'assemblée nationale, instruite qu'il s'élève des difficultés sur la jouissance des bénéficiers, corps & communautés étrangers, des biens qu'ils possèdent en France, a décrété, le 21 de ce mois, & nous voulons & ordonnons ce qui suit :

### ARTICLE  PREMIER.

LES bénéficiers, corps & communautés étrangers, ainsi que les propriétaires laïcs des dixmes inféodées, également étrangers, continueront de jouir la présente année, comme par le passé, des biens & dixmes qu'ils possèdent en France. En conséquence, les assemblées administratives, de même que les municipalités, s'abstiendront, à l'égard desdits biens & dixmes, de toute administration ou régie prescrite par les précédens décrets que nous avons sanctionnés. Déclarons nulles & comme non avenues toutes délibérations prises par les municipalités, qui seroient contraires à la teneur, tant des présentes que des décrets des 14 & 20 avril dernier, & 18 de ce mois, par nous pareillement sanctionnés.

## I I.

QUANT aux dixmes & biens poſſédés dans l'étranger par des bénéficiers, corps & communautés François, ceux qui ſont en uſage de les faire valoir par eux-mêmes continueront de les faire exploiter la préſente année, à charge de rendre compte des produits au directoire des diſtricts où ſe trouvera le manoir du bénéfice, ou le chef-lieu de l'établiſſement ; ſinon les mêmes directoires, & en attendant qu'ils ſoient formés, les municipalités des chef-lieux des diſtricts, feront ladite exploitation. Leſdits directoires ou municipalités feront pareillement la recette des prix de ferme de ceux des biens en queſtion qui ſont affermés; ils en acquitteront les dépenſes, le tout par eux-mêmes ou par des prépoſés qu'ils pourront établir où bon leur ſemblera.

Seront tenus les bénéficiers, corps & communautés François, de faire aux directoires des diſtricts, ou aux municipalités des chef-lieux de ceux qui ne feront pas formés, la déclaration des biens, dixmes & droits qu'ils poſſèdent dans l'étranger.

MANDONS & ordonnons à tous les tribunaux, corps adminiſtratifs & municipalités, que les préſentes ils faſſent tranſcrire ſur leurs regiſtres, lire, publier & afficher dans leurs reſſorts & départemens reſpectifs, & exécuter comme loi du royaume. En foi de quoi nous avons ſigné & fait contreſigner ceſdites préſentes, auxquelles nous avons fait appoſer le ſceau de l'état. A Paris, le vingt-cinquième jour du mois de juin, l'an de grâce mil ſept cent quatre-vingt-dix, & de notre règne le dix-ſeptième. *Signé* LOUIS, *Et plus bas*, par le roi, GUIGNARD. Et ſcellées du ſceau de l'état.

## LETTRES PATENTES DU ROI,

*Sur le décret de l'Affemblée nationale , du 13 Juin 1790, portant que les deniers des Dons patrio-tiques continueront à être verfés aux Payeurs des rentes de l'Hôtel-de-ville de Paris ; & qui détermine les payemens auxquels ils pourront être employés.*

Données à Paris , le 25 Juin 1790.

LOUIS , par la grâce de Dieu & par la loi conftitu-tionnelle de l'état , ROI DES FRANÇOIS : A tous ceux qui ces préfentes lettres verront ; SALUT. L'affemblée nationale a décrété , le 13 du préfent mois , & nous voulons & or-donnons ce qui fuit :

#### ARTICLE  PREMIER.

LES deniers des dons patriotiques continueront à être verfés aux payeurs des rentes de l'hôtel-de-ville de Paris ; mais ils pourront être employés à l'avenir au payement des arrérages de l'année entière 1789 , des rentes de trois cents livres & au-deffous , à toutes lettres.

#### I I.

LES payeurs des rentes continueront à exiger la repréfen-tation des *duplicata* des quittances d'impofition de fix livres & au-deffous ; mais nous les autorifons à payer , dans la proportion défignée au précédent article , les rentiers qui feront indiqués comme néceffiteux par les certificats des municipalités ou dif-triÛs , des curés des paroiffes , ou des adminiftrateurs des hôpi-taux ou maifons hofpitalières.

### III.

Les deniers comptans des dons patriotiques feront employés, autant qu'ils pourront fuffire, au payement des rentes & appoints au-deffous de deux cents livres; & quant aux rentes de deux cents livres jufqu'à trois cents livres, fi elles font payées en affignats, les intérêts échus à ces billets depuis le 15 avril dernier jufqu'au payement feront retenus par les payeurs, qui en compteront fur la mention qui aura été faite de ces retenues par eux & leurs contrôleurs, dont lefdits payeurs fourniront des états tous les trois mois aux tréforiers des dons patriotiques.

Mandons & ordonnons à tous les tribunaux, corps administratifs & municipalités, que ces préfentes ils faffent tranfcrire fur leurs regiftres, lire, publier & afficher dans leurs refforts & départemens refpectifs, & exécuter. En foi de quoi nous avons figné & fait contrefigner cefdites préfentes, aux-quelles nous avons fait appofer le fceau de l'état. A Paris, le vingt-cinquième jour du mois de juin, l'an de grâce mil fept cent quatre-vingt-dix, & de notre règne le dix-feptieme. *Signé* LOUIS. *Et plus bas*, par le roi, DE SAINT-PRIEST. Vu au confeil, LAMBERT. Et fcellées du fceau de l'état.

PROCLAMATION

# PROCLAMATION DU ROI,

*Concernant l'échange des Billets de la Caisse d'Escompte en Assignats.*

Du 27 Juin 1790.

LE ROI s'étant fait rendre compte des progrès des différentes opérations relatives à la confection des affignats, fa majefté a reconnu que, quoique cette confection fût très-prochaine, les affignats cependant ne pourroient point être délivrés qu'après le premier juillet ; & fa majefté voulant prévenir toute incertitude & toute erreur fur le fort des billets de la caiffe d'efcompte à ladite époque du premier juillet, elle a cru devoir rappeler les difpofitions des décrets qui les concernent.

Il a été décrété par l'article XII des décrets des 16 & 17 avril dernier, fanctionnés par fa majefté le 22, que les porteurs des billets de la caiffe d'efcompte feroient échanger ces billets contre des affignats de même fomme, à la caiffe de l'extraordinaire, avant le 15 juin lors prochain ; mais par le décret du 23 mai dernier, auffi fanctionné par le roi, l'affemblée nationale, fur le compte qui lui a été rendu par fes commiffaires, des retards inévitables qu'a éprouvés la fabrication des affignats, tant par les précautions à prendre pour la fûreté publique, que par les fignatures néceffaires à y appofer, a prorogé jufqu'au 15 d'août de cette année le terme de rigueur qui avoit été fixé au 15 juin pour cet échange. Enfin, l'affemblée nationale, par l'article XI defdits décrets des 16 & 17 avril dernier, a ordonné que les quatre cent millions d'affignats créés par les décrets des 19 & 21 décembre 1789 feroient employés à l'échange des billets de la caiffe d'efcompte, jufqu'à concurrence des fommes qui lui font dues. Les billets

*Tome I.*                                    F f f f f f

de ladite caiffe d'efcompte ayant dès-lors rempli la fonction d'affignats, conformément à l'article XVI defdits décrets des 16 &
17 avril dernier, elle ne peut plus être tenue d'effectuer fes
payemens à bureau ouvert à l'époque du premier juillet, ainfi
qu'il avoit été preferit par l'article premier du décret du 19
décembre; & cette difpofition fe trouve complètement remplacée par l'échange qui doit fe faire defdits billets contre des
affignats à la caiffe de l'extraordinaire, dans le délai fixé par
le décret du 24 mai dernier. Se réferve au furplus fa majefté
de faire connoître inceffamment l'époque précife à laquelle cet
échange pourra commencer à la caiffe de l'extraordinaire.
FAIT à Paris, le vingt-fept juin mil fept cent quatre-vingt-
dix. *Signé* LOUIS. *Et plus bas*, par le roi, DE SAINT-
PRIEST.

# LETTRES PATENTES DU ROI,

*Sur un décret de l'Assemblée nationale, concernant l'intitulé des Délibérations des Corps administratifs.*

Données à Paris, le 27 Juin 1790.

LOUIS, par la grâce de Dieu & par la loi conftitution-nelle de l'état, ROI DES FRANÇOIS : A tous ceux qui ces préfentes lettres verront ; SALUT. L'affemblée nationale , après avoir entendu le rapport de fon comité de conftitution , a dé-crété, le 24 de ce mois , & nous voulons & ordonnons ce qui fuit :

### ARTICLE PREMIER.

NUL corps adminiftratif ne pourra employer dans l'intitulé & dans le difpofitif de fes délibérations l'expreffion de *décret*, confacrée aux actes du corps légiflatif; il doit employer le terme de *délibération.*

### II.

IL ne pourra également prononcer qu'il met les perfonnes & les biens *de tel ou tel particulier* fous la fauve-garde de la loi & du département , parce que les unes & les autres y font néceffairement. Il pourra feulement rappeler que les perfon-nes & les propriétés font fous la garde des loix.

### III.

S'IL eft du devoir des corps adminiftratifs & municipaux de veiller au maintien de la tranquillité publique , & de re-quérir , dans le cas de néceffité , le fecours de la force armée , ils ne peuvent faire aucune difpofition légiflative relativement aux gardes nationales.

F fffff 2

MANDONS & ordonnons à tous les tribunaux, corps adminiſtratifs & municipalités, que les préſentes ils faſſent tranſcrire ſur leurs regiſtres, lire, publier & afficher dans leurs
reſſorts & départemens reſpectifs, & exécuter comme loi du
royaume. En foi de quoi nous avons ſigné & fait contreſigner ceſdites préſentes, auxquelles nous avons fait appoſer le
ſceau de l'état. A Paris, le vingt-ſeptième jour du mois de
juin, l'an de grâce mil ſept cent quatre-vingt-dix, & de
notre règne le dix-ſeptième. *Signé* LOUIS. *Et plus bas*, par
le roi, GUIGNARD. Et ſcellées du ſceau de l'état.

# LETTRES PATENTES DU ROI,

*Sur un décret de l'Assemblée nationale, qui règle provisoirement les cas où les Députés à l'Assemblée nationale peuvent être arrêtés, & la forme des procédures à faire contre eux.*

Données à Paris, le 27 Juin 1790.

LOUIS, par la grâce de Dieu & par la loi conftitutionnelle de l'état, ROI DES FRANÇOIS : A tous ceux qui ces préfentes lettres verront ; SALUT. L'affemblée nationale a décrété, & nous voulons & ordonnons ce qui fuit :

*DÉCRET de l'Affemblée nationale, du 26 Juin 1790.*

L'ASSEMBLÉE nationale, fe réfervant de ftatuer en détail fur les moyens conftitutionnels d'affurer l'indépendance & la liberté des membres du corps légiflatif, déclare que jufqu'à l'établiffement de la loi fur les jurés en matière criminelle, les députés à l'affemblée nationale peuvent, dans les cas de flagrant délit, être arrêtés conformément aux ordonnances ; qu'on peut même, excepté les cas indiqués par le décret du 23 juin, recevoir des plaintes & faire des informations contr'eux, mais qu'ils ne peuvent être décrétés par aucuns juges, avant que le corps légiflatif, fur le vu des informations & des pièces de conviction, ait décidé qu'il y a lieu à l'accufation.

En conféquence, regardant comme non avenu le décret prononcé le 17 de ce mois contre M. de Lautrec, l'un de fes membres, lui enjoint de venir rendre compte de fa conduite à l'affemblée nationale, qui, après l'avoir entendu & avoir examiné l'inftruction commencée, laquelle pourra être continuée nonobftant la liberté rendue à M. de Lautrec,

décidera s'il y a lieu à l'accusation , & dans le cas où l'accusation devroit être suivie , désignera le tribunal.

MANDONS & ordonnons à tous les tribunaux , corps adminiftratifs & municipalités , que les préfentes ils faffent tranfcrire fur leurs regiftres, lire, publier & afficher dans leurs refforts & départemens refpectifs , & exécuter comme loi du
royaume. En foi de quoi nous avons figné & fait contrefigner
cefdites préfentes , auxquelles nous avons fait appofer le fceau
de l'état. A Paris, le vingt-feptième jour du mois de juin , l'an
de grâce mil fept cent quatre-vingt-dix , & de notre règne le
dix-feptième. *Signé* L O U I S. *Et plus bas ,* par le roi ,
GUIGNARD. Et fcellées du fceau de l'état.

# LETTRES PATENTES DU ROI,

*Sur le décret de l'Assemblée nationale, pour l'organisation de la Municipalité de Paris.*

Données à Paris, le 27 Juin 1790.

LOUIS, par la grâce de Dieu & par la loi constitutionnelle de l'état, ROI DES FRANÇOIS : A tous présens & à venir ; SALUT. L'assemblée nationale a décrété, les 3, 6, 7, 10, 14, 15, 19, 21 mai 1790, & nous voulons & ordonnons ce qui suit :

## TITRE PREMIER.

### ARTICLE PREMIER.

L'ANCIENNE municipalité de la ville de Paris & tous les offices qui en dépendoient, la municipalité provisoire subsistant à l'hôtel-de-ville, ou dans les sections de la capitale, connues aujourd'hui sous le nom de *districts*, sont supprimés & abolis ; & néanmoins la municipalité provisoire & les autres personnes en exercice continueront leurs fonctions jusqu'à leur remplacement.

### I I.

LES finances des offices supprimés seront liquidées & remboursées ; savoir, des deniers communs de la ville, s'il est justifié que ces finances ayent été versées dans sa caisse ; & par le trésor public, s'il est justifié qu'elles nous ayent été payées.

### I I I.

LA commune ou la municipalité de Paris sera renfermée

dans l'enceinte des nouveaux murs ; mais les boulevards que l'on conſtruit en dehors de ces murs feront foumis à l'adminiſtration municipale.

## I V.

LES décrets rendus par l'aſſemblée nationale , le 14 décembre & poſtérieurement , par nous acceptés ou ſanctionnés , con - cernant les municipalités , feront exécutés dans la ville de Paris , à l'exception des diſpoſitions auxquelles il aura été dérogé par les articles fuivans ; & les articles de ces décrets contenant les diſpoſitions auxquelles il n'aura pas été dérogé feront rapportés à la fin du préſent règlement , & en feront partie.

## V.

LA municipalité fera compoſée d'un maire , de feize adminiſtrateurs , dont les fonctions feront déterminées au titre II ; de trente-deux membres du conſeil , de quatre-vingt-feize notables , d'un procureur de la commune , de deux fubſtituts qui feront fes adjoints & exerceront fes fonctions à fon défaut.

## V I.

LA ville de Paris fera diviſée , par rapport à fa municipalité , en quarante-huit parties , fous le nom de *fections* , qu'on tâchera d'égaliſer , autant qu'il fera poſſible , relativement au nombre des citoyens actifs.

## V I I.

CES quarante-huit fections ne pourront être regardées que comme des fections de la commune.

## V I I I.

ELLES formeront autant d'aſſemblées primaires , lorſqu'il s'agira de choifir les électeurs qui devront concourir à la nomination des membres de l'adminiſtration du département de

Paris ,

Paris, ou à la nomination des députés que ce département doit
envoyer à l'affemblée nationale.

### I X.

Les citoyens actifs ne pourront fe raffembler par métiers,
profeffions ou corporations, ni fe faire repréfenter ; ils fe réuniront fans aucune diftinction, & ne pourront donner leur
voix que dans la fection dont ils feront partie à l'époque des
élections.

### X.

Si une fection offre plus de neuf cents citoyens actifs préfens, elle fe formera en deux affemblées qui nommeront chacune leurs officiers, mais qui, après avoir dépouillé féparément le fcrutin de l'une & de l'autre divifion, fe réuniront par
commiffaires pour n'envoyer qu'un réfultat à l'hôtel-de-
ville.

### X I.

Les affemblées des quarante-huit fections feront indiquées
pour le même jour & à la même heure ; on ne s'y occupera
d'aucune autre affaire que des élections & des preftations du
ferment civique : ces affemblées fe continueront auffi à la
même heure les jours fuivans, fans interruption ; mais un fcrutin
fe terminera fans défemparer.

### X I I.

Les quarante-huit fections fe conformeront aux articles du
décret par nous accepté, fur les affemblées adminiftratives,
concernant les qualités néceffaires pour exercer les droits de
citoyen actif & pour être éligible.

### X I I I.

Les parens & alliés au degré de père & de fils, de beau-père
& de gendre, de frère & de beau-frère, d'oncle & de neveu,
ne pourront en même-temps être membrés du corps municipal.

Tome I.                              G g g g g g

S'ils ont été nommés dans le même scrutin, celui qui aura le plus grand nombre de voix demeurera élu ; & au cas d'égalité de voix, on préférera le plus âgé : s'ils n'ont pas été élus dans le même scrutin, l'élection du dernier ne sera point comptée ; & si celui-ci a été nommé au troisième tour du scrutin, il sera remplacé par le citoyen qui dans ce même tour avoit le plus de voix après lui.

### X I V.

L'ÉLECTION des deux substituts du procureur de la commune se fera au scrutin, dans la forme qui sera déterminée au titre suivant.

### X V.

POUR l'élection du maire & du procureur de la commune, chacune des quarante-huit sections de l'assemblée générale des citoyens actifs fera parvenir à l'hôtel-de-ville le recensement de son scrutin particulier. Ce recensement contiendra la mention du nombre des votans dont l'assemblée aura été composée, & celle du nombre des suffrages que chaque candidat aura réunis en sa faveur : le résultat de tous ces recensemens sera formé à l'hôtel-de-ville.

### X V I.

LES scrutins des diverses sections seront recensés à l'hôtel-de-ville le plus promptement qu'il sera possible ; en sorte que les scrutins ultérieurs, s'ils se trouvent nécessaires, puissent commencer dès le lendemain.

### X V I I.

CHACUNE des quarante-huit sections enverra à l'hôtel-de-ville un commissaire pour assister au recensement des divers scrutins.

### X V I I I.

LA nomination des quarante-huit membres du corps municipal & des quatre-vingt-seize notables se fera toujours au fcrutin ; mais la population de Paris exigeant une forme de fcrutin particulière , cette forme fera déterminée dans le titre fuivant.

### X I X.

APRÈS les élections, les citoyens actifs ne pourront ni ref- ter affemblés , ni s'affembler de nouveau en corps de com- mune , fans une convocation ordonnée par le corps munici- pal , lequel ne pourra la refufer dans les cas qui feront déter- minés au titre IV.

### X X.

LES quatre-vingt-feize notables formeront, avec le maire & les quarante-huit membres du corps municipal , le confeil gé- néral de la commune , lequel fera appelé pour les affaires im- portantes , conformément à l'article LIV du décret du 14 dé- cembre , par nous accepté, & de plus dans les cas que fixeront les articles fuivans.

### X X I.

LA municipalité de Paris aura un fecrétaire-greffier , un tréforier & deux fecrétaires-greffiers-adjoints, un garde des ar- chives & un bibliothécaire , qui prêteront ferment de remplir fidèlement leurs fonctions. Le confeil général de la commune les nommera dans la forme qui fera déterminée au titre II ; & chacun d'eux, après avoir été entendu , pourra être changé , lorfque le confeil général, convoqué à cet effet , l'aura jugé convenable, à la majorité des voix.

### X X I I.

LE corps municipal fera divifé en confeil & en bureau. Le titre fuivant déterminera le nombre des départemens du bureau, qui pourra varier lorfque les circonftances l'exigeront.

### X X I I I.

LE maire & les feize adminiftrateurs compoferont le bu- reau.

## XXIV.

LES trente-deux autres membres compoferont le confeil municipal.

## XXV.

LE confeil général de la commune élira, à la pluralité abfolue des voix & au fcrutin individuel, les feize adminiftrateurs parmi les quarante-huit membres du corps municipal, non compris le maire. L'élection fe terminera au troifième tour de fcrutin en cette occafion, ainfi que dans toutes les autres.

## XXVI.

L'ASSEMBLÉE pour les élections des feize adminiftrateurs fe tiendra le furlendemain de la proclamation du maire & des quarante-huit autres membres du corps municipal ; & cette élection fe fera dans l'ordre qui fera prefcrit au titre III.

## XXVII.

LE confeil municipal s'affemblera au moins une fois tous les quinze jours, & commencera par vérifier les comptes des divers départemens du bureau, lorfqu'il y aura lieu. Les membres du bureau auront voix délibérative avec ceux du confeil, excepté lorfqu'il s'agira des comptes de l'un des départemens.

## XXVIII.

LE corps municipal s'affemblera extraordinairement lorfque les circonftances l'exigeront, & que la convocation fera demandée, foit par le maire feul, foit par la majorité des adminiftrateurs, foit par la moitié des membres du confeil ; & dans tous les cas, la convocation fera faite par le maire.

## XXIX.

OUTRE le droit de convoquer le corps municipal, le maire

aura encore celui de convoquer le conseil général de la commune , lorsqu'il le jugera nécessaire.

## X X X.

LE corps municipal nommera , parmi les membres du conseil , un vice-président , qui n'aura d'autres fonctions que de tenir les assemblées du corps municipal ou du conseil ge..
de la commune , en l'absence du maire ; & en cas d'absence du maire & du vice-président , le doyen d'âge des membres présens présidera les assemblées.

## X X X I.

LA présence des deux tiers au moins des membres du conseil sera nécessaire pour recevoir les comptes de la gestion du maire & des administrateurs , du maniement des deniers du trésorier ; & la présence au moins de la moitié , plus un , des membres du corps municipal , sera nécessaire pour prendre les autres délibérations : mais si dans un cas urgent on ne pouvoit rassembler la moitié , plus un , des membres du corps municipal , on y appelleroit des notables , selon l'ordre de leur élection.

## X X X I I.

LES convocations du conseil général de la commune seront faites au nom du maire & du corps municipal.

## X X X I I I.

LES membres du conseil général de la commune , réunis au nombre de quarante-huit au moins , pourront requérir la convocation de ce conseil , lorsqu'ils la croiront nécessaire ; & le corps minicipal ni le maire ne pourront s'y refuser.

## X X X Í V.

LORS du renouvellement annuel , les officiers municipaux. & les notables sortiront au nombre de soixante-douze , déduction faite de celui des morts ; de manière que l'on ait à

remplacer la moitié des administrateurs , la moitié des membres
du conseil & la moitié des notables.

## X X X V.

LES substituts du procureur de la commune · resteront en
place deux ans , & pourront être réélus pour deux autres années : ils ne pourront l'être , dans les élections suivantes ,
pour les mêmes places , qu'après l'expiration de deux années.

## X X X V I.

LE procureur de la commune & ses substituts sortiront de
place alternativement , le procureur une année , & les substituts
une autre année.

## X X X V I I.

L'ANNÉE de la sortie du procureur de la commune ne
sera pas la même que celle de la sortie du maire ; à cet effet ,
si le procureur de la commune nommé à la première élection
n'est pas réélu , il n'exercera que pendant un an , non compris
le temps qui s'écoulera avant celui de l'époque fixe des élections ordinaires.

## X X X V I I I.

LES membres du corps municipal , ceux du conseil général , le procureur de la commune & ses substituts , ne pourront être révoqués , mais ils pourront être destitués pour forfaiture jugée.

## X X X I X.

LES places de maire , de procureur de la commune & de
ses substituts , de membres du corps municipal ou du conseil
général , de secrétaire-greffier , de trésorier , de garde des archives , de bibliothécaire & d'adjoint du secrétaire-greffier ,
seront incompatibles ; en conséquence , ceux qui , étant pourvus d'une de ces places , seront élus à une autre , seront tenus
d'opter.

## X L.

LES membres du corps municipal, durant leur exercice, ne pourront être membres de l'adminiftration du département de Paris; & s'ils font élus membres de cette adminiftration, ils feront tenus d'opter.

## X. L I.

EN cas de vacance de la place de maire, par mort ou par une:caufe quelconque, autre que la démiffion, le corps municipal fera tenu, dans le délai de trois jours, de convoquer les quarante-huit feétions pour procéder au remplacement; mais fi l'époque de l'éleétion ordinaire ne fe trouve éloignée que de deux mois, le confeil général de la commune nommera un des officiers municipaux pour remplir les fonétions de maire par intérim.

## X L I I.

EN cas de vacance de la place de maire par démiffion, le corps municipal fera tenu, dans le délai de trois jours, de convoquer les quarante-huit feétions pour procéder au remplacement.

## X L I I I.

SI la place de procureur de la commune vient à vaquer à une époque éloignée de moins de fix mois de l'éleétion ordinaire, le premier des fubftituts en fera les fonétions. Si elle vaque à une époque éloignée de plus de fix mois de l'éleétion ordinaire, on procèdera à une nouvelle éleétion, ainfi que dans le pénultième article.

## X L I V.

SI la place de l'un des fubftituts vient à vaquer, on ne la remplira qu'à l'époque des éleétions.

## X L V.

SI les places des deux fubftituts viennent à vaquer, on ne

les remplira que dans le cas où l'époque des élections seroit éloignée de plus de deux mois. Ce cas excepté, le conseil général pourra, commettre une ou deux personnes chargées d'en exercer provisoirement les fonctions.

### X L V I.

En cas d'absence ou de maladie de l'un des administrateurs, ses fonctions seront remplies par un de ses collègues attachés au même département.

### X L V I I.

Les places de notables qui viendront à vaquer ne seront remplies qu'à l'époque de l'élection annuelle pour les renouvellemens ordinaires.

### X L V I I I.

Les notables prêteront, après leur nomination, le serment ordonné par l'article XLVIII du décret du 14 décembre.

### X L I X.

La municipalité ne pourra, sous peine de nullité de ses actes, s'approprier les fonctions attribuées par la constitution ou par les décrets des assemblées législatives, par nous acceptés ou sanctionnés, à l'administration du département de Paris.

### L.

Elle aura deux espèces de fonctions à remplir; les unes propres au pouvoir municipal, les autres propres à l'administration générale de l'état, qui les délègue aux municipalités.

### L I.

Les fonctions propres au pouvoir municipal, qu'elle exercera sous la surveillance & l'inspection de l'administration du département de Paris, seront:

1°.

1°. De régir les biens communs & revenus de la ville;

2°. De régler & d'acquitter les dépenses locales qui doivent être payées des deniers communs ;

3°. De diriger & faire exécuter les travaux publics qui font à la charge de la ville ;

4°. D'administrer les établissemens appartenant à la commune, ou entretenus de ses deniers ;

5°. D'ordonner tout ce qui a rapport à la voierie ;

6°. De faire jouir les habitans des avantages d'une bonne police, notamment de la propreté, de la salubrité, de la sûreté, de la tranquillité dans les rues, lieux & édifices publics.

## L I I.

PARMI les fonctions propres à l'administration générale, la municipalité de la capitale pourra avoir par délégation, & sous l'autorité de l'administration du département de Paris ;

1°. La direction de tous les travaux publics, dans le ressort de la municipalité, qui ne feront pas à la charge de la ville ;

2°. La direction des établissemens publics qui n'appartiennent pas à la commune, ou qui ne font pas entretenus de ses deniers ;

3°. La surveillance & l'agence nécessaires à la conservation des propriétés nationales ;

4°. L'inspection directe des travaux de réparations ou reconstructions des églises, presbytères & autres objets relatifs au service du culte.

## L I I I.

LES fonctions propres au pouvoir municipal, & celles que la municipalité exercera par délégation, feront divisées en plusieurs départemens qu'indiquera provisoirement le titre III,

*Tome I.*                H h h h h h

## L I V.

Il y aura toujours une force militaire en activité , sous le nom de *garde nationale Parisienne*. La municipalité , pour l'exercice de ses fonctions propres ou déléguées , pourra non-seulement employer cette force conformément au décret qui interviendra sur l'organisation des gardes nationales du royaume , mais reqúérir le secours des autres forces publiques , ainsi que le règlera la constitution.

## L V.

L'exercice du contentieux de la police , des subsistances , approvisionnemens & autres objets de la municipalité , sera réglé par la suite.

## L V I.

Les délibérations & arrêtés sur les objets mentionnés en l'article LIV du décret du 14 décembre , par nous accepté , qui n'émaneront pas du conseil général assemblé , seront nuls , & ne pourront être exécutés.

## L V I I.

La municipalité sera entièrement subordonnée à l'administration du département de Paris , pour ce qui concerne les fonctions qu'elle aura à exercer par délégation de l'administration générale.

## L V I I I.

Quant à l'exercice des fonctions propres au pouvoir municipal , toutes les délibérations pour lesquelles la convocation du conseil général de la commune est nécessaire ne pourront être exécutées qu'avec l'approbation de l'administration ou du directoire du département de Paris.

## L I X.

Tous les comptes de la régie du maire & des administrateurs , après avoir été reçus par le conseil municipal , &

verifiés tous les fix mois par le confeil général, feront définiti-
ment arrérés par l'adminiftration ou le directoire du département de Paris.

## L X.

LES citoyens actifs ont le droit de fe réunir paifiblement &
fans armes en affemblées particulières pour rédiger des
adreffes & pétitions, foit au corps municipal, foit à l'adminiftration du département de Paris, foit au corps légiflatif, foit
au roi, fous la condition de donner aux officiers municipaux
connoiffance du temps & du lieu de ces affemblées, & de ne
pouvoir députer que vingt citoyens actifs pour apporter &
préfenter les adreffes & pétitions.

## TITRE II.

### ARTICLE PREMIER.

L'ASSEMBLÉE de chacune des quarante-huit fections commencera par l'appel nominal des citoyens actifs, d'après les
titres qu'ils auront préfentés en entrant.

## II.

S'IL s'élève des difficultés fur l'admiffion d'un citoyen, fa
fection en jugera. Un citoyen exclu par le jugement de fa
fection fera tenu de s'éloigner, fauf à faire reconnoître fes
titres pour les élections fuivantes, par l'adminiftration du
département à qui la connoiffance définitive en demeure
attribuée.

## III.

LES citoyens actifs défigneront les perfonnes dans leurs
bulletins, de manière à éviter toute équivoque; & un bulletin
fera rejeté, fi, faute de défignation fuffifante entre le père & le
fils, entre les frères & autres perfonnes de même nom, l'affemblée juge qu'il y a incertitude fur les perfonnes défignées.

### I V.

Le recenfement général à l'hôtel-de-ville, des fcrutins des quarante-huit feétions, fera fait par huit citoyens tirés au fort, dont quatre feront pris parmi les membres du corps muni-cipal, & quatre parmi les commiffaires des diverfes feétions.

### V.

Après l'éleétion du maire & du procureur de la commune, dont la forme eft déterminée au titre premier, les deux fubfti-tuts-adjoints feront élus par les quarante-huit feétions, au fcrutin de lifte fimple, mais enfemble & à la pluralité relative, laquelle fera au moins du quart des votans.

### V I.

Si le premier fcrutin ne donne à perfonne la pluralité du quart des fuffrages, on procèdera à un fecond, dans lequel chacun écrira encore deux noms fur fon bulletin.

### V I I.

Si aucun citoyen n'obtient la pluralité du quart des fuffrages, on procèdera à un troifième & dernier fcrutin. Dans ce dernier fcrutin, on ne pourra choifir que parmi les quatre perfonnes qui auront eu le plus de voix au fcrutin précédent. On écrira deux noms fur les bulletins, & les-deux citoyens qui obtien-dront le plus de fuffrages feront nommés fubftituts du pro-cureur de la commune.

### V I I I.

Si, au premier fcrutin, un des citoyens a obtenu la pluralité du quart des fuffrages & accepté, on n'écrira plus qu'un nom au fecond fcrutin ; & au troifième, on choifira entre les deux citoyens qui auront eu le plus de voix.

### I X.

Lors de la première formation de la municipalité, chacune

des quarante-huit fe&tions élira, parmi les citoyens éligibles de fa fe&tion feulement, trois membres deftinés à faire partie du corps municipal, ou du confeil général de la commune.

### X.

L'ÉLECTION fe fera au fcrutin individuel & à la pluralité abfolue des fuffrages.

### X I.

SI, au premier fcrutin, la pluralité abfolue n'eft pas acquife, il fera procédé à un fecond. Si le fecond fcrutin ne fournit pas non plus la pluralité abfolue, il fera procédé à un troifième entre les deux citoyens feulement qui auront eu le plus de voix au fecond.

### X I I.

EN cas d'égalité de fuffrages, au fecond & au troifième fcrutin, entre plufieurs citoyens ayant le nombre de voix exigé, la préférence fera accordée à l'âge.

### X I I I.

LES nominations étant faites dans les quarante-huit fe&tions, il fera envoyé par chacune d'elles à l'hôtel - de - ville un extrait du procès-verbal contenant les noms des trois citoyens élus.

### X I V.

IL fera dreffé une lifte de cent quarante-quatre citoyens ainfi nommés. Cette lifte défignant leurs demeures & leurs qualités, fera imprimée, affichée, & envoyée dans les quarante-huit fe&tions.

### X V.

LES fe&tions feront tenues de s'affembler le lendemain de cet envoi, & elles procèderont à la le&ture de la lifte imprimée, à l'effet d'accepter la nomination des citoyens qui y feront compris, ou de s'y refufer. On recueillera les voix par

: ffe & levé, & fans aucune difcuffion fur chacune des cent q·arante-quatre perfonnes comprifes dans la lifte ; mais une fe ?ion individuelle ne foumettra pas à cette épreuve les trois qu'elle aura nommées.

## X V I.

Les réfulats de la préfentation de la lifte dans chaque fection feront envoyés à l'hôtel-de-ville ; & les citoyens qui n'auront pas été acceptés par la moitié des fections, plus une, feront retranchés de la lifte, fans autre information.

## X V I I.

Les fections refpectives procèderont, dès le lendemain de l'avis qui leur en aura été donné par le corps municipal, au remplacement des membres retranchés de la première lifte.

## X V I I I.

Les noms des citoyens ainfi élus en remplacement feront envoyés dans les fections, pour y être acceptés ou refufés dans le jour, de la même manière que les premiers.

## X I X.

La lifte des cent quarante-quatre élus étant définitivement arrêtée, les quarante-huit fections procèderont de la manière fuivante à l'élection des quarante-huit membres du corps municipal.

## X X.

Le fcrutin fe fera en chaque fection par bulletin de lifte de dix noms choifis parmi ceux de lifte imprimée.

## X X I.

Les bulletins qui contiendront plus ou moins de dix noms, ou des noms qui ne feroient pas compris dans la lifte imprimée, feront rejetés.

### X X I I.

Le résultat du ſcrutin de chaque ſection ſera envoyé à l'hôtel-de-ville à ceux qui, après le recenſement général, ſe trouveront avec la pluralité du quart des ſuffrages, ſeront membres du corps municipal.

### X X I I I.

Pour compléter le nombre de quarante-huit membres du corps municipal, comme auſſi dans le cas où aucun citoyen n'auroit eu une pluralité relative du quart des ſuffrages, il ſera procédé dans les quarante-huit ſections à un ſecond ſcrutin.

### X X I V.

Ce ſcrutin ſera fait, ainſi que le précédent, par bulletins de liſte de dix noms choiſis parmi les noms de la liſte imprimée, moins ceux qui ſe trouveront élus par le précédent ſcrutin.

### X X V.

Tous ceux qui, par l'événement de ce ſecond ſcrutin, réuniront une pluralité relative du quart des ſuffrages, ſeront membres du corps municipal.

### X X V I.

Si le nombre des quarante-huit membres n'eſt pas rempli, ou ſi le ſecond ſcrutin n'a donné à perſonne la pluralité du quart des ſuffrages, il ſera procédé dans les quarante-huit ſections à un dernier ſcrutin.

### X X V I I.

Ce dernier ſcrutin ſera fait également par liſte de dix noms choiſis parmi les noms de la liſte imprimée, moins ceux qui auront été élus.

### X X V I I I.

La ſimple pluralité des ſuffrages ſera ſuffiſante à ce dernier

fcrutin ; & ceux qui par le recenfement général l'auront
obtenue, feront membres du corps municipal, jufqu'à concurrence des quarante-huit membres dont il doit être formé.

## X X I X.

En cas de refus d'un ou de plufieurs citoyens élus aux deux
premiers fcrutins, il en fera ufé comme s'ils n'avoient pas eu
la pluralité requife pour l'élection, & leurs noms ne concourront pas dans les fcrutins fuivans.

## X X X.

Si un ou plufieurs citoyens élus au dernier fcrutin ne veulent
point accepter, ils feront remplacés par ceux qui fuivront
dans l'ordre des voix ou de l'âge.

## X X X I.

Les citoyens compris fur la lifte imprimée, qui n'auront
pas été élus membres du corps municipal, ou qui auront
refufé, refteront membres du confeil général, en qualité de
notables.

## X X X I I.

Dans les fcrutins pour l'élection des feize adminiftrateurs
dont il eft parlé à l'*article XXV du titre I.er*, on commencera
par nommer les adminiftrateurs au département des fubfiftances ; on paffera enfuite à l'élection des adminiftrateurs au
département de police, & ainfi fucceffivement, jufqu'à l'élection
des adminiftrateurs au département des travaux publics, conformément à la divifion qui fera indiquée au *titre III.*

## X X X I I I.

Le fecrétaire-greffier, le tréforier, les adjoints du fecrétaire-
greffier, le garde des archives & le bibliothécaire, feront élus
par le confeil général de la commune, parmi les citoyens
éligibles de Paris. Leur élection fe fera au fcrutin individuel

&

& à la pluralité abfolue des fuffrages ; mais fur chaque bulletin on écrira deux noms.

### X X X I V.

On fuivra pour ces divers fcrutins les règles établies aux *articles XI & XII* ci-deffus.

### X X X V.

Le maire, préfident de l'affemblée, aura droit de fuffrage pour les élections.

### X X X V I.

Les premières élections feront faites auffi-tôt que la divifion de la ville de Paris en quarante-huit fections fera terminée.

### X X X V I I.

Les affemblées des quarante-huit fections feront convoquées à cet effet au nom du maire en exercice & de la municipalité provifoire.

### X X X V I I I.

Toutes les opérations attribuées au corps municipal, relativement aux élections, appartiendront pour cette première fois au maire & aux foixante adminiftrateurs actuels.

### X X X I X.

L'assemblée de chacune des quarante-huit fections fera ouverte par un de ces adminiftrateurs, qui expliquera l'objet de la convocation, & dont les fonctions cefferont après l'élection d'un préfident & d'un fecrétaire.

### X L.

Les comptables actuels, foit de geftion, foit de finance, rendront leurs comptes définitifs au nouveau corps municipal ; ces comptes feront revus & vérifiés par le confeil général.

*Tome I.*                        I i i i i i

## XLI.

Ils feront de plus imprimés, & tout citoyen actif pourra en prendre communication, ainsi que des pièces justificatives, au greffe de la ville, sans déplacer & sans frais.

## XLII.

Le premier renouvellement des membres du corps municipal, des notables ou autres personnes attachées à la municipalité, se fera le dimanche d'après la Saint-Martin 1791; & le sort déterminera ceux qui sortiront. On combinera les tirages de manière à ce qu'il sorte au moins une, & à ce qu'il ne sorte pas plus de deux des trois personnes nommées par chaque section.

## XLIII.

Pour l'exécution de l'article XXXIV du titre I.er, les sections, lors des renouvellemens annuels, nommeront alternativement un ou deux des soixante-douze citoyens qui doivent entrer dans le corps municipal ou le conseil général de la commune.

## TITRE III.

### ARTICLE PREMIER.

Le maire sera chef de la municipalité, président du bureau & du corps municipal, ainsi que du conseil général de la commune, & il aura voix délibérative dans toutes les assemblées.

### II.

Il aura la surveillance & l'inspection de toutes les parties de l'administration confiées aux seize administrateurs.

### III.

Indépendamment des assemblées que le bureau tiendra trois fois par semaine, ainsi qu'il sera dit à l'article XX, le maire pourra convoquer les adminiftrateurs toutes les fois qu'il le jugera convenable.

## I V.

Si les délibérations du bureau, ou les ordres d'un adminif-trateur ou d'un département, lui paroiffent contraires au bien général, il pourra en fufpendre l'effet ; mais il fera tenu de le déclarer auffi-tôt, & de convoquer dans les vingt-quatre heures, felon la nature de l'affaire, ou le bureau, ou le corps municipal, ou le confeil général de la commune.

## V.

En cas d'égalité de fuffrages dans une délibération de bureau, il aura la voix prépondérante ; mais ceux qui feront d'un avis contraire au fien pourront porter l'affaire au corps municipal.

## V I.

Toutes les délibérations du bureau, du corps municipal, ainfi que du confeil général de la commune, feront munies de fa fignature ou de fon vifa ; fi les ordres d'un adminiftrateur ou d'un département font deftinés à devenir publics, il y appofera fon vifa ou fa fignature.

## V I I.

Il appofera auffi fon vifa à tout mandat fur la caiffe, donné par les adminiftrateurs.

## V I I I.

Le maire aura le droit, toutes les fois qu'il le jugera con-venable pour les intérêts de la commune, de porter au confeil général, dont toutes les féances feront publiques, les délibé-rations du corps municipal.

### I X.

IL fera établi fous fa direction un bureau de renvoi, dont la formation lui appartiendra.

### X.

LES requêtes ou mémoires adreffés à la municipalité feront enregiftrés au bureau de renvoi ; chaque citoyen aura le droit d'exiger que l'enregiftrement foit fait en fa préfence, & de fe faire délivrer le numéro de l'enregiftrement.

### X I.

LE précis des réponfes, décifions ou délibérations qui interviendront fur les requêtes ou mémoires ci-deffus, fera noté à côté ou à la fuite de l'enregiftrement.

### X I I.

CHAQUE délibération fera intitulée, felon fa nature, du nom du maire & du corps municipal, ou du confeil général de la commune.

### X I I I.

LES convocations ordonnées par le corps municipal & par le confeil général feront faites au nom du maire, & en celui du corps ou confeil qui les aura ordonnées.

### X I V.

LES brevets ou commiffions donnés par le confeil général ou par le corps municipal feront fignés par le maire ; il ne pourra refufer fon vifa fur les nominations qui ne dépendront pas de lui.

### X V.

IL aura en fa garde les fceaux de la ville, & les fera appofer fans frais à tous les actes où ils feront néceffaires.

### X V I.

LA première place, dans les cérémonies publiques de la ville, lui appartiendra ; il fera à la tête de toutes les députations : une délibération du corps municipal défignera les emplois dont il aura la préfentation.

### X V I I.

LE confeil général de la commune pourra donner les commiffions qu'il jugera néceffaires, & déterminer les cas où les employés feront tenus de fournir des cautions.

### X V I I I.

LE travail du bureau fera divifé en cinq départemens : 1.° celui des fubfiftances; 2.° celui de police; 3.° celui du domaine & des finances ; 4.° celui des établiffemens publics de la ville de Paris; & enfin celui des travaux publics. Le corps municipal fixera les attributions & le nombre des adminiftrateurs de chacun de ces départemens.

### X I X.

LE bureau pourra concerter directement avec les miniftres du roi les moyens de pourvoir aux fubfiftances & approvifionnemens néceffaires à la capitale.

### X X.

IL s'affemblera trois fois par femaine, & on y rapportera toutes les affaires, de manière que le maire & chacun des adminiftrateurs puiffent connoître & éclairer les différentes parties de l'adminiftration.

### X X I.

LES décifions du bureau fe prendront à la pluralité des voix, & le greffier en tiendra regiftre.

### X X I I.

LES adminiftrateurs fe partageront les détails de leur département refpeétif ; mais aucun d'eux ne pourra donner un
mandat fur la caiffe, fans le faire figner par un fecond adminiftrateur, précaution indépendante du vifa du maire, dont
on a parlé à *l'art. VII.*

### X X I I I.

TOUS ces mandats feront de plus enregiftrés au département
du domaine, qui enregiftrera également toutes les dépenfes
arrêtées par le corps municipal ou par le confeil général de
la commune.

### X X I V.

LE corps municipal ftatuera fur les difficultés qui pourront
s'élever entre les départemens divers, touchant leurs fonétions
& attributions refpeétives.

### X X V.

LES règlemens particuliers, néceffaires pour l'exercice des
fonétions des divers départemens, & pour le régime des différentes parties de la municipalité attribuées à chacun de ces
départemens, feront dreffés par le corps municipal, & confirmés par le confeil général de la commune.

### X X V I.

EN l'abfence du maire, chacun des adminiftrateurs préfidera
alternativement les affemblées du bureau.

### X X V I I.

LES adminiftrateurs n'auront aucun maniement de deniers
en recettes & en dépenfes. Les dépenfes feront acquittées par
le tréforier.

### X X V I I I.

LES dépenfes courantes de chaque département feront

ordonnées par les adminiftrateurs refpeétifs. Celles de la police,
des fubfiftances, des établiffemens, & des travaux publics,
feront contrôlées par le département du domaine. Celles du
département du domaine feront contrôlées par le maire, &
infcrites dans un regiftre qui reftera à la mairie; les unes & les
autres feront acquittées par le tréforier. Les dépenfes plus
confidérables ou extraordinaires feront ordonnées par le corps
municipal ou par le confeil général, dans les cas qui lui
devront être foumis; les mandats en feront délivrés conformément aux délibérations, par les adminiftrateurs dont elles
regarderont le département; elles feront auffi enregiftrées dans
la huitaine au département du domaine, & acquittées par le
tréforier.

### X X I X.

. Le maire & les adminiftrateurs feront au confeil municipal, tous les deux mois, l'expofé fommaire de leur adminiftration.

### X X X.

Chacun d'eux rendra auffi fon compte définitif tous les
ans, conformément à *l'art. LIX du tit. premier.*

### X X X I.

Les adminiftrateurs feront aftreints en tout temps à donner
connoiffance de leurs opérations au maire, au corps municipal, ou au confeil général de la commune, lorfqu'ils en
feront requis. Ils donneront auffi, ou feront donner au procureur de la commune, ou à fes fubftituts, toutes les inftructions qu'ils auront demandées.

### X X X I I.

Le procureur de la commune aura toujours le droit de
requérir du fecrétaire-greffier, de fes adjoints, ou du garde
des archives, les inftruétions, renfeignemens ou copies de
pièces qu'il pourra défirer. Les fubftituts, lorfqu'ils exerceront
es fonétions, jouiront du même droit.

### X X X I I I.

Les quarante-huit fections, avant de procéder à la première élection des membres de la municipalité, détermineront, fur la propofition de la municipalité provifoire, le traitement du maire & les indemnités à accorder aux adminiftrateurs, au procureur de la commune & à fes deux fubftituts ; elles détermineront auffi, fur la même propofition, le traitement du fecrétaire-greffier & de fes deux adjoints, du garde des archives & du bibliothécaire.

### X X X I V.

Le nombre & les appointemens des commis ou employés dans les diverfes parties de l'adminiftration municipale, au fecrétariat, aux archives, à la bibliothèque, feront déterminés par des délibérations particulières du corps municipal, & confirmés par le confeil général de la commune, d'après les renfeignemens qui feront fournis par le maire, les adminiftrateurs, le fecrétaire-greffier ou fes adjoints.

### · X X X V.

Si les adminiftrateurs, ou les perfonnes ayant un traitement annuel, font des voyages pour les affaires particulières de la ville, leurs dépenfes de voyage feulement leur feront rembourfées.

### X X X V I.

En cas de 'voyage des notables pour commiffions particulières de la ville, leurs dépenfes de voyage leur feront également rembourfées. On leur accordera en outre une indemnité raifonnable, qui fera fixée par le corps municipal, & confirmée par le confeil général.

### X X X V I I.

Le maire, les adminiftrateurs, les confeillers & les notables, le procureur de la commune ; fes fubftituts, le fecrétaire-greffier & fes adjoints, & toutes autres perfonnes attachées au

corps

corps municipal ou au conseil général de la commune, ne pourront établir aucun droit de réception, ni recevoir de qui que ce soit, directement ou indirectement, ni étrennes, ni vin de ville, ni présens; ils ne pourront non plus être intéressés à aucune des fournitures relatives à la municipalité de Paris.

### X X X V I I I.

Le procureur de la commune & ses subſtituts auront séance, sans voix délibérative, à toutes les assemblées du bureau du corps municipal ou du conseil général : nul rapport ne sera fait au corps municipal ou au conseil général, qu'après que l'affaire aura été communiquée au procureur de la commune, ou, à son défaut, à l'un de ses subſtituts ; & nulle délibération ne sera prise ſur les rapports, sans avoir entendu celui d'entre eux à qui l'affaire aura été communiquée. Le procureur de la commune ou ses subſtituts feront tenus de donner leur avis dans le délai qui aura été déterminé par le corps municipal.

### X X X I X.

Avant de rapporter une affaire au conseil général, on la communiquera sommairement au maire ; s'il ne se présente point, on procèdera à la délibération malgré son absence.

### X L.

Le secrétaire - greffier & ses adjoints tiendront la plume dans les assemblées du bureau du corps municipal & du conseil général ; ils rédigeront les procès-verbaux & délibérations, & ils en ſigneront les extraits ou expéditions ſans frais ; ils veilleront aux impreſſions, affiches & envois. Ils délivreront & contre-ſigneront, auſſi ſans frais, les brevets donnés par le conseil général, par le corps municipal, ou par le maire ; & ils feront d'ailleurs toutes les fonctions du secrétariat & du greffe.

*Tome I.*                          K k k k k k

### XLI.

LE tréforier fournira un cautionnement, dont la fomme fera réglée par le confeil général.

### XLII.

SON traitement & fes frais de bureau feront auffi réglés par le même confeil.

### XLIII.

LE corps municipal fera tous les mois , & plus fouvent s'il eft jugé utile , la vérification de la caiffe. Le tréforier préfentera tous les jours fon état de fituation ; il fournira auffi au corps municipal, à l'expiration de chaque année, un bordereau général de fes recettes & dépenfes ; il préfentera de plus au corps municipal , dans les trois premiers mois de l'année fuivante , fes comptes appuyés de pièces juftificatives, lefquels devront être arrêtés dans les trois mois fuivans.

### XLIV.

OUTRE la publicité & l'impreffion des recettes & dépenfes, ordonnées par l'article LVIII & l'article LIX du décret du 14 décembre, le confeil général pourra vérifier l'état de la caiffe & les comptes du tréforier , tant que celui-ci n'aura pas obtenu fa décharge définitive.

### XLV.

L'ARRÊTÉ de l'adminiftration ou du directoire du département de Paris opèrera feul la décharge définitive des comptables.

---

## TITRE IV.

### ARTICLE PREMIER.

L'ASSEMBLÉE des quarante-huit fections devra être convoquée par le corps municipal , lorfque le vœu de huit fections, réfultant de la majorité des voix dans une affemblée de chaque

fection, compofée de cent citoyens actifs au moins, & convoquée par le préfident des commiffaires de la fection, fe
fera réuni pour la demander.

Le préfident des commiffaires d'une fection fera tenu de
convoquer fa fection, lorfque cinquante citoyens actifs fe
réuñiront pour la demander.

### I I.

LORSQUE l'affemblée des quarante-huit fections aura lieu,
un membre du corps municipal, ou un des notables, pourra
affifter à l'affemblée de chacune des fections, mais fans
pouvoir la préfider, & fans que fon abfence puiffe la différer.

### I I I.

IL y aura dans chacune des quarante-huit fections un
commiffaire de police toujours en activité, & dont les fonctions relatives à la municipalité feront déterminées par les
articles fuivans.

### I V.

CHACUNE des quarante-huit fections aura en outre feize
commiffaires, fous le nom de *commiffaires de fection*, qui
exerceront dans leur arrondiffement, fous l'autorité du corps
municipal & du confeil général de la commune, les fonctions
fuivantes :

### V.

LES feize commiffaires de fection feront chargés de furveiller & de feconder au befoin le commiffaire de police.

### V I.

ILS feront tenus de veiller à l'exécution des ordonnances,
arrêtés ou délibérations, fans y apporter aucun obftacle ni
retard : le commiffaire de police aura féance & voix conful-
tative à leurs affemblées.

## V I I.

ILS donneront aux adminiſtrateurs, au corps municipal & au conſeil général, ainſi qu'au maire, au procureur de la commune & à ſes ſubſtituts, tous les éclairciſſemens, inſtructions & avis qui leur ſeront demandés.

## V I I I.

ILS nommeront entre eux un préſident, & ſe réuniront tous les huit jours, & en outre, toutes les fois que des circonſtances extraordinaires l'exigeront.

## I X.

L'UN d'eux reſtera, à tour de rôle, vingt-quatre heures dans ſa maiſon, afin que le commiſſaire de police & les citoyens de la ſection puiſſent recourir à lui en cas de beſoin ; le commiſſaire de ſervice ſera de plus chargé de répondre aux demandes & repréſentations qui pourront être faites.

## X.

LES jeunes citoyens de la ſection, parvenus à l'âge de vingt-un ans, après s'être fait inſcrire chez le commiſſaire de police, porteront leur certificat d'inſcription chez le commiſſaire de ſection qui ſe trouvera de ſervice, & leur indiquera l'époque de la preſtation de leur ſerment.

## X I.

LES commiſſaires de ſection pourront être chargés par l'adminiſtration du département de Paris, de la répartition des impôts dans leurs ſections reſpectives.

## X I I.

LES commiſſaires de police ſeront élus pour deux ans, & pourront être réélus autant de fois que leur ſection le jugera convenable. Le premier remplacement, s'il a lieu, ne pourra fe faire qu'à la Saint-Martin 1792 ; le confeil général de la commune fixera la fomme de leur traitement.

## X I I I.

CHAQUE commiffaire de police aura fous fes ordres un fecrétaire-greffier de police, dont le confeil général de la commune fixera auffi le traitement.

## X I V.

LES perfonnes domiciliées, arrêtées en flagrant délit dans l'arrondiffement d'une feétion, feront conduites chez le commiffaire de police. Celui-ci pourra, avec la fignature de l'un des commiffaires de feétion, envoyer dans une maifon d'arrêt les perfonnes ainfi arrêtées, lefquelles feront entendues dans les vingt-quatre heures, conformément à ce qui fera réglé par la fuite.

## X V.

LES perfonnes non domiciliées, arrêtées dans l'arrondiffement d'une feétion, feront conduites chez le commiffaire de police: fi elles font prévenues d'un défordre grave ou d'un délit, celui-ci pourra les envoyer dans une maifon d'arrêt, où elles feront interrogées dans les vingt-quatre heures & remifes en liberté, ou, felon la gravité des circonftances, livrées à la juftice ordinaire, ou condamnées par le tribunal de police qui fera établi.

## X V I.

LE commiffaire de police, en cas de vols ou d'autres crimes, gardera pardevers lui les effets volés & les pièces de conviétion pour les remettre aux juges. Dans tous les cas, il dreffera procès-verbal des pièces & des faits, & il tiendra regiftre du tout ; il en inftruira de plus le département de police, & le commiffaire de feétion qui fe trouvera de fervice. ;

## X V I I.

HORS le cas de flagrant délit, la municipalité ne pourra

ordonner l'arreftation de qui que ce foit, que dans les cas
& de la manière qui feront déterminés dans le règlement de
police.

## X V I I I.

LE commiffaire de police rendra compte au maire, ainfi
que l'ordonnera celui - ci.

## X I X.

LE commiffaire de police rendra, tous les foirs, au commiffaire de feétion qui fera de fervice, un compte fommaire
& par écrit des évènemens de la journée.

## X X.

LE fecrétaire-greffier tiendra la plume aux affemblées du
comité ; il dreffera les procès-verbaux lorfqu'il en fera requis
par les commiffaires ; il fera chargé de faire les expéditions,
les extraits & les envois à qui il appartiendra; il fera auffi
chargé de la tenue de tous les regiftres néceffaires aux fonctions du comité & du commiffaire de police.

## X X I.

LES appointemens du fecrétaire-greffier feront acquittés des
deniers communs de la ville.

## X X I I.

IL fera procédé à l'éleétion des feize commiffaires de
feétion, du commiffaire de police & du fecrétaire-greffier,
par les affemblées de chaque feétion, immédiatement après
les éleétions des membres du corps municipal & du confeil
général de la commune.

## X X I I I.

L'ÉLECTION du commiffaire de police fe fera au fcrutin &
à la pluralité abfolue des fuffrages, mais par bulletin de deux
noms : fi le premier ou le fecond tour de fcrutin ne donne pas

cette pluralité absolue, on procèdera à un troisième & dernier, dans lequel on n'écrira qu'un nom ; les voix ne pourront porter que sur l'un des deux citoyens qui en auront obtenu le plus grand nombre au second scrutin.

### X X I V.

LE commissaire de police & le secrétaire-greffier ne pourront être choisis que parmi les citoyens éligibles de la section, & ils seront tenus d'y résider.

### X X V.

L'ÉLECTION du secrétaire - greffier se fera au scrutin par bulletin de deux noms , & à la pluralité relative, laquelle sera au moins du quart des suffrages.

### X X V I.

LES seize commissaires de section seront choisis parmi les citoyens éligibles de la section au scrutin , par bulletin de liste de six noms.

### X X V I I.

CEUX qui , par le dépouillement du scrutin , se trouveront réunir la pluralité relative du tiers au moins des suffrages , seront déclarés commissaires.

### X X V I I I.

POUR le nombre des commissaires restant à nommer , comme aussi dans le cas où aucun citoyen n'auroit eu la pluralité du tiers des voix, il sera procédé à un second scrutin par bulletin de liste de six noms ; & ceux qui , par le dépouillement de ce scrutin, réuniront la pluralité relative du tiers au moins des voix, seront déclarés commissaires.

### X X I X.

SI le nombre des seize commissaires n'est pas encore

rempli, ou fi aucun citoyen ne fe trouve élu, il fera procédé à un dernier fcrutin par bulletin de lifte de fix noms, & à la fimple pluralité relative des fuffrages : ceux qui l'obtiendront feront déclarés élus, jufqu'à concurrence des feize commiffaires à nommer.

### X X X.

Si un citoyen nommé commiffaire au troifième tour refufe, il fera remplacé par le concurrent qui, dans ce même tour de fcrutin, aura eu le plus de voix après lui: Si un citoyen nommé commiffaire dans les deux premiers fcrutins refufe après la diffolution de l'affemblée, il fera remplacé par celui qui, dans les divers fcrutins, aura eu le plus de voix. Les commiffaires de fection, en cas de mort ou de démiffion dans le cours de l'année, feront remplacés, jufqu'à l'époque ordinaire des élections, par ceux des citoyens qui auront eu le plus de voix après eux; & pour exécuter ces deux difpofitions, on confervera les réfultats des fcrutins.

### X X X I.

L'exercice des fonctions de commiffaire de police fera incompatible avec celui de garde nationale.

### X X X I I.

Les commiffaires de fection, le commiffaire de police & fon fecrétaire-greffier, prêteront ferment entre les mains du préfident de l'affemblée de la fection, de bien & fidelement remplir leurs devoirs.

### X X X I I I.

La moitié des commiffaires de fection fortira chaque année. La première fortie fe fera par la voie du fort; elle n'aura lieu qu'à l'époque des élections ordinaires en 1791; &, pour la première fois, le temps qui s'écoulera entre l'époque de leur élection & l'époque fixe des élections ordinaires ne fera point compté.

### X X X I V.

### X X X I V.

LES élections des fecrétaires-greffiers fe renouvelleront tous les deux ans , & l'époque en fera fixée de façon à alterner avec celle de l'élection des commiffaires de police.

## TITRE  V.

*Décrets généraux fur les Municipalités du royaume , que l'ar-ticle IV du titre I déclare applicables à la ville de Paris , & ordonne de rapporter à la fin du Règlement de la municipalité de la capitale.*

### ARTICLE  PREMIER.

LES officiers & membres des municipalités actuelles feront remplacés par voie d'élection.

### I I.

LES droits de préfentation , nomination ou confirmation , & les droits de préfidence ou de préfence aux affemblées mu-nicipales , prétendus ou exercés comme attachés à la poffeffion de certaines terres , aux fonctions de commandant de province ou de ville , aux évêchés ou archevêchés , & généralement à tel autre titre que ce puiffe être , font abolis.

### I I I.

TOUS les citoyens actifs de chaque ville , bourg , paroiffe ou communauté , pourront concourir à l'élection des membres du corps municipal.

### I V.

LES affemblées des citoyens actifs feront convoquées par le corps municipal, huit jours avant celui où elles devront avoir lieu. La féance fera ouverte en préfence d'un citoyen chargé par le corps municipal d'expliquer l'objet de la convocation.

*Tome I.*                                     L l l l l l

### V.

CHAQUE affemblée procèdera , dès qu'elle fera formée , à la nomination d'un préfident & d'un fecrétaire : il ne faudra pour cette nomination que la fimple pluralité relative des fuffrages , en un feul fcrutin recueilli & dépouillé par les trois plus anciens d'âge.

### V I.

CHAQUE affemblée nommera enfuite , à la pluralité relative des fuffrages , trois fcrutateurs qui feront chargés d'ouvrir les fcrutins fubféquens , de les dépouiller , de compter les voix , & de proclamer les réfultats. Ces trois fcrutateurs feront nommés par un feul fcrutin , recueilli & dépouillé comme le précédent , par les trois plus anciens d'âge.

### V I I.

LES conditions de l'éligibilité , pour les adminiftrations municipales, feront les mêmes que pour les adminiftrations de département & de diftriét.

### V I I I.

LES officiers municipaux & les notables ne pourront être nommés que parmi les citoyens éligibles de la commune.

### I X.

LES citoyens qui occupent des places de judicature ne peuvent être en même-temps membres des corps municipaux.

### X.

CEUX qui font chargés de la perception des impôts indireéts , tant que ces impôts fubfifteront , ne peuvent être admis en même-temps aux fonétions municipales.

### X I.

LES maires feront toujours élus à la pluralité abfolue des

voix. Si le premier fcrutin ne donne pas cette pluralité, il fera procédé à un fecond; fi celui-ci ne la donne point encore, il fera procédé à un troifième, dans lequel le choix ne pourra plus fe faire qu'entre les deux citoyens qui auront réuni le plus de voix aux fcrutins précédens. Enfin, s'il y avoit égalité de fuffrages entr'eux à ce troifième fcrutin, le plus âgé feroit préféré.

## X I I.

IL y aura dans chaque municipalité un procureur de la commune fans voix délibérative; il fera chargé de défendre les intérêts & de pourfuivre les affaires de la communauté.

## X I I I.

LE procureur de la commune fera nommé par les citoyens actifs, au fcrutin & à la pluralité abfolue des fuffrages, dans la forme & felon les règles prefcrites pour l'élection du maire.

## X I V.

LE bureau fera chargé de tous les foins de l'exécution, & borné à la fimple régie.

## X V.

TOUTES les délibérations néceffaires à l'exercice des fonctions du corps municipal feront prifes dans l'affemblée des membres du confeil & du bureau réunis, à l'exception des délibérations relatives à l'arrêté des comptes, qui feront prifes par le confeil feul.

## X V I.

LES officiers municipaux & les notables feront élus pour deux ans, & renouvelés par moitié chaque année.

## X V I I.

LE maire reftera en exercice pendant deux ans; il pourra être réélu pour deux autres années, mais enfuite il ne fera permis de l'élire de nouveau qu'après un intervalle de deux ans.

## X V I I I.

Le procureur de la commune conservera sa place pendant deux ans, & pourra également être réélu pour deux autres années.

## X I X.

Les assemblées d'élection pour les renouvellemens annuels se tiendront, dans tout le royaume, le dimanche après la Saint-Martin, sur la convocation des officiers municipaux.

## X X.

Avant d'entrer en exercice, le maire & les autres membres du corps municipal, le procureur de la commune & son substitut, s'il y en a un, prêteront le serment de maintenir de tout leur pouvoir la constitution du royaume, d'être fidèles à la nation, à loi & à nous, & de bien remplir leurs fonctions. Ce serment sera prêté, à la prochaine élection, devant la commune, & devant le corps municipal aux élections suivantes.

## X X I.

Le maire & les autres membres du corps municipal, le procureur de la commune & son substitut, ne pourront exercer en même - temps ces fonctions & celles de garde nationale.

## X X I I.

Le conseil général de la commune, composé tant des membres du corps municipal que des notables, sera convoqué toutes les fois que l'administration municipale le jugera convenable : elle ne pourra se dispenser de le convoquer, lorsqu'il s'agira de délibérer,

Sur des acquisitions ou aliénations d'immeubles ;

Sur des impositions extraordinaires pour dépenses locales ;

Sur des emprunts ;

Sur des travaux à entreprendre ;

Sur l'emploi du prix des ventes , des remboursemens ou des recouvremens ;

Sur les procès à intenter ;

Même sur les procès à soutenir , dans le cas où le fond du droit sera contesté.

### X X I I I.

DANS toutes les villes au-dessus de quatre mille ames , les comptes de l'administration municipale , en recette & dépense , seront imprimés chaque année.

### X X I V.

DANS toutes les communautés , sans distinction , les ci-toyens actifs pourront prendre au greffe de la municipalité , sans déplacer & sans frais , communication des comptes , des pièces justificatives & des délibérations du corps municipal , toutes les fois qu'ils le requerront.

### X X V.

Si un citoyen croit être personnellement lésé par quelque acte du corps municipal, il pourra exposer ses sujets de plainte à l'administration ou au directoire de département , qui y fera droit , après avoir vérifié les faits.

### X X V I.

TOUT citoyen actif pourra signer & présenter contre les of-ficiers municipaux la dénonciation des délits d'administration dont il prétendra qu'ils se feront rendus coupables ; mais avant de porter cette dénonciation dans les tribunaux , il sera tenu de la soumettre à l'administration ou au directoire du départe-ment , qui , après en avoir examiné les faits , renverra la dé-nonciation , s'il y a lieu , à ceux qui devront en connoître.

### X X V I I.

NUL citoyen ne pourra exercer en même.-temps , dans la

même ville ou communauté, les fonctions municipales & les fonctions militaires.

## XXVIII.

Aux prochaines élections, lorsque les affemblées primaires des citoyens actifs de chaque canton, ou les affemblées particulières de chaque communauté, auront été formées, & auffi-tôt après que le préfident & le fecrétaire auront été nommés, il fera, avant de procéder à aucune autre élection, prêté par le préfident & le fecrétaire, en préfence de l'affemblée, & enfuite par les membres de l'affemblée, entre les mains du préfident, le ferment « de maintenir de tout leur pouvoir la conftitution » du royaume, d'être fidèles à la nation, à la loi & à nous ; de » choifir en leur ame & confcience les plus dignes de la con- » fiance publique, & de remplir avec zèle & courage les fonc » tions civiles & politiques qui pourront leur être confiées ». Ceux qui refuferont de prêter ce ferment feront incapables d'élire ou d'être élus.

## XXIX.

Jusqu'à l'époque où l'affemblée nationale aura déterminé par fes décrets l'organifation définitive des milices & des gardes nationales, les citoyens qui rempliffent actuellement les fonctions d'officiers ou de foldats dans les gardes nationales, même ceux qui fe font formés fous la dénomination de volontaires, prêteront, par provifion, & auffi-tôt après que les municipalités feront établies, entre les mains du maire & des officiers municipaux, en préfence de la commune affemblée, le ferment d'être fidèles à la nation, à la loi & à nous ; de maintenir de tout leur pouvoir, fur la réquifition des corps adminiftratifs & municipaux, la conftitution du royaume, & de prêter pareillement, fur les mêmes réquifitions, main-forte, & à l'exécution des ordonnances de juftice, & à celle des décrets de l'affemblée nationale, acceptés ou fanctionnés par nous.

## XXX.

LORSQUE le maire & les officiers municipaux feront en fonctions, ils porteront pour marque diftinctive, par-deffus leur habit, & en baudrier, une écharpe aux trois couleurs de la nation, bleu, rouge & blanc, attachée d'un nœud, & ornée d'une frange couleur d'or pour le maire, blanche pour les officiers municipaux, & violette pour le procureur de la commune.

Les rangs font ainfi réglés :

## XXXI.

Le maire, puis les officiers municipaux, felon l'ordre des tours de fcrutin où ils auront été nommés, & dans le même tour, felon le nombre des fuffrages qu'ils auront obtenus ; enfin le procureur de la commune & fes fubftituts, que fuivront les greffiers & tréforier. Quant aux notables, ils n'ont de rang que dans les féances du confeil général ; ils y fiègeront à la fuite du corps municipal, felon le nombre des fuffrages donnés à chacun d'eux : en cas d'égalité, le pas appartient aux plus âgés.

## XXXII.

CET ordre fera obfervé, même dans les cérémonies religieufes, immédiatement à la fuite du clergé ; cependant la préféance attribuée aux officiers municipaux fur les autres corps ne leur confère aucun des anciens droits honorifiques dans les églifes.

## XXXIII.

LA condition du domicile de fait, exigée pour l'exercice des droits de citoyen actif dans une affemblée de commune ou dans une affemblée primaire, n'emporte que l'obligation d'avoir dans le lieu ou dans le canton une habitation depuis un an, & de déclarer qu'on n'exerce les mêmes droits dans aucun autre endroit.

## XXXIV.

Ne feront réputés domestiques ou ferviteurs à gages, les intendans ou régisseurs, les ci-devant feudistes, les fecrétaires, les charretiers ou maîtres-valets de labour employés par les propriétaires, fermiers ou métayers, s'ils réunissent d'ailleurs les autres conditions exigées.

Mandons & ordonnons à tous les tribunaux & municipalité de Paris, que les préfentes ils fassent tranfcrire fur leurs registres, lire, publier & afficher dans leurs refforts refpeftifs, ainfi que le décret du 20 mai, le procès-verbal de la divifion de la ville de Paris en quarante-huit feftions, & le décret du 22 de ce mois, dont la teneur fuit lefdites préfentes. En foi de quoi nous avons figné & fait contrefigner cefdites préfentes, auxquelles nous avons fait appofer le fceau de l'état. A Paris, le vingt-feptième jour du mois de juin, l'an de grâce mil fept cent quatre-vingt-dix, & de notre règne le dix-feptième. *Signé* LOUIS. *Et plus bas*, par le roi, Guignard, Et fcellées du fceau de l'état.

Du

Du 21 mai 1790.

*Suite de l'article* XXXIV *des Lettres patentes ci - deſſus.*

L'ASSEMBLÉE nationale, en exécution de l'article VI du titre I . du règlement pour la municipalité de la capitale , auto ife les commiſſaires adjoints au comité de conſtitution à tracer la diviſion de la ville de Paris en quarante-huit ſections, après avoir entendu les commiſſaires de la municipalité & les commiſſaires des ſoixante diſtricts actuels , & les charge de rendre compte à l'aſſemblée des difficultés qui pourroient ſurvenir.

Les commiſſaires adjoints ſigneront deux exemplaires du plan de la ville de Paris diviſé en quarante-huit ſections , & du procès-verbal de diviſion ; l'un des exemplaires ſera dépoſé aux archives de l'aſſemblée nationale, & l'autre ſera envoyé au greffe de l'hôtel-de-ville.

### Du 22 Juin 1790.

L'ASSEMBLÉE nationale , conformément à l'article VI du titre Ier. du règlement général pour la municipalité de Paris, décrète la diviſion de cette ville en quarante-huit ſections, telle qu'elle eſt tracée & énoncée dans le plan & le procès-verbal joints au préſent décret ; elle ordonne de dépoſer aux archives de l'aſſemblée & au greffe de l'hôtel-de-ville un exemplaire de ce procès-verbal , ſigné des commiſſaires adjoints au comité de conſtitution.

Le roi ſera ſupplié de donner les ordres néceſſaires pour que les opérations préalables aux élections ſoient terminées au plus tard le 4 juillet, & que les élections commencent le lendemain.

*Tome I.*             M m m m m

Les commiſſaires adjoints au comité de conſtitution, autoriſés par l'article XXXIV du décret de l'aſſemblée nationale,
ci-contre, de l'organiſation de la municipalité de Paris, des 3
mai & jours ſuivans, à tracer la diviſion de cette ville en
quarante-huit ſections, après avoir entendu les commiſſaires de
la municipalité proviſoire, & ceux des ſoixante diſtricts actuels ;

Vu les procès-verbaux des ſéances de l'aſſemblée des députés
de la commune & des commiſſaires nommés par l'univerſalité
des diſtricts, des 6, 12 & 14 juin, enſemble les mémoires &
les délibérations préſentés au comité de conſtitution, au
nombre de ſoixante-dix pièces dépoſées aux archives de l'aſſemblée nationale, ont arrêté & tracé cette diviſion avec les
dénominations des nouvelles ſections, ainſi qu'il ſuit :

### SECTION DES TUILERIES.

#### *Limites de cette ſection.*

La rue Saint-Honoré à droite, depuis la rue Royale juſqu'à
la rue Froidmanteau, la rue Froidmanteau à droite de la rue
Saint-Honoré à la rivière, le bord de la rivière juſqu'au pont
de Louis XVI, le côté droit de la place de Louis XV, la rue
Royale à droite juſqu'à la rue Saint-Honoré.

#### *Intérieur.*

La rue Saint-Florentin, les Tuileries, la place du Carouſel,
les rues du Dauphin, de l'Échelle, Saint-Louis-du-Carouſel,
Saint-Nicaiſe, des Orties, du Doyenné, Saint-Thomas-du-
Louvre, la partie de la place du Palais-Royal à droite en allant
à la rue de Chartres, depuis le coin de la rue Saint-Honoré,
juſques & compris le Château-d'eau, au coin de la rue Froidmanteau, les rues de Chartres, de Rohan, &c. & génerale-
ment toutes les rues, places, culs-de-ſacs, &c. enclavés dans
cette limite.

## SECTION DES CHAMPS ÉLYSÉES.    2.

### *Limites de cette section.*

LA rue du faubourg du Roule & du faubourg Saint-Honoré à droite, depuis la barrière jusqu'à la rue Royale, la rue Royale à droite, la traverse de la place Louis XV jusqu'à la rivière, le bord de l'eau jusqu'à la barrière des Bons-hommes, les murs jusqu'à la barrière du Roule.

### *Intérieur.*

CHAILLOT, le Cours-la-Reine, les champs Elisées, les rues de Berry, du Cimetière, d'Angoulême, Neuve-du-Colisée, du Colisée, Neuve-de-Ponthieu, Rousselet, de Marigny, des Champs Elysées, &c. & généralement toutes les rues, culs-de-sacs, places, &c. enclavés dans cette limite.

## SECTION DU ROULE.    3.

### *Limites de cette section.*

LES rues du faubourg du roule & du faubourg Saint-Honoré à gauche, en prenant de la barrière jusqu'à la rue de la Madeleine, la rue de la Madeleine à gauche, de l'Arcade à gauche, de la Pologne à gauche, rue Saint-Lazare à gauche, depuis la rue de la Pologne jusqu'à la rue de Clichy, la rue de Clichy à gauche jusqu'à la barrière, les murs depuis la barrière du Roule jusqu'à la barrière de Clichy.

### *Intérieur.*

LES rues de Chartres, de Mouceaux, de Courcelles, de la nouvelle Pépinière, de la Pépinière, des Rochers, partie de celle Saint-Lazare, les rues Verte, de Miromesnil, Roquepine, Neuve-Sainte-Croix, des Sauffays, de la Ville-l'Evêque, d'Aitorg, d'Anjou, Quatremer, de Duras, du marché d'Aguesseau,

de Surêne , &c. & généralement toutes les rues , culs-de-facs ,
places , &c. enclavés dans cette limite.

## SECTION DU PALAIS-ROYAL.

4.

*Limites de cette section.*

LA rue Saint-Honoré à gauche depuis la place Vendôme
jufqu'à la rue des Bons-Enfans, la rue des Bons-Enfans à gauche , la rue Neuve-des-Bons-Enfans à gauche jufqu'à la rue
Neuve-de-Petits-Champs, la rue Neuve-des-Petits-Champs jufqu'à la place Vendôme à gauche, la place Vendôme à gauche
jufqu'à la rue Saint-Honoré.

### *Intérieur.*

LES rues de la Sourdière , Neuve-Saint-Roch , d'Argenteuil ,
des Moineaux , l'Evêque , des Orties , Clos-Georgeot , des
Moulins , Royale , Ventadour , Thérèfe , du Hazard , Ville-
dot , Sainte-Anne , Traverfière , la rue de Richelieu des deux
côtés, depuis la rue Saint-Honoré jufqu'à la rue Neuve-des-Petits-
Champs, le Palais-Royal & les rues de fon pourtour , & généralement toutes les rues, culs-de-facs, places, &c. enclavés dans
cette limite.

## SECTION DE LA PLACE VENDOME.

5.

*Limites de cette section.*

LA rue de la Madeleine à droite , en partant de la rue Saint-
Honoré , la rue de l'Arcade à droite , la rue de la Pologne à
droite , la rue Saint-Lazare à droite, depuis la rue de la Pologne
jufqu'à la rue de la chauffée d'Antin, la chauffée d'Antin à droite
jufqu'au Boulevart , la rue Louis-le-Grand à droite , depuis le
Boulevart jufqu'à la rue Neuve-des-Petits-Champs , la rue Neuve-
des-Petits-Champs , depuis la rue de Louis-le-Grand à droite
jufqu'à la place Vendôme , la place Vendôme à droite jufqu'à

la rue Saint-Honoré , la rue Saint-Honoré à droite de la place Vendôme à la rue de la Madeleine.

### *Intérieur.*

Les rues Neuve-des-Capucins , Sainte-Croix , de l'Egoût , Neuve-des-Mathurins , de la Ferme , Thiroux , Caumartin , Trudaine , Boudreau , Basse-du Rempart , le Boulevart , les rues de Luxembourg , des Capucines , &c. & généralement toutes les rues , places , culs de-sacs , &c. qui font enclavés dans cette limite.

## SECTION DE LA BIBLIOTHÈQUE. 6.

### *Limites de cette section.*

La rue Neuve-des-Petits-Champs à gauche , depuis la rue Louis-le-Grand jufqu'à la rue Vivienne , la rue Vivienne à gauche jufqu'à la rue des Filles Saint-Thomas , la rue des Filles Saint-Thomas à gauche , depuis la rue Vivienne jufqu'à la rue Notre-Dame-des-Victoires , la rue Notre-Dame-des-Victoires à gauche , depuis la rue des Filles Saint-Thomas jufqu'à la rue Montmartre, la rue Montmartre à gauche, depuis la rue Notre-Dame-des-Victoires jufqu'au boulevart Montmartre , le boulevart à gauche de la rue Montmartre à la rue de Louis-le-Grand , la rue de Louis-le-Grand à gauche jufqu'à la rue Neuve-des-Petits-Champs.

### *Intérieur.*

Les rues d'Antin , Gaillon , Sainte-Anne , Chabannois , de Richelieu , Colbert , des Filles Saint-Thomas , Feydeau , Saint-Marc , Neuve-Saint-Marc , d'Amboife , de Favart , Marivaux , de la Comédie , de Menars , Neuve-Saint-Augustin , de Louvois , de Grammont , de Choifeuil , de la Michodière , &c. & généralement toutes les rues , places , culs-de-facs , enclavés dans cette limite.

7.  **SECTION DE LA GRANGE - BATELIERE.**

*Limites de cette section.*

LA rue de Clichy à gauche de la barrière à la rue Saint-Lazare, la rue de la chauffée d'Antin à gauche, depuis la rue de Clichy jufqu'au boulevart, le boulevart à gauche de la chauffée d'Antin à la rue Montmartre, rue du faubourg Montmartre, rue des Martyrs à gauche jufqu'à la barrière, les murs de la barrière Montmartre à celle de Clichy.

*Intérieur.*

LES rues Blanche, de la Rochefoucault, rue Royale, ruelle Baudin, rues Saint-Georges, des Porcherons, des trois Frères, Taitbout, d'Artois, le Pelletier, Grange-Batelière, Chauchat, Chantrenne, de Provence, &c. & généralement toutes les rues, places, culs-de-sacs, &c. enclavés dans cette limite.

8.  **SECTION DU LOUVRE.**

*Limites de cette section.*

LE bord de l'eau, depuis le premier guichet du Louvre jufqu'au Pont-au-Change, la rue de la Joaillerie à gauche, en enclavant les Boucheries, la rue Saint-Denys à gauche jufqu'à la rue Perrin-Gaffelin; la rue Perrin-Gaffelin à gauche, la rue du Chevalier-du-Guet à gauche jufqu'à la rue des Lavandières, la rue des Lavandières à gauche jufqu'à la rue des Mauvaifes-Paroles, la rue des deux Boules des deux côtés, ainfi que le bout de la rue Bertin-Poirée, la rue Bétify à gauche, rue des Foffés-Saint-Germain à gauche jufqu'au bâtiment du Louvre; le corps du bâtiment du Louvre à droite fert de limite jufqu'à la rue de Beauvais, la rue de Beauvais à gauche jufqu'à la rue Froidmanteau, la rue Froidmanteau à gauche depuis la rue de Beauvais jufqu'à la rivière.

*Intérieur.*

LE Vieux-Louvre, les rues du Petit-Bourbon, partie de celle de l'Arbre-fec, le quai & la place de l'Ecole, la Samaritaine, le quai de la Mégisserie, le cloître Saint-Germain-l'Auxerrois, les rues des Prêtres, Baillet, de la Monnoie, la place des trois Maries, les rues Boucher, Thibautodet, Saint-Germain-l'Auxerrois, Bertin-Poirée, Jean-Lantier, &c. & généralement toutes les rues, culs-de-facs, places, &c, enclavés dans cette limite.

## SECTION DE L'ORATOIRE.     2.

### *Limites de cette fection.*

LA rue Saint-Honoré à droite, depuis la rue Froidmanteau jufqu'à la rue des Déchargeurs, la rue des Déchargeurs à droite jufqu'à la rue des Fourreurs, la rue des Fourreurs à droite jufqu'à la rue des Lavandières, la rue des Lavandières à droite jufquà la rue des Mauvaifes-Paroles, la rue des Mauvaifes-Paroles à droite & à gauche, la rue Bétify à droite, la rue des Foffés-Saint-Germain à droite jufqu'à la colonnade du Louvre, les murs du Louvre jufqu'à la rue de Beauvais, la rue de Beauvais à droite jufqu'à la rue Froidmanteau, la rue Froidmanteau à droite, depuis la rue de Beauvais jufqu'à celle Saint-Honoré.

### *Intérieur.*

LES rues Jean-Saint-Denys, du Chantre, Champ-fleuri, du Coq, du Louvre, d'Angivillers, des Poulies, Bailleul, partie de celle de l'Arbre-fec, du Roule, Tirechape, des Bourdonnois, des Déchargeurs des deux côtés, depuis la rue des Fourreurs jufqu'à celle des Mauvaifes-Paroles, &c. & généralement toutes les rues, culs-de-facs, places, &c. enclavés dans cette limite.

10. ## SECTION DE LA HALLE AU BLÉ.

*Limites de cette section.*

LA rue des Bons-Enfans & Neuve-des-Bons-Enfans à droite , depuis la rue Saint-Honoré jusqu'à la rue Neuve-des-Petits-Champs , la rue de la Feuillade à droite jusqu'à la place des Victoires , la place des Victoires à droite de la rue de la Feuillade à la rue Croix-des-Petits-Champs , la rue Croix-des-Petits-Champs à droite jusqu'à la rue Coquillière , la rue Coquillière à droite jusqu'à la rue du Four, la rue du Four à droite jusqu'à la rue Saint-Honoré , la rue Saint-Honoré à droite, depuis la rue du Four jusqu'à la rue des Bons-Enfans.

*Intérieur.*

LES rues Baillif , de la Vrillière , Croix-des-Petits-Champs , du Bouloi , du Pélican , de Grenelle , d'Orléans, des deux Ecus , Babille , de Varennes , de Vanne , Oblin , de Sartine , Mercière , la nouvelle Halle , &c. & généralement toutes les rues , culs-de-sacs , places , &c. enclavés dans cette limite.

11. ## SECTION DES POSTES.

*Limites de cette section.*

LA rue Saint-Honoré à gauche, depuis la rue du Four jusqu'à la rue de la Tonnellerie, la rue de la Tonnellerie à gauche jusqu'à la rue de la Fromagerie , le bout de la rue de la Fromagerie à gauche jusqu'à la rue Comtesse d'Artois , les rues Comtesse-d'Artois & Montorgueil à gauche jusqu'au passage du Saumon , la rue Montmartre à gauche depuis le passage du Saumon jusqu'à la rue de la Jussienne , les rues de la Jussienne & Coqhéron à gauche de la rue Montmartre à la rue Coquillière, la rue Coquillière à gauche ju'qu'à la rue du Four, la rue du Four à gauche jusqu'à la rue Saint-Honoré.

*Intérieur.*

*Intérieur.*

LES rues Verderet, Plâtrière, du Jour, Traînée, Tique-
tonne, des Prouvaires, des deux Ecus, de la Fayette, &c.
& généralement toutes les rues, places, culs-de-facs, &c.
enclavés dans cette limite.

## SECTION DE LA PLACE LOUIS XIV. 12.

### *Limites de cette section.*

LA rue Neuve-des-Petits-Champs à gauche, depuis la rue Vivienne jufqu'à la rue de la Feuillade, la rue de la Feuillade à
gauche jufqu'à la place Victoire, le pourtour de la place Victoire à gauche, depuis la rue de la Feuillade jufqu'à la rue Croix-
des-Petits-Champs, la rue Croix-des-Petits-Champs à gauche de
la place Victoire à la rue Coquillière, la rue Coquillière à gauche jufqu'à la rue Coqhéron, la rue Coqhéron & de la Juffienne
à gauche jufqu'à la rue Montmartre, la rue Montmartre à
gauche jufqu'à la rue Notre-Dame-des-Victoires, la rue Notre-
Dame-des-Victoires à gauche jufqu'à la rue Joquelet, la rue
des Filles Saint-Thomas à gauche jufqu'à la rue Vivienne, la
rue Vivienne à gauche jufqu'à la rue Neuve-des-Petits-
Champs.

### *Intérieur.*

RUE Notre-Dame-des-Victoires des deux côtés jufqu'à la
rue Joquelet, les rues Joquelet, Saint-Pierre, du Mail, des
Foffés-Montmartre, des vieux Auguftins, Soli, Pagevin,
petit Repofoir, des Petits-Pères, place Victoire & les rues qui
y aboutiffent, & généralement toutes les rues, culs-de-facs,
places, &c. enclavés dans cette limite.

## SECTION DE LA FONTAINE DE MONTMORENCY. 13.

### *Limites de cette section.*

LE Boulevart à droite, depuis la rue Montmartre jufqu'à la

rue Poiffonnière, la rue Poiffonnière & celle du petit Carreau à droite jufqu'au paffage du Saumon, le paffage du Saumon des deux côtés, la rue Montmartre à droite, depuis le paffage du Saumon jufqu'au Boulevart.

*Intérieur.*

Les rues du Sentier, Saint-Fiacre, des Jeûneurs, Saint-Roch, du Croiffant, Saint-Jofeph, du Gros-Chenet, partie de la rue de Cléry, depuis la rue Montmartre jufqu'à celle du petit Carreau, les rues Neuve-Saint-Euftache, du Bout-du-Monde, &c. & généralement toutes les rues, culs-de-facs, places, &c. enclavés dans cette limite.

### 14.  SECTION DE BONNE-NOUVELLE.

*Limites de cette feǂion.*

Le Boulevart à droite de la rue Poiffonnière à la rue Saint-Denys, la rue Saint-Denys à droite jufqu'à la rue Thevenot, la rue Thevenot à droite jufqu'à la rue du petit Carreau, les rues du petit Carreau & Poiffonnière à droite jufqu'au Boulevart.

*Intérieur.*

Les rues de la Lune, Beauregard & toutes celles qui y aboutiffent, partie de la rue de Cléry, depuis la rue du petit Carreau jufqu'au Boulevart, les rues de Bourbon, Saint-Claude, Sainte-Foi, Saint-Philippe, des Filles-Dieu, la Halle à la marée, &c. & généralement toutes les rues, culs-de-facs, places, &c. enclavés dans cette limite.

### 15.  SECTION DU PONCEAU.

*Limites de cette feǂion.*

Le Boulevart à droite de la porte Saint-Denys à la porte Saint-Martin, la rue Saint-Martin à droite jufqu'à la rue aux

Ours, la rue aux Ours à droite jufqu'à la rue Saint-Denys, la rue Saint-Denys à droite jufqu'au Boulevart.

*Intérieur.*

LES rues Sainte-Apolline, Neuve-Saint-Denys, des Egouts, de la longue Allée, du Ponceau, Guérin-Boiffeau, Grenetat, du grand & du petit Heurleur, Bourg-l'Abbé, l'enclos de la Trinité, &c. & généralement toutes les rues, culs-de-facs, places, &c. enclavés dans cette limite.

## SECTION DE MAUCONSEIL.         16.

### *Limites de cette fection.*

LA rue Thevenot à droite de la rue Montorgueil à la rue Saint-Denys, la rue Saint-Denys à droite de la rue Thevenot à la rue de la Chanvrerie, la rue de la Chanvrerie à droite, & en continuant toujours à droite, les Petits-Pilliers jufqu'à la rue de la Fromagerie, depuis le coin des Petits-Pilliers, en remontant à droite, la rue Comteffe d'Artois, rue Montorgueil à droite, en remontant jufqu'à la rue Thevenot.

### *Intérieur.*

LES rues Saint-Sauveur, Beaurepaire, du Renard, Tireboudin, des Deux-Portes, Pavée, du petit Lion, Françoife, Mauconfeil, Verdelet, de la Truanderie, Réale, petite Truanderie, &c. & généralement toutes les rues, culs-de-facs, places, &c. enclavés dans cette limite.

## SECTION DU MARCHÉ DES INNOCENS. 17.

### *Limites de cette fection.*

LA rue Saint-Denys à droite, depuis la rue de la Chanvrerie jufqu'à la rue Perrin-Gaffelin, la rue du Chevalier-du-Guet à droite jufqu'à la rue des Lavandières, la rue des Lavandières à droite jufqu'à la rue de la Tabletterie, la rue des Fourreurs à droite, partie de la rue des Déchargeurs à droite, depuis la rue des Fourreurs jufqu'à la rue de la Ferronnerie, rue Saint-Honoré ( ou de la Chauffetterie ) à droite, depuis la rue de la Ferronnerie jufqu'à la rue de la Tonnellerie, rue de la Tonnellerie à droite jufqu'à la rue de la Fromagerie, la Halle, fans y comprendre les Petits-Pilliers à gauche en allant à la rue de la Chanvrerie, la rue de la Chanvrerie à droite en allant à la rue Saint-Denys.

### Intérieur.

LES rues de la Fromagerie, de la Cordonnerie, de la Fripperie, de la Poterie, des Prêcheurs, de la Coffonnerie, aux Fers, le marché des Innocens, les rues de la Ferronnerie, Courtalon, la Tabletterie, vieille Harengerie, du Chevalier-du-Guet, la place Sainte-Opportune, &c. & généralement toutes les rues, culs-de-facs, places, &c. enclavés dans cette limite.

## 18.   SECTION DES LOMBARDS.

### Limites de cette fection.

LA rue Saint-Martin à droite, depuis la rue aux Ours jufqu'à la rue Saint-Jacques-la-Boucherie, là rue Saint-Jacques-la-Boucherie à droite jufqu'à la rue Saint-Denys, la rue Saint-Denys à droite jufqu'à la rue aux Ours, la rue aux Ours à droite de la rue Saint-Denys à la rue Saint-Martin.

### Intérieur.

LES rues Salle-au-Comte, Quincampoix, de Venife, Aubry-le-Boucher, Trouffevache, Ogniard, des trois Maures, des Cinq-Diamans, des Lombards, de la vieille Monnoie, de la Haumerie, Marivaux, des Écrivains, d'Avignon, &c. & généralement toutes les rues, culs-de-facs, places, &c., enclavés dans cette limite.

## SECTION DES ARCIS.

### *Limites de cette Section.*

LA rue de la Joaillerie, à droite du Pont-au-Change à la rue Saint-Jacques-la-Boucherie, la rue Saint-Jacques-la-Boucherie à droite jufqu'à la rue Planche-Mibraye, la rue des Arcis à droite jufqu'à la rue. de la Verrerie, la rue de la Verrerie à droite jufqu'à la rue du Coq, la rue du Coq à droite jufqu'à la rue de la Tixeranderie, la rue de la Tixeranderie à droite jufqu'à la rue du Mouton, la rue du Mouton, & de fuite la Place de Grève à droite jufqu'à la rivière, le bord de la rivière depuis la Place de Grève jufqu'au Pont-au-Change.

### *Intérieur.*

LE Quai de Gévres, Quai Pelletier, la rue de la Vieille-Place-aux-Veaux, de la Tannerie, de la Vannerie, de la Coutellerie, Planche-Mibraye, Jean-Pain-Mollet, Saint-Bon, de la Poterie, des Coquilles, &c., & généralement toutes les rues, places, culs-de-facs, &c., enclavés dans cette limite.

## SECTION DU FAUBOURG MONTMARTRE.20.

### *Limites de cette Section.*

LA rue Poiffonnière & celle Sainte-Anne à gauche, depuis le Boulevart jufqu'à la barrière, les murs, depuis la barrière Sainte-Anne jufqu'à la barrière Montmartre, la rue des Martyrs & celle du faubourg Montmartre à gauche, depuis la barrrière jufqu'au Boulevart, le Boulevart à gauche de la Porte Montmartre à la rue Poiffonnière.

### *Intérieur.*

LES rues de Rochechouard, de la Tour-d'Auvergne, de Bellefond, Coquenard, Montholon, d'Enfer, le paffage de la Grille, rue Bergère, &c., & généralement toutes les rues, culs-de-facs, &c., enclavés dans cette limite.

## 21.SECTION DE LA RUE POISSONNIÈRE.

### *Limites de cette section.*

. La rue Poiffonnière & celle Sainte-Anne à droite jufqu'à la barrière, les murs de la barrière Sainte-Anne à la barrière Saint-Denys, la rue du faubourg Saint-Denys à droite jufqu'à la porte Saint-Denys, le boulevart à droite jufqu'à la rue Poiffonnière.

### *Intérieur.*

Les rues de Paradis, des Petites-Écuries du roi, d'Enghien, de la Michodière, Martel, &c. & généralement toutes les rues, culs-de-facs, places, &c. enclavés dans cette limite.

## 22.　　SECTION DE BONDY.

### *Limites de cette section.*

La rue du faubourg Saint-Martin à droite, depuis le boulevart jufqu'à la barrière Saint-Martin, les murs de la barrière Saint-Martin à celle du Temple, la rue du faubourg du Temple à droite jufqu'au boulevart; le boulevart à droite de la rue du faubourg du Temple à la porte Saint-Martin.

### *Intérieur.*

Les rues des Morts, Saint-Maur, des Moulins, Saint-Louis, rue de l'hôpital Saint-Louis, des Récollets, de Carême-prenant, Saint-Ange, Gaucourt, Granges-aux-Belles, des Vinaigriers, des Marais, Saint-Martin, Gilbert, Janfon, Saint-Nicolas, de Lancry, de Bondy, &c. & généralement toutes les rues, culs-de-facs, places, &c. enclavés dans cette limite.

## SECTION DU TEMPLE.  23.

### *Limites de cette section.*

LA rue du faubourg du Temple à gauche, depuis la barrière
jusqu'au boulevart, & de suite la rue du Temple à gauche jufqu'à la rue de la Corderie, les rues de la Corderie & de Bretagne
à gauche jusqu'à la rue des Filles-du-Calvaire, la rue des Filles-
du-Calvaire à gauche jusqu'au boulevart, & de suite la rue
de Ménil-montant, & celle de la Roulette à gauche jusqu'à
la barrière, les murs de la barrière de Ménil-montant à celle
de Belleville.

### *Intérieur.*

LES rues du chemin Saint-Denys, Blanche, des Fontaines-
au-Roi, des trois Bornes, de la Folie-Mirecourt, du grand
prieuré de Malte, des Fossés-du-Temple, de la Tour, d'Angoulême, de Cruffol, le boulevart des deux côtés, les rues de
Vendôme, Beaujolois, Forez, Charlot, Saintonge, Normandie, de Boucherat, l'enclos du Temple, la maison des
pères Nazareth, comme chef-lieu, &c. & généralement toutes
les rues, culs-de-facs, places, &c. enclavés dans cette limite.

## SECTION DE POPINCOURT.  24.

### *Limites de cette section.*

LA rue de Ménil-montant & celle de la Roulette à droite,
depuis le boulevart jusqu'à la barrière de Ménil-montant, les
murs depuis la barrière de Ménil-montant jusqu'à la barrière
de Charonne, la rue de Charonne à droite, depuis la barrière
jusqu'à la rue de Lappe, les rues de Lappe & d'Aval à droite
jusqu'au boulevart, le boulevart à droite jusqu'à la rue de Ménil-montant.

### *Intérieur.*

LES rues du Bas-Popincourt, de Popincourt, Saint-Sébastien,
Amelot, Saint-Sabin, de la Contrescarpe, de la Roquette, de

Basfroid, du Chemin vert, des Amandiers, de la Folie-Renaud, des Rats, des murs de la Roquette, de la Muette, cul-de-sac de la Roquette, &c. & généralement toutes les rues, culs-de-sacs, places, &c. enclavés dans cette limite.

## 25. SECTION DE LA RUE DE MONTREUIL.

### *Limites de cette section.*

LES rues d'Aval, de Lappe & de Charonne à droite, depuis le boulevart jusqu'à la barrière de Charonne, les murs jusqu'à la barrière du Trône, la rue du faubourg Saint-Antoine à droite, depuis la barrière du Trône jusqu'au boulevart, le boulevart à droite, depuis la porte Saint-Antoine jusqu'à la rue d'Aval.

### *Intérieur.*

LA partie de la rue Amelot, depuis la rue d'Aval jusqu'à la rue Saint-Antoine, les rues Sainte-Marguerite, Saint-Bernard, de Montreuil, des Boulets & du Trône, le cul-de-sac Saint-Bernard, &c. & généralement toutes les rues, places, &c. enclavés dans cette limite.

## 26. SECTION DES QUINZE-VINGTS.

### *Limites de cette section.*

LA rue du faubourg Saint-Antoine à droite, depuis la rue des Fossés-Saint-Antoine jusqu'à la barrièrre du Trône, les murs, depuis la barrière du Trône jusqu'à la barrière de la Rapée, le bord de la rivière, depuis la Rapée jusqu'à la rue des Fossés-Saint-Antoine. La rue des Fossés-Saint-Antoine borde cette limite de ce côté, & elle n'est point de cette section.

### *Intérieur.*

LES rues de Picquepus, des Ballets, de Montgalet, de Reuilly, de Charenton, la grande Pinte, de Bercy, de
Rambouillet,

Rambouillet, de la Rapée, des Charbonniers, des Chantiers, des Angloiſes, Moreau, du Fumier, de la Planchette, Saint-Nicolas, Traverſière, Trouvée, Cotte, Noir, d'Aligre, le Marché Saint-Martin, la rue de Beauveau, &c. & généralement toutes les rues, culs-de-ſacs, places, &c. enclavés dans cette limite.

## SECTION DES GRAVILLIERS. 27.

### *Limites de cette ſection.*

LE boulevart à droite de la porte Saint-Martin à la porte du Temple, la rue du Temple à droite du boulevart à la rue Chapon, les rues Chapon & du Cimetière-Saint-Nicolas à droite de la rue du Temple à la rue Saint-Martin, la rue Saint-Martin à droite, depuis la rue du Cimetière-Saint-Nicolas juſqu'au boulevart.

### *Intérieur.*

LES rues Mêlée, Neuve-Saint-Martin, Notre-Dame de Nazareth, du Verbois, Neuve-Saint-Laurent, de la Croix, des Fontaines, Phélipeaux, des Vertus, de Rome, Aumaire, Jean-Robert, des Gravilliers, &c. & généralement toutes les rues, culs-de-ſacs, places, &c. enclavés dans cette limite.

## SECTION DU FAUBOURG SAINT-DENYS. 28.

### *Limites de cette ſection.*

LA rue du faubourg Saint-Denys à droite, du boulevart à la barrière, les murs de la barrière Saint-Denys à la barrière Saint-Martin, la rue du faubourg Saint-Martin à droite de la barrière au boulevart, le boulevart à droite de la porte Saint-Martin à la porte Saint-Denys.

### *Intérieur.*

LA Foire Saint-Laurent, les rues Saint-Laurent, Saint-Jean,

*Tome I.* O o o o o o

Neuve-d'Orléans, &c. & généralement toutes les rues, culs-
de-facs, places, &c. enclavés dans cette limite.

### 29.  SECTION DE LA RUE BEAUBOURG.

#### *Limites de cette section.*

LES rues du Cimetière-Saint-Nicolas & Chapon à droite
de la rue Saint-Martin à la rue Sainte-Avoie, les rues Sainte-
Avoie & Bar-du-Bec à droite de la rue Chapon à la rue de la
Verrerie, la rue de la Verrerie à droite, depuis la rue Bar-du-
Bec jufqu'à la rue Saint-Martin, la rue Saint-Martin à droite,
depuis Saint-Merry jufqu'à la rue du Cimetière-Saint-Nicolas.

#### *Intérieur.*

LES rues de Montmorenci, Grenier-Saint-Lazare, Michel-
le-Comte, du Mort, des Petits-Champs, des Ménétriers, des
Étuves, Geoffroy-Langevin, Corroyerie, Maubuée, Simon-
le-Franc, Neuve-Saint-Merry, Taillepain, Brifemiche, du
Renard, du Poirier, Beaubourg, partie de celle Tranfnonain
jufqu'à la rue Chapon, &c. & généralement toutes les rues,
culs-de-facs, places, &c. enclavés dans cette limite.

### 30.  SECTION DES ENFANS-ROUGES.

#### *Limites de cette section.*

LES rues Sainte-Avoie & du Temple à droite, depuis la
rue Sainte-Croix-de-la-Bretonnerie jufqu'à la rue de la Corderie, les rues de la Corderie & de Bretagne à droite jufqu'à
la vieille rue du Temple, la vieille rue du Temple à droite de
la rue de Bretagne à la rue Sainte-Croix-de-la-Bretonnerie, la
rue Sainte-Croix-de-la-Bretonnerie à droite jufqu'à la rue
Sainte-Avoie.

#### *Intérieur.*

LES rues du Plâtre, des Blancs-Manteaux, de l'Homme-
armé, du Puits, des Singes, du Chaume, de Paradis, de Sou-
bife, de Brac, des vieilles Audriettes, des Quatre-Fils, du

Perche, d'Orléans, des Oifeaux, du grand-Chantier, Paf-
toureile, d'Anjou, de Poitou, de Limoges, de la Marche, de
Berry, de Beauce, Portefoin, &c. & généralement toutes les
rues, culs-de-facs, places, &c. enclavés dans cette limite.

## SECTION DU ROI DE SICILE. 31.

### *Limites de cette fection.*

LA rue du Coq à droite, depuis la rue de la Tixeranderie
jufqu'à la rue de la Verrerie, la rue de la Verrerie à droite,
depuis la rue du Coq jufqu'à la rue Bar-du-Bec, la rue Bar-
du-Bec à droite jufqu'à la rue Sainte-Croix-de-la-Bretonnerie,
la rue Sainte-Croix-de-la-Bretonnerie jufqu'à la vieille rue du
Temple, la vieille rue du Temple à droite, depuis la rue Sainte-
Croix-de-la-Bretonnerie jufqu'à la rue des Francs-Bourgeois,
la rue des Francs-Bourgeois & la rue Neuve-Sainte-Catherine à
droite jufqu'à la rue Culture-Sainte-Catherine, la rue Culture-
Sainte-Catherine à droite, depuis la rue Neuve-Sainte-Catherine
jufqu'à la rue Saint-Antoine, la rue Saint-Antoine à droite,
depuis la rue Culture-Sainte-Catherine jufqu'à la rue de la
Tixeranderie, la rue de la Tixeranderie à droite jufqu'à la rue
du Coq.

### *Intérieur.*

LES rues des deux Portes, des Mauvais-Garçons, le Cime-
tière-Saint-Jean, les rues de Bercy, Cloche-Perche, Tyron,
de la Verrerie des deux côtés, depuis la rue du Coq au Cime-
tière-Saint-Jean, les rues du Roi-de-Sicile, Pavée, des Rofiers,
des Juifs, des Écouffes, Bourtibourg, de Mouffy, des Billettes,
&c. & généralement toutes les rues, culs-de-facs, places, &c.
enclavés dans cette limite.

## SECTION DE L'HOTEL-DE-VILLE. 32.

### *Limites de cette fection.*

LA rue des Nonaindières à gauche du Pont-Marie à la rue
Saint-Antoine, la rue Saint-Antoine à gauche jufqu'à la rue de

la Tixeranderie, la rue de la Tixeranderie à gauche jufqu'à la
rue du Mouton, la rue du Mouton à gauche & la place de
Grève à gauche jufqu'à la rivière, le bord de la rivière, depuis
la Grève jufqu'au Pont-Marie.

### Intérieur.

Les rues de Joui, de la Mortellerie, Quai des Ormes, le
Port au blé, les rues du Martroy, de la Levrette, de Long-
pont, des Barres, Grenier-fur-l'eau, Geoffroy-l'Anier, du Pourtour, du Monceau, du Pet-au-diable, l'Hôtel-de-ville, &c.
& généralement toutes les rues, culs-de-facs, places, &c.
enclavés dans cette limite.

## 33. SECTION DE LA PLACE ROYALE.

### Limites de cette fection.

La rue du Temple & celle des Filles-du-Calvaire à droite, à
prendre de la rue des Francs-Bourgeois jufqu'au boulevart, le
boulevart à droite, depuis la rue des Filles-du-Calvaire jufqu'à
la Porte Saint-Antoine, la rue Saint-Antoine à droite, depuis la
Porte Saint-Antoine jufqu'à la rue Culture-Sainte-Catherine, la
rue Culture-Sainte-Catherine à droite jufqu'à la rue Neuve-
Sainte-Catherine, la rue Neuve-Sainte-Catherine & des Francs-
Bourgeois à droite, à prendre de la rue Culture-Sainte-Catherine jufqu'à la rue du Temple.

### Intérieur.

Les rues de l'Ofeille, du Pont-aux-Choux, Saint-Louis, de
l'Égoût, Royale, Place Royale, les rues Guémenée, des Tour-
nelles, Jean-Beaufire, de la Mule, du Foin, des Minimes,
Neuve-Saint-Gilles, des douze Portes, du Harlay, Saint-
Claude, Saint-François, du Roi-doré, Saint-Gervais, Saint-
Anaftafe, Culture-Saint-Gervais, de la Perle, Barbette, du
Parc-royal, Payenne, des trois-Pavillons, de Torigny, &c.

& généralement toutes les rues , culs-de-facs , places , &c. enclavés dans cette limite.

## SECTION DE L'ARSENAL. 34.

### *Limites de cette section.*

LA rue des Foffés-Saint-Antoine entière , depuis la rivière jufqu'à la rue du faubourg Saint-Antoine, la place de la Baftille à gauche jufqu'à la rue Saint-Antoine', la rue Saint-Antoine à gauche jufqu'à la rue des Nonaindières , la rue des Nonaindières à gauche jufqu'au pont-Marie , le quai Saint-Paul, le port Saint-Paul , le quai de l'Arfenal , le long de la rivière jufqu'à la rue des Foffés-Saint-Antoine.

### *Intérieur.*

LES rues des Prêtres , Percée , Saint-Paul , des Barrés , du Figuier, du Fauconnier , de l'Étoile , des Jardins , des Lions , Neuve-Saint-Paul , des trois Piftolets , Gérard-Boquet , Beautreillis , du Petit-mufc , de la Cerifaie , le quai des Céleftins , les cours de l'Arfenal , les maifons qui fe trouvent fituées dans l'île Louviers , &c: & généralement toutes les rues , culs-de-facs , places , &c. enclavés dans cette limite.

## SECTION DE L'ISLE. 35.

### *Limites de cette section.*

LA limite de cette feftion eft fituée dans fon île, & comprend toutes les rues, quais, &c. qui s'y trouvent.

## SECTION DE NOTRE-DAME. 36.

### *Limites de cette section.*

LA rue de la Barillerie à droite du pont Saint-Michel au pont au Change : elle eft enfuite bornée au nord, à l'eft & au fud par la rivière.

*Intérieur.*

Le Marché-Neuf, les rues de la Calande, Saint-Éloi, aux Fèves, de la Draperie, de la Pelleterie, du Marché-Palu, de la Juiverie, de la Lanterne, du Haut-Moulin, des Marmousets, de la Licorne, Saint-Christophe, Notre-Dame, des Ursins, Saint-Landry, d'Enfer, le cloître Notre-Dame, &c. & généralement toutes les rues, culs-de-sacs, places, &c. enclavés dans cette limite.

37.    SECTION D'HENRI IV.

*Limites de cette section.*

Le pont Saint-Michel à droite, depuis la rue de la Bouclerie, à prendre au Caignard. *Idem.* à gauche, les maisons qui sont sur le pont seulement, la rue de la Barillerie à gauche du pont Saint-Michel au pont au Change, bornée au nord, à l'ouest & au sud par la rivière.

*Intérieur.*

Le quai de l'Horloge, la place Dauphine, la rue du Harlay, le quai des Orfèvres, la rue Saint-Louis, la rue Sainte-Anne, les cours du Palais, le Palais, & généralement toutes les rues, culs-de-sacs, places, &c. enclavés dans cette limite.

38.    SECTION DES INVALIDES.

*Limites de cette section.*

Le bord de la rivière, depuis la barrière jusqu'au pont de Louis XVI, la rue de Bourgogne à droite, depuis le pont de Louis XVI jusqu'à la rue de Varenne, le bout de la rue de Varenne à droite, depuis la rue de Bourgogne jusqu'au boulevart, le boulevart à droite, depuis la rue de Varenne jusqu'à la rue de Sève; le côté de la rue de Sève à droite, depuis le boulevart jusqu'à la barrière, les murs, depuis la barrière de Sève jusqu'à la rivière.

*Intérieur.*

LE Gros-Caillou, le château de Grenelle, l'École-militaire, les Invalides, l'extrêmité des rues de Grenelle, de l'Univerfité & de Saint-Dominique ; &c. ainfi que toutes les rues, culs-de-facs, places, &c. enclavés dans cette limite.

## SECTION DE LA FONTAINE GRENELLE. 39.

*Limites de cette fection.*

LE bord de la rivière, du pont de Louis XVI à la rue des Saints-Pères, la rue des Saints-Pères à droite jufqu'à la rue de Grenelle, la rue de Grenelle à droite, depuis la rue des Saints-Pères jufqu'à la rue de Bourgogne, la rue de Bourgogne à droite jufqu'à la rivière.

*Intérieur.*

LES rues de Bourbon, de l'Univerfité, de Saint-Dominique, à prendre de la rue de Bourgogne à la rue des Saints-Pères, la rue du Bac, depuis la rue de Grenelle jufqu'au Pont-Royal, les rues de Belle-Chaffe, de Poitiers, de Verneuil, de Beaune, Saint-Maur, Saint-Guillaume, des Roziers, &c. & généralement toutes les rues, culs-de-facs, places, &c. enclavés dans cette limite.

## SECTION DES QUATRE-NATIONS. 40.

*Limites de cette fection.*

LA rue des Saints-Pères à droite jufqu'au quai des Théatins, le quai des Théatins, des Quatre-Nations & de Conti, depuis la rue des Saints-Pères jufqu'au Pont-Neuf, les rues Dauphine & des Foffés-Saint-Germain à droite du Pont-Neuf à la rue des Boucheries, la rue des Boucheries à droite, la rue du Four à droite, la Croix-Rouge à droite jufqu'à la rue des Saints-Pères.

*Interieur.*

LES rues des Petits-Auguftins, de Seine, Mazarine, des Marais, Guénégaud, de Nevers, de Buffy, des Mauvais-Garçons, Jacob, du Colombier, des deux - Anges, Saint-Benoît, Bourbon-le-Château, de l'Échaudé, Sainte-Marguerite, des Cizeaux, de l'Égoût, Taranne, du Sabot, du Dragon, du Sépulcre, petite rue Taranne, l'enclos de la foire Saint-Germain, &c. & généralement toutes les rues, culs-de-facs, places, &c. enclavés dans cette limite.

41. ## SECTION DU THÉATRE FRANÇOIS.

*Limites de cette fection.*

LES rues de Condé, des Foffés-Saint-Germain & Dauphine à droite, depuis la rue de Vaugirard jufqu'au Pont-Neuf, le quai des Auguftins, du Pont-Neuf à la rue du Hurpoix, la rue du Hurpoix des deux côtés, la place du Pont-Saint-Michel à droite, la rue de la Bouclerie & la rue de la Harpe à droite jufqu'à la place Saint-Michel, le côté de la place Saint-Michel à droite, en retour fur la rue des Francs-Bourgeois auffi à droite, la rue de Vaugirard à droite jufqu'à la rue de Condé.

*Interieur.*

LES rues des Auguftins, Chriftine, Savoye, Pavée, Git-le-Cœur, de l'Hirondelle, Saint-André-des-Arts, Cour-du-Commerce, rue de l'Éperon, du Paon, du Jardinet, Mignon, des Poitevins, du Cimetière-Saint-André, Haute-feuille, des Cordeliers, Macon, Percée, Poupée, Serpente, des deux Portes, Pierre-Sarrazin, de Touraine, de l'Obfervance, des Foffés-M.-le-Prince, des Francs-Bourgeois, de Condé, du Thâtre François, le Théâtre François, & les rues qui y aboutiffent, &c. & généralement toutes les rues, culs-de-facs, &c. enclavés dans cette limite.

SECTION

## SECTION DE LA CROIX-ROUGE. 42.

### *Limites de cette section.*

LA rue de Vaugirard à gauche, depuis la barrière jusqu'à la rue du Regard, la rue du Regard à gauche jusqu'à la rue du Cherche-midi, la rue du Cherche-midi à gauche jusqu'à la Croix-Rouge, la Croix-Rouge à gauche jusqu'à la rue de Grenelle, la rue de Grenelle à gauche jusqu'à la rue de Bourgogne, la rue de Bourgogne à gauche jusqu'à la rue de Varenne, la rue de Varenne à gauche, depuis la rue de Bourgogne jusqu'au boulevart, le boulevart à gauche, depuis la rue de Varenne jusqu'à la rue de Sève, la rue de Sève à gauche, depuis le boulevart jusqu'à la barrière, les murs, depuis la barrière de Sève jusqu'à celle de Vaugirad.

### *Intérieur.*

LES rues de Varenne, de la Planche, de la Chaise, partie de celle du Bac, de la rue de Grenelle à la rue de Sève, les rues Hillerin-Bertin, de Babylone, Plumet, de Monsieur, Rousselet, Traverse, des Brodeurs, de Sève, Barouillère, Saint-Romain, Saint-Maur, Sainte-Placide, du petit-Bac, des vieilles Tuilleries, du petit Vaugirard, de Bagneux, de Ravel, &c. & généralemeut toutes les rues, culs-de-sacs, places, &c. enclavés dans cette limite.

## SECTION DU LUXEMBOURG. 43

### *Limites de cette section.*

LA rue de Vaugirard à gauche, depuis la rue des Francs-Bourgeois jusqu'à la rue de Condé, la rue de Condé à gauche jusqu'à la rue des Boucheries, la rue des Boucheries à gauche, la rue du Four à gauche jusqu'à la Croix-Rouge, partie de la place de la Croix-Rouge à gauche jusqu'à la rue du Cherche-midi, la rue du Cherche-midi à gauche jusqu'à la rue du

Regard, la rue du Regard à gauche, la rue de Vaugirard à gauche, depuis la rue du Regard jusqu'à la barrière, les nouveaux murs, depuis la barrière de Vaugirard jusque derrière l'Institut de l'Oratoire, de-là allant aboutir au mur des Chartreux, le mur des Chartreux jusqu'à celui du Luxembourg, l'intérieur du Luxembourg.

### *Intérieur.*

Les rues du Cœur-volant, des Quatre-Vents, la foire Saint-Germain, les rues Princesse, Guisarde, des Canettes, de Tournon, Garencière, du petit Bourbon, des Aveugles, Palatine, du Canivet, des Fossoyeurs, Ferrou, du Vieux-Colombier, Pot-de-fer, Cassette, Carpentier, Mezière, Honoré-Chevalier, de Vaugirad des deux côtés, depuis la rue de Condé jusqu'à la rue du Regard, Notre-Dame-des-Champs, du Mont-Parnasse, le cul-de-sac de Notre-Dame-des-Champs, &c. & généralement toutes les rues, culs-de-sacs, places, &c. enclavés dans cette limite.

## 44. SECTION DES THERMES DE JULIEN.

### *Limites de cette section.*

La rue de la Bouclerie à gauche, rue de la Harpe à gauche jusqu'à la place Saint-Michel, partie de la rue des Francs-Bourgeois à droite, du coin de la rue de Vaugirard à la place Saint-Michel, la place Saint-Michel à droite, la rue d'Enfer des deux côtés jusqu'à la rue Saint-Dominique, la rue Saint-Dominique à gauche jusqu'à la rue Saint-Jacques, la rue Saint-Jacques à gauche, de là rue Saint-Dominique au petit Pont, la rue de la Huchette des deux côtés jusqu'à la rue de la Bouclerie.

### *Intérieur.*

Les rues Zacharie, Saint-Severin, des Prêtres, de la Parcheminerie, Boutebrie, du Foin, des Mathurins, des Maçons, de Sorbonne, le Cloître Saint-Benoît, rue de Richelieu, Place Sorbonne, les rues des Poirées, des Cordiers, de Cluni, paffage des Jacobins, rues Hyacinthe, Saint-Thomas, &c. & généralement toutes les rues, culs-de-facs, places, &c. enclavés dans cette limite.

## SECTION DE SAINTE-GENEVIÈVE. 45

### *Limites de cette fection.*

LA rue du Petit-pont à gauche, du Petit-pont à la rue Galande, la rue Saint-Jacques à gauche jufqu'à la rue des Foffés-Saint-Jacques, la rue des Foffés-Saint-Jacques à gauche, l'Eftrapade à gauche, rue Contrefcarpe à gauche, la rue Bordet à gauche, depuis la rue Contrefcarpe jufqu'à la rue Clopin, la rue Clopin à gauche jufqu'à la rue d'Arras, la rue d'Arras à gauche jufqu'à la rue Traverfine, la rue Traverfine à gauche jufqu'à la rue Saint-Nicolas, la rue Saint-Nicolas à gauche jufqu'à la rue Saint-Victor, la rue Saint-Victor des deux côtés, depuis la rue Saint-Nicolas jufqu'à la rue de Bièvre, la rue de Bièvre des deux côtés jufqu'à la rue des Grands-degrés, la rue des Grands-degrés des deux côtés, prenant du côté droit à la pompe & de l'autre côté à la rue des Bernardins jufqu'à la rue de la Bucherie, la rue de la Bucherie des deux côtés jufqu'au Petit-pont.

### *Intérieur.*

LES rues Saint-Julien-le-Pauvre, du Fouare, des Rats, Jacinthe, d'Amboife, Perdue, Galande, la place Maubert, les rues du Plâtre, des Anglois, des Lavandières, des Noyers, Saint-Jean-de-Beauvais, des Carmes, de la Montagne-Sainte-Geneviève, Judas, du Mont-Saint-Hilaire, Chartière, des Sept-voies, des Amandiers, des Chiens, de Rheims, Fromentel, Saint-Étienne-des-Grès, la place Sainte-Geneviève, rue de Fourcy, &c. & généralement toutes les rues, culs-de-facs, places, &c., enclavés dans cette limite.

46. ### SECTION DE L'OBSERVATOIRE.

*Limites de cette section.*

LA rue d'Enfer des deux côtés, depuis la rue Saint-Dominique à la barrière, l'enclos des Chartreux, les murs, depuis les derrières de l'Institut de l'Oratoire jusqu'à la barrière de la rue de l'Ourfine, la rue de l'Ourfine à gauche, depuis la barrière jusqu'à la rue Mouffetard, la rue Mouffetard à gauche jusqu'à la rue Contrefcarpe, la rue Contrefcarpe à gauche, la rue de la vieille Eftrapade à gauche, l'Eftrapade à gauche, la rue des Foffés-Saint-Jacques à gauche, la rue du faubourg Saint-Jacques à gauche jusqu'à la rue Saint-Dominique, la rue Saint-Dominique à gauche jusqu'à la rue d'Enfer.

*Intérieur.*

LES rues du faubourg Saint-Jacques, de la Bourbe, Maillet, Longue-avoine, de Biron, de la Santé, des Bourguignons, des Charbonniers, des Lyonnois, de l'Arbalêtre, Neuve-Sainte-Geneviève, des Poftes, du Cheval-verd, des Poules, du Puits-qui-parle, Pot-de-fer, l'Obfervatoire, &c. & généralement toutes les rues, places, culs-de-facs, &c. enclavés dans cette limite.

47. ### SECTION DU JARDIN DES PLANTES.

*Limites de cette section.*

LE bord de la rivière, depuis le boulevart de l'Hôpital jufqu'à la pompe du quai de la Tournelle, la rue des Bernardins des deux côtés, la rue Saint-Nicolas à gauche, la rue Traverfine à gauche jusqu'à la rue d'Arras, la rue d'Arras à gauche jufqu'à la rue Clopin, la rue Clopin à gauche jufqu'à la rue Bordet, les rues Bordet & Mouffetard jufqu'à la rue de l'Épée-de-bois, la rue de l'Épée-de-bois à gauche, la rue du Noir à gauche jufqu'à la rue Françoife, les rues Françoife & du Puits-de-l'Hermite à gauche jufqu'à la rue du Battoir, la rue du

Battoir à gauche jufqu'à la rue d'Orléans, la rue d'Orléans à gauche jufqu'à la rue du Jardin-du-Roi, la rue du Jardin-du-Roi à gauche, depuis la rue d'Orléans jufqu'à la rue de Buffon, la rue de Buffon à gauche jufqu'au boulevart, le bout du boulevart à gauche jufqu'à la rivière.

### *Intérieur.*

LES quais de la Tournelle, de Saint-Bernard, le Jardin-du-Roi, les rues de Seine, du Jardin-du-Roi, du Battoir, Copeaux, partie de celle de la Clef, Tripelet, Gratieufe, Neuve-Saint-Médard, Neuve-Saint-Étienne, de la Droêtrine-Chrétienne, des Foffés-Saint-Viêtor, des Boulangers, du faubourg Saint-Viêtor, Saint-Viêtor, du Mûrier, du Paon, du Bonpuits, de Verfailles, des Foffés-Saint-Bernard, le cloître des Bernardins, la place aux Veaux, &c. & généralement toutes les rues, culs-de-facs, places, &c. enclavés dans cette limite.

## SECTION DES GOBELINS.        48.

### *Limites de cette feêion.*

LE bord de la rivière, depuis la barrière de l'Hôpital jufqu'au boulevart, le bout du boulevart à gauche jufqu'à la rue de Buffon, la rue de Buffon à gauche jufqu'à la rue du Jardin-du-Roi, la rue du Jardin-du-Roi à gauche jufqu'à la rue d'Orléans, la rue d'Orléans à gauche jufqu'à la rue du Battoir, la rue du Battoir à gauche jufqu'à la rue du Puits-de-l'Hermite, les rues du Puits-de-l'Hermite & Françoife à gauche jufqu'à la rue du Noir, la rue du Noir à gauche jufqu'à la rue de l'Épée-de-bois, la rue de l'Epée-de-bois à gauche jufqu'à la rue Mouffetard, la rue Mouffetard à gauche jufqu'à la rue de l'Ourfine, la rue de l'Ourfine à gauche jufqu'à la barrière, les murs, depuis la barrière de l'Ourfine jufqu'à la barrière de l'Hôpital.

### *Intérieur.*

LES rues de la Fontaine, partie de celle de la Clef, du Noir, Neuve-d'Orléans, de l'Orangerie, du Gril, Cenfier,

du P ont-aux-biches , du Fer-à-moulin, de la Muette , Poliveau,
du Marché , du Gros-caillou , des Fossés-Saint-Marcel , Voie-
creuse , du Banquier, Reine-blanche, des Francs-Bourgeois ,
des Hauts-fossés-Saint-Marcel , Fer-à-moulins , de Scipion ,
Mouffetard , des trois Couronnes , Saint-Hippolyte , des Gobelins , Croule-Barbe , du Champ-de-l'alouette , des Anglois ,
de la Barrière , les Gobelins , le Marché-aux-chevaux , l'Hôpital , &c. & généralement toutes les rues , culs-de-sacs , places ,
&c. enclavés dans cette limite.

FAIT au comité de constitution , à Paris , le vingt-un juin
mil sept cent quatre-vingt-dix. *Signé* DUPONT, T. X. BUREAUX,
GOSSIN , AUBRY-DUBOCHET , T. B. PINTEVILLE.

VU par le roi les susdits décret & procès-verbal , sa majesté
a ordonné & ordonne qu'ils seront exécutés suivant leur forme
& teneur.

FAIT à Paris , le vingt-sept juin mil sept cent quatre-vingt-
dix. *Signé* LOUIS. *Et plus bas* , par le roi , GUIGNARD. Et
scellées du sceau de l'état.

# LETTRES PATENTES DU ROI,

*Sur le décret de l'Assemblée nationale, du 26 Juin 1790, concernant la perception des droits d'Aides à Beauvais, sur les bestiaux, les jours de Francs-marchés ; & portant injonction à la Municipalité de maintenir le régime & la police desdits Francs-marchés, & de veiller au maintien des exercices de tous les autres droits d'Aides, & à la suite de leurs recouvremens.*

Données à Saint-Cloud, le 28 Juin 1790.

LOUIS, par la grâce de Dieu & par la loi constitutionnelle de l'état, ROI DES FRANÇOIS : A tous ceux qui ces présentes lettres verront ; SALUT. L'assemblée nationale, après avoir entendu le rapport de son comité des finances, a décrété, le 26 juin présent mois, & nous voulons & ordonnons ce qui suit :

LES droits d'aides, tels qu'ils ont été ci-devant perçus à Beauvais sur les bestiaux, les jours de francs-marchés, continueront de l'être sur le même pied sur les bestiaux vendus & destinés pour la ville, faubourgs & autres lieux sujets en dépendant.

Et à l'égard des ventes faites à toutes personnes étrangères auxdits lieux sujets, elles seront exemptes de tous droits généralement quelconques, à moins que les acheteurs n'y fassent entrer les bestiaux provenant desdits achats.

Enjoignons à la municipalité de maintenir le régime & la police établie de tous temps dans les francs-marchés dudit

. Beauvais, & d'avoir la plus grande surveillance pour le maintien des exercices de tous les autres droits d'aides, & la suite de leurs recouvremens.

MANDONS & ordonnons à tous les tribunaux, corps administratifs & municipalités, que les présentes ils fassent transcrire sur leurs registres, lire, publier & afficher dans leurs ressorts & départemens respectifs, & exécuter comme loi du royaume. En foi de quoi nous avons signé & fait contresigner cesdites présentes, auxquelles nous avons fait apposer le sceau de l'état. A Saint-Cloud, le vingt-huit juin, l'an de grâce mil sept cent quatre-vingt-dix, & de notre règne le dix-septième. *Signé* LOUIS. *Et plus bas*, par le roi, GUIGNARD, Vu au conseil, LAMBERT. Et scellées du sceau de l'état.

LETTRES

# LETTRES PATENTES DU ROI,

*Sur un decret de l'Assemblée nationale, interprétatif*
*des Décrets précédens, concernant les Prés soumis*
*à la vaine pâture.*

Données à Paris, le 30 Juin 1790.

LOUIS, par la grâce de Dieu & par la loi conſtitutionnelle de l'état, ROI DES FRANÇOIS : A tous ceux qui ces préſentes lettres verront ; SALUT. L'aſſemblée nationale, inſtruite
que pluſieurs perſonnes, par une fauſſe interprétation de ſes
décrets, que nous avons ſanctionnés, prétendent que tous
les prés indiſtinctement doivent être ſoumis à la vaine pâture,
immédiatement après l'enlèvement de la première herbe,
a déclaré qu'elle n'a rien innové aux diſpoſitions coutumières,
règlemens & uſages antérieurs relatifs à la dépenſe des prés ;
en conſéquence, a décrété, le 26 de ce mois, & nous voulons
& ordonnons ce qui ſuit :

TOUS propriétaires de prés clos, ou qui, ſans être clos,
étoient ci-devant poſſédés à deux ou pluſieurs herbes, continueront de jouir, conformément aux loix, règlemens & uſages
obſervés dans chaque lieu, du droit de couper & récolter les
ſecondes, troiſièmes ou quatrièmes herbes, ainſi qu'ils ont
fait par le paſſé. Fait défenſes à toutes perſonnes de troubler
leſdits propriétaires de prés dans leur poſſeſſion & jouiſſance ; le tout ſans rien innover aux uſages des pays où la
vaine pâture n'a pas lieu.

Ordonnons en outre que la lecture des préſentes ſera faite au
prône dans toutes les paroiſſes.

MANDONS & ordonnons à tous les tribunaux, corps adminiſtratifs & municipalités, que les préſentes ils faſſent

*Tome I.*                    Q q q q q q

transcrire sur leurs regiftres , lire , publier & afficher dans leurs reflorts & départemens refpectifs , & exécuter comme loi du royaume. En foi de quoi nous avons figné & fait contre-figner cefdites préfentes , auxquelles nous avons fait appofer le fceau de l'état. A Paris , le trentième jour du mois de juin , l'an de grâce mil fept cent quatre-vingt-dix , & de notre règne le dix-feptième. *Signé* LOUIS. *Et plus bas*, par le roi, GUIGNARD. Et fcellées du fceau de l'état.

# LETTRES PATENTES DU ROI,

*Sur un décret de l'Assemblée nationale, concernant l'Élection des Juges-Consuls.*

Données à Saint-Cloud, le 30 Juin 1790.

LOUIS, par la grâce de Dieu & par la loi constitutionnelle de l'état, ROI DES FRANÇOIS : A tous ceux qui ces présentes lettres verront ; SALUT. L'assemblée nationale a décrété, le 25 de ce mois, & nous voulons & déclarons ce qui suit :

L'ÉLECTION des juges-consuls, dans toutes les villes ou ils font établis, se fera provisoirement comme ci-devant, jusqu'à l'organisation de l'ordre judiciaire.

MANDONS & ordonnons à tous les tribunaux, corps administratifs & municipalités, que les présentes ils fassent transcrire sur leurs registres, lire, publier & afficher dans leurs ressorts & départemens respectifs, & exécuter comme loi du royaume. En foi de quoi nous avons signé & fait contresigner cesdites présentes, auxquelles nous avons fait apposer le sceau de l'état. A Saint-Cloud, le trentième jour du mois de juin, l'an de grâce mil sept cent quatre-vingt-dix, & de notre règne le dix-septième. *Signé* LOUIS. *Et plus bas*, par le roi, GUIGNARD. Et scellées du sceau de l'état.

# PROCLAMATION DU ROI,

*Sur un décret de l'Assemblée nationale relatif au Lieutenant-général de Crécy.*

Du 2 Juillet 1790.

VU par le roi le décret dont la teneur suit :

*DÉCRET de l'Assemblée nationale, du 20 Avril 1790.*

L'ASSEMBLÉE nationale, après avoir entendu son comité des rapports, déclare que tout citoyen qui n'est prévenu d'aucun délit doit jouir tranquillement de sa liberté & de son état, & être en sûreté sous la sauve-garde de la loi; en conséquence, que la municipalité de Crécy auroit dû & doit employer tous les moyens qui sont en son pouvoir pour faire jouir le sieur de la Borde, lieutenant-général de cette ville, des droits appartenant à tous les citoyens.

Décrète en outre que son président écrira à la municipalité de Crécy, que l'assemblée improuve les délibérations prises par les habitans de cette ville, les 14 décembre & 3 janvier derniers, par lesquelles ils ont voulu flétrir la réputation & l'honneur du sieur de la Borde.

LE ROI a sanctionné & sanctionne ledit décret; en conséquence, sa majesté mande & ordonne aux officiers municipaux de la ville de Crécy d'employer tous les moyens qui sont en leur pouvoir pour faire jouir le sieur de la Borde, lieutenant-général de cette ville, des droits appartenant à tous les citoyens. Fait à Saint-Cloud, le deux juillet mil sept cent quatre-vingt-dix. *Signé* LOUIS. *Et plus bas*, par le roi, GUIGNARD.

## LETTRES PATENTES DU ROI,

*Sur un décret de l'Assemblée nationale, concernant les Foires franches.*

Données à Saint-Cloud, le 2 Juillet 1790.

LOUIS, par la grâce de Dieu & par la loi constitutionnelle de l'état, ROI DES FRANÇOIS : A tous ceux qui ces présentes lettres verront; SALUT. L'assemblée nationale, considérant que la franchise accordée aux foires franches est plutôt une faveur pour le commerce du royaume, qu'un privilège particulier à une ville, a décrété, le 27 du mois dernier, & nous voulons & ordonnons ce qui suit :

### ARTICLE PREMIER.

IL ne sera rien innové, quant à présent, à ce qui concerne les foires franches ; elles continueront avec les mêmes exemptions de droits que par le passé.

### I I.

LES anciennes ordonnances rendues pour le maintien du bon ordre & de la police seront exécutées suivant leur forme & teneur ; & particulièrement le tribunal que la commune de Baucaire établit pour juger en première instance les contestations, continuera ses fonctions comme par le passé, en se conformant au surplus aux décrets de l'assemblée nationale, par nous sanctionnés.

MANDONS & ordonnons à tous les tribunaux, corps administratifs & municipalités, que les présentes ils fassent transcrire sur leurs registres, lire, publier & afficher dans leurs ressorts & départemens respectifs, & exécuter comme loi du royaume. En foi de quoi nous avons signé & fait contresigner cesdites présentes, auxquelles nous avons fait apposer le sceau de l'état. A Saint-Cloud, le deuxième jour du mois de juillet, l'an de grâce mil sept cent quatre-vingt-dix, & de notre règne le dix-septième. *Signé* LOUIS. *Et plus bas*, par le roi, GUIGNARD. Et scellées du sceau de l'état.

## LETTRES PATENTES DU ROI,

*Sur un décret de l'Assemblée nationale, pour mettre les nouveaux Corps administratifs en activité.*

Données à Saint-Cloud, le 2 Juillet 1790.

LOUIS, par la grâce de Dieu & par la loi constitutionnelle de l'état, ROI DES FRANÇOIS : À tous ceux qui ces présentes lettres verront; SALUT. L'assemblée nationale a décrété, les 28 & 30 du mois dernier, & nous voulons & ordonnons ce qui suit :

### ARTICLE PREMIER.

LES membres déjà nommés, & ceux qui vont l'être successivement pour composer les administrations de département & de district, tiendront incessamment une première assemblée dans laquelle ils nommeront leur président, leur secrétaire, & les membres du directoire, après avoir prêté le serment civique.

### I I.

DANS les anciennes provinces qui avoient une administration commune, les membres des nouveaux corps administratifs nommeront aussi les commissaires qui seront chargés de la liquidation des affaires générales, aux termes du dernier article du décret du 22 décembre dernier, par nous accepté, sur la constitution des assemblées administratives.

### I I I.

CES nominations étant faites, les membres des administrations de département & de district se sépareront pour se réunir tous en *session de conseil*, à la même époque qui sera, pour cette fois, celle du 15 septembre prochain pour toutes les administrations de diftriſt, & celle du premier oſtobre pour toutes les adminiſtrations de département.

## I V.

LES direſtoires de département s'occuperont, pendant cet intervalle, de ſe faire remettre les papiers & renſeignemens relatifs au département, d'en faire l'examen pour être en état d'en préſenter les réſultats généraux à la prochaine aſſemblée du conſeil, & de diftribuer à chaque direſtoire de diftriſt ceux qui pourront le concerner.

## V.

ILS feront former un état ou tableau de toutes les municipalités dont leur département eft compoſé, avec indication, tant du montant de la population aſtive que de celui des impoſitions de chaque municipalité.

## V I.

ILS feront dreſſer également un tableau des routes de leur département, avec déſignation de l'état dans lequel elles ſe trouvent, & de la ſituation, tant des ouvrages d'*art* que de ceux ci-devant dits *corvée*, qui ſont autoriſés & mis en confection ſur les fonds de 1790; ils feront dreſſer pareillement un tableau des ports de mér, des rivières navigables & canaux de leur département, avec déſignation de l'état dans lequel ils ſe trouvent, & de la ſituation des ouvrages d'art, pour les parties dont la dépenſe eft à la charge des adminiſtrations.

## V I I.

ILS ſuivront les diſpoſitions faites pour l'emploi, tant de ces fonds que de ceux deſtinés aux atteliers de charité & autres ſecours de bienfaiſance, aux frais d'adminiſtration, & autres dépenſes qui concernent la généralité du département pour l'année 1790.

## V I I I.

ILs veilleront, fuivant l'inftruction qui leur fera envoyée, à ce que tous les rôles, tant des impofitions ordinaires que ceux de fupplément fur les ci-devant privilégiés, & ceux de la contribution patriotique, foient inceffamment achevés, vérifiés & mis en recouvrement. *s*

## I X.

ILs exécuteront les difpofitions du décret de l'affemblée nationale, du 25 mai dernier, que nous avons fanctionné, pour conftater les inégalités, erreurs ou doubles emplois qui peuvent avoir eu lieu dans le dernier département des impofitions ordinaires entre les municipalités.

## X.

ILs examineront & jugeront les requêtes des contribuables, en *décharge* ou *réduction*, en *remife* ou *modération*.

## X I.

ILs s'occuperont auffi des demandes relatives aux reconftructions & réparations d'églifes ou de presbytères, & aux autres objets de dépenfes locales, foit pour faire exécuter les dépenfes déjà autorifées, foit pour vérifier, accorder ou refufer celles fur lefquelles il n'a pas encore été prononcé.

## X I I.

ILs vérifieront & termineront, conformément aux décrets conftitutionnels par nous acceptés, toutes les demandes relatives à la formation, organifation & réunion des municipalités.

## X I I I.

ILs fe conformeront aux inftructions qui leur feront données fur tout ce qui concerne l'adminiftration & la vente des biens nationaux.

## X I V.

### X I V.

ET généralement les directoires des départemens feront, tant par eux-mêmes que par l'entremife des directoires de diftrict qui leur font fubordonnés , tout ce qui fera néceffaire & pourra leur être prefcrit , foit pour la continuation du fervice de 1790, foit pour l'éxécution des décrets déjà rendus & par nous fanctionnés , & de ceux qui pourront l'être dans le cours de la préfente feffion , & que nous aurons pareillement fanctionnés.

MANDONS & ordonnons à tous les tribunaux , corps admi-niftratifs & municipalités , que les préfentes ils faffent tranf-crire fur leurs regiftres , lire , publier & afficher dans leurs refforts & départemens refpectifs , & exécuter comme loi du royaume. En foi de quoi nous avons figné & fait contrefigner cefdites préfentes , auxquelles nous avons fait appofer le fceau de l'état. A Saint-Cloud , le deuxième jour du mois de juillet , l'an de grâce mil fept cent quatre-vingt-dix , & de notre règne le dix-feptième. *Signé* LOUIS. *Et plus bas* , par le roi , GUIGNARD. Et fcellées du fceau de l'état.

## LETTRES PATENTES DU ROI,

*Sur le décret de l'Affemblée nationale, du 26 Juin 1790, concernant la confection & vérification des Rôles de fupplément fur les ci-devant Privilégiés, pour les fix derniers mois 1789, tant dans le Département de l'Ain que dans les autres Départemens du Royaume; & portant que les fonctions des Commïffaires départis, Intendans & Subdélégués ceffent au moment où les Directoires de Département & de Diftrict feront en activité.*

Données à Paris, le 4 Juillet 1790.

LOUIS, par la grâce de Dieu & par la loi conftitutionnelle de l'état, ROI DES FRANÇOIS : À tous ceux qui ces préfentes lettres verront; SALUT. L'affemblée nationale, fur le rapport de fon comité des finances, a décrété, le 26 juin 1790, & nous voulons & ordonnons ce qui fuit:

### ARTICLE PREMIER.

Il fera inceffamment, à la diligence du procureur-général-fyndic du département de l'Ain, demandé aux officiers des élections & Bourg de Belley, enfemble aux anciens adminiftrateurs des provinces de Breffe, Dombes, Bugey & Gex, un état des rôles de fupplément faits fur les ci-devant privilégiés, pour les fix derniers mois 1789, & un bordereau des fommes portées par lefdits rôles d'impofitions; enfemble une lifte pour les communautés qui n'ont pas encore fait procéder à la confection desdits rôles de supplément.

## I I.

La liste des communautés dont les rôles de supplément ne sont pas encore faits sera adressée aux directoires des districts dont dépendent lesdites communautés, pour par lesdits directoires de district faire procéder le plus tôt qu'il sera possible auxdits rôles de supplément, qui leur seront ensuite renvoyés par les syndics & péréquateurs, pour être vérifiés & rendus exécutoires par lesdits directoires de district.

## I I I.

Il sera toujours fait trois originaux de ces rôles, dont l'un sera remis aux collecteurs, l'autre restera aux archives du district, & le troisième sera envoyé par ledit directoire de district à celui du département.

## I V.

Pour la confection de ces rôles, les municipalités & les collecteurs de 1789 se conformeront à notre proclamation du 24 novembre 1789, rendue à ce sujet.

## V.

Il sera incessamment déterminé de quelle manière il sera procédé, si fait n'a été, à l'assiette & répartement des impositions de la présente année, ordonnés par nos lettres patentes du 21 février dernier, & ce sans le concours des députés du bureau des finances & des officiers des élections de Bourg & Belley, & de tous autres qui avoient coutume d'y assister.

## V I.

Continueront néanmoins les juges d'élection de Bourg & Belley d'exercer leurs fonctions & d'en percevoir les émolumens, jusqu'à ce qu'il y ait été autrement pourvu. [1]

## V I I.

EN ce qui concerne les commiſſaires départis, les intendans, leurs ſubdélégués, leurs fonctions ceſſeront entièrement
pour toutes les parties d'adminiſtration, du moment où les
directoires de département & de diſtrict ſeront en activité, ſoit
que leſdites fonctions ayent été exprimées ou non dans l'article II de la troiſième ſection de nos lettres patentes du mois
de janvier 1790, ſur le décret de l'aſſemblée nationale, du 22
décembre précédent, concernant les fonctions des aſſemblées
adminiſtratives; de telle ſorte que, conformément à l'article
IX, ſection III deſdites lettres patentes, il n'y ait aucun intermédiaire entre les adminiſtrations de département & le pouvoir
exécutif ſuprême.

## V I I I.

DÉCLARONS, au ſurplus, nos préſentes lettres patentes communes à tous les départemens & diſtricts du royaume.

MANDONS & ordonnons à tous les tribunaux, corps adminiſtratifs & municipalités, que les préſentes ils faſſent tranſcrire
ſur leurs regiſtres, lire, publier & afficher dans leurs reſſorts
& départemens reſpectifs, & exécuter comme loi du royaume.
En foi de quoi nous avons ſigné & fait contreſigner ceſdites
préſentes, auxquelles nous avons fait appoſer le ſceau de l'état.
A Paris, le quatrième jour du mois de juillet, l'an de grâce
mil ſept cent quatre-vingt-dix, & de notre règne le dix-ſeptième.
*Signé* LOUIS. *Et plus bas*, par le roi, GUIGNARD.
Vu au conſeil, LAMBERT. Et ſcellées du ſceau de l'état.

# PROCLAMATION DU ROI,

*Sur un décret de l'Assemblée nationale, concernant l'Armée navale.*

Du 7 Juillet 1790.

VU par le roi le décret dont la teneur suit :

*DÉCRET de l'Assemblée nationale, des 26 Juin & 3 Juillet 1790.*

L'ASSEMBLÉE nationale a décrété & décrète comme articles conſtitutionnels les articles ſuivans :

### ARTICLE PREMIER.

LE roi eſt le chef ſuprême de l'armée navale.

### I I.

L'ARMÉE navale eſt eſſentiellement deſtinée à défendre la patrie contre les ennemis extérieurs, & à protéger le commerce maritime & les poſſeſſions nationales dans les différentes parties du globe.

### I I I.

IL ne peut être appelé dans les ports François ni employé au ſervice de l'état aucunes forces navales étrangères, ſans un acte du corps légiſlatif, ſanctionné par le roi.

### I V.

IL ne peut être employé ſur les vaiſſeaux, ni tranſporté par leſdits vaiſſeaux dans les ports du royaume & des colonies, aucun corps ou détachement de troupes étrangères, si ces troupes n'ont été admises au service de la nation par un décret du corps législatif, sanctionné par le roi.

### V.

LES sommes nécessaires à l'entretien de l'armée navale, des ports & arsenaux, & autres dépenses civiles ou militaires du département de la marine, seront fixées annuellement par les législatures.

### V I.

TOUS les citoyens sont également admissibles aux emplois civils & militaires de la marine, & les législatures & le pouvoir exécutif ne peuvent directement ni indirectement porter aucune atteinte à ce droit.

### V I I.

IL n'y aura d'autre distinction entre les officiers, soit civils, soit militaires de la marine, que celle des grades, & tous seront susceptibles d'avancement, suivant les règles qui seront déterminées.

### V I I I.

TOUTE personne attachée au service civil ou militaire de la marine conserve son domicile, nonobstant les absences nécessitées par son service, & peut exercer les fonctions de citoyen actif, s'il a d'ailleurs les qualités exigées par les décrets de l'assemblée nationale.

### I X.

TOUT militaire ou homme de mer, qui, depuis l'âge de dix-huit ans, aura servi sans reproches pendant soixante-douze mois sur les vaisseaux de guerre, ou dans les grands ports l'espace de seize ans, jouira de la plénitude des droits de citoyen actif, & fera difpenfé des conditions relatives à la propriété & à la contribution.

## X.

CHAQUE année, le 14 juillet, il fera prêté individuellement dans les grands ports, par toutes les perfonnes attachées au fervice civil ou militaire de la marine, en préfence des officiers municipaux & des citoyens raffemblés, le ferment qui fuit :

Savoir, par les officiers civils ou militaires, de refter fidèles à la nation, à la loi, au roi & à la conftitution décrétée par l'affemblée nationale, & acceptée par fa majefté ; de prêter main-forte requife par les corps adminiftratifs & les officiers civils ou municipaux, & de n'employer jamais ceux qui font fous leurs ordres contre aucun citoyen, fi ce n'eft fur cette réquifition, laquelle fera toujours lue aux troupes affemblées ; de faire refpeéter le pavillon François, & de protéger de la manière la plus efficace le commerce maritime ;

Et par les hommes de mer & autres employés au fervice de la marine, entre les mains de leurs officiers, d'être fidèles à la nation, à la loi, au roi & à la conftitution ; de n'abandonner jamais les vaiffeaux fur lefquels ils feront employés, & d'obéir à leurs chefs avec la plus exaéte fubordination.

Les formules de ces fermens feront lues à haute voix par l'officier commandant dans le port, lequel jurera le premier, & recevra le ferment que chaque officier & enfuite chaque homme de mer prononcera, en levant la main & difant : *Je le jure.*

## X I.

A chaque armement & au moment de la revue à bord, le commandant de chaque vaiffeau fera le ferment, & le fera répéter par l'état-major & l'équipage, dans les termes énoncés par l'article précédent.

## X I I.

LE miniftre ayant le département de la marine, & tous les agens civils & militaires, quels qu'ils foient, font fujets à la refponfabilité, dans le cas & de la manière qui font ou feront déterminés par la conftitution.

## X I I I.

AUCUN officier militaire de la marine ne pourra être deftitué de fon emploi fans le jugement d'un confeil de guerre, & aucun officier civil, fans l'avis d'un confeil d'adminiftration.

## X I V.

IL n'y aura d'autres règlemens, d'autres ordonnances fur le fait de la marine, que les décrets du corps légiflatif fanctionnés par le roi, fauf les proclamations que pourra faire le pouvoir exécutif, pour ordonner ou rappeler l'obfervation des loix, & en développer les détails.

## X V.

A chaque légiflature appartient le pouvoir de ftatuer,

1.º Sur les fommes à fixer annuellement pour l'entretien de l'armée navale, des ports & arfenaux, & autres dépenfes concernant le département de la marine & des colonies ;

2.º Sur le nombre des vaiffeaux dont l'armée navale fera compofée ;

3.º Sur le nombre d'officiers de chaque grade, & d'hommes de mer à entretenir pour le fervice de la flotte;

4.º Sur la formation des équipages ;

5.º Sur la folde de chaque grade;

6.º Sur les règles d'admiffion au fervice & d'avancement dans les grades;

7.º Enfin, fur les loix relatives aux délits & aux peines militaires,

militaires , & fur l'organifation des confeils de guerre &
d'adminiftration.

LE ROI, acceptant ledit décret, a ordonné & ordonne
qu'il fera publié tant dans le royaume que dans les colonies
Françoifes, & envoyé aux corps adminiftratifs & municipalités, auxquels fa majefté mande & ordonne de l'obferver,
exécuter & faire exécuter. Mande & ordonne pareillement fa
fa majefté aux officiers généraux de fa marine, aux commandans de fes ports & arfenaux, aux gouverneurs des colonies,
aux intendans & ordonnateurs de la·marine & des colonies,
& à tous autres qu'il appartiendra, de s'y conformer & de
tenir la main à fon exécution. FAIT à Paris, le fept juillet
mil fept cent quatre-vingt-dix. *Signé* LOUIS. *Et plus bas*,
par le roi, GUIGNARD.

# PROCLAMATION DU ROI,

*Sur les décrets de l'Assemblée nationale, concernant les délits commis sur les Côtes de la Méditerranée, soumises à la domination Françoise.*

Du 9 Juillet 1790.

VU par le roi le décret dont la teneur suit :

*Décret de l'Assemblée nationale, du 4 Juillet 1790.*

L'ASSEMBLÉE nationale, inftruite des délits commis contre le droit des gens & la foi des traités fur les côtes de la Méditerranée foumifes à la domination Françoife, & des mefures prifes pour faire punir les auteurs & fauteurs de ces délits, & accélérer les réparations qui peuvent être dues aux puiffances d'Alger & de Naples, a décrété :

Que fon préfident fe retirera devers le roi pour le remercier des mefures qu'il a prifes ;

Que les tribunaux auxquels ont pu ou dû être déférés ces délits, & en fero'ent déférés de femblables, en feront ou continueront l'inftruction, & que les municipalités, corps adminiftratifs & militaires, aideront & protégeront de tous leurs moyens les tribunaux, & leur donneront main-forte à la première réquifition ;

Enfin, que les ordonnances relatives aux précautions de fanté feront exactement obfervées.

Le ROI a fanctionné & fanctionne ledit décret, pour être exécuté fuivant fa forme & teneur. En conféquence, fa majefté mande & ordonne aux municipalités, corps adminiftratifs & militaires dans l'étendue des départemens qui avoifinent les côtes de la Méditerranée, de s'y conformer & de veiller à fon exécution. FAIT à Paris, le neuf juillet mil fept cent quatre-vingt-dix. *Signé* LOUIS. *Et plus bas*, par le roi, GUIGNARD.

# LETTRES PATENTES DU ROI,

*Sur le décret de l'Assemblée nationale , du 28 Juin 1790 , portant que les Impositions de 1789 seront payées sur la récolte de 1789 , & celle de 1790 sur la récolte de 1790 , sans rien préjudicier aux usages locaux ou aux clauses des Baux relativement aux Fermiers entrans ou sortans ;*

*Et concernant le payement des Impositions assises sur les Biens Domaniaux ou Ecclésiastiques.*

Données à Paris , le 10 Juillet 1790.

LOUIS, par la grâce de Dieu & par la loi constitutionnelle de l'état, ROI DES FRANÇOIS : A tous ceux qui ces présentes lettres verront ; SALUT. L'assemblée nationale , après avoir entendu le rapport de son comité des finances sur les contestations qui s'élèvent chaque jour à raison du payement des impositions de 1789 & 1790 , principalement à l'égard des ecclésiastiques & bénéficiers, désirant les terminer & les prévenir, a décrété, le 28 juin 1790, & nous voulons & ordonnons que les impositions de 1789 seront payées par ceux qui ont fait la récolte de ladite année ; que celles de 1790 seront acquittées par ceux qui jouiront en l'année présente , sans entendre préjudicier aux usages locaux ou aux clauses des baux qui concernent les fermiers entrans & sortans. Déclarons, en conséquence , que les impositions assises sur les biens domaniaux ou ecclésiastiques affermés seront payées par les fermiers , soit à leur propre décharge , soit en déduction du prix des baux , & sauf à recouvrer , s'il y a lieu ; & à l'égard

Sfffff 2

des biens qui étoient exploités par les eccléfiaftiques, les impofitions en feront acquittées par ceux qui feront chargés de les régir, pour être enfuite alloués dans le compte des revenus.

MANDONS & ordonnons à tous les tribunaux, corps adminiftratifs & municipalités, que les préfentes ils faffent tranfcrire fur leurs regiftres, lire, publier & afficher dans leurs refforts & territoires refpectifs, & exécuter comme loi du royaume. En foi de quoi nous avons figné & fait contrefigner cefdites préfentes, auxquelles nous avons fait appofer le fceau de l'état. A Paris, le dixième jour du mois de juillet, l'an de grâce mil fept cent quatre-vingt-dix, & de notre règne le dix-feptième. *Signé* L O U I S. *Et plus bas*, par le roi, GUIGNARD. Vu au confeil, LAMBERT. Et fcellées du fceau de l'état.

# PROCLAMATION DU ROI,

*Concernant l'ordre à observer le 14 Juillet, jour de la Fédération générale.*

Du 11 Juillet 1790.

LE ROI s'étant fait rendre compte des mesures prises, tant par le maire de Paris que par le comité de la municipalité & de l'assemblée fédérative de ladite ville, pour régler les travaux préparatoires de la cérémonie qui doit avoir lieu le 14 de ce mois; & voulant prévenir toutes les difficultés qui pourroient apporter quelque trouble ou empêchement, a jugé nécessaire de manifester par la présente proclamation l'ordre qui a paru devoir être observé, tant pour le logement des membres de la fédération que pour leur marche jusqu'au lieu de la cérémonie, afin qu'aucun obstacle ne puisse en troubler l'ordre ou en affoiblir la majesté.

Le rendez-vous général des différens corps qui composent la fédération aura lieu sur le boulevart du Temple, à six heures du matin.

Ils se mettront en marche & se rendront au Champ-de-Mars, dans l'ordre indiqué par le tableau annexé à la présente proclamation, & que sa majesté a approuvé.

Il n'y aura de troupes armées de fusils, que celles qui seront de service.

Nulles voitures ne pourront se placer à la suite de celles qui conduiront sa majesté, la famille royale & leur cortège. Si quelque député de la fédération ou autre personne invitée se trouvoit hors d'état de se rendre à pied au Champ-de-Mars, il leur seroit donné par le maire de Paris un billet de permission de voiture & un cavalier d'ordonnance pour escorte jusqu'à l'École militaire.

Le fieur de la Fayette, commandant général de la garde nationale Parifienne, déjà chargé par un décret de l'affemblée nationale, fanctionné par fa majefté, de veiller à la fûreté & à la tranquillité publique, remplira, fous les ordres du roi, les fonctions de major général de la confédération ; & en cette qualité, les ordres qu'il donnera feront exécutés comme émanés de fa majefté elle-même.

Le roi a pareillement nommé major général en fecond de la fédération, pour le jour de cette cérémonie, le fieur de Gouvion, major général de la garde nationale Parifienne.

Lorfque tous les affiftans feront en place, il fera procédé à la bénédiction des drapeaux & enfeignes, & la meffe fera célébrée.

Le roi commet ledit fieur de la Fayette pour prononcer le ferment de la fédération, au nom. de tous les députés des gardes nationales, & de ceux des troupes de ligne & de la marine, d'après la formule décrétée par l'affemblée nationale, & acceptée par fa majefté, & tous les députés de la fédération lèveront la main.

Enfuite, le préfident de l'affemblée nationale prononcera le ferment civique pour les membres de l'affemblée nationale, & le roi prononcera également le ferment dont la formule a été décrétée par l'affemblée nationale, & acceptée par fa majefté.

Le *Te Deum* fera chanté, & terminera la cérémonie, après laquelle on fortira du Champ-de-Mars, dans le même ordre qu'on y fera entré. FAIT à Paris, le onze juillet mil fept cent quatre-vingt-dix. *Signé* LOUIS. *Et plus bas*, par le roi. GUIGNARD.

# ORDRE DE MARCHE

*Pour la Confédération du 14 Juillet 1790.*

LE rendez-vous général fera fur le boulevart du Temple, à fix heures du matin : la marche commencera par le boulevart , fuivra rue Saint-Denis, la rue de la Ferronerie, la rue Saint-Honoré , la rue Royale , la Place Louis XV, du côté du Pont tournant, où fe joindra l'affemblée nationale ; enfuite le quai jufqu'à Chaillot , le Pont , le Champ-de-Mars. Le cortège marchera dans l'ordre fuivant :

Un détachement de cavalerie nationale ayant fa mufique à fa tête.

Un détachement de grenadiers.

M.rs les électeurs.

Un détachement de fufiliers.

M.rs de la commune.

M.rs du comité militaire.

Un détachement de chaffeurs.

M.rs les préfidens de diftricts.

M.rs de l'affemblée fédérative.

La mufique de la ville.

M.rs de la municipalité, M le maire marchant le dernier.

Un corps de mufique.

L'affemblée nationale, précédée de fes huiffiers, efcortée des deux côtés par la garde nationale, portant fes foixante drapeaux.

Un bataillon des enfans , portant un drapeau fur lequel feront écrits ces mots : *L'efpérance de la patrie.*

Un bataillon des vétérans.

Mufique & tambours.

Quarante-deux départemens , avec deux tambours pour chacun.

Le porte-oriflâme.

Les députés des troupes de ligne, de la marine, & autres dépendant de l'armée Françoise.

Musique & tambours.

Quarante-un départemens.

Détachement des gardes nationales à pied.

Détachement de cavalerie.

Le cortège arrivé au Champ-de-Mars, chaque corps y sera placé suivant qu'il lui sera indiqué par le major ou aide-major-général.

Et attendu qu'un grand nombre de volontaires de différens départemens se sont rendus à Paris pour assister à la confédé-ration, les deux rangées inférieures de banquettes au pourtour du Champ-de-Mars seront réservées pour les gardes nationaux des départemens & pour ceux de Paris qui ne seront pas de service. En conséquence, M.rs les volontaires seront invités à se réunir par département, pour arriver & se placer ensemble.

On entrera librement, sauf les places réservées pour l'assemblée nationale, les suppléans, les ambassadeurs & les étrangers invités, les corps ci-dessus dénommés, les députés des communes de France, & les volontaires des gardes nationales.

La cérémonie finie, les différens corps qui composent la fédération se rendront au château de la Muette, où ils trouveront les rafraîchissemens qui leur auront été préparés.

*Approuvé par le roi.*

ARRÊT

# ARRÊT

## DU CONSEIL D'ÉTAT DU ROI,

*Qui caſſe des Délibérations priſes par les Munici-
palités de Marſangy, Termancy, Angely &
Buiſſon, concernant les droits de Champart, Terrage & autres.*

### Du 11 Juillet 1790.

Sur le compte rendu au roi étant en ſon conſeil, de la
délibération priſe le 30 mai de la préſente année ; par la
municipalité de Marſangy & Termancy, & d'une autre délibération de la municipalité d'Angely & Buiſſon, département
de l'Yonne, diſtrict d'Avallon, en date du 12 juin ; ſa majeſté
y auroit vu que leſdites municipalités, aſſemblées en conſeil
général de communes, avoient arrêté de faire aux propriétaires une ſommation de leur exhiber ſous quinzaine, &
dépoſer au greffe les titres en vertu deſquels ils prétendent
percevoir les droits de cens, champarts & autres droits ſei-
gneuriaux qu'ils ſont en poſſeſſion de lever dans l'étendue
deſdites paroiſſes, faute de quoi le payement des droits ſeroit
refuſé ; que cette prétention étoit fondée de leur part ſur
l'article XXIX du titre II des lettres patentes du 28 mars, par
leſquelles ſa majeſté a ſanctionné le décret de l'aſſemblée
nationale, du 15 du même mois ; & que leſdites municipalités
auroient cru en cela remplir un devoir, ſe regardant comme
obligées de veiller à la conſervation & à l'affranchiſſement
des biens de la commune & de ceux des particuliers. Sa majeſté conſidérant que ce n'eſt que par une fauſſe interprétation
qu'on peut tirer de telles conſéquences d'une loi dont les diſpoſitions ſont claires, & qu'une lecture attentive devoit

*Tome I.* Tttttt

prévenir une erreur de ce genre, elle a cru qu'il étoit nécessaire de rappeler le véritable sens des décrets, & d'anéantir des actes qui s'opposoient à leur exécution;

Que par son décret du 15 mars, sanctionné par sa majesté, l'assemblée nationale a distingué les droits seigneuriaux supprimés sans indemnité, de ceux qui sont rachetables; que les premiers sont énoncés dans le titre II, mais que néanmoins quelques-uns d'entr'eux peuvent donner lieu à une indemnité, si leur exécution a pour origine une concession de fonds; que c'est par rapport à ceux-là que l'article XXIX dudit titre II exige des ci-devant seigneurs, à défaut du titre primitif, la représentation de deux reconnoissances, & la possession d'au moins 40 ans; que cette précaution étoit de justice, parce que si, dans l'organisation du système féodal, les droits de *fouage*, *bourgeoisie*, *guet & garde*, *bannalité*, *banvin*, *corvées* & autres étoient le plus souvent le fruit de l'usurpation, il avoit pu se faire, & il étoit en effet arrivé quelquefois que, sous la même dénomination, il avoit été créé des droits formant le prix d'une concession; que par cette raison ils donneroient ouverture à une indemnité légitime; mais qu'en prenant pour règle ce qui s'étoit pratiqué le plus généralement, la présomption naturelle étoit contre les ci-devant seigneurs, tant qu'ils ne rapporteroient pas de titres capables de la détruire, & qu'aussi on leur avoit imposé la nécessité de les représenter, par rapport à ces sortes de droits seulement, quand ils prétendroient à un remboursement quelconque;

Mais que le titre III du même décret est consacré à fournir l'énumération des droits seigneuriaux qui ne peuvent s'éteindre que par le rachat, & doivent être servis jusqu'au remboursement effectif; que les termes de l'article premier dudit titre III ne laissent point de doute, en disant, « Seront *simplement* » *rachetables*, & continueront *d'être payés* jusqu'au rachat » effectué, tous les droits & devoirs féodaux ou censuels » utiles qui sont le prix & la condition d'une concession

» primitive de fonds ; que l'article II ajoute aussi-tôt : *& sont*
» *présumés tels, sauf la preuve contraire*, toutes les redevances
» seigneuriales annuelles, en argent, grains . . . . denrées
» ou fruits de la terre, servis sous la dénomination de cens,
» censives, surcens . . . . champarts, terrages &c. » Qu'il
résulte évidemment de cette disposition, que loin d'avoir rien
à prouver pour conserver leurs possessions de cens, terrages,
champart, &c. jusqu'au rachat, c'est au contraire à celui qui
refuse le service du droit à établir qu'il n'est pas la représentation de la conception primitive ; qu'aussi, loin d'avoir laissé
aux assemblées administratives la faculté de s'opposer pour
l'intérêt général à la prestation des rentes en argent, ou en
nature de fruits, l'article V dit positivement : « Aucune muni-
» cipalité, aucune administration de district ou de dépar-
» tement ne pourront, à peine de nullité, de prise-à-partie &
» de dommages-intérêts, prohiber la perception d'aucun des
» droits seigneuriaux dont le payement sera réclamé, sous
» prétexte qu'ils se trouvoient implicitement ou explicitement
» supprimés, sauf aux parties intéressées à se pourvoir, par
» les voies de droit ordinaires, devant les juges qui en doivent
» connoître. » Que cette disposition suffisoit pour tracer aux
municipalités de Marsangy & de Termancy, d'Angely &
Buisson, la route qu'elles devoient tenir, & prévenir les délibérations qu'elles ont cru devoir prendre ;

Que cependant des plaintes ayant été portées au roi & à
l'assemblée nationale, relativement à des refus faits dans
différens cantons, de servir le champart, le terrage & les
dixmes, l'assemblée nationale avoit cru devoir s'expliquer de
nouveau sur ces différens objets, par son décret du 18 juin
dernier, sanctionné par les lettres patentes du 23 du même
mois ; que les articles II & III ordonnent positivement que
« les redevables des champarts, terrages, arrages, agriers,
» complans, & de toutes autres redevances payables en nature,
» qui n'ont pas été supprimées sans indemnité, seront tenus de
» les payer, la présente année & les suivantes, jusqu'au rachat,

» en la manière accoutumée, c'est-à-dire, en nature & à la
» quotité d'usage. . . . . . Que nul ne pourra, sous prétexte
» de litige, refuser le payement des droits énoncés dans
» l'article II du titre III du décret du 15 mars, sauf à ceux
» qui se trouveront en contestation à les faire juger; que
» l'article V fait défense à toutes personnes d'apporter aucun
» trouble à la perception des champarts, soit par des écrits,
» soit par des discours, des menaces, voies de fait ou autre-
» ment, à peine d'être poursuivis comme perturbateurs du
» repos public; & charge les municipalités d'y veiller, sous
» les peines prononcées par le décret du 23 février, sanc-
» tionné par les lettres patentes du 26 ».

Que si le sens & l'esprit des décrets eussent été mieux
connus & plus approfondis par les municipalités de Marsangy
& Ternancy, Angely & Buisson, tout porte à croire que,
voulant s'occuper du soin de les faire exécuter, elles n'eussent
pas pris des délibérations qui y sont textuellement opposées,
& qu'il est conséquemment impossible de laisser subsister; &
que sa majesté, toujours attentive à maintenir l'exécution des
loix & à protéger la propriété, doit s'empresser de détruire
une erreur dangereuse qui ne serviroit qu'à donner un nouvel
aliment aux troubles que les ennemis du bien public ne
cessent de fomenter. A quoi voulant pourvoir : ouï le rapport,
le ROI ÉTANT EN SON CONSEIL, a cassé & annullé, casse &
annulle la délibération prise en conseil de commune par la
municipalité de Marsangy & Ternancy, le 30 mai dernier,
& celle prise par la municipalité d'Angely & Buisson, le 12
juin, ainsi que tout ce qui auroit pu s'ensuivre; fait défense
auxdites municipalités & à toutes autres d'en prendre à l'avenir
de semblables. Ordonne que les articles I, II & V du décret
de l'assemblée nationale, du 15 mars dernier, sanctionné par
lettres patentes du 28 du même mois, & les articles II, III
& V du décret du 18 juin, sanctionné par lettres patentes du
23 du même mois, seront exécutés suivant leur forme &
teneur; en conséquence, que tous propriétaires & détenteurs

d'héritages feront tenus de continuer jufqu'au rachat le fervice des rentes ci-devant feigneuriales qui fe perçoivent & fe payent fur les héritages, foit en argent, foit en nature de fruits, fous le nom de cens, cenfives, champarts, terrages, agriers, complans & autres dénominations inférées dans l'article II du titre III du décret de l'affemblée nationale, du 15 mars, fans pouvoir le refufer, fous prétexte qu'aucuns defdits droits fe trouveroient implicitement ou explicitement fupprimés, fauf aux parties intéreffées à fe pourvoir, par les voies de droit ordinaires, devant les juges qui en doivent connoître. Enjoint aux affemblées adminiftratives & aux municipalités, & notamment à celles des départemens de la Côte-d'Or, de l'Yonne & de la Nièvre, d'y tenir la main. Ordonne que le préfent arrêt fera imprimé & affiché par-tout où befoin fera ; ordonne pareillement que, du très-exprès commandement de fa majefté, il fera fignifié aux municipalités de Marfangy & Termancy, Angely & Buiffon, & tranfcrit fur leurs regiftres, à la pourfuite & diligence du procureurgénéral-fyndic du département de l'Yonne, que fa majefté en charge expreffément. FAIT au confeil d'état du roi, fa majefté y étant, tenu à Paris, le onze juillet mil fept cent quatre-vingt-dix. *Signé* GUIGNARD.

# PROCLAMATION DU ROI,

*Sur un décret de l'Assemblée nationale, concernant
la forme de service des Capitaines & Officiers de
la Marine marchande, sur les Vaisseaux de guerre.*

#### Du 11 Juillet 1790.

VU par le roi le décret dont la teneur suit :

*DÉCRET de l'Assemblée nationale, du 6 Juillet 1790.*

L'ASSEMBLÉE nationale, jugeant nécessaire de pourvoir provisoirement aux justes réclamations qui lui ont été adressées
par les officiers de la marine marchande, sur la forme de
service à laquelle ils sont tenus à bord des vaisseaux de guerre,
a décrété ce qui suit :

#### ARTICLE PREMIER.

TOUS les jeunes gens qui auront été employés pendant une
campagne de long cours, comme officiers sur les navires
marchands, ne pourront être commandés pour servir sur les
vaisseaux de guerre, qu'en qualité de volontaires.

#### II.

LES navigateurs qui auroient-été employés sur les navires
marchands en qualité de seconds capitaines & de premiers
lieutenans, ne pourront être employés sur les vaisseaux de
guerre dans un grade inférieur à celui de pilotes ou d'aide-
pilotes.

#### III.

LES capitaines de navires qui auront commandé, dans des
voyages de long cours ou de grand cabotage, des bâtimens

au-deſſus de cent cinquante tonneaux , & ceux qui ont déjà
ſervi comme officiers auxiliaires , ne pourront être employés
au ſervice de la flotte qu'en qualité d'officiers.

### I V.

Tous les officiers des navires marchands qui ont été appelés
au ſervice , & qu'il ne ſera pas néceſſaire d'employer dans
les grades énoncés ci-deſſus , auront la liberté de ſe retirer
chez eux.

### V.

Le préſent décret ſera préſenté ſans délai à la ſanction du
roi , & exécuté proviſoirement par l'armement de l'eſcadre.

Le Roi a ſanctionné & ſanctionne ledit décret pour être
exécuté. Mande & ordonne ſa majeſté aux commandans de
ſes ports & arſenaux, inſpecteurs des claſſes, intendans &
ordonnateurs de la marine , & à tous autres qu'il appartiendra ,
de tenir la main à ſon exécution. Fait à Paris, le onze juillet
mil ſept cent quatre-vingt-dix. *Signé* LOUIS. *Et plus bas* , La
Luzerne.

# PROCLAMATION DU ROI,

Du 13 Juillet 1790.

## *DE PAR LE ROI.*

Sa majesté, défirant connoître plus particulièrement & faire la revue des différentes gardes nationales & volontaires qui fe font raffemblées à Paris pour la confédération générale du 14 juillet, ordonne que les différentes troupes fe raffemblent aujourd'hui mardi, à trois heures de l'après-midi, dans la place de Louis XV & dans les Champs-élyfées. Les troupes fe rangeront fous leurs chefs refpectifs, fuivant les différentes diviſions dont elles font compofées. Elles entreront dans le jardin des Tuileries, les unes après les autres, fans prétendre à aucune primauté les unes fur les autres dans l'ordre de marche.

Celles qui arriveront les premières feront placées les plus près du Pont-tournant, & ainfi de fuite. Elles prendront par la grande allée des Tuileries, pafferont fous le veftibule du Château, fortiront par la Cour royale & le Caroufel, où elles fe fépareront pour retourner chacune dans leurs quartiers ref-pectifs. Les commandans marcheront à la tête de leurs troupes, & préfenteront en paffant à fa majefté un état des officiers, gardes nationaux & volontaires qui font fous leurs ordres, avec la défignation des départemens, diftricts & cantons aux-quels ils appartiennent.

Mande & ordonne fa majefté au fieur la Fayette, lieutenant général de la garde nationale Parifienne, & major général de la confédération, & au fieur Gouvion, major général de la garde nationale Parifienne, & major en fecond de la

confédération

confédération, de prendre les précautions nécessaires pour maintenir le bon ordre dans la marche & le raffemblement des différentes troupes, & la facilité de l'abord & de la fortie des Tuileries.

Le roi fe placera fous les arbres à l'entrée de la grande allée des Tuileries, du côté du château; & s'il faifoit trop mauvais temps, fous le veftibule du château. FAIT à Paris, ce treize juillet mil fept cent quatre-vingt-dix. *Signe* LOUIS. *Et plus bas*, par le roi, GUIGNARD.

*Tome I.*                                    Vvvvvv

# PROCLAMATION DU ROI,

*Sur le décret de l'Assemblée nationale, du 13 Juillet 1790, concernant la perception des droits d'Aides, Octrois & Barrières établis aux entrées de la ville de Lyon.*

### Du 17 Juillet 1790.

V U par le roi le décret dont la teneur suit :

*Décret de l'Assemblée Nationale, du 13 Juillet 1790.*

L'ASSEMBLÉE nationale, après avoir ouï le compte qui lui a été rendu de la part de son comité des rapports, de ce qui s'est passé le 8 de ce mois dans la ville de Lyon ;

Considérant qu'il importe de maintenir, selon ses différens décrets, la perception des impôts subsistans, jusqu'à ce qu'elle puisse faire jouir le peuple du bienfait d'un régime nouveau ; qu'il est du devoir des municipalités d'en protéger le recouvrement de toute l'autorité qui leur est confiée, & que le peuple de la ville de Lyon a été induit en erreur, lorsqu'il a pensé qu'il dépendoit de ses officiers municipaux de l'exonérer des droits d'aides, octrois & barrières ;

A décrété & décrète que son président se retirera dans le jour vers le roi, pour supplier sa majesté de faire donner des ordres, afin d'assurer la perception des droits d'aides, octrois & barrières établis aux entrées de la ville de Lyon.

Au surplus, l'assemblée nationale autorise son président à écrire aux officiers municipaux & conseil général de la commune de Lyon, pour leur témoigner qu'elle approuve la conduite qu'ils ont tenue, & leurs efforts pour le maintien de la tranquillité publique & du bon ordre.

LE ROI, fanctionnant ledit décret, ordonne la continuation de la perception des droits d'aides, octrois & barrières établis aux entrées de la ville de Lyon, jufqu'à ce qu'il en ait été autrement ordonné. Mande & ordonne pareillement fa m jefté aux corps adminiftratifs , à la municipalité de la ville de Lyon, aux milices nationales, maréchauffées & commandans de troupes de ligne, de prêter ou faire prêter affiftance, mainforte & concours direct aux prépofés cha gés de la perception defdits droits & du maintien des barrières. FAIT à Paris, le dix-fept juillet mil fept cent quatre-vingt-dix. *Signé* LOUIS. *Et plus bas*, par le roi, GUIGNARD.

# PROCLAMATION DU ROI,

*Sur un décret de l'Affemblée nationale, portant que l'Économe général continuera, pendant la préfente année, la Régie qui lui eft confiée.*

### Du 18 Juillet 1790.

VU par le roi le décret dont la teneur fuit :

*DÉCRET de l'Affemblée nationale, du 12 Juillet 1790.*

L'ASSEMBLÉE nationale, ouï le rapport de fon comité eccléfiaftique, décrete que l'économe général continuera, pendant la préfente année, la régie qui lui eft confiée, & fera durant le même temps la perception des fermages & revenus échus & payables dans le courant de ladite année, à la charge d'en rendre compte.

LE ROI a fanctionné & fanctionne ledit décret, pour être exécuté fuivant fa forme & teneur ; en conféquence, fa majefté mande & ordonne à l'économe général de s'y conformer, & à tous fermiers & autres qu'il appartiendra, de verfer en fes mains les fermages & revenus échus & payables dans le courant de la préfente année.

MANDE & ordonne pareillement aux corps adminiftratifs & municipalités de tenir la main à fon exécution. FAIT à Paris, le dix-huit juillet mil fept cent quatre-vingt-dix. *Signé*, LOUIS. *Et plus bas*, par le roi, GUIGNARD.

## LETTRES PATENTES DU ROI,

*Sur le décret de l'Assemblée nationale , du 17 Juillet*
*1790 , concernant l'insurrection contre les Droits*
*qui se perçoivent aux entrées de la ville de Lyon ;*

*Et qui ordonne l'exécution du Décret du 13 du même*
*mois , sanctionné par le Roi , & qu'à cet effet les*
*barrières de la ville de Lyon seront incessamment*
*rétablies , & les Commis & Préposés à la percep-*
*tion des Droits remis en possession de leurs*
*fonctions.*

Données à Paris , le 18 Juillet 1790.

LOUIS , par la grâce de Dieu & par la loi constitutionnelle de l'état , ROI DES FRANÇOIS : A tous ceux qui ces présentes lettres verront ; SALUT. L'assemblée nationale , après avoir oui le compte que lui a fait rendre son comité des rapports , de ce qui s'est passé dans la ville de Lyon , depuis les faits qui ont donné lieu à son décret du 13 de ce mois ;

Considérant que la chose publique seroit en danger , si les insurrections contre l'impôt étoient tolérées ;

Que le peuple de Lyon , connu par son attachement à la constitution & sa soumission aux loix , a été égaré par d'insidieuses déclamations dont les auteurs sont les vrais coupables dignes de toute la sévérité des loix ;

Invitant ce peuple , au nom de la patrie , à réserver sa confiance aux officiers municipaux dont il a fait choix , & à attendre au nouvel ordre qui sera mis dans les finances tous les foulagemens qui feront compatibles avec les befoins de l'état, a décrété, le 17 de ce mois, & nous voulons & ordonnons ce qui fuit :

### ARTICLE PREMIER.

Les procès-verbaux contenant nomination & délibération des prétendus commiffaires des trente-deux fections de la ville de Lyon, des 9 & 10 de ce mois, font & demeurent nuls & comme non avenus, ainfi que tout ce qui a fuivi; & cependant ordonnons que les pièces relatives à cette affaire feront remifes au comité des recherches de l'affemblée nationale, qu'elle a chargé de prendre tous les renfeignemens néceffaires contre les auteurs des troubles dont il s'agit, notamment contre les particuliers qui ont fait les fonctions de préfident & de fecrétaire dans l'affemblée defdits prétendus commiffaires, afin qu'il foit procédé contre eux felon la rigueur des loix.

### I I.

Le décret du 13 de ce mois, par nous fanctionné, fera exécuté fuivant fa forme & teneur; & à cet effet les barrières de la ville de Lyon feront inceffamment rétablies, & les commis prépofés à la perception des droits qui y font exigés feront remis en poffeffion de leurs fonctions, & la force armée fera employée en nombre fuffifant pour protéger efficacement le rétabliffement des barrières & la perception des droits, à la réquifition des corps adminiftratifs, conformément à la conftitution.

### I I I.

Dans la quinzaine après la publication des préfentes, les cabaretiers, marchands & autres citoyens de la ville de Lyon, pour le compte defquels font & feront entrées des denrées & marchandifes fujettes aux droits pendant la ceffation des barrières, feront tenus d'en faire dans les bureaux refpectifs la déclaration, & d'acquitter les droits à coucurrence; & paffé ce délai, il fera informé contre ceux qui n'auront pas fait la déclaration & le payement des droits dont il s'agit, fans préjudice à la refponfabilité des citoyens compofant la commune, qui fera exercée s'il y échoit, & ainfi qu'il appartiendra.

Mandons & ordonnons aux directoires du département du Rhône & Loire & du diftrict de Lyon, ainfi qu'aux officiers municipaux & aux tribunaux de ladite ville, que ces préfentes ils faffent tranfcrire fur leurs regiftres, lire, publier, afficher & exécuter. Mandons pareillement aux commandans des gardes nationales & aux commandans des troupes réglées, de concourir à l'exécution defdites préfentes, par tous les moyens qui font en leur pouvoir, fur la première réquifition qui leur en fera faite par l'un defdits directoires, ou par lefdits officiers municipaux. En foi de quoi nous avons figné & fait contrefigner cefdites préfentes, auxquelles nous avons fait appofer le fceau de l'état. A Paris, le dix-huitième jour de juillet, l'an de grâce mil fept cent quatre-vingt-dix, & de notre règne le dix-feptième. *Signé* LOUIS. *Et plus bas,* par le roi, GUIGNARD. Et fcellées du fceau de l'état.

# PROCLAMATION DU ROI,

*Concernant les Biens des Religionnaires fugitifs.*

Du 18 Juillet 1790.

VU par le roi le décret dont la teneur suit :

*DECRET de l'Assemblée nationale, du* 10 *Juillet* 1790.

L'ASSEMBLÉE nationale a décrété & décrète ce qui suit :

Les biens des non-catholiques qui se trouvent encore aujourd'hui entre les mains des fermiers de la régie aux biens des religionnaires feront rendus aux héritiers, successeurs ou ayant-droits desdits fugitifs, à la charge par eux d'en justifier, aux termes & selon les formes que l'assemblée nationale aura décrétés, après avoir entendu à ce sujet l'avis de son comité des domaines.

LE ROI a sanctionné & sanctionne ledit décret, pour être exécuté suivant sa forme & teneur. FAIT à Paris, le dix-huit juillet mil sept cent quatre-vingt-dix. *Signé* LOUIS. *Et plus bas*, par le roi, GUIGNARD.

PROCLAMATION

# PROCLAMATION DU ROI,

*Sur un décret de l'Assemblée nationale, qui a pour but de faire cesser les difficultés qui s'opposoient à la circulation des Poudres & autres Munitions tirées soit des Arsenaux, soit des Fabriques & Magasins de la Régie des Poudres.*

#### Du 18 Juillet 1790.

VU le décret dont la teneur suit :

*DECRET de l'Assemblée nationale, du 4 Juillet 1790.*

L'ASSEMBLÉE nationale, instruite des difficultés qui se sont élevées dans plusieurs villes, relativement à la circulation des poudres & autres munitions destinées à l'approvisionnement des arsenaux de terre & de mer au service des municipalités, au commerce extérieur & intérieur du royaume, & voulant assurer le transport de toutes espèces de munitions nécessaires au service de l'état, a décrété & décrète ce qui suit :

#### ARTICLE PREMIER.

IL ne sera apporté aucun retard ni empêchement quelconque au transport des poudres & autres munitions qui seront tirées des arsenaux de la nation ou des fabriques & magasins de la régie des poudres pour les approvisionnemens des ports, des places & du commerce. Elles seront accompagnées de passe-ports en bonne forme, délivrés par les ministres de la guerre & de la marine, ou par les officiers & gardes-magasins de l'artillerie de terre ou de l'artillerie de la marine, pour les poudres qui sortiront des arsenaux ; & par les régisseurs des poudres, pour celles qui seront tirées de leurs fabriques. La

*Tome I,* Xxxxxx

deſtination ceſdites poudres ſera en outre juſtifiée par lettres de voitures régulières.

### I I.

LESDITS paſſe-ports & lettres de voiture contiendront le lieu du départ, la quantité chargée, & la deſtination des poudres, & ſeront viſés par la municipalité du lieu du chargement.

### I I I.

CES mêmes expéditions ſeront préſentées aux officiers municipaux des villes de la route, pour être par eux viſées. Il eſt enjoint expreſſément aux directoires de département & de diſtrict, & aux officiers municipaux, de laiſſer paſſer librement leſdits convois, de veiller à leur ſûreté, de les faire accompagner par les cavaliers de la maréchauſſée, & même, ſi beſoin eſt, de fournir des eſcortes de gardes nationales, & de faire remettre aux régiſſeurs des poudres ou à leurs prépoſés, ou conduire à leur deſtination dans les arſenaux, les poudres qui pourroient avoir été arrêtées dans leurs municipalités.

### I V.

LES règlemens précédemment rendus relativement à la fabrication & à la vente des ſalpêtres & poudres dans le royaume continueront proviſoirement d'être exécutés ſelon leur forme & teneur; & les corps adminiſtratifs & municipalités veilleront à cette exécution.

LE ROI a ſanctionné & ſanctionne ledit décret, pour être exécuté ſuivant ſa forme & teneur; en conſéquence, mande & ordonne aux corps adminiſtratifs & municipalités du royaume, de tenir la main à ſon exécution. Ordonne pareillement ſa majeſté aux gardes nationales, aux officiers & gardes-magaſins, ſoit de l'artillerie de terre, ſoit de l'artillerie de la marine, enfin aux officiers & cavaliers de la maréchauſſée, de s'y conformer ponctuellement, chacun en ce qui les concerne. FAIT à Paris, le dix-huit juillet mil ſept cent quatre-vingt-dix. *Signé* LOUIS. *Et plus bas*, par le roi, GUIGNARD.

## LETTRES PATENTES DU ROI,

*Sur un décret de l'Affemblée nationale, portant qu'il fera informé par les Tribunaux ordinaires contre les Infracteurs du Décret du 18 Juin, fanctionné par Sa Majefté, concernant les Dixmes, Champarts & autres droits fonciers.*

Données à Paris, le 18 Juillet 1790.

LOUIS, par la grâce de Dieu & par la loi conftitutionnelle de l'état, ROI DES FRANÇOIS : A tous ceux qui ces préfentes, lettres verront ; SALUT. L'affemblée nationale, après avoir entendu le rapport de ce qui s'eft paffé dans le dé artement de Seine & Marne, notamment dans les paroiffes de la Chapelle-la-Reine, Achères, Ury & Chevry-fous-le-Bignon, improuvant & déclarant criminels toute réfiftance à la loi & tout attentat contre l'ordre public, a décrété le 13 de ce mois, & nous voulons & ordonnons ce qui fuit :

### ARTICLE PREMIER.

IL fera informé par les tribunaux ordinaires contre les infracteurs du décret du 18 juin, par nous fanctionné, concernant le payement des dixmes, des champarts & autres droits fonciers, ci-devant feigneuriaux, & leur procès fera fait & paifait, fauf l'appel.

### I I.

IL fera même informé contre les officiers municipaux qui auroient négligé à cet égard les fonctions qui leur font confiées, fauf à ftatuer à l'égard defdits officiers municipaux ce qu'il appartiendra, réfervant aux débiteurs, lorfqu'ils auront effectué les payemens accoutumés, à fe pourvoir, en cas de

X x x x x x 2

contestation , devant les tribunaux , conformément audit décret du 18 juin , par nous sanctionné , pour y faire juger la légitimité de leurs réclamations contre la perception.

### III.

ENJOIGNONS aux commandans des troupes réglées de seconder les gardes nationales, sur la réquisition des municipalités ou des directoires de département & de district , pour le rétablissement de l'ordre dans les lieux où il auroit été troublé.

Et feront les présentes lues , publiées & affichées dans toutes les paroisses sujettes aux droits énoncés en l'article premier ci-dessus.

MANDONS & ordonnons à tous les tribunaux , corps administratifs & municipalités, que les présentes ils fassent transcrire sur leurs regiftres , lire, publier & afficher dans leurs reſforts & départemens respectifs, & exécuter comme loi du royaume. En foi de quoi nous avons figné & fait contresigner cesdites présentes , auxquelles nous avons fait appofer le fceau de l'état. A Paris , le dix-huitième jour du mois de juillet, l'an de grâce mil fepr cent quatre-vingt-dix , & de notre règne le dix-feptième. *Signé* LOUIS. *Et plus bas* , par le roi, GUIGNARD. Et fcellées du fceau de l'état.

## LETTRES PATENTES DU ROI,

*Sur le décret de l'Assemblée nationale, du 3 Juillet 1790, concernant un Emprunt pour la ville de Cambrai & le Canal de navigation de l'Escaut, dans le Cambréfis.*

Données à Paris, le 18 Juillet 1790.

LOUIS, par la grâce de Dieu & par la loi conftitutionnelle de l'état, ROI DES FRANÇOIS : A tous ceux qui ces préfentes lettres verront ; SALUT. L'affemblée nationale, fur le rapport qui lui a été fait par fon comité des finances, de la délibéra- tion des officiers municipaux de Cambrai, fous la date du 22 mai, & pièces y jointes, tendant à faire autorifer ladite ville à un emprunt de *deux cent mille livres*, tant pour le rembour- fement des anciens offices municipaux & achats de blés faits par la ville, l'année dernière, fous l'autorifation du gouverne- ment, que pour être employés à procurer des atteliers de cha- rité ; confidérant que la remife de l'aide extraordinaire a été ac- cordée aux états de Cambréfis pour feize ans, à dater de 1783, pour la confection des canaux de navigation de la province & la jonction de l'Efcaut à la Somme, dont la communication avec Paris eft établie par le canal Crozat, qui joint la Somme à l'Oife, a décrété que la demande en rembourfement des an- ciens offices municipaux de la ville & commune de Cambrai de- meure ajournée, conformément au décret du 19 janvier der- nier ; a décrété en outre, & nous voulons & ordonnons que les états du Cambréfis foient autorifés, comme de fait nous les autorifons, à prêter aux officiers municipaux de Cambrai la fomme de foixante-quatre mille cinq cent cinquante-huit livres dix-huit fous pour le rembourfement des blés vendus par le fieur Vanlerbergh & compagnie, à prendre ladite fomme fur

l'excédent de celles qui avoient été accordées par le gouvernement, & qui reftent en caiffe à la difpofition libre des états,
fans qu'à raifon de ce prêt on puiffe toucher en aucune manière
aux fommes appartenant au tréfor public, & refufer d'acquitter les trois mois d'impofitions de 1789, dont le payement avoit été fufpendu ; fauf, lors du partage des fommes
exiftant dans la caiffe des états, à être fait raifon du plus ou
du moins de ce qui peut en revenir à la ville de Cambrai.
Ordonnons pareillement que le montant de l'aide extraordinaire pour l'année 1790 fera employé, jufqu'à la concurrence
de foixante-huit mille neuf cent foixante-deux livres dix fous,
à l'ouverture du canal le long de l'Efcaut, entre Cambrai &
Manières, conformément au devis qui fera dreffé par le fieur
Richard, directeur des travaux des états, fous l'infpection du
diftrict de Cambrai & du département du Nord, & que les deniers en feront fournis à fur & à mefure des ouvrages, ou des
termes qui feront pris par les adjudicataires, enfuite des enchères faites en la forme ordinaire.

MANDONS & ordonnons à tous les tribunaux, corps adminiftratifs & municipalités, que les préfentes ils faffent tranfcrire
fur leurs regiftres, lire, publier & afficher dans leurs refforts
& départemens refpectifs. En foi de quoi nous avons figné
& fait contrefigner cefdites préfentes, auxquelles nous avons
fait appofer le fceau de l'état. A Paris, le dix-huitième jour
du mois de juillet, l'an de grâce mil fept cent quatre-vingt-
dix, & de notre règne le dix-feptième. *Signé* LOUIS. *Et plus
bas*, par le roi, GUIGNARD. Vu au confeil, LAMBERT. Et
fcellées du fceau de l'état.

# PROCLAMATION DU ROI,

*Relative aux opérations préalables à l'élection des Maire & Officiers municipaux de la ville de Paris, ordonnée par les Lettres patentes du 27 Juin dernier.*

Du 21 Juillet 1790.

LES opérations préalables à l'élection des maire & officiers municipaux de la ville de Paris, ordonnées par les lettres patentes de fa majefté, en date du 27 juin dernier, fufpendues par une proclamation du 4 de ce mois, expédiée fur un décret du premier, & par laquelle il a été ordonné qu'à raifon des circonftances, lefdites opérations ne commenceroient que le 25 du préfent mois ; fa majefté défirant applanir toute efpèce de difficultés, & prévenir les diverfes interprétations qu'on pourroit donner aux lettres patentes du 27 juin, elle a cru qu'il étoit de fa fageffe de prefcrire la conduite que chacune des fections auroit à tenir, & d'établir par-là une uniformité fi néceffaire à la tranquillité publique & à la régularité des nominations qui doivent organifer la municipalité de cette capitale.

En conféquence, le roi a ordonné & ordonne ce qui fuit :

### ARTICLE PREMIER.

LES affemblées des quarante-huit fections de la ville de Paris feront ouvertes le lundi 26 juillet préfent mois, huit heures du matin, dans les lieux qui ont été indiqués par la municipalité provifoire.

### II.

CONFORMÉMENT à l'article premier du titre II des lettres patentes du 27 juin, tout citoyen qui fe rendra à l'affemblée de fa fection fera tenu de préfenter en entrant les titres qui

établiffent fa qualité de citoyen actif ; & feront préfumés citoyens actifs ceux qui préfenteront les billets ou cartes ci-devant délivrés par les commiffaires de la municipalité , les préfidens ou commiffaires des quarante-huit fections & des foixante
diftricts ; fauf la vérification dans l'affemblée , aux termes de
l'article IV de la préfente proclamation.

### I I I.

Les commiffaires de la municipalité n'auront à remplir aucunes fonctions dans les affemblées des fections , lorfqu'elles
auront procédé à l'élection de leurs préfidens & de leurs fecrétaires.

### I V.

Dans les journées des 26 & 27 juillet , il fera procédé dans
chaque affemblée de fection , depuis huit heures du matin jufqu'à huit heures du foir , par les commiffaires de la municipalité , ou les préfidens des fections , s'ils font élus , à la vérification des titres de ceux qui réclameront la qualité de citoyens
actifs. A l'inftant de ladite vérification , lefdits commiffaires ou
préfidens infcriront les citoyens admis fur une lifte qui fervira
à faire l'appel nominal ordonné par l'article premier du titre II
des lettres patentes du 27 juin dernier.

### V.

Les affemblées de chaque fection feront ouvertes le 28
juillet à huit heures du matin.

A dix heures précifes , il fera procédé , par le commiffaire
municipal ou le préfident de la fection , à l'appel nominal de
tous les citoyens infcrits comme actifs fur la lifte ci-deffus. Si ,
fur l'admiffion d'un citoyen , il s'élève des difficultés , fa fection en jugera conformément à l'article II du titre II des lettres
patentes du 27 juin.

### V I.

Si de l'appel nominal il réfulte que l'affemblée eft compofée
au moins de cent citoyens actifs , nombre néceffaire , d'après
l'article premier du titre IV des lettres patentes du 27 juin,

pour

pour former une affemblée de fection, ladite affemblée procèdera à l'élection d'un préfident & d'un fecrétaire.

### V. I I.

APRÈS l'élection du préfident & du fecrétaire, les affemblées des fections pourront choifir des commiffaires qui, pendant qu'il fera délibéré fur la fixation des traitemens ordonnés par l'article XXXIII du titre III des lettres patentes du 27 juin, vérifieront les titres du petit nombre de ceux qui pourront fe préfenter en qualité de citoyens actifs, fans préjudice du droit attribué à l'affemblée de la fection, de juger les difficultés qui pourroient s'élever fur leur admiffion, conformément à l'article II du titre II des lettres patentes ci-deffus.

### V I I I.

DANS les journées des 29, 30 & 31 juillet, les affemblées des quarannte-huit fections délibèreront, fur la propofition qui leur en fera faite par la municipalité provifoire, en exécution de l'art. XXXIII du tit. III des lettres patentes du 27 juin, fur le traitement du maire, & les indemnités à accorder aux officiers municipaux. Les délibérations de chacune des quarante-huit fections feront envoyées au plus tard dans la journée du 31 juillet au maire de Paris, qui les fera paffer au confeil de ville.

### I X.

LE 2 août & jours fuivans, il fera procédé dans toutes les affemblées des fections, à l'élection du maire, à celles du procureur de la commune, de fes fubftituts, des officiers municipaux & des notables, dans les formes prefcrites par les lettres patentes du 27 juin.

ENJOINT fa majefté à la municipalité de la ville de Paris de fe conformer à la préfente proclamation, de la faire publier & afficher par-tout où befoin fera, & de tenir la main à fon exécution. FAIT à Paris, le vingt-un juillet mil fept cent quatre-vingt-dix. Signé LOUIS. Et plus bas, par le roi, GUIGNARD.

*Tome I.*                              Y y y y y y

## LETTRES PATENTES DU ROI,

*Sur le décret de l'Assemblée nationale, du 13 Juillet 1790, concernant les dispositions que doivent faire, sans délai, les Directoires de Département & ceux de District, pour constater la situation actuelle des recouvremens des Impositions des exercices de 1788, 1789 & 1790, & pour accélérer la perception & rentrée des sommes arriérées ;*

*Et concernant la forme des Contraintes à décerner, ainsi que la vérification & mise à exécution des Rôles de Contribution patriotique.*

Données à Saint-Cloud, le 22 Juillet 1790.

LOUIS, par la grâce de Dieu & par la loi constitutionnelle de l'état, ROI DES FRANÇOIS : A tous ceux qui ces présentes lettres verront; SALUT. L'assemblée nationale, profondément pénétrée des avantages d'un ordre constant & invariable dans le recouvrement des impositions ; occupée sans cesse des moyens de faire disparoître l'effet des circonstances qui ont précédé l'établissement des nouvelles assemblées administratives, & mettant la plus juste confiance dans leur empressement & leur zèle à se conformer aux ordres donnés par le pouvoir exécutif, pour que ses décrets soient exécutés avec la fidélité & la soumission que leur doivent les contribuables, a décrété le 13 juillet 1790, & nous voulons & ordonnons ce qui suit :

### ARTICLE PREMIER.

LES directoires des départemens chargeront, sans délai, les directoires de diltrict de se transporter chez les receveurs particuliers des impositions, & de se faire représenter sans déplacement, par lesdits receveurs, les regiftres de leur recouvrement, d'en conftater le montant pour la préfente année 1790, & pour les années 1788 & 1789, afin d'établir la fituation des collecteurs & de chaque municipalité du diftrict, pour chacune desdites années, vis-à-vis des receveurs. Ils fe. feront pareillement repréfenter les quittances d'à-compte ou les quittances finales données auxdits receveurs, fur lefdits exercices de 1788, 1789 & 1790, par les receveurs ou tréforiers généraux, pour que les débets des receveurs particuliers, s'il en exifte, vis-à-vis des receveurs ou tréforiers généraux, deviennent également conftans.

### I I.

ILS drefferont un procès-verbal fommaire de leur vérification ; ils l'enverront, avec leur avis, au directoire du département, qui en rendra compte, fans délai, à l'affemblée nationale & au miniftre des finances.

### I I I.

SI, par l'examen des regiftres, il fe trouve des collecteurs & des municipalités qui n'ayent pas foldé l'année 1788, qui foient arriérés fur l'année 1789, & qui ne foient pas en règle pour le recouvrement à faire en la préfente année 1790, ils prefcriront aux receveurs particuliers d'avertir, fans délai, les collecteurs & les municipalités en retard, pour que, quinzaine après ledit avertiffement, les receveurs particuliers préfentent au directoire les contraintes néceffaires à vifer, & qu'il n'y ait plus de prétextes à la négligence ou au défordre, qui deviendroient inexcufables.

### I V.

LES directoires de diftrict fe feront repréfenter à l'avenir,

Y y y y y y 2

tous les quinze jours , l'état du recouvrement fait pendant la quinzaine , certifié par les receveurs particuliers ; ils l'enverront exactement au directoire de département , avec leur avis fur les caufes qui ont pu influer fur l'accélération ou le retard du recouvrement. Les directoires des départemens feront former pareillement , à la fin de chaque mois , l'état général certifié d'eux , du recouvrement de leur département , & l'enverront au miniftre des finances avec leurs obfervations, afin qu'il puiffe, de fon côté, mettre l'affemblée nationale ou les légiflatures fuivantes à portée de juger à chaque inftant de la fituation du recouvrement des impofitions, & des caufes qui auroient pu en accélérer ou retarder les progrès.

### V.

LES directoires de diftrict font autorifés , comme nous les autorifons par les préfentes , à rendre exécutoires les rôles de contribution patriotique ; & la vérification des recouvremens fera faite de la même manière que celle ci-deffus ordonnée pour les tailles & impofitions.

MANDONS & ordonnons à tous les tribunaux , corps adminiftratifs & municipalités, que les préfentes ils faffent tranfcrire fur leurs regiftres, lire , publier & afficher dans leurs refforts & territoires refpectifs , & exécuter comme loi du royaume. En foi de quoi nous avons figné & fait contrefigner cefdites préfentes , auxquelles nous avons fait appofer le fceau de l'état. A Saint-Cloud , le vingt-deuxième jour du mois de juillet , l'an de grâce mil fept cent quatre-vingt-dix , & de notre règne le dix-feptième. *Signé* LOUIS. *Et plus bas*, par le roi , GUIGNARD. Vu au confeil , LAMBERT. Et fcellées du fceau de l'état.

# LETTRES PATENTES DU ROI,

*Sur un décret de l'Assemblée nationale, qui abolit le Retrait lignager, le Retrait de mi-denier, les droits d'Écart & autres de pareille nature.*

Données à Saint-Cloud, le 23 Juillet 1790.

LOUIS, par la grâce de Dieu & par la loi conftitutionnelle de l'état, ROI DES FRANÇOIS : A tous préfens & à venir ; SALUT. L'affemblée nationale a décrété, le 19 de ce mois, & nous voulons & ordonnons ce qui fuit :

### ARTICLE PREMIER.

LE retrait lignager & le retrait de mi-denier font abolis.

### F I.

TOUTE demande en retrait lignager ou de mi-denier, qui n'aura pas été confentie ou adjugée en dernier reffort avant la publication des préfentes, fera & demeurera comme non avenue, & il ne pourra être fait droit que fur les dépens des procédures antérieures à cette époque, enfemble fur les intérêts des fommes qui auroient été confignées par les retrayans.

### I I I.

SUPPRIMONS le droit connu dans les départemens du Nord & du Pas de Calais, fous le nom *d'écart, efcas* ou *boutehors*, & éteignons toutes les procédures, pourfuites ou recherches qui auroient ce droit pour objet.

### V I.

SUPPRIMONS également, avec pareille extinction de procédures, pourfuites & recherches, les droits de treizain, perçus par la commune de Nîmes fur les particuliers domiciliés ou non domiciliés qui aliènent leur dernière maifon ou héritage ; enfemble les droits d'abzug , de détraction , émigration, florin de fucceffion , ou autres femblables qui ont eu lieu jufqu'à préfent au profit de ci-devant feigneurs ou de communautés d'habitans ; comme auffi tous les droits que certaines villes ou communes font en poffeffion de lever fur les biens qui paffent des mains d'un bourgeois ou domicilié dans celles d'un forain , foit par fucceffion , foit par toute autre voie.

MANDONS & ordonnons à tous les tribunaux , corps adminiftratifs & municipalités , que les préfentes ils faffent tranfcrire fur leurs regiftres , lire , publier & afficher dans leurs refforts & départemens refpectifs , & exécuter comme loi du royaume. En foi de quoi nous avons figné & fait contrefigner cefdites préfentes , auxquelles nous avons fait appofer le fceau de l'état. A Saint-Cloud , le vingt-troifième jour du mois de juillet , l'an de grâce mil fept cent quatre-vingt-dix , & de notre règne le dix-feptième. *Signé* LOUIS. *Et plus bas*, par le roi, GUIGNARD. Et fcellées du fceau de l'état.

## LETTRES PATENTES DU ROI,

*Sur un décret de l'Affemblée nationale, du 19 Juillet 1790, qui ordonne la continuation de la levée & perception de toutes les contributions publiques, à moins que l'extinction & fuppreffion n'en aït été expreffément prononcée ; & notamment des Droits perçus fur les ventes de Poiffon dans plufieurs villes du Royaume.*

Donnée, à Saint-Cloud , le 23 Juillet 1790.

LOUIS, par la grâce de Dieu & par la loi conftitutionnelle de l'état, ROI DES FRANÇOIS. A tous ceux qui ces préfentes lettres verront; SALUT. L'affemblée nationale , fur le rapport de fon comité des finances , informée que dans plufieurs villes où il avoit été ci-devant créé des offices de jurés vendeurs de poiffon , avec attribution d'un fou pour livre fur les ventes, à charge d'en faire bon le prix aux vendeurs , & même de leur en faire l'avance ; que ces offices ont été enfuite fupprimés par édit & déclaration des mois d'avril 1768 & décembre 1770 , en exécution defquels les droits ci-devant attribués à ces offices font perçus à notre compte ; informée de plus que différentes villes tentent d'abufer des décrets rendus fur la fuppreffion des droits féodaux , pour en induire que les droits dont il s'agit font fupprimés, a décrété, le 19 de ce mois , & nous voulons & ordonnons ce qui fuit :

Toutes les contributions publiques continueront d'être levées & perçues de la même manière qu'elles l'ont été précédemment, à moins que leur extinction & fuppreffion n'ayent été expreffément prononcées ; notamment les droits perçus fur les ventes de poiſſon dans les villes de Rouen , Meaux , Beauvais , Mantes , Senlis , Beaumont , Pontoiſe , Caudebec , Bernay , Bordeaux & autres , auront lieu comme par le paſſé , juſqu'à ce qu'il y ait été autrement pourvu.

MANDONS & ordonnons à tous les tribunaux , corps admi-niſtratifs & municipalités, que les préſentes ils faſſent tranſcrire ſur leurs regiſtres , lire , publier & afficher dans leurs reſſorts & départemens reſpectifs, & exécuter comme loi du royaume. En foi de quoi nous avons ſigné & fait contreſigner ceſdites préſentes , auxquelles nous avons fait appoſer le ſceau de l'état. A Saint-Cloud, le vingt-troiſième jour du mois de juillet , l'an de grâce mil ſept cent quatre-vingt-dix , & de notre règne le dix-ſeptième. *Signé* LOUIS. *Et plus bas* , par le roi , GUIGNARD. Vu au conſeil, LAMBERT. Et ſcellées du ſceau de l'état.

PROCLAMATION

# PROCLAMATION DU ROI,

*Portant que les Directoires de District fixeront la fomme à attribuer aux Députés à la Fédération, dans les Districts où elle n'a pas été réglée.*

### Du 23 Juillet 1790.

VU par le roi le décret dont la teneur fuit :

*DÉCRET de l'Affemblée nationale , du 17 Juillet 1790.*

L'ASSEMBLÉE nationale a décrété que les directoires de diftrict fixeroient la fomme à attribuer aux députés à la fédération, dans les diftricts où elle n'a pas été réglée ; & qu'en cas de difficultés, elles feroient référées au directoire du département, qui les jugeroit.

LE ROI a fanctionné & fanctionne ledit décret, pour être exécuté fuivant fa forme & teneur ; en conféquence, fa majefté mande & ordonne aux directoires de département & de diftrict, de s'y conformer. FAIT à Saint-Cloud , le vingt-trois juillet mil fept cent quatre-vingt-dix. *Signé* LOUIS. *Et plus bas*, par le roi, GUIGNARD.

# PROCLAMATION DU ROI,

*Sur un décret de l'Assemblée nationale, qui règle l'Uniforme des Gardes nationales du Royaume.*

Du 23 Juillet 1790.

Vu par le roi le décret dont la teneur suit :

*Décret de l'Assemblée nationale, du lundi 19 Juillet 1790.*

L'assemblée nationale, après avoir entendu son comité de constitution, sur l'uniforme à donner aux gardes nationales du royaume, a décrété & décrète :

1°. Qu'il n'y aura qu'un seul & même uniforme pour toutes les gardes nationales du royaume ; & qu'en conséquence, tous les citoyens François admis dans les gardes nationales ne pourront porter d'autre uniforme que celui qui va être prescrit.

Habit bleu-de-roi, doublure blanche, parement & revers écarlate, passe-poil blanc, collet blanc, & passe-poil écarlate, épaulettes jaunes ou en or, la manche ouverte, à trois petits boutons, la poche en dehors, à trois pointes, & trois boutons avec passe-poil rouge : sur le bouton il sera écrit : *District de*.......... Les retroussis de l'habit écarlate : sur l'un des retroussis il sera écrit en lettres jaunes ou en or, ce mot : *Constitution* ; & sur l'autre retroussis, ce mot *liberté* ; vestes & culottes blanches ;

2°. Que les gardes nationales qui ont adopté un uniforme autre que celui qui est prescrit ci-dessus ne pourront continuer de le porter que jusqu'au 14 juillet prochain, jour anniversaire de la fédération ;

3°. Que les gardes nationales des lieux où il n'y avoit point encore d'uniforme établi, & qui en ont adopté un pour affifter à la fédération, pourront également continuer de le porter, mais feulement jufqu'au 14 juillet prochain, jour auquel toutes les gardes nationales du royaume porteront le même uniforme.

LE ROI a accepté & accepte ledit décret, pour être exécuté fuivant fa forme & teneur; en conféquence, fa majefté mande & ordonne aux corps adminiftratifs & municipalités, de veiller à fon exécution. FAIT à Saint-Cloud, le vingt-trois juillet mil fept cent quatre-vingt-dix. *Signé* LOUIS. *Et plus bas*, par le roi, GUIGNARD.

# PROCLAMATION DU ROI,

*Portant que les Bannières données par la Commune de Paris, aux quatre-vingt-trois Départemens, seront placées dans le lieu où le Conseil d'administration de chaque Département tiendra ses séances.*

Du 23 Juillet 1790.

VU par le roi le décret dont la teneur suit :

*DÉCRET de l'Assemblée nationale, du 19 Juillet 1790.*

L'ASSEMBLÉE nationale déclare que les bannières données par la commune de Paris aux quatre-vingt-trois départemens, & consacrées à la fédération du 14 juillet, seront transportées & placées dans le lieu où le conseil d'administration de chaque département tiendra ses séances, soit que ce chef-lieu se trouve provisoire, soit qu'il ait été décrété définitif ou alternatif, & la bannière sera portée par le plus ancien d'âge de la fédération.

Quant aux départemens où les chef-lieux ne sont pas encore choisis, la bannière sera provisoirement déposée dans la ville neutre où les électeurs sont convoqués pour déterminer le chef-lieu, afin d'être placée ensuite dans le lieu où l'administration de département tiendra ses séances, conformément au présent décret.

LE ROI a sanctionné & sanctionne ledit décret, pour être exécuté suivant sa forme & teneur ; en conséquence, sa majesté mande & ordonne aux directoires de département & de district, & aux mnnicipalités, de tenir la main à son exécution. FAIT à Paris, le vingt-trois juillet mil sept cent quatre-vingt-dix. *Signé* LOUIS. *Et plus bas,* par le roi, GUIGNARD.

# PROCLAMATION DU ROI,

*Sur un décret de l'Assemblée nationale, concernant le payement d'arrérages des Rentes & Pensions assignées sur le Clergé, & la perception de ce qui reste dû des Impositions ecclésiastiques, des années 1789 & précédentes.*

### Du 23 Juillet 1790.

VU par le roi le décret dont la teneur suit :

*DÉCRET de l'Assemblée nationale, du 18 Juillet 1790.*

L'ASSEMBLÉE nationale a décrété & décrète ce qui suit :

### ARTICLE PREMIER.

LE receveur général du clergé continuera de payer à Paris, jusques & compris le 30 septembre prochain seulement, la portion des arrérages de l'année 1789 & des précédentes, des rentes & pensions assignées sur le clergé, & des autres objets de dépense relatifs à son administration, exigibles avant le premier juillet de la présente année, qui a été jusqu'à présent payée à Paris. L'assemblée fera connoître incessamment par qui & de quelle manière se fera, pour l'année 1790 & les suivantes, le payement des pensions, rentes & autres charges annuelles qui étoient acquittées ci-devant au nom du clergé.

### II.

LE receveur général du clergé est autorisé à faire payer, comme par le passé, dans les provinces, par les receveurs particuliers des décimes de chaque diocèse, les différentes parties qu'il a été d'usage d'y payer jusqu'à présent, pourvu

qu'elles foient réclamées avant le premier feptembre prochain,
à compter duquel jour cés receveurs particuliers cefferont
toutes fonctions, l'affemblée fe propofant alors de pourvoir
au payement des objets de cette nature qui pourroient
encore être dus après cette époque.

### I I I.

Les receveurs particuliers des décimes ou dons gratuits
continueront de faire, jufqu'à cette époque, la perception
de ce qui peut être encore dû des impofitions eccléfiaftiques,
des années 1789 & précédentes, & feront tenus de juftifier
de leurs diligence's. En fuppofant que cette perception ne
foit pas complette au premier feptembre prochain, ils re
cefferont pas moins d'en pourfuivre le recouvrement, pour ce
complément duquel l'affemblée prefcrira inceffamment ce
qu'elle jugera convenable.

### I V.

A cette époque du premier feptembre prochain, les recc-
veurs particuliers des décimes drefferont un état des fommes
qui feront encore dues fur lefdites impofitions de l'année 1789
& des précédentes. Cet état contiendra le nom des redevables;
il fera certifié véritable par les receveurs des décimes, qui
l'adrefferont avant le premier octobre prochain au receveur
général, auquel ils feront paffer en même-temps les deniers
provenant de leurs recouvremens qui pourroient encore être
entre leurs mains, ainfi que les pièces juftificatives des fommes
qu'ils auront payées à la décharge de la recette générale.

### V.

Les recettes & dépenfes dont étoit ci-devant chargé le receveur général du clergé devant ceffer toutes au premier
octobre prochain, & les acquits des parties payées en province devant lui être parvenus au même jour, il fera
dreffer, auffi-tôt après l'enregiftrement de ces acquits, un
état qui préfentera la véritable fituation de fa caiffe : cet état

certifié véritable , fera par lui remis au comité des finances
pour en faire le rapport à l'affemblée nationale.

### V I.

L'ASSEMBLÉE autorife fon comité des finances à nommer
des commiffaires pour recevoir les comptes du receveur général , & en faire le rapport à l'affemblée nationale.

### V I I.

L'ASSEMBLÉE nationale prendra en confidération les fervices
de ceux qui étoient employés à Paris dans l'adminiftration
du clergé.

E ROI a fanctionné & fanctionne ledit décret , pour être
exécuté fuivant fa forme & teneur ; en conféquence . mande
& ordonne aux corps adminiftratifs & municipalités du
royaume , de tenir la main à fon exécution. Ordonne pareillement fa majefté au receveur général du clergé & aux
receveurs particuliers des décimes , de s'y conformer. FAIT à
Saint-Cloud, le vingt-trois juillet mil fept cent quatre-vingt-
dix. *Signé* LOUIS. *Et plus bas* , par le roi, GUIGNARD.

# LETTRES PATENTES DU ROI,

*Sur un décret de l'Assemblée nationale , portant que tous les délits de Chasse commis dans les lieux réservés pour les plaisirs du Roi doivent être poursuivis pardevant les Juges ordinaires.*

Données à Saint-Cloud , le 25 Juillet 1790.

LOUIS, par la grâce de Dieu & par la loi constitutionnelle de l'état, ROI DES FRANÇOIS : A tous ceux qui ces présentes lettres verront ; SALUT. L'assemblée nationale a décrété , le 22 de ce mois , & nous voulons & ordonnons ce qui suit :

Tous les délits de chasse commis dans les lieux désignés par l'article XVI des décrets des 21 , 22 & 28 avril dernier , que nous avons sanctionnés , concernant la conservation de nos plaisirs , doivent être poursuivis pardevant les juges ordinaires.

MANDONS & ordonnons à tous les tribunaux, corps administratifs & municipalités, que les présentes ils fassent transcrire sur leurs registres , lire , publier & afficher dans leurs ressorts & départemens respectifs , & exécuter comme loi du royaume. En foi de quoi nous avons signé & fait contresigner cesdites présentes , auxquelles nous avons fait apposer le sceau de l'état. A Saint-Cloud , le vingt-cinquième jour du mois de juillet, l'an de grâce mil sept cent quatre-vingt-dix , & de notre règne le dix-septième. *Signé* LOUIS. *Et plus bas* , par le roi, GUIGNARD. Et scellées du sceau de l'état.

LETTRES

# LETTRES PATENTES DU ROI,

*Sur les décrets de l'Assemblée nationale, des 25,
26, 29 Juin & 9 Juillet 1790, concernant l'aliénation de tous les Domaines nationaux.*

Données à Paris, le 25 Juillet 1790.

LOUIS, par la grâce de Dieu & par la loi constitutionnelle de l'état, ROI DES FRANÇOIS: A tous ceux qui ces
présentes lettres verront; SALUT. L'assemblée nationale considérant que l'aliénation des domaines nationaux est le meilleur
moyen d'éteindre une grande partie de la dette publique,
d'animer l'agriculture & l'industrie, & de procurer l'accroîf-
sement de la masse générale des richesses, par la division de
ces biens nationaux en propriétés particulières, toujours mieux
administrées, & par les facilités qu'elle donne à beaucoup
de citoyens de devenir propriétaires, a décrété, les 25, 26,
29 juin & 9 juillet 1790, & nous voulons & ordonnons ce
qui suit :

### ARTICLE PREMIER.

TOUS les domaines nationaux, autres que ceux dont la
jouissance nous aura été réservée, & les forêts sur lesquelles
il sera statué par un décret particulier, pourront être aliénés
en vertu des présentes, & conformément aux dispositions
ci-après, réservant aux assignats-monnoie leur hypothèque
spéciale.

### II.

TOUTES les personnes qui voudront acquérir des domaines
nationaux pourront s'adresser, soit au comité de l'assemblée
nationale chargé de leur aliénation, soit à l'administration

*Tome I.*                                        A a a a a a a

ou au directoire du département, foit même à l'adminiftration ou au directoire du diftrict dans lefquels ces biens font
fitués ; l'affemblée nationale réfervant aux départemens toute
furveillance & toute correfpondance directe avec le comité
pour la fuite des opérations.

### I I I.

Les municipalités qui enverroient des foumjffions pour
quelques objets déjà demandés par des particuliers n'auront
point droit à être préférées. Le comité enregiftrera toutes les
demandes des municipalités fuivant l'ordre de date de leurs
délibérations authentiques, & celles des particuliers, fuivant
la date de leur réception, & il en enverra des expéditions,
certifiées par un de fes fecrétaires, à l'adminiftration ou au
directoire du département dans lequel ces objets font fitués.

### I V.

Les adminiftrations ou directoires de département formeront un état de tous les domaines nationaux fitués dans leurs
territoires, & procèderont inceffamment à leur eftimation
dans les formes prefcrites par les articles III, IV, VII & VIII
du titre I.er des lettres patentes du 17 mai 1790, fur le décret
de l'affemblée nationale, du 14 du même mois, & par les
lettres patentes du 3 juin 1790, fur l'inftruction décrétée par
l'affemblée nationale, le 31 dudit mois de mai : elles commettront, pour furveiller ce travail, les adminiftrations ou
directoires de diftrict.

### V.

Elles commenceront ces eftimations par les lieux où font
fitués les biens fur lefquels le comité leur aura renvoyé des
foumiffions, foit de municipalités, foit de particuliers, ou fur
lefquels elles en auroient reçu directement, & continueront
enfuite à faire eftimer ceux même de ces biens pour lefquels il
n'auroit été fait aucune foumiffion.

### V I.

ELLES auront foin, dans les eftimations, de divifer les objets autant que leur nature le permettra, afin de faciliter, autant qu'il fera poffible, les petites foumiffions & l'accroiffement du nombre des propriétaires.

### V I I.

LES prix d'eftimation feront déterminés d'après les difpofitions des articles III, IV, VII & VIII du titre premier des lettres patentes du 17 mai, fur le décret du 14 du même mois ci-deffus mentionnées, & ferviront de bafe aux foumiffions & aux enchères.

### V I I I.

LES foumiffions devront être au moins égales au prix de l'eftimation, & les enchères ne feront ouvertes que lorfqu'il y aura de telles foumiffions; mais alors elles le feront néceffairement, & l'on y procèdera dans les délais, dans les formes & aux conditions prefcrits par les articles I, II, III, IV, V, VI, VIII & IX du titre III defdites lettres patentes du 17 mai, fur le décret du 14 du même mois; & par celles du 3 juin, fur l'inftruction du 31 du même mois de mai dernier.

### I X.

LES acquéreurs des domaines nationaux feront tenus de fe conformer, pour les baux actuels de ces biens, aux difpofitions de l'article IX du titre I.er defdites lettres patentes du 17, fur le décret du 14 mai, & aux conditions de jouiffance prefcrites par celles du 3 juin, fur l'inftruction du 31 du même mois de mai, au maintien defquelles les adminiftrations de département & de diftrict, ou leurs directoires, tiendront exactement la main.

### X.

\*LES acquéreurs jouiront des franchifes accordées par les articles VII & VIII du titre I.er defdites lettres patentes du 17 mai dernier , & auffi de celles accordées par l'article XI du titre III ; mais pour ces dernières pendant l'efpace de cinq années feulement , à compter du jour de la publication des préfentes.

### X I.

LES adminiftrations de département, ou leurs directoires, adrefferont le 15 de chaque mois , au comité chargé de l'aliénation des domaines nationaux , pendant la préfente feffion de l'affemblée nationale , & par la fuite aux commiffaires qui leur feront défignés par les légiflatures, un état des eftimations qu'elles auront fait faire , & un état des ventes qui auront été commencées ou confommées dans le mois précédent , pour le tout être rendu public par la voie de l'impreffion.

### X I I.

LES acquéreurs feront leurs payemens aux termes convenus , foit dans la caiffe de l'extraordinaire , foit dans celle des receveurs de diftrict qui feront chargés d'en compter au receveur de l'extraordinaire.

### X I I I.

LES municipalités qui voudroient acquérir quelques parties des domaines nationaux pour des objets d'utilité publique , feront tenues de fe pourvoir dans les formes prefcrites par le décret du 14 décembre 1789 , pour la conftitution des municipalités , fanctionné par notre proclamation du 28 du même mois , pour obtenir l'autorifation néceffaire , & feront enfuite confidérées comme acquéreurs particuliers.

### X I V.

LES articles ci-annexés du décret du 14 mai & de l'inftruction du 31 du même mois , revêtus de nos lettres patentes defdits jours 17 mai & 3 juin fuivant , fur la vente de quatre cent millions de domaines nationaux , avec le changement des feules expreffions néceffaires pour les adopter aux difpofitions ci-deffus , feront cenfés faire partie des préfentes.

### X V.

Seront communs tant aux préfentes qu'à nos lettres patentes dudit jour 17 mai dernier, les articles fuivans.

### X V I.

Les baux d'après lefquels l'article IV du titre premier des lettres patentes du 17, fur le décret du 14 dudit mois de mai dernier, détermine l'eftimation du revenu des trois claffes de biens y mentionnés, doivent être entendus des fous-baux ou fous-fermes, lorfqu'il en exifte; en conféquence, le revenu d'un bien afferiné par un bail général, mais qui eft fous-fermé, ne pourra être eftimé que d'après le prix du fous-bail.

### X V I I.

Le défaut de preftation du ferment impofé aux fermiers par le même article ne pourra pas empêcher de prendre leurs baux on fous-baux pour bafe des eftimations, lorfqu'ayant été requis par afte de fe rendre à jour indiqué pardevant les directoires de diftrift pour prêter le ferment, ils ne s'y feront pas rendus; mais dans ce cas, les fermiers réfraftaires feront déclarés par le juge ordinaire, à la pourfuite & diligence des procureurs-fyndics de diftrift, déchus de leurs baux ou fous-baux.

### X V I I I.

Le revenu des biens affermés par baux emphytéotiques ou à vie ne pourra pas être déterminé par le prix de ces baux, mais feulement d'après une eftimation par experts.

Le ferment des experts qui feront nommés pour l'eftimation des biens nationaux dont la vente a été décrétée fera prêté fans frais pardevant les juges ordinaires.

### X I X.

Seront au furplus les baux emphytéotiques & les baux à vie cenfés compris dans la difpofition de l'article IX du titre premier defdites lettres patentes du 17 mai, fur le décret dudit jour 14 mai dernier ; mais les baux emphytéotiques ne feront réputés avoir été faits légitimement, que lorfqu'ils auront été précédés & revêtus des folemnités qui auroient été requifes pour l'aliénation des biens que ces actes ont pour objet.

## X X.

TOUT notaire, tabellion, garde-notes, greffier ou autre dépofitaire public ; comme aufli tout bénéficier, agent ou receveur de bénéficier, tout fupérieur, membre, fecrétaire ou receveur de chapitre ou monaftère, enfemble tout adminiftrateur ou fermier qui, en étant requis par un fimple acte, foit à la requête d'une municipalité, foit à la requête d'un particulier, refufera de communiquer un bail de biens nationaux exiftant en fa poffeffion ou fous fa garde, fera, à la pourfuite du procureur-fyndic du diftrict de fa réfidence, condamné par le juge ordinaire à une amende de vingt-cinq livres ; cette amende fera doublée en cas de récidive, & elle ne pourra être remife ni modérée en aucun cas. Si le procureur-fyndic de diftrict en négligeoit la pourfuite ou le recouvrement, il en demeureroit perfonnellement garant, & feroit pourfuivi comme tel par le procureur-général-fyndic du département.

## X X I.

IL fera payé au notaire, tabellion, garde-notes ou autre dépofitaire public, pour la fimple communication d'un bail, dix fous, & dix fous en fus lorfqu'on en tirera des notes ou des extraits ; fauf à fuivre, pour les expéditions en forme qu'on voudra fe faire délivrer, le taux réglé par l'ufage, ou convenu de gré à gré.

## X X I I.

SIL exiftoit des lieux où les affemblées de diftrict ne fuffent pas encore en activité lors de la publication des préfentes, les municipalités des chef-lieux de diftrict pourroient les fuppléer dans toutes les fonctions à elles attribuées, tant par les préfentes que par nos lettres patentes du 17 mai dernier ; & lorfqu'il s'agiroit d'acquifitions à faire par une municipalité dans le diftrict dont elle eft chef-lieu, ces fonctions pourroient être remplies par la municipalité du chef-lieu du diftrict le plus voifin, qui n'auroit pas fait de foumiffion pour acquérir.

( Suivent les articles du décret du 14 mai 1790, revêtu de nos lettres patentes du 17 du même mois, fur la vente de quatre cents millions de domaines nationaux, & de l'inftruction décrétée par l'affemblée nationale, le 31 mai, & dont nous avons ordonné l'exécution par nos lettres patentes du 3 juin dernier, le tout avec les changemens d'expreffion que l'affemblée nationale a décrétés & jugés néceffaires pour qu'ils fiffent fuite & partie de la préfente loi, ainfi qu'il eft dit à l'article XIV ci-deffus.)

*Nota.* Les mots changés font en caractères italiques.

## TITRE PREMIER.

### ARTICLE II.

LES particuliers qui voudront acquérir directement des domaines nationaux pourront faire leurs offres au comité, qui les renverra aux adminiftrations ou directoires de département, pour en conftater la véritable valeur, & les mettre en vente conformément au règlement qui fera inceffamment donné à cet effet.

### III.

LE prix capital des objets portés dans les demandes fera fixé d'après le revenu net effectif ou arbitré, mais à des deniers différens, felon l'efpèce de biens actuellement en vente, qui à cet effet feront rangés en quatre claffes.

Première claffe. Les biens ruraux, confiftant en terres labourables, prés, vignes, pâtis, marais falans, & les bois, bâtimens & autres objets attachés aux fermes & métairies, & qui fervent à leur exploitation.

Deuxième claffe. Les rentes & preftations en nature de toute efpèce, & les droits cafuels auxquels font fujets les biens grevés de ces rentes ou preftations.

Troifième claffe. Les rentes & preftations en argent, & les droits cafuels dont font chargés les biens fur lefquels ces rentes ou preftations font dues.

La quatrième claffe fera formée de toutes les autres efpèces de biens, à l'exception des bois non compris dans la première claffe, fur lefquels il fera ftatué par une loi particulière.

## I V.

L'ESTIMATION du revenu des trois premières claffes de biens fera fixée d'après les baux à ferme exiftans, paffés ou reconnus pardevant notaire, & certifiés véritables par le ferment des fermiers devant le directoire du diftrict; & à défaut de bail de cette nature, elle fera faite d'après un rapport d'experts, fous l'infpection du même directoire, déduction faite de toutes les impofitions dues à raifon de la propriété.

*Les particuliers qui voudront acquérir feront obligés* d'offrir, pour prix capital des biens des trois premières claffes dont ils voudront faire l'acquifition, un certain nombre de fois le revenu net, d'après les proportions fuivantes:

Pour les biens de la première claffe, vingt-deux fois le revenu net;

Pour ceux de la deuxième, vingt fois;

Pour ceux de la troifième, quinze fois.

Le prix des biens de la quatrième claffe fera fixé d'après une eftimation.

## V I I.

LES biens vendus feront francs de toutes rentes, redevances ou preftations foncières, comme auffi de tous drois de mutation, tels que quint & requint, lods & ventes, reliefs, &

généralement

généralement de tous les droits feigneuriaux ou fonciers, foit fixes ou cafuels, qui ont été déclarés rachetables par nos lettres patentes du 3 novembre 1789, fur les décrets du 4 août précédent, & par nos lettres patentes du 28 mars dernier, fur le décret du 15 du même mois, la nation demeurant chargée du rachat defdits droits, fuivant les règles prefcrites dans les cas déterminés par nos lettres patentes du 9 mai dernier, fur le décret du 3 du même mois. Le rachat fera fait des premiers deniers provenant des reventes.

### V I I I.

SERONT pareillement lefdits biens affranchis de toutes dettes, rentes conftituées & hypothèques, conformément à nos lettres patentes du 22 avril, fur les décrets des 14 & 16 avril 1790.

Dans le cas où il feroit formé des oppofitions, elles font dès-à-préfent déclarées nulles & comme non-avenues, fans qu'il foit befoin que les acquéreurs obtiennent de jugement.

### I X.

LEs baux à ferme ou à loyer defdits biens, qui ont été faits légitimement, & qui auront une date certaine & authentique, antérieure au 2 novembre 1789, feront exécutés felon leur forme & teneur, fans que les acquéreurs puiffent expulfer les fermiers, même fous l'offre des indemnités de droit & d'ufage.

---

## T I T R E   T R O I S I E M E.

### A R T I C L E   P R E M I E R.

*Le quinze de chaque mois, les adminiftrations ou direɓoires de département feront afficher dans tous les lieux accoutumés de leur territoire, & notamment dans ceux où les biens font fitués, & dans les villes ou bourgs, chef-lieux de diftriɓ, l'état*

*Tome I.*                                    Bbbbbbb

*des biens qu'elles auront fait estimer dans le mois précédent*, avec énonciation du prix de l'estimation de chaque objet; & *elles feront* déposer des exemplaires *de ces états* aux hôtels communs desdits lieux, pour que chacun puisse en prendre communication ou copie sans frais.

### I I.

Aussi-tôt qu'il sera fait une offre au moins égale au prix de l'estimation, pour totalité ou partie des biens *situés dans un département*, *l'administration du département ou son directoire* sera tenue de l'annoncer par des affiches dans tous les lieux où l'état des biens aura été ou dû être envoyé, & d'indiquer le lieu, le jour & l'heure auxquels les enchères seront reçues.

### I I I.

Les adjudications feront faites dans le chef-lieu & pardevant le directoire du district de la situation des biens, à la diligence du procureur-*général·syndic*, ou d'un fondé de pouvoir *de l'administration de département*, & en présence de deux commissaires de la municipalité dans le territoire de laquelle les biens font situés; lesquels commissaires figneront les procès-verbaux d'enchères & d'adjudication, avec les officiers du directoire & les parties intéressées, sans que l'absence *desdits* commissaires duement avertis, de laquelle sera fait mention dans le procès-verbal, puisse arrêter l'adjudication.

### I V.

Les enchères feront reçues publiquement: il y aura quinze jours d'intervalle entre la première & la feconde publication, & il fera procédé, un mois après la feconde, à l'adjudication définitive, au plus offrant & dernier enchérisseur, sans qu'il puisse y avoir ouverture, ni au tiercement, ni au doublement, ni au triplement. Les jours feront indiqués par des affiches où le montant de la dernière enchère fera mentionné.

## V.

POUR appeler à la propriété un plus grand nombre de citoyens, en donnant plus de facilité aux acquéreurs, les payemens seront divisés en plusieurs termes.

La quotité du premier payement sera réglée en raison de la nature des biens plus ou moins susceptibles de dégradation.

Dans la quinzaine de l'adjudication, les acquéreurs des bois, des moulins & des usines, payeront trente pour cent du prix de l'acquisition à la caisse de l'extraordinaire;

Ceux des maisons, des étangs, des fonds morts & des emplacemens vacans dans les villes, vingt pour cent;

Ceux des terres labourables, des prairies, des vignes & des bâtimens servant à leur exploitation, & des biens de la seconde & de la troisième classe, douze pour cent.

Dans le cas où les biens de ces diverses natures seront réunis, il en sera fait ventilation pour déterminer la somme du premier payement.

Le surplus sera divisé en douze annuités égales, payables en douze ans, d'année en année, & dans lesquelles sera compris l'intérêt du capital à cinq pour cent sans retenue.

Pourront néanmoins les acquéreurs accélérer leur libération par des payemens plus considérables & plus rapprochés, ou même se libérer entièrement, à quelque échéance que ce soit.

Les acquéreurs n'entreront en possession réelle qu'après avoir effectué le premier payement.

## V I.

LES enchères seront en même-temps ouvertes sur l'ensemble ou sur les parties de l'objet compris en une seule & même estimation; & si, au moment de l'adjudication définitive, la somme des enchères partielles égale l'enchère faite sur la masse, les biens seront de préférence adjugés divisément.

### VII.

A défaut de payement du premier à-compte, ou d'une annuité échue, il sera fait dans le mois, à la diligence du procureur-*général-syndic*, sommation au débiteur d'effectuer son payement avec les intérêts du jour de l'échéance; & si ce dernier n'y a pas satisfait deux mois après ladite sommation, il sera procédé sans délai à une adjudication nouvelle à la folle-enchère, dans les formes prescrites par les articles III & IV.

### VIII.

Le procureur-*général-syndic de l'administration de département* poursuivant se portera premier enchérisseur pour une somme égale au prix d'estimation, ou pour la valeur de ce qui restera dû, si cette valeur est inférieure au prix de l'estimation; il sera prélevé sur le prix de la nouvelle adjudication le montant de ce qui se trouvera échu avec les intérêts & les frais, & l'adjudicataire sera tenu d'acquitter, au lieu & place de l'acquéreur dépossédé, toutes les annuités à échoir.

### IX.

Il ne sera perçu, *pendant le cours de cinq années*, pour aucune acquisition, adjudication, vente, subrogation, revente, cession & rétrocession de domaines nationaux, même pour les actes d'emprunts, obligations, quittances, & autres frais relatifs auxdites transactions de propriété, aucun autre droit que celui de contrôle, qui sera fixé à quinze sous.

---

*ARTICLES de l'Instruction décrétés le trente-un mai mil sept cent quatre-vingt-dix.*

### TITRE PREMIER.

Les experts feront nommés, l'un *par le particulier qui voudra acquérir*, l'autre par l'assemblée ou le directoire du district; &

le tiers-expert, en cas de partage, par le département ou son directoire.

Toutes perfonnes pourront être admifes aux fonctions d'experts; il fuffira qu'elles en ayent été jugées capables, & choifies par les parties intéreffées.

## TITRE III.

Les adjudications définitives feront faites à la chaleur des enchères & à l'extinction des feux.

On entend par *feux*, en matière d'adjudication, de petites bougies qu'on allume pendant les enchères, & qui doivent durer chacune au moins un demi-quart-d'heure.

L'adjudication prononcée fur la dernière des enchères, faite avant l'extinction d'un feu, fera feulement provifoire, & ne fera définitive que lorfqu'un dernier feu aura été allumé, & fe fera éteint fans que pendant fa durée il ait été fait aucune autre enchère.

Les départemens & diftricts font fpécialement chargés de veiller à ce que les acquéreurs, jufqu'à leur entier acquittement, jouiffent en bons pères de famille, *des bois*, étangs ou ufines qu'ils auroient acquis, & n'y caufent aucune dégradation.

MANDONS & ordonnons à tous les tribunaux, corps adminiftratifs & municipalités, que les préfentes ils faffent tranfcrire fur leurs regiftres, lire, publier & afficher dans leurs refforts & départemens refpectifs, & exécuter comme loi du royaume. En foi de quoi nous avons figné & fait contrefigner cefdites préfentes, auxquelles nous avons fait appofer le fceau de l'état. A Paris, le vingt-cinquième jour du mois de juillet, l'an de grâce mil fept cent quatre-vingt-dix, & de notre règne le dix-feptième. *Signé* LOUIS. *Et plus bas*, par le roi, GUIGNARD. Vu au confeil, LAMBERT. Et fcellées du fceau de l'état.

*MODÈLE DE SOUMISSION* à *souscrire par les particuliers qui veulent acquérir des* Domaines nationaux.

DÉPARTEMENT DE
DISTRICT DE
CANTON DE
MUNICIPALITÉ DE

JE soussigné, déclare être dans l'intention de faire l'acquisition des domaines nationaux dont la désignation suit :

( *Suivra la teneur des domaines nationaux qu'on veut acquérir, avec indication de la date & du prix des baux.* )

Lesquels biens sont affermés ou loués par un bail ( ou des baux ) authentique passé devant
notaires à le ( ou les )
& sont constatés être d'un produit annuel de

Pour parvenir à l'acquisition desdits biens, je me somets à en payer le prix de la manière déterminée par la disposition des décrets & instruction de l'assemblée nationale, des 14 & 31 mai, 25, 26, 29 juin & 9 juillet derniers ; & quant à ceux des biens ci-dessus qui ne sont pas affermés, & dont le décret ordonne que le produit annuel sera évalué par des experts, pour en fixer le capital, je consens à le payer également, conformément à l'évaluation qui sera faite par experts ; à l'effet de laquelle estimation je déclare choisir pour expert, la ( ou les ) personne de
que j'autorise à y procéder conjointement avec l'expert ( ou les experts ) qui seront nommés par le directoire du district ; &

consens à en passer par l'estimation du tiers-expert qui, en cas de partage, sera nommé par le département ou son directoire.

En conséquence, je me soumets à payer à la caisse de l'extraordinaire, ou en celle du district qui sera préposée, d'abord, lors de l'acquisition, l'à-compte déterminé par ces décrets, suivant la nature des biens, & ensuite le surplus du prix de l'acquisition dans le terme de douze années (*a*); le tout suivant les dispositions desdits décrets; promettant au surplus m'y conformer absolument pour ma jouissance, jusqu'à l'entier acquittement du prix de mon acquisition.

## NOTE.

LE comité ayant reçu un grand nombre d'observations sur les tableaux d'annuités annexés à l'instruction du 31 mai, & aux lettres patentes du 3 juin sur cette instruction, a fait vérifier avec soin non-seulement les calculs qui avoient été faits d'après les tables les plus exactes, mais les tables elles-mêmes; il a fait vérifier de même les calculs qui lui ont été envoyés, dont beaucoup sont erronés, parce que leurs auteurs ont négligé quelques élémens nécessaires, ou n'ont pas observé certaines conditions, comme de fixer l'époque des remboursemens un an avant l'échéance de l'annuité que l'on veut rembourser, afin d'éviter les fractions d'années dans le calcul des intérêts. Quelques-uns de ces auteurs ont aussi calculé avec plus de décimales que l'on n'en avoit employées pour former les tableaux annexés à l'instruction du 31 mai; mais l'exactitude moins grande de ces derniers n'est pas d'un vingt-quatre

(*a*) On peut observer que les particuliers qui voudront se libérer dans un terme plus court, en seront toujours les maîtres; les dispositions des décrets autorisent tout acquéreur à faire, quand il le jugera à propos, le remboursement des annuités.

millième, c'eſt-à-dire, n'eſt pas d'un ſou ſur 2400 liv., excepté
pour l'annuité de 11 liv. 5 ſouls 7 den. qui, avec ſix décimales,
ſeroit de 11 liv. 5 ſous 7 den. $\frac{48}{133}$ de denier. Cette inexaĉtitude
ſe trouvera, tantôt au profit de la nation, tantôt à celui de
l'acquéreur, & plus ſouvent au profit de ce dernier, ce qui a
paru juſte : l'erreur même dans aucun autre cas ne s'élève pas
à plus d'un ſou ſur 2400 liv.

La vérification a donné pour réſultat quelques erreurs très-
foibles, dont pluſieurs ſont des fautes d'impreſſion ; voici la
note des correĉtions

PREMIER TABLEAU.                    CORRECTIONS.

87 l. 2 ſ. 4 d. . . . . . . . . 87 l. 2 ſ. 5 d.

SECOND TABLEAU

772 l. 2 ſ. 5 d. . . . ; . . . 772. 3. 5.
710. 15. 10. . . . . . . . . 710. 15. 8.
2. . . . . . . . 354. 11. 11.

On a cru devoir en conſéquence faire réimprimer ici l'inſtruĉtion avec les tableaux corrigés, & quelques changemens
dans le diſcours, pour le rendre auſſi clair qu'il eſt poſſible
dans des matières qui exigent la connoiſſance de principes de
calculs peu difficiles, mais que tout le monde n'a pas.

*Inſtruĉtion pour le payement des annuités & leur rembourſement.*

L'ASSEMBLÉE nationale a autoriſé les acquéreurs de domaines nationaux à ne payer comptant qu'une partie du prix,
à condition qu'ils acquitteroient le reſte en douze payemens
égaux faits d'année en année, le premier payement devant
avoir lieu un an après le jour de l'adjudication.

L'acquéreur devant payer l'intérêt de la ſomme dont il reſte
débiteur, les douze payemens égaux doivent être déterminés de
manière

manière que chacun de ces payemens renferme d'abord l'intérêt qui eft dû, & de plus, une partie du capital. Le taux de cet intérêt eft fixé à cinq pour cent, fans retenue.

L'on fait qu'on appelle en général *annuités* des payemens égaux, deftinés à répartir également fur un certain nombre d'années, l'acquittement d'un capital & de fes intérêts.

D'après cette vue, l'affemblée nationale a converti la portion du prix que l'acquéreur ne paye pas comptant, en une annuité payable pendant douze années, l'intérêt à cinq pour cent s'y trouvant compris.

Pour cent livres de capital avec l'intérêt fur ce pied, l'annuité eft de 11 livres 5 fous 7 deniers : ainfi, un acquéreur doit par an, autant de fois 11 livres 5 fous 7 deniers, qu'il lui reftera de fois de 100 livres à payer.

L'affemblée nationale voulant de plus donner aux acquéreurs la facilité de fe libérer quand ils le défirent, a décrété qu'ils pourroient rembourfer leurs annuités à volonté, mais feulement un an avant l'époque de chaque échéance, afin d'éviter les fractions d'année dans le calcul des intérêts.

### Premier exemple.

Le tableau ci-deffous montre quelle fomme le débiteur d'une annuité de 11 liv. 5 fous 7 deniers, qui correfpond à un capital de 100 liv. doit payer fuivant le nombre d'années de cette annuité qu'il veut rembourfer, en partant d'une année avant l'échéance.

Ainfi, le débiteur de cette annuité ( de 11 liv. 5 fous 7 den. ) voulant la rembourfer dès la première échéance, c'eft-à-dire, ayant encore à la payer pendant douze années, doit rembourfer une fomme de 100 livres.

### Premier Tableau relatif au premier exemple.

Pour le remboursement de douze échéances d'une annuité de 11 livres 5 fous 7 deniers... 100$^{tt}$    f    d
Pour onze années..................... 93. 14. 3
Pour dix années...................... 87. 2. 5

*Tome I.*               C c c c c c

Pour neuf années...................... 80ᵗᵗ 3ˢ 11ᵈ
Pour huit années...................... 72. 18. 5
Pour fept années...................... 65. 5. 9
Pour fix années...................... 57. 5. 4
Pour cinq années...................... 48. 17. »
Pour quatre années...................... 40. » 2
Pour trois années...................... 30. 14. 6
Pour deux années...................... 20. 19. 7
Pour une année...................... 10. 14. 11

Le détail des élémens de ce calcul feroit trop long à inférer; chacun pourra en vérifier ou faire vérifier l'exactitude d'après les tables.

En jetant les yeux fur ce tableau, chaque acquéreur voit, fuivant le nombre d'années qu'il veut rembourfer, quelle fomme il doit payer pour chaque annuité de 11 livres 5 fous 7 deniers; il doit payer autant de fois cette fomme qu'il devoit payer de fois une annuité de 11 liv. 5 fous 7 deniers, ou, ce qui revient au même, qu'il lui reftoit à payer de fois 100 livres fur le prix de fon acquifition.

Comme il peut être commode aux acquéreurs, & qu'ils peuvent préférer de payer une annuité d'une fomme exprimée en nombre rond, comme de 100 livres, par exemple, & que dans ce cas il eft convenable qu'ils connoiffent précifément la fomme dont ils s'acquitteront en capital, en fe foumettant au payement d'une annuité de 100 livres, le tableau fuivant préfentera cette indication, ainfi que celle des fommes qu'un acquéreur devra payer, lorfqu'il voudra également rembourfer une annuité de 100 livres.

La fomme préfentée par une annuité de 100 livres (laquelle comprend le capital & l'intérêt), eft de 886 liv. 6 fous 5 den.

Ainfi un acquéreur acquittera, fur le prix de fon acquifition, autant de fois la fomme de 886 livres 6 deniers, qu'il fe fera foumis à payer d'annuités de 100 livres.

Et lorfque le débiteur d'une annuité de 100 livres voudra la rembourfer, il aura à payer les fommes indiquées par le tableau fuivant, d'après le nombre d'années pour lequel il s'agira de la rembourfer.

### Second Tableau.

Un an avant la première échéance, c'eft-à-dire, auffi-tôt après l'acquifition, il faudra payer :

Pour les douze années ............ 886<sup>lt</sup> 6<sup>f</sup> 5<sup>d</sup>
Pour onze années................. 830. 12. 10
Pour dix années.................. 772. 3. 5
Pour neuf années................. 710. 15. 8
Pour huit années................. 646. 6. 5
Pour fept années..... ............ 573. 12. 8
Pour fix années.................. 507. 11. 5
Pour cinq années................. 432. 10. 10
Pour quatre années............... 354. 11. 11
Pour trois années................ 272. 6. 5
Pour deux années................. 185. 18. 10
Pour une année................... 95. 4. 8

Par le moyen de ces deux tableaux, & de l'obfervation qu'une annuité de 11 liv. 5 fous 7 deniers répond à 100 livres de capital, & 886 liv. 6 fous 5 deniers de capital à une annuité de 100 livres, on n'aura befoin que de calculs très-fimples pour appliquer à chaque acquifition particulière les claufes du décret.

# LETTRES PATENTES DU ROI,

*En réformation de celles du 17 Mai dernier , données sur le Décret de l'Assemblée nationale , du 14 dudit mois , relatif à l'aliénation aux Municipalités , de Quatre cent millions de Domaines nationaux.*

Données à Paris, le 25 Juillet 1790.

LOUIS , par la grâce de Dieu & par la loi conftitutionnelle de l'état , ROI DES FRANÇOIS : A tous ceux qui ces préfentes lettres verront ; SALUT. Par nos lettres patentes données le 17 mai dernier , fur le décret de l'affemblée nationale, du 14 du même mois , relatif à l'aliénation aux municipalités , de quatre cent millions de domaines nationaux, nous avons , fous le titre III , ordonné l'exécution des difpofitions qui concernent les reventes aux particuliers. Il nous a été obfervé , fur l'article V dudit titre troifième , qui règle la quotité des premiers payemens à faire , que l'énonciation de la quotité du premier payement à faire de la part des acquéreurs des biens de la *troifième* claffe, a été omife dans la rédaction defdites lettres patentes ; & voulant faire ceffer ladite omiffion , nous voulons & ordonnons , conformément audit décret , que la quotité du premier payement à faire dans la quinzaine de l'adjudication par les acquéreurs des domaines nationaux de la troifiéme claffe énoncée dans lefdites lettres patentens du 17 mai dernier , foit réglée à raifon de douze pour cent du prix de l'acquifition.

MANDONS & ordonnons à tous les tribunaux , corps adminiftratifs & municipalités , que les préfentes ils faffent tranfcrire

fur leurs regiftres, lire, publier & afficher dans leurs refforts & départemens refpeétifs. En foi de quoi nous avons
figné & fait contrefigner cefdites préfentes, auxquelles nous
avons fait appofer le fceau de l'état. A Paris, le vingt-cinquième jour du mois de juillet, l'an de grâce mil fept cent
quatre-vingt-dix, & de nôtre règne le dix-feptième. *Signé*
LOUIS. *Et plus bas ,* par le roi, GUIGNARD. Vu au confeil
LAMBERT. Et fcellées du fceau de l'état.

# LETTRES PATENTES DU ROI,

*Sur un décret de l'Assemblée nationale, du 16 Juillet 1790, relatif à l'aliénation aux Municipalités, de Quatre cent millions de Domaines nationaux.*

Données à Saint-Cloud, le 16 Juillet 1790.

LOUIS, par la grâce de Dieu & par la loi conftitutionnelle de l'état, ROI DES FRANÇOIS : A tous ceux qui ces préfentes lettres verront; SALUT. L'affemblée nationale, après avoir entendu fon comité chargé de l'aliénation des domaines nationaux, voulant accélérer l'exécution de la vente ordonnée par fes décrets du 17 mars & 14 mai de la préfente année, revêtus de nos lettres patentes, les 24 dudit mois de mars & 17 dudit mois de mai, en faveur des municipalités, jufqu'à la concurrence de quatre cent millions, hâter le rembourfement des affignats-monnoie, & affurer leur hypothèque par la défignation fpéciale des objets fur lefquels elle doit porter, a décréré, le 16 juillet 1790, & nous voulons & ordonnons ce qui fuit :

### ARTICLE PREMIER.

Le comité chargé de l'aliénation des domaines nationaux, procédera fans délai, dans les formes prefcrites par nos lettres patentes du 17, fur le décret du 14 mai dernier, & par celles du 3 juin, fur l'inftruction décrétée par l'affemblée nationale, le 31 mai précédent, à la vente aux municipalités de ceux de ces biens pour lefquels elles ont fait des foumiffions, avec défignation fpéciale, conformément au modèle annexé à l'inftruction ci-deffus mentionnée.

### I I.

CELLES des municipalités qui ayant adreffé des demandes, foit à l'affemblée nationale, foit à fon comité, n'ont pas rempli les conditions exigées, feront tenues de faire parvenir au comité une nouvelle foumiffion dans les formes preferites, & ce avant le 15 feptembre prochain, après lequel jour, elles ne pourront plus concourir à l'acquifition des domaines nationaux que comme les acquéreurs particuliers, & conformément aux difpofitions de l'article XV de nos lettres patentes du 25 juillet préfent mois, fur les décrets des 25, 26 & 29 juin, & 9 juillet 1790.

### I I I.

LES muicipalités qui n'ont point encore formé de demandes, feront reçues à faire des foumiffions dans les mêmes formes & dans le même délai.

### I V.

LE comité rendra compte à l'affemblée nationale, avant le premier octobre prochain, des foumiffions qu'il aura reçues, pour être ftatué définitivement par elle fur l'exécution complette de l'aliénation aux municipalités.

MANDONS & ordonnons à tous les tribunaux, corps adminiftratifs & municipalités, que les préfentes ils faffent tranfcrire fur leurs regiftres, lire, publier & afficher dans leurs refforts & départemens refpectifs. En foi de quoi nous avons figné & fait contrefigner cefdites préfentes, auxquelles nous avons fait appofer le fceau de l'état. A Saint-Cloud, le vingt-fixième jour du mois de juillet, l'an de grâce mil fept cent quatre-vingt-dix, & de notre règne le dix-feptième. *Signé* LOUIS. *Et plus bas,* par le roi, GUIGNARD. Vu au confeil, LAMBERT. Et fcellées du fceau de l'état.

# LETTRES PATENTES DU ROI,

*Sur les décrets de l'Assemblée nationale, des 9 &
21 Juillet 1790, qui suppriment les offices de
Jurés-Priseurs créés par édit du mois de Février
1771 ou autres; ordonnent que le droit de Quatre
deniers pour livre du prix de la vente qui leur
avoit été attribué, continuera d'être perçu au
profit du Trésor public; & qui autorisent les
Notaires, Greffiers, Huissiers & Sergens à procéder auxdites ventes.*

Données à Saint-Cloud, le 26 Juillet 1790.

LOUIS, par la grâce de Dieu & par la loi constitutionnelle de l'état, ROI DES FRANÇOIS : A tous ceux qui
ces présentes lettres verront; SALUT. L'assemblée nationale a
décrété, les 9 & 21 de ce mois, & nous voulons & ordonnons
ce qui suit :

## ARTICLE PREMIER.

LES offices de jurés-priseurs, créés par édit de février 1771,
ou autres, demeureront supprimés, à compter de ce jour.

## I I.

LE droit de quatre deniers pour livre du prix des ventes qui
leur avoit été attribué, continuera d'être perçu au profit du
trésor public, par les officiers qui feront la vente, & le produit
en sera versé par eux dans les mains des préposés à la recette.

## I I I.

LES finances desdits offices seront liquidées.

IV.

### I V.

Il fera délivré à ceux qui auront droit aux finances, treize coupons d'annuités payables d'année en année, dans lefquelles l'intérêt à cinq pour cent fera cumulé avec le capital.

### V.

Il fera prélevé, fur le produit des quatre deniers pour livre, une fomme annuelle de huit cent mille livres, qui fera verfée dans la caiffe du tréforier de l'extraordinaire, & employée par lui au payement de ces annuités.

### V I.

Les notaires, greffiers, huiffiers & fergens, font autorifés à faire les ventes de meubles dans tous les lieux où elles étoient ci-devant faites par les jurés-prifeurs.

### V I I.

Les procès-verbaux de ventes & de prifées, faites par les officiers ci-deffus défignés, ne feront foumis qu'aux mêmes droits de contrôle que ceux des jurés-prifeurs.

### V I I I.

Il ne pourra être perçu par lefdits officiers que deux fous fix deniers du rôle de groffe des procès-verbaux, deux fous fix deniers pour l'enregiftrement d'une oppofition, & une livre dix fous par vacation de prifée, conformément à l'article VI de l'édit de février 1771 ; & ce fans préjudice des conventions particulières qui pourront modifier ou abonner les droits.

### I X.

Les quatre deniers pour livre du prix des ventes feront verfés par les officiers qui les auront faites, dans les mains du contrôleur des actes, ou receveur des domaines, lefquels en compteront à la régie des domaines.

### X.

Les quittances de finance des offices de jurés-prifeurs fupprimés, feront remifes au plus tard dans deux mois, à dater

*Tome I.*             D d d d d d

de jour de la publication du préſent décret, au comité de liquidation.

## X I.

LE comité ſe fera repréſenter les regiſtres des parties ca-
ſuelles, & les déciſions qui peuvent avoir modéré le prix deſdits offices, & en fera ſon rapport pour y être ſtatué.

MANDONS & ordonnons à tous les tribunaux, corps adminiſtratifs & municipalités, que les préſentes ils faſſent tranſcrire ſur leurs regiſtres, lire, publier & afficher dans leurs
reſſorts reſpectifs, & exécuter comme loi du royaume. En foi
de quoi nous avons ſigné & fait contre-ſigner ceſdites préſentes, auxquelles nous avons fait appoſer le ſceau de l'état.
A Saint-Cloud, le vingt-ſix juillet, l'an de grâce mil ſept cent
quatre-vingt-dix, & de notre régne le dix-ſeptième. *Signé*
LOUIS. *Et plus bas*, par le roi, GUIGNARD. Vu au conſeil,
LAMBERT. Et ſcellées du ſceau de l'état.

# LETTRES PATENTES DU ROI,

*Sur le décret de l'Assemblée nationale, du 29 Juin dernier, relativement à la Navigation sur le Canal de Picardie.*

Données à Paris, le 26 Juillet 1790.

LOUIS, par la grâce de Dieu & par la loi constitutionnelle de l'état, ROI DES FRANÇOIS : A tous ceux qui ces présentes lettres verront ; SALUT. L'assemblée nationale considérant qu'il est du plus grand avantage pour l'état, l'agriculture & le commerce, d'entretenir la libre circulation du canal de Picardie ou de Crozat, a décrété, le 29 juin 1790, sur le rapport de son comité des finances, & nous voulons & ordonnons, 1°. Que l'écluse de Voyaux près Liez, placée sur le canal de Crozat, qui communique de la Somme à l'Oife, sera incessamment reconstruite, conformément au devis dressé par le sieur Laurent de Lyonne, directeur dudit canal, sous l'inspection du directoire du département. 2°. Qu'il sera procédé incessamment, tant au parachèvement qu'à l'élargissement de l'écluse de Sempigny-sur-Oife, ladite écluse destinée à éviter le restaut des bateaux dans cette partie, & conformément au devis qui sera dressé par le même directeur, sous l'inspection du département de l'Oife, dont dépend ladite écluse. 3°. Les fonds nécessaires auxdits ouvrages, seront fournis provisoirement par les receveurs des départemens de l'Aisne & l'Oife, chacun par moitié, sauf à statuer ultérieurement par qui la dépense sera définitivement supportée, soit par le trésor public, soit par lesdits départemens, sauf aussi à régler dans quelles proportions lesdits départemens y contribueront, s'il y a lieu. Les deniers seront fournis à fur & à mesure des ouvrages, ou des termes qui seront pris avec les adjudicataires ensuite des enchères faites en la forme ordinaire.

D d d d d d d 2

MANDONS & ordonnons à tous corps adminiftratifs & municipalités, que les préfentes ils faffent tranfcrire fur leurs regiftres, lire, publier & afficher dans leurs refforts & départemens refpeétifs, & exécuter. En foi de quoi nous avons figné & fait contrefigner cefdites préfentes, auxquelles nous avons fait appofer le fceau de l'état. A Paris, le vingt-fixième jour du mois de juillet, l'an de grâce mil fept cent quatre-vingt-dix, & de notre règne le dix-feptième. *Signé* LOUIS. *Et plus bas*, par le roi, GUIGNARD. Vu au confeil, LAMBERT. Et fcellées du fceau de l'état.

# LETTRES PATENTES DU ROI,

*Sur un décret de l'Assemblée nationale, du 4 Juillet, relatif à la fourniture de Sel à l'Étranger.*

Données à Saint-Cloud, le 26 Juillet 1790.

LOUIS, par la grâce de Dieu & par la loi conftitutionnelle de l'état, ROI DES FRANÇOIS : A tous ceux qui ces préfentes lettres verront; SALUT. L'affemblée nationale a décrété, le 4 de ce mois, & nous voulons & ordonnons ce qui fuit :

LES fournitures de fel qui doivent être faites à l'étranger, conformément aux traités fubfiftans, feront effectuées avec les fels qui appartiennent à la nation, & par les prépofés à qui la vente de ces fels eft confiée; & ceux qui s'oppoferont au tranfport defdits fels, feront réprimés comme portant atteinte aux propriétés nationales.

MANDONS & ordonnons à tous les tribunaux, corps admi-niftratifs & municipalités, que les préfentes ils faffent tranf-crire fur leurs regiftres, lire, publier, afficher & exécuter dans leurs refforts & départemens refpectifs. En foi de quoi nous avons figné & fait contrefigner cefdites préfentes, auxquelles nous avons fait appofer le fceau de l'état. A Saint-Cloud, le vingt-fix juillet, l'an de grâce mil fept cent quatre-vingt-dix, & de notre règne le dix-feptième. *Signé* LOUIS. *Et plus bas,* par le roi, GUIGNARD. Vu au confeil, LAMBERT. Et fcellées du fceau de l'état.

## LETTRES PATENTES DU ROI,

*Sur un décret de l'Assemblée nationale, du 3 Juillet 1790, relatif au rachat de ceux des Droits féodaux sur lesquels il avoit été réservé de statuer par les articles, IX, X & XI du décret du 3 Mai dernier, & des Lettres patentes du 9 dudit mois.*

Données à Saint-Cloud, le 31 Juillet 1790.

LOUIS, par la grâce de Dieu & par la loi constitutionnelle de l'état, ROI DES FRANÇOIS : A tous ceux qui ces présentes lettres verront ; SALUT. L'assemblée nationale ayant réservé, par les articles IX, X & XI de son décret du 3 mai de la présente année, de statuer ultérieurement sur plusieurs points relatifs au rachat des droits féodaux, dépendant de biens désignés dans lesdits articles, a décrété, le 3 de ce mois, & nous voulons & ordonnons ce qui suit :

#### ARTICLE PREMIER.

LE prix qui proviendra des rachats des droits féodaux qui auroient été liquidés par les officiers des municipalités, en exécution de l'article IX de nos lettres patentes du 9 mai 1790, données sur le décret du 3 mai, sera employé à l'acquit des dettes de l'état, & à cet effet, versé dans la caisse du district du ressort, & de cette caisse en celle de l'extraordinaire, sauf à être pourvu par nous, s'il y a lieu, d'après les décrets de l'assemblée nationale, ou des législatures suivantes, en faveur des établissemens auxquels appartenoient les droits rachetés, à une indemnité convenable, sur l'avis des assemblées administratives du ressort.

### I I.

IL en sera de même du prix qui proviendra du rachat des droits dépendant des biens énoncés en l'article X de nosdites lettres patentes du 9 mai 1790, données sur le décret du 3 mai, même quant à ceux des biens dont l'administration a été conservée provisoirement à certains établissemens, par les articles VIII & IX de nos lettres patentes du 22 avril dernier, données sur les décrets des 14 & 20 du même mois, sauf à être pourvu, s'il y a lieu, ainsi qu'il est dit en l'article précédent, à telle indemnité qu'il appartiendra ; en conséquence, les assemblées administratives qui ont été autorisées à liquider les rachats des droits dépendant desdits biens, en feront verser le prix dans la caisse de l'extraordinaire.

### I I I.

SONT exceptés de la disposition précédente, les rachats des droits dépendant des biens appartenant aux commanderies, dignités & grands-prieurés de l'ordre de Malte, lesquels, jusqu'à ce qu'il en ait été autrement ordonné, pourront être liquidés par les titulaires actuels, à la charge par eux de se conformer au taux & au mode prescrits par nos lettres patentes du 9 mai dernier, sur le décret du 3 mai, de faire approuver les liquidations par les assemblées administratives du ressort, ou leurs directoires, lesquelles feront verser le prix qui en proviendra, dans la caisse de l'extraordinaire.

### I V.

QUANT aux rachats des droits appartenant aux biens ci-devant connus sous le titre de *domaine de la couronne*, & dont l'administration a été jusqu'ici confiée à la régie desdits biens, soit en totalité, soit pour la perception des droits casuels, la liquidation ou rachat des droits dépendant desdits biens, sera faite par les administrateurs de ladite régie, ou par leurs préposés, & ce, jusqu'à ce qu'il en ait été autrement ordonné ; à la charge, 1°. de se conformer au taux & au mode prescrits par nosdites lettres patentes du 9 mai dernier, sur le décret du 3 mai; 2°. que lesdites liquidations feront vérifiées & approuvées par les directoires des assemblées administratives dans le ressort desquels feront situés lesdits biens; 3°. que les administrateurs compteront du prix desdits rachats, & le feront verser au fur & à mesure en la caisse de l'extraordinaire.

### V.

LA disposition de l'article précédent aura lieu, même pour les rachats des droits & redevances fixes & annuelles des biens actuellement possédés à titre d'engagement, ou concédés à vie ou à temps, & pour les rachats des droits, tant fixes que casuels, dépendant desdits domaines possédés à titre d'échange, mais dont les échanges ne font pas encore consommés, sauf à être pourvu, s'il y a lieu, aux indemnités qui pourroient être dues aux engagistes ou échangistes; le tout fans aucune approbation des échanges consommés, & fans préjudice des oppositions qui pourront être formées au nom de la nation, aux rachats des droits dépendant des biens aliénés à ce titre, & dont le titre auroit été reconnu fusceptible de révision; lesquelles oppositions ne pourront être formées que de la manière & en la forme prescrite par les articles XLVII, XLVIII & XLIX de nos lettres patentes du 9 mai dernier, données fur le décret du 3 mai.

### V I.

QUANT au rachat des droits dépendant des biens possédés à titre d'apanage, ils pourront, jusqu'à ce qu'il en ait été autrement ordonné, être liquidés par les possesseurs actuels, à la charge que lesdites liquidations feront faites conformément au taux & au mode prescrits par nosdites lettres patentes du 9 mai dernier, fur le décret du 3 mai, & qu'elles feront vérifiées & approuvées par les assemblées administratives dans le ressort defquelles feront situés les biens dont dépendront lesdits droits, & que le prix en fera verfé dans la caisse du district, & de cette caisse dans celle de l'extraordinaire, sauf à être pourvu, s'il y

a

a lieu, aux indemnités convenables au profit defdits apanagiftes.

A l'égard des rachats qui feront dus à la nation par les propriétaires des biens mouvant des biens nationaux, même par
les apanagiftes ou les échangiftes dont les échanges ne font
point encore confommés, à raifon des rachats par eux reçus
pour les droits dépendant de leurs fiefs, la liquidation des fommes par eux dues fera faite provifoirement, & jufqu'à ce qu'il
en ait été autrement ordonné, par les adminiftrateurs de la
régie des domaines, fous les conditions qui ont été prefcrites
auxdits adminiftrateurs, par les articles IV & V ci-deffus.

### V I I I.

LES fonctions ci-deffus déléguées aux affemblées adminiftratives feront exercées par la municipalité actuelle de Paris,
ou par celle qui fera établie, conformément au règlement
porté par nos lettres patentes du 27 juin dernier, données fur
les décrets des 3, 6, 7, 10, 14, 15, 19 & 21 mai dernier,
jufqu'à ce que l'adminiftration du département de Paris foit en
activité.

MANDONS & ordonnons à tous les tribunaux, corps adminiftratifs & municipalités, que les préfentes ils faffent tranfcrire fur leurs regiftres, lire, publier & afficher dans leurs
refforts & départemens refpectifs, & exécuter comme loi du
royaume. En foi de quoi nous avons figné & fait contrefigner
cefdites préfentes, auxquelles nous avons fait appofer le fceau
de l'état. A Saint-Cloud, le trente-unième jour du mois de juillet,
l'an de grâce mil fept cent quatre-vingt-dix, & de notre règne
le dix-feptième. *Signé* LOUIS. *Et plus bas*, par le roi,
GUIGNARD. Vu au confeil, LAMBERT. Et fcellées du fceau
de l'état.

# PROCLAMATION DU ROI,

*Sur un décret de l'Assemblée nationale, pour régler provisoirement le traitement de Table, dans les rades & à la mer, des Officiers de la Marine commandant les bâtimens de guerre.*

Du 31 Juillet 1790.

V U par le roi le décret dont la teneur suit :

*DÉCRET de l'Assemblée nationale, du 26 Juillet 1790.*

L'ASSEMBLÉE nationale, sur le rapport de son comité de marine, a provisoirement décrété qu'il seroit mis à la disposition du ministre de la marine, pour la dépense extraordinaire qui aura lieu pendant le mois d'août pour l'armement ordonné, une somme d'un million ; & d'après le compte qui lui a été rendu des différens objets qui composent les dépenses d'armement, l'assemblée nationale a décrété qu'à compter du premier août prochain, les traitemens accordés pour la table des officiers généraux de la marine, capitaines de vaisseaux, & autres officiers commandant les bâtimens de guerre, seroient réduits, & demeureroient provisoirement fixés ainsi qu'il suit :

| TRAITEMENT ancien. PAR JOUR. | ARTICLE PREMIER. | TRAITEMENT réduit. PAR JOUR. |
|---|---|---|
| 160ᵗᵗ... | Au vice amiral, commandant en chef, cent vingt livres............................ | ...120ᵗᵗ |
| 120..... | Au lieutenant général, commandant en chef, quatre-vingt-dix livres.................... | .....90 |
| 100..... | Au lieutenant-général, commandant une division, soixante-quinze livres........... | .....75 |

| Traitement ancien. | | Traitement réduit. |
|---|---|---|
| Par jour. | | Par jour. |
| 100ᵗᵗ... | Au chef d'escadre, commandant en chef, soixante-quinze livres...................... | .....75ᵗᵗ |
| 80..... | Au chef d'escadre, commandant une division, cinquante-quatre livres............... | .....54 |
| 70..... | Au capitaine de vaisseau, commandant une division de six bâtimens, quarante-huit l. | ....48 |
| 50..... | Au même, commandant une division de trois bâtimens de guerre, quarante livres........ | .....40 |
| 45..... | Au même, commandant un vaisseau de ligne, trente-six livres............................ | .....36 |
| 40..... | Au même, commandant une frégate, s'il y a un major, trente-quatre livres.......... | .....34 |
| 34..... | Au même, s'il n'y a pas de major, vingt-huit livres............................... | .....28 |
| 30..... | Au major de vaisseau, commandant, vingt-quatre livres................................. | .....24 |
| 28..... | Au lieutenant commandant, vingt-quatre liv. | .....24 |
| 23..... | Au sous-lieutenant, vingt livres.............. | .....20 |

I I.

LES traitemens ci-dessus fixés, tant pour les officiers généraux & particuliers commandant les bâtimens de guerre, que pour la nourriture des personnes qu'ils sont obligés d'admettre à leur table, ne seront susceptibles d'aucun supplément, & seront réduits d'un quart pendant le séjour des vaisseaux & autres bâtimens de guerre dans les rades de France, après l'armement seulement, ladite réduction ne pouvant avoir lieu pour le désarmement, dont la durée ne pourra excéder le nombre de jours fixés par l'ordonnance.

LE ROI a sanctionné & sanctionne ledit décret, pour être exécuté. Mande & ordonne sa majesté aux officiers généraux de sa marine, aux commandans de ses ports & arsenaux, aux gouverneurs des colonies, aux intendans & ordonnateurs de la marine & des colonies, & à tous qu'il appartiendra, de s'y conformer, & de tenir la main à son exécution. FAIT à Paris, le trente-un juillet mil sept cent quatre-vingt-dix. *Signé* LOUIS. *Et plus bas*, par le roi, LA LUZERNE.

Eeeeeee 2

# PROCLAMATION DU ROI,

*Sur un décret concernant le paſſage des Troupes*
*étrangères ſur le territoire de France ; & contenant*
*diverſes diſpoſitions relatives à la police des Fron-*
*tières, aux demandes d'Armes faites par les*
*Municipalités, à la fabrication de ces armes &*
*à leur diſtribution.*

Du premier Août 1790.

V U par le roi le décret dont la teneur ſuit :

*D É C R E T de l'Aſſemblée nationale, du mercredi 28*
*Juillet 1790.*

L'ASSEMBLÉE nationale déclare que, conformément au
décret du 28 février, accepté par le roi, le paſſage d'aucune
troupe étrangère ſur le territoire de France ne doit être accordé qu'en vertu d'un décret du corps légiſlatif, ſanctionné
par ſa majeſté ;

Qu'en conſéquence, les ordres émanés du ſecrétariat de la
guerre, & adreſſés aux commandans des frontières du royaume,
ſeront réputés non avenus ; & cependant l'aſſemblée nationale ſe réſerve de ſtatuer ſur le paſſage demandé par l'ambaſſadeur du roi de Hongrie, lorſqu'elle aura connoiſſance
du nombre des troupes, des différentes eſpèces d'armes &
attirails de guerre, de l'ordre de leur marche & de l'objet de
leur deſtination.

L'aſſemblée nationale, inſtruite des plaintes portées par ledit
ambaſſadeur du roi de Hongrie, & voulant maintenir les principes de juſtice qu'elle a annoncé prendre pour baſe de ſes

décrets, & pour unique motif des armemens qu'elle ordonnera, charge son président de se retirer pardevers le roi, pour prier sa majesté de donner des ordres précis à l'effet d'entretenir la police la plus sévère, & de prévenir toute infraction au droit des gens.

Décrète en outre que le roi sera prié de prendre, vis-à-vis les puissances actuellement en guerre, les précautions nécessaires pour assurer la liberté du commerce François, & notamment sur la Meuse.

Et attendu les réclamations de plusieurs municipalités des frontières, à l'effet d'être armées pour soutenir la constitution qu'elles ont jurée, & assurer la tranquillité publique, l'assemblée nationale décrète que les ministres du roi seront tenus de donner au comité militaire connoissance des demandes d'armes & munitions qui seront faites par les municipalités des frontières, de l'avis des directoires de département, & d'y joindre l'état des armes & munitions distribués à ces municipalités.

Décrète en outre que le roi sera supplié de donner les ordres les plus prompts pour la fabrication des canons, fusils & autres armes, & des munitions nécessaires, le tout suivant les prix & conditions qui auront été communiqués au comité militaire ; que le roi sera prié de faire distribuer des armes aux citoyens, par-tout où la défense du royaume rendra cette précaution nécessaire, & ce sur la demande des directoires.

LE ROI a sanctionné & sanctionne ledit décret, pour être exécuté suivant sa forme & teneur. Mande & ordonne aux secrétaires d'état des affaires étrangères, de la guerre & de la marine, aux commandans des troupes de ligne, & à tous autres qu'il appartiendra, de s'y conformer, & de tenir la main à son exécution. FAIT à Saint-Cloud, le premier août mil sept cent-quatre vingt-dix. *Signé* LOUIS. *Et plus bas*, par le roi, LA-TOUR-DU-PIN.

# A R R Ê T
## DU CONSEIL D'ÉTAT DU ROI,

*Qui renvoie pardevant la Municipalité de Paris l'apurement des comptes des Corps & Communautés, depuis le premier Octobre 1788, & l'apurement des comptes du droit d'augmentation de Maîtrise.*

Du premier Août 1790.

*EXTRAIT des registres du Conseil d'état.*

SUR le compte rendu au roi par le sieur contrôleur général des finances, que par arrêt du conseil, du 3 octobre 1789, sa majesté auroit évoqué à soi & à son conseil toutes les contestations & autres affaires des corps & communautés de Paris & des provinces, dont la connoissance avoit été attribuée au sieur lieutenant-général de police, soit comme commissaire du conseil, soit comme procureur-général du bureau des arts & métiers, pour, sur le compte qui seroit rendu à sa majesté des objets desdites attributions & de l'état desdites affaires, être par elle ordonné ce qu'il appartiendroit sur l'attribution ou le renvoi desdites affaires, pardevant les juges qui en doivent connoître, & néanmoins que les titres & papiers relatifs auxdites commissions seroient transportés au contrôle général ; qu'en conséquence dudit arrêt, le transport desdits titres & papiers ayant été effectué, il auroit été procédé à leur inventaire, ensorte qu'il ne reste plus aujourd'hui qu'à statuer sur la destination ultérieure d'aucuns desdits papiers : oui le rapport du sieur Lambert, conseiller d'état ordinaire, contrôleur général des finances: LE ROI ÉTANT EN SON CONSEIL, a renvoyé & renvoie pardevant la municipalité de Paris l'examen & apurement des comptes des corps & communautés de ladite ville, à compter du premier octobre 1788, fur lefquels il n'y a point encore de conclufions du procureur-général du bureau des arts & métiers, préparatoires ou définitives, ni jugement intervenu; voulant fa majefté que tous les comptes dont ledit bureau des arts & métiers eft faifi, en confèquence de l'attribution qui lui en a été donnée par fa majefté, par arrêts des 3 mars & 16 mai 1716, & autres fubféquens, ainfi que par celui du 16 janvier 1778, y foient jugés & apurés dans la forme ordinaire, jufqu'à jugement définitif, par les fieurs commiffaires dudit bureau, & dans la forme prefcrite par lefdits arrêts. Renvoie pareillement fa majefté pardevant la municipalité de Paris l'examen & apurement des comptes particuliers que les corps & communautés rendent annuellement du droit d'augmentation qu'ils ont été autorifés à percevoir fur le prix des maîtrifes, par édit du mois d'août 1782, à l'effet de fubvenir au payement des arrérages de l'emprunt de quinze cent mille livres qu'ils ont été autorifés de faire, pour la conftruction d'un vaiffeau du premier rang, enfemble aux rembourfemens des capitaux, pour lefdits comptes être apurés dans la même forme qu'ils l'étoient ci-devant par le fieur lieutenant-général de police de ladite ville de Paris, en exécution dudit édit & de l'arrêt du confeil du 8 feptembre 1782, par lequel fa majefté auroit commis le fieur lieutenant-général de police à l'effet d'arrêter lefdits comptes. FAIT au confeil d'état du roi, fa majefté y étant, tenu à Saint-Cloud, le premier août mil fept cent quatre-vingt-dix. *Signé* GUIGNARD.

## LETTRES PATENTES DU ROI,

*Sur le décret de l'Assemblée nationale , du 23 Juillet 1790, qui surseoit au payement de la somme de soixante-dix mille six cent quarante-cinq livres dix sous sept deniers, imposée par la Commission provisoire du Languedoc, pour traitement de divers Agens de l'ancienne Administration.*

Données à Saint Cloud , le 3 Août 1790.

LOUIS, par la grâce de Dieu & par la loi constitution nelle de l'état, ROI DES FRANÇOIS : A tous ceux qui ces présentes lettres verront; SALUT. L'assemblée nationale , sur le rapport de son comité des finances, a décrété, le 23 juillet 1790, que la commission provisoire établie dans la ci-devant province de Languedoc, par l'article I.er du décret rendu le 23 mars, sanctionné le 26, étoit contrevenue à l'article III dudit décret, en comprenant dans le rôle d'imposition de la présente année , 1°. la somme de trente-cinq mille trois cent trente-trois livres six sous huit deniers , pour gages & appointemens des syndics-généraux, secrétaires, commis du greffe du roi des anciens états de ladite province, de l'agent de la province à Paris, du secrétaire du commandant en chef de la province , & du secrétaire de l'intendant; 2°. la somme de dix-neuf mille trois cents livres que ladite province étoit dans l'usage d'imposer en faveur du commandant en chef, de l'intendant & du premier secrétaire en chef de l'intendance. L'assemblée nationale a encore décrété que ladite commission étoit également contrevenue à l'article IV dudit décret, en clôturant les comptes du sieur Puymaurin, l'un desdits syndics,

du

du sieur Carrier & du sieur Besaucelle, secrétaires-greffiers desdits anciens états, & en leur allouant la somme de seize mille treize livres trois sous onze deniers. Et néanmoins pour ne pas retarder le payement des impôts, l'assemblée nationale a décrété, & nous voulons & ordonnons que l'imposition faite desdites trois sommes ait son exécution, & que le trésorier en demeure chargé pour les représenter au commissariat qui sera établi en conformité de l'article dernier dudit décret sur les assemblées administratives, & pour être employées en moins imposé, ou de telle autre manière qu'il sera réglé par le commissariat. Défendons en conséquence audit trésorier & à tous autres, de payer lesdites sommes revenant à soixante-dix mille six cent quarante-cinq livres dix sous sept deniers, à ceux à qui la commission provisoire les a attribuées, à peine d'en être personnellement responsables, enjoignant aux commissions secondaires de ladite province de se conformer aux articles III & IV du décret du 23 mars dernier, sauf aux parties intéressées dans l'ancienne administration à se pourvoir pour la répétition des avances qu'elles prétendroient avoir faites, ou pour tout autre objet, devant le commissariat qui doit être nommé par les assemblées administratives des divers départemens formés dans le Languedoc.

MANDONS & ordonnons à tous les tribunaux, corps administratifs & municipalités, que les présentes ils fassent transcrire sur leurs registres, lire, publier & afficher dans leurs ressorts & départemens respectifs. En foi de quoi nous avons signé & fait contresigner cesdites présentes, auxquelles nous avons fait apposer le sceau de l'état. A Saint-Cloud, le troisième jour du mois d'août, l'an de grâce mil sept cent quatre-vingt-dix, & de notre règne le dix-septième. Signé LOUIS. Et plus bas, par le roi, GUIGNARD. Vu au conseil, LAMBERT. Et scellées du sceau de l'état.

## LETTRES PATENTES DU ROI,

*Sur un décret de l'Assemblée nationale, pour la poursuite & la punition de ceux qui s'opposent, & particulièrement dans le Département du Loiret, au payement des Dixmes & des droits de Champart ou autres droits ; & pour la destruction des marques extérieures d'insurrection & de sédition.*

Données à Saint-Cloud, le 5 Août 1790.

LOUIS, par la grâce de Dieu & par la loi constitutionnelle de l'état, ROI DES FRANÇOIS : A tous ceux qui ces présentes lettres verront ; SALUT. L'assemblée nationale ayant rendu, le 3 de ce mois, un décret relativement aux difficultés qu'éprouve le payement des dixmes & des droits de champart ou agrier & autres droits, nous avons jugé à propos d'ordonner, & nous voulons & ordonnons ce qui suit :

DANS toute l'étendue du royaume, & en particulier dans le département du Loiret, les tribunaux poursuivront & puniront avec toute la sévérité des loix tous ceux qui, au mépris des décrets de l'assemblée nationale, par nous sanctionnés, & des droits sacrés de la propriété, s'opposent de quelque manière que ce soit, & par violences, voies de fait, menaces ou autrement, au payement des dixmes de cette année, & des droits de champart ou agrier, & autres droits ci-devant seigneuriaux qui n'ont pas été supprimés sans indemnité, ainsi que des rentes ou censives en nature ou en argent.

Ordonnons aux municipalités de faire détruire toutes les

marques extérieures d'infurrection & de fédition , de quelque nature qu'elles foient.

MANDONS & ordonnons à tous les tribunaux , corps admi-niftratifs & municipalités , que les préfentes ils faffent tranf-crire fur leurs regiftres , lire , publier & afficher dans leurs ref-forts & départemens refpectifs , & exécuter comme loi du royaume. En foi de quoi nous avons figné & fait contre-figner cefdites préfentes , auxquelles nous avons fait appofer le fceau de l'état. FAIT à Saint-Cloud , le cinquième jour du mois d'août , l'an de grâce mil fept cent quatre-vingt-dix , & de notre règne le dix-feptième. *Signé* LOUIS. *Et plus bas ,* par le roi , GUIGNARD. Et fcellées du fceau de l'état.

# LETTRES PATENTES DU ROI,

*Sur un décret de l'Assemblée nationale, qui autorise la Municipalité de Paris à faire évacuer le Couvent des Capucins de la rue Saint-Honoré, pour être employé aux divers usages relatifs au service de l'Assemblée.*

Données à Saint-Cloud, le 5 Août 1790.

LOUIS, par la grâce de Dieu & par la loi constitutionnelle de l'état, ROI DES FRANÇOIS : A tous ceux qui ces présentes lettres verront; SALUT. L'assemblée nationale, par son décret du 30 juillet, a autorisé & nous autorisons la municipalité de Paris à faire évacuer le couvent des Capucins de la rue Saint-Honoré, pour être employé aux divers usages relatifs au service de l'assemblée, & qui seront indiqués par les commissaires.

Chargeons la municipalité de Paris de prendre sur les fonds qu'elle est autorisée à percevoir par le décret du 8 juin, que nous avons sanctionné, les sommes nécessaires pour assurer des moyens de subsistance aux religieux de cette maison, soit qu'ils veuillent être transférés dans un autre couvent de leur ordre, soit qu'ils déclarent vouloir jouir du bénéfice des décrets des 19, 20 février & 21 mars dernier, par nous pareillement sanctionnés.

MANDONS & ordonnons aux tribunaux, & à la municipalité de la ville de Paris, que les présentes ils fassent transcrire sur leurs registres, lire, publier, afficher & exécuter. En foi de quoi nous avons signé & fait contresigner cesdites présentes, auxquelles nous avons fait apposer le sceau de l'état. A Saint-Cloud, le cinquième jour du mois d'août, l'an de grâce mil sept cent quatre-vingt-dix, & de notre règne le dix-septième. *Signé* LOUIS. *Et plus bas*, par le roi, GUIGNARD. Et scellées du sceau de l'état.

# A R R Ê T

## DU CONSEIL D'ÉTAT DU ROI,

*Qui nomme le sieur* Touffaint-Augufte Pitet *pour signer, au lieu & place du sieur* Laurent Blanlo, *en qualité de* Tireur, *les Affignats de* Deux cents livres.

### Du 7 Août 1790.

#### EXTRAIT *des regiftres du confeil d'état.*

Sur le compte rendu au roi par le fieur contrôleur général des finances, de l'impoffibilité où fe trouve, pour caufe de maladie, le fieur *Laurent Blanlo*, de remplir la miffion qui lui a été donnée par la proclamation du roi, du 13 juin dernier, fur le décret de l'affemblée nationale du 9 mai précédent, de figner, en qualité de tireur, les affignats de deux cents livres, & de la néceffité urgente de procéder à fon remplacement, attendu l'époque très-prochaine de l'émiffion des affignats : ouï le rapport du fieur Lambert, confeiller d'état ordinaire, contrôleur-général des finances ; LE ROI ÉTANT EN SON CONSEIL, a commis & commet le fieur *Touffaint-Augufte Pitet* pour figner, en qualité de tireur, au lieu & place dudit fieur *Laurent Blanlo*, les affignats de deux cents livres, fans que pour raifon de ladite fignature, ledit fieur *Pitet* foit tenu de rendre aucun compte, ni aucunement engagé, attendu qu'il ne fera à cet égard aucune recette ni dépenfe.

Fait au confeil d'état du roi, fa majefté y étant, tenu à Saint-Cloud, le fept août mil fept cent quatre-vingt-dix.

*Signé* GUIGNARD.

## LETTRES PATENTES DU ROI,

*Sur le décret de l'Assemblée nationale, du 20 Juillet dernier, portant suppression des droits d'habitation, de protection, de tolérance & de redevances semblables sur les Juifs.*

Données à Saint-Cloud, le 7 Août 1790.

LOUIS, par la grâce de Dieu & par la loi constitutionnelle de l'état, ROI DES FRANÇOIS : A tous ceux qui ces présentes lettres verront ; SALUT. L'assemblée nationale considérant que la protection de la force publique est due à tous les habitans de notre royaume indistinctement, sans autre condition que celle d'en acquitter les contributions communes, après avoir ouï le rapport de son comité des domaines, a décrété, le 20 juillet dernier, & nous voulons & ordonnons ce qui suit :

Nous avons supprimé & aboli, supprimons & abolissons la redevance annuelle de vingt mille livres, levée sur les Juifs de Metz & du pays Messin, sous la dénomination de droit d'habitation, protection & tolérance, sans aucune indemnité pour le concessionnaire & possesseur actuel de ladite redevance. Nous avons pareillement aboli & supprimé, abolissons & supprimons les redevances de même nature qui se lèvent par-tout ailleurs sur les Juifs, sous quelque dénomination que ce soit, sans indemnité de la part des débiteurs, soit que lesdites redevances se perçoivent au profit du trésor public, ou qu'elles soient possédées par des villes, communautés, ou par des particuliers, sauf à être par nous statué, ainsi qu'il appartiendra, sur les indemnités qui pourroient être dues par la nation aux cessionnaires du gouvernement, à titre onéreux, d'après l'avis des directoires de département dans le territoire desquels lesdites redevances se perçoivent ; à l'effet de quoi les titres leur en feront représentés dans l'année par les possesseurs & concessionnaires. Voulons qu'il ne puisse être exigé aucuns arrérages desdites redevances , & que les pourfuites qui seroient exercées pour raison d'iceux soient & demeurent éteintes.

MANDONS & ordonnons à tous les tribunaux, corps administratifs & municipalités, que les présentes ils fassent transcrire sur leurs registres, lire, publier & afficher dans leurs ressorts & départemens respectifs, & exécuter comme loi du royaume. En foi de quoi nous avons signé & fait contresigner cesdites présentes , auxquelles nous avons fait apposer le sceau de l'état. A Saint-Cloud , le septième jour du mois d'août, l'an de grâce mil sept cent quatre-vingt-dix, & de notre règne le dix-septième. *Signé* L O U I S. *Et plus bas*, par le roi, GUIGNARD. Vu au conseil, LAMBERT. Et scellées du sceau de l'état.

# PROCLAMATION DU ROI,

*Concernant le Recouvrement des Rôles de fupplé-*
*ment des fix derniers mois* 1789.

Du 8 Août 1790.

LE ROI avoit ordonné', par la proclamation du 14 octobre
1789, concernant la confection & recouvrement dans les anciens pays d'élections, des rôles fupplétifs fur les ci-devant
privilégiés pour les fix derniers mois 1789, & par celles pof-
térieurement rendues pour chacune des autres adminiftrations
du royaume, que le produit defdits rôles feroit recouvré par
les collecteurs, receveurs particuliers & receveurs généraux
des finances de l'exercice 1789.

Mais fa majefté a reconnu depuis, que le produit de ces rôles
devant être employé en moins impofé fur les impofitions ordinaires de 1790, la diftinction de deux exercices donneroit
lieu à des formes de comptabilité compliquées & embarraffan-
tes pour opérer cette application, en ce que les affemblées ou
directoires de département feroient obligés d'expédier pour
chaque municipalité de doubles ordonnances, l'une fur le
receveur général de 1790, pour lui indiquer la fomme qu'il
n'auroit point à recevoir de telle communauté fur les impofitions de 1790, l'autre fur le receveur général des finances de
l'exercice 1789, pour lui ordonner de verfer fur le produit des
rôles fupplétifs des fix derniers mois 1789 une fomme égale
à ce moins impofé, dans la caiffe de la recette générale des
finances de 1790; que d'un autre côté, en faifant faire le recouvrement des rôles des fix derniers mois 1789 par le receveur général des finances de l'exercice 1790, les taxations qui

avoient

avoient été attribuées par les proclamations antérieures aux
receveurs généraux de l'exercice 1789 se trouveroient écono-
misées, ce qui augmenteroit d'autant la somme à employer en
allègement au profit des contribuables, sur les impositions de
1790. En conséquence, sa majesté a ordonné & ordonne ce
qui suit :

### ARTICLE PREMIER.

LES receveurs particuliers des finances de l'exercice 1789
verseront directement le produit des rôles des six derniers mois
1789 dans la caisse du receveur général des finances de l'exercice 1790, qui leur en donnera bonne & valable décharge.

### I I.

LES receveurs généraux des finances de l'exercice 1790 ne
pourront se dessaisir d'aucuns deniers provenant du recouvrement desdits rôles des six derniers mois 1789, qu'en vertu d'ordonnances délivrées par les assemblées administratives ou directoires de département ; & ils seront tenus de compter dudit recouvrement, tant en recette qu'en dépense, pardevant lesdites assemblées administratives de département.

### I I I.

LESDITS receveurs généraux des finances seront tenus de
former autant de comptes particuliers, tant en recette que
dépense, qu'il y aura de divisions de départemens dans l'ancienne consistance de la province. Ces comptes seront arrêtés
triples par le directoire du département : l'une des expéditions
de ce compte sera déposée aux archives du département ; la
seconde remise au comptable pour sa décharge ; la troisième
sera jointe à l'appui du compte général par lui présenté pour
toute l'étendue de l'ancienne consistance de la province, au
seul directoire du département, contenant le chef-lieu de la
précédente administration.

*Tome I.* G g g g g g g

## I V.

LES receveurs généraux des finances de l'exercice 1790 ne jouiront d'aucunes taxations sur le produit des rôles des six derniers mois 1789, au moyen de celles qui leur seront allouées, ainsi qu'aux receveurs particuliers des finances du même exercice, sur la totalité des sommes qui auront été versées au trésor royal, sur les impositions de la présente année 1790.

A Paris, le huit août mil sept cent quatre-vingt-dix. *Signé* LOUIS. *Et plus bas*, par le roi, GUIGNARD.

# PROCLAMATION DU ROI,

*Sur un décret de l'Assemblée nationale relatif aux créances arriérées & aux fonctions de son Comité de liquidation.*

### Du 8 Août 1790.

Vu par le roi le décret dont la teneur suit :

*Décret de l'Assemblée nationale , du 17 Juillet 1790.*

L'ASSEMBLÉE nationale , après avoir entendu le rapport de son comité de liquidation , sur la nécessité de fixer d'une manière précise les pouvoirs de ce comité , & déterminer les fonctions qui lui font attribuées, a décrété & décrète ce qui suit :

### ARTICLE PREMIER.

L'ASSEMBLÉE nationale décrète comme principe conftitutionel , que nulle créance fur le tréfor public ne peut être admife parmi les dettes de l'état , qu'en vertu d'un décret de l'affemblée nationale , fanctionné par le roi.

### I I.

En exécution du décret fanctionné , du 22 janvier , & de la décifion du 15 février dernier , aucunes créances arriérées ne feront préfentées à l'affemblée nationale , pour être définitivement reconnues ou rejetées , qu'après avoir été foumifes à l'examen du comité de liquidation , dont les délibérations ne pourront être prifes que par les deux tiers au moins des membres de ce comité ; & lorfque le rapport du comité devra être fait à l'affemblée , il fera imprimé & diftribué huitaine avant d'être mis à l'ordre du jour.

Gggggggg 2

Néanmoins les vérifications & apuremens des comptes, dont les chambres des comptes ou autres tribunaux peuvent être saisis actuellement, continueront provisoirement & jusqu'à la nouvelle organisation des tribunaux, & l'établissement des règles fixes sur la comptabilité, à s'effectuer comme ci-devant, suivant les formes ordinaires.

### I I I.

UNE créance qui aura été rejetée dans les formes légalement autorisées jusqu'ici par les ordonnateurs, ministres du roi, chambres des comptes, ou autres tribunaux, ne pourra être présentée au comité de liquidation.

### I V.

LE garde des sceaux sera tenu de donner au comité de liquidation connoissance & état exact de toutes les instances actuelles, concernant la vérification, apurement & liquidation des créances sur le trésor public, à quelque titre que ce puisse être.

### V.

LA chambre des comptes fera pareillement remettre audit comité un tableau de toutes les parties de comptabilité dont la vérification & apurement sont actuellement à l'examen de ce tribunal.

### V I.

TOUS tribunaux, administrateurs, ordonnateurs & autres personnes publiques, feront tenus de fournir les documens & instructions qui leur feront demandés par le comité.

### V I I.

TOUS les créanciers qui prétendent être employés dans l'état de la dette arriérée feront tenus de se faire connoître dans les délais suivans ; savoir, à dater de la publication du présent décret, deux mois pour les personnes domiciliées en France ;

Un an pour les perſonnes qui habitent dans les colonies en-deçà du Cap de Bonne Eſpérance;

Et trois années pour les perſonnes qui habitent au-delà.

Tous ceux qui, dans ces délais, n'auroient pas juſtifié au comité de liquidation, ſoit de leurs titres duement vérifiés, ſoit de l'action qu'ils auroient dirigée devant les tribunaux qui en doivent connoître pour en obtenir la vérification, ſeront déchus de plein droit de leurs répétitions ſur le tréſor public.

### V I I I.

L'objet du travail du comité de liquidation ſera l'examen & la liquidation de toute créance & demande ſur le tréſor public, qui ſera ſuſceptible de conteſtation ou difficulté.

### I X.

Le comité de liquidation préſentera à l'aſſemblée nationale ſes obſervations ſur la nature de toutes les créances arriérées, ſur leſquelles l'aſſemblée nationale aura à prononcer. Il vérifiera particulièrement ſi les créances arriérées, compriſes dans les états certifiés véritables, qui doivent lui être remis en exécution de l'article VII du décret du 22 janvier, ont été duement vérifiées, ou jugées & apurées dans les formes preſcrites par les règlemens & ordonnances.

### X.

Le comité ſera tenu de ſe procurer tous les renſeignemens néceſſaires ſur les créances que le tréſor public a droit d'exercer contre différens particuliers, & d'en faire le rapport au corps légiſlatif.

### X I.

Il ſera tenu regiſtre de toutes les déciſions qui auront été portées ſur l'admiſſion, rejet ou réduction des diverſes portions de la dette arriérée, afin que dans aucun temps, & ſous aucun prétexte, les porteurs de titres rejetés ou réduits ne puiſſent renouveler leurs prétentions.

## X I I.

CONFORMÉMENT à l'article IX du décret du 9 janvier dernier, les délibérations du comité sur l'admiffion, rejet ou réduction des diverfes parties de la dette arriérée, ne feront que provifoires, aucune portion de créance préfentée au comité de liquidation ne pouvant être placée fur le tableau de la dette liquidée, qu'après avoir été foumife au jugement de l'affemblée nationale, & à la fanction du roi.

> COLLATIONNÉ à l'original, par nous préfident & fecrétaires de l'affemblée nationale, à Paris, le dix-neuf juil et mil fept cent quatre-vingt-dix. *Signé* C. F. DE BONNAY, *préfident*; REUDELL, COSTER, DUPONT DE NEMOURS, DE BOUTEVILLE, *fecrétaires.*

LE ROI a fanctionné & fanctionne ledit décret, pour être exécuté fuivant fa forme & teneur. FAIT à Paris, le huit août mil fept cent quatre-vingt-dix. *Signé* LOUIS. *Et plus bas,* par le roi, GUIGNARD.

# PROCLAMATION DU ROI,

*Sur un décret de l'Assemblée nationale, concernant l'Administration des Postes.*

Du 8 Août 1790.

VU par le roi le décret dont la teneur suit :

*Décret de l'Assemblée nationale, du 11 Juillet 1790.*

L'ASSEMBLÉE nationale a décrété & décrète que son président se retirera pardevers le roi, pour le supplier de donner les ordres nécessaires pour la continuation du service de la poste aux lettres, de la poste aux chevaux & des messageries.

LE ROI a sanctionné & sanctionne ledit décret. En conséquence, sa majesté a commis & commet le sieur Claude Rigoley fils, à l'effet d'exercer toutes les fonctions des ci-devant intendans des postes ; & ce, jusqu'à ce qu'il en ait été autrement ordonné. Mande & ordonne sa majesté aux corps administratifs & municipalités, de se conformer à la présente proclamation, & de tenir la main à son exécution. FAIT à Paris, le huit août mil sept cent quatre-vingt-dix. *Signé* LOUIS. *Et plus bas*, par le roi, GUIGNARD.

# PROCLAMATION DU ROI,

*Sur deux décrets de l'Assemblée nationale, qui ont pour but le rétablissement de la discipline dans les Corps de Troupes réglées.*

#### Du 8 Août 1790.

VU par le roi les décrets dont la teneur suit :

*DÉCRET de l'Assemblée nationale, du 6 Août* 1790.

L'ASSEMBLÉE nationale, après avoir entendu le rapport de son comité militaire, duquel il résulte que plusieurs corps de l'armée, égarés par les insinuations des ennemis du bien public, & perdant de vue les premiers devoirs de leur état, ont porté si loin l'infraction & le mépris de la discipline, que si l'on ne s'empressoit d'adopter des mesures imposantes pour le rétablissement de la subordination & le maintien de l'ordre, l'honneur des corps militaires & la sûreté nationale se trouveroient également compromis avant peu, a décrété & décrète ce qui suit :

### ARTICLE PREMIER.

LES loix & ordonnances militaires actuellement existantes seront exactement observées & suivies, jusqu'à la promulgation très-prochaine de celles qui doivent être le résultat des travaux de l'assemblée nationale sur cette partie.

### II.

EXCEPTÉ le conseil d'administration, toutes autres associations délibérantes, établies dans les régimens, sous quelque forme & dénomination que ce soit, cesseront immédiatement après la publication du présent décret.

### III.

### I I I.

LE roi fera fupplié de nommer des infpecteurs extraordinaires choifis parmi les officiers généraux, pour, en préfence du commandant de chaque corps, du dernier capitaine, du premier lieutenant, du premier fous-lieutenant, du premier & du dernier fergent ou maréchal-des-logis, du premier & du dernier caporal ou brigadier, & de quatre foldats du régiment, nommés ainfi qu'il va être dit, procéder à la vérification des comptes de chaque régiment depuis fix ans, & faire droit fur toutes plaintes qui pourront être portées relativement à l'adminiftration des deniers & à la comptabilité ; à l'effet de quoi il fera tiré au fort dans chaque compagnie un foldat entre ceux fachant lire & écrire, & ayant au moins deux ans de fervice ; & parmi ceux que le premier fort aura défignés, il en fera enfuite tiré quatre pour affifter à cette vérification, de laquelle fera dreflé procès-verbal, dont copie fera envoyée au miniftre de la guerre.

### I V.

IL ne pourra déformais être expédié de cartouche jaune & infamante à aucun foldat, qu'après une procédure inftruite & en vertu d'un jugement prononcé felon les formes ufitées dans l'armée pour l'inftruction des procédures criminelles & la punition des crimes militaires.

### V.

LES cartouches jaunes expédiées depuis le premier mai 1789, fans l'obfervation de ces formes rigoureufes, n'emportent aucune note ni flétriffure au préjudice de ceux qui ont été congédiés avec de femblables cartouches.

### V I.

LES officiers doivent traiter les foldats avec juftice, & avoir pour eux les égards qui leur font expreffément recommandés par les ordonnances, à peine de punition. Les foldats, de leur

*Tome I.*                    H h h h h h

côté, doivent à leurs officiers & fous-officiers refpeɛ̃ dans tous
les cas , & obéiffance abfolue dans tout ce qu.. .ncerne le fer-
..... & ceux qui s'en écarteront feront punis fuivant la rigueur
des ordonnances.

## V I I.

A compter du jour de la publication du préfent décret , il
fera informé de toutes féditions , de tous mouvemens concertés
qui auront lieu dans les garnifons & dans les corps , contre
l'ordre & au préjudice de la difcipline militaire. Le procès fera
fait & parfait aux inftigateurs , auteurs , fauteurs & participes
de ces féditions & mouvemens , & par le jugement à intervenir , ils feront déclarés déchus pour jamais du titre de citoyen
aɛ̃if , traitres à la patrie , infâmes , indignes de porter les armes
& chaffés de leurs corps. Ils pourront même être condamnés ,
fuivant l'exigence des cas , à des peines affliɛ̃ives & corporel-
ɪes , conformément aux ordonnances ; à l'effet de quoi le comité militaire préfentera dimanche prochain un décret pour
mettre l'affemblée nationale en état de ftatuer fur l'organifation
du confeil de guerre , & la forme d'y procéder.

## V I I I.

IL eft libre à tout officier , fous-officier & foldat , après avoir
obéi , de faire parvenir direɛ̃ement fes plaintes aux fupérieurs ,
au miniftre , à l'affemblée nationale , fans avoir befoin de l'attache ou permiffion d'aucune autorité intermédiaire ; mais il
n'eft permis , fous aucun prétexte , dans les affaires qui n'intéreffent que la police intérieure des corps , la difcipline militaire & l'ordre du fervice , d'appeler l'intervention , foit des
municipalités , foit des autres corps adminiftratifs , lefquels
n'ont d'aɛ̃ion fur les troupes de ligne , que par les réquifitions
qu'ils peuvent faire à leurs chefs ou commandans.

Enfin , le préfident fe retirera dans le jour vers fa majefté ,
pour la fupplier de fanɛ̃ionner le préfent décret , & de donner
fes ordres pour qu'il foit inceffamment envoyé à tous les régimens de l'armée , lu & publié à la tête de chacun d'eux , &

ſtriĉtement exécuté dans tout ſon contenu ; pareillement envoyé aux corps adminiſtratifs & municipaux, pour qu'ils ayent à s'y conformer.

---

*Décret de l'Aſſemblée nationale, du 7 Août 1790.*

L'ASSEMBLÉE nationale, après avoir entendu le rapport du comité militaire, concernant l'affaire du régiment Royal-Champagne, improuve la conduite de ceux des ſous-officiers & cavaliers de ce régiment étant à Heſdin, qui depuis long-temps, & notamment le 2 de ce mois, ſe ſont permis les actes d'inſubordination les plus déplacés. Elle décrète que le roi ſera ſupplié, dans le cas où ils ne rentreroient pas immédiatement dans le devoir, d'employer les moyens les plus efficaces pour arrêter le déſordre, & en faire punir ſévèrement les inſtigateurs, auteurs & participes.

Le préſident de l'aſſemblée nationale ſe retirera dans le jour devers le roi, pour le ſupplier de ſanĉtionner le préſent décret, & de donner ſes ordres pour qu'il ſoit exécuté & envoyé à tous les régimens de l'armée.

Le Roi, après avoir ſanĉtionné leſdits décrets, a ordonné & ordonne qu'ils ſeront envoyés inceſſamment à tous les régimens de l'armée, lus & publiés à la tête de chacun d'eux, & ſtriĉtement exécutés dans tout le contenu ; comme auſſi qu'ils ſeront pareillement envoyés aux corps adminiſtratifs & municipaux, pour qu'ils ayent à s'y conformer en ce qui les concerne. Mande & ordonne en outre ſa majeſté aux officiers généraux, commandans & autres ayant autorité ſur les troupes réglées, de tenir la main à l'exécution deſdits décrets, en ce qui regarde leſdites troupes. FAIT à Saint-Cloud, le huit août mil ſept cent quatre-vingt-dix. *Signé* LOUIS. *Et plus bas,* par le roi, LA TOUR-DU-PIN.

Hhhhhh h 2

# PROCLAMATION DU ROI,

*Sur le décret de l'Assemblée nationale, du 29 Juillet 1790, relatif à l'échange des Assignats contre des Billets de la Caisse d'Escompte, ou promesses d'Assignats.*

Du 8 Août 1790.

VU par le roi le décret de l'assemblée nationale, dont la teneur suit :

*DÉCRET de l'Assemblée nationale, du 29 Juillet 1790.*

L'ASSEMBLÉE nationale, sur le rapport qui lui a été fait par son comité des finances, a décrété ce qui suit :

1°. A compter du 10 août prochain, les assignats créés par les décrets du 19 & 21 décembre 1789, 16 & 17 avril & premier juin 1790, seront échangés par le trésorier de l'extraordinaire, contre les billets de la caisse d'escompte, ou promesses d'assignats, qui seront présentés à cet effet par le public, jusqu'à concurrence des sommes qui lui seront dues par la nation, pour le montant des billets ou promesses d'assignats qu'elle aura remis au trésor public, en vertu des décrets de l'assemblée nationale.

2°. Il ne sera délivré & échangé que dix mille assignats par jour, de mille livres, trois cents & deux cents livres indistinctement ; il sera pris les dispositions nécessaires pour éviter la confusion & le désordre que pourroit occasionner l'empressement de ceux qui demanderont successivement l'échange de leurs billets.

3°. Le comité des finances présentera un projet de décret, pour constater l'annihilation d'autant de billets qu'il en sera échangé pour des assignats.

4°. Lefdits billets feront brûlés en préfence des commiffaires nommés par l'affemblée nationale ; les commiffaires en dreffe-ront procès-verbal, en fe conformant dans cette difpofition à l'article XIV du décret des 16 & 17 avril.

5°. Pour la facilité de ces échanges, déterminer & fixer les fonctions de la caiffe de l'extraordinaire, & être affuré que le fervice du public fera rempli fans interruption, les fommes qui devront être fournies au tréfor public continueront à lui être délivrées en billets de caiffe, fervant de promeffes d'affignats, fur l'autorifation qui en fera donnée fucceffivement par l'af-femblée nationale, jufqu'à la concurrence de la fomme de quatre-vingt-quinze millions, laquelle, avec la fomme de cent foixante-dix millions précédemment verfée par la caiffe d'efcompte, conformément aux décrets des 19 & 21 décem-bre, & de celle de cent trente-cinq millions qui a été fuccef-fivement fournie par ladite caiffe, en conformité des décrets des 17 avril, 11 mai, premier & 19 juin & 4 juillet, com-plettera celle de quatre cent millions, montant total des affi-gnats qui ont été deftinés au fervice des années 1789 & 1790, & qui, par les échanges qui en font ordonnés à la caiffe de l'extraordinaire, contre les billets de caiffe ou pro-meffes d'affignats, fournis en exécution des décrets de l'af-femblée nationale, éteindront en totalité les dettes de la na-tion envers la caiffe d'efcompte.

COLLATIONNÉ à l'original par nous préfident & fecrétaires de l'af-femblée nationale. A Paris, le trente juillet mil fept cent quatre-vingt dix. *Signé* TREILHARD, *préfident*; CARAT aîné, REUBELL, DUPONT DE NEMOURS, & BOUTEVILLE, *fecrétaires.*

LE ROI a fanctionné & fanctionne ledit décret, pour être exécuté felon fa forme & teneur. FAIT à Paris, le huit août mil fept cent quatre-vingt-dix. *Signé* LOUIS. *Et plus bas*, par le roi, GUIGNARD.

## LETTRES PATENTES DU ROI,

*Sur le décret de l'Assemblée nationale, du 9 Juillet 1790, concernant la suppression de diverses dépenses, traitemens & places dans les Postes & Messageries.*

Données à Paris , le 8 Août 1790.

LOUIS, par la grâce de Dieu & par la loi conftitutionnelle de l'état, ROI DES FRANÇOIS : A tous ceux qui ces préfentes lettres verront ; SALUT. L'affemblée nationale , après avoir entendu le rapport de fon comité des finances , a décrété , le 9 de juillet dernier , & nous voulons & ordonnons ce qui fuit :

### ARTICLE PREMIER.

LE traitement de cent mille livres attaché à l'intendance générale des poftes , à caufe de la diftribution des dépenfes fecrètes des poftes , précédemment exiftantes , eft fupprimé , ainfi que les trois cent mille livres de dépenfes formant le falaire des perfonnes attachées au fecret des poftes.

### I I.

A dater du premier août 1790, feront & demeureront fupprimés tous titres & traitemens des intendans des poftes & des meffageries , ceux de l'infpecteur général des poftes , les gages des maîtres de courriers , ceux des offices de maîtres de poftes , créés par l'édit de 1715 , qui ne font pas appliqués au payement des fervices de malle , ainfi que les frais de compte.

Seront également fupprimés les titres & traitemens de la commiffion des poftes & des meffageries , ceux des officiers du confeil des poftes , les dépenfes relatives aux employés & bureaux de l'intendance , celles des indemnités & celles dites de la furintendance , lefdites dépenfes formant enfemble la fomme

de deux cent fix mille livres ; & il fera pourvu , fur l'avis du
comité des penfions , aux parties de cette dépenfe qui y font
relatives , ainfi qu'aux réclamations à l'occafion des fuppreffions
ci-deffus ordonnées.

MANDONS & ordonnons à tous les tribunaux, corps adminiftratifs & municipalités , que les préfentes ils faffent tranfcrire fur leurs regiftres, lire, publier & afficher dans leurs
refforts & départemens refpeétifs , & exécuter comme loi du
royaume. En foi de quoi nous avons figné & fait contrefigner
cefdites préfentes , auxquelles nous avons fait appofer le fceau
de l'état. A Paris , le huitième jour du mois d'août , l'an
de grâce mil fept cent quatre-vingt-dix , & de notre règne
le dix-feptième. *Signé.* LOUIS. *Et plus bas*, par le roi,
GUIGNARD. Vu au confeil , LAMBERT. Et fcellées du fceau
de l'état.

# LETTRES PATENTES DU ROI,

*Sur un décret de l'Assemblée nationale, du 26 Juillet 1790, relatif aux droits de Propriété & de Voyerie sur les chemins publics, rues & places de villages, bourgs ou villes, & arbres en dépendant.*

Données à Paris , le 15 Août 1790.

LOUIS, par la grâce de Dieu & par la loi constitutionnelle de l'état, Roi des François : À tous ceux qui ces présentes lettres verront ; Salut. L'assemblée nationale a décrété , le 26 juillet 1790 , & nous voulons & ordonnons ce qui suit :

### ARTICLE PREMIER.

LE régime féodal & la justice seigneuriale étant abolis , nul ne pourra dorénavant , à un ou à l'autre de ces deux titres , prétendre aucun droit de propriété ni de voyerie sur les chemins publics, rues & places de villages, bourgs ou villes.

### I I.

EN conséquence , le droit de planter des arbres , ou de s'approprier les arbres crûs sur les chemins publics, rues & places de villages , bourgs ou villes , dans les lieux où il étoit attribué aux ci-devant seigneurs , par les coutumes , statuts ou usages , est aboli.

### I I I.

DANS les lieux énoncés dans l'article précédent , les arbres
exiftans

exiftant actuellement fur les chemins publics, rues ou places de villages, bourgs ou villes, continueront d'être à la difpofition des ci-devant feigneurs qui en ont été jufqu'à préfent réputés propriétaires, fans préjudice des droits des particuliers qui auroient fait des plantations vis-à-vis leurs propriétés, & n'en auroient pas été légalement dépofédés par les ci-devant feigneurs.

## I .V.

POURRONT néanmoins les arbres exiftant fur les rues ou chemins publics, être rachetés par les propriétaires riverains, chacun vis-à-vis fa propriété, fur le pied de leur valeur actuelle, d'après l'eftimation qui en fera faite par des experts nommés par les parties, finon d'office par le juge, fans qu'en aucun cas cette eftimation puiffe être inférieure au coût de la plantation des arbres.

## V.

POURRONT pareillement être rachetés par les communautés d'habitans, & de la manière ci-deffus prefcrite, les arbres exiftant fur les places publiques des villes, bourgs ou villages.

## V I.

LES ci-devant feigneurs pourront, en tout temps, abattre & vendre les arbres dont le rachat ne leur a pas été offert, après en avoir averti par affiches, deux mois à l'avance, les propriétaires riverains & les communautés d'habitans, qui pourront refpectivement, & chacun vis-à-vis de fa propriété ou les places publiques, les racheter dans ledit délai.

## V I I.

NE font compris dans l'article III ci-deffus, non plus que dans les fubféquens, les arbres qui pourroient avoir été plantés

*Tome I.* Iiiiiii

par les ci-devant feigneurs, fur les fonds mêmes des riverains, lefquels appartiendront à ces derniers, en rembourfant
par eux les frais de plantation feulement.

## V I I I.

NE font pareillement comprifes dans les articles IV & VI
ci-deffus, les plantations faites, foit dans les avenues, chemins
privés & autres terrains appartenant aux ci-devant feigneurs,
foit dans les parties des chemins publics qu'ils pourroient avoir
achetés des riverains, à l'effet d'agrandir lefdits chemins & d'y
planter; lefquelles plantations pourront être confervées & re-
nouvelées par les propriétaires defdites avenues, chemins privés, terrains ou parties des chemins publics, en fe conformant aux règles établies fur les intervalles qui doivent féparer
les arbres plantés d'avec les héritages voifins.

## I X.

IL fera ftatué par une loi particulière fur les arbres plantés le long des chemins *royaux*.

## X.

LES adminiftrations de département feront tenues de propofer au corps légiflatif les mefures qu'elles jugeront les plus
convenables, d'après les localités, & fur l'avis des diftricts,
pour empêcher, tant de la part des riverains & autres particuliers, que des communautés d'habitans, toute dégradation
des arbres dont la confervation intéreffe le public, & pour
pourvoir au remplacement de ceux qui auroient été ou pourroient être abattus; & cependant, avons déclaré nuls & atten-
tatoires à la puiffance légiflative les arrêts généraux du parlement de Douay, des 12 mai & 31 juillet 1789, en ce qu'ils
ont rendu les communautés d'habitans du reffort de ce tribunal refponfables de plein droit de tous les dommages qu'é-
prouveroient les propriétaires de plantations. Faifons défenfes

de donner à cet égard aucune fuite, tant aux procédures faites, qu'aux jugemens rendus en conféquence defdits arrêts.

MANDONS & ordonnons à tous corps adminiftratifs & municipalités, que les préfentes ils faffent tranfcrire fur leurs regiftres, lire, publier & afficher dans leurs refforts & départemens refpectifs, & exécuter. En foi de quoi nous avons figné & fait contrefigner cefdites préfentes, auxquelles nous avous fait appofer le fceau de .l'état. A Paris, le quinzième jour du mois d'août, l'an de grâce mil fept cent quatre-vingt-dix, & de notre règne le dix-feptième. *Signé* LOUIS. *Et plus bas*, par le roi, GUIGNARD. Vu au confeil, LAMBERT. Et fcellées du fceau de l'état.

# LETTRES PATENTES DU ROI,

*Sur le décret de l'Assemblée nationale, du 4 Août
1790, qui ordonnent que les Octrois continueront
d'être perçus dans tous les lieux où il s'en trouve
d'établis, & notamment dans les villes de Noyon,
Ham, Chauni & Paroisses circonvoisines.*

Données à Paris, le 15 Août 1790.

LOUIS, par la grâce de Dieu & par la loi constitutionnelle
de l'état, ROI DES FRANÇOIS : A tous ceux qui ces présentes
lettres verront ; SALUT. L'assemblée nationale, sur le rapport
qui lui a été fait des refus, & même de la coalition des cabaretiers, aubergistes, bouchers & autres contribuables des
villes de Noyon, Ham, Chauni & Paroisses circonvoisines, à
l'effet de ne point payer les droits dont la perception avoit été
continuée, refus constaté par la proclamation faite à ce sujet,
de l'autorité des officiers municipaux, le 21 juin dernier, &
par les procès-verbaux des premier & 2 juillet suivant, a
décrété, le 4 du présent mois d'août, & nous voulons &
ordonnons ce qui suit :

CONFORMÉMENT à nos lettres patentes précédemment rendues sur les décrets de l'assemblée nationale, les octrois desdites villes de Noyon, Ham, Chauni & paroisses circonvoisines, continueront d'être perçus tels & de la même manière
qu'ils l'étoient en l'année dernière, jusqu'à ce qu'il en ait été
autrement ordonné. Enjoignons spécialement aux bouchers,
cabaretiers & autres, d'acquitter les droits dont il s'agit,
même pour les arriérés, à peine d'être poursuivis, non-seulement comme contribuables, mais encore comme réfractaires

à nos lettres patentes, rendues fur les décrets de l'affemblée nationale.

Déclarons les difpofitions des préfentes lettres patentes communes à tous les lieux où il fe trouve des octrois établis.

MANDONS & ordonnons à tous les tribunaux, corps admi-niftratifs & municipalités, que les préfentes ils faffent tranf-crire fur leurs regiftres, lire, publier & afficher dans leurs refforts & départemens refpectifs, & exécuter comme loi du royaume. En foi de quoi nous avons figné & fait contrefigner cefdites préfentes, auxquelles nous avons fait appofer le fceau de l'état. A Paris, le quinzième jour du mois d'août, l'an de grâce mil fept cent quatre-vingt-dix, & de notre règne le dix-feptième. *Signé* LOUIS. *Et plus bas*, par le roi, GUIGNARD. Vu au confeil, LAMBERT. Et fcellées du fceau de l'état.

# PROCLAMATION DU ROI,

*Sur un décret de l'Assemblée nationale, concernant les réclamations à faire par les Troupes de la Marine & Gens de mer, & autres objets. de police & de discipline, tant sur les Vaisseaux que dans les Ports & Arsenaux.*

Du 15 Août 1790.

VU par le roi le décret dont la teneur suit :

*DÉCRET de l'Assemblée nationale, des 10 & 11 Août 1790.*

L'ASSEMBLÉE nationale, ouï son comité de marine, & voulant prévenir les justes réclamations que pourroient avoir à faire les canonniers-matelots, soldats & gens de mer, relativement aux comptes de solde & désarmemens, petite-masse & parts de prise, a décrété :

### A R T I C L E  P R E M I E R.

QUE le roi seroit prié de commettre deux inspecteurs dans chaque département, pour procéder à la révision & apurement desdits comptes, dans la forme qui sera ci-après déterminée ; ladite révision devant avoir lieu, à compter du premier janvier 1778.

### I I.

LES comptes relatifs aux désarmemens & parts de prises, faisant partie de l'administration civile des ports, seront examinés par un inspecteur choisi parmi les officiers militaires, en présence d'un capitaine de vaisseau, d'un lieutenant & d'un fous-lieutenant, de deux officiers-mariniers , & de deux matelots fachant lire & écrire.

## I I I.

Les officiers-mariniers & matelots qui feront appelés àl'examen feront choifis parmi ceux qui auront fait partie des équipages des efcadres ou vaiffeaux intéreffés à chaque compte , autant qu'il s'en trouvera fur les lieux; & à défaut , ils feront choifis parmi les plus anciens actuellement de fervice dans les ports.

## I·V.

Les comptes relatifs aux foldes , maffe & retenue des canonniers-matelots du corps royal de la marine, faifant partie de l'adminiftration militaire, feront examinés par un infpecteur choifi parmi les adminiftrateurs civils des ports, en préfence d'un officier-major, d'un chef de compagnie, d'un fous-lieutenant de divifion, du premier & du dernier maître-canonnier, du premier & du dernier aide-canonnier, & de deux derniers canonniers de chaque divifion ; & le réfultat defdits comptes fera rendu public par la voie de l'impreffion.

## V.

Excepté les confeils d'adminiftration établis dans les divifions du corps royal de la marine, tous autres comités, affociations & délibérations d'individus tenant au fervice de la marine cefferont, fous quelque forme & dénomination que ce puiffe être, après la publication du prefent décret.

## V I.

Les officiers doivent traiter les canonniers & gens de mer avec juftice , & avoir pour eux les égards qui leur font expreffément recommandés par les ordonnances, à peine de punition. Les canonniers & matelots , de leur côté , doivent refpect & obéiffance abfolue, dans les chofes concernant le fervice, aux officiers & officiers-mariniers, & ceux qui s'en écarteront feront punis felon la rigueur des ordonnances.

### V I I.

Il ne pourra déformais être expédié de cartouche jaune & infamante à aucun foldat, qu'après une procédure inftruite, & en vertu d'un jugement prononcé felon les formes ufitées dans l'armée pour l'inftruction des procédures criminelles & la punition des crimes militaires.

### V I I I.

Les cartouches jaunes expédiées depuis le premier mai 1789, fans l'obfervation de ces formes rigoureufes, n'emportent aucune note ni flétriffure au préjudice de ceux qui ont été congédiés avec de femblables cartouches.

### I X.

A compter de la publication du préfent décret, il fera informé de toute nouvelle fédition, de tout mouvement concerté entre les canonniers-matelots du corps royal de la marine, les gens compofant les équipages des vaiffeaux en armement, les ouvriers & employés au fervice des arfenaux, contre l'ordre & au préjudice de la difcipline militaire. Le procès fera fait & parfait aux inftigateurs, fauteurs & participés de ces féditions & mouvemens; & par le jugement à intervenir, ils feront déclarés déchus pour jamais du titre de citoyens actifs, traîtres à la patrie, infâmes, indignes de porter les armes, chaffés de leurs corps & des arfenaux. Ils pourront même être condamnés à des peines afflictives, conformément aux ordonnances.

### X.

Il eft libre à tout officier, officier-marinier, canonnier-matelot, après avoir obéi, de faire parvenir directement fes plaintes aux fupérieurs, au miniftre, à l'affemblée nationale, fans avoir befoin de l'attache ou permiffion d'aucune autorité
intermédiaire;

intermédiaire; mais il n'est permis, sous aucun prétexte, dans les affaires qui n'intéressent que la police intérieure du corps royal de la marine, la discipline militaire ou le service des arsenaux, d'appeler l'intervention, soit des municipalités, soit des autres corps administratifs, lesquels n'ont d'action sur les troupes & gens de mer, que par les réquisitions qu'ils peuvent faire à leurs chefs ou commandans.

### X I.

LES loix & ordonnances de la marine, actuellement existantes, seront observées & suivies jusqu'à la promulgation très-prochaine de celles qui doivent être le résultat des travaux de l'assemblée nationale sur cette partie.

LE ROI a sanctionné & sanctionne ledit décret, & ordonne qu'il sera publié dans les ports & arsenaux du royaume, pour y être observé & exécuté. MANDE & ordonne en conséquence sa majesté aux officiers généraux de sa marine, aux commandans de ses ports & arsenaux, aux capitaines de ses vaisseaux & autres bâtimens, à l'inspecteur & aux officiers de ses troupes de mer, aux intendans & ordonnateurs de la marine, & à tous autres qu'il appartiendra, de s'y conformer & de tenir la main à son exécution. FAIT à Paris, le quinze août mil sept cent quatre-vingt-dix. *Signé* LOUIS. *Et plus bas*, par le roi, LA LUZERNE.

## LETTRES PATENTES DU ROI,

*Sur le décret de l'Assemblée nationale du 21 Juillet 1790, relatif à la suppression de differens Offices & Places.*

Données à Paris, le 15 Août 1790.

LOUIS, par la grâce de Dieu & par la loi conftitutionnelle de l'état, ROI DES FRANÇOIS : A tous ceux qui ces préfentes lettres verront ; SALUT. L'affemblée nationale a décrété, le 21 juillet dernier, & nous voulons & ordonnons ce qui fuit :

### ARTICLE PREMIER.

LE traitement du contrôleur des bons d'état & celui de fon adjoint font fupprimés.

### I I.

L'OFFICE de contrôleur des reftes de la chambre des comptes eft pareillement fupprimé ; la finance fera liquidée & rembourfée, & cependant les intérêts de ladite finance payés à raifon de cinq pour cent.

### I I I.

IL fera par nous nommé un ou deux agens, qui feront chargés du recouvrement des créances actives du tréfor public, & de la pourfuite des comptables qui feront conftitués en débet ; & il ne fera alloué auxdits agens qu'une remife à prendre fur le montant des fommes dont ils auront opéré la rentrée.

### I V.

LA place du directeur des aménagemens des forêts, & le

traitement de quinze mille livres qui y eft attaché , font fupprimés.

### V.

SONT pareillement fupprimés les deux offices de gardes des
regiftres du contrôle général , & les attributions qui leur font
allouées , foit à eux-mêmes , foit pour leurs commis dans les
provinces : leur finance fera liquidée & rembourfée , & jufqu'au rembourfement, les intérêts feront payés à cinq pour
cent.

### V I.

LA place de directeur de correfpondance du bureau des
falines , & le traitement de quatre mille livres qui y eft
attaché, font fupprimés : renvoyons le fieur Leroux de la Ville
à faire valoir fes fervices au comité des penfions , pour , fur
fon avis, être par nous ordonné ce qu'il appartiendra.

### V I I.

LA formalité de l'enregiftrement des rentes au greffe de
l'hôtel-de-ville , & de la dépenfe de fix mille quatre cents livres
qu'elle occafionne , font fupprimés.

### V I I I.

RENVOYONS aux payeurs des rentes de l'hôtel-de-ville de
Paris le payement des rentes conftituées pour notre compte
fur le domaine de ladite ville.

### I X.

LE traitement du fecrétaire de la feuille des bénéfices & la
dépenfe de fes bureaux feront fupprimés.

### X.

LE traitement du fieur Lequefne , pour le dépôt relatif à la
population , eft & demeure fupprimé , & le dépôt réuni aux
bureaux de l'adminiftration générale.

Kkkkkkk 2

### X I.

Le traitement du sieur Lemoyne , & la place d'agent ou inspecteur des pêches , sont également supprimés.

### X I .

Le traitement du sieur Legendre , pour le travail sur l'Inde , est supprimé.

### X I I I.

La dépense de douze mille livres, affectée au bureau de la librairie , sera supprimée à compter du premier janvier 1791.

### X I V.

La dépense du bureau pour l'admission à Saint-Cyr sera supprimée à compter du premier janvier 1791.

### X V.

Le traitement de six mille livres, accordé au sieur Piépape , pour un travail sur les frais de justice , est supprimé.

### X V I.

La gratification de deux mille quatre cents livres , accordée au caissier du sceau , est supprimée.

Mandons & ordonnons à tous les tribunaux, corps administratifs & municipalités , que les présentes ils fassent transcrire sur leurs registres, lire, publier & afficher dans leurs ressorts & départemens respectifs , & exécuter comme loi du royaume. En foi de quoi nous avons signé & fait contresigner cesdites présentes, auxquelles nous avons fait apposer le sceau de l'état. A Paris , le quinzième jour d'août , l'an de grâce mil sept cent quatre-vingt-dix , & de notre règne le dix-septième. *Signé* LOUIS. *Et plus bas* , par le roi, GUIGNARD. Vu au conseil , LAMBERT. Et scellées du sceau de l'état.

# A R R Ê T

## DU CONSEIL D'ÉTAT DU ROI,

*Qui nomme le fieur* Gérard-Maurice Turpi..
*devant Contrôleur des bons d'État , pour l'un des*
*Agens chargés du recouvrement des Créances actives*
*du Tréfor public.*

### Du 15 Août 1790.

#### *Extrait des Regiftres du Confeil d'État.*

Vu par le roi les lettres patentes de cejourd'hui , fur le décret de l'affemblée nationale , du 21 juillet dernier , portant que le traitement du contrôleur des bons d'état , & celui de fon adjoint font fupprimés ; que l'office de contrôleur des reftes de la chambre des comptes eft pareillement fupprimé , & qu'il fera nommé par le roi un ou deux agens chargés du recouvrement des créances actives du tréfor public , & de la pourfuite des comptables qui feront conftitués en débet :

Oui le rappport du fieur Lambert , confeiller d'état ordinaire , contrôleur général des finances , LE ROI ÉTANT EN SON CONSEIL , a commis & commet le fieur *Gérard-Maurice Turpin* , ci-devant contrôleur des bons d'état , pour l'un defdits agens fubftitués auxdits offices de contrôleur des reftes & contrôleur des bons d'état , & l'autorife à l'effet de pourfuivre à fa requête , & fous fa feule fignature , fous le titre d'agent du recouvrement des créances actives du tréfor public , & devant tous juges & tribunaux qu'il appartiendra , le payement defdites fommes , & les comptables qui feront conftitués en débet ; lui

enjoint de faire contre les comptables les diligences néces-
faires pour que leurs comptes foient préfentés dans les délais
preferits par les loix.

Sa majefté autorife de plus ledit fieur *Turpin* à défendre,
ainfi qu'il le faifoit, aux demandes & répétitions qui on pu ou
pourront donner lieu à des actions judiciaires contre le tréfor
public. FAIT au confeil d'état du roi, fa majefté y étant, tenu à
Paris le quinze août mil fept cent quatre-vingt-dix. *Signé*
GUIGNARD.

# PROCLAMATION DU ROI,

*Qui règle les mesures à prendre pour la punition des Instigateurs & Fauteurs des excès commis par les Régimens en garnison à Nancy.*

Du 17 Août 1790.

VU par le roi le décret dont la teneur suit :

*Décret de l'Assemblée nationale, du 16 Août 1790.*

L'ASSEMBLÉE nationale, après avoir entendu le rapport qui lui a été fait au nom de ses trois comités militaire, des recherches & des rapports réunis ; indignée de l'insubordination continuée dans la garnison de Nancy par les régimens *du Roi, infanterie, Mestre-de-Camp, cavalerie, & de Château-vieux, Suisse,* depuis & au mépris du décret du 6 de ce mois, quoiqu'il renfermât les dispositions propres à leur assurer la justice qu'ils pouvoient réclamer par des voies légitimes ; convaincue que le respect pour la loi, & la soumission qu'elle commande aux ordres du chef suprême de l'armée ainsi que des officiers, & aux règles de la discipline militaire, sont les caractères essentiels, comme les premiers devoirs de soldat-citoyen, & que ceux qui s'écartent de ces devoirs, au préjudice de leurs sermens, sont des ennemis publics dont la licence menace ouvertement la véritable liberté & la constitution ; considérant combien il importe de réprimer avec sévérité de semblables excès, & de donner promptement un exemple tel qu'il puisse tranquilliser les bons citoyens, satisfaire à la juste indignation des braves militaires qui ont vu avec horreur la conduite de leurs indignes camarades ; enfin, éclairer & retenir par une

terreur falutaire ceux que l'erreur ou la foibleffe a fait con-
defcendre aux fuggeftions d'hommes criminels, les premiers
& principaux auteurs de ce défordre :

A décréré & décrète d'une voix unanime, que la violation
à main armée par les troupes, des décrets de l'affemblée
nationale, fanctionnés par le roi, étant un crime· de lèze-
nation au premier chef, ceux qui ont excité la rebellion de la
garnifon de Nancy doivent être pourfuivis & punis comme
coupables de ce crime, à la requête du miniftère public, devant
les tribunaux chargés par les décrets de la pourfuite, inftruction & punition de femblables crimes & délits ;

Que ceux qui, ayant pris part à la rebellion de quelque
manière que ce foit, n'auront pas dans les vingt-quatre heures,
à compter de la publication du préfent décret, déclaré à leurs
chefs refpectifs, même par écrit, fi ces chefs l'exigent, qu'ils
reconnoiffent leur erreur & s'en repentent, feront également,
après le délai écoulé, pourfuivis & punis comme fauteurs &
participes du crime de lèze-nation ;

Que le préfident de l'affemblée nationale fe retirera immédiatement vers le roi, pour le fupplier de prendre les mefures
les plus efficaces pour l'entière & parfaite exécution du préfent
décret ; en conféquence d'ordonner, 1.° à fon procureur au
bailliage de Nancy de rendre plainte contre toute perfonne,
de quelque rang, grade, état & condition qu'elle foit, foupçonnée d'avoir été inftigateur, fauteur ou participe de la
rebellion qui a eu lieu dans la garnifon de Nancy, depuis la
proclamation des décrets des 6 & 7 de ce mois ; 2.° aux juges
du bailliage de Nancy de procéder fur ladite plainte conformément aux décrets précédemment rendus concernant l'inftruction & le jugement des crimes de lèze-nation ; d'ordonner
pareillement à la municipalité & aux gardes nationales de
Nancy, ainfi qu'au commandant militaire de cette place, de
faire, chacun en ce qui les concerne, les difpofitions néceffaires & qui feront en leur pouvoir, pour s'affurer des coupables & les livrer à la juftice ; même d'ordonner le raffemblement & l'intervention d'une force militaire, tirée des
garnifons

garnifons & des gardes nationales du département de la Meurthe & de tous les départemens voifins, pour agir aux ordres de tel officier général qu'il plaira à fa majefté de commettre, à l'effet d'appuyer l'exécution du préfent décret; de faire en forte que force refte à juftice, & que la liberté & fûreté des citoyens foient efficacement protégées contre quiconque chercheroit à y porter atteinte; à l'effet de quoi cet officier général fera fpécialement autorifé à caffer & licencier les régimens de la garnifon de Nancy, dans le cas où ils ne rentreroient pas immédiatement dans l'ordre, ou s'ils tentoient d'oppofer la moindre réfiftance au châtiment des principaux coupables.

Le Roi a fanctionné & fanctionne ledit décret. Mande & ordonne fa majefté à fon procureur au bailliage de Nancy, de rendre plainte contre toute perfonne, de quelque rang, grade, état & condition qu'elle foit, foupçonnée d'avoir été inftigateur, fauteur ou participe de la rebellion qui a eu lieu dans la garnifon de Nancy, depuis la promulgation des décrets des 6 & 7 de ce mois, & aux juges dudit bailliage, de procéder fur ladite plainte, conformément aux décrets précédemment rendus concernant l'inftruction & le jugement des crimes de lèze-nation. Ordonne pareillement fa majefté au département de la Meurthe & à tous les départemens voifins, à la municipalité de Nancy & aux gardes nationales, tant de ladite ville que du département de la Meurthe, & de tous les départemens voifins, au commandant militaire de cette place, & à tous commandans des troupes réglées, de faire chacun en ce qui les concernera, les difpofitions qui feront néceffaires & qui feront en leur pouvoir pour s'affurer des coupables & les livrer à la juftice, même d'ordonner, s'il y a lieu, le raffemblement & l'intervention d'une force militaire, tirée des garnifons & des gardes nationales du département de la Meurthe & de tous les départemens voifins, pour agir aux ordres de l'officier général qu'il aura plû à fa majefté de commettre, à l'effet d'appuyer l'exécution du préfent décret; de faire en forte que force reſte à juſtice , & que la liberté & la ſûreté des citoyens ſoient efficacement protégées contre quiconque chercheroit à y porter atteinte. Autoriſe ſpécialement ſa majeſté ledit officier général choiſi par elle, à caſſer & licéncier les régimens de la garniſon de Nancy, dans le cas où ils ne rentreroient pas immédiatement dans l'ordre , ou s'ils tentoient d'oppoſer la moindre réſiſtance au châtiment des principaux coupables. FAIT à Saint-Cloud, le dix-ſept août mil ſept cent quatre-vingt-dix. *Signé* LOUIS. *Et plus bas* , par le roi , GUIGNARD.

## LETTRES PATENTES DU ROI,

*Sur un décret de l'Assemblée nationale, portant abolition du droit d'Aubaine, de Détraction, & extinction des procédures relatives à ces Droits.*

Données à Saint-Cloud, le 18 Août 1790.

LOUIS, par la grâce de Dieu & par la loi constitutionnelle de l'état, ROI DES FRANÇOIS : A tous ceux qui ces présentes lettres verront ; SALUT. L'assemblée nationale, considérant que le droit d'aubaine est contraire aux principes de fraternité qui doivent lier tous les hommes, quel que soit leur pays & leur gouvernement ; que ce droit, établi dans des temps barbares, doit être proscrit chez un peuple qui a fondé sa constitution *sur les droits de l'homme & du citoyen*, & que la France libre doit ouvrir son sein à tous les peuples de la terre, en les invitant à jouir sous un gouvernement libre des droits sacrés & inaliénales de l'humanité, a décrété, le 6 de ce mois, & nous voulons & ordonnons ce qui suit :

### ARTICLE PREMIER.

LE droit d'aubaine & celui de détraction sont abolis pour toujours.

### I I.

TOUTES procédures, poursuites & recherches qui auroient ces droits pour objet sont éteintes.

MANDONS & ordonnons à tous les tribunaux, corps administratifs & municipalités, que les présentes ils fassent transcrire sur leurs registres, lire, publier & afficher dans leurs reſſorts & départemens reſpectifs, & exécuter comme loi du royaume. En foi de quoi nous avons ſigné & fait contreſigner ceſdites préſentes, auxquelles nous avons fait appoſer le ſceau de l'état. A Saint-Cloud, le dix-huitième jour du mois d'août, l'an de grâce mil ſept cent quatre-vingt-dix, & de notre règne le dix-ſeptième. *Signé* LOUIS. *Et plus bas*, par le roi, GUIGNARD. Et ſcellées du ſceau de l'état.

# PROCLAMATION DU ROI,

*Concernant l'insubordination dont les Sous officiers*
*& Soldats du régiment de Poitou se sont ren-*
*dus coupables, & les violences auxquelles ils se sont*
*portés envers leur Lieutenant-colonel.*

### Du 17 Août 1790.

Vu par le roi le décret dont la teneur suit :

*Décret de l'Assemblée nationale, du 14 Août 1790.*

L'assemblée nationale, après avoir entendu le rapport de
son comité militaire, improuve la conduite insubordonnée des
sous-officiers & soldats du régiment de Poitou, infanterie, ainsi
que les violences dont ils se font rendus coupables contre le
sieur de Bévy leur lieutenant-colonel; décrète que si ledit sieur
de Bévy n'est pas déjà en pleine liberté, il y sera remis immédiatement; que les huit billets qu'il a été forcé de signer, jusqu'à la concurrence de quarante mille livres, font nuls,
incapables de l'obliger & de produire aucune action contre lui;
que ceux qui les ont reçus feront tenus de les rendre, ou de
déclarer les dispositions qu'ils en ont faites; & dans ce cas,
d'en représenter la valeur, le tout dans vingt-quatre heures &
sous peine de prison; sauf les réclamations légitimes qui
pourront être faites légalement, soit au lieutenant-colonel,
soit à tous autres officiers du régiment, en exécution de l'article III du décret du 6 de ce mois.

Le président de l'assemblée nationale se retirera dans le jour
vers le roi, pour prier sa majesté de sanctionner le présent

décret, & de donner fes ordres pour qu'il foit exécuté & envoyé à tous les régimens de l'armée.

Sa Majesté a fanctionné & fanctionne ledit décret, pour être exécuté felon fa forme & teneur. Mande & ordonne au commandant du régiment de Poitou de le faire publier à la tête de ce régiment raffemblé. Ordonne en outre qu'il fera envoyé inceffamment à tous les régimens de l'armée, lu, & publié à la tête de chacun d'eux. Fait à Saint-Cloud, le dix-fept août mil fept cent quatre-vingt-dix. *Signé* LOUIS. *Et plus bas*, par le roi, LA Tour-du-Pin.

## LETTRES PATENTES DU ROI,

*Sur un décret de l'Assemblée nationale , du 10 Août 1790 , concernant le payement des droits d'Aides, d'Octrois & autres conservés, avec injonction spécialement aux Bouchers, Cabaretiers , Aubergistes & autres d'acquitter lesdits Droits, même pour les arrérés, & de se soumettre aux exercices que leur perception rend nécessaires.*

Données à Saint-Cloud , le 18 Août1790.

LOUIS, par la grâce de Dieu & par la loi constitutionnelle de l'état, ROI DES FRANÇOIS : A tous présens & à venir ; SALUT. L'assemblée nationale , instruite par son comité des finances, que les redevables des droits d'aides, d'octrois & autres conservés, entr'autres les bouchers, aubergistes & cabaretiers des villes de Noyon, Ham, Chauny & autres paroisses circonvoisines, affectent d'éluder le payement desdits droits, ordonné spécialement par son décret du 4 août présent mois, par nous sanctionné, sous prétexte que ce décret n'ordonne que le payement des octrois, a décrété, le 10 de ce mois, & nous voulons & ordonnons ce qui suit :

CONFORMÉMENT à nos précédentes lettres patentes sur les décrets rendus par l'assemblée nationale, les droits d'aides, d'octrois & autres conservés, continueront d'être perçus tels & de la même manière qu'ils l'étoient en l'année dernière, jusqu'à ce qu'il en ait été autrement ordonné. Enjoignons spécialement aux bouchers, cabaretiers , aubergistes & autres d'acquitter lesdits droits, même pour les arrérés, & de se foumettre aux exercices que leur perception rend néceffaires, à peine d'être pourfuivis, non-feulement comme contribuables, mais encore comme réfractaires à nos lettres patentes fur les décrets les plus pofitifs de l'affemblée nationale.

Déclarons les préfentes communes à tous les lieux où il fe trouve des octrois & droits d'aides établis.

MANDONS & ordonnons à tous les tribunaux, corps adminiftratifs & municipalités, que les préfentes ils faffent tranfcrire fur leurs regiftres, lire, publier & afficher dans leurs refforts & départemens repectifs, & exécuter comme loi du royaume. En foi de quoi nous avons figné & fait contrefigner cefdites préfentes, auxquelles nous avons fait appofer le fceau de l'état. A Saint-Cloud, le dix-huitième jour du mois d'août, l'an de grâce mil fept cent quatre-vingt-dix, & de notre règne le dix-feptième. *Signé* LOUIS. *Et plus bas*, par le roi, GUIGNARD. Vu au confeil, LAMBERT. Et fcellées du fceau de l'état.

LETTRES

# LETTRES PATENTES DU ROI,

*Sur le décret de l'Assemblée nationale, du 15 Août 1790, concernant la nomination à faire par la nouvelle Municipalité de Paris, de deux Commissaires qui, conjointement avec ceux des départemens d'Yonne, Seine & Marne, Seine & Oise, de l'Aube, de la Côte-d'Or, de l'Eure, du Loiret, de l'Oise & de la Nièvre, recevront le compte général de l'ancienne administration de la ci-devant province de l'Isle-de-France.*

Données à Saint-Cloud le 19 Août 1790.

LOUIS, par la grâce de Dieu & par la loi constitutionnelle de l'état, ROI DES FRANÇOIS : A tous ceux qui ces présentes lettres verront ; SALUT. L'assemblée nationale, après avoir entendu le rapport de son comité de constitution, considérant que l'administration du département de Paris n'est pas encore formée ; qu'il est néanmoins instant de procéder, en exécution de l'article X du décret constitutif des assemblées administratives, a décrété, le 15 de ce mois, & nous voulons & ordonnons ce qui suit :

### ARTICLE PREMIER.

LA nouvelle municipalité de la ville de Paris nommera pour l'exécution de l'article X de la troisième section de nos lettres patentes du mois de janvier dernier, sur le décret de l'assemblée nationale concernant les assemblées administratives, deux commissaires qui, conjointement avec ceux des

*Tome I.* M m m m m m

départemens d'Yonne, Seine & Marne, Seine & Oife, de l'Aube, de la Côte-d'Or, de l'Eure, du Loiret, de l'Oife & de la Nièvre, recevront le compte général de l'ancienne adminiftration de la ci-devant province de l'Ifle de France.

### I I.

LES anciens adminiftrateurs feront tenus de préparer fans délai ce compte, de manière qu'ils puiffent le rendre au plus tard pour le premier feptembre, aux commiffaires des différens départemens, lefquels feront auffi tenus de fe rendre à Paris, à cette époque, pour le recevoir.

MANDONS & ordonnons aux directoires des départemens d'Yonne, de Seine & Marne, de Seine & Oife, de l'Aube, de la Côte-d'Or, de l'Eure, du Loiret, de l'Oife & de la Nièvre, ainfi qu'à la nouvelle municipalité de Paris, que les préfentes ils faffent tranfcrire fur leurs regiftres, & exécuter fuivant leur forme & teneur. En foi de quoi nous avons figné & fait contrefigner cefdites préfentes, auxquelles nous avons fait appofer le fceau de l'état. A Saint-Cloud, le dix-neuvième jour du mois d'août, l'an de grâce mil fept cent quatre-vingt-dix, & de notre règne le dix-feptième. *Signé* LOUIS. *Et plus bas*, par le roi, GUIGNARD. Vu au confeil, LAMBERT. Et fcellées du fceau de l'état.

# PROCLAMATION DU ROI,

*Relativement au recouvrement des Avances faites pour les Subsistances.*

### Du 19 Août 1790.

LE ROI étant informé que nonobstant les soins que s'est donnés l'administration des finances, pour faire compter les différentes municipalités du royaume du produit des divers approvisionnemens qui leur ont été fournis, soit en grains, soit en farines, depuis le mois d'octobre 1788, il en est plusieurs qui n'ont point satisfait à cette obligation ; & sa majesté, instruite encore que les évènemens de l'année dernière, la retraite ou le décès de plusieurs intendans, & différens changemens survenus dans l'ordre anciennement établi, n'ont pas permis au ministre des finances de connoître tous les agens que les circonstances ont forcé d'employer, & qui ont des comptes à rendre, soit pour des grains dont la vente leur a été confiée, soit pour des avances en deniers qu'ils ont été chargés de recouvrer, soit enfin pour la restitution qui a pu être faite entre leurs mains, de grains qui ont été pillés le long de la Seine & en divers autres lieux, sa majesté a cru devoir s'occuper des moyens de faire verser dans le trésor public les fonds qui se trouvent entre les mains de ces différens comptables : en conséquence, elle a ordonné & ordonne très-expressément à toutes les municipalités, à tous les anciens subdélégués, à tous les négocians & commissionnaires, & à toutes les autres personnes, de quelque état & condition qu'elles soient, qui ont été chargées de la distribution & de la vente des secours en grains ou en farines, distribués dans le royaume depuis le mois d'octobre 1788, ou du recouvrement, soit des deniers en provenant, soit

de ceux qui ont pu être recouvrés en reſtitution des pillages qui
ont été faits, de verſer au tréſor public, dans le délai de deux
mois, à compter du jour de la publication de la préſente proclamation, toutes les ſommes qu'ils peuvent avoir entre leurs mains,
& d'adreſſer au miniſtre de ſes finances des comptes exacts &
détaillés des opérations dont ils ont été chargés. Enjoint ſa
majeſté aux directoires des diſtricts de tenir la main à l'exécution de la préſente proclamation, & de la faire lire, publier
& afficher par-tout où beſoin ſera, dans leurs reſſorts &
départemens reſpectifs. FAIT à Saint-Cloud, le dix-neuf août
mil ſept cent quatre-vingt-dix. *Signé* LOUIS. *Et plus bas*, par
le roi, GUIGNARD.

# PROCLAMATION DU ROI,

*Sur une Instruction de l'Assemblée nationale, concernant les fonctions des Assemblées administratives.*

Du 20 Août 1790.

V U par le roi l'instruction dont la teneur suit :

*INSTRUCTION de l'Assemblée nationale, sur les fonctions des Assemblées administratives, du 12 Août 1790.*

L'ASSEMBLÉE nationale connoît toute l'importance & l'étendue des devoirs des assemblées administratives ; elle sait combien il dépend d'elles de faire respecter & chérir, par un régime sage & paternel, la constitution qui doit assurer à jamais la liberté de tous les citoyens. Placées entre le peuple & le roi, entre le corps législatif & la nation, elles sont le nœud qui doit les lier sans cesse l'un à l'autre ; & par elles doit s'établir & se conserver cette unité d'action sans laquelle il n'y a pas de monarchie.

Le vœu public auquel les nouveaux administrateurs doivent leur caractère garantit suffisamment qu'ils sauront justifier les espérances qu'on a conçues de leur patriotisme & de leurs talens ; mais les premiers pas dans une carrière difficile sont toujours incertains : il étoit donc du devoir de l'assemblée nationale de diriger ceux des corps administratifs par une instruction qui retraçât leurs principales fonctions, & qui rappelât spécialement les premiers travaux auxquels ils doivent se livrer.

Pour donner à cette instruction le plus de clarté possible, on la divisera en sept chapitres.

Le premier traitera des objets constitutionnels ;

Le second, des finances ;

Le troisième, des droits féodaux ;

Le quatrième, des domaines & bois ;

Le cinquième , de l'aliénation des domaines nationaux ;
Le sixième , de l'agriculture & du commerce ;
Le septième , de la mendicité , des hôpitaux & des prisons.

## CHAPITRE PREMIER.

### O B J E T S   C O N S T I T U T I O N N E L S.

#### §. Iᵉʳ.

*Observations générales sur les fonctions des Assemblées
administratives.*

LES assemblées administratives considèreront attentivement
ce qu'elles font dans l'ordre de la constitution , pour ne jamais
sortir des bornes de leurs fonctions , & pour les remplir toutes
avec exactitude.

Elles observeront d'abord qu'elles ne font chargées que de
l'administration, qu'aucune fonction législative ou judiciaire
ne leur appartient, & que toute entreprise de leur part sur l'une
ou l'autre de ces fonctions introduiroit la confusion des pouvoirs , qui porteroit l'atteinte la plus funeste aux principes de
la constitution.

Des fonctions déléguées aux assemblées administratives, les
unes doivent être exercées fous l'inspection du corps législatif ;
celles-là font relatives à la détermination des qualités civiques ,
au maintien des règles des élections , & de celles qui feront
établies pour la répartition & le recouvrement de l'impôt : les
autres , qui comprennent toutes les parties de l'administration
générale du royaume , doivent être exercées fous la direction
& l'autorité immédiate du roi , chef de la nation , & dépofitaire suprême du pouvoir exécutif. Toute résistance à ces deux
autorités feroit le plus grand des délits politiques , puisqu'elle
briseroit les liens de l'unité monarchique.

Les adminiftrations de dépattement ne peuvent faire ni décrets, ni ordonnances, ni règlemens; elles ne peuvent agir
que par les voies, ou de fimples délibérations fur les matières
générales, ou d'arrêtés fur les affaires particulières, ou de correfpondance avec les adminiftrations de diftriét, & par elles
avec les municipalités. Leurs délibérations prifes en affemblée
générale ou de confeil fur les objets particuliers qui concerne-
ront leur département, mais qui intérefferont le régime de l'adminiftration générale du royaume, ne pourront être exécutées
qu'après qu'elles auront été préfentées au roi, & qu'elles auront
reçu fon approbation.

Les adminiftrations de diftriét font entièrement fubordonnées à celles de département; elles ne peuvent prendre aucunes
délibérations en matière d'adminiftration générale; & fi quelques circonftances extraordinaires les avoient portées à s'écarter
de cette règle effentielle, leurs délibérations ne pourroient être
mifes à exécution, même par leurs direétoires, qu'après avoir
été préfentées à l'adminiftration de département, & autorifées
par elle.

Les fonétions des adminiftrations de diftriét fe bornent à recueillir toutes les connoiffances & à former toutes les demandes
qui peuvent intéreffer le diftriét; à exécuter, fous la direétion
& l'autorité de l'adminiftration de département, toutes les difpofitions arrêtées par celle-ci; à faire toutes les vérifications,
& à donner tous les avis qui leur feront demandés fur les affaires relatives à leur diftriét; enfin, à recevoir les pétitions
des municipalités, & à les faire parvenir avec leurs propres
obfervations à l'adminiftration de département.

Les fonétions des confeils de département font de délibérer
fur tout ce qui intéreffe l'enfemble du département; de fixer
d'une manière générale, tant les règles de l'adminiftration que
les moyens d'exécution; enfin, d'ordonner les travaux & la
dépenfe de chaque année, & d'en recevoir les comptes.

Les fonétions des direétoires font d'exécuter tout ce qui a

été preferit par les conseils, & d'expédier toutes les affaires particulières.

Après la féparation des assemblées de conseil, les directoires seuls restent en activité; seuls ils représentent l'administration qui les a commis, & ont un caractère public à cet effet. La correspondance, soit ministérielle, soit dans l'intérieur du département, ne peut être tenue qu'avec & par eux.

Le préfident de chaque administration est aussi le préfident de son directoire, & il y a voix délibérative, comme dans l'assemblée du conseil; il doit toujours être compté en dehors, & ne peut pas être compté dans le nombre des membres fixé pour la composition du directoire.

Ces règles s'appliquent également aux directoires de district. Ceux-ci sont chargés de l'exécution, non-seulement de ce qui leur aura été preferit par le conseil, mais encore de tout ce qui leur sera ordonné par le directoire de département. Ils doivent attendre les ordres de ce directoire pour agir dans tout ce qui intéresse l'administration générale, & s'y conformer exactement, afin que l'unité des principes, des formes & des méthodes, puisse être maintenue. Toutes les fois cependant qu'ils agiront conformément aux principes établis, & dans l'esprit des ordres qu'ils auront reçus, ils n'auront pas besoin pour chaque acte de détail, ni pour l'expédition de chaque affaire particulière, d'une autorisation spéciale.

Les municipalités, dans les fonctions qui sont propres au pouvoir municipal, sont soumises à l'inspection & à la surveillance des corps administratifs; & elles sont entièrement dépendantes de leur autorité dans les fonctions propres à l'administration générale, qu'elles n'exercent que par délégation.

Telle est l'organisation des corps administratifs, ainsi qu'elle résulte des articles L & LI du décret du 14 décembre dernier, des articles XXVIII, XXIX, XXX & XXXI de la seconde section, & de l'article III de la troisième section du décret du 22 décembre. Chacun de ces corps doit être attentif à se tenir

au

au rang que la conftitution lui affigne, la liberté ne pouvant être garantie que par la graduation régulière des offices publics.

Les confeils & les directoires doivent rédiger des procès-verbaux de toutes leurs opérations, & les infcrire par ordre de dates, & fans aucun blanc, dans un regiftre cotté & paraphé par le préfident. Les délibérations des confeils feront fignées par le préfident & le fecrétaire feulement, & il fera fait mention de ceux qui y auront affifté; mais les féances d'ouverture & de clôture de chaque feffion des confeils feront fignées par tous les adminiftrateurs préfens. Quant aux féances & délibérations de directoires, elles feront fignées de tous ceux qui y auront affifté.

Les directoires tiendront un autre regiftre cotté & paraphé par le préfident; il fera deftiné à la correfpondance, & il contiendra dans une colonne l'extrait des lettres & mémoires qui leur auront été adreffés, & à côté, dans une autre colonne, les réponfes qui y auront été faites.

Les archives des adminiftrations feront placées dans un lieu fûr, & difpofées avec ordre; il fera fait un inventaire de toutes les pièces qui y feront dépofées.

Il feroit inutile d'avertir ici, fi le doute n'en avoit été manifefté, que lorfque les corps adminiftratifs fe trouvent enfemble & avec les municipalités aux cérémonies publiques, la préféance appartient à l'adminiftration de département fur celle de diftrict, & à celle-ci fur la municipalité.

## §. II.
### *Correfpondance.*

Le premier foin des corps adminiftratifs de chaque département doit être d'établir leur correfpondance, tant entr'eux qu'avec les municipalités de leur territoire; les moyens les plus prompts & les plus économiques doivent être préférés.

Les adminiftrations de département font le lien de la correfpondance entre le roi, chef de l'adminiftration générale, & les adminiftrations de diftriét ; celles-ci le font de même entre les adminiftrations de département & les municipalités. Ainfi la correfpondance du roi ne fera tenue par fes miniftres qu'avec les adminiftrations ou les direétoires de département, & les difpofitions qu'elle contiendra feront tranfmifes par le département aux adminiftrations ou direétoires des diftriéts.

La même marche fera obfervée pour la correfpondance du corps légiflatif ; c'eft la difpofition expreffe de l'article II du décret des 25, 26 & 29 juin 1790, fur la vente des domaines nationaux.

Les municipalités ne pourront s'adreffer à l'adminiftration ou au direétoire du département que par l'intermédiaire de l'adminiftration ou du direétoire de diftriét, à moins qu'elles n'ayent à fe plaindre de l'adminiftration même du diftriét ou de fon direétoire ; & en général il ne pourra être rien prefcrit, ou fait aucune difpofition par l'adminiftration ou le direétoire de département, à l'égard d'aucune municipalité, ou d'aucun membre d'une commune, foit d'office, foit fur réquifition, que par la voie de l'adminiftration du diftriét, & après qu'elle aura été préalablement entendue.

Le direétoire de département & ceux des diftriéts de fon reffort correfpondront enfemble ; le procureur-général-fyndic correfpondra avec les procureurs-fyndics, & pourra correfpondre auffi avec les direétoires des diftriéts. Ceux-ci correfpondront avec les officiers municipaux, & les procureurs-fyndics pourront correfpondre tant avec cet officier que particulièrement avec les procureurs des communes.

Les lettres que les direétoires écriront feront ainfi terminées :

*Les Adminiftrateurs compofant le Direétoire du Département de... ou du Diftriét de...*

enfuite tous les membres préfens fgneront.

Les adjudications, les mandats de payement, & généralement tous les actes émanés des directoires feront fignés dans la même forme, c'eft-à-dire, qu'il fera mis au bas :

*Par les Administrateurs compofant le Directoire du Département de... ou du District de...*

enfuite tous les membres préfens figneront.

Les corps municipaux emploiront dans leurs lettres & leurs autres actes, cette formule avant leur fignature : *Les officiers municipaux de la commune de....* & lorfqu'ils écriront ou délibéreront avec les notables en confeil général, ils fe ferviront de celle-ci : *Les membres compofant le confeil général de la commune de....* enfuite tous ceux qui feront préfens figneront.

Les lettres & les pétitions adreffées par les municipalités, foit aux adminiftrations de diftrict, foit à celles de département, par la voie des diftricts, & celles des adminiftrations ou directoires de diftrict à l'adminiftration ou directoire de département, doivent être rédigées avec la réferve & le refpect dus à la fupériorité politique que chacun de ces corps doit reconnoître à celui qui le prime dans l'ordre & la diftribution des pouvoirs.

La correfpondance des adminiftrations fupérieures doit, en confervant le caractère de l'autorité qui leur eft graduellement départie, en tempérer l'expreffion par l'obfervation de tous les égards qui font aimer le pouvoir établi pour faire le bien commun, & dirigé fans ceffe vers cet objet. Le feul cas où le ftyle impératif pourroit être employé par les adminiftrations fupérieures, feroit celui où l'infubordination des adminiftrations qui leur feront foumifes forceroit de rappeler à ces dernières la dépendance où elles font placées par la conftitution.

Il eft bien défirable que les directoires de département, au lieu de faire paffer à ceux des diftricts des ordres trop concis,

& en quelque forte abfolus, les intéreffent au contraire à l'exécution de toutes les difpofitions qui leur feront confiées, en
leur en développant l'efprit & les motifs, & en facilitant leur
travail par des inftructions claires & méthodiques. Les directoires de diftrict, principalement, doivent prendre ce foin à
l'égard des municipalités qu'ils font chargés de former à l'efprit
public, & dont ils doivent, dans ces premiers temps fur-tout,
foit aider l'inexpérience, foit encourager les efforts.

En ce moment, où tous les yeux font ouverts fur les premiers
mouvemens des corps adminiftratifs, ils peuvent produire le
plus grand bien, en développant leurs fentimens civiques, leur
attachement aux pricipes de la conftitution, & leur défir pour
l'entier rétabliffement de l'ordre, dans une inftruction aux municipalités, qu'ils chargeront celles-ci de faire publier & diftribuer dans les villes, & de faire lire à l'iffue de la meffe paroiffiale dans les campagnes.

Cette inftruction, dont les directoires de département doivent
s'occuper fans délai, retracera aux municipalités leurs devoirs
principaux, l'intérêt public & particulier qui les preffe de les
bien remplir, & l'obligation qu'elles en ont prife par leur ferment; elle expofera enfuite avec énergie & fimplicité ces
grands principes :

Que la liberté, fans un profond refpect pour les loix, pour
les perfonnes & pour les propriétés, n'eft plus que la licence,
c'eft-à-dire, une fource intariffable de calamités publiques &
individuelles;

Que toute violence particulière, lorfque l'oppreffion publique a ceffé, n'eft elle-même qu'une oppreffion;

Que fi c'eft le devoir, c'eft auffi l'intérêt de chaque particulier de payer fidèlement les contributions publiques, parce
que le gouvernement ne peut pas fubfifter fans contributions,
& parce que fans gouvernement, les particuliers n'ont plus
aucune garantie de leur liberté, de leur fûreté, ni de leurs
propriétés;

Que les fubfiftances ne peuvent être entretenues que par la liberté de la circulation intérieure, & que les obftacles mis à cette circulation ne manquent jamais, finon de les faire difparoître entièrement, du moins d'en occafionner l'extrême rareté & le renchériffement;

Qu'enfin, il n'y a de bonheur pour tous que dans la jouiffance d'une conftitution libre, & de fûreté pour chacun, que dans le calme de la fubordination & de la concorde.

Telles font les vérités que les corps adminiftratifs ne peuvent trop s'empreffer de répandre, & dont leûrs preffantes exhortations doivent porter la conviction dans tous les efprits.

## §. I I I.

### *Rectifications des limites des Départemens, des Diftricts & des Cantons.*

L'ASSEMBLÉE nationale a annoncé, par fon inftruction fur le décret du 22 décembre dernier, qu'il peut être fait des changemens aux limites, foit des départemens, foit des diftricts, fi les convenances locales & l'intérêt des adminiftrés exigent que quelque partie de territoire foit tranfportée d'un département ou d'un diftrict à un autre.

Les directoires de département & de diftrict peuvent maintenant examiner leurs limites refpectives, & fe propofer mutuellement les changemens qu'ils jugeront néceffaires; ils devront auffi recevoir & examiner les pétitions des municipalités qui demanderont à changer, foit de département, foit de diftrict.

Lorfqu'il s'agira d'une tranfpofition de territoire d'un diftrict à l'autre, dans le reffort du même département, fi les directoires de diftrict intéreffés en font d'accord, ils feront parvenir leur vœu commun au directoire de département, qui, après avoir vérifié l'utilité du changement demandé, le proposera au corps légiflatif.

Si, malgré le refus d'adhéfion d'un des directoires de diftrict, l'autre directoire, foit d'office, foit fur la réquifition d'une municipalité, foutient que la limite doit être changée, le directoire de département recevra les mémoires refpectifs, vérifiera les faits & les motifs d'utilité, & enverra les mémoires avec fon avis au corps légiflatif qui prononcera.

Lorfqu'il s'agira d'un changement de limites entre deux départemens, fi les directoires en font d'accord, ils feront parvenir leur vœu commun au corps légiflatif; & s'ils ne font pas d'accord, ils lui adrefferont leurs mémoires. Dans l'un ou l'autre cas, ils enverront, avec leurs mémoires, les avis des directoires des diftricts intéreffés qu'ils auront préalablement entendus; & aucun changement ne pourra être fait aux limites des départemens qu'en vertu d'un décret du corps légiflatif, fanctionné par le roi.

Les adminiftrations de département ne peuvent faire aucun changement dans le nombre & la diftribution générale des diftricts; elles pourront néanmoins propofer les confidérations d'utilité publique & d'économie qui, fur cet objet, leur paroîtront dignes de l'attention du corps légiflatif.

A l'égard des cantons qui forment la fubdivifion des diftricts, l'affemblée nationale n'en a adopté la compofition actuelle que provifoirement, & feulement pour faciliter la tenue des premières affemblées primaires : non feulement cette compofition peut être revue & changée, mais elle doit néceffairement l'être dans plufieurs diftricts, où l'étendue démefurée de ces cantons les met hors d'être appliqués à plufieurs de leurs deftinations.

Non-feulement les cantons doivent fervir à la formation des affemblées primaires, rapport fous lequel on pourroit n'avoir égard qu'à leur population, mais ils font encore deftinés à plufieurs autres parties du fervice public, pour lefquelles il faut avoir égard à leur étendue territoriale. Chaque canton

par exemple, eft devenu, dans l'ordre judiciaire, le reffort juridictionnel d'un juge de paix.

Les directoires de diftrict doivent donc s'occuper inceffamment de recevoir la compofition provifoire de leurs cantons,
& de la rectifier non-feulement quant aux limites, mais encore
quant à l'étendue & au nombre des cantons.

La mefure la plus convenable à adopter généralement, eft
que les cantons n'ayent pas moins de quatre lieues carrées, &
ne s'étendent pas au-delà de fix.

Lorfque les directoires de diftrict auront préparé le plan de
la rectification de leurs cantons, ils le préfenteront au directoire de département, avec l'expofition de leurs motifs; le directoire de département prononcera après avoir entendu le
procureur-général-fyndic, & il en rendra compte au corps
légiflatif.

Il peut être à la convenance de plufieurs communes de fe
réunir en une feule municipalité; il eft dans l'efprit de l'affemblée nationale de favorifer ces réunions; & les corps adminiftratifs doivent tendre à les provoquer & à les multiplier par
tous les moyens qui font en leur pouvoir. C'eft par elles qu'un
plus grand nombre de citoyens fe trouvera lié fous un même
régime, que l'adminiftration municipale prendra un caractère
plus impofant, & qu'on obtiendra deux grands avantages toujours effentiels à acquérir, la fimplicité & l'économie.

§ ' I V.

*Formation & envoi des États de population & de contribution*
*directe, pour déterminer la repréfentation de chaque Dépar-*
*tement dans le Corps légiflatif.*

SUIVANT le décret du 22 décembre dernier, tous les départemens députeront également au corps légiflatif trois repréfentans, à raifon de leur territoire, excepté le département de

Paris , qui , étant beaucoup moindre que les autres en étendue territoriale , n'a qu'un seul député de cette espè e. Il n'en est pas de même de la représentation attachée à la population & à la contribution directe. Celle-là doit se trouver fort inégale numériquement entre les divers départemens , puisqu'elle est proportionnelle au nombre des habitans de chaque département, à la masse des contributions directes qu'il supporte.

Il faut donc , pour établir la représentation, dont chaque département doit jouir relativement à ces deux dernières bases, que le montant de sa population active & celui de sa contribution directe soient connus.

Pour y parvenir , les directoires de département doivent , conformément à l'article V du décret du 28 juin dernier , s'empresser de former l'état ou tableau de toutes les municipalités de leur ressort , portant indication , tant du montant de la population active, que de celui des impositions directes de chaque municipalité.

. Les directoires de département ont dès-à-présent deux bases dont ils peuvent se servir pour former l'état de la population active; savoir , d'une part , les listes des citoyens actifs, qui ont été faites en chaque commune pour la formation des municipalités & pour celle des assemblées primaires ; & d'autre part , le nombre des électeurs qui viennent d'être nommés par les assemblées primaires, pour convoquer les corps administratifs. Le nombre de ces électeurs , multiplié par cent , donne celui des citoyens actifs du département, puisque ces électeurs ont été nommés en raison d'un par cent citoyens actifs.

Les directoires puiseront les connoissances nécessaires pour former l'état indicatif de la contribution directe payée par chaque département dans les rôles de répartition faits par les municipalités & dans les minutes du dernier répartement des impositions qui se trouvent , soit aux intendances , soit aux archives des anciennes commissions intermédiaires, soit aux bureaux des receveurs particuliers des finances , soit aux greffes

_des

des élections. Il eſt néceſſaire de diſtinguer ſoigneuſement dans
cet état les différentes contributions directes qui ſe payent en
chaque département.

La confection de ces deux tableaux de la population active
& de la contribution directe eſt le travail le plus preſſant
dont les directoires de département ayent maintenant à s'occuper, puiſque c'eſt de leurs réſultats connus & combinés que
dépend la poſſibilité de former conſtitutionnellement la prochaine légiſlature. Les directoires doivent donc s'y livrer ſans
retard, & cumuler tous les moyens d'accélération.

Auſſi-tôt que ces tableaux ſeront faits, ils en adreſſeront un
double à l'aſſemblée nationale. Il eſt indiſpenſable que cet
envoi ſoit fait avant le 15 ſeptembre prochain.

### §. V.

#### *Vérification de la compoſition des Municipalités.*

LES directoires de département chargeront ceux de diſtrict
de ſe faire remettre par chaque municipalité, dans le plus
court délai poſſible, une copie du procès-verbal de la formation du corps municipal.

Les directoires de diſtrict examineront ces procès-verbaux,
& les adreſſes ou mémoires de ceux qui ſe plaindront, ſoit
des vices de la formation de quelques municipalités, ſoit des
injuſtices perſonnelles qu'ils auroient éprouvées dans le cours
des élections.

Après avoir vérifié les faits, chaque directoire de diſtrict
fera un état ou tableau de toutes les municipalités de ſon reſſort, en déſignant dans une colonne marginale celles qui
n'ont donné lieu à aucune réclamation, & celles dont la validité eſt conteſtée : il donnera relativement à celles-ci des obſervations, & ſon avis ſur la régularité ou les défectuoſités
de leur formation.

*Tome I.*                    O o o o o o o

Le directoire de district pourra, s'il en est besoin, nommer un commissaire de son sein, ou pris parmi les huit autres administrateurs du district, pour faire sur le lieu la vérification des faits.

A mesure que le directoire de département recevra de ceux des districts les états ou tableaux des municipalités, il les communiquera au procureur-général-syndic ; & après l'avoir entendu, il décidera définitivement quelles municipalités doivent subsister, & quelles doivent être annullées. Il déléguera pour procéder à la nouvelle formation de ces dernières un commissaire qui convoquera l'assemblée des citoyens actifs, nommera le citoyen chargé d'expliquer l'objet de la convocation, présidera au recensement du scrutin en la maison commune, & proclamera les nouveaux officiers municipaux.

Le directoire de département prononcera de même définitivement, d'après les observations & l'avis des directoires de district, sur les réclamations des citoyens dont l'*activité* ou l'*éligibilité* aura été contestée dans les assemblées de communes, & qui auront été exclus par les jugemens provisoires de ces assemblées. Il observera que ces décisions soient toujours rigoureusement conformes à la disposition des décrets constitutionnels. Le procureur-général-syndic les notifiera aux officiers municipaux de la commune dont les personnes sur l'état desquelles il aura été prononcé sont membres. C'est d'après ces décisions que le tableau des citoyens actifs & des citoyens éligibles, prescrit par l'article VIII de la section première du décret du 22 décembre dernier, sera définitivement arrêté dans chaque municipalité.

Les directoires de département chargeront ceux de district de se faire remettre par chaque municipalité de leur ressort deux doubles de ce tableau, dont un sera déposé aux archives du district, & l'autre sera envoyé par le directoire de district au directoire de département. Cet envoi sera répété tous les ans, après que le tableau aura été revu en chaque municipalité, & aura reçu les changemens dont il fera trouvé fufceptible.

Il en fera de même pour les liftes civiques des jeunes citoyens de vingt-un ans, qui fe feront préfentés aux affemblées primaires, & y auront prêté le ferment preferit par l'article IV de la fection première du décret du 22 décembre dernier.

Ce qui a été dit ci-deffus des difficultés élevées dans les affemblées de commune, fur l'activité ou l'éligibilité des citoyens, doit s'appliquer aux conteftations de même nature, furvenues dans les affemblées primaires & électorales, au fujet des choix qui y ont été faits : elles devront être auffi terminées par le directoire de département.

---

### §. V I.

*Règles principales pour décider les conteftations relatives à l'activité & à l'égibilité des Citoyens.*

Les principes conftitutionnels fur cette matière fe trouvent dans le décret conftitutif des corps adminiftratifs, du 22 décembre dernier, & dans l'inftruction de l'affemblée nationale, publiée à la fuite de ce décret. Les difficultés furvenues dans l'application de ces principes ont donné lieu à plufieurs décifions interprétatives qui font réunies dans ce paragraphe, pour faciliter & diriger le travail des directoires.

1°. Il n'y a aucune diftinction à faire à raifon des opinions religieufes; en conféquence, les non-catholiques jouiffent des mêmes droits que les catholiques, aux termes du décret du 24 décembre 1789. Cependant, parmi les Juifs, il n'y a encore que ceux connus fous la dénomination de *Juifs Portugais, Éfpagnols & Avignonois*, qui foient citoyens actifs & éligibles, fuivant le décret du 28 janvier 1790.

2°. Les étrangers qui demeurent depuis cinq ans dans le

O o o o o o o 2

royaume , & qui, en outre, ont épousé une Françoise, ou acquis un immeuble , ou formé un établissement de commerce ,
ou obtenu dans quelque .ville des lettres de bourgeoisie , font
réputés François. ( *Décret du 30 avril* 1790. ).

3°. La condition du domicile de fait n'emporte que l'obligation d'avoir dans le lieu une habitation depuis un an , & de déclarer qu'on n'exerce les droits de citoyen dans aucun autre
endroit. ( *Décrets des* 20 , 23 *mars &* 19 *avril , article* VI. )

4°. Toute personne attachée au service civil ou militaire de
la marine conserve son domicile , nonobstant les obstacles
nécessités par son service , & peut y exercer les fonctions de
citoyen actif , s'il a d'ailleurs les qualités exigées par les décrets
de l'assemblée nationale. ( *Décret du* 26 *juin* 1790.) Il en est de
même des personnes attachées au service militaire de terre.

5°. Les intendans ou régisseurs, les ci-devant feudistes, les
secrétaires, les charretiers ou maîtres-valets de labour , employés par les propriétaires, fermiers ou métayers, ne font pas
réputés domestiques ou serviteurs à gages, & font actifs & éligibles, s'ils réunissent d'ailleurs les conditions prescrites. ( *Même*
*décret, article. VII.* ) Il en est de même des bibliothécaires, des
instituteurs , des compagnons-ouvriers , des garçons marchands
& des commis aux écritures.

6°. Les religieux qui n'ont pas usé du droit de sortir du
cloître ne font point actifs , tant qu'ils vivent sous le régime
monastique.

7°. Les évêques & les curés font citoyens actifs , quoiqu'ils
n'ayent pas une année de domicile dans leurs évêchés ou leurs
cures. Il n'en est pas de même des vicaires, l'année de domicile
leur est nécessaire.

8°. Les fonctions des évêques , des curés & des vicaires ,
font incompatibles avec celles de membres des directoires de
district & de département, & de maire , officier municipal &
procureur de la commune ; & s'ils étoient nommés à ces places ,

ils font tenus de faire leur option : mais cette incompatibilité n'a lieu que pour les nominations qui reftent à faire.

9°. Les curés , vicaires & deffervans , qui fe refuferoient à faire au prône , à haute & intelligible voix, la publication des décrets de l'affemblée nationale , acceptés ou fanctionnés par le roi , font incapables de remplir aucune fonction de cit ven actif ; mais il faut que la réquifition & le refus foient c····· par un procès-verbal dreflé à la diligence du pro········· commune. ( *Décret du 2 juin 1790.* )

10°. Les percepteurs d'impôts indirects , quoiqu'ils puiffent être citoyens actifs , font cependant inéligibles aux fonctions municipales ou adminiftratives , tant qu'ils n'ont pas abandonné leur premier état ; & s'ils font élus , ils font tenus d'opter.

11°. Les contrôleurs des actes , directeurs des domaines , entrepreneurs & regrattiers de tabac , & les directeurs des poftes , ne font point inéligibles , non plus que les cautiona des adjudicataires des octrois , lorfqu'ils ne font pas affociés.

12°. Les fils de débiteurs morts infolvables ne font pas ex- clus de la qualité de citoyen actif & éligible , s'ils ne poffèdent rien à titre gratuit de la fortune de leur père.

13°. L'exclufion fondée fur faillite , banqueroute ou infol- vabilité , ne peut être prononcée qu'autant que les actes ou jugemens qui la prouvent font rapportés.

14°. La qualité de citoyen actif fubfifte , mais l'exercice en eft fufpendu , tant que le citoyen n'a pas prêté le ferment ci- vique , foit dans une affemblée de commune ou primaire , foit au directoire de diftrict. Il en fera de même à l'avenir pour ceux qui ne fe feront pas fait infcrire fur le regiftre du fervice de la garde nationale.

15°. Les citoyens qui font exclus des affemblées , aux termes du décret du 28 mai 1790 , pour refus de prêter foit le ferment civique , foit le ferment prefcrit par ce décret , ou à caufe des menaces & violences qu'ils fe feroient permifes , font privés , pour cette fois , des droits de citoyen actif.

16°. Les condamnations définitives à une peine infamante font perdre la qualité de citoyen actif.

17°. Les parens ou alliés aux degrés de père & de fils, de beau-père & de gendre, de frère & de beau-frère, d'oncle & de neveu, ne peuvent être ensemble membres du même corps municipal. ( *Décret du 14 décembre 1789, article XII.* ) Ils ne peuvent être non plus ensemble président, procureur-syndic ou membres du directoire de la même administration de département ou de district ; mais l'empêchement n'aura lieu dans ce second cas, que pour les nominations qui seront faites à l'avenir. ( *Décret du 12 août 1790.* )

18°. Pour être citoyen actif, il suffit de payer la contribution exigée dans un lieu quelconque du royaume. (*Décret du 2 février, article II.* )

19°. Dans les lieux où l'on ne perçoit aucune contribution directe, & dans ceux où la contribution territoriale est seule connue, ceux-là sont citoyens actifs qui exercent un métier ou profession dans les villes, & qui ont dans les campagnes une propriété foncière quelconque, ou par bail, une exploitation de trente livres de loyer.

20°. Les militaires qui ont servi seize ans sans interruption & sans reproche, sont dispensés de la condition de payer une contribution directe, & de celle d'avoir une propriété, ils sont actifs & éligibles dans tous les degrés d'administration & de représentation, s'ils réunissent les autres conditions exigées, & s'ils ne sont point en garnison dans le canton. ( *Décret du 28 février, article VII.* ) Il en est de même de tout militaire ou homme de mer qui, depuis l'âge de dix-huit ans, a servi sans reproche pendant soixante-douze mois sur les vaisseaux de guerre, ou dans les grands ports, l'espace de seize ans.

21°. La contribution directe payée par un chef d'entreprise, un aîné communier, un père vivant avec ses fils qui ont des propriétés, est censée payée par les associés, les frères puînés

& les enfans, chacun à proportion de son intérêt ou de la propriété dans la maison commune.

22°. Les impositions retenues par le débiteur d'une rente font une contribution directe de la part du créancier ; il en est de même du centième denier payé jusqu'à présent par les titulaires d'offices.

23°. La valeur de la journée de travail, dans la fixation de la contribution requise pour être citoyen actif, ne peut être portée à plus de vingt sous, même dans les lieux où elle se paye plus chèrement ; elle peut être fixée plus bas dans les lieux où elle se paye effectivement moins.

### §. VII.

*Règles pour prononcer sur la validité des Elections.*

Il ne s'agit point, dans ce paragraphe, de questions de simple intérêt privé, & dont l'objet se réduiroit à fixer l'état particulier d'un citoyen ; il s'agit de réclamations d'une plus haute importance, par lesquelles on dénonceroit des vices graves qui affecteroient une élection entière, & seroient de nature à faire annuller un corps municipal.

Les élections des officiers municipaux & des notables font nulles,

1°. Lorsque l'assemblée des électeurs s'est formée sans convocation régulière, & s'est soustraite à la surveillance de l'autorité préposée à l'ouverture de la séance, & au recensement des scrutins.

2°. Lorsque les suffrages ont été donnés tumultueusement, par acclamation, & non par la voie du scrutin, qui est la seule forme constitutionnelle de les constater.

3°. Lorsqu'en recueillant les suffrages au scrutin, ceux des votans qui ne savent point écrire ont apporté des bulletins tout faits , ou ne les ont pas fait écrire oftensiblement fur le bureau par l'un des fcrutateurs.

4°. Lorfqu'il s'eft trouvé au recenfement du fcrutin, un plus grand nombre de billets qu'il n'y avoit de votans, & que ce fcrutin vicieux a cependant fervi pour déterminer l'élection des officiers municipaux ou des notables.

5°. Lorfque des citoyens inactifs ont été admis à voter , fans que l'affemblée ait voulu entendre les réclamations faites contre leur admiffibilité , ni les juger régulièrement.

6°. Lorfque des citoyens actifs ont été exclus , fans que l'affemblée ait voulu entendre leurs repréfentations, ni les juger régulièrement.

7°. Lorfque la violence d'un parti a dominé à l'affemblée , en a expulfé une partie des votans, ou a gêné & forcé les fuffrages.

8°. Lorfqu'il fèra conftaté qu'il y a eu fufpenfion de fuffrages , ou qu'ils ont été captés par des voies illicites.

Les directoires de département doivent prononcer , d'après l'avis des directoires de diftrict, fur tous ces points, dont dépend la validité ou la nullité des élections municipales ; mais on ne peut leur recommander ni trop de vigilance dans la vérification des faits , ni trop de prudence & de circonfpection dans leurs décifions. Une rigueur inflexible produiroit les plus grands inconvéniens ; il eft préférable pour cette fois de tolérer les fautes & les erreurs légères, & de ne porter même un jugement rigoureux fur les vices plus effentiels , qu'autant qu'ils auront fait la matière d'une réclamation formelle & foutenue.

Il y a cependant un cas dans lequel les directoires doivent interpofer leur autorité d'office , quoiqu'elle ne fût pas provoquée ; c'eft celui où deux municipalités créées par deux partis oppofés fubfifteroient à la fois dans la même commune : il eft évident que le conflit d'autorités & de fonctions , deftructeur de l'ordre & de l'activité du fervice , ne peut pas difparoître

trop

trop promptement; mais aussi les directoires sentiront que leurs décisions ne peuvent pas être préparées par un examen trop scrupuleux des faits, ni déterminées par une impartialité trop sévère.

A l'avenir, les corps administratifs préviendront beaucoup de désordres dans les assemblées, & d'irrégularités dans les élections, en tenant la main exactement à l'exécution du décret du 28 mai dernier. Ils veilleront dans cet esprit, à ce que les seuls citoyens ayant le droit de suffrage soient admis aux assemblées de communes, primaires ou électorales; à ce que les votans n'y portent aucune espèce d'armes ni de bâtons; à ce qu'aucune garde ni force armée n'y soit introduite que sur la réquisition formelle de l'assemblée elle-même, ou par l'ordre exprès du président; enfin, à ce que toutes les formalités prescrites pour assurer la liberté & la régularité des suffrages soient observées.

Le même décret du 28 mai permet aux assemblées électorales, pour accélérer leurs opérations, de se partager en plusieurs bureaux, qui procéderont séparément aux élections, & qui députeront chacun deux commissaires chargés de faire, avec les commissaires des autres bureaux, le recensement des scrutins; mais deux conditions sont prescrites pour l'exercice de cette faculté.

La première, est que les assemblées électorales n'emploient ce mode d'élection qu'après l'avoir ainsi arrêté à la pluralité des voix.

La seconde, que chaque bureau soit composé de cent électeurs au moins, *pris proportionnellement dans les différens districts.*

De ces derniers termes, il faut conclure qu'il n'est pas permis aux assemblées électorales de se partager par districts pour procéder aux élections.

Il en résulte, à plus forte raison, qu'il ne leur est pas permis de convenir, qu'au lieu de prendre les voix de tous les districts ou bureaux sur tous les choix à faire, chaque district ou

*Tome I.*                    P p p p p p

bureau aura féparément & à lui feul la nomination d'un certain nombre de fujets à élire. Il eft évident qu'une telle élection ne feroit pas le réfultat d'un vœu commun de l'affemblée
électorale , & que chacun des choix n'offriroit que le vœu particulier d'une fection de cette affemblée.

Les difpofitions expreffes ou tacites du décret du 28 mai
ne doivent pas influer fur les nominations antérieures à fa publication ; & il faut tenir en général que les décrets qui prefcrivent de nouvelles règles n'ont point d'effet rétroactif , fi
cela n'eft dit expreffément.

## §. VIII.

*Règles à obferver par les Corps adminiftratifs , dans l'exercice*
*de la furveillance & de l'autorité qui leur eft attribuée fur les*
*Municipalités.*

LES corps adminiftratifs doivent également protéger les officiers municipaux dans l'exercice de leurs fonctions , & réprimer les abus que ces officiers pourroient être tentés de faire
de leur autorité.

I. Les directoires doivent veiller d'abord à ce que les officiers
municipaux ne s'arrogent aucunes fonctions , autres que celles
qui font propres au pouvoir municipal , ou celles dépendant de l'adminiftration générale , qui leur font fpécialement
déléguées.

Si les corps municipaux entreprenoient fur la puiffance légiflative , en faifant des décrets ou des règlemens ; s'ils ufur-
poient les fonctions judiciaires dans les matières civiles ordinaires , ou dans les matières criminelles ; s'ils étendoient leurs
fonctions adminiftratives , foit en outre-paffant les bornes qui
leur font affignées , foit en effayant de fe fouftraire à la furveillance & à l'autorité des corps adminiftratifs , ceux-ci doivent

être attentifs à les réprimer, en annullant leurs actes inconstitutionnels, & en défendant de les mettre à exécution.

II. Les directoires doivent maintenir soigneusement la division des fonctions assignées au corps municipal & au conseil général de la commune.

Lorsque le corps municipal aura négligé de convoquer les notables pour délibérer en conseil général, dans les cas énoncés en l'article LIV du décret du 14 décembre dernier, non-seulement le directoire de département fera droit sur les représentations que les notables pourront lui faire parvenir par l'entremise du directoire de district, mais il ne pourra autoriser par son approbation l'exécution de la délibération du corps municipal; il sera tenu, au contraire, de l'annuller & d'ordonner la convocation du conseil général, pour être délibéré de nouveau.

Le directoire de département veillera de même à ce que les notables se renferment dans les limites des fonctions qui leur sont confiées, & soient bien convaincus que tant que le conseil général n'est pas convoqué, ils ne sont que simples citoyens. Il tiendra la main à ce qu'ils ne puissent pas impunément s'introduire par violence ou par autorité dans une délibération à laquelle ils n'auront pas été appelés, & à ce que, dans les cas même où ils prétendront que le conseil général doit être convoqué, leur réclamation ne soit entendue & admise que par la voie de pétition présentée à l'administration supérieure.

III. Un troisième objet de l'attention des directoires est de maintenir, d'une part, l'autorité des corps municipaux & des conseils généraux des communes, contre les communes elles-mêmes & contre les particuliers; & d'autre part, les droits & les intérêts légitimes, soit des communes, soit des particuliers, contre les corps municipaux & les conseils généraux des communes.

Sous le premier rapport, les directoires tiendront la main

P pppppp 2

à ce que les citoyens des communes affemblées pour élire ne reftent pas affemblés après les élections finies, & ne transforment pas les affemblées électorales en affemblées délibérantes ; à ce qu'aucune fection de l'affemblée générale d'une commune ne puiffe fe dire permanente ou fe perpétuer par le fait, & à ce que, dans toute autre occafion, les communes ne puiffent s'affembler fans une convocation expreffe du confeil général. Si quelqu'entreprife de ce genre eft dénoncée au directoire de département, il ordonnera à l'affemblée inconftitutionnelle de fe diffoudre, & annullera tous les actes délibératifs qu'elle aura faits.

Sous le fecond rapport, les directoires maintiendront les citoyens actifs dans le droit de requérir, par une pétition préfentée au confeil général, la convocation de l'affemblée de la commune, aux termes de l'article XXIV du décret du 14 décembre dernier. Si le confeil général a méprifé cette réquifition, lorfqu'elle aura été faite par le fixième des citoyens actifs, dans les communes au-deffous de quatre mille ames, ou par cent cinquante citoyens actifs dans les communes plus nombreufes, le directoire de département, à qui cette infraction aura été déférée par l'intermédiaire du directoire de diftrict, enjoindra au confeil général de faire la convocation ; & dans le cas de refus réitéré ou de retardement fans motif, il pourra nommer un commiffaire qui convoquera l'affemblée de la commune.

Les directoires veilleront de même à ce que les citoyens ne foient pas troublés dans la faculté de fe réunir paifiblement & fans armes, en affemblées particulières, pour rédiger des adreffes & pétitions, lorfque ceux qui voudront s'affembler ainfi auront inftruit les officiers municipaux du temps, du lieu & du fujet de ces affemblées ; & à la charge de ne pouvoir députer que dix citoyens pour préfenter ces adreffes & pétitions.

Dans aucun cas, les adreffes & pétitions faites au nom de plufieurs citoyens réunis ne feront reçues, fi elles ne font pa le réfultat d'une affemblée de ces citoyens qui ayent délibéré enfemble de les préfenter, & fi elles ne font foufcrites que de fignatures recueillies dans les domiciles, fans affemblée ni délibération antérieures.

Les directoires de département donneront encore la plus grande attention aux plaintes des citoyens qui fe prétendront perfonnellement léfés par quelqu'acte du corps municipal; & après avoir fait vérifier les faits par les directoires de diftrict, & avoir reçu leur avis, ils redrefferont équitablement les griefs qui fe trouveront fondés.

Ils fe comporteront de même à l'égard des dénonciations qui leur feront faites des délits d'adminiftration imputés aux officiers municipaux. Quand les fautes feront légères, ils fe contenteront de rappeler à leur devoir les officiers qui s'en feront écartés, par des inftructions, des avertiffemens, ou même par les réprimandes falutaires, qui ont tout-à-la-fois la dignité de la loi & la force de la raifon, quand elles font motivées impartialement fur la raifon & fur la loi. S'il s'agiffoit de vexations très-grandes, ou d'autres prévarications criminelles, fufceptibles d'une peine afflictive ou infamante, les directoires renverroient l'affaire aux tribunaux. Si enfin la circonftance étoit telle qu'elle exigeât un remède plus actif, tel, par exemple, que la fufpenfion actuelle des fonctions d'un officier dont l'activité ne pourroit être maintenue fans danger, les directoires pourroient, en renvoyant l'affaire aux tribunaux, ordonner provifoirement cette fufpenfion. En général, les directoires doivent s'appliquer, dans ces fortes d'affaires, à les terminer dans leur fein, & à pourvoir adminiftrativement, tant au rétabliffement de l'ordre public qu'à la fatisfaction des individus léfés, à moins qu'il ne s'agiffe de délits affez graves pour mériter d'être pourfuivis par la voie criminelle.

IV. Les corps adminiftratifs font chargés de foutenir l'exécution des actes émanés légitimement du pouvoir municipal, & de punir l'irrévérence & le manque de refpect envers les officiers municipaux.

S'il s'élevoit quelque réfiftance à l'exécution des délibéra-tions prifes ou des ordres donnés par une municipalité, les directoires feroient tenus d'employer, pour la faire ceffer, toute la force de l'autorité fupérieure dont ils font revêtus, & même le fecours de la force armée, s'il devenoit néceffaire.

Dans le cas où il y auroit en des excès graves commis envers les officiers municipaux, le directoire de département pourroit, après avoir fait vérifier les faits par le directoire de diftrict, & après avoir pris fon avis, prononcer contre les coupables la radiation de leurs noms du tableau civique, & les déclarer incapables & privés de tout exercice des droits de citoyen actif, conformément au décret du 2 juin dernier. La récla-mation de ceux-ci contre la décifion du directoire de dépar-tement ne pourroit être portée qu'au corps légiflatif.

Les directoires confidèreront, dans l'exercice de cette partie de leurs fonctions, que fi, d'une part, l'adminiftration muni-cipale eft toute fraternelle, fi elle a befoin d'être éclairée dès qu'elle tend à l'arbitraire, & fi elle doit être contenue lorfqu'elle devient oppreffive; d'autre part, l'infubordination à l'égard des officiers municipaux, & le mépris de l'autorité conftitu-tionnelle qui leur eft confiée, font des délits très-graves qui, s'ils n'étoient pas févèrement réprimés, pourroient entraîner les fuites les plus funeftes.

Ils ne perdront pas de vue cependant, lorfque le maintien de l'ordre public leur impofera l'affligeante néceffité de s'é-lever contre des officiers municipaux, que dans une circonf-tance auffi fâcheufe la rigueur ne doit être déployée qu'après avoir épuifé tous les ménagemens; & qu'autant la prudence doit en diriger l'ufage, autant la dignité & les égards doivent en adoucir l'amertume.

Ils réfléchiront auffi que lorfque, dans des temps de trouble, le peuple, fe livrant à la licence, oublie momentanément le refpect dû aux dépofitaires de l'autorité, ces excès font le plus fouvent infpirés ou encouragés par les ennemis du bien public;

que ce font eux qui, abufant de l'ignorance du peuple, le rempliffent d'illufions & l'égarent par de fauffes idées de liberté, & qu'eux feuls font les vrais coupables, qu'il feroit principalement important de découvrir & de dénoncer aux tribunaux, pour obtenir, au prix de quelque châtiment mémorable, le retour abfolu de la tranquillité publique.

V. Les directoires doivent enfin veiller à ce que les municipalités rempliffent avec exactitude, mais avec difcernement, le devoir important qui leur eft impofé, de réprimer les attroupemens féditieux.

Si quelques municipalités ufoient indifcrètement de la loi martiale, les directoires feroient tenus de les avertir que cette loi eft un remède extrême que la patrie n'emploie qu'à regret contre fes enfans, même coupables; & qu'il faut, pour en autorifer la publication, que le péril de la tranquillité publique foit très-grave & très-urgent.

Dans le cas contraire, fi les officiers municipaux avoient négligé de proclamer la loi martiale lorfque la sûreté publique l'exigeoit, & fi cette négligence avoit eu des fuites funeftes, ce feroit au directoire de département à examiner, d'après l'avis du directoire de diftrict, fi la refponfabilité eft encourue par les officiers municipaux, & ils enverroient aux tribunaux, foit pour prononcer fur l'effet de la refponfabilité, foit pour infliger d'autres peines, fi la conduite de ces officiers étoit affez repréhenfible pour mériter d'être pourfuivie par la voie criminelle.

Les directoires doivent montrer une fermeté impofante dans cette partie de leurs fonctions; car ce feroit une indulgence bien cruelle que celle qui encourageroit la collufion & la pufillanimité d'officiers municipaux trahiffant la confiance dont ils ont été honorés, & livrant leur commune à tous les dangers des effervefcences féditieufes.

Les directoires de diftrict feront attentifs à pourfuivre dans les tribunaux la refponfabilité des dommages occafionnés par des attroupemens contre les communes qui, requifes de diffiper

l'attroupement, & ayant pu empêcher le dommage, ne l'auroient pas fait. Si les directoires de diftrict négligeoient de
remplir cette obligation qui leur eft prefcrite par l'article V
du décret du 23 février dernier, le directoire de département
auroit foin de les rappeler à fon exécution.

## §. IX.

### *Gardes nationales.*

LORSQUE l'affemblée nationale décrètera conftitutionnelle-
ment l'organifation des gardes nationales, la nature & les
règles de leur fervice, elle déterminera leurs rapports avec
les corps adminiftratifs, & l'autorité que ceux-ci exerceront
fur cette partie de la force publique. Mais en attendant, il
eft néceffaire de rappeler ici quelques règles qui ont été pofées
provifoirement, & dont les corps adminiftratifs doivent furveiller l'obfervation.

1°. Nul changement ne peut être fait dans le régime actuel
des gardes nationales, que de concert entre elles & les municipalités.

2°. Toutes compagnies de milice bourgeoife formant des
corporations différentes font tenues de fe réunir en un feul
corps, de fervir fous le même uniforme, & de fuivre le même
régime; les vieux drapeaux doivent être dépofés dans les églifes.

3°. Tous les citoyens qui veulent jouir du droit d'activité,
& leurs fils âgés de 18 ans, doivent s'infcrire fur la lifte de
la garde nationale.

4°. Ceux qui, à caufe de leur âge, de leur état ou profeffion, ou par quelque autre empêchement, ne pourront
fervir en perfonne, fe feront remplacer, mais feulement par
des citoyens actifs ou par des fils de citoyens actifs infcrits
fur la lifte de la garde nationale.

5°. Les membres des corps municipaux & ceux des directoires ne peuvent, pendant leur adminiftration, exercer en
même-temps les fonctions de la garde nationale.

6°.

6º. Les gardes nationales ont dans leur territoire le pas fur les troupes de ligne.

7º. Elles doivent déférer à la réquifition des municipalités & des corps adminiftratifs ; mais leur zèle ne doit jamais la prévenir.

8º. Elles ne peuvent, ni fe mêler directement ou indirectement de l'adminiftration municipale, ni délibérer fur les objets relatifs à l'adminiftration générale.

Toutes les difficultés qui pourront naître encore entre les municipalités & les gardes nationales, jufqu'à l'organifation définitive de ces dernières, feront foumifes aux corps admi niftratifs, & terminées par le directoire de département, fur les obfervations & l'avis des directoires de diftrict.

Les corps adminiftratifs, remontant aux caufes de ces difficultés, examineront fi les municipalités, abufant du zèle des citoyens, n'exigent point de la garde nationale au-delà du fervice néceffaire, ou fi, jaloufes d'étendre leur autorité, elles ne troublent point fa difcipline intérieure.

Ils examineront auffi fi la garde nationale fe tient dans la fubordination qu'elle doit aux corps municipaux ; fi dans les cas où elle eft requife, elle fe montre fidèle au ferment qu'elle a prêté de protéger les perfonnes, les propriétés, la perception des impôts & la circulation des fubfiftances ; fi enfin elle n'entreprend point fur les affaires civiles, dont la connoiffance lui eft interdite. Les corps adminiftratifs oppoferont par-tout le langage de la loi à celui des paffions, & l'autorité des règles aux entreprifes arbitraires. Ils s'appliqueront fpécialement à appaifer les troubles naiffans, parce qu'il eft beaucoup plus facile de remédier par la prudence aux commencemens du défordre, que de le réprimer par la force, lorfqu'il a fait des progrès.

Les adminiftrations & les municipalités n'ont d'action fur les troupes de ligne & fur les troupes & gens de mer, que par les réquifitions qu'elles peuvent faire aux chefs &

commandans, dans les cas où le fecours de la force armée devient néceffaire. Il leur eft expreffément défendu, par les décrets des 6 & 10 août 1790, d'intervenir fous aucun prétexte dans les affaires qui n'intéreffent que la police intérieure de ces corps, la difcipline militaire & l'ordre du fervice, quand même leur intervention fero:t requife. Les directoires doivent veiller à ce que les municipalités ne contreviennent point à cette défenfe ; & fi elles fe permettoient de la violer, ils doivent fur-le-champ réprimer ces fortes d'entreprifes, en annullant tout ce qui auroit été fait d'irrégulier & d'incompétent.

## CHAPITRE II.

### *F I N A N C E S.*

Il feroit fuperflu d'entrer dans de longs détails fur les mefures à prendre par les directoires, pour accélérer la confection & la vérification des rôles, pour affurer & preffer le recouvrement des impofitions, pour conftater & corriger, dans le répartement prochain, les vices de celui de 1790, pour pourvoir aux réclamations des contribuables, & pour continuer & furveiller l'exécution des travaux publics, & notamment des grandes routes. Le fervice de cette année fe faifant d'après les règles anciennes, il appartenoit au roi d'indiquer la marche qu'elles prefcrivent à cet égard aux nouvelles adminiftrations. C'eft dans cette vue qu'a été rédigée l'inftruction adreffée par fon ordre aux départemens, à mefure qu'ils font organifés, & fur laquelle quelques obfervations feulement ont paru indifpenfables.

I. Il eft dit au paragraphe VIII de cette inftruction, que les directoires ne peuvent fe permettre de nommer, pour le recouvrement des impofitions de 1790 & des années antérieures, d'autres receveurs ou tréforiers que ceux maintenus dans leurs fonctions par le décret du 30 janvier 1790 , & que toute nomination qui auroit été faite par eux , ne pouvant être relative qu'au recouvrement de 1791 , feroit prématurée & inconftitutionnelle.

Rien n'eft plus vrai , fi les nominations des directoires n'avoient pour objet que le recouvrement des impofitions ordinaires ; mais comme il eft un autre genre de perceptions à faire dès-à-préfent, celle notamment des revenus des biens ci-devant eccléfiaftiques , & du prix de la vente des domaines nationaux, on concluroit mal-à-propos des termes de l'inftruction du roi , qu'il ne doit être établi encore aucune autre caiffe que celle des receveurs des impofitions ordinaires. Il eft certain au contraire qu'il faut maintenant dans chaque chef-lieu de diftrict des caiffes diftinctes où puiffent être verfées les perceptions qui ne doivent pas être faites par ces receveurs.

Dans les diftricts où les confeils ont nommé un receveur , & ont exigé de lui un cautionnement fuffifant en immeubles , ces nominations fubfifteront.

Les nominations faites par les confeils de diftrict , fans la condition d'un cautionnement fuffifant en immeubles, fubfifteront auffi , mais à la charge par les receveurs ainfi nommés , de fournir ce cautionnement dans la quinzaine , faute de quoi il feroit procédé à une autre élection.

Les confeils de diftrict peuvent feuls inftituer les receveurs ; ainfi les nominations faites par les directoires de diftrict font nulles.

Dans les diftricts où la première tenue des confeils ne fera pas encore finie à la réception de la préfente inftruction, il procèderont inceffamment à la nomination d'un receveur.

.Dans les diftricts où la première feffion du confeil eft terminée , & où il eft néceffaire d'élire un receveur , foit qu'il n'en ait pas encore été nommé , foit que la nomination ci-devant faite fe trouve nulle, le procureur-fyndic , à l'inftant même de la réception de la préfente inftruction, convoquera extraordinairement le confeil pour procéder à l'élection du receveur.

Les confeils de diftrict auront attention de ne choifir que des perfonnes d'une probité & d'une folvabilité connues, & de proportionner l'importance du cautionnement en immeubles à l'étendue du recouvrement dont elles feront chargées. Les receveurs actuels des impofitions font éligibles.

Il ne fera point nommé de tréforier de département, & s'il en avoit été élu dans quelques départemens, leur inftitution n'aura aucun effet.

Les receveurs de diftrict ne font chargés, quant à-préfent, que de recevoir les revenus des biens ci-devant eccléfiaftiques, les deniers qui proviendront de la vente de tous les domaines nationaux, le prix du rachat des différens droits féodaux dont il fera parlé ci-après, & les autres objets dont la recette leur eft fpécialement attribuée par les décrets de l'affemblée nationale. Ils ne doivent s'immifcer en aucune manière dans le recouvrement, foit des impofitions de 1790 & des années antérieures, foit du montant de la contribution patriotique qui fera payé en 1790, & qui eft affecté au fervice de la préfente année. Ce recouvrement doit être fait par les anciens receveurs ordinaires des impofitions, lefquels font maintenus à cet égard dans leurs fonctions par le décret du 30 janvier dernier, à l'exécution duquel les directoires veilleront avec la plus grande attention.

Les receveurs de diftrict ne pourront auffi entreprendre fur aucune des fonctions attribuées, quant à-préfent, ou qui pourroient être attribuées par fuite aux tréforiers de la guerre, de la marine, ou à d'autres tréforiers particuliers. Les deniers verfés dans les caiffes de ces tréforiers ne doivent jamais être détournés de leur deftination fpéciale, même fous prétexte de les appliquer aux befoins des diftricts ou des départemens, & les directoires doivent s'oppofer à toute entreprife de cette nature.

Les receveurs de diſtrict verſeront tous les mois dans la caiſſe de l'extraordinaire le montant de toutes leurs recettes, déduction faite ſeulement des ſommes qui doivent être payées à leur caiſſe. Les directoires de diſtrict veilleront avec la plus grande atention à l'exactitude de ce verſement ; ils vérifieront l'état de la caiſſe du diſtrict tous les quinze jours ; ils en enverront ſur-le-champ le bordereau avec leurs obſervations au directoire de département, à peine, par les membres du directoire de diſtrict, d'en répondre en leur nom. Le directoire de département tiendra la main à l'entière obſervation de ce qui eſt preſcrit aux directoires & aux receveurs de diſtrict.

Le traitement des receveurs de diſtrict doit être fixé d'après des règles générales, dont la détermination ne peut appartenir qu'au corps légiſlatif. Les adminiſtrations de diſtrict s'abſtiendront donc de prendre aucune eſpèce de délibération à cet égard.

Il en doit être de même du traitement des membres des directoires, procureurs-généraux, procureurs-ſyndics & ſecrétaires. Au ſurplus, l'aſſemblée nationale eſt convaincue qu'elle ne peut ſtatuer trop promptement ſur l'indemnité due aux citoyens qui conſacreſt leurs veilles à la choſe publique, & elle a arrêté de prendre en conſidération cet objet ſous peu de jours, ainſi que les autres dépenſes d'adminiſtration, & notamment l'allègement des frais de correſpondance. Elle ne perdra point de vue alors, que ſi la plus douce récompenſe de l'adminiſtrateur eſt la certitude d'avoir bien mérité de la patrie, il eſt néceſſaire auſſi qu'il puiſſe compter ſur un juſte dédommagement de ſes travaux.

II. Le paragraphe VIII de l'inſtruction rédigée par ordre du roi indique les meſures par leſquelles les corps adminiſtratifs doivent ſurveiller & aſſurer l'accélération du recouvrement des impoſitions ordinaires. Mais un décret du 13 juillet 1790 contient à ce ſujet pluſieurs diſpoſitions eſſentielles dont il ſera utile de retrouver ici l'indication.

1.º Les directoires de département doivent charger ceux de district de se transporter sans délai chez les receveurs particuliers des impositions, & de se faire représenter par eux, sans déplacement, les registres de leur recouvrement, dont ils constateront le montant pour 1790, & même pour les années antérieures, afin d'établir la situation actuelle des collecteurs de chaque municipalité.

2.º Ils se feront aussi représenter les quittances d'à-compte ou les quittances finales données aux receveurs particuliers sur l'exercice de 1790 & des années antérieures, par les receveurs ou trésoriers généraux, afin de constater également la situation actuelle des premiers vis-à-vis des seconds.

3.º Ils dresseront un procès-verbal sommaire de ces opérations; ils l'enverront avec leur avis, au directoire de département, qui en rendra compte sans délai à l'assemblée nationale & au ministre des finances.

4.º Les collecteurs & les municipalités qui sont en retard, feront avertis sans délai par le directoire du district ou par les receveurs particuliers, de payer les termes échus; & si, quinzaine après cet avertissement, ils n'y ont pas encore satisfait, les receveurs particuliers présenteront au visa du directoire de district les contraintes nécessaires, & ils les mettront sur-le-champ à exécution.

5.º Les directoires de district se feront remettre à l'avenir, tous les quinze jours, l'état du recouvrement fait pendant la quinzaine, certifié par les receveurs particuliers; ils l'enverront sur-le-champ au directoire de département, avec leur avis sur les causes du retard du recouvrement & sur les moyens de l'accélérer.

6.º Les directoires de département feront former pareillement, à la fin de chaque mois, l'état général certifié d'eux du recouvrement de leur territoire, & ils l'enverront avec leurs observations au ministre des finances, qui doit être toujours à portée de faire connoître au corps législatif la véritable situation du recouvrement des impofitions, & les caufes qui ont pu en retarder les progrès.

III. Le paragraphe IX de l'inftruction du roi indique, d'après l'article II du décret du 25 mai 1790, les moyens de corriger les vices qui fe font gliffés dans le répartement des impofitions de 1790. Quelques éclairciffemens ont paru convenables pour fixer le véritable fens de ce décret.

Les directoires de département doivent charger ceux de diftrict de nommer des commiffaires à l'effet de conftater les erreurs, inégalités & doubles emplois dont fe plaignent nombre de communautés. Les commiffaires drefferont procès-verbal de leur travail, & en feront le rapport au directoire de diftrict, qui le prendra en confidération lors du répartement prochain, & qui s'appliquera en conféquence à rétablir alors l'égalité entre les communautés de fon territoire.

Le directoire de diftrict enverra ce même rapport avec fes obfervations au directoire de département, afin de mettre celui-ci en état d'établir une jufte proportion entre les différens diftricts de fon arrondiffement, lors de la répartition qu'il fera entr'eux de la maffe des impofitions du département.

Enfin, le directoire de département rendra compte au corps légiflatif du réfultat des vérifications qui auront été faites dans les différens diftricts de fon arrondiffement, & il y joindra les renfeignemens qu'il jugera convenables pour éclairer le corps légiflatif fur la jufte diftribution de l'impôt entre les divers départemens du royaume.

IV. Il eft dit au paragraphe II de l'inftruction rédigée par ordre du roi, que lorfque le directoire de département aura approuvé & délibéré une impofition extraordinaire pour dépenfes locales, d'après le vœu d'une commune, l'impofition ne pourra être ordonnée & répartie qu'après avoir été foumife à l'autorifation du roi. Cependant, comme il ne s'agit point là d'un fait dépendant de l'adminiftration générale du royaume, mais d'une affaire particulière & d'un acte propre au pouvoir municipal, l'approbation du directoire de département suffit seule, aux termes des articles LIV & LVI du décret concernant la constitution des municipalités.

On ne quittera point l'article des finances, sans rappeler aux corps administratifs une vérité qu'ils doivent avoir sans cesse sous les yeux. L'exacte perception des revenus publics peut seule procurer au gouvernement les moyens de remplir les devoirs qui lui sont imposés ; & pour tout dire en un mot, c'est du recouvrement de l'impôt que dépend le salut de l'état. Quels reproches n'auroient donc pas à se faire les corps administratifs, si, préposés par la constitution à la surveillance & à la protection de ce recouvrement, ils ne réunissoient tous leurs efforts pour prévenir les calamités sans nombre qui prennent leur source dans le vide du trésor public.

## CHAPITRE III.

### D R O I T S   F É O D A U X.

PARMI les différentes dispositions de l'assemblée nationale sur la féodalité & sur les droits qui en dépendent plus ou moins directement, il en est plusieurs que les assemblées administratives sont chargées d'exécuter ou faire exécuter, & que, par cette raison, elles doivent avoir constamment sous les yeux.

I. L'article XIII du titre II du décret du 15 mars dernier supprime sans indemnité les droits de péage, de long & de travers, de passage, de hallage, de pontonnage, de chamage, de grande & petite coutume, & tous autres de ce genre, ou qui en seroient représentatifs, quand même ils seroient émanés d'une autre source que du régime féodal ; il décharge en conséquence ceux qui les percevoient des obligations attachées à cette perception, c'est-à-dire, de l'entretien des chemins, ponts & autres objets semblables. Il faut donc qu'à l'avenir ces

charges

charges foient fupportées par les départemens & qu'il y foit pourvu déformais par les affemblées adminiftratives, fauf au corps légiflatif à déterminer d'après leurs renfeignemens quelles font dans ce genre les dépenfes de conftruction ou de reconftruction qui, utiles à tout le royaume, doivent être acquittées par le tréfor public.

La fuppreffion des droits dont il vient d'être parlé admet quatre exceptions établies par l'art. XV, & qui formeront pour les affemblées adminiftratives ou leurs directoires un autre objet de travail & de furveillance.

La première eft en faveur des *octrois autorifés*, qui fe perçoivent fous quelques-unes des dénominations mentionnées en l'art. XIII, foit au profit du tréfor public, foit au profit des ci-devant provinces, villes, communautés d'habitans, ou hôpitaux.

Cette première exception n'a pas pour but, comme quelques-uns ont paru le penfer, la confervation indéfinie de tous les droits énoncés en l'art. XIII, lefquels fe perçoivent au profit du tréfor public ou des ci-devant provinces, villes, communautés d'habitans & hôpitaux. Son feul objet eft de fouftraire, quant à-préfent, à la fuppreffion ceux de ces droits qui font des octrois proprement dits, c'eft-à-dire, ceux qui, originairement concédés par le gouvernement à des corps ou à des individus, fe lèvent aujourd'hui au profit du tréfor public, qui en a repris la poffeffion par quelque caufe que ce foit, ou au profit des ci-devant provinces, villes, communautés d'habitans ou hôpitaux.

La feconde exception concerne les droits de bac & de voiture d'eau, c'eft-à-dire, le droit de tenir fur certaines rivières des bacs ou des voitures d'eau, & de percevoir, pour l'ufage qu'en fait le public, des loyers ou rétributions fixées par des tarifs.

La troifième exception comprend ceux des droits énoncés en l'art. XIII qui ont été concédés pour dédommagement de

*Tome I.*                                                      R r r r r r frais, non pas d'entretien, mais de conftruction de ponts, canaux, travaux ou ouvrages d'arts, conftruits ou reconftruits fous cette condition.

Et la quatrième embraffe tous les péages accordés à titre d'indemnité à des propriétaires légitimes de moulins, d'ufines, de bâtimens ou établiffemens quelconques, fupprimés pour caufe d'utilité publique.

Ce font ces quatre exceptious provifoires qui doivent fixer d'une manière fpéciale l'attention des directoires de département. Suivant l'article XVI, ceux-ci doivent vérifier les titres & les tarifs de la création des droits qui fe rapportent à l'une des quatre claffes; ils doivent d'après cette opération former un avis, & l'adreffer au corps légiflatif, qui prononcera enfuite définitivement fur le fort de ces droits.

En conféquence, les poffeffeurs font tenus de repréfenter aux directoires de département leurs titres, dans l'année de la publication du décret du 15 mars; & s'ils ne fatisfaifoient pas à cette obligation, la perception des droits demeureroit fufpendue.

II. La fuppreffion des droits de havage, de coutume, de cohue & de ceux de *hallage* ( qu'il ne faut pas confondre avec les droits de *hâlage*, mentionnés en l'art. XIII ), eft devenue l'occafion d'une attribution particulière pour les affemblées adminiftratives. Ce font les directoires de département qui, aux termes de l'art. XIX, doivent terminer par voie d'arbitrage toutes les difficultés qui pourroient s'élever entre les municipalités & les ci-devant poffeffeurs des droits dont on vient de parler, à raifon des bâtimens, halles, étaux, bancs & autres objets qui ont fervi jufqu'à-préfent au dépôt, à l'étalage ou au débit des marchandifes & denrées au fujet defquelles les droits étoient perçus. Les bâtimens, halles, étaux & bancs continuent d'appartenir à leurs propriétaires; mais ceux-ci peuvent obliger les municipalités de les acheter ou de les prendre à loyer ; & réciproquement ils peuvent être contraints par les municipalités à les vendre , à moins qu'ils n'en préfèrent le louage : cette faculté réciproque est le principe qui dirigera les directoires de département dans les difficultés qui leur seront soumises.

Si les municipalités & les propriétaires s'accordoient , les unes à ne vouloir pas acheter , les autres à ne vouloir ni louer ni vendre, alors le directoire de département , après avoir consulté celui de district , proposeroit au corps législatif son avis sur la rétribution qu'il conviendroit d'établir à titre de loyer , au profit des propriétaires sur les marchands , pour le dépôt , l'étalage & le débit de leurs denrées & marchandises.

Si les municipalités ont acheté ou pris à loyer les bâtimens, halles, bancs & étaux, elles dresseront le projet d'un tarif des rétributions qui devront être perçues à leur profit sur les marchands , & ce tarif ne sera exécutoire que quand , sur la proposition du directoire de département , il aura été approuvé par un décret de l'assemblée nationale , sanctionné par le roi.

A l'égard des salaires des personnes employées dans les places & marchés publics, au pesage & mesurage des marchandises & denrées , les municipalités les fixeront par un tarif auquel ne seront soumis que ceux qui voudront se servir de ces personnes , & qui ne sera exécutoire qu'autant qu'il aura été approuvé par le directoire de département , d'après l'avis de celui de district.

Enfin, les assemblées administratives & leur directoire ne doivent jamais perdre de vue cette disposition de l'article V du titre III du décret du 15 mars, qui, leur rappelant que tout ce qui dépend du pouvoir judiciaire excède les bornes de leur autorité, leur fait défenses de prohiber la perception d'aucuns des droits seigneuriaux dont le payement seroit réclamé, fous prétexte qu'ils fe trouveroient implicitement ou explicitement fupprimés fans indemnité, fauf aux parties inté-reffées à fe pourvoir par les voies de droit devant les juges qui en doivent connoître. Les affemblées adminiftratives & leurs directoires ne doivent pas fe borner à refpecter cette défenfe ; elles doivent veiller encore avec la plus grand atten-tion à ce que les municipalités n'entreprennent pas de la violer.

III. On va maintenant rappeler quelles font, dans les décrets des 3 mai & 3 juillet derniers, les difpofitions qui intéreffent la vigilance des affemblées adminiftratives.

L'article VIII du décret du 3 mai concerne les droits qui dépendent de fiefs appartenant à des communautés d'habitans; & s'il permet aux municipalités d'en liquider & recevoir le rachat, c'eft à condition néanmoins de n'y procéder que fous l'autorité & de l'avis du directoire de département, & celui-ci eft expreffément chargé de veiller au remploi du prix.

Il en eft de même, fuivant l'article IX du même décret, pour la liquidation du rachat des droits dépendant de fiefs qui appartiennent à des main-mortes, & qui font adminiftrés par des municipalités, à quelque titre que ce foit ; mais le prix doit en être verfé dans la caiffe du diftrict, pour être porté dans celle de l'extraordinaire, de la manière qui a été indiquée ci-deffus au chapitre II.

Ce font les directoires de département, qui, fur l'avis de ceux de diftrict, doivent liquider le rachat des droits dépen-dant des biens ci-devant eccléfiaftiques, quels qu'en foient les adminiftrateurs actuels, & le prix du rachat doit être verfé fucceffivement dans les caiffes dont il vient d'être parlé.

Il eft une feule exception pour les biens de l'ordre de Malte : les titulaires font provifoirement autorifés à faire eux-mêmes la liquidation des droits dus aux commanderies, dignités & grands-prieurés de cet ordre ; mais ils doivent faire approuver leur liquidation par les directoires de département. Ceux-ci doivent veiller de leur côté à ce que cette liquidation soit faite suivant les règles prescrites par le décret du 3 mai, & à ce que le prix en soit versé dans les mêmes caisses que les objets précédens.

La forme suivant laquelle doivent se faire la liquidation & le rachat des droits dépendant des fiefs domaniaux est déterminée par les articles IV, V, VI & VII du décret du 3 juillet; ce font les administrateurs des domaines ou leurs préposés qui doivent liquider le rachat,

1°. Des droits appartenant aux biens domaniaux dont la régie leur est confiée, soit en totalité, soit pour la perception des droits casuels;

2°. Des droits & redevances fixes & annuelles des biens actuellement possédés à titre d'engagement, ou concédés à vie ou à temps;

3°. Des droits tant fixes que casuels, dépendant des domaines possédés à titre d'échange, mais dont les échanges ne font pas encore consommés;

4°. Des sommes dues à la nation par les propriétaires de biens mouvant des biens nationaux, même par les apanagistes ou les échangistes dont les échanges ne font point encore consommés, à raison des rachats par eux reçus pour les droits dépendant de leurs fiefs.

Mais les directoires des départemens dans le ressort desquels font situés les biens dont dépendent les droits rachetables doivent vérifier la liquidation des administrateurs des domaines ou de leurs préposés, & ne l'approuver qu'autant qu'elle se trouvera conforme au taux & au mode prescrits par le décret du 3 mai. Ils doivent veiller d'ailleurs à ce que le prix des rachats soit exactement, & à mesure qu'ils auront été effectués, versé de la caisse de l'administration des domaines dans la caisse de l'extraordinaire. Les mêmes directoires doivent également vérifier & approuver, s'il y a lieu, la liquidation faite par les apanagiftes, des droits dépendant des biens poffédés à titre d'apanage, & furveiller le verfement fucceffif du prix dans les caiffes de diftrict & de l'extraordinaire.

Le décret du 3 juillet, en ne rangeant point dans la claffe des droits domaniaux ceux qui dépendent des biens poffédés à titre d'échanges confommés, n'approuve pas néanmoins indiftinctement tous les échanges confommés; il fait au contraire une réferve expreffe d'attaquer ceux dont le titre feroit reconnu fufceptible de révifion. Il autorife même dans ce cas les oppofitions, au nom de la nation, dans la forme preferite par les articles XLVII, XLVIII & XLIX du décret du 3 mai, aux rachats des droits dépendant de ces fortes d'échanges. Les directoires de département doivent veiller fur ce point aux intérêts de la nation, & charger le procureur-général-fyndic de faire faire les oppofitions qui feront jugées néceffaires.

IV. Les articles XV & XVI du décret du 3 mai chargent particulièrement les directoires de diftrict d'un travail qui exige de l'exactitude & de l'attention; c'eft la formation de deux tableaux, dont l'un contiendra l'appréciation de la valeur commune des redevances en volailles, agneaux, cochons, beurre, fromage, cire & autres denrées, dans les lieux où il n'eft pas d'ufage de tenir regiftre du prix des ventes qui s'en font; & dont l'autre comprendra l'évaluation du prix ordinaire des journées d'hommes, de chevaux, de bêtes de fomme, & de travail & de voitures. Les directoires de département veilleront à la confection de ces deux tableaux, dont un double leur fera adreffé.

V. Le décret du 16 juillet 1790 autorife les communautés d'habitans à racheter les arbres exiftant fur les places publiques des villes, bourgs & villages; mais il leur défend, à peine de refponfabilité, de rien entreprendre que d'après l'autorifation expreffe du directoire de département, qui fera donnée d'après l'avis de celui de diftrict, fur une fimple requête, & après communication aux parties intéreffées, s'il y en a.

Les délibérations fur ce rachat feront prifes par le confeil général de la commune, & elles indiqueront le moyen d'en acquitter le prix.

Le même décret du 26 juillet charge les adminiftrations de département de propofer au corps légiflatif les mefures qu'elles jugeront les plus convenables, d'après les localités & fur l'avis des diftricts, pour empêcher toute dégradation des arbres dont la confervation intéreffe le public, & pour remplacer, s'il y a lieu, par une replantation ceux qui ont été ou pourront être abattus.

VI. Dans le décret des 21 & 22 avril dernier concernant la chaffe, les corps adminiftratifs fe verront autorifés à déterminer pour l'avenir l'époque à laquelle, dans leurs arrondiffemens refpectifs, la chaffe doit être permife aux propriétaires & poffeffeurs de leurs terres non clofes.

C'eft le directoire de département qui doit faire chaque année cette détermination, d'après l'avis des directoires de diftrict, lefquels pourront confulter à ce fujet les municipalités, afin de concilier, autant qu'il fera poffible, l'intérêt général avec le droit du propriétaire.

Le directoire de département examinera fi l'époque de l'ouverture de la chaffe doit être la même dans toute l'étendue de fon territoire, ou fi elle doit varier dans tous ou dans quelques diftricts. L'arrêté qu'il aura pris fur cette matière fera adreffé à toutes les municipalités par l'entremife du diftrict, & publié par les municipalités quinze jours avant celui où la chaffe fera libre.

VII. Les adminiftrateurs doivent veiller enfin à ce que, conformément à l'article II du décret du 4 août 1789, les municipalités faffent fermer les colombiers au temps où les dégâts des pigeons peuvent être à craindre pour les campagnes. La délibération par laquelle chaque municipalité aura fixé l'époque de cette clôture fera publiée quinze jours avant cette époque, & la publication en fera renouvelée tous les ans. S'il furvient quelques réclamations contre les difpofitions que pourront faire à ce fujet les municipalités, elles feront portées devant les affemblées adminiftratives, & le directoire de département y pourvoira fur l'avis du directoire de diftrict. En cas de négligence de la part des municipalités, les directoires de diftrict pourront faire eux-mêmes la fixation de l'époque de la clôture des colombiers.

## CHAPITRE IV.

### DOMAINES ET BOIS.

I. L'ASSEMBLÉE nationale n'a pu s'occuper encore des réformes que peut exiger l'adminiftration des domaines & bois; elle a décrété feulement la vente des biens domaniaux. Ainfi, par rapport à la régie de ces biens & à la perception de leurs revenus, les chofes doivent refter, quant à-préfent, fur l'ancien pied, & les municipalités ainfi que les adminiftrations ne peuvent y prendre part.

Il en eft de même de la juridiction des eaux & forêts, qui fubfifte toujours, & qui n'ayant encore perdu que la feule attribution des délits de chaffe, doit continuer de connoître, comme par le paffé, de toutes les autres matières que les anciennes loix ont foumifes à fa compétence, jufqu'à ce qu'un décret formel de l'affemblée nationale ait prononcé fa fuppreffion.

Nombre de municipalités cependant, égarées par une fauffe interprétation des décrets des 11 décembre & 18 mars derniers, fe font permis des entreprifes dont la durée & la multiplication auroient les fuites les plus funeftes. L'affemblée nationale a mis fous la fauve-garde des affemblées adminiftratives & municipales les forêts, les bois & les arbres, & elle leur en a recommandé la confervation. De-là plufieurs municipalités ont conclu que l'adminiftration des bois leur étoit attribuée, & qu'elle étoit ôtée aux officiers des maîtrifes; erreur

palpable,

palpable , & qui trouve fa condamnation dans les décrets mêmes dont on a cherché à l'appuyer , puifqu'ils réfervent expreffément les difpofitions des ordonnances fur le fait des eaux & forêts ; puifque les officiers des maîtrifes & autres juges compétens font chargés littéralement de maintenir les règles & d'en punir la violation ; puifqu'enfin le devoir des municipalités eft reftreint à un fimple droit de furveillance , & à la charge de dénoncer les contraventions aux tribunaux qui en doivent connoître.

Cette erreur a déjà produit beaucoup de mal. Les gardes des maîtrifes ont , dans plufieurs endroits, été expulfés des forêts & expofés à des violences. Les officiers des maîtrifes eux-mêmes n'ont pas été plus refpeftés ; ils font , dans certaines provinces, réduits à l'impuiffance de faire leurs fonctions, qui ne doivent cependant pas être interrompues , tant qu'un nouvel ordre de chofes n'aura point été établi. Des dégâts confidérables ont été commis dans les bois , fous les yeux des municipalités qui devoient les empêcher & les prévenir , & qui n'ont pas eu la force de s'y oppofer. Il n'eft même que trop certain que quelques-unes les ont autorifés formellement , tandis que d'autres , renverfant l'ordre juridictionnel , érigent dans leur fein un tribunal auquel elles citent , & où elles condamnent elles-mêmes les contrevenans.

C'eft aux affemblées adminiftratives, & fpécialement àleurs direftoires, qu'il appartient d'arrêter le cours d'un défordre véritablement effrayant ; c'eft à elles qu'il eft réfervé de furveiller la conduite des municipalités, de les contenir dans les bornes précifes de leur pouvoir , & particulièrement de les éclairer fur la fauffe interprétation des décrets de l'affemblée nationale. Elles-mêmes font chargées de veiller à la confervation des bois ; & ce n'eft pas feulement contre les délits des particuliers , c'eft auffi contre les erreurs & les entreprifes des municipalités , qu'elles doivent défendre cette propriété précieufe.

*Tome I.*                              S ffffff

II. Il eſt un autre point ſur lequel un zèle louable a entraîné les municipalités au-delà des bornes de leurs fonctions. Des communautés eccléſiaſtiques & des bénéficiers ſe ſont permis des coupes de bois qui n'étoient pas autoriſées ; c'étoit un des délits dont la ſurveillance étoit confiée aux officiers municipaux , & que les procureurs des communes étoient chargés de dénoncer aux tribunaux. Des municipalités ont été plus loin : au lieu de ſe contenter d'une dénonciation , elles ont fait ſaiſir elles-mêmes , & à leur propre requête , ſoit les bois coupés en contravention , ſoit les deniers provenant de leur vente ; & ces ſaiſies ont donné lieu à des inſtances , à des jugemens , & même à des appels où ces municipalités figurent comme parties.

Il faut que l'ordre légitime ſoit rétabli à cet égard , & qu'elles ceſſent d'exercer ou d'eſſuyer des pourſuites pour leſquelles elles ſont ſans qualité ſuffiſante , ſans néanmoins que le fruit de leur ſollicitude ſoit perdu.

L'étendue de pouvoir qui manque à cet égard aux municipalités ſe trouve dans la main des aſſemblées adminiſtratives. Chargées par un décret ſpécial de l'adminiſtration des biens ci-devant eccléſiaſtiques , point de doute qu'elles n'ayent le droit de diriger en juſtice , par l'entremiſe des procureurs-ſyndics , toutes les actions relatives à la conſervation des biens qu'elles doivent adminiſtrer.

Ainſi , l'un des premiers ſoins des directoires de département doit être , d'une part , de veiller à ce que de ſemblables pourſuites ne ſoient plus faites par les municipalités , & d'autre part , de ſe faire rendre compte des ſaiſies & des inſtances ſubſiſtantes ; ils pèſeront enſuite dans leur ſageſſe s'il eſt convenable de prendre le fait & cauſe des municipalités qui ſont actuellement en procès , ou ſi la prudence & la juſtice doivent dicter un autre parti.

III. Les changemens ſurvenus dans l'adminiſtration des biens ci-devant eccléſiaſtiques ne doivent point empêcher la vente

& l'exploitation des coupes ordinaires des bois qui en font partie. Le furfis prononcé par le décret du 18 mars dernier ne concerne que les coupes extraordinaires, & il y auroit de grands inconvéniens à donner à ce furfis un effet plus étendu, puifqu'il en réfulteroit une grande difficulté, & vrai-femblablement, dans nombre d'endroits, l'impoffibilité de completter les approvifionnemens néceffaires.

Ainfi les directoires des affemblées adminiftratives doivent veiller à ce que les opérations & délivrances qui fe faifoient annuellement dans les bois ci-devant eccléfiaftiques ayent lieu cette année comme dans les précédentes, & à ce qu'elles fe faffent aux époques ufitées.

Quant aux adjudications, il eft également effentiel qu'elles n'éprouvent aucun retard; & que pour en affurer le fuccès, les directoires de département chargent les directoires des dif-tricts dans le territoire defquels elles devront être faites, de fe concerter avec les officiers des maîtrifes.

Les formalités ci-devant obfervées pour les ventes & adju-dications des bois continueront d'avoir lieu jufqu'à ce qu'il en ait été autrement ordonné.

L'adjudication fe fera par le directoire de diftrict délégué à cet effet par le directoire de département, en préfence de deux officiers au moins, du nombre de ceux qui auront fait le martelage & la délivrance, ou eux duement appelés. Les directoires de département veilleront au furplus à ce que les différentes adjudications à faire dans leur territoire foient fixées à des jours différens, & de manière à entretenir la concurrence entre les adjudicataires.

IV. Une dernière obfervation concerne l'exécution du dé-cret du 6 juin 1790 : il autorife les directoires de département à faire verfer dans les caiffes des diftricts les fommes pro-venues des ventes des bois des communautés eccléfiaftiques

ou laïques, foit que ces fommes ayent été portées dans la
caiffe de l'adminiftration des domaines ou dans celle des anciens receveurs généraux des domaines & bois, foit qu'elles
exiftent entre les mains des héritiers ou repréfentans de ces
receveurs généraux, foit enfin qu'elles ayent été dépofées par
autorité de juftice ou autrement entre les mains de toute
autre perfonne publique ou particulière. En cas de refus ou de
retardement de la part des dépofitaires, le directoire de
département pourra, fur la demande du directoire de diftrict,
décerner contre eux une contrainte qui fera mife à exécution
par le receveur du diftrict.

Le même décret du 6 juin autorife les directoires de département à déterminer l'emploi des deniers provenant de la
vente des bois des communautés laïques, fur la demande des
confeils généraux des communes, & de l'avis des diftricts.
Il eft inutile d'avertir les directoires que des règles d'utilité
& d'économie doivent en diriger l'emploi.

Il faut, au furplus, affurer avant tout l'acquit des charges
impofées aux adjudicataires des bois des communautés eccléfiaftiques ou laïques, & le payement des ouvrages auxquels le
prix des ventes & des adjudications a principalement été deftiné.

On finira ce chapitre en invitant les adminiftrations à communiquer leurs vues fur le meilleur plan d'aménagement des
forêts nationales, des bois communaux fi négligés par-tout,
& même des bois des particuliers; mais elles n'oublieront
pas que la liberté du propriétaire ne doit .jamais être gênée
qu'autant que le bien général l'exige indifpenfablement.

## CHAPITRE V.

### *Aliénation des domaines nationaux.*

Par domaines nationaux l'on entend deux efpèces de biens;
les biens du domaine proprement dits, & les biens ci-devant
eccléfiaftiques.

L'aliénation des domaines nationaux eft une des opérations les plus importantes de l'affemblée nationale : fa prompte exécution influera effentiellement fur le rétabliffement des finances, fur l'affermiffement de la conftitution & fur la profpérité de l'empire; mais fon fuccès dépend beaucoup du zèle, de l'activité & de l'intelligence des affemblées adminiftratives.

Pour connoître la mefure de leurs devoirs, pour apprécier l'étendue de leurs fonctions, & pour en faifir l'enfemble & les détails, elles devront d'abord méditer les décrets de l'affemblée nationale, en rapprocher les différentes difpofitions, & fe pénétrer de l'efprit qui les a dictés.

Ces décrets font :

1°. Celui des 19 & 21 décembre 1789, qui a ftatué qu'il feroit aliéné des domaines nationaux pour une fomme de 400 millions, & qu'il feroit créé des affignats fur le produit des ventes, jufqu'à concurrence de pareille fomme.

2°. Celui du 17 mars, qui ordonne que les quatre cent millions de domaines nationaux feront aliénés au profit des municipalités du royaume, & qu'il en fera vendu à la municipalité de Paris pour deux cent millions ; mais fous la claufe de céder, aux mêmes conditions, aux municipalites qui le défireront, les biens fitués dans leurs territoires.

3°. Celui du 14 mai, qui détermine les formes, les regles & les avantages des ventes à faire, foit aux municipalités qui acquerront directement, foit à celles qui fe feront fubroger, foit enfin aux particuliers qui acquerront des municipalités.

4°. L'inftruction décrétée le 31 mai, laquelle a pour but de faciliter aux municipalités & aux corps adminiftratifs l'intelligence du décret du 14, & de prévenir, par des détails & des interprétations, les doutes & les obftacles par lefquels fon exécution pourroit être arrêtée. Cette inftruction embraffe en grande partie le fyftême de l'opération, & laiffe peu à ajouter aux réflexions & aux développemens qu'elle contient.

5°. Le décret des 25 , 26 & 29 juin , qui permet l'aliénation de tous les domaines nationaux , autres que ceux dont
il fait une exception spéciale , & qui détermine les formes,
les règles & les avantages des ventes qui feront faites , foit
directement aux particuliers , foit aux municipalités.

6°. Le décret du 16 juillet , qui fixe au 15 feptembre prochain le délai dans lequel les municipalités doivent faire
leurs foumiffions , pour jouir des avantages qui leur font
affurés par le décret du 14 mai.

7°. Enfin , le décret du 6 août , qui prononce quelles font
les parties de bois nationaux qui peuvent être mifes en vente.

### §. Ier.

#### *Obfervations générales.*

LES directoires de département & de diftrict font autorifés
à recevoir directement les foumiffions de ceux qui veulent
acquérir des domaines nationaux. Ils doivent tenir un regiftre
de ces foumiffions , dans la forme prefcrite par l'article III
du décret du mois de juin ; & le directoire de diftrict doit
adreffer , tous les quinze jours , à celui de département , l'état
de celles qu'il aura reçues dans la quinzaine.

Le comité d'aliénation des domaines nationaux fait maintenant parvenir deux tableaux aux directoires de département;
par le premier , le comité leur donne connoiffance de toutes
les foumiffions qu'il a reçues des municipalités ou des particuliers , pour des biens fitués dans leur territoire ; le fecond
doit leur fervir à faire connoître au comité les foumiffions
reçues , tant par eux que par les directoires des diftricts de
leur arrondiffement.

Les directoires de département doivent , aux termes de l'art.
IV du décret du mois de juin , former un état de tous les

domaines nationaux fitués dans leur territoire. Ils s'occuperont
fans délai de la formation de cet état, dans lequel feront dif-
tinguées foigneufement les différentes natures de biens. Il
fera fait un chapitre féparé des bois & forêts, dans lequel les
directoires indiqueront quelles font les parties de bois qui leur
paroiffent devoir être mifes en vente, & quelles font celles qui
doivent être confervées en exécution du décret du 6 août 1790.
Ils chargeront en conféquence chaque directoire de diftrict
de leur procurer, avec le fecours des municipalités, l'indication
détaillée des biens de leur arrondiffement. Le tableau général
des domaines nationaux de chaque département, divifé par
diftricts & fubdivifé par municipalités, fera adreffé à l'affemblée nationale.

Les règles fuivant lefquelles doit fe faire l'eftimation des
domaines nationaux font indiquées avec beaucoup de détail
dans les décrets des mois de mai & juin, & dans l'inftruction
du 31 mai ; les difpofitions en font en général affez claires pour
n'avoir pas befoin de plus amples explications.

On fe contentera d'ajouter les obfervations fuivantes :

1.º Quand un domaine affermé par un bail général fe
trouve enfuite divifé par des fous-baux, c'eft le prix de ces
fous-baux qui doit fervir de bafe à l'eftimation du domaine,
comme fe rapprochant davantage de la véritable valeur du
revenu. Ainfi, les directoires doivent s'occuper de la recherche de ces fous-baux, & s'en procurer la repréfentation
au befoin, en ufant des moyens indiqués par l'article XX du
décret du mois de juin.

2.º Si un domaine eft affermé par bail emphytéotique, il
eft notoire que le plus fouvent, dans ce cas, le prix du bail
eft fort éloigné de la véritable valeur du revenu, fur-tout fi le
bail eft déjà ancien, & fi le preneur a fait des dépenfes pour
l'amélioration du domaine. Ainfi, nul autre moyen alors de
connoître la valeur du revenu, qu'une eftimation par experts ;
& c'eft auffi ce qui eft prefcrit.

Au surplus, comme les baux emphytéotiques renferment une véritable aliénation, ils ne sont réputés avoir été faits légitimement, & par conséquent les acquéreurs ne seront tenus de leur entretien, qu'autant qu'ils auront été précédés & revêtus de toutes les solemnités requises par la loi du lieu de sa situation, pour la validité de l'aliénation des objets compris dans ces baux.

3.º Si tout ou partie du fermage consiste en grains ou autres denrées, il sera formé une année commune de leur valeur, d'après le prix des grains & denrées de même nature, relevé sur les registres du marché du lieu, ou du marché le plus prochain, s'il n'y en a pas dans le lieu. L'année commune sera formée sur les dix dernières années.

4.º Si les fermiers refusoient de certifier par serment la vérité de leurs baux & sous-baux, le défaut de prestation de ce serment n'empêchera pas, après leur refus constaté, de prendre les baux & sous-baux pour base de l'estimation ; mais les fermiers refusans seront déclarés déchus de leurs baux ou sous-baux par le juge ordinaire, sur la demande du procureur-général-syndic, poursuite & diligence du procureur-syndic du district.

5.º Si les détenteurs des biens nationaux soutenoient n'avoir point de bail, & qu'il fût impossible d'en avoir connoissance, il faudroit en user, en ce cas, comme si véritablement il n'existoit point de bail, sauf néanmoins à recourir au bail, s'il venoit à être représenté avant les premières enchères.

Dans les lieux où les administrations de district ou leurs directoires ne seroient pas en activité, leurs fonctions seront provisoirement remplies par les municipalités des chef-lieux de district ; & s'il s'agissoit d'acquisition à faire par une des municipalités, dans le district même dont elle est chef-lieu, elle seroit suppléée, à cet égard seulement, par la municipalité du chef-lieu du district le plus voisin qui n'auroit pas fait de

soumission

fourmiffion : & à cet effet , le directoire de département pourra correspondre directement avec la municipalité du chef-lieu de diftrict , comme tenant lieu en cette partie du directoire de diftrict , tant qu'il ne fera pas formé.

Le directoire de département fera afficher , le 15 de chaque mois , dans tous les lieux accoutumés de fon territoire , & notamment dans ceux de la fituation des biens & dans les chef-lieux de diftrict , l'état des biens qui auront été eftimés dans le mois précédent , avec énonciation du prix de l'eftimation de chaque objet. Un exemplaire de cet état fera en outre dépofé au fecrétariat de l'hôtel commun de chacun des lieux où il fera affiché , & il fera permis à chacun d'en prendre communication ou copie , fans frais.

Le directoire de département adreffera auffi , le 15 de chaque mois , au corps légiflatif , l'état des eftimations qui auront été faites , & des ventes qui auront été commencées ou confommées dans le mois précédent.

Le travail des adminiftrations , relativement aux ventes des domaines nationaux , peut fe confidérer fous deux points de vue: par rapport à celles qui feront faites aux municipalités ou par leur médiation ; & par rapport à celles qui feront faites aux particuliers directement & fans intermédiaire.

Avant de faire aucunes remarques fur ces deux modes d'aliénation , il n'eft pas inutile d'obferver que leur diftinction n'intéreffe en rien les particuliers.

Il falloit imprimer un premier mouvement à une opération qui relèvera le crédit national , & affurera au tréfor public les reffources les plus fécondes. Il falloit auffi adoucir les maux qui avoient été pour plufieurs municipalités les fuites inévitables de la révolution. De-là l'idée de fe fervir de leur entremife pour la vente de quatre cent millions de domaines nationaux. Mais, foit que cette médiation doive avoir lieu , foit que la

*Tome I.* Tttttt

vente fe faffe directement aux particuliers , la condition de
ceux-ci ne varie point dans l'un comme dans l'autre cas ; les
claufes & la forme de l'adjudication font parfaitement femblables , les facilités font les mêmes pour enchérir , & la délibération de l'adjudicataire doit s'opérer de la même manière.

## §. I I.

### *Des Ventes aux Municipalités , ou par leur entremife.*

On fe bornera à indiquer fommairement les principaux objets de la furveillance & des fonctions des directoires.

Ils doivent veiller à ce que les municipalités fe conforment
avec exactitude aux formes & aux conditions prefcrites par les
différens décrets , & par l'inftruction ci-devant énoncée.

Il eft effentiel fur-tout de faire en forte que les municipalités
ne puiffent apporter le plus léger retard à l'adjudication des
biens pour lefquels il aura été fait des offres fuffifantes. Sur le
refus , ou en cas de négligence d'une municipalité , le foumiffionnaire aura droit de s'adreffer au directoire de diftrict , qui
fe fera rendre compte par la municipalité des motifs de fa conduite. Si les motifs font jugés infuffifans , le directoire de diftrict preffera la municipalité de pourfuivre l'adjudication ; en
cas de refus perfévérant , le directoire de diftrict pourra charger
le procureur-fyndic de la requérir lui-même.

Les directoires furveilleront l'adminiftration & la jouiffance
que doivent exercer les municipalités jufqu'à l'époque des
reventes : cette furveillance s'étendra même fur la jouiffance
des adjudicataires particuliers , jufqu'à ce qu'ils ayent entièrement acquitté le prix de leur adjudication ; elle doit s'exercer
avec une attention particulière fur les objets les plus fufceptibles
d'être dégradés. Le directoire de département chargera le procureur-général-fyndic de pourfuivre devant les tribunaux compétens les municipalités ou les particuliers qui abuferoient

de leur jouissance au point de diminuer les sûretés de la nation. Tous les administrateurs des départemens & districts, & toutes les municipalités doivent se regarder comme obligés à aider les directoires dans la surveillance dont il vient d'être parlé, & à leur donner une prompte connoissance des dégradations qui seront commises ; ils seront invités par les directoire de district à remplir ce devoir avec zèle,

Le directoire de département aura soin que les adjudications auxquelles il sera procédé devant les directoires de district soient faites avec toute la promptitude, la publicité & la fidélité possibles.

Les directoires veilleront à ce que le montant des obligations souscrites par les municipalités, soit exactement acquitté, & à ce que le prix des reventes faites aux particuliers, soit versé ponctuellement, soit dans la caisse du receveur du district, soit dans celle de l'extraordinaire ; ils chargeront le procureur-général-syndic de poursuivre les débiteurs en retard.

### §. III.

*Des Ventes qui seront faites directement aux Particuliers.*

LA vente des domaines nationaux, décrétée d'abord jusqu'à concurrence de quatre cent millions seulement, n'est plus circonscrite dans les bornes de cette somme ; de puissans motifs d'utilité publique ont déterminé le corps législatif à autoriser la vente de tous les domaines nationaux par les décrets des 25, 26 & 29 juin. Il n'a prononcé que deux exceptions ; l'une définitive pour les domaines dont la jouissance a été réservée au roi ; l'autre provisoire pour les forêts, sur lesquelles l'assemblée nationale a depuis statué par son décret du 6 août.

On l'a dit plus haut ; les formes & les conditions des ventes directes aux particuliers, sont les mêmes que celles des ventes qui fe feront par l'entremife des municipalités ; ainfi , ce qui a été dit de celles-ci , s'appliquera naturellement à celles-là.

Mais on ne peut trop recommander aux directòires de faciliter les petites acquifitions ; comme c'eft ici une des vues principales de l'opération , c'eft auffi vers fon accompliffement que les moyens d'exécution doivent fur-tout être dirigés. Il en eft deux principaux qui ne doivent pas être perdus de vue. Le premier, prefcrit par l'article VI du décret des 25 , 26 & 29 juin , confifte à divifer dans les eftimations les objets , autant que leur nature le permettra. Le fecond , indiqué par l'article VI du décret du 14 mai , confifte à ouvrir en même-temps les enchères fur l'enfemble & fur les parties de l'objet compris en une feule & même eftimation ; & dans le cas où au moment de l'adjudication définitive , la fomme des enchères partielles égaleroit l'enchère fur la maffe , à préférer l'adjudication par partie.

Il faut obferver que le foumiffionnaire qui ne deviendra pas acquéreur, ne doit pas fupporter les frais de l'eftimation. Ces frais doivent fe prendre fur le prix de la vente , & ils feront réglés par le directoire de département fur l'avis de celui de diftrict.

On ne dit rien dans ce moment fur l'adminiftration des biens ci-devant eccléfiaftiques ; l'affemblée nationale fe propofe d'en fixer les règles d'une manière précife par un décret qui fera rendu fous peu de jours , & qui fera fuivi immédiatement d'une inftruction, où tout ce qui a rapport à cette partie fera raffemblé & traité avec les développemens convenables.

## CHAPITRE VI.

### AGRICULTURE ET COMMERCE.

Les nombreux détails qui réclament les premiers travaux des affemblées adminiftratives ne leur permettront guère de donner fur-le-champ à tous les objets qui tiennent à l'agriculture

& au commerce une application proportionnée à leur grande importance. Il est néanmoins de leur devoir de ne rien négliger de ce qui peut être instant, & de se procurer de bonne heure les instructions & les renseignemens d'après lesquels d'utiles améliorations puissent être proposées & exécutées. Il n'est aucun département qui n'offre en ce genre une vaste carrière à la follicitude de ses administrateurs ; il en est même plusieurs qui attendent une nouvelle création d'un régime vigilant & paternel.

L'assemblée nationale a considéré les desséchemens comme une des opérations les plus urgentes & les plus essentielles à entreprendre. Par eux seront restitués à la culture de vastes terrains qui sollicitent de toutes parts l'industrie des propriétaires & l'intérêt du gouvernement ; par eux sera détruite une des causes qui nuit le plus à la santé des hommes & à la prospérité des végétaux; par eux , des milliers de bras qui manquent d'ouvrage , & que la misère & l'intrigue peuvent tourner contre la société , seront occupés utilement. Déjà il se médite sur ce point , dans le sein de l'assemblée nationale , une loi importante , dont quelques articles sont même décrétés. C'est aux administrations à seconder ses vues , & à prendre d'avance des mesures assez sages pour que l'exécution de cette loi n'éprouve aucun retard , & ne rencontre aucun obstacle dans leur arrondissement.

Elles doivent aussi rechercher & indiquer les moyens de procurer le libre cours des eaux ; d'empêcher que les prairies ne soient submergées par la trop grande élévation des écluses, des moulins , & par les autres ouvrages d'art établis sur les rivières ; de diriger enfin , autant qu'il sera possible , toutes les eaux de leur territoire vers un but d'utilité générale , d'après les principes de l'irrigation.

Sans débouchés pour le transport des productions, point de commerce. Un des premiers besoins du commerce , un des principaux objets de la surveillance des administrations , est donc l'entretien & la construction des chemins & des canaux navigables.

L'extrême imperfection du régime actuel des communaux, est reconnue & dénoncée depuis long-temps. Les administrations proposeront des loix sur cette espèce de propriétés publiques, sur son meilleur emploi, & sur la manière la plus équitable de les partager, de les vendre ou de les affermer.

Les avantages & les inconvéniens de la vaine pâture & du droit de parcours, doivent fixer aussi leur attention : il faut considérer ces deux usages sous tous les rapports par lesquels ils peuvent influer sur la subsistance & la conservation des troupeaux ; il faut balancer avec sagacité l'intérêt qu'y attache le petit propriétaire de la campagne, l'abus que le riche fermier en fait trop souvent, & l'obstacle qu'ils apportent à l'indépendance des propriétés.

Il est un genre d'établissement qui mérite une protection spéciale ; ce sont ceux dont le but est d'améliorer les laines, en multipliant les moutons de belle race. En général, les troupeaux sont trop peu nombreux pour l'étendue de notre sol, & trop foibles pour fournir aux besoins de nos manufactures. Une heureuse émulation en cette partie, contribueroit sensiblement à l'amélioration de notre culture, & elle affranchiroit notre commerce de l'énorme tribut qu'il paye à l'étranger pour l'achat des matières premières.

Un travail important sur les poids & mesures a été confié par l'assemblée nationale à l'académie des sciences de Paris : il s'agit de les réformer peu-à-peu, de les recréer sur des bases invariables, & d'établir dans les calculs de commerce cette uniformité que la raison appelle en vain depuis des siècles, & qui doit former un lien de plus entre les hommes. Les administrations sont chargées, par le décret du 6 mai 1790, de se faire remettre par chaque municipalité, & d'envoyer au secrétaire de l'académie des sciences de Paris, un modèle parfaitement exact des différens poids & mesures élémentaires qui font en usage dans les divers lieux de leur territoire.

Elles proposeront l'établissement ou la suppression des foires & des marchés dans les endroits où elles le jugeront convenable, d'après les nouvelles relations que peut faire naître la division actuelle du royaume.

Elles feront connoître le genre d'industrie qui convient au pays, le dégré de perfection où font parvenues ses fabriques & ses filatures, & celui dont elles font susceptibles. Elles protègeront de tout leur pouvoir, elles surveilleront sans perquisition les manufactures & les atteliers. L'industrie naît de la liberté; elle veut être encouragée, mais si on l'inquiette, elle disparoît.

Les administrations recueil'eront encore des notions exactes sur les mines, les usines & les bouches à feu ; elles s'appliqueront à connoître si la position, le travail & les débouchés de ces divers établissemens les rendent plus utiles au commerce en général que nuisibles, soit au canton, par leur grande consommation de bois, soit à l'agriculture, par la dégradation du terrain destiné à leur service.

Elles porteront un regard attentif sur la police des campagnes, sur le glanage, patrimoine du pauvre, sur les caractères d'équité ou d'injustice que peuvent offrir les différentes conventions usitées entre le fermier & le propriétaire, sur les mesures compatibles avec la liberté, qui peuvent tendre à multiplier les petites fermes & à faciliter la division des grandes propriétés, sur le maintien des rapports de subordination & de bienfaisance qui doivent lier sans cesse le maître & le compagnon.

Elles transmettront enfin au corps légiflatif tous les renfeignemens qui peuvent servir à lui faire connoître la culture & le commerce de leur territoire, les obstacles qui peuvent en gêner les progrès, & les moyens d'en procurer l'amélioration.

# CHAPITRE VII.

## MENDICITÉ, HÔPITAUX, PRISONS.

PARMI les objets importans qui fe difputent de toutes parts l'attention de l'affemblée nationale , il en eft un qui devoit intéreffer fpécialement fa follicitude; c'eft l'affiftance du malheureux dans les différentes pofitions où l'infortune peut le plonger.

Il faut que l'indigent foit fecouru, non-feulement dans la foibleffe de l'enfance & dans les infirmités de la vieilleffe, mais même lorfque, dans l'âge de la force , le défaut de travail l'expofe à manquer de fubfiftance. Il faut auffi que l'accufé dont l'ordre public exige la détention n'éprouve d'autre peine que la privation de fa liberté ; & par conféquent, il faut pourvoir à la falubrité autant qu'à la fûreté des prifons.

Ce n'eft pas feulement à la fenfibilité de l'homme, c'eft à la prévoyance du moralifte , c'eft à la fageffe du légiflateur que ces devoirs fe recommandent. Pénétrée de cette vérité , l'affemblée nationale veut adopter un fyftême de fecours que la raifon, la morale & la politique ne puiffent défavouer, & dont les bafes foient irrévocablement liées à la conftitution. Un comité eft fpécialement chargé de lui propofer un plan qui puiffe réalifer fes vues bienfaifantes; mais ce travail , qui doit être mûri par des combinaifons profondes, doit encore être préparé par la connoiffance de quelques faits fur lefquels les adminiftrations peuvent feules fournir des renfeignemens dignes de confiance.

C'eft pour les obtenir au plutôt , qu'il vient d'être envoyé aux départemens un tableau où font énoncées différentes queftions effentielles relatives à la mendicité , & qu'il y a été joint une inftruction propre à faciliter les réponfes. On attend du zèle des directoires de département , qu'ils ne négligeront rien

pour

pour que ces réponfes parviennent promptement à l'affemblée nationale.

Il eft plufieurs autres points dont la connoiffance devra être procurée fucceffivement au corps légiflatif , & qu'il eft utile d'indiquer à ces adminiftrations , afin qu'elles foient en état d'en préparer dès-à-préfent les renfeignemens , & qu'elles puif-fent les tranfmettre au corps légiflatif auffi-tôt qu'elles fe les feront procurés.

Les directoires de département s'occuperont donc de former l'état des hôpitaux & hôtels-dieu fitués dans leur territoire , de la deftination de ces hôpitaux & hôtels-dieu , du nombre des malheureux qui y font affiftés , & des officiers & employés qui les deffervent, de la maffe & de la nature de leurs revenus , ainfi que de leur adminiftration.

Les directoires en uferont de même pour tous les fonds af-fectés dans chaque département aux charités , diftributions & fecours de toute efpèce fondés ou non fondés. Ils feront con-noître les diverfes natures de ces fondations , fi elles portent ou non des claufes particulières , & à quelles charges elles font foumifes. Ils inftruiront le corps légiflatif s'il fe trouve dans leur reffort des biens appartenant aux maladreries , aux ordres hofpitaliers & à des pélerins ; ils en indiqueront la nature & la valeur.

Ils rendront compte de l'état des maifons de mendicité , de celui des prifons , de leur grandeur , de leur folidité , de leur falubrité , & des moyens par lefquels elles pourroient être ren-dues faines & commodes , fi elles ne le font pas ; enfin , ils re-cueilleront foigneufement toutes les notions qui pourront con-duire à des améliorations utiles dans le régime de la mendicité , des hôpitaux & des prifons.

Au furplus , l'inftruction adreffée par ordre du roi aux dé-partemens indique , pour l'état actuel des chofes , des vues fages & des règles de conduite auxquelles l'affemblée nationale

*Tome I.* V v v v v v

ne peut qu'applaudir, & dont elle s'empreffe de recommander l'obfervation.

EN terminant cette inftruction, l'affemblée nationale doit prévenir les affemblées adminiftratives qu'elle n'a point entendu tracer un tableau complet de leurs devoirs. Il eft une foule d'autres détails que leur fagacité fuppléera facilement, & dont par conféquent l'énumération & le développement étoient fuperflus.

C'eft fur le zèle des corps adminiftratifs, c'eft fur leurs lumières & leur patriotifme, que l'affemblée nationale fonde fes plus grandes efpérances. Une vafte carrière s'ouvre devant eux: que leur courage s'anime à la vue des importantes fonctions qui leur font confiées ; que la fageffe guide toutes leurs démarches ; qu'une vaine jaloufie de pouvoir ne leur faffe jamais méconnoître les deux autorités fuprêmes auxquelles elles font fubordonnées ; qu'enfin leur régime bienfaifant prouve au peuple que le règne de la liberté eft celui du bonheur ; & la conftitution, déjà victorieufe des ennemis du bien public, faura triompher auffi des outrages du temps.

*L'affemblée a décrété l'admiffion de l'inftruction, pour être préfentée à la fanction du roi, & envoyée aux affemblées adminiftratives.*

LE ROI, après avoir fanctionné ladite inftruction, a ordonné & ordonne qu'elle fera envoyée aux affemblées adminiftratives. FAIT à Saint-Cloud, le vingt août mil fept cent quatre-vingt-dix. *Signé* LOUIS. *Et plus bas*, par le roi, GUIGNARD.

# PROCLAMATION DU ROI,

*Sur un décret de l'Assemblée nationale relatif aux demandes que les Municipalités pourroient faire des armes destinées pour l'armement des Vaisseaux.*

Du 20 août 1790.

Vu par le roi le décret dont la teneur suit :

*Décret de l'Assemblée nationale, du 15 Août 1790.*

L'assemblée nationale décrète que les corps administratifs, lorsqu'il sera demandé des armes par les municipalités, ne pourront eux-mêmes réclamer des commandans ou admininistrateurs de la marine les armes destinées à l'armement des vaisseaux de ligne, frégates & autres bâtimens de guerre.

Le roi a sanctionné & sanctionne ledit décret, pour être exécuté suivant sa forme & teneur ; en conséquence, mande & ordonne aux corps administratifs & aux municipalités du royaume, de s'y conformer exactement. Fait à Saint-Cloud, le vingt août mil sept cent quatre-vingt-dix. *Signé* LOUIS. *Et plus bas*, par le roi, GUIGNARD.

# LETTRES PATENTES DU ROI,

*Sur le décret de l'Assemblée nationale, du 8 du présent, qui prescrit les moyens qui seront employés pour assurer le recouvrement de la Contribution patriotique.*

Données à Saint-Cloud, le 20 Août 1790.

LOUIS, par la grâce de Dieu & par la loi constitutionnelle de l'état, ROI DES FRANÇOIS : A tous ceux qui ces présentes lettres verront ; SALUT. L'assemblée nationale a décrété, le 8 août présent mois, & nous voulons & ordonnons ce qui suit :

### ARTICLE PREMIER.

LE conseil général de la commune vérifiera toutes les déclarations qui auront été faites pour la contribution patriotique, à l'effet d'approuver celles qui lui paroîtront conformes à la vérité, & de rectifier celles qui sont notoirement infidelles.

Dans le cas où les contribuables auront négligé de faire leur déclaration, le conseil général de la commune sera chargé d'y suppléer par une taxe d'office qu'il fera en son ame & conscience, & il sera tenu de donner sommairement les motifs des augmentations qu'il prononcera.

Les directoires de district vérifieront les déclarations des membres du conseil général de la commune, & seront en droit de vérifier les déclarations d'une communauté entière, s'il y a lieu.

### I I.

LE corps municipal fera donner un avertissement, dans le

plus court délai poſſible, aux parties intéreſſées, de la nouvelle
taxation à laquelle elles auront été aſſujetties.

### I I I.

TOUT citoyen qui, dans quinzaine du jour de l'avertiſſe-
ment envoyé par le corps municipal, ne ſe fera pas préſenté à
la municipalité pour y oppoſer ſes moyens de défenſe, ſera
cenſé avoir accepté, ſans réclamation, la nouvelle cotiſation
faite par le conſeil général, & cette cotiſation ſera miſe en recouvrement ſur le rôle de la contribution patriotique.

### V I.

DANS le cas de réclamation, le directoire de diſtrict prendra
connoiſſance de l'affaire, & la renverra dans huitaine avec
ſon avis, au directoire de département, qui ſtatuera définitivement.

### V.

LES officiers municipaux, autoriſés par nos lettres patentes
du premier avril dernier, ſur le décret du 27 mars précédent,
à impoſer ceux qui, domiciliés ou abſens du royaume, &
jouiſſant de plus de quatre cents livres de revenu net, n'auront
pas fait la déclaration preſcrite par notre déclaration du 9
octobre 1789, ſur le décret du 6 du même mois, concernant
la contribution patriotique, ſeront tenus de procéder de ſuite
à ladite impoſition; & le conſeil général de la commune ſera
tenu de rectifier les déclarations notoirement infidelles, dans le
délai de quinze jours, dans les villes & lieux dont la population n'excède pas vingt mille ames, & dans le mois, dans les
villes dont la population eſt au-deſſus de vingt mille ames, à
compter de la publication des préſentes; faute de quoi ils demeureront reſponſables du retard qui réſulteroit dans le recouvrement de ladite contribution, d'après les rôles qui en ſeront
faits d'office par les directoires de diſtrict; & à cet effet, les
départemens veilleront à ce que, dans chaque diſtrict, il ſoit
nommé deux commiſſaires pour achever ladite impoſition dans
les municipalités en retard.

## V I.

LES héritiers des perfonnes décédées, après avoir fait leur déclaration, feront tenus de payer aux échéances le montant defdites déclarations, fauf à obtenir décharge ou modé ation fur la contribution qui étoit due fur le montant des emplois, places ou penfions dont jouiffoient les déclarans, conformément à l'article II de nofdites lettres patentes du premier avril dernier, fur le décret du 27 mars précédent.

## V I I.

EN cas de concurrence entre les créanciers d'un débiteur & le recevéur de la contribution patriotique, elle fera payée par fuite & avec même privilège que les autres impofitions.

MANDONS & ordonnons à tous les tribunaux, corps adminiftratifs & municipalités, que les préfentes ils faffent tranfcrire fur leurs regiftres, lire, publier & afficher dans leurs refforts & départemens refpectif. En foi de quoi nous avons figné & fait contrefigner cefdites préfentes, auxquelles nous avons fait appofer le fceau de l'état. DONNÉ à Saint-Cloud, le vingtième jour du mois d'août, l'an de grâce mil fept cent quatre-vingt-dix, & de notre règne le dix-feptième. *Signé* LOUIS. *Et plus bas*, par le roi, GUIGNARD. Vu au confeil, LAMBERT. Et fcellées du fceau de l'état.

# LETTRES PATENTES DU ROI,

*Sur le décret de l'Assemblée nationale , du 12 Août* 1790 *, concernant le partage des Impositions ordinaires de la présente année* 1790 *, entre les différens Départemens qui se divisent l'ancienne consistance de la Bourgogne, & le répartement de la portion de ces Impositions assignée à chaque Département , entre celles des Municipalités de ces mêmes Départemens, qui dépendoient de la précédente Administration de Bourgogne.*

Données à Saint-Cloud, le 21 Août 1790.

LOUIS, par la grâce de Dieu & par la loi constitutionnelle de l'état, ROI DES FRANÇOIS : A tous ceux qui ces présentes lettres verront; SALUT. L'assemblée nationale, instruite des obstacles qui ont empêché jusqu'à ce jour la répartition de l'impôt dans les divers départemens qui composoient ci-devant la province de Bourgogne , & voulant faciliter & accélérer une opération qui ne sauroit être plus long-temps retardée sans inconvénient pour la chose publique, ouï le rapport de son comité des finances , a décrété, le 12 de ce mois, & nous voulons & ordonnons ce qui suit :

### ARTICLE PREMIER.

LES commissaires nommés par chacune des administrations faisant partie de l'ancienne province de Bourgogne , à l'effet de recevoir les comptes de la commission connue sous le nom

d'*élus généraux* , demeurent autorifés à procéder inceffamment & fans délai à la divifion entre les divers départemens, de la maffe générale de l'impofition de 1790, au prorata du nombre des communautés de la même province comprifes dans chacun de leurs départemens.

### I I.

POUR fixer le montant de l'impôt à la charge de chaque
département , les commiffaires fe borneront à additionner ,
dans chaque communauté, le montant des cottes des anciens
contribuables , & le montant de la cotte doublée des ci-devant
privilégiés , pour les fix derniers mois 1789 ; ils répartiront
enfuite le montant de l'impofition de 1790 , dans la proportion qui fera indiquée par ladite opération.

### I I I.

IMMÉDIATEMENT après que le contingent de chaque département aura été ainfi fixé, les commiffaires feront tenus
de le faire connoître auxdits départemens , & d'envoyer à
chacun un extrait en forme du procès-verbal de leurs opérations.

### I V.

LES directoires de chaque département procèderont fans
délai à la fubdivifion de leur contingent entre leurs paroiffes
& communautés , & enverront à chacune le mandement de
ce qu'elle doit fupporter , en leur enjoignant de procéder inceffamment à la confection des rôles. Ce mandement fera accompagné d'une inftruction qui indiquera aux municipalités de
quelle manière & dans quelle proportion les anciens contribuables doivent être moins impofés , à raifon de la contribution des ci - devant privilégiés pour les fix derniers mois de
1789.

### V.

ATTENDU qu'il n'exifte dans la ci-devant province de
Bourgogne

Bourgogne aucuns renseignemens sur les facultés immobiliaires des anciens contribuables, lesquels ont toujours été imposés au seul lieu de leur domicile, pour raison de toutes leurs facultés, les directoires de département sont & demeureront autorisés à suivre, par rapport à eux, l'ancien usage, dérogeant, quant à ce, à nos lettres patentes du 19 décembre dernier, sur le décret du 17 du même mois, pour l'année 1790 seulement.

MANDONS & ordonnons à tous les tribunaux, corps administratifs & municipalités faisant partie de l'ancienne province de Bourgogne, que les présentes ils fassent transcrire sur leurs registres, lire, publier & afficher dans leurs ressorts & territoires respectifs, & exécuter comme loi du royaume. En foi de quoi nous avons signé & fait contresigner cesdites présentes, auxquelles nous avons fait apposer le sceau de l'état. A Saint-Cloud, le vingt-unième jour du mois d'août, l'an de grâce mil sept cent quatre-vingt-dix, & de notre règne le dix-septième. *Signé* L O U I S. *Et plus bas*, par le roi, GUIGNARD. Vu au conseil, LAMBERT. Et scellées du sceau de l'état.

# PROCLAMATION DU ROI,

*Sur le décret de l'Assemblée nationale, du 6 Août 1790, contenant aliénation à la Commune de Paris, des Domaines nationaux y mentionnés.*

### Du 22 Août 1790.

VU par le roi le décret de l'assemblée nationale dont la teneur suit :

*DÉCRET de l'Assemblée nationale, du 6 Août 1790.*

L'ASSEMBLÉE nationale, sur le rapport qui lui a été fait par son comité de l'aliénation des domaines nationaux, de la soumission faite par les commissaires de la commune de Paris, le 26 juin dernier, pour, en conséquence de son décret du 17 mars précédent, acquérir, entr'autres domaines nationaux, ceux dont l'état est ci-annexé ; ensemble des estimations faites desdits biens, les 23, 24, 26, 27, 28, 29, 30 & 31 juillet dernier, premier, 2, 3, 4 & 5. de ce mois, en conformité de l'instruction décrétée le 31 mai dernier ;

A déclaré & déclare vendre à la commune de Paris les biens ci-dessus mentionnés, aux charges, clauses & conditions portées par le décret du 14 mai dernier, & pour le prix de un million huit cent quarante-neuf mille trois cent trois livres dix-sept sous, payables de la manière déterminée par le même décret.

LE ROI a sanctionné & sanctionne ledit décret, pour être exécuté selon sa forme & teneur. FAIT à Saint-Cloud, le vingt-deux août mil sept-cent quatre-vingt-dix. *Signé* LOUIS. *Et plus bas*, par le roi, GUIGNARD.

# PROCLAMATION DU ROI,

*Sur le décret de l'Assemblée nationale, du 14 Août
1790, relatif à l'omission du mot* cent, *faite dans
les Assignats de trois cents livres.*

Du 22 Août 1790.

VU par le roi le décret de l'assemblée nationale, du 14
août 1790, dont la teneur suit :

L'ASSEMBLÉE nationale a décrété & décrète que les assignats de trois cents livres qui ont été & qui feront mis en
émission, fur lefquels la date des décrets en toutes lettres n'y
est énoncée que par les mots *mil fept quatre-vingt-dix,* au lieu
de *mil fept cent quatre-vingt-dix,* ne feront pas, par cette
feule faute d'impreffion, rapportés à l'échange & remis au but,
qu'ils auront la même valeur que ceux où cette omission du
mot *cent* n'a point été faite, ayant été reconnu qu'ils font
d'ailleurs d'une fabrication parfaite & conforme à celle arrêtée
& convenue par les commiffaires de l'affemblée nationale, &
qu'ils portent, ainfi que les autres, tous les fignes de reconnoiffance & les moyens de vérification qui doivent en conftat-
ter la validité & fûreté.

> COLLATIONNÉ à l'original, par nous, préfident & fecrétaires
> de l'affemblée nationale. A Paris, ce dix-fept août mil fept
> cent quatre-vingt-dix. *Signé* DUPONT DE NEMOURS,
> *préfident;* DE KYTSFOTTER, C. C. DE LACOUR, DINO-
> CHEAU, PINTEVILLE, ALQUIER, BUZOT, *fecrétaires.*

LE ROI a fanctionné & fanctionne ledit décret, pour
être exécuté fuivant fa forme & teneur. FAIT à Saint-Cloud,
le vingt-deux août mil fept cent quatre-vingt-dix. *Signé* LOUIS.
*Et plus bas,* par le roi, GUIGNARD.

X x x x x x x 2

# PROCLAMATION DU ROI,

*Sur le décret de l'Assemblée nationale, du* 8
*Mai* 1790 *, concernant les Poids & Mesures.*

Du 22 Août 1790.

VU par le roi le décret de l'assemblée nationale, du 8
mai dernier, dont la teneur suit :

*DÉCRET de l'Assemblée nationale, du lundi 8 mai* 1790.

L'ASSEMBLÉE nationale, désirant faire jouir à jamais la France
entière de l'avantage qui doit résulter de l'uniformité des poids
& mesures, & voulant que les rapports des anciennes mesures
avec les nouvelles soient clairement déterminés & facilement
saisis, décrète que sa majesté sera suppliée de donner des ordres
aux administrations des divers départemens du royaume, afin
qu'elles se procurent & qu'elles se fassent remettre par chacune
des municipalités comprises dans chaque département, &
qu'elles envoient à Paris, pour être remis au secrétaire de
l'académie des sciences, un modèle parfaitement exact des différens poids & des mesures élémentaires qui y sont en usage.

Décrète ensuite que le roi sera également supplié d'écrire à
sa majesté Britannique, & de la prier d'engager le parlement
d'Angleterre à concourir avec l'assemblée nationale à la fixation de l'unité naturelle de mesures & de poids ; qu'en conséquence, sous les auspices des deux nations, des commissaires
de l'académie des sciences de Paris pourront se réunir en nombre égal avec des membres choisis de la société royale de Lon-
dres, dans le lieu qui sera jugé respectivement le plus convenable, pour déterminer à la latitude de quarante-cinq degrés,
ou toute autre latitude qui pourroit être préférée, la longueur
du pendule, & en déduire un modèle invariable pour toutes les

mefures & pour les poids ; qu'après cette opération, faite avec toute la folemnité néceffaire , fa majefté fera fuppliée de charger l'académie des fciences de fixer avec précifion pour chaque municipalité du royaume les rapports de leurs anciens poids & mefures avec le nouveau modèle , & de compofer enfuite , pour l'ufage de ces municipalités , des livres ufuels & élémentaires où feront indiquées avec clarté toutes ces proportions.

Décrète en outre que ces livres élémentaires feront adreffés à-la-fois dans toutes les municipalités , pour y être répandus & diftribués ; qu'en même-temps il fera envoyé à chaque municipalité un certain nombre de nouveaux poids & mefures , lefquels feront délivrés gratuitement par elles à ceux que ce changement conftitueroit dans des dépenfes trop fortes ; enfin , que fix mois après cet envoi , les anciennes mefures feront abolies & remplacées par les nouvelles.

COLLATIONNÉ à l'original, par nous, préfident & fecrétaires de l'affemblée nationale. A Paris , le neuf mai mil fept cent quatre vingt-dix. *Signé* GOUTTES , curé d'Argellier , *préfident ;* l'abbé COLAUD DE LA SALCETTE , DE CHAMPEAUX PALAME , CHABROUD , le comte DE CRILLON , DE LA REVILLÈRE , DELEPAU , CLERBE , DE FERMON , *fecrétaire.*

Le ROI a fanctionné & fanctionne ledit décret, pour être exécuté felon fa forme & teneur. FAIT à Saint-Cloud , le vingt-deux août mil fept cent quatre-vingt-dix. *Signé* LOUIS. *Et plus bas* , par le roi, GUIGNARD.

# PROCLAMATION DU ROI,

*Sur le décret de l'Affemblée nationale, du 7 Août 1790, concernant la nomination de Commiffaires pour furveiller l'émiffion des Affignats & l'extinction des Billets de la Caiffe d'Efcompte.*

#### Du 22 Août 1790.

Vu par le roi le décret de l'affemblée nationale, du 7 août, dont la teneur fuit :

L'ASSEMBLÉE nationale a décrété & décrète ce qui fuit :

#### ARTICLE PREMIER.

L'ASSEMBLÉE nommera huit commiffaires pour furveiller l'émiffion des affignats & l'extinction des billets de la caiffe d'efcompte ou promeffes d'affignats.

#### I I.

LES commiffaires conftateront par un procès-verbal le nombre d'affignats non fignés, fucceffivement retirés de l'imprimerie royale.

#### I I I.

LES affignats non fignés feront dépofés dans une caiffe fermant à trois clefs, dont deux feront gardées par les commiffaires de l'affemblée nationale, & la troifième par le tréforier de la caiffe de l'extraordinaire.

#### I V.

IL fera tous les jours délivré audit tréforier autant de billets non fignés qu'il en pourra faire figner, jufques à la concurrence de douze mille affignats. Les commiffaires de l'affemblée

nationale vérifieront la quantité de billets fignés, jour par
jour, les recevront des mains du tréforier de la caiffe de
l'extraordinaire, & les dépoferont dans la même caiffe, jufqu'au moment de leur émiffion.

### V.

A compter du dix août, les commiffaires de l'affemblée
nationale remettront au tréforier de l'extraordinaire les dix
mille affignats fignés & timbrés qu'il doit échanger, conformément au décret du 29 juillet dernier, contre des billets de
la caiffe d'efcompte.

Les affignats feront échangés dans la proportion de leur
création.

### S A V O I R :

1250 de mille livres.
3334 de trois cents livres.
5416 de deux cents livres.
TOTAL . . . Dix mille affignats par jour.

### V I.

LES adminiftrateurs de la caiffe d'efcompte nommeront trois
commiffaires au moins, pour être préfens à l'échange journalier & à toutes les opérations relatives à l'extinction des
billets de la caiffe d'efcompte ou promeffes d'affignats, &
pour conftater la vérité defdits billets & defdites promeffes.

### V I J.

AUSSI-TÔT qu'un billet de la caiffe d'efcompte, ou une
promeffe d'affignat, fera échangé contre un affignat, il fera
fur-le-champ, & en préfence de celui qui l'échangera,
eftampé dans le milieu du billet d'un timbre portant ces mots :
*échangé & nul.*

### V I I I.

CETTE formalité remplie, les dix mille billets feront remis
chaque jour, en préfence des commiffaires de l'affemblée

nationale & de la caiffe d'efcompte, dans un coffre fermant à trois clefs. Il en fera dreffé procès-verbal, qui fera figné des commiffaires préfens : une des clefs reftera entre les mains d'un des commiffaires de l'affemblée nationale, une autre entre celles du tréforier de la caiffe de l'extraordinaire, & la troifième, entre celles des commiffaires de la caiffe d'ef-compte.

### I X.

LE procès-verbal fera continué tous les jours de la femaine, & il fera clos le lundi de chaque femaine, en brûlant, en préfence des commiffaires & du tréforier de la caiffe de l'extraordinaire, les billets de caiffe d'efcompte ou promeffes d'affignats échangés dans la femaine précédente. Les uns & les autres commiffaires, ainfi que le tréforier de la caiffe de l'extraordinaire, figneront ledit procès-verbal, qui fera remis au fur & à mefure au comité des finances de l'affemblée nationale, & imprimé tous les mois. Tous les procès-verbaux feront à la fin de l'opération dépofés aux archives de l'affemblée.

COLLATIONNÉ à l'original, par nous, préfident & fecrétaires de l'affemblée nationale. A Paris, le huit août mil fept cent quatre-vingt-dix *Signé.* DANDRÉ, *préfident;* REUBELL, PINTEVILLE, COSTER, ALQUIER, DE KYTSPOTTER, BOUTEVILLE, *fecrétaires.*

LE ROI a fanctionné & fanctionne ledit décret, pour être exécuté felon fa forme & teneur. FAIT à Saint-Cloud, le vingt-deux août mil fept cent quatre-vingt-dix. *Signé* LOUIS. *Et plus bas,* par le roi, GUIGNARD.

### PROCLAMATION

# PROCLAMATION DU ROI,

*Sur les décrets de l'Assemblée nationale, des 10,
16, 23, 26 & 31 Juillet dernier, concernant les
Pensions, Gratifications & autres Récompenses
nationales.*

### Du 22 Août 1790.

VU par le roi les décrets dont la teneur suit:

*DÉCRET de l'Assemblée nationale, des 10, 16, 23, 26
& 31 Juillet 1790.*

L'ASSEMBLÉE nationale, considérant que chez un peuple
libre, servir l'état est un devoir que tout citoyen est tenu de
remplir, & qu'il ne peut prétendre de récompense qu'autant
que la durée, l'éminence & la nature de ses services lui donnent des droits à une reconnoissance particulière de la nation;
que s'il est juste que dans l'âge des infirmités la patrie vienne
au secours de celui qui lui a consacré ses talens & ses forces,
lorsque sa fortune lui permet de se contenter des grâces honorifiques, elles doivent lui tenir lieu de toute autre récompense,
décrète ce qui suit:

## TITRE PREMIER.

*Règles générales sur les Pensions & autres Récompenses pour
l'avenir..*

### ARTICLE PREMIER.

L'ETAT doit récompenser les services rendus au corps social,
quand leur importance & leur durée méritent ce témoignage

*Tome I.* Yyyyyyy

de reconnoiffance. La nation doit auffi payer aux citoyens le prix des facrifices qu'ils ont faits à l'utilité publique.

### I I.

Les feuls fervices qu'il convient à l'état de récompenfer font ceux qui intéreffent la fociété entière. Les fervices qu'un individu rend à un autre individu ne peuvent être rangés dans cette claffe qu'autant qu'ils font accompagnés de circonf-tances qui en font réfléchir l'effet fur tout le corps focial.

### I I I.

Les facrifices dont la nation doit payer le prix font ceux qui naiffent des pertes qu'on éprouve en défendant la patrie, ou des dépenfes qu'on a faites pour lui procurer un avantage réel & conftaté.

### I V.

Tout citoyen qui a fervi, défendu, illuftré, éclairé fa patrie, ou qui a donné un grand exemple de dévouement à la chofe publique, a des droits à la reconnoiffance de la nation, & peut, fuivant la nature & la durée de fes fervices, prétendre aux récompenfes.

### V.

Les marques d'honneur décernées par la nation feront perfonnelles, & mifes au premier rang des récompenfes publiques.

### V I.

Il y aura deux efpèces de récompenfes pécuniaires, les penfions & les gratifications. Les premières font deftinées au foutien du citoyen qui les aura méritées; les fecondes, à payer le prix des pertes fouffertes, des facrifices faits à l'utilité publique.

### V I I.

Aucune penfion ne fera accordée à qui que ce foit avec

claufe de réverfibilité ; mais dans le cas de défaut de patrimoine, la veuve d'un homme mort dans le cours de fon fervice
public pourra obtenir une penfion alimentaire, & les enfans
être élevés aux dépens de la nation, jufqu'à ce qu'elle les ait
mis en état de pourvoir eux-mêmes à leur fubfiftance.

### V I I I.

Il ne fera compris dans l'état des penfions que ce qui eft
accordé pour récompenfe de fervice. Tout ce qui fera prétendu
à titre d'indemnité, de dédommagement, comme prix d'aliénation, ou pour autres caufes femblables, fera placé dans la
claffe des dettes de l'état, & foumis aux règles qui feront
décrétées pour la liquidation des créanciers de la nation.

### I X.

On ne pourra jamais être employé fur l'état des penfions
qu'en un feul & même article ; ceux qui auroient ufurpé de
quelque manière que ce foit plufieurs penfions, feront rayés
de la lifte des penfionnaires, & privés des grâces qui leur
auroient été accordées.

### X.

Nul ne pourra recevoir en même-temps une penfion & un
traitement. Aucune penfion ne pourra être accordée fous le
nom de *traitement confervé* & de *retraite.*

### X I.

Il ne pourra être concédé de penfion à ceux qui jouiffent
d'appointemens, gages ou honoraires, fauf à leur accorder des
gratifications, s'il y a lieu.

### X I I.

Un penfionnaire de l'état ne pourra recevoir de penfions ni
fur la lifte civile ni d'aucune puiffance étrangère.

### X I I I.

La lifte civile étant deftinée au payement des perfonnes Du 16 Juillet.

Y y y y y y 2

attachées au fervice particulier du roi & à fa maifon, tant domeftique que militaire, le tréfor public demeure déchargé de toutes penfions & gratifications qui peuvent avoir été accordées, ou qui le feroient par la fuite aux perfonnes qui auroient été, font ou feront employées à l'un ou l'autre de ces fervices.

### X I V.

IL fera deftiné à l'avenir une fomme de douze millions de livres, à laquelle demeurent fixés les fonds des penfions, dons & gratifications; favoir, dix millions pour les penfions, & deux millions pour les dons & gratifications. Dans le cas où le remplacement des penfionnaires décédés ne laifferoit pas une fomme fuffifante pour accorder des penfions à tous ceux qui pourroient y prétendre, les plus anciens d'âge & de fervice auront la préférence, les autres l'expeftative, avec l'affurance d'être les premiers employés fucceffivement.

### X V.

AU-DELA de cette fomme il ne pourra être payé ni ac-cordé, pour quelque caufe, fous quelque prétexte ou déno-mination que ce puiffe être, aucunes penfions, dons & gratifications, à peine contre ceux qui les auroient accordés ou payés, d'en répondre en leur propre & privé nom.

### X V I.

NE font compris dans la fomme des dix millions affeftés aux penfions les fonds deftinés aux invalides, aux foldes & demi-foldes, tant de terre que de mer, fur la fixation & dif-t ibution defquels fonds l'affemblée fe réferve de ftatuer, ni les penfions des eccléfiaftiques, qui continueront d'être payées fur les fonds qui y feront affeftés.

### X V I I.

AUCUN citoyen, hors le cas de bleffures reçues, ou d'infir-mités contraftées dans l'exercice de fonftions publiques, &

qui le mettent hors d'état de les continuer, ne pourra obtenir
de pension qu'il n'ait trente ans de service effectif, & ne soit
âgé de cinquante ans, le tout sans préjudice de ce qui sera
statué par les articles particuliers relatifs aux pensions de la
marine & de la guerre.

### X V I I I.

Il ne sera jamais accordé de pension au-delà de ce dont on
jouissoit à titre de traitement ou appointement dans le grade
que l'on occupoit. Pour obtenir la retraite d'un grade, il
faudra y avoir passé le temps qui sera déterminé par les articles
relatifs à chaque nature de service. Mais quel que fût le
montant de ces traitemens & appointemens, la pension, dans
aucun cas, sous aucun prétexte, & quels que puissent être
le grade ou les fonctions du pensionné, ne pourra jamais
excéder la somme de dix mille livres.

### X I X.

La pension accordée à trente ans de service sera du quart
du traitement, sans toutefois qu'elle puisse être moindre de
cent cinquante livres.

### X X.

Chaque année de service ajoutée à ces trente ans produira
une augmentation progressive du vingtième des trois quarts
restant des appointemens & traitemens, de manière qu'après
cinquante ans de service, le montant de la pension sera de
la totalité des appointemens & traitemens, sans que néanmoins, comme on l'a dit ci-devant, cette pension puisse jamais
excéder la somme de dix mille livres.

### X X I.

Le fonctionnaire public, ou tout autre citoyen au service
de l'état, que ses blessures ou infirmités obligeront de quitter
son service ou ses fonctions avant les trente années expliquées

ci-deffus recevra une penfion déterminée par la nature & la durée de fes fervices, le genre de fes bleffures & l'état de fes infirmités.

## XXII.

LES penfions ne feront accordées que d'après les inftructions fournies par les directoires de département & de diftrict, & fur l'atteftation des officiers généraux, & autres agens du pouvoir exécutif & judiciaire, chacun dans la partie qui les concerne.

## XXIII.

A chaque feffion du corps légiflatif, le roi lui fera remettre la lifte des penfions à accorder aux différentes perfonnes qui, d'après les règles ci-deffus, feront dans le cas d'y prétendre. A cette lifte fera jointe celle des penfionnaires décédés & des penfionnaires exiftans. Sur ces deux liftes envoyées par le roi à la légiflature, elle rendra un décret approbatif des nouvelles penfions qu'elle croira devoir être accordées ; & lorfque le roi aura fanctionné ce décret, les penfions accordées dans cette forme feront les feules exigibles & les feules payables par le tréfor public.

## XXIV.

LES gratifications feront accordées d'après les mêmes inftructions & atteftations portées dans l'article XXII ; chaque gratification ne fera donnée que pour une fois feulement ; & s'il en eft accordé une feconde à la même perfonne, elle ne pourra l'être que par une nouvelle décifion & pour caufe de nouveaux fervices. Dans tous les cas, les gratifications feront déterminées par la nature des fervices rendus, des pertes fouffertes, & d'après les befoins de ceux auxquels elles feront accordées.

## XXV.

A chaque feffion, il fera préfenté un état des gratifications à accorder, & des motifs qui doivent en déterminer la conceffion & le montant. L'état de celles qui feront jugées devoir être accordées fera pareillement décrété par l'assemblée légiflative. Après que le roi aura fanctionné le décret, les gratifications accordées dans cette forme feront auffi les feules payables par le tréfor public.

### XXVI.

NÉANMOINS, dans les cas urgens, le roi pourra accorder provifoirement des gratifications : elles feront comprifes dans l'état qui fera préfenté à la légiflature ; & fi elle les juge accordées fans motifs ou contre les principes décrétés, le miniftre qui aura contrefigné les décifions fera tenu d'en verfer le montant au tréfor public.

### XXVII.

L'ÉTAT des penfions, tel qu'il aura été arrêté par l'affemblée nationale, fera rendu public ; il fera imprimé en entier tous les dix ans ; & tous les ans, dans le mois de janvier, l'état des changemens furvenus dans le cours des années précédentes, ou des conceffions de nouvelles penfions & gratifications, fera pareillement livré à l'impreffion.

## TITRE II.

*Règles particulières concernant les Récompenfes pécuniaires qui peuvent être accordées à ceux qui ont fervi l'Etat dans la guerre, dans la marine, dans les emplois civils, dans les fciences, les lettres & les arts.*

### ARTICLE PREMIER.

Du 31 Juillet;

LE nombre d'années de fervice néceffaire dans les troupes de ligne pour obtenir une penfion fera de trente années de fervice effectif ; mais pour déterminer le montant de la penfion, il fera ajouté à ces années de fervice les années réfultant des campagnes de guerre, d'embarquement, de fervice ou garnifon hors de l'Europe, d'après les proportions fuivantes :

Chaque campagne de guerre, & chaque année de service, ou de garnison hors de l'Europe, sera comptée pour deux ans.

Chaque année d'embarquement en temps de paix, sera comptée pour dix-huit mois.

Ce calcul aura lieu dans quelque grade que les campagnes & les années de service ou d'embarquement ayent été faites, dans le grade de soldat comme dans tous les autres.

### I I.

Tous officiers, soit étrangers, soit François, employés dans les troupes de ligne Françoises ou étrangères au service de l'état, de quelque arme & de quelque grade qu'ils soient, seront traités, pour leur pension, sur le pied de l'infanterie Françoise. Tous les officiers d'un même grade, quoique de classe différente, même simplement commissionnés, mais en activité, seront pensionnés également sur le pied de ceux de la première classe.

### I I I.

On n'obtiendra la pension attachée à un grade qu'autant qu'on l'aura occupé pendant deux ans entiers, à moins que pendant le cours desdites deux années on n'ait reçu quelque blessure qui mette hors d'état de servir.

### I V.

Le nombre d'années de service nécessaire dans la marine pour obtenir une pension sera de vingt-cinq années de service effectif ; & pour fixer le montant de la pension, il sera ajouté à ces années de service celles résultant des campagnes de guerre, embarquement, service ou garnison hors de l'Europe, dans les mêmes proportions qui ont été fixées par l'article premier du présent titre, pour les troupes de terre.

Ce calcul aura lieu, quel qu'ait été la classe ou le grade dans lesquels on ait commencé à servir ; mais l'on n'aura la pension

attachée

attachée au grade, qu'après l'avoir occupé pendant deux ans entiers, ainsi qu'il est dit dans l'article précédent.

### V.

LE taux de la pension qu'on obtiendra après avoir servi l'état dans les emplois civils pendant trente années effectives sera réglé sur le traitement qu'on avoit dans le dernier emploi, pourvu qu'on l'ait occupé pendant trois années entières.

Les années de service qu'on auroit remplies dans les emplois civils hors de l'Europe seront comptées pour deux années, lorsque les trente ans de service effectif seront d'ailleurs complets.

### V I.

LES artistes, les savans, les gens de lettres, ceux qui auront fait une grande découverte propre à soulager l'humanité, à éclairer les hommes, ou à perfectionner les arts utiles, auront part aux récompenses nationales, d'après les règles générales établies dans le titre premier du présent décret, & les règles particulières qui seront énoncées ci-après.

### V I I.

CELUI qui aura sacrifié, ou son temps, ou sa fortune, ou sa santé à des voyages longs & périlleux, pour des recherches utiles à l'économie publique, ou aux progrès des sciences & des arts, pourra obtenir une gratification proportionnée à l'importance de ses découvertes & à l'étendue de ses travaux; & s'il périssoit dans le cours de son entreprise, sa femme & ses enfans seront traités de la même manière que la veuve & les enfans des hommes morts au service de l'état.

### V I I I.

LES encouragemens qui pourroient être accordés aux personnes qui s'appliquent à des recherches, à des découvertes & à des travaux utiles, ne seront point donnés à raison d'une somme annuelle, mais seulement à raison des progrès effectifs

de ces travaux ; & la récompenſe qu'ils pourroient mériter
ne leur ſera délivrée que lorſque leur travail ſera entièrement
achevé , ou lorſqu'ils auront atteint un âge qui ne leur permettra plus de le continuer.

### I X.

Il pourra néanmoins être accordé des gratifications annuelles , ſoit aux jeunes élèves que l'on enverra chez l'étranger pour ſe perfectionner dans les arts & les ſciences , ſoit à
ceux qu'on feroit voyager pour recueillir des connoiſſances
utiles à l'état.

### X.

Les penſions deſtinées à récompenſer les perſonnes ci-deſſus
déſignées ſeront diviſées en trois claſſes :

La première, celle des penſions dont le *maximum* ſera de
trois mille livres ;

La ſeconde, celle des penſions qui excèderont trois mille
livres , & dont le *maximum* ne pourra s'élever au-deſſus de ſix
mille livres ;

La troiſième comprendra les penſions au-deſſus de ſix mille
livres juſqu'au *maximum* de dix mille livres , fixé par les précédens décrets.

### X I.

Le genre de travail , les occupations habituelles de celui qui
méritera d'être récompenſé détermineront la claſſe où il convient de les placer ; & la qualité de ſes ſervices fixera le montant de la penſion , de manière néanmoins qu'il ne puiſſe atteindre le *maximum* de la claſſe où il aura été placé que conformément aux règles d'accroiſſement déterminées par les articles XIX & XX du titre premier du préſent décret.

## TITRE III.

*Suppreffion des Penfions & autres grâces pécuniaires exiftant au premier janvier 1790 ; règles générales pour leur rétabliffement ; exceptions.*

### ARTICLE PREMIER.

LES penfions, dons, traitemens ou appointemens confervés, récompenfes, gratifications annuelles, engagemens contractés pour payement de dettes, affurances de dots & de douaires, conceffions gratuites de domaines exiftant au premier janvier 1790, ou accordés depuis cette époque, font fupprimés : il fera procédé à une création nouvelle de penfions, fuivant le mode qui fera établi par les articles fuivans.

Du 16 Juillet 1790.

Et cependant, par provifion, tous les ci-devant penfionnaires feront payés des arrérages de la préfente année de leurs penfions, fi elles ne font que de la fomme de fix cents livres ou au-deffous, foit en un, foit en plufieurs articles ; & dans le cas où les penfions & gratifications dont on jouiffoit, excèderoient la fomme de fix cents livres, foit en un article, foit en plufieurs, il fera payé la fomme de fix cents livres à compte fur les arrérages de la préfente année defdites penfions & gratifications.

### II

IL ne fera payé, par les adminiftrations municipales & autres, aucune penfion ou gratification au-delà de la fomme de fix cents livres, conformément à l'article ci-deffus, jufqu'à ce que par l'affemblée-nationale il en ait été autrement ordonné. Lefdites adminiftrations municipales & autres feront tenues d'envoyer fans délai au comité des penfions l'état certifié des penfions & gratifications dont elles font chargées.

Du 23 Juillet.

### III.

LES penfions qui étoient établies fur la caiffe de l'ancienne

Du 31 Juillet

adminiſtration du clergé feront payées ſur cette même caiſſe pour les ſix premiers mois de la préſente année , ſur le pied néanmoins de ſix cents livres au plus pour l'année entière , conformément à l'article premier du préſent titre ; & il en ſera de même des penſions qui pourroient exiſter encore ſur d'autres caiſſes que le tréſor public.

## I V.

Du 26 Juillet. LES perſonnes qui ayant ſervi l'état ſe trouveront dans les cas déterminés par les deux premiers titres du préſent décret , obtiendront une penſion de la valeur réglée par leſdits titres , s'ils avoient déjà une penſion , mais de moindre valeur que celle qu'ils leur aſſurent ; la penſion dont ils jouiſſoient demeurera ſupprimée , & elle ſera remplacée par la penſion plus conſidérable qu'ils obtiendront.

## V.

IL ſera rétabli une penſion en faveur des officiers généraux qui , ayant fait deux campagnes de guerre en quelque grade et en quelque lieu que ce ſoit , avoient précédemment obtenu une penſion ; mais elle ceſſera d'être payée s'ils rentrent en activité , en ſorte que , conformément à l'article X du titre premier du préſent décret , il ne ſoit jamais payé au même officier penſion et traitement.

La penſion rétablie ne ſera jamais plus forte que celle dont on jouiſſoit.

Si la penſion dont on jouiſſoit étoit de deux mille livres ou plus , la nouvelle penſion ſera de deux mille livres pour l'officier général qui aura fait deux campagnes de guerre ; elle croîtra de cinq cents livres à raiſon de chaque campagne de guerre au-delà des deux premières ; mais cet accroiſſement ne pourra porter le total au-delà de la ſomme de ſix mille livres , qui eſt le *maximum* fixé pour les penſions mentionnées au préſent article.

### V I.

LES officiers des troupes de ligne & les officiers de mer qui avoient servi pendant vingt années dans lesdites troupes de ligne ou sur mer, qui avoient fait deux campagnes de guerre ou deux expéditions de mer dans quelque grade que ce soit, & auxquels leur retraite avoit été accordée avec une penfion, soit par suite des réformes faites dans la guerre ou dans la marine, soit à une époque antérieure aux règlemens qui seront mentionnés en l'article suivant, jouiront d'une nouvelle penfion créée en leur faveur, laquelle ne pourra excéder celle dont ils jouiffoient, mais pourra lui être inférieure, ainfi qu'il fera dit en l'article X du préfent titre.

### V I I.

LES perfonnes qui, n'étant ni dans l'un ni dans l'autre des cas prévus par les deux articles précédens, auront obtenu avant le premier janvier 1790 une penfion pour fervices rendus à l'état dans quelque département que ce soit, en conformité des ordonnances & règlemens faits par lefdits départemens, jouiront d'une nouvelle penfion rétablie en leur faveur, laquelle ne fera jamais au-deffus de celle dont elles jouiffoient précédemment, mais pourra être au-deffous dans les cas prévus par l'article X du préfent titre.

### V I I I.

LES veuves & enfans qui ont obtenu des penfions en conformité des ordonnances & règlemens faits pour les départemens dans lefquels leurs maris ou leurs pères étoient attachés à un fervice public, & notamment les veuves & enfans d'officiers tués au fervice de l'état, jouiront de nouvelles penfions rétablies en leur faveur, & pour la même fomme à laquelle elles étoient portées, fous la condition néanmoins que les penfions defdites veuves & celle de tous leurs enfans réunies n'excèderont pas la fomme de trois mille livres, qui fera le *maximum* defdites penfions.

Les veuves des maréchaux de France qui avoient obtenu des penfions jouiront d'une penfion de fix mille livres, qui fera rétablie en leur faveur.

### I X.

LES anciens règlemens ayant, à différentes époques, foumis des penfions à des réductions, converti en rentes viagères des arrérages échus & non payés, fufpendu jufqu'à la mort des penfionnaires d'autres arrérages échus & non payés, il eſt déclaré, 1°. que la difpofition des articles précédens, qui porte que les penfions rétablies n'excèderont pas le montant des penfions anciennes fupprimées, s'entend du montant defdites penfions, déduction faite de toutes les retenues qui ont eu ou dû avoir lieu pendant le cours de l'année 1789, toute exception aux règlemens qui établiſſoient lefdites réductions étant anéantie; 2°. que les rentes viagères créées pour arrérages échus & non payés continueront à être fervies aux perfonnes même dont les penfions fe trouveroient fupprimées fans efpérance de rétabliſſement, & hors la nouvelle penfion, aux perfonnes en faveur defquelles une nouvelle penfion feroit rétablie; 3°. que les arrérages échus, non payés & portés en décomptes fur les brevets, feront compris dans les dettes de l'état & payés comme tels, tant à ceux dont les penfions font fupprimées, qu'à ceux qui en obtiendront de nouvelles,

### X.

LES penfions rétablies en vertu des articles précédens, & dont le *maximum* n'a pas été fixé, ne pourront excéder la fomme de dix mille livres, fi le penfionnaire eſt actuellement âgé de moins de foixante-dix ans; la fomme de quinze mille livres, s'il eſt âgé de foixante-dix à quatre-vingts ans; & la fomme de vingt mille livres, s'il eſt âgé de plus de quatre-vingts ans.

Les penfionnaires actuels, âgés de plus de foixante-quinze

ans, qui, ayant rendu des fervices à l'état, jouiffoient de penfions au-deffus de trois mille livres, conferveront une penfion au moins de ladite fomme de trois mille livres.

Ceux qui, ayant fervi dans la marine & les colonies, auront atteint leur foixante-dixième année, jouiront de la même faveur que les oɕtogénaires.

Les veuves des maréchaux de France, qui ont atteint l'âge de foixante-dix ou quatre-vingts ans, jouiront de la faveur accordée à cet âge.

### X I.

Il ne fera jamais rétabli qu'une feule penfion en faveur d'une même perfonne, quand elle auroit fervi dans plufieurs départemens, & quand ce dont elle jouit en penfion lui auroit été accordé originairement en plufieurs articles ; mais la fixation de la nouvelle penfion fera réglée d'après le total des penfions réunies.

### X I I.

Ceux qui, ayant fait quelqu'aɕtion d'éclat ou ayant rendu des fervices diftingués, dignes d'une gratification, d'après les difpofitions des articles IV & VI du titre premier du préfent décret, n'en auroient pas été récompenfés, ou ne l'auroient été que par une penfion qui fe trouveroit fupprimée fans efpérance de rétabliffement, feront récompenfés fur le fonds de deux millions deftiné aux gratifications.

### X I I I.

Les perfonnes qui, ayant droit à une penfion ou à une gratification, préféreroient aux récompenfes pécuniaires les récompenfes énoncées dans l'article V du titre premier du préfent décret, en feront la déclaration, & l'adrefferont au comité des penfions, qui en rendra compte au corps légiflatif.

### X I V.

L'assemblée nationale fe réferve de prendre en confidération ce qui regarde les fecours accordés aux Hollandois retirés en France ; & jufqu'à ce qu'elle ait prononcé fur cet objet, ces fecours continueront d'être diftribués comme par le paffé.

## X V.

POUR fubvenir aux befoins preffans des perfonnes qui, fe trouvant privées des penfions qu'elles avoient précédemment obtenues, n'auroient pas de titres fuffifans pour en obtenir de nouvelles, & ne feroient pas dans le cas d'être renvoyées, foit à la lifte civile, à caufe de la nature de leurs fervices, foit au comité de liquidation, à caufe des indemnités dont elles prétendroient que leur penfion eft le rembourfement, il fera fait un fonds de deux millions, réparti & diftribué d'après les règles fuivantes : cinq cents portions de 1000 liv., mille portions de 500 liv., quatre mille-une portions de 200 liv., & treize cent trente-deux de 150 liv. Les fecours de la première claffe ne feront donnés qu'à des perfonnes mariées ou ayant des enfans ; ceux de la feconde claffe pourront être donnés à des perfonnes mariées ou ayant des enfans ou fexagénaires ; les fecours des troifième & quatrième claffes feront diftribués à toutes perfonnes qui y auront droit.

## X V I.

LES mémoires préfentés dans les différens départemens, par les perfonnes qui ont obtenu des penfions, les décifions originales intervenues fur lefdits mémoires, les regiftres & notes qui conftatent les fervices rendus à l'état, enfemble les mémoires que toutes perfonnes qui prétendent avoir droit aux récompenfes pécuniaires jugeront à-propos de préfenter, feront remis au comité des penfions, qui les examinera & vérifiera, ainfi que les mémoires qui lui ont déjà été remis.

## X V I I.

APRÈS l'examen & la vérification des états & pièces énoncés en l'article précédent, le comité dreffera quatre liftes. La première comprendra les penfions à payer fur le fonds, de dix millions, ordonné par l'article XIV du titre premier du préfent décret.

décret. La feconde comprendra les penfions ré ablies par les articles V, VI, VII & VIII du titre II. La troifième lifte comprendra les fecours établis par l'article XV du préfent titre. La quatrième lifte comprendra les perfonnes dignes des récompenfes établies par l'article V du titre premier du préfent décret, & qui les auront préférées aux récompenfes pécuniaires. Ces liftes feront préfentées au corps légiflatif, à l'effet d'être approuvées ou réformées par lui, & le décret qui interviendra fera enfuite préfenté à la fanction du roi.

## X V I I I.

Lorsque le décret rendu par le corps légiflatif aura été fanctionné par le roi, les penfions comprifes dans la première lifte feront payées fur le fonds qui y eft deftiné par l'article XIV du titre premier du préfent décret. A l'égard des penfions & fecours compris dans les feconde & troifième liftes, il fera fait fonds par addition, entre les mains des perfonnes chargées du payement des penfions, du montant defdites liftes.

Chacune des années fuivantes, les fonds de ces deux liftes ne feront fournis que déduction faite des portions dont jouiffoient les perfonnes qui feront décédées dans le cours de l'année précédente ; de manière que lefdits fonds diminuent chaque année graduellement, fans que, fous aucun prétexte, il y ait lieu au remplacement d'aucune des perfonnes qui auront été employées dans lefdites feconde & troifième liftes.

Les quatre liftes feront rendues publiques par la voie de l'impreffion, avec l'expofé fommaire des motifs pour lefquels chacun de ceux qui s'y trouveront dénommés y aura été compris.

Les penfions accordées commenceront à courir du premier janvier 1790 ; mais fur les arrérages qui reviendront à chacun pour l'année 1790, il fera fait imputation de ce qu'on auroit reçu pour ladite année, en exécution des articles I, II & III du préfent titre.

*Tome I.* A a a a a a a a

### X I X.

NONOBSTANT l'article VIII du préfent titre, relatif aux enfans des officiers tués au fervice de l'état, les enfans du général Montcalm, tué à la bataille de Québec, au lieu de la fomme de 3000 livres qu'ils devoient fe partager entr'eux, aux termes dudit article, toucheront 1000 livres chacun. L'affemblée nationale autorife les commiffaires par elle nommés pour la diftribution des nouvelles penfions à exprimer dans le brevet de 1000 livres qui fera délivré à chacun defdits enfans, que cette exception a été décrétée par elle comme un témoignage de fon eftime particulière pour la mémoire d'un officier auffi diftingué par fes talens & fon humanité que par fa bravoure & fes fervices éclatans. La même mention fera faite dans les brevets qui feront expédiés à la famille d'Affas, aux termes de l'article fuivant.

### X X.

LES penfions accordées aux familles d'Affas, de Chambord, & au général Luckner, feront confervées en leur entier, nonobftant les difpofitions des articles précédens qui pourroient y être contraires. A l'égard des autres exceptions qui ont été ou feroient propofées, elles font envoyées au comité des penfions, qui en fera le rapport à l'affemblée.

COLLATIONNÉ à l'original par nous, préfident & fecrétaires de l'affemblée na:ionale. A Paris, le trois août mil fept cent quatre vingt-dix. *Signé* DANDRÉ, *préfident;* DE KISPOTTER, REUBELL, BOUTEVILLE & PINTEVILLE, *fecrétaires.*

LE ROI a fanctionné & fanctionne lefdits décrets, pour être exécutés fuivant leur forme & teneur; en conféquence, mande & ordonne aux corps adminiftratifs & municipalités du royaume de tenir la main à leur exécution. FAIT à Saint-Cloud, le vingt-deux août mil fept cent quatre-vingt-dix. *Signé* LOUIS. *Et plus bas,* par le roi, GUIGNARD.

# PROCLAMATION DU ROI,

*Sur un décret de l'Assemblée nationale, concernant les Peines à infliger pour les fautes & délits commis par les Officiers, Officiers-mariniers & Sous-officiers, Matelots & Soldats, & autres personnes servant dans l'Armée navale & dans les Ports & Arsenaux.*

### Du 22 Août 1790.

Vu par le roi le décret dont la teneur suit :

*Décret de l'Assemblée nationale, du 16, 19 & 21 Août 1790.*

L'Assemblée nationale s'étant fait rendre compte par son comité de la marine, des loix pénales suivies jusqu'à ce jour dans les escadres & sur les vaisseaux de l'état, & les ayant jugées incompatibles avec les principes d'une constitution libre, a décrété :

## TITRE PREMIER.

### *Des Jugemens.*

#### ARTICLE PREMIER.

Les peines à infliger pour les fautes & délits commis par les officiers, officiers-mariniers & sous-officiers, matelots & soldats, & autres personnes qui servent dans l'armée navale, feront distinguées en peines de discipline ou simple correction, & peines afflictives.

Aaaaaaaa 2

### I I.

LE commandant du bâtiment, & l'officier commandant le
quart ou la garde, pourront prononcer les peines de difcipline
contre les délinquans. Le commandant de la garnifon du vaiffeau pourra auffi prononcer la peine de difcipline contre ceux
qui la compofent, à la charge par eux d'en rendre compte
au commandant du vaiffeau, immédiatement après le quart ou
la garde.

Les maîtres d'équipage & principaux maîtres porteront,
comme par le paffé, pour figne de commandement, une
*lianne*. Il leur eft permis de s'en fervir pour punir les hommes
de mauvaife volonté dans l'exécution des manœuvres ; le commandant & les officiers du vaiffeau veilleront à ce qu'ils n'en
abufent point.

### I I I.

LES peines afflictives ne pourront être prononcées que par
un confeil de juftice, & d'après le rapport d'un juri militaire,
qui, fur les charges & informations, aura conftaté le délit,
& déclaré l'accufé coupable ou non coupable.

### I V.

S'IL y avoit rebellion, ou s'il étoit commis une lâcheté ou
une défobéiffance en préfence de l'ennemi ou dans quelque
danger preffant, qui compromettroit imminemment la fûreté
du vaiffeau, le capitaine, après avoir pris l'avis de fes officiers,
pourra faire punir les coupables conformément aux difpofitions du titre fecond.

### V.

LE juri militaire fera compofé, pour les officiers-mariniers
& fous-officiers, de deux officiers de l'état-major ou deux
officiers de troupes ; & de cinq officiers-mariniers ou fous-
officiers;

Pour les matelots & autres gens de l'équipage, d'un

officier de l'état-major, trois officiers-mariniers & trois matelots;

Pour les soldats embarqués, d'un officier de troupes, ou, à son défaut, d'un officier de l'état-major, trois sous-officiers, & à leur défaut, trois officiers-mariniers & trois soldats;

Pour les ouvriers & autres employés dans les ports & arsenaux, d'un officier militaire ou d'administration, de trois chefs d'ateliers, & de trois ouvriers ou employés de l'état & du grade de l'accusé.

## V I.

LE conseil de justice sera composé des officiers de l'état-major, s'ils sont au nombre de cinq; & s'ils sont en moindre nombre, les premiers maîtres du vaisseau y seront appelés, en commençant par le maître d'équipage, le premier pilote & le maître canonnier. Le conseil sera présidé par l'officier le plus ancien en grade après le commandant du vaisseau, qui en sera exclu. Celui qui le suivra fera les fonctions de rapporteur, & le commis aux revues, celles de greffier du conseil. S'il y a un commissaire d'escadre à bord du vaisseau où se tiendra le conseil de justice, il y assistera, & y aura voix délibérative.

## V I I.

LORSQU'UN officier-marinier, sous-officier, matelot, soldat ou autres personnes de l'équipage non comprises dans l'état-major, seront prévenus d'un délit dont la punition ne peut être prononcée que par le conseil de justice, l'officier de quart ou de garde en dressera la plainte par écrit, s'il n'y a pas d'autre partie plaignante, & la présentera au commandant du vaisseau.

## V I I I.

LA requête en plainte ayant été répondue d'un *soit fait ainsi qu'il est requis*, sera remise à l'officier chargé du détail,

& le commandant du vaisseau procèdera à la formation d'un juri, en indiquant, sur le rôle de quart dont ne sera pas l'accusé, un nombre double de chaque grade, dont il sera loisible à l'accusé de récuser la moitié. L'accusé pourra, s'il le veut, se choisir un défenseur à bord du vaisseau.

### I X.

La récusation ayant été exercée par l'accusé, ou, dans le cas où il y renonceroit, le juri s'étant réduit au nombre de sept par la voie du sort, s'assemblera sur-le-champ; & le lieutenant chargé du détail procèdera en sa présence à l'audition des témoins, confrontation & interrogatoire de l'accusé.

### X.

La procédure ainsi faite en présence du juri, sera rédigée par écrit, & annexée au rôle d'équipage.

### X I.

Le juri pour les ouvriers & autres employés dans les ports & arsenaux, sera indiqué en nombre double de chaque grade, par le directeur ou le commissaire sous les ordres duquel l'accusé sera employé; ses fonctions seront les mêmes que celles attribuées au juri sur les vaisseaux, & la procédure s'instruira conformément aux articles précédens.

### X I I.

Aussi-tôt que le juri aura arrêté son avis à la pluralité de cinq sur sept, il fera avertir sur-le-champ le conseil de justice, qui s'assemblera sur le pont en présence de l'équipage, & dans les ports, à bord de l'amiral.

### X I I I.

Le conseil de justice étant formé, les membres qui le composeront assis & couverts, le juri se présentera, les membres qui le compoferont debout & découverts ; & le plus ancien d'âge prononcera que l'accufé eft coupable ou non coupable du délit expofé dans la plainte.

### X I V.

Si le juri a déclaré l'accufé non coupable, le préfident du confeil prononcera, fans autre délibération, que l'accufé eft déchargé de l'accufation.

### X V.

Si l'accufé eft déclaré coupable, le confeil examinera quelle eft la peine que la loi applique au délit ; & après avoir pris les voix, le préfident prononcera le jugement porté par la majorité fimple.

### X V I.

Le jugement du confeil de juftice fera porté au capitaine du vaiffeau pour en ordonner l'exécution ; il pourra, fuivant les circonftances, adoucir la peine prononcée par le confeil de juftice, & la commuer en une peine plus légère d'un degré feulement.

### X V I I.

Le confeil de juftice d'un vaiffeau ne pourra prononcer la peine de mort, ni celle des galères.

### X V I I I.

Dans les cas où le délit dont le juri auroit déclaré l'accufé coupable donneroit lieu à l'une ou l'autre de ces peines, le confeil déclareroit alors que l'objet paffe fa compétence, & fe borneroit à ordonner que l'accufé feroit retenu en prifon ou aux fers fur le pont.

Si le vaiffeau étoit en efcadre, ou faifoit partie d'une divifion compofée au moins de trois vaiffeaux de ligne, le capitaine rendroit compte au commandant de ce jugement du confeil

de juftice ; & le commandant ordonneroit, à la première relâche, la tenue à fon bord d'un confeil martial, compofé de
onze officiers de l'efcadre, pris à tour de rôle dans les grades
de capitaine & de lieutenans, lequel confeil martial ne pourroit condamner aux galères qu'à la pluralité de fept contre
quatre, & à la mort, à la pluralité de huit contre trois.

Dans tout autre cas, l'accufé feroit dépofé avec la procédure au premier port où il y auroit un nombre fuffifant d'officiers pour compofer, de la même manière, un pareil confeil
martial.

### X I X.

LE confeil martial fera tenu, en faveur de l'accufé feulement, de procéder à l'examen & révifion des charges foumifes
à fon tribunal ; & s'il eft trouvé que la procédure foit nulle,
que les informations foient entachées de faux ou de quelque
autre vice radical, de manière que les preuves adoptées par
l'avis du premier juri foient incomplettes, il ordonnera la
formation d'un nouveau juri, dont le jugement règlera fa
décifion.

### X X.

TOUT capitaine d'un bâtiment de commerce en convoi ou
à la fuite d'une efcadre, prévenu d'un délit, fera foumis au
jugement d'un juri compofé de deux officiers de la marine &
de cinq capitaines de bâtimens du commerce, ou, à leur défaut, d'officiers reçus capitaines, qui feront indiqués en nombre double de chaque grade par le commandant de l'efcadre,
s'il eft jugé à bord d'une efcadre, ou par le commandant du
port, s'il eft jugé dans un port. Il fera enfuite traduit devant
le confeil martial, qui, compofé comme ci-deffus, procèdera
conformément aux articles précédens.

### X X I.

SI un officier embarqué fur un vaiffeau eft prévenu d'un
crime,

crime, le conseil de justice, composé comme il est dit à l'article VI, sera converti en juri militaire. Le juri prononcera si l'accusé est coupable ou non coupable. Dans le cas où l'accusé sera reconnu coupable, il sera suspendu de ses fonctions, & retenu prisonnier à bord jusqu'à ce qu'il puisse être traduit devant un conseil martial à bord du général, si le vaisseau fait partie d'une escadre, ou dans le premier port où se trouveroit un nombre suffisant d'officiers pour composer un conseil martial.

### XXII.

TOUT officier commandant un bâtiment de l'état, qui n'est ni dans une escadre ni dans une division, ne pourra être accusé & poursuivi pour crime & autre délit, qu'à la première relâche dans un port où il se trouveroit un nombre suffisant d'officiers de son grade pour former les quatre septièmes d'un juri, & il en sera ainsi dans tous les cas d'un commandant d'escadre ou de division.

### XXIII.

LE juri pour les officiers généraux, capitaines de vaisseau & autres officiers commandans des bâtimens de l'état, sera composé de quatre officiers du grade de l'accusé, & de trois officiers du grade immédiatement inférieur. Les membres qui devront le composer seront indiqués en nombre double de chaque grade par le commandant de l'escadre, s'il est jugé à bord d'une escadre; par le commandant du port, s'il est jugé dans un port. Il ne sera point fait de distinction entre les différens grades d'officiers généraux.

### XXIV.

L'ACCUSÉ, après avoir subi le jugement du juri, sera traduit devant un conseil martial composé de onze officiers, pris à tour de rôle parmi les officiers généraux ou capitaines de vaisseau présens, dont trois au moins & cinq au plus dans le premier de ces deux grades. Dans le cas où l'on ne pourroit

former un tel confeil martial, l'accufé, s'il a été déclaré coupable par le juri, fera fufpendu de fes fonctions, & retenu
prifonnier jufqu'au moment où l'on pourra former le
confeil martial, qui procèdera conformément aux articles
précédens.

## X X V.

Il fera tenu par le commis aux revues de chaque vaifleau
ou bâtiment de l'etat, deux regiftres particuliers : il infèrera
dans l'un, le nom des hommes qui auront fubi une peine
de difcipline, & dans l'autre, le nom de ceux qui auront
fubi une peine afflictive, prononcée par un confeil de juftice
ou par un confeil martial ; & ces regiftres feront au défar-
mement joints au rôle d'équipage.

## TITRE SECOND.

### *Des peines & délits.*

### ARTICLE PREMIER.

On ne pourra infliger aux matelots & officiers-mariniers,
comme peines de difcipline, que celles ci-après dénommées :
Le retranchement de vin, qui ne pourra avoir lieu pendant
plus de trois jours.
Les fers, feulement avec un anneau au pied.
Les fers, avec un anneau & une petite chaîne traînante.
Les fers fur le pont, au plus pendant deux jours & une
nuit.
La peine d'être à cheval fur une barre de cabeftan, au
plus pendant trois jours, & deux heures chaque jour.
Celle d'être attaché au grand mât, au plus pendant trois
jours, & deux heures chaque jour.

## I I.

Seront regardés comme délits contre la difcipline, &

ne pourront être punis que par les peines énoncées dans l'article .I.ᵉʳ, les délits suivans :

Tout défaut d'obéissance d'un officier à son supérieur, d'un matelot à un officier-marinier, lorsqu'il n'est point accompagné d'un refus formellement énoncé d'obéir.

L'ivresse, lorsqu'elle n'est point accompagnée de désordres.

Les querelles entre les gens de l'équipage, lorsqu'il n'en résulte aucune plaie, & qu'on n'y a point fait usage d'armes ou de bâtons.

Toute absence du vaisseau sans permission de celui qui doit la donner.

Les feux allumés ou portés de terre à bord du vaisseau, dans le temps & aux postes où ils sont défendus, dans les cas non prévus par les articles suivans.

Toute infraction aux règles de police.

Tout manque à l'appel, au quart, & en général toutes les fautes contre la discipline, le service du vaisseau, provenant de négligence ou de paresse.

### I I I.

Les délits ci-dessus énoncés seront toujours regardés comme plus graves lorsqu'ils auront lieu la nuit, & le temps de la punition sera doublé.

### I V.

Les peines de discipline pour les officiers seront les arrêts, la prison, la suspension de leurs fonctions pendant un mois au plus, avec ou sans privation de solde pendant le même temps.

### V.

Seront censées peines afflictives, & ne pourront être prononcées que par un conseil de justice ou un conseil martial, toutes les peines énoncées ci-après :

Les coups de corde au cabestan.

Bbbbbbbb 2

La prifon ou les fers fur le pont pendant plus de trois jours.
Les réductions de grade ou de folde.
La calle.
La bouline.
Les galères.
La mort.

## V I.

L'HOMME condamné à la mort, & qui devra être exécuté à bord, fera fufillé jufqu'à ce que mort s'enfuive.

Celui condamné à courir la bouline ne pourra être frappé que par trente hommes au plus, & ne pourra l'être pendant plus de quatre courfes.

En donnant la calle, on ne pourra plonger plus de trois fois dans l'eau l'homme qui aura été condamné à cette peine.

## V I I.

TOUT homme condamné aux galères pour un temps quelconque ne pourra plus être employé fur les vaiffeaux de l'état, en quelque qualité que ce foit.

## V I I I.

TOUT officier-marinier condamné à la bouline ou à la calle fera, par l'effet même de cette condamnation, caffé de fon grade d'officier-marinier, & réduit à la baffe-paye des matelots. Tout matelot qui aura fubi pareille condamnation fera réduit à la baffe-paye.

## I X.

TOUT homme coupable d'avoir tenu des propos féditieux, ou tendant à affoiblir le refpect dû à tout genre d'autorité qui s'exerce à bord du vaiffeau ou de l'efcadre, fera mis en prifon ou aux fers fur le pont pendant fix jours.

## X.

TOUT homme coupable d'avoir concerté aucun objet

pour changer ou arrêter l'ordre du fervice, s'oppofer à
l'exécution d'un ordre donné ou d'une mefure prife, fera
mis à la queue de l'équipage ; & s'il eft officier, fera renvoyé du fervice.

### X I.

Tout matelot ou officier-marinier coupable d'un complot
contre la fûreté ou la liberté d'un officier de l'état-major, fera
condamné à trois ans de galères.

### X I I.

Tout matelot, officier-marinier ou officier de l'état-major,
coupable d'un complot contre la fûreté, la liberté ou l'autorité du commandant du vaiffeau, ou de tout autre officier
occupant un pofte fupérieur, fera condamné aux galères
perpétuelles.

### X I I I.

Tout homme coupable de trahifon ou d'une intelligence
perfide avec l'ennemi fera condamné à la mort ; & fi quelque
malheur public avoit été la fuite de fes mefures, il fera exécuté fur-le-champ à bord du vaiffeau.

### X I V.

Tout matelot ou officier-marinier coupable d'une défobéïffance envers un officier, pour fait de fervice, fera frappé
de douze coups de corde au cabeftan.

### X V.

Si la défobéïffance eft accompagnée d'injures & de menaces, le matelot ou l'officier-marinier qui s'en fera rendu
coupable fera condamné à la calle.

### X V I.

Tout matelot ou officier-marinier coupable d'avoir levé
la main contre un officier pour le frapper fera condamné à
trois ans de galères.

## X V I I.

Tout matelot ou officier-marinier coupable d'avoir frappé un officier sera condamné à la mort.

## X V I I I.

Tout officier coupable d'avoir défobéi à fon chef, & d'avoir accompagné fa défobéiffance d'un refus formellement énoncé d'obéir, fera mis au grade immédiatement inférieur à celui qu'il remplit ; & s'il est au dernier grade d'officier, il fera fait élève.

Si fa défobéiffance est accompagnée d'injures & de menaces, il fera caffé.

Et fera dans tous les cas refponfable fur fa tête des fuites de fa défobéiffance.

## X I X.

Tout commandant d'un bâtiment de guerre coupable d'avoir défobéi aux ordres ou aux fignaux du commandant de l'armée, efcadre ou divifion, fera privé de fon commandement ; & fi fa défobéiffance occafionne une féparation, foit de fon vaiffeau, foit d'un autre vaiffeau de l'efcadre, il fera caffé & déclaré indigne de fervir.

Si elle a lieu en préfence de l'ennemi, il fera condamné à la mort.

## X X.

Tout matelot ou officier-marinier coupable d'avoir quitté dans le cours ordinaire du fervice, foit un pofte particulier, foit une embarcation du vaiffeau à la garde duquel il auroit été propofé,

Si c'est pendant le jour, fera attaché au grand mât pendant une heure, & mis à la paye immédiatement inférieure à la fienne.

Si c est pendant la nuit, il fera attaché au grand mât pendant deux jours, deux heures chaque jour, & mis à deux payes au-deffous de la fienne,

### XXI.

Tout officier commandant le quart, coupable de l'avoir quitté pour se coucher, sera mis au grade immédiatement inférieur au sien, & sera responsable sur sa tête de tous les accidens que le vaisseau éprouveroit par son absence du quart.

### XXII

Tout matelot ou officier-marinier coupable d'avoir, dans un combat ou dans un danger quelconque, abandonné son poste pour se cacher, sera condamné à courir la bouline.

### XXIII.

Tout officier coupable d'avoir pendant le combat abandonné son poste pour se cacher, sera, s'il est à sa première campagne de guerre, renvoyé du service, & dans tout autre cas, cassé & déclaré infâme.

### XXIV.

Tout homme qui, sans l'ordre du capitaine, aura crié de se rendre ou d'amener le pavillon, sera condamné à trois ans de galères; & celui qui, par sa conduite lâche & ses discours séditieux & répétés, produira dans l'équipage un découragement marqué, sera condamné à la mort, & jugé conformément à la disposition de l'article IV du titre premier.

### XXV.

Tout homme coupable d'avoir amené le pavillon pendant le combat, sans l'ordre exprès du commandant du vaisseau, sera condamné à la mort.

### XXVI.

Tout homme coupable d'avoir embarqué ou permis d'embarquer sans ordre des effets commerçables étrangers au service du vaisseau sera, s'il commande le vaisseau ou bâtiment de l'état, déchu pendant deux ans de tout commandement, & en cas de récidive, renvoyé du service.

S'il est officier de l'état-major ou officier - marinier, il perdra deux ans de service•effectif sur mer, pendant lesquels il sera privé de tous les avancemens auxquels il pourroit prétendre.

S'il n'est ni officier - marinier ou sous - officier, ni matelot ou soldat, il payera, par forme d'amende, deux fois la valeur de la marchandise, au profit de la caisse des invalides.

Dans tous les cas, la marchandise sera confisquée au profit de la caisse des invalides.

### X X V I I.

Tout homme coupable d'avoir transporté à bord, sans en avoir reçu l'ordre ou la permission, aucune matière inflammable, telle que poudre, soufre, eau-de-vie & autre liqueur spiritueuse & inflammable,

S'il est officier, sera renvoyé du service ;

S'il est matelot ou officier-marinier, sera frappé de douze coups de corde au cabestan; & en cas de récidive, aura la calle.

### X X V I I I.

Tout homme coupable, en temps de guerre, d'avoir allumé ou tenu allumés pendant la nuit des feux défendus, ou dans tous les temps de les avoir allumés ou tenus allumés, soit le jour, soit la nuit, sans précaution & de manière à compromettre la sûreté du vaisseau, s'il est officier ou officier-marinier, sera cassé; s'il est matelot, recevra la calle : & dans le cas où il en auroit été fait défense expresse par une proclamation faite dans les formes ordinaires, ou si son action avoit donné lieu à quelque accident, de ce reconnu coupable, il sera condamné à trois ans de galères.

### X X I X.

### X X I X.

TOUT matelot ou officier-marinier prépofé à la garde d'un feu, & qui n'y auroit pas apporté l'attention prefcrite, fera puni comme fi lui-même avoit allumé ou tenu allumé le feu, conformément à la difpofition de l'article précédent.

### X X X.

TOUT matelot ou officier-marinier coupable d'avoir, dans une circonftance quelconque, frappé avec armes ou bâton un autre homme de l'équipage, fera frappé de douze coups de corde au cabaftan.

### X X X I.

TOUT matelot ou officier-marinier coupable d'avoir fait une bleffure dangereufe aura la calle, fans préjudice de la réparation civile réfervée aux tribunaux ordinaires.

### X X X I I.

TOUT officier coupable d'avoir maltraité & bleffé un homme de l'équipage fera interdit de fes fonctions, & mis en prifon pendant le temps déterminé par le confeil de juftice, fuivant la nature du délit, fans préjudice, dans le cas de bleffure dangereufe, de la réparation civile réfervée aux tribunaux ordinaires.

### X X X I I I.

TOUT officier, commandant une portion quelconque des forces navales de la nation, coupable d'avoir fufpendu la pourfuite, foit de vaiffeaux de guerre ou d'une flotte marchande fuyant devant lui, foit d'un ennemi battu par lui, lorfqu'il n'y aura pas été obligé par des forces ou des raifons fupérieures, fera caffé & déclaré incapable de fervir.

### X X X I V.

AINSI fera traité tout commandant d'efcadre ou de vaiffeaux, coupable d'avoir refufé des fecours à un ou plufieurs bâtimens amis ou ennemis dans la détreffe, implorant fon affiftance, ou refufé protection à des bâtimens de commerce François qui l'auroient réclamée.

## X X X V.

Tout commandant d'un bâtiment de guerre, coupable d'avoir abandonné, dans quelque circonftance critique que ce foit, le commandement de fon vaiffeau pour fe cacher, ou d'avoir fait amener fon pavillon lorfqu'il étoit encore en état de fe défendre, fera condamné à la mort.

Sera condamné à la même peine tout commandant coupable, après la perte de fon vaiffeau, de ne l'avoir pas abandonné le dernier.

## X X X V I.

Tout officier chargé de la conduite d'un convoi, coupable de l'avoir abandonné volontairement, fera condamné à la mort.

## X X X V I I.

Tout capitaine de navire du commerce faifant partie d'un convoi, coupable d'avoir volontairement abandonné le convoi, fera condamné à trois ans de galères.

## X X X V I I I.

Tout officier commandant une efcadre ou un bâtiment de guerre quelcònque, coupable de n'avoir pas rempli la miffion dont il étoit chargé, & cela par impéritie ou négligence, fera, s'il eft officier général ou capitaine de vaiffeau, déclaré incapable de commander; & s'il a tout autre grade, il fera déchu de tout commandement pendant trois ans.

S'il eft coupable d'avoir volontairement manqué la miffion dont il étoit chargé, il fera condamné à la mort.

### X X X I X.

Tout commandant d'un bâtiment de guerre quelconque, coupable de l'avoir perdu, fi c'est par impéritie, fera caffé & déclaré incapable de fervir; fi c'est volontairement, il fera condamné à la mort.

### X L.

Tout pilote-côtier coupable d'avoir perdu un bâtiment quelconque de l'état ou du commerce, lorfqu'il s'étoit chargé de fa conduite & qu'il avoit déclaré en répondre, fi c'est par négligence ou ignorance, fera condamné à trois ans de galères.

Si c'est volontairement, il fera condamné à la mort.

### X L I.

Tout officier particulier chargé d'une expédition, miffion ou corvée quelconque, coupable de s'être écarté des ordres qu'il avoit reçus, & d'avoir par-là fait échouer ou mal rempli la miffion dont il étoit chargé, fera interdit de fes fonctions, & privé d'avancement pendant le temps déterminé par le confeil de juftice.

### X L I I.

Tout commandant d'un vaiffeau de guerre, coupable d'avoir perdu fon vaiffeau par la fuite d'une inexécution non forcée des ordres qu'il avoit reçus fera caffé, & condamné à cinq ans de prifon.

### X L I I I.

Tout homme, fans diftinction de grade ou emploi, coupable d'avoir volé à bord des effets appartenant à quelque particulier, fera frappé de douze coups de corde au cabeftan; en cas de récidive, il courra la bouline.

Dans tous les cas de vol quelconque, le voleur fera obligé à la reftitution des effets volés.

### X L I V.

TOUT homme coupable d'un vol avec effraction d'effets appartenant à des particuliers, foit à bord, foit à terre, fera condamné à recevoir la calle; en cas de récidive, il fera condamné à fix ans de galères.

### X L V.

TOUT homme qui, defcendu à terre, s'y rendra coupable d'un vol, fi c'eft fur territoire François, fera frappé de douze coups de corde au cabeftan; fi c'eft fur territoire étranger, recevra la calle.

Si le vol excède la valeur de douze francs, l'homme qui s'en fera rendu coupable fera condamné à courir la bouline; & en cas de récidive, à fix ans de galères.

### X L V I.

TOUT homme coupable d'avoir volé & fait tranfporter à terre des vivres, munitions, agrès ou autres effets publics du vaiffeau, fera condamné à courir la bouline.

### X L V I I.

EN cas de récidive, ou fi un premier vol de vivres & autres effets publics excédoit en vivres une valeur de cinquante rations, & en autres effets, une valeur de cinquante livres, l'homme qui s'en fera rendu coupable fera condamné à trois ans de galères.

### X L V I I I.

TOUT homme coupable d'avoir volé, en tout ou en partie, l'argent de la caiffe du vaiffeau ou de telle autre caiffe publique dépofée à bord du vaiffeau, fera condamné à neuf ans de galères.

### X L I X.

TOUT homme coupable d'avoir volé à bord de la poudre,

ou d'avoir recelé de la poudre volée, fera condamné à trois ans de galères.

## L.

TOUT homme coupable d'avoir volé ou tenté de voler de la poudre dans la foute aux poudres fera condamné à neuf ans de galères.

## L I.

TOUT vol d'effets quelconques fait à bord d'une prife, lorfqu'elle n'eft pas encore amarinée, fera regardé comme un vol d'effets particuliers, & l'homme qui s'en fera rendu coupable fera frappé de douze coups de corde au cabeftan.

## L I I.

TOUT homme coupable d'avoir dépouillé un prifonnier de fes vêtemens & de les avoir volés fera frappé de vingt-quatre coups de corde au cabeftan.

## L I I I.

LORSQU'UNE prife fera amarinée, elle fera regardée comme poffeffion nationale ; & tout vol d'agrès, munitions, vivres & marchandifes, fera cenfé vol d'effets publics, & puni conformément aux articles XLVI, XLVII, XLVIII, XLIX, & L.

## L I V.

LES dégâts commis à terre par les marins feront rangés dans la claffe des délits emportant peine afflictive ; s'ils excèdent la valeur de douze livres, ils feront punis, en ce cas, de douze coups de corde frappés au cabeftan, outre la reftitution des dommages civils. Tous autres dégâts au-deffous de cette valeur feront foumis aux peines de difcipline.

## L V.

LE titre XVIII de l'ordonnance de 1784 fur les claffes, ayant pour titre, *des déferteurs*, continuera d'être exécuté, fauf les modifications fuivantes :

1.º Aux campagnes extraordinaires à la demi-folde &
aux deux tiers de folde, feront fubftituées des campagnes
extraordinaires à la baffe-paye de fon grade.

2.º Aux campagnes extraordinaires auxquelles font condamnés des ouvriers non navigans, fera fubftituée l'obligation
de travailler dans le port pendant le même temps.

3.º Les peines qui devront être prononcées, ou par le
commandant du port ou par le chef des claffes, ne pourront
plus l'être que par le concours du commandant & intendant,
& du major-général de la marine.

4.º L'article **XXIX** fera fupprimé.

## L V I.

Tous les hommes, fans diftinction, compofant l'état-
major ou l'équipage d'un vaiffeau naufragé, continueront
d'être foumis à la préfente loi, ainfi qu'à toutes les règles de
difcipline militaire, jufqu'au moment ou ils auront été légalement congédiés.

## L V I I.

Les officiers, fous-officiers & foldats, foit des troupes de
la marine, foit des troupes de terre, embarqués fur les bâtimens de guerre, feront affujettis, comme les officiers de la
marine, officiers-mariniers & matelots, à toutes les dispofitions de la préfente loi, pendant le temps de leur féjour fur
les vaiffeaux.

## L V I I I.

Toute autre perfonne embarquée fur un vaiffeau fera
également foumife à la préfente loi, & à toutes les règles de
police établies dans le vaiffeau.

## L I X.

Les peines de difcipline & les peines afflictives prononcées
dans les cas ci-deffus énoncés feront applicables à tous les
délits commis dans les arfenaux, par les officiers-mariniers,
matelots & foldats.

## L X.

EN ce qui concerne les manquemens au fervice, par négligence ou défobéiffance de la part des maîtres d'ouvrages, ouvriers & autres employés dans les arfenaux, le commandant & l'intendant du port, chacun en ce qui les concerne, pourront felon le cas prononcer les arrêts, la prifon pendant trois jours, la privation d'un mois de folde ou appointemens. Pour tous autres délits majeurs, les délinquans feront légalement pourfuivis, conformément aux ordonnances actuellement fubfiftantes pour l'exercice de la juftice dans les arfenaux, en obfervant toutesfois ce qui eft prefcrit pour la formation & le prononcé d'un juri.

## L X I.

L'ASSEMBLÉE nationale abrege toutes les difpofitions pénales contenues dans les ordonnances de la marine militaire qui ont paru jufqu'à ce jour, entendant néanmoins ne porter aucune atteinte aux autres loix fur le fait de la marine, qui devront être exécutées jufqu'à ce qu'il y ait été autrement ftatué.

LE ROI a fanctionné & factionne ledit décret, pour être exécuté. Mande & ordonne fa majefté aux officiers généraux de fa marine, aux commandans de fes ports & arfenaux, aux gouverneurs des colonies, aux intendans & ordonnateurs de la marine & des colonies, & à tous autres qu'il appartiendra, de s'y conformer, & de tenir la main à fon exécution. FAIT à Saint-Cloud, le vingt-deux août mil fept cent quatre-vingt-dix. *Signé* LOUIS. *Et plus bas*, par le roi, LA LUZERNE.

## LETTRES PATENTES DU ROI,

*Sur le décret de l'Assemblée nationale, du 6 Août 1790, qui excepte les grandes masses de Bois & Forêts nationales de l'aliénation des Biens nationaux.*

Données à Saint-Cloud, le 23 Août 1790.

LOUIS, par la grâce de Dieu & par la loi constitutionnelle de l'état, ROI DES FRANÇOIS : A tous ceux qui ces présentes lettres verront; SALUT. L'assemblée nationale, après avoir entendu le rapport de ses comités réunis des domaines, de marine, des finances, de l'aliénation des biens nationaux, & de commerce & d'agriculture; considérant que la conservation des bois & forêts est un des projets le plus important & le plus essentiel aux besoins & à la sûreté du royaume, & que la nation seule, par un nouveau régime & une administration active & éclairée, peut s'occuper de leur conservation, amélioration & repeuplement, pour en former en même-temps une source de revenu public, a décrété, le 6 du présent mois, & nous voulons & ordonnons ce qui suit :

### ARTICLE PREMIER.

LES grandes masses de bois & forêts nationales sont & demeurent exceptées de la vente & aliénation des biens nationaux, ordonnée par nos lettres patentes des 17 mai & 25 juillet derniers, sur les décrets des 14 mai, 25 & 26 juin aussi derniers.

### I I.

TOUS les bocquetaux, toutes les parties de bois nationaux éparses, absolument isolées & éloignées de mille toises des

autre

autres bois d'une grande étendue, qui ne pourroient pas fupporter les frais de garde, & qui ne feront pas néceffaires pour
garantir les bords des fleuves, torrens & rivières, pourront
être vendus & aliénés fuivant les formes preferites par nofdites
lettres patentes, pourvu qu'ils n'excèdent point la contenance de
cent arpens, mefure d'ordonnance du royaume, fauf à prendre
l'avis des affemblées de département, pour la vente des parties
de bois dont la contenance excèderoit celle de cent arpens.
Quant aux bois & forêts de ladite contenance, qui, par leur
pofition & la nature du fol, peuvent produire des bois propres
à la marine, ils ne pourront être aliénés qu'après avoir eu
l'avis des adminiftrations des départemens, qui prendront
celui des diftriéts dans lefquels ils font fitués.

### I I I.

LESDITS cinq comités de l'affemblée nationale réunis
préfenteront inceffamment le plan d'un nouveau régime &
adminiftration des bois, & de réforme de la légiflation des
forêts, dont l'urgente & indifpenfable néceffité eft reconnue.

MANDONS & ordonnons à tous les tribunaux, corps adminiftratifs & municipalités, que les préfentes ils faffent tranfcrire fur leurs regiftres, lire, publier & afficher dans leurs
refforts & départemens refpeétifs, & exécuter comme loi du
royaume. En foi de quoi nous avons figné & fait contrefigner
cefdites préfentes, auxquelles nous avons fait appofer le fceau
de l'état. A Saint-Cloud, le vingt-troifième jour du mois
d'août, l'an de grâce mil fept cent quatre-vingt-dix, & de
notre règne le dix-feptième. *Signé* LOUIS. *Et plus bas*, par
le roi, GUIGNARD. Vu au confeil, LAMBERT. Et fcellées du
fceau de l'état.

# L O I

*Sur la Constitution civile du Clergé, & la fixation*
*de son Traitement.*

Donnée à Paris , le 24 Août 1790.

LOUIS, par la grâce de Dieu & par la loi constitutionnelle
de l'état, ROI DES FRANÇOIS : A tous présens & à venir ;
SALUT. L'assemblée nationale a décrété, & nous voulons &
ordonnons ce qui suit :

*DÉCRET de l'Assemblée Nationale , du 12 Juillet 1790 , sur*
*la Constitution civile du Clergé.*

L'ASSEMBLÉE nationale , après avoir entendu le rapport de
son comité ecclésiastique, a décrété & décrète ce qui suit ,
comme articles constitutionnels.

## TITRE PREMIER.

### *Des Offices ecclésiastiques.*

#### ARTICLE PREMIER.

CHAQUE département formera un seul diocèse, & chaque
diocèse aura la même étendue & les mêmes limites que le
département.

#### I I.

LES sièges des évêchés des quatre-vingt-trois départemens
du royaume seront fixés, savoir :
Celui du département de la Seine inférieure , à Rouen.
Celui du département du Calvados , à Bayeux.
Celui du département de la Manche , à Coutances.
Celui du département de l'Orne , à Séez.

Celui du département de l'Eure, à Évreux.
Celui du département de l'Oise, à Beauvais.
Celui du département de la Somme, à Amiens.
Celui du département du Pas-de-Calais, à Saint-Omer.
Celui du département de la Marne, à Reims.
Celui du département de la Meuse, à Verdun.
Celui du département de la Meurthe, à Nancy.
Celui du département de la Mozelle, à Metz.
Celui du département des Ardennes, à Sédan.
Celui du département de l'Aisne, à Soissons.
Celui du département du Nord, à Cambray.
Celui du département du Doubs, à Besançon.
Celui du département du haut Rhin, à Colmar.
Celui du département du bas Rhin, à Strasbourg.
Celui du département des Vosges, à Saint-Diez.
Celui du département de la haute Saône, à Vesoul.
Celui du département de la haute Marne, à Langres.
Celui du département de la Côte-d'Or, à Dijon.
Celui du département du Jura, à Saint-Claude.
Celui du département de l'Ille & Vilaine, à Rennes.
Celui du département des Côtes du Nord, à Saint-Brieuc.
Celui du département du Finistère, à Quimper.
Celui du département du Morbihan, à Vannes.
Celui du département de la Loire inférieure, à Nantes.
Celui du département de Mayenne & Loire, à Angers.
Celui du département de la Sarthe, au Mans.
Celui du département de la Mayenne, à Laval.
Celui du département de Paris, à Paris.
Celui du département de Seine & Oise, à Versailles.
Celui du département l'Eure & Loire, à Chartres.
Celui du département du Loiret, à Orléans.
Celui du département de l'Yonne, à Sens.
Celui du département de l'Aube, à Troyes.
Celui du département de Seine & Marne, à Meaux.
Celui du département du Cher, à Bourges.

D d d d d d d 2

Celui du département de Loire & Cher, à Blois.
Celui du département de l'Indre & Loire, à Tours.
Celui du département de la Vienne , à Poitiers.
Celui du département de l'Indre , à Châteauroux.
Celui du département de la Creufe , à Guéret.
Celui du département de l'Allier, à Moulins.
Celui du département de la Nièvre , à Nevers.
Celui du département de la Gironde , à Bordeaux.
Celui du département de la Vendée , à Luçon.
Celui du département de la Charente inférieure, à Saintes.
Celui du département des Landes , à Dax.
Celui du département de Lot & Garonne, à Agen.
Celui du département de la Dordogne , à Périgueux.
Celui du département de la Corrèze , à Tulles.
Celui du département de la haute Vienne , à Limoges.
Celui du département de la Charente , à Angoulême.
Celui du département des Deux-Sèvres , à Saint-Maixent.
Celui du département de la haute Garonne , à Touloufe.
Celui du département du Gers , à Auch.
Celui du département des baffes Pyrénées, à Oléron.
Celui du département des hautes Pyrénées , à Tarbes.
Celui du département de l'Arriège , à Pamiers.
Celui du département des Pyrénées orientales, à Perpignan.
Celui du département de l'Aude , à Narbonne.
Celui du département de l'Aveiron , à Rhodez.
Celui du département du Lot , à Cahors.
Celui du département du Tarn , à Albi.
Celui du département des Bouches du Rhône , à Aix.
Celui du département de Corfe , à Baftia.
Celui du département du Var , à Fréjus.
Celui du département des baffes Alpes , à Digne.
Celui du département des hautes Alpes , à Embrun.
Celui du département de la Drome , à Valence.
Celui du département de la Lozère , à Mende.
Celui du département du Gard , à Nîmes.
Celui du département de l'Hérault , à Béziers.

Celui du département de Rhône & Loire, à Lyon.
Celui du département du Puy-de-Dôme, à Clermont.
Celui du département du Cantal, à Saint-Flour.
Celui du département de haute Loire, au Puy.
Celui du département de l'Ardèche, à Viviers.
Celui du département de l'Isère, à Grenoble.
Celui du département de l'Ain, à Bellay.
Celui du département de Saône & Loire, à Autun.

Tous les autres évêchés exiftant dans les quatre-vingt-trois départemens du royaume, & qui ne font pas nommément compris au préfent article, font & demeurent fupprimés.

Le royaume fera divifé en dix arrondiffemens métropolitains, dont les fièges feront Rouen, Reims, Befançon, Rennes, Paris, Bourges, Bordeaux, Touloufe, Aix & Lyon. Les métropoles auront la dénomination fuivante :

Celle de Rouen fera appelée métropole des côtes de la Manche;

Celle de Reims, métropole du nord-eft;

Celle de Befançon, métropole de l'eft;

Celle de Rennes, métropole du nord-oueft;

Celle de Paris, métropole de Paris;

Celle de Bourges, métropole du centre;

Celle de Bordeaux, métropole du fud-oueft;

Celle de Touloufe, métropole du fud;

Celle d'Aix, métropole des côtes de la Méditerranée;

Celle de Lyon, métropole du fud-eft;

### I I I.

L'ARRONDISSEMENT de la métropole des côtes de la Manche comprendra les évêchés des départemens de la Seine inférieure, du Calvados, de la Manche, de l'Orne, de l'Eure, de l'Oife, de la Somme, du Pas-de-Calais.

L'arrondiffement de la métropole du nord-eft comprendra les évêchés des départemens de la Marne, de la Meufe, de la Meurthe, de la Mozelle, des Ardennes, de l'Aifne, du Nord.

L'arrondiffement de la métropole de l'eft comprendra les

évêchés des départemens du Doubs, du haut Rhin, du bas Rhin, des Vosges, de la haute Saône, de la haute Marne, de la Côte-d'Or, du Jura.

L'arrondissement de la métropole du nord-ouest comprendra les évêchés des départemens de l'Ille & Vilaine, des Côtes du nord, du Finistère, du Morbihan, de la Loire inférieure, de Mayenne & Loire, de la Sarthe, de la Mayenne.

L'arrondissement de la métropole de Paris comprendra les évêchés des départemens de Paris de Seine & Oise, d'Eure & Loire, du Loiret, de l'Yonne, de l'Aube, de Seine & Marne.

L'arrondissement de la métropole du centre comprendra les évêchés des départemens du Cher, de Loire & Cher, de l'Indre & Loire, de la Vienne, de l'Indre, de la Creuse, de l'Allier, de la Nièvre.

L'arrondissement de la métropole du sud-ouest comprendra les évêchés des départemens de la Gironde, de la Vendée, de la Charente inférieure, des Landes, de Lot & Garonne, de la Dordogne, de la Corrèze, de la haute Vienne, de la Charente, des deux Sèvres.

L'arrondissement de la métropole du sud comprendra les évêchés des départemens de la haute Garonne, du Gers, des basses Pyrénées, des hautes Pyrénées, de l'Arriège, des Pyrénées orientales, de l'Aude, de l'Aveiron, du Lot, du Tarn.

L'arrondissement de la métropole des Côtes de la Méditerranée comprendra les évêchés des départemens des Bouches du Rhône, de la Corse, du Var, des basses Alpes, des hautes Alpes, de la Drome, de la Lozère, du Gard & de l'Hérault.

L'arrondissement de la métropole du sud-est] comprendra

les évêchés des départemens de Rhône & Loire, du Puy-de-Dôme, du Cantal, de la haute Loire, de l'Ardèche, de l'Isère, de l'Ain, de Saône & Loire.

### I V.

Il est défendu à toute église ou paroisse de France, & à tout citoyen François, de reconnoître, en aucun cas & sous quelque prétexte que ce soit, l'autorité d'un évêque ordinaire ou métropolitain, dont le siège seroit établi sous la dénomination d'une puissance étrangère, ni celle de ses délégués résidant en France ou ailleurs ; le tout sans préjudice de l'unité de foi & de la communion qui sera entretenue avec le chef visible de l'église universelle, ainsi qu'il sera dit ci-après.

### V.

Lorsque l'évêque diocésain aura prononcé dans son synode sur des matières de sa compétence, il y aura lieu au recours au métropolitain, lequel prononcera dans le synode métropolitain.

### V I.

Il sera procédé incessamment, & sur l'avis de l'évêque diocésain & de l'administration des districts, à une nouvelle formation & circonscription de toutes les paroisses du royaume ; le nombre & l'étendue en seront déterminés d'après les règles qui vont être établies.

### V I I.

L'église cathédrale de chaque diocèse sera ramenée à son état primif, d'être en même-temps église paroissiale & église épiscopale, par la suppression des paroisses, & par le démembrement des habitations qu'il sera jugé convenable d'y réunir.

### V I I I.

La paroisse épiscopale n'aura pas d'autre pasteur immédiat

que l'évêque. Tous les prêtres qui y feront établis feront fes
vicaires & en feront les fonctions.

### I X.

Il y aura feize vicaires de l'églife cathédrale dans les villes
qui comprendront plus de dix mille ames, & douze feulement
où la population fera au-deffous de dix mille ames.

### X.

Il fera confervé ou établi dans chaque diocèfe un feul
féminaire pour la préparation aux ordres, fans entendre rien
préjuger, quant-à-préfent, fur les autres maifons d'inftruction
& d'éducation.

### X I.

Le féminaire fera établi, autant que faire fe pourra, près
de l'églife cathédrale, & même dans l'enceinte des bâtimens
deftinés à l'habitation de l'évêque.

### X I I.

Pour la conduite & l'inftruction des jeunes élèves reçus
dans le féminaire, il y aura un vicaire-fupérieur & trois
vicaires-directeurs fubordonnés à l'évêque.

### X I I I.

Les vicaires-fupérieurs & vicaires-directeurs font tenus
d'affifter avec les jeunes eccléfiaftiques du féminaire, à tous
les offices de la paroiffe cathédrale, & d'y faire toutes les
fonctions dont l'évêque ou fon premier vicaire jugeront à-
propos de les charger.

### X I V.

Les vicaires des églifes cathédrales, les vicaires-fupérieurs
& vicaires-directeurs du féminaire, formeront enfemble le
confeil habituel & permanent de l'évêque, qui ne pourra faire
aucun acte de juridiction, en ce qui concerne le gouvernement

du

du diocèfe & du féminaire, qu'après en avoir délibéré avec eux ; pourra néanmoins l'évêque, dans le cours de fes vifites, rendre feul telles ordonnances provifoires qu'il appartiendra.

## X V.

DANS toutes les villes & bourgs qui ne comprendront-pas plus de fix mille ames, il n'y aura qu'une feule paroiffe ; les autres paroiffes feront fupprimées & réunies à l'églife principale.

## X V I.

DANS les villes où il y a plus de fix mille ames, chaque paroiffe pourra comprendre un plus grand nombre de paroiffiens, & il en fera confervé ou établi autant que les befoins des peuples & les localités le demanderont.

## X V I I.

LES affemblées adminiftratives, de concert avec l'évêque diocéfain, défigneront à la prochaine légiflature les paroiffes, annexes ou fuccurfales des villes ou de campagne qu'il conviendra de réferver ou d'étendre, d'établir ou de fupprimer; & ils en indiqueront les arrondiffemens d'après ce que demanderont les befoins des peuples, la dignité du culte & les différentes localités.

## X V I I I.

LES affemblées adminiftratives & l'évêque diocéfain pourront même, après avoir arrêté entre eux la fuppreffion & réunion d'une paroiffe, convenir que dans les lieux écartés ou qui, pendant une partie de l'année, ne communiqueroient que difficilement avec l'églife paroiffiale, il fera établi ou confervé une chapelle, où le curé enverra les jours de fêtes ou de dimanches un vicaire, pour y dire la meffe & faire au peuple les inftructions néceffaires.

*Tome I.* E e e e e e e

## X I X.

La réunion qui pourra fe faire d'une paroiffe à une autre emportera toujours la réunion des biens de la fabrique de l'églife fupprimée à la fabrique de l'églife ou fe fera la réunion.

## X X.

Tous titres & offices, autres que ceux mentionnés en la préfente conftitution, les dignités, canonicats, prébendes, demi-prébendes, chapelles, chapellenies, tant des églifes cathédrales que des églifes collégiales, & tous chapitres réguliers & féculiers de l'un & de l'autre fexe, les abbayes & prieurés en règle ou en commende, auffi de l'un & de l'autre fexe, & tous autres bénéfices & preftimonies généralement quelconques, de quelque nature & fous quelque dénomination que ce foit, font, à compter du jour de la publication du préfent décret, éteints & fupprimés, fans qu'il puiffe jamais en être établi de femblables.

## X X I.

Tous bénéfices en patronage laïc font foumis à toutes les difpofitions des décrets concernant les bénéfices de pleine collation ou de patronage eccléfiaftique.

## X X I I.

Sont pareillement compris auxdites difpofitions tous titres & fondations de pleine collation laïcale, excepté les chapelles actuellement defervies dans l'enceinte des maifons particulières, par un chapelain ou deffervant à la feule difpofition du propriétaire.

## X X I I I.

Le contenu dans les articles précédens aura lieu, nonobftant toutes claufes, même de réverfion, appofées dans les actes de fondation.

### XXIV.

Les fondations de messes & autres services, acquittées présentement dans les églises paroissiales par les curés & par les prêtres qui y sont attachés sans être pourvus de leurs places en titre perpétuel de bénéfice, continueront provisoirement à être acquittées & payées comme par le passé, sans néanmoins que dans les églises où il est établi des sociétés de prêtres non pourvus en titre perpétuel de bénéfice, & connus sous les divers noms de filleuls aggrégés, familiers, communalistes, mépartistes, chapelains ou autres, ceux d'entr'eux qui viendront à mourir ou à se retirer puissent être remplacés.

### XXV.

Les fondations faites pour subvenir à l'éducation des parens des fondateurs continueront d'être exécutées conformément aux dispositions écrites dans les titres de fondation; & à l'égard de toutes autres fondations pieuses, les parties intéressées présenteront leurs mémoires aux assemblées de département, pour, sur leur avis & celui de l'évêque diocésain, être statué par le corps législatif sur leur conservation ou leur remplacement.

### TITRE II.

#### Nomination aux Bénéfices.

##### ARTICLE PREMIER.

A compter du jour de la publication du présent décret, on ne connoîtra qu'une seule manière de pourvoir aux évêchés & aux cures, c'est à savoir la forme des élections.

##### II.

Toutes les élections se feront par la voie du scrutin & à la pluralité absolue des suffrages.

Eeeeeee 2

### I I I.

L'ÉLECTION des évêques se fera dans la forme prescrite, & par le corps électoral indiqué dans le décret du 22 décembre 1789, pour la nomination des membres de l'assemblée de département.

### I V.

Sur la première nouvelle que le procureur-général-syndic du département recevra de la vacance du siège épiscopal, par mort, démission ou autrement, il en donnera avis aux procureurs-syndics des districts, à l'effet par eux de convoquer les électeurs qui auront procédé à la dernière nomination des membres de l'assemblée administrative; & en même-temps il indiquera le jour où devra se faire l'élection de l'évêque, lequel sera au plus tard le troisième dimanche après la lettre d'avis qu'il écrira.

### V.

Si la vacance du siège épiscopal arrivoit dans les quatre derniers mois de l'année où doit se faire l'élection des membres de l'administration du département, l'élection de l'évêque seroit différée & renvoyée à la prochaine assemblée des électeurs.

### V I.

L'ÉLECTION de l'évêque ne pourra se faire ou être commencée qu'un jour de dimanche, dans l'église principale du chef-lieu du département, à l'issue de la messe paroissiale, à laquelle seront tenus d'assister tous les électeurs.

### V I I.

Pour être éligible à un évêché, il sera nécessaire d'avoir rempli, au moins pendant quinze ans, les fonctions du ministère ecclésiastique dans le diocèse, en qualité de curé, de desservant ou de vicaire, ou comme vicaire-supérieur, ou comme vicaire-directeur du séminaire.

### V I I I.

Les évêques dont les sièges font fupprimés par le préfent décret pourront être élus aux évêchés actuellement vacans, ainfi qu'à ceux qui vaqueront par la fuite, ou qui font érigés en quelques départemens, encore qu'ils n'euffent pas quinze années d'exercice.

### I X.

Les curés & autres eccléfiaftiques qui, par l'effet de la nouvelle circonfcription des diocéfes, fe trouveront dans un diocéfe différent de celui où ils exerçoient leurs fonctions, feront réputés les avoir exercées dans leur nouveau diocèfe, & ils y feront en conféquence éligibles, pourvu qu'ils ayent d'ailleurs le temps d'exercice ci-devant exigé.

### X.

Pourront auffi être élus les curés actuels qui auroient dix années d'exercice dans une cure du diocèfe, encore qu'ils n'euffent pas auparavant rempli les fonctions de vicaire.

### X I.

Il en fera de même des curés dont les paroiffes auroient été fupprimées en vertu du préfent décret, & il leur fera compté comme temps d'exercice celui qui fe fera écoulé depuis la fuppreffion de leur cure.

### X I I.

Les miffionnaires, les vicaires généraux des évêques, les eccléfiaftiques deffervant les hôpitaux, ou chargés de l'éducation publique, feront pareillement éligibles lorfqu'ils auront rempli leurs fonctions pendant quinze ans, à compter de leur promotion au façerdoce.

### X I I I.

Seront pareillement éligibles tous dignitaires, chanoines,

ou en général tous bénéficiers & titulaires qui étoient obligés
à résidence, ou exerçoient des fonctions ecclésiastiques, &
dont les bénéfices, titres, offices ou emplois se trouvent supprimés par le présent décret, lorsqu'ils auront quinze années
d'exercice, comptées comme il est dit des cures dans l'article
précédent.

### XIV.

La proclamation de l'élu se fera par le président de l'assemblée
électorale, dans l'église où l'élection aura été faite, en présence
du peuple & du clergé, & avant de commencer la messe solemnelle qui sera célébrée à cet effet.

### XV.

Le procès-verbal de l'élection & de la proclamation sera
envoyé au roi par le président de l'assemblée des électeurs,
pour donner à sa majesté connoissance du choix qui aura été
fait.

### XVI.

Au plus tard dans le mois qui suivra son élection, celui
qui aura été élu à un évêché se présentera en personne à son
évêque métropolitain ; & s'il est élu pour le siège de la métropole, au plus ancien évêque de l'arrondissement, avec le procès-verbal d'élection & de proclamation, & il le suppliera de
lui accorder la confirmation canonique.

### XVII.

Le métropolitain ou l'ancien évêque aura la faculté d'examiner l'élu, en présence de son conseil, sur sa doctrine & ses
mœurs : s'il le juge capable, il lui donnera l'institution canonique ; s'il croit devoir la lui refuser, les causes du refus seront
données par écrit, signées du métropolitain & de son conseil,
sauf aux parties intéressées à se pourvoir par voie d'appel
comme d'abus, ainsi qu'il sera dit ci-après.

### XVIII.

L'ÉVÊQUE à qui la confirmation sera demandée ne pourra exiger de l'élu d'autre serment, sinon qu'il fait profession de la religion catholique, apostolique & romaine.

### XIX.

LE nouvel évêque ne pourra s'adresser au pape pour en obtenir aucune confirmation, mais il lui écrira comme au chef visible de l'église universel, en témoignage de l'unité de foi & de la communion qu'il doit entretenir avec lui.

### XX.

LA consécration de l'évêque ne pourra se faire que dans son église cathédrale par son métropolitain, ou à son défaut, par le plus ancien évêque de l'arrondissement de la métropole, assisté des évêques des deux diocèses les plus voisins, un jour de dimanche, pendant la messe paroissiale, en présence du peuple & du clergé.

### XXI.

AVANT que la cérémonie de la consécration commence, l'élu prêtera, en présence des officiers municipaux, du peuple & du clergé, le serment solemnel de veiller avec soin sur les fidèles du diocèse qui lui est confié, d'être fidèle à la nation, à la loi & au roi, & de maintenir de tout son pouvoir la constitution décrétée par l'assemblée nationale & acceptée par le roi.

### XXII.

L'ÉVÊQUE aura la liberté de choisir les vicaires de son église cathédrale dans tout le clergé de son diocèse, à la charge par lui de ne pouvoir nommer que des prêtres qui auront exercé des fonctions ecclésiastiques au moins pendant dix ans. Il ne pourra les destituer que de l'avis de son conseil, & par une délibération qui y aura été prise à la pluralité des voix, en connoissance de cause.

## X X I I I.

LES curés actuellement établis en aucunes églifes cathédrales, ainfi que ceux des paroiffes qui feront fupprimées pour être réunies à l'églife cathédrale & en former le territoire, feront de plein droit, s'ils le demandent, les premiers vicaires de l'évêque, chacun fuivant l'ordre de leur ancienneté dans les fonctions paftorales.

## X X I V.

LES vicaires-fupérieurs & vicaires-directeurs du féminaire feront nommés par l'évêque & fon confeil, & ne pourront être deftitués que de la même manière que les vicaires de l'églife cathédrale.

## X X V.

L'ÉLECTION des curés fe fera dans la forme prefcrite & par les électeurs indiqués dans le décret du 22 décembre 1789, pour la nomination des membres de l'affemblée adminiftrative du diftrict.

## X X V I.

L'ASSEMBLÉE des électeurs, pour la nomination aux cures, fe formera tous les ans à l'époque de la formation des affemblées de diftrict, quand même il n'y auroit qu'une feule cure vacante dans le diftrict; à l'effet de quoi, les municipalités feront tenues de donner avis au procureur-fyndic du diftrict de toutes les vacances de cures qui arriveront dans leur arrondiffement, par mort, démiffion ou autrement.

## X X V I I.

EN convoquant l'affemblée des électeurs, le procureur-fyndic enverra à chaque municipalité la lifte de toutes les cures auxquelles il faudra nommer.

XXVIII.

## XXVIII.

L'ÉLECTION des curés se fera par scrutins séparés pour chaque cure vacante.

## XXIX.

CHAQUE électeur, avant de mettre son bulletin dans le vase du scrutin, fera serment de ne nommer que celui qu'il aura choisi en son ame & conscience, comme le plus digne, sans y avoir été déterminé par dons, promesses, sollicitations ou menaces. Ce serment sera prêté pour l'élection des évêques, comme pour celle des curés.

## XXX.

L'ÉLECTION des curés ne pourra se faire ou être commencée qu'un jour de dimanche, dans la principale église du chef-lieu de district, à l'issue de la messe paroissiale, à laquelle tous les électeurs seront tenus d'assister.

## XXXI.

LA proclamation des élus sera faite par le président du corps électoral dans l'église principale, avant la messe solemnelle qui sera célébrée à cet effet, & en présence du peuple & du clergé.

## XXXII.

POUR être éligible à une cure, il sera nécessaire d'avoir rempli les fonctions de vicaire dans une paroisse ou dans un hôpital & autre maison de charité du diocèse, au moins pendant cinq ans.

## XXXIII.

LES curés dont les paroisses ont été supprimées en exécution du présent décret pourront être élus, encore qu'ils n'eussent pas cinq années d'exercice dans l e diocèse.

*Tome I.* F ffffff

## X X X I V.

SERONT pareillement éligibles aux cures tous ceux qui ont été ci-deſſus déclarés éligibles aux évêchés, pourvu qu'ils ayent auſſi cinq années d'exercice.

## X X X V.

CELUI qui aura été proclamé élu à une cure ſe préſentera en perſonne à l'évêque, avec le procès-verbal de ſon élection & proclamation, à l'effet d'obtenir de lui l'inſtitution canonique.

## X X X V I.

L'ÉVÊQUE aura la faculté d'examiner l'élu, en préſence de ſon conſeil, ſur ſa doctrine & ſes mœurs : s'il le juge capable, il lui donnera l'inſtitution canonique ; s'il croit devoir la lui refuſer, les cauſes du refus ſeront données par écrit, ſignées de l'évêque & de ſon conſeil, ſauf aux parties le recours à la puiſſance civile, ainſi qu'il ſera dit ci-après.

## X X X V I I.

EN examinant l'élu qui lui demandera l'inſtitution cano-nique, l'évêque ne pourra exiger de lui d'autre ſerment, ſinon qu'il fait profeſſion de la religion catholique, apoſtolique & romaine.

## X X X V I I I.

LES curés élus & inſtitués prêteront le même ſerment que les évêques dans leur égliſe, un jour de dimanche, avant la meſſe paroiſſiale, en préſence des officiers municipaux du lieu, du peuple & du clergé. Juſques-là, ils ne pourront faire aucunes fonctions curiales.

## X X X I X.

IL y aura, tant dans l'égliſe cathédrale que dans chaque égliſe paroiſſiale, un regiſtre particulier ſur lequel le ſecrétaire-greffier de la municipalité du lieu écrira, fans frais, le procès-verbal de la preftation de ferment de l'évêque ou du curé, & il n'y aura pas d'autre aête de prife de poffeffion que ce procès-verbal.

### X L.

LES évêchés & les cures feront réputés vacans jufqu'à ce que les élus ayent prêté le ferment ci-deffus mentionné.

### X L I.

PENDANT la vacance du fiège épifcopal, le premier, & à fon défaut, le fecond vicaire de l'églife cathédrale, rempla-cera l'évêque, tant pour fes fonêtions curiales que pour les aêtes de juridiêtion qui n'exigent pas le caraêtère épifcopal ; mais en tout, il fera tenu de fe conduire par les avis du confeil.

### X L I I.

PENDANT la vacance d'une cure, l'adminiftration de la paroiffe fera confiée au premier vicaire, fauf à y établir un vicaire de plus, fi la municipalité le requiert ; & dans le cas où il n'y auroit pas de vicaire dans la paroiffe, il y fera établi un deffervant par l'évêque.

### X L I I I.

CHAQUE curé aura le droit de choifir fes vicaires ; mais il ne pourra fixer fon choix que fur des prêtres ordonnés ou admis pour le diocèfe par l'évêque.

### X L I V.

AUCUN curé ne pourra révoquer fes vicaires que pour des caufes légitimes, jugées telles par l'évêque & fon confeil.

## ·TITRE III.

### *Du traitement des Miniſtres de la Religion.*

#### ARTICLE PREMIER.

LES miniſtres de la religion exerçant les premières & les plus importantes fonctions de la ſociété, & obligés de réſider continuellement dans le lieu du ſervice auquel la confiance des peuples les a appelés, feront défrayés par la nation.

### II.

IL ſera fourni à chaque évêque, à chaque curé & aux deſſervans des annexes & ſuccurſales, un logement convenable, à la charge par eux d'y faire toutes les réparations locatives, ſans entendre rien innover, quant-à-préſent, à l'égard des paroiſſes où le logement des curés eſt fourni en argent, & ſauf aux départemens à prendre connoiſſance des demandes qui ſeront formées par les paroiſſes & par les curés; il leur ſera en outre aſſigné à tous le traitement qui va être réglé.

### III.

LE traitement des évêques ſera, ſavoir :
Pour l'évêque de Paris, de cinquante mille livres;
Pour les évêques des villes dont la population eſt de cinquante mille ames & au-deſſus, de vingt mille livres;
Pour les autres évêques, de douze mille livres.

### IV.

LE traitement des vicaires des égliſes cathédrales ſera, ſavoir:
A Paris, pour le premier vicaire, de ſix mille livres;
Pour le ſecond, de quatre mille livres;
Pour tous les autres vicaires, de trois mille livres.
Dans les villes dont la population eſt de cinquante mille ames & au-deſſus,

Pour le premier vicaire, de quatre mille livres;
Pour le second, de trois mille livres;
Pour tous les autres, de deux mille quatre cents livres.
Dans les villes dont la population est de moins de cinquante mille ames,
Pour le premier vicaire, de trois mille livres;
Pour le second, de deux mille quatre cents livres;
Pour tous les autres, de deux mille livres.

### V.

LE traitement des curés sera; savoir, à Paris, de six mille livres;

Dans les villes dont la population est de cinquante mille ames & au-dessus, de quatre mille livres;

Dans celles dont la population est de moins de cinquante mille ames, & de plus de dix mille ames, de trois mille livres;

Dans les villes & bourgs dont la population est au-dessous de dix mille ames, & au-dessus de trois mille ames, de deux mille quatre cents livres.

Dans toutes les autres villes & bourgs & dans les villages, lorsque la paroisse offrira une population de trois mille ames & au-dessous, jusqu'à deux mille cinq cents, de deux mille livres; lorsqu'elle en offrira une de deux mille cinq cents ames jusqu'à deux mille, de dix-huit cents livres; lorsqu'elle en offrira une de moins de deux mille & de plus de mille, de quinze cents livres; & lorsqu'elle en offrira une de mille ames & au dessous, de douze cents livres.

### V I.

LE traitement des vicaires sera; savoir, à Paris, pour le premier vicaire, de deux mille quatre cents livres; pour le second, de quinze cents livres; pour tous les autres, de mille livres.

Dans les villes dont la population est de cinquante mille ames & au-dessus, pour le premier vicaire, de douze cents livres; pour le fecond, de mille livres, & pour tous les autres, de huit cents livres;

Dans toutes les autres villes & bourgs où la population fera de plus de trois mille ames, de huit cents livres pour les deux premiers vicaires, & de fept cents livres pour tous les autres;

Dans toutes les autres paroiffes de ville & de campagne, de fept cents livres pour chaque vicaire.

### V I I.

Le traitement *en argent* des miniftres de la religion leur fera payé d'avance, de trois mois en trois mois, par le tréforier du diftrict, à peine par lui d'y être contraint par corps fur une fimple fommation; & dans le cas où l'évêque, curé ou vicaire viendroit à mourir, ou à donner fa démiffion avant la fin du dernier quartier, il ne pourra être exercé contre lui, ni contre fes héritiers, aucune répétition.

### V I I I.

Pendant la vacance des évêchés, des cures & de tous offices eccléfiaftiques payés par la nation, les fruits du traitement qui y eft attaché feront verfés dans la caiffe du diftrict pour fubvenir aux dépenfes dont il va être parlé.

### I X.

Les curés qui, à caufe de leur grand âge ou de leurs infirmités, ne pourroient plus vaquer à leurs fonctions, en donneroient avis au directoire du département, qui, fur les inftructions de la municipalité & de l'adminiftration du diftrict, laiffera à leur choix, s'il y a lieu, ou de prendre un vicaire de plus, lequel fera payé par la nation fur le même pied que les autres vicaires, ou de fe retirer avec une penfion égale au traitement qui auroit été fourni au vicaire.

## X.

POURRONT auffi les vicaires, aumôniers des hôpitaux, fupérieurs des féminaires, & autres exerçant des fonctions publiques, en faifant conftater leur état de la manière qui vient d'être prefcrite, fe retirer avec une penfion de la valeur du traitement dont ils jouiffent, pourvu qu'il n'excède pas la fomme de huit cents livres.

## X I.

LA fixation qui vient d'être faite du traitement des minif-tres de la religion aura lieu à compter du jour de la publi-cation du préfent décret, mais feulement pour ceux qui feront pourvus par la fuite d'offices eccléfiaftiques. A l'égard des titulaires actuels, foit ceux dont les offices ou emplois font fupprimés, foit ceux dont les titres font confervés, leur traitement fera fixé par un décret particulier.

## X I I.

AU moyen du traitement qui leur eft affuré par la préfente conftitution, les évêques, les curés & leurs vicaires exer-ceront gratuitement les fonctions épifcopales & curiales.

## T I T R E  I V.

### ARTICLE  PREMIER.

LA loi de la réfidence fera religieufement obfervée, & tous ceux qui feront revêtus d'un office ou emploi eccléfiaftique y feront foumis fans aucune exception ni diftinction.

## I I.

AUCUN évêque ne pourra s'abfenter chaque année pendant plus de quinze jours confécutifs hors de fon diocèfe, que dans le cas d'une véritable néceffité, & avec l'agrément du directoire de département dans lequel fon fiege fera établi.

### III.

NE pourront pareillement les curés & les vicaires s'absenter du lieu de leurs fonctions au-delà du terme qui vient d'être fixé, que pour des raisons graves; & même, en ce cas, feront tenus les curés d'obtenir l'agrément, tant de leur évêque, que du directoire de leur district; les vicaires, la permission de leurs curés.

### IV.

SI un évêque ou un curé s'écartoit de la loi de la résidence, la municipalité du lieu en donneroit avis au procureur-général-syndic du département, qui l'avertiroit par écrit de rentrer dans son devoir, & après la seconde monition, le poursuivroit pour le faire déclarer déchu de son traitement pour tout le temps de son absence.

### V.

LES évêques, les curés & les vicaires ne pourront accepter de charges, d'emplois ou de commissions qui les obligeroient de s'éloigner de leurs diocèses ou de leurs paroisses, ou qui les enlèveroient aux fonctions de leur ministère; & ceux qui en sont actuellement pourvus seront tenus de faire leur option dans le délai de trois mois, à compter de la notification qui leur sera faite du présent décret par le procureur-général-syndic de leur département; sinon, & après l'expiration de ce délai, leur office sera réputé vacant, & il leur sera donné un successeur en la forme ci-dessus prescrite.

### VI.

LES évêques, les curés & vicaires pourront, comme citoyens actifs, assister aux assemblées primaires & électorales, y être nommés électeurs, députés aux législatures, élus membres du conseil général de la commune & du conseil des administrations des districts & des départemens; mais leurs

fonctions

fonctions font déclarée incompatibles avec celles de maire &
autres officiers municipaux, & des membres des directoires
de diftrict & de département; & s'ils étoient nommés, ils
feroient tenus de faire leur option.

### V I I.

L'INCOMPATIBILITÉ mentionnée dans l'article VI n'aura
effet que pour l'avenir; & fi aucuns évêques, curés ou vicaires
ont été appelés par les vœux de leurs concitoyens aux offices
de maire & autres municipaux, ou nommés membres des
directoires de diftrict & de département, ils pourront continuer d'en exercer les fonctions.

*Décret de l'Assemblée nationale, du 24
Juillet 1790.*

## TRAITEMENT DU CLERGÉ ACTUEL.

L'ASSEMBLÉE nationale a décrété & décrète ce qui fuit:

### ARTICLE PREMIER.

A compter du premier janvier 1790, le traitement de tous
évêques en fonctions eft fixé ainfi qu'il fuit:

Ceux dont tous les revenus eccléfiaftiques ne vont pas à
douze mille livres, auront cette fomme.

Ceux dont les revenus excèdent cette fomme, auront douze
mille livres, plus la moitié de l'excédant, fans que le tout
puiffe aller au-delà de trente mille livres.

Celui de Paris aura foixante - quinze mille livres. Tous
continueront à jouir des bâtimens & des jardins à leur ufage,
qui font dans la ville épifcopale.

### I I.

LES évêques qui, par la fuppreffion effective de leurs

*Tome I.* Ggggggggg

fièges, refteront fans fonctions, auront pour penfion de retraite les deux tiers du traitement ci-deffus.

### I I I.

LE traitement des évêques confervés qui jugeroient à-propos de donner leur démiffion, fera des deux tiers de celui dont ils auroient joui en reftant en fonctions, pourvu toutefois que ces deux tiers n'excèdent pas la fomme de dix mille livres.

### I V.

LES curés actuels auront le traitement fixé par le décret général fur la nouvelle organifation du clergé: s'ils ne vouloient pas s'en contenter, ils auront, 1.° douze cents livres; 2.° la moitié de l'excédant de tous leurs revenus eccléfiaftiques actuels, pourvu que le tout ne s'élève pas au-delà de fix mille livres. Ils continueront tous à jouir des bâtimens à leur ufage, & des jardins dépendant de leurs cures, qui feront fitués dans le chef-lieu de leurs bénéfices.

### V.

LE traitement des vicaires actuels fera le même que celui fixé par le décret général fur la nouvelle organifation du clergé.

### V I.

AU moyen des traitemens fixés par les précédens articles, tant en faveur des évêques que des curés & vicaires, la fuppreffion du cafuel, ainfi que des preftations qui fe perçoivent fous le nom de mefures par feu, ménages, moiffons, paffion, ou fous telle autre dénomination que ce puiffe être, aura lieu à compter du premier janvier 1791; jufqu'à cette époque, ils continueront de les percevoir.

Les droits attribués aux fabriques continueront d'être payés, même après ladite époque, fuivant les tarifs & règlemens.

## V I I.

LES traitemens qui viennent d'être déterminés pour les curés
& les vicaires auront lieu à compter du premier janvier
1791.

## V I I I.

EN ce qui concerne la préfente année, les curés auront,
outre leur cafuel, favoir, ceux dont le revenu excède douze
cents livres, 1°. ladite fomme de douze cents livres; 2°. la
moitié de l'excédant, pourvu que le tout n'aille pas à plus de
fix mille livres.

A l'égard de ceux dont le revenu eft inférieur à douze cents
livres, ladite fomme leur fera payée comme il fuit: ils toucheront d'abord ce qu'ils étoient dans l'ufage de recevoir, ainfi
& de la manière qu'ils le recevoient par le paffé, & le furplus
leur fera compté dans les fix premiers mois de 1791, par les
receveurs des diftriɛts.

## I X.

LES vicaires des villes, outre leur cafuel, jouiront auffi
pendant la préfente année, de la fomme qu'on étoit dans
l'ufage de leur payer. A l'égard de ceux des campagnes, ils
auront, outre leur cafuel, la fomme de fept cents livres qui
leur fera payée de la manière portée par l'article ci-deffus.

## X.

LES abbés & prieurs-commendataires, les dignitaires,
chanoines prébendés, femi-prébendés, chapelains, officiers
eccléfiaftiques, pourvus de titres dans les chapitres fupprimés, & tous autres bénéficiers généralement quelconques,
dont les revenus eccléfiaftiques n'excèdent pas mille livres,
n'éprouveront aucune réduction.

Ceux dont les revenus excèdent ladite fomme auront,
1°. mille livres; 2°. la moitié du furplus, fans que le tout

puisse aller au-delà de six mille livres, ce qui aura lieu à compter du premier janvier 1790.

## X I.

Dans les chapitres où les revenus sont partagés par les statuts en prébendes inégales, auxquelles on parvient successivement par option ou par ancienneté, le sort de chaque chanoine sera déterminé sur le pied de ce dont il jouit actuellement ; mais lorsqu'un des anciens chanoines mourra, son traitement passera au plus ancien des chanoines dont le traitement se trouvera inférieur, & ainsi successivement ; de sorte que le traitement qui étoit le moindre sera le seul qui cessera.

La faculté de parvenir à un traitement plus considérable n'aura lieu qu'en faveur des chanoines qui seront engagés dans les ordres sacrés.

## X I I.

Dans les chapitres où par les statuts ou l'usage, les prébendes des nouveaux chanoines sont pendant un temps déterminé partagées en tout ou en partie entre les anciens chanoines, on n'aura aucun égard à cet usage, & le traitement de chaque chanoine sera fixé sur le pied d'une simple prébende.

## X I I I.

Il pourra être accordé, sur l'avis des directoires de département & de district, aux ecclésiastiques qui, sans être pourvus de titres quelconques, sont attachés à des chapitres, sous le nom d'habitués ou sous toute autre dénomination, ainsi qu'aux officiers-laics, organistes, musiciens & autres personnes employées pour le service divin & aux gages desdits chapitres séculiers & réguliers, un traitement, soit en gratification, soit en pension, suivant le temps & la nature de leurs services, eu égard à leur âge & leurs infirmités ; & cependant les appointemens ou traitemens dont ils jouiſſent leur feront payés la préſente année.

## X I V.

LES abbés réguliers perpétuels & les chefs-d'ordres inamovibles jouiront, à compter de l'époque qui ſera déterminée par les penſions des religieux; ſavoir, ceux dont les maiſons ont un revenu de dix mille livres, d'une ſomme de deux mille livres; & ceux dont la maiſon a un revenu plus conſidérable, du tiers de l'excédant, ſans que le tout puiſſe aller au-delà de ſix mille livres.

## X V.

APRÈS le décès des titulaires des bénéfices ſupprimés, les co-adjuteurs entreront en jouiſſance d'un traitement à raiſon du produit particulier du bénéfice, lequel traitement ſera fixé à la moitié de ceux décrétés par les articles précédens. Dans le cas néanmoins où les co-adjuteurs auroient d'ailleurs, à raiſon d'autres bénéfices ou penſions, un traitement actuel égal à celui ci-deſſus, ils n'auront plus rien à prétendre; & s'il eſt inférieur, il ſera augmenté juſqu'à concurrence de la moitié des traitemens décrétés par les précédens articles.

## X V I.

A COMPTER du premier janvier 1790, les évêques qui ſe ſont anciennement démis, les co-adjuteurs des évêques, les évêques ſuffragans de Trèves & de Baſle réſidant en France, jouiront d'un traitement annuel de dix mille livres, pourvu que leur revenu eccléſiaſtique actuel en bénéfices ou penſions monte à cette ſomme; & ſi ce revenu eſt inférieur, ils n'auront de traitement qu'à concurrence de ce revenu. Leur traitement, comme co-adjuteurs, ceſſera lorſqu'ils auront un traitement effectif.

## X V I I.

LES eccléſiaſtiques qui n'ont d'autres revenus eccléſiaſtiques que des penfions fur bénéfices continueront d'en jouir, pourvu qu'elles n'excèdent pas mille livres ; & fi elles excèdent ladite fomme, ils jouiront, 1°. de mille livres, 2°. de la moitié de l'excédant, pourvu que le tout n'aille pas au-delà de trois mille livres. La réduction déterminée par cet article aura lieu à compter du premier janvier 1790.

### X V I I I.

LES penfions fur bénéfices dont les biens fe trouveront régis par les économats feront auffi continuées dans les mêmes proportions que ci-deffus.

### X I X.

IL en fera de même des penfions retenues fuivant les loix canoniques, enfuite de réfignation ou permutation tant des cures que d'autres bénéfices.

### X X.

LES penfions affignées fur la caiffe des économats, le clergé & autres biens eccléfiaftiques, ainfi que les indemnités, dons, aumônes ou gratifications dont les revenus eccléfiafti- ques quelconques peuvent être chargés, feront réglés inceffam- ment fur le rapport du comité des penfions affignées fur le tréfor public.

### X X I.

TOUTES les penfions, excepté celles créées par les curés enfuite de réfignation ou permutation de leur cure, & celles qui n'étoient fujettes à aucune retenue, continueront de n'être comptées dans tous les cas que pour leur valeur réelle, c'eft- à-dire, déduction faite des trois dixièmes dont la retenue étoit ordonnée.

### X X I I.

POUR parvenir à fixer les divers traitemens réglés par les

articles précédens, chaque titulaire dreſſera, d'après les baux actuellement exiſtans pour les objets tenus à bail ou ferme, & d'après les comptes de régie & exploitation pour les autres objets, un état eſtimatif de tous les revenus eccléſiaſtiques dont il jouit, ainſi que des charges dont il eſt grevé : ledit état ſera communiqué aux municipalités des lieux où les biens ſont ſitués, pour être contredit ou approuvé; & le directoire du département dans lequel ſe trouve le chef-lieu du bénéfice donnera ſa déciſion, après avoir pris l'avis du directoire du diſtrict.

### X X I I I.

SERONT compris dans la maſſe des revenus eccléſiaſtiques dont jouiſſent chaque corps ou chaque individu, les penſions ſur bénéfices, les dixmes, les déports qui formoient l'unique dotation des archidiacres & archiprêtres; mais le caſuel, ainſi que le produit des droits ſupprimés ſans indemnité, ne pourront y entrer.

### X X I V.

LES portions congrues, y compris leur augmentation, les penſions dont le titulaire eſt grevé, les frais du culte divin, la dépenſe pour le bas-chœur & les muſiciens, lorſque les corps ou les titulaires en ſeront chargés, & toutes les autres charges réelles ordinaires & annuelles, ſeront déduites ſur ladite maſſe. Le traitement ſera enſuite fixé ſur ce qui reſtera d'après les proportions réglées par les articles précédens.

### X X V.

LA réduction qui ſera faite à raiſon de l'augmentation des portions congrues ne pourra néanmoins opérer la diminution des traitemens des titulaires actuels au-deſſous du *minimum* fixé pour chaque eſpèce de bénéfice.

### X X V I.

LES titulaires qui tiendront des maiſons de leurs corps à

titre de vente à vie ou à bail à vie, en jouiront jufqu'à leur décès, à la charge de payer inceffamment au receveur du diftrict où fe trouvera le chef-lieu du bénéfice, le prix de la vente dont ils feroient en arrière, & le prix du bail aux termes y portés.

### X X V I I.

A L'ÉGARD des chapitres dans lefquels des titres de fondation ou donation, des ftatuts homologués par arrêt ou revêtus de lcttres-patentes duement enregiftrées, ou un ufage immémorial donnoient à l'acquéreur d'une maifon canoniale, à fes héritiers ou ayant-caufes, un droit à la totalité ou à une partie du prix de la revente de cette maifon, ces titres & ftatuts feront exécutés fuivant leur forme & teneur, & l'ufage immémorial fera fuivi comme par le paffé. En conféquence, les titulaires poffeffeurs defdites maifons, leurs héritiers ou ayant-caufes pourront en difpofer comme bon leur femblera, à la charge par eux de payer au receveur du diftrict, outre ce qui fera porté dans les titres & ftatuts, ou réglé par l'ufage immémorial, le fixième de la valeur des maifons, fuivant l'eftimation qui en fera faite; & dans le cas où le droit n'exifteroit pas, les titulaires poffeffeurs n'auront que la jouiffance accordée par l'article précédent.

### X X V I I I.

LES donateurs defdites maifons & autres qui prétendront avoir droit de toucher une fomme à chaque mutation, ou d'autres droits quelconques fur lefdites maifons, ne pourront exercer leurs actions que centre les titulaires auxquels il eft permis d'en difpofer par l'article II ci-deffus, fauf à ceux-ci leurs exceptions & défenfes au contraire.

### X X I X.

LES titulaires des bénéfices fupprimés qui juftifieroient en
avoir

avoir bâti ou reconſtruit entièrement à neuf la maiſon d'habitation à leurs frais, jouiront pendant leur vie de ladite
maiſon.

### X X X.

NÉANMOINS, lors de l'aliénation qui ſera faite, en vertu
des décrets de l'aſſemblée, des maiſons dont la jouiſſance
eſt laiſſée aux titulaires, ils ſeront indemniſés de la valeur de
ladite jouiſſance, ſur l'avis des adminiſtrations de diſtriét & de
département.

### X X X I.

LES maiſons dont la jouiſſance ou la diſpoſition eſt accordée aux titulaires par les articles XXV, XXVI & XXVIII,
n'entreront pour rien dans la compoſition de la maſſe de leurs
revenus eccléſiaſtiques, qui ſera faite pour la fixation de leur
traitement; & ceux auxquels la jouiſſance en eſt accordée, tant
qu'ils jouiront, reſteront obligés à toutes les réparations & à
toutes les charges.

### X X X I I.

LES revenus des bénéfices dont le titre eſt en litige n'entreront dans la formation de la maſſe à faire pour fixer le traitement des prétendans auxdits bénéfices, que pour mémoire
juſqu'au jugement du procès, ſauf après la déciſion, à accorder
le traitement réſultant deſdits bénéfices à qui de droit; & les
compétiteurs ne pourront faire juger que contradiétoirement
avec le procureur-général-ſyndic du département où s'en trouvera le chef-lieu.

### X X X I I I.

LES titulaires qui ſont autoriſés à continuer, pour la préſente année ſeulement, la régie & l'exploitation de leurs biens,
retiendront par leurs mains les traitemens fixés par les articles
précédens, & les autres ſeront payés deſdits traitemens à la caiſſe

*Tome I.*                              H h h h h h h h

du diftriét , fur les premiers deniers qui feront verfés par les fermiers ou locataires.

## X X X I V.

Tous ceux auxquels il eft accordé des traitemens ou penfions de retraite, & qui dans la fuite feroient pourvus d'offices ou emplois pour le fervice divin , ne conferveront que le tiers du traitement qui leur eft accordé par le préfent décret , & ils jouiront de la totalité de celui attribué à la place dont ils rempliront les fonétions. Dans le cas où ils fe trouveroient de nouveau fans office ou emploi du même genre , ils reprendroient la jouiffance de leur penfion de retraite.

## X X X V.

La moitié de la fomme formant le *minimum* du traitement attribué à chaque claffe d'eccléfiaftiques , tant en aétivité que fans fonétions , fera infaififfable.

## X X X V I.

Les adminiftrateurs de départemens & de diftriéts prendront la régie des bâtimens & édifices qui leur a été confiée par les décrets des 14 & 20 avril dernier, dans l'état où ils fe trouveront ; en conféquence , les bénéficiers aétuels, maifons, corps & communautés, ne feront inquiétés en aucune manière pour les réparations qu'ils auroient dû aire.

## X X X V I I.

Néanmoins ceux defdits bénéficiers qui auroient reçu de leurs prédéceffeurs ou de leurs repréfentans des fommes ou valeurs moyennant lefquelles ils fe feroient chargés en tout ou partie defdites réparations, feront tenus de prouver qu'ils ont rempli leurs engagemens; & ceux qui ont obtenu des coupes de bois pour faire aucunes réparations ou réédifications , feront tenus d'en rendre compte au direétoire de diftriét du chef-lieu du bénéfice.

### X X X V I I I.

A DATER du premier janvier 1791, les traitemens feront payés de trois mois en trois mois ; favoir, aux évêques, curés & vicaires, par le receveur de leur diftrict, & à tous les autres, ainfi qu'aux titulaires & aux penfionnaires, par le receveur du diftrict dans lequel ils fixeront leur domicile ; & feront les quittances allouées pour comptant aux receveurs qui auront payé.

### X X X I X.

LES évêques & les curés confervés dans leurs fonctions ne pourront recevoir leur traitement qu'au préalable ils n'ayent prêté le ferment prefcrit par les articles XXI & XXXVIII du titre II du décret fur la conftitution du clergé.

### X L.

LES adminiftrateurs & deffervans des églifes catholiques établies dans l'étranger, notamment dans les lieux reftitués à l'Empire par le traité de Rifwick, continueront de recevoir comme par le paffé, des mains du receveur du diftrict le plus prochain, le même traitement qui leur a été payé fur les deniers publics levés en France. Le directoire du département, fur l'avis du directoire du diftrict, ordonnera & fera fournir par le même receveur ce qui fera néceffaire pour les frais du culte dans lefdites églifes, conformément à l'ufage, le tout provifoirement & jufqu'à ce que l'affemblée ait pris un parti définitif.

---

*Décret de l'Affemblée nationale, du 3 Août 1790.*
## ARTICLES ADDITIONNELS
*Au traitement du clergé actuel.*

L'ASSEMBLÉE NATIONALE, expliquant différens articles de fon décret du 24 juillet dernier, fur le traitement du clergé actuel, décrète ce qui fuit :

### ARTICLE PREMIER.

LE traitement des vicaires des villes, pour la préfente année, fera, fuivant l'article IX du décret du 24 juillet dernier, outre leur cafuel, de la même fomme qu'ils font en ufage de recevoir; & dans le cas où cette fomme, réunie à leur cafuel, ne leur produiroit pas celle de fept cents livres, ce qui s'en manquera leur fera payé dans les fix premiers mois de l'année 1791.

### I I.

SI les titulaires de bénéfices éprouvent dans leur traitement une diminution réfultant de celle qui proviendra de l'augmentation des portions congrues des curés jufqu'à concurrence des cinq cents livres, & des vicaires jufqu'à concurrence de trois cent cinquante livres & du retranchement des droits fupprimés fans indemnité, les penfionnaires fupporteront une diminution proportionnelle à celle des titulaires, fur leurs revenus provenant des bénéfices fujets à penfion.

### I I I.

LA réduction qui fera faite par le retranchement des droits fupprimés fans indemnité ne pourra, de même que celle mentionnée dans l'article XXV dudit décret, & réfultant de ladite augmentation des portions congrues, opérer la diminution des traitemens des titulaires ni des penfions au-deffus du *minimum* fixé pour chaque efpèce de bénéfices & pour les penfions.

### I V.

LES évêques & les curés qui auroient été pourvus, à compter du premier janvier 1790 jufqu'au jour de la publication du décret du 12 juillet fuivant, fur l'organifation nouvelle du clergé, n'auront d'autre traitement que celui attribué à chaque efpèce d'offices par le même décret.

### V.

A L'ÉGARD des titulaires des autres efpèces de bénéfices en patronage laic ou de collation laïcale , qui auroient été pourvus dans le même intervalle de temps , autrement que par voie de permutation des bénéfices qu'ils poffédoient avant le premier janvier 1790 , ils n'auront d'autre traitement que celui accordé par l'article X du décret du 24 juillet , fans que le *maximum* puiffe s'élever au-delà de mille livres.

Quant à ceux qui auroient été pourvus pendant ledit temps, par voie de permutation, des bénéfices du genre ci-deffus, qu'ils poffédoient avant le premier janvier 1790 , le *maximum* de leur traitement pourra , fuivant ledit article X , s'élever à la fomme de fix mille livres.

### V I.

LES bénéficiers dont les revenus anciens auroient pu augmenter en conféquence d'unions légitimes & confommées , mais dont l'effet fe trouveroit fufpendu en tout ou en partie par la jouiffance réfervée aux titulaires dont les bénéfices avoient été fupprimés & unis , recevront, au décès defdits titulaires , une augmentation de traitement proportionnelle à ladite jouiffance , fans que cette augmentation puiffe porter leur traitement au-delà du *maximum* déterminé pour chaque efpèce de bénéfices.

---

*Décret de l'Affemblée nationale , pour accélérer la liquidation & le payement du traitement du Clergé actuel , des 6 & 11 Août 1790.*

L'ASSEMBLÉE nationale , ouï le rapport de fon comité eccléfiaftique , voulant accélérer la fixation des traitemens accordés aux eccléfiaftiques par fes précédens décrets, défirant auffi en faciliter l'acquittement pour la préfente année & celles à venir , & connoître la dépenfe de l'année 1791 , tant pour ces

traitemens que pour les penfions des ordres religieux , décrète
ce qui fuit :

### ARTICLE PREMIER.

DANS le mois , à compter de la publication du préfent
décret , tous ceux à qui il a été accordé des traitemens ou
penfions feront tenus , pour fatisfaire à l'article XXII du décret
du 24 juillet dernier , de fe conformer à ce qui eft réglé ci-
après , à défaut de quoi ils ne feront point compris dans les états
dont il fera parlé dans les articles fuivans.

### I I.

LES évêques & les curés confervés dans leurs fonctions
adrefferont au directoire du diftrict de leur réfidence l'état de
tous les revenus & penfions dont ils jouiffoient , duquel état le
fecrétaire du diftrict leur donnera fon récépiffé.

### I I I.

LES membres des chapitres & de tous autres corps , ainfi que
les eccléfiaftiques & les perfonnes qui leur font attachées, &
qui font autorifées , par l'art. XIII du décret du 24 juillet dernier , à préfenter des mémoires pour obtenir des traitemens,
penfions ou gratifications, s'adrefferont au directoire du diftrict
defdits etabliffemens , dans quelque endroit que foient leurs
revenus , tant en penfions qu'autrement.

### I V.

LES titulaires qui n'avoient qu'un bénéfice fans penfions ou
avec des penfions s'adrefferont au directoire du diftrict du chef-
lieu de ce bénéfice.

### V.

CEUX qui en avoient plufieurs , également fans penfions
ou avec des penfions , s'adrefferont au directoire de diftrict

dans lequel fe trouvera le chef-lieu du bénéfice du plus grand produit.

### V I.

LES eccléfiaftiques qui n'ont que des penfions , & qui n'en ont que fur un bénéfice , s'adrefferont, pour les faire régler, au directoire du diftrict auquel le titulaire doit préfenter l'état de fes revenus eccléfiaftiques.

### V I I.

QUANT à ceux qui en ont fur plufieurs bénéfices , ils s'adrefferont au directoire du diftrict dans lequel fe trouvera le chef-lieu du bénéfice fur lequel fera affignée la plus forte penfion , à la charge de rappeler la nature & la quotité des autres.

### V I I I.

PAR rapport à ceux qui en ont fur des bénéfices tombés aux économats, encore qu'ils en euffent fur d'autres bénéfices, ils s'adrefferont à la municipalité de Paris.

### I X.

LES directoires de diftrict auxquels on fe fera adreffé prendront , avant de donner leurs avis, des directoires des diftricts de la fituation des biens, les éclairciffemens qu'ils jugeront néceffaires, & ces directoires feront tenus de les leur donner fans délai à la première réquifition.

### X.

AU moyen des difpofitions contenues en l'article IX cideffus, & pour une plus grande accélération , les titulaires & les penfionnaires font difpenfés de communiquer eux-mêmes leur état aux municipalités.

### X I.

LES directoires de diftrict chargés de donner leur avis, y

procèderont fans délai; ils l'infcriront fur un regiftre qu'ils tiendront à cet effet, & ils feront mention du nom, du titre & du
domicile du réclamant, ainfi que du montant des traitemens,
penfions ou gratifications, tant de ce qui aura été demandé, que
de ce qu'ils eftimeront devoir être réglé.

### X I I.

NÉANMOINS s'il fe trouvoit des traitemens, penfions ou gratifications fur lefquels ils ne pourroient donner promptement
leur avis définitif, ils le donneront provifoirement fur ce qui fera
fans difficulté; & dans fix mois, à compter de ce jour, ils
s'expliqueront définitivement.

### X I I I.

DANS trois femaines après l'expiration du délai d'un mois
accordé aux titulaires par l'article premier du préfent décret,
les directoires de diftrict enverront à ceux de département
un extrait des avis qu'ils auront donnés, avec un expofé
fuccinct de leurs motifs; & il fera donné aux eccléfiaftiques
qui le requerront une copie de l'avis du directoire du
diftrict.

### X I V.

ILS joindront audit extrait un tableau conforme au modèle
qui leur fera envoyé, de la dépenfe, tant de la préfente année
que de l'année 1791, pour les traitemens, penfions ou gratifications fur lefquels ils auront donné leur avis.

### X V.

ILS placeront fur le même tableau le nombre des religieux,
des religieufes & chanoineffes de leur reffort, en diftinguant
les religieux feulement qui font âgés de moins de cinquante ans,
ceux de cinquante ans & plus, ceux de foixante-dix ans & au-
delà; & enfin, ceux qui font mendians & ceux qui ne le font
pas, fous autant de colonnes que ces différentes diftinctions
pourront l'exiger.

### X V I.

### X V I.

DANS trois femaines après l'expiration du délai fixé pour les directoires de diftrict, les directoires de département arrêteront & fixeront définitivement les traitemens ou penfions dont le tableau leur aura été adreffé; & dans le même délai, ils enverront à l'affemblée nationale un tableau général formé de ceux des diftricts.

### X V I I.

A L'ÉGARD des traitemens ou penfions qu'ils ne pourroient régler définitivement, ils les arrêteront provifoirement jufqu'à concurrence du *minimum* de chaque efpèce de bénéfices, ou jufqu'à concurrence de ce qui ne fera point de difficulté; & dans neuf mois, à compter de ce jour, ils règleront définitivement ce qui fe trouvera en arrière.

### X V I I I.

ILS infcriront leurs décifions dans la forme prefcrite pour les directoires de diftrict, fur un regiftre qu'ils tiendront à cet effet; & ils auront foin de ne donner, de même que les directoires de diftrict, qu'un fimple avis fur les demandes qui feront faites par les perfonnes mentionnées dans l'article XIII du décret du 24 juillet dernier, dont ils renverront la décifion à l'affemblée nationale avec les motifs de leur avis.

### X I X.

POUR la plus prompte expédition, tant des travaux ci-devant expliqués, que de ceux dont ils font ou feront chargés, les directoires de diftrict & ceux de département pourront s'adjoindre pendant fix mois; favoir, les premiers, deux membres, & les feconds, quatre membres de ces adminiftrations, lefquels auront voix délibérative. Les directoires de diftrict pourront en outre déléguer aux municipalités qu'ils défigneront telle partie de leurs travaux qu'ils jugeront à-propos.

## X X.

Tous les eccléfiaftiques féculiers & réguliers qui ont dû continuer la geftion de leurs biens en rendront compte dans le courant de janvier 1791.

## X X I.

Les comptes feront préfentés aux directoires de diftrict qui, pour les débattre, prendront des municipalités les éclair-ciffemens néceffaires, & ils feront arrêtés par les directoires de département.

## X X I I.

Les directoires de diftrict & de département où feront portés ces comptes feront les mêmes que ceux déterminés par les articles II, III, IV, V, VI & VII du préfent décret concer-nant les opérations relatives à la fixation des traitemens, penfions ou gratifications.

## X X I I I.

Les comptables pourront porter dans la dépenfe de leur compte le montant de leur traitement, penfions ou gratifica-tions de la préfente année, même les curés ce qu'ils auront payé à leurs vicaires.

## X X I V.

Si, par la recette que les comptables auront faite, ils ne font pas remplis de leurs avances ou de leurs traitemens, pen-fions ou gratifications, ce qui s'en manquera leur fera payé inceffamment, fans cependant avancer le payement des aug-mentations accordées aux curés & aux vicaires, qui ne doivent leur être comptées que dans les fix premiers mois de 1791; & fi les comptables font reliquataires, ils pourront retenir fur

leur reliquat le premier quartier de leur traitement ou pensions de l'année 1791 : quant au restant, ils seront tenus de
le verser dans la caisse du district au directoire duquel ils auront
rendu compte.

### X X V.

A L'ÉGARD de ceux dont les revenus étoient affermés, ils
recevront sur les premiers deniers qui entreront en caisse
leurs traitemens, pensions ou gratifications de la présente
année, des mains des receveurs des districts aux directoires
desquels ils auront adressé leurs états ou mémoires pour les
faire liquider.

### X X V I. '

IL en sera de même pendant la présente année, pour tous
les pensionnaires sur bénéfices non tombés aux économats.
Quant à ceux qui ont des pensions sur des bénéfices aux économats, ils les recevront la présente année, des mains du
receveur de cette administration, ou du trésorier de la municipalité de Paris.

### X X V I I.

LES receveurs de district sont & demeurent chargés, à
peine de responsabilité, de faire toutes diligences pour faire
rentrer tous les fermages, loyers, arrérages & toutes autres
dettes actives, de quelque nature qu'elles soient, échues
actuellement, même avant le premier janvier 1790, & qui
écherront par la suite; & néanmoins les titulaires particuliers
dont les revenus forment une mense individuelle, & les membres des corps qui avoient une bourse particulière, ou qui en
partageoient les fruits, pourront toucher directement des
fermiers & débiteurs les fermages & arrérages échus avant
le premier janvier 1790, même ceux représentatifs des fruits
crûs en l'année 1789 & les précédentes, à quelque époque
qu'ils soient dus, en justifiant qu'ils ont acquitté le premier

tiers de leur contribution patriotique, enfemble toutes les charges bénéficiales autres que les réparations à faire, pour l'acquit defquelles ils n'ont reçu aucunes fommes de leurs prédéceffeurs ; pour quoi ils feront tenus de déclarer dans quinzaine, à compter du préfent décret, aux directoires de diftrict, qu'ils entendent ufer de la faculté qui leur eft préfentement accordée, de requérir dans le mois, & d'obtenir enfuite une ordonnance de vérification de l'acquit des obligations ci-deffus, du directoire du département dans le reffort duquel fe trouve le chef-lieu du bénéfice, laquelle ordonnance fera rendue fur l'avis du directoire du diftrict.

### *X X V I I I.

L'ASSEMBLÉE ayant déclaré nationales toutes les dettes paffives légalement contractées par le clergé, & entendant y comprendre celles qui feront reconnues, fuivant les règles qui feront inceffamment déterminées, légitimement contractées par les corps, maifons & communautés féculiers & réguliers dont l'adminiftration a été reprife en vertu du décret des 14 & 20 avril dernier, déclare pareillement nationales toutes les dettes actives des mêmes corps, maifons & communautés ; en conféquence, il ne pourra être ordonné par aucun adminiftrateur, ni être fait par les receveurs des diftricts auxdits corps, aucun payement des fommes provenant des caufes énoncées en l'article ci-deffus.

### X X I X.

TOUTES les fommes qui doivent être verfées dans les caiffes des receveurs de diftrict feront payées par les débiteurs, nonobftant toutes faifies - arrêts ou oppofitions exiftant entre leurs mains, lefquels tiendront entre celles defdits receveurs.

### X X X.

LES fermiers dont le prix du bail fera en denrées, ainfi que les redevables de rentes de même nature, feront tenus de payer en argent, d'après l'évaluation des denrées, portée dans le tableau dépofé au greffe de la juftice royale du lieu, au moment de l'échéance des termes; & il leur fera donné pour faire leur payement un délai de trois mois après l'échéance des termes.

### X X X I..

LES fermiers & locataires principaux payeront au rece- veur du diftrict dans lequel fe trouvera le chef-lieu du bénéfice ou de l'établiffement des corps dont ils tiendront les biens, quelque part qu'ils foient fitués, fous l'exception énoncée en l'article XXVII, laquelle aura également lieu pour les articles XXXII, XXXIII, XXXIV & XXXV, ci-après.

### X X X I I.

CEPENDANT s'ils tiennent leurs baux du même bénéficier ou d'un même corps, à des prix diftincts & féparés pour des biens dépendant du même bénéfice ou du même corps, & fitués dans différens diftricts, ou dépendant de plufieurs bénéfices, & fitués également dans des diftricts différens, ils payeront au receveur du diftrict de la fituation des biens.

### X X X I I I.

S'ILS tiennent d'un feul bénéficier des biens dépendant de plufieurs bénéfices fitués dans des différens diftricts, & fi les baux ne contiennent pas des prix diftincts & féparés, ils payeront au receveur du diftrict où fe trouvera le bénéfice du plus grand produit.

### X X X I V.

LES fous-fermiers qui n'auront pas été, par le bail, délé- gués à payer au bailleur lui-même, payeront au fermier principal, à la charge de donner préalablement au receveur

du diſtrict connoiſſance du ſous-bail ; & celui-ci, de l'avis
du directoire, pourra faire entre les mains des ſous-fermiers
telles ſaiſies-arrêts ou oppoſitions qu'il jugera convenables
pour la ſûreté des deniers.

### X X X V.

Tous les autres débiteurs payeront au receveur du diſtrict
de l'établiſſement du corps ou du chef-lieu du bénéfice, de la
même manière qu'ils étoient tenus de payer auxdits bénéficiers
& auxdits corps.

### X X X V I.

Lesdits débiteurs feront tenus de déclarer dans la
quinzaine, à compter de la publication du préſent décret, aux
ſecrétariats des diſtricts indiqués par l'article ci-deſſus, ce
qu'ils devront, à peine d'une amende de la valeur de la
ſomme due, à l'exception cependant des redevables des cens
& rentes ci-devant ſeigneuriales & foncières.

### X X X V I L

Seront pareillement tenus les fermiers, locataires & tous
autres conceſſionnaires ou prétendans droit de jouir des biens
nationaux, à quel titre que ce ſoit, de déclarer dans le même
délai ; ſavoir, les fermiers & locataires aux ſecrétariats des
diſtricts où ils doivent payer, ſuivant les articles XXXI,
XXXII & XXXIII, & les autres aux ſecrétariats des diſtricts
où ſe trouveront les chef-lieux d'établiſſement des corps ou
des bénéfices dont leſdits biens dépendront, comment, en
vertu de quoi ils prétendront jouir, & de repréſenter & faire
parapher leurs titres.

Ils déclareront en outre s'ils ont promis payer quelques
ſommes à titre de pot-de-vin, ſigné quelques promeſſes ou
billets en augmentation du prix de leur bail ou conceſſion.

### XXXVIII.

CEUX qui refuferont de faire leur déclaration, & ceux qui feront convaincus d'en avoir fait une fauffe, ou d'avoir recelé la promeffe de quelques pots-de-vin, feront & demeureront de plein droit déchus de toute jouiffance, & feront condamnés en une amende de la valeur des fommes qu'ils auroient recelées.

### XXXIX.

LES fommes dues pour pot-de-vin, qui refteront à payer, feront divifées en autant d'années que celles pour lefquelles les baux auroient été faits, & ce qui fera déterminé pour les années antérieures à l'année 1790, ou pour être repréfentatif des fruits de 1789, fera payé auxdits bénéficiers, ainfi qu'il eft dit en l'article XXVII.

### XL.

LESDITS receveurs feront tenus de payer au fur & à mefure qu'ils recevront, & par numéro des ordonnances qui feront délivrées par les directoires de département, les fommes qui y feront portées; & s'il ne fe trouvoit pas de deniers dans leurs caiffes, il fera pourvu par le directoire du département à ce qu'il foit fait des verfemens d'une caiffe de diftrict dans une autre de fon reffort, & par l'affemblée nationale, lorfqu'il s'agira du reffort d'un autre département.

### XLI.

LE payement des traitemens, penfions ou gratifications fera fait, pour l'année 1791 & les fuivantes, conformément à l'article XXXVIII du décret du 24 juillet dernier, & ceux qui changeront de domicile feront tenus d'en faire leur déclaration au fecrétariat, tant du diftrict qu'ils quitteront que de celui où ils iront demeurer : ils feront tenus en outre, quand ils ne recevront pas eux-mêmes, de faire préfenter par leur fondé de procuration un certificat de vie, qui leur sera délivré sans frais par les officiers de leur municipalité..

Nous avons accepté & sanctionné, & par ces présentes, signées de notre main, acceptons & sanctionnons le présent décret.

Mandons & ordonnons à tous les tribunaux, corps administratifs & municipalités, que les présentes ils fassent transcrire sur leurs registres, lire, publier & afficher dans leurs ressorts & départemens respectifs, & exécuter comme loi du royaume. En foi de quoi nous avons signé & fait contresigner cesdites présentes, auxquelles nous avons fait apposer le sceau de l'état. A Paris, le vingt-quatrième jour du mois d'août, l'an de grâce mil sept cent quatre-vingt-dix, & de notre règne le dix-septième. *Signé* LOUIS. *Et plus bas*, ✠ l'Archevêque de Bordeaux. Et scellées du sceau de l'état.

PROCLAMATION

# PROCLAMATION DU ROI,

*Concernant l'Imprimerie Royale.*

Du 24 Août 1790.

Vu par le roi le décret dont voici la teneur :

*DÉCRET de l'Assemblée nationale, du 14 Août 1790.*

L'ASSEMBLÉE nationale a décrété & décrète ce qui suit :

### ARTICLE PREMIER.

IL fera dreffé un inventaire des caractères, poinçons, matrices, gravures & autres objets appartenant à la nation, dans les fonds de l'imprimerie royale, par les fieurs de Guignes & Danffe, de l'académie des belles-lettres, & le fieur Aniffon, directeur de ladite imprimerie.

### II.

CET inventaire, figné d'eux, fera dépofé aux archives nationales.

### III.

LES reliures ni les gravures, autres que celles qui font néceffaires pour la typographie, ne feront portées au compte de la dépenfe publique.

LE ROI a fanctionné & fanctionne ledit décret, pour être exécuté fuivant fa forme & teneur. FAIT à Paris, le vingt-quatre août mil fept cent quatre-vingt-dix. *Signé* LOUIS. *Et plus bas*, par le roi, GUIGNARD.

*Tome I.*                    Kkkkkkkk

# L O I

## Sur l'Organisation judiciaire.

Données à Paris , le 24 Août 1790.

LOUIS , par la grâce de Dieu & par la loi conſtitutionnelle
de l'état , ROI DES FRANÇOIS : A tous préſens & à venir :
SALUT. L'aſſemblée nationale a décrété , & nous voulons &
ordonnons ce qui ſuit :

*DÉCRET de l'Aſſemblée nationale , ſur l'Organiſation
judiciaire , du 16 Août 1790.*

## TITRE PREMIER.

### Des Arbitres.

#### ARTICLE PREMIER.

L'ARBITRAGE étant le moyen le plus raiſonnable de terminer les conteſtations entre les citoyens , les légiſlatures ne
pourront faire aucunes diſpoſitions qui tendroient à diminuer,
ſoit la faveur , ſoit l'efficacité des compromis.

#### I I.

TOUTES perſonnes ayant le libre exercice de leurs droits &
de leurs actions , pourront nommer un ou pluſieurs arbitres
pour prononcer ſur leurs intérêts privés , dans tous les cas &
en toutes matières ſans exception.

#### I I I.

LES compromis qui ne fixeront aucun délai dans lequel les
arbitres devront prononcer , & ceux dont le délai ſera expiré,
feront néanmoins valables & auront leur exécution , juſqu'à
ce qu'une des parties ait fait ſignifier aux arbitres qu'elle ne
veut plus tenir à l'arbitrage.

### I V.

Il ne sera point permis d'appeler des sentences arbitraires, à moins que les parties ne se soient expressément réservé, par le compromis, la faculté de l'appel.

### V.

Les parties qui conviendront de se réserver l'appel seront tenues de convenir également par le compromis, d'un tribunal, entre tous ceux du royaume, auquel l'appel sera déféré, faute de quoi l'appel ne sera pas reçu.

### V I.

Les sentences arbitrales dont il n'y aura pas d'appel seront rendues exécutoires par une simple ordonnance du président du tribunal de district, qui sera tenu de la donner au bas ou en marge de l'expédition qui lui sera présentée.

## TITRE II.
### Des Juges en général.
### ARTICLE PREMIER.

La justice sera rendue au nom du roi.

### I I.

La vénalité des offices de judicature est abolie pour toujours; les juges rendront gratuitement la justice, & seront salariés par l'état.

### I I I.

Les juges seront élus par les justiciables.

### I V.

Ils seront élus pour six années; à l'expiration de ce terme,

Kkkkkkkk 2

il fera procédé à une élection nouvelle, dans laquelle les mêmes juges pourront être réélus.

### V.

IL fera nommé auffi des fuppléans, qui, felon l'ordre de leur nomination, remplaceront, jufqu'à l'époque de la prochaine élection, les juges dont les places viendront à vaquer dans le cours des fix années. Une partie fera prife dans la ville même du tribunal, pour fervir d'affeffeurs en cas d'empêchement momentané de quelques-uns des juges.

### V I.

LES juges élus & les fuppléans, lorfqu'ils devront entrer en activité après la mort ou la démiffion des juges, recevront du roi des lettres patentes fcellées du fceau de l'état, lefquelles ne pourront être refufées, & feront expédiées fans retard & fans frais, fur la feule préfentation du procès - verbal d'élection.

### V I I.

LES lettres patentes feront conçues dans les termes fuivans :

« *LOUIS, &c.                  Les électeurs du diftrict*
» *de                  nous ayant fait repréfenter le procès-*
» *verbal de l'élection qu'ils ont faite, conformément aux*
» *décrets conftitutionnels, de la perfonne du fieur          pour*
» *remplir pendant fix années un office de juge du diftrict*
» *de                  nous avons déclaré & déclarons que*
» *ledit fieur          eft juge du diftrict de*
» *qu'honneur doit lui être porté en cette qualité, & que la*
» *force publique fera employée, en cas de néceffité, pour*
» *l'exécution des jugemens auxquels il concourra, après avoir*
» *prêté le ferment requis, & avoir été duement inftallé ».*

### V I I I.

LES officiers chargés des fonctions du miniftère public feront nommés à vie par le roi, & ne pourront, ainfi que les juges, être deftitués que pour forfaiture duement jugée par juges compétens.

## I X.

NUL ne pourra être élu juge ou fuppléant, ou chargé des fonctions du miniftère public, s'il n'eft âgé de trente ans accomplis, & s'il n'a été pendant cinq ans juge ou homme de loi, exerçant publiquement auprès d'un tribunal.

## X.

LES tribunaux ne pourront prendre directement ou indirectement aucune part à l'exercice du pouvoir légiflatif, ni empêcher ou fufpendre l'exécution des décrets du corps légiflatif, fanctionnés par le roi, à peine de forfaiture.

## X I.

ILS feront tenus de faire tranfcrire purement & fimplement dans un regiftre particulier, & de publier dans la huitaine, les loix qui leur feront envoyées.

## X I I.

ILS ne pourront point faire de règlemens, mais ils s'adreſ-feront au corps légiflatif toutes les fois qu'ils croiront néceffaire, foit d'interpréter une loi, foit d'en faire une nouvelle.

## X I I I.

LES fonctions judiciaires font diftinctes & demeureront toujours féparées des fonctions adminiftratives. Les juges ne pourront, à peine de forfaiture, troubler, de quelque manière que ce foit, les opérations des corps adminiftratifs, ni citer devant eux les adminiftrateurs pour raifon de leurs fonctions.

## X I V.

EN toute matière civile ou criminelle, les plaidoyers, rapports & jugemens feront publics; & tout citoyen aura le droit de défendre lui-même sa cause, soit verbalement, soit par écrit.

## X V.

LA procédure par jurés aura lieu en matière criminelle; l'inftruction fera faite publiquement, & aura la publicité qui fera déterminée.

## X V I.

TOUT privilège en matière de juridiction eft aboli; tous les citoyens, fans diftinction, plaideront en la même forme & devant les mêmes juges, dans les mêmes cas.

## X V I I.

L'ORDRE conftitutionnel des juridictions ne pourra être troublé, ni les jufticiables diftraits de leurs juges naturels, par aucunes commiffions, ni par d'autres attributions ou évocations que celles qui feront déterminées par la loi.

## X V I I I.

TOUS les citoyens étant égaux devant la loi, & toute préférence pour le rang & le tour d'être jugé étant une injuftice, toutes les affaires, fuivant leur nature, feront jugées lorfqu'elles feront inftruites, dans l'ordre felon lequel le jugement en aura été requis par les parties.

## X I X.

LES loix civiles feront revues & réformées par les légif-latures; & il fera fait un code général de loix fimples, claires, & appropriées à la conftitution.

## X X.

LE code de la procédure civile fera inceffamment réfor-mé, de manière qu'elle foit rendue plus fimple, plus expé-ditive & moins coûteufe.

### X X I.

Le code pénal fera inceſſamment réformé, de manière que les peines ſoient proportionnées aux délits ; obſervant qu'elles ſoient modérées, & ne perdant pas de vue cette maxime de la déclaration des droits de l'homme, que *la loi ne peut établir que des peines ſtrictement & évidemment néceſſaires.*

## TITRE III.
### *Des Juges de paix.*

#### ARTICLE PREMIER.

Il y aura dans chaque canton un juge de paix, & des prudhommes-aſſeſſeurs du juge de paix.

### I I.

S'il y a dans le canton une ou pluſieurs villes ou bourgs dont la population excède deux mille ames, ces villes ou bourgs auront un juge de paix & des prudhommes particuliers. Les villes & bourgs qui contiendront plus de huit mille ames auront le nombre de juges de paix qui ſera déterminé par le corps légiſlatif, d'après les renſeignemens qui feront donnés par les adminiſtrations du département.

### I I I.

Le juge de paix ne pourra être choiſi que parmi les citoyens éligibles aux adminiſtrations de département & de diſtrict, & âgés de trente ans accomplis, ſans autre condition d'éligibilité.

### I V.

Le juge de paix ſera élu au ſcrutin individuel, & à la pluralité abſolue des ſuffrages, par les citoyens actifs réunis en aſſemblées primaires. S'il y a pluſieurs aſſemblées primaires dans le canton, le recenſement de leurs ſcrutins particuliers ſera fait en commun, par des commiſſaires de

chaque affemblée. Il en fera de même, dans les villes &
bourgs au-deffus de huit mille ames, à l'égard des fections
qui concourront à la nomination du même juge de paix.

### V.

UNE expédition de l'acte de nomination du juge de paix
fera envoyée & dépofée au greffe du tribunal de diftrict.
L'acte de nomination & celui du dépôt au greffe tiendront
lieu de lettres patentes au juge de paix.

### V I.

LES mêmes électeurs nommeront parmi les citoyens actifs
de chaque municipalité, au fcrutin de lifte, & à la pluralité
relative, quatre notables deftinés à faire les fonctions d'affeffeurs du juge de paix. Ce juge appellera ceux qui feront
nommés dans la municipalité du lieu où il aura befoin de leur
affiftance.

### V I I.

DANS les villes & bourgs dont la population excèdera huit
mille ames, les prudhommes - affeffeurs feront nommés en
commun par les fections qui concourront à l'élection d'un
juge de paix. Elles recenferont à cet effet leurs fcrutins particuliers, comme il eft dit en l'article IV ci-deffus.

### V I I I.

LE juge de paix & les prudhommes feront élus pour deux
ans, & pourront être continués par réélection.

### I X.

LE juge de paix, affifté de deux affeffeurs, connoîtra avec
eux de toutes les caufes purement perfonnelles & mobiliaires fans appel, jufqu'à la valeur de cinquante livres, & à
charge d'appel jufqu'à la valeur de cent livres; en ce dernier
cas, fes jugemens feront exécutoires par provifion, nonobftant

l'appel

l'appel, en donnant caution. Les légiflatures pourront élever le taux de cette compétence.

## X.

Il connoîtra de même fans appel jufqu'à la valeur de cinquante livres ; & à charge d'appel, à quelque valeur que la demande puiffe monter,

1.º Des actions pour dommages faits, foit par les hommes, foit par les animaux, aux champs, fruits & récoltes;

2.º Des déplacemens de bornes, des ufurpations de terres, arbres, haies, foffés & autres clôtures, commifes dans l'année; des entreprifes fur les cours d'eau fervant à l'arrofement des prés, commifes pareillement dans l'année, & de toutes autres actions poffeffoires;

3.º Des réparations locatives des maifons & fermes;

4.º Des indemnités prétendues par le fermier ou locataire pour non-jouiffance, lorfque le droit de l'indemnité ne fera pas contefté, & des dégradations alléguées par le propriétaire;

5.º Du payement des falaires des gens de travail, des gages des domeftiques, & de l'exécution des engagemens refpectifs des maîtres & de leurs domeftiques ou gens de travail;

6.º Des actions pour injures verbales, rixes & voies de fait, pour lefquelles les parties ne fe feront point pourvues par la voie criminelle.

## X I.

Lorsqu'il y aura lieu à l'appofition des fcellés, elle fera faite par le juge de paix, qui procèdera auffi à leur reconnoiffance & levée, mais fans qu'il puiffe connoitre des conteftations qui pourront s'élever à l'occafion de cette reconnoiffance.

Il recevra les délibérations de famille pour la nomination des tuteurs, des curateurs aux abfens & aux enfans à naître, & pour l'émancipation & la curatelle des mineurs, & toutes celles auxquelles la perfonne, l'état ou les affaires des mineurs & des abfens pourront donner lieu, pendant la durée de la tutelle ou curatelle; à charge de renvoyer devant les juges de diftrict la connoiffance de tout ce qui deviendra contentieux dans le cours ou par fuite des délibérations ci-deffus.

Il pourra recevoir, dans tous les cas, le ferment des tuteurs & des curateurs.

### X I l.

L'APPEL des jugemens du juge de paix, lorfqu'ils feront fujets à l'appel, fera porté devant les juges du diftrict, & jugé par eux en dernier reffort, à l'audience & fommairement, fur le fimple exploit d'appel.

Si le juge de paix vient à décéder dans le cours des deux années de fon exercice, il fera procédé fans retard à une nouvelle élection; & dans le cas d'un empêchement momentané, il fera fupplée par un des affeffeurs.

## T I T R E I V.
### Des Juges de première inflance.
#### A R T I C L E   P R E M I E R.

IL fera établi en chaque diftrict un tribunal compofé de cinq juges, auprès duquel il y aura un officier chargé des fonctions du miniftère public. Les fuppléans y feront au nombre de quatre, dont deux au moins feront pris dans la ville de l'établiffement, ou tenus de l'habiter.

### I I.

DANS les diftricts où il fe trouvera une ville dont la population excèdera cinquante mille ames, le nombre des juges pourra être porté à fix, lorfque le corps légiflatif aura reconnu la néceffité de cette augmentation, d'après les inftructions des adminiftrations de département. Ces fix juges fe diviseront en deux chambres, qui jugeront concurremment, tant les causes de première instance, que les appels des jugemens des juges de paix.

### I I I.

CELUI des juges qui aura été élu le premier présidera; & dans les tribunaux qui se trouveroient divisés en deux chambres, le juge qui auroit été élu le second présideroit à la seconde chambre.

### I V.

LES juges de district connoîtront en première instance de toutes les affaires personnelles, réelles & mixtes en toutes matières, excepté seulement celles qui ont été déclarées ci-dessus être de la compétence des juges de paix, les affaires de commerce, dans les districts où il y aura des tribunaux de commerce établis, & le contentieux de la police municipale.

### V.

LES juges de district connoîtront en premier & dernier ressort de toutes affaires personnelles & mobiliaires, jusqu'à la valeur de mille livres de principal, & des affaires réelles dont l'objet principal sera de cinquante livres de revenu, déterminé, soit en rente, soit par prix de bail.

### V I.

EN toutes matières personnelles, réelles ou mixtes, à quelque somme ou valeur que l'objet de la contestation puisse monter, les parties seront tenues de déclarer au commencement de la procédure si elles consentent à être jugées sans appel, & auront encore pendant le cours de l'instruction la faculté d'en convenir, auquel cas les juges de district prononceront en premier & dernier ressort.

### V I I.

LORSQUE le tribunal de district connoîtra, soit en première

inftance, à charge d'appel, foit de l'appel des jugemens des juges de paix, il pourra prononcer au nombre de trois juges; & lorfqu'il connoîtra dans tous les autres cas en dernier reffort, foit par appel d'un autre tribunal de diftrict, ainfi qu'il fera dit dans le titre fuivant, foit au cas de l'article **V** ci-deffus, il pourra prononcer au nombre de quatre juges.

## TITRE V.

### *Des Juges d'appel.*

#### ARTICLE PREMIER.

LES juges de diftrict feront juges d'appel les uns à l'égard des autres, felon les rapports qui vont être déterminés dans les articles fuivans.

#### I I.

LORSQU'IL y aura appel d'un jugement, les parties pourront convenir d'un tribunal entre ceux de tous les diftricts du royaume, pour lui en déférer la connoiffance, & elles en feront au greffe leur déclaration fignée d'elles, ou de leurs procureurs fpécialement fondés.

#### I I I.

SI les parties ne peuvent s'accorder pour le choix d'un tribunal, il fera déterminé felon les formes ci-deffous prefcrites.

#### I V.

LE directoire de chaque diftrict propofera un tableau des fept tribunaux les plus voifins du diftrict, lequel fera rapporté à l'affemblée nationale, arrêté par elle, & enfuite dépofé au greffe & affiché dans l'auditoire.

#### V.

L'UN des fept tribunaux au moins fera choifi hors du département.

## V I.

LORSQU'IL n'y aura que deux parties, l'appelant pourra exclure péremptoirement, & fans qu'il puiſſe en donner aucun motif, trois des ſept tribunaux compoſant le tableau.

## V I I.

IL fera libre à l'intimé de propoſer une ſemblable excluſion de trois des tribunaux compoſant le tableau.

## V I I I.

S'IL y a pluſieurs appelans ou pluſieurs intimés conſorts, ou qui ayent eu en première inſtance les mêmes défenſeurs, ils feront reſpeἐtivement tenus de ſe réunir & de s'accorder, ainſi qu'ils aviſeront, pour propoſer leurs excluſions.

## I X.

LORSQU'IL y aura eu en première inſtance trois parties ayant des intérêts oppoſés & défendues ſéparément, chacune d'elles pourra exclure ſeulement deux des ſept tribunaux du tableau. Si le nombre des parties eſt au-deſſus de trois juſqu'à ſix, chacune d'elles excluera ſeulement l'un des ſept tribunaux. Lorſqu'il y aura plus de ſix parties, l'appelant s'adreſſera au direἐtoire de diſtriἐt, qui fera au tableau un ſupplément d'autant de nouveaux tribunaux de diſtriἐt les plus voiſins qu'il y aura de parties au-deſſus du nombre de ſix.

## X.

L'APPELANT propoſera dans ſon aἐte d'appel l'excluſion qui lui eſt attribuée; & les autres parties feront tenues de propoſer les leurs par aἐte au greffe, ſigné d'elles ou de leurs procureurs ſpécialement fondés, dans la huitaine franche après la ſignification qui leur aura été faite de l'appel; & à l'égard de celles dont le domicile fera à la diſtance de plus de vingt-lieues, le délai fera augmenté d'un jour pour dix lieues.

## X I.

AUCUNES exclufions ne feront reçues de la part de l'appelant après l'acte d'appel, ni de la part des autres parties après le délai prefcrit dans l'article précédent.

## X I I.

LORSQUE les parties auront propofé leurs exclufions, fi des fept tribunaux du tableau il n'en refte qu'un qui n'ait pas été exclu, la connoiffance de l'appel lui fera dévolue.

## X I I I.

SI les parties négligent d'ufer de leur faculté d'exclure en tout ou en partie, ou fi, eu égard au nombre des parties, les exclufions n'atteignent pas fix des fept tribunaux du tableau, il fera permis à celle des parties qui ajournera la première fur l'appel de choifir celui des tribunaux non exclus qu'elle avifera; & en cas de concurrence de date, le choix fait par l'appelant fera préféré.

## X I V.

NUL appel d'un jugement contradictoire ne pourra être fignifié ni avant le délai de huitaine, à dater du jour du jugement, ni après l'expiration de trois mois, à dater du jour de la fignification du jugement faite à perfonne ou domicile : ces deux termes font de rigueur, & leur inobfervation emportera la déchéance de l'appel; en conféquence, l'exécution des jugemens qui ne font pas exécutoires par provifion demeurera fufpendue pendant le délai de huitaine.

## X V.

LA rédaction des jugemens, tant fur l'appel qu'en première inftance, contiendra quatre pièces diftinctes.

Dans la première, les noms & les qualités des parties feront énoncés.

Dans la seconde, les questions de fait & de droit qui constituent le procès seront posées avec précision.

Dans la troisième, le résultat des faits reconnus ou constatés par l'instruction, & les motifs qui auront déterminé le jugement, seront exprimés.

La quatrième, enfin, contiendra le dispositif du jugement.

# TITRE VI.

## De la forme des Elections.

### ARTICLE PREMIER.

POUR procéder à la nomination des juges, les électeurs du district, convoqués par le procureur-syndic, se réuniront au jour & au lieu qui auront été indiqués par la convocation ; & après avoir formé l'assemblée électorale dans les formes prescrites par l'article XXIV de la première section du décret du 22 décembre dernier, ils éliront les juges au scrutin individuel & à la pluralité absolue des suffrages.

### I I.

CEUX des électeurs nommés par les précédentes assemblées primaires qui se trouvent membres des corps administratifs pourront participer comme électeurs à la nomination des juges.

### I I I.

LORSQU'IL s'agira de renouveler les juges après le terme des six ans, les électeurs seront convoqués quatre mois avant l'expiration de la sixième année, de manière que toutes les élections puissent être faites, & les procès-verbaux présentés au roi deux mois avant la fin de cette sixième année.

### I V.

SI, par quelque évènement que ce puisse être, le renouvellement des juges d'un tribunal se trouvoit retardé au-delà de six

ans, les juges en exercice feront tenus de continuer leurs
fonctions jufqu'à ce que leurs fucceffeurs puiffent entrer en
activité.

## TITRE VII.

### De l'inflallation des Juges.

#### ARTICLE PREMIER.

LORSQUE les juges élus auront reçu les lettres patentes du
roi, ils feront inftallés en la forme fuivante.

#### II.

LES membres du confeil général de la commune du lieu où
le tribunal fera établi fe rendront en la falle d'audience, & y
occuperont le fiège.

#### III.

LES juges, introduits dans l'intérieur du parquet, prêteront à
la nation & au roi, devant les membres du confeil général de la
commune pour ce délégués par la conftitution, & en préfence
de la commune affiftant, le ferment de *maintenir de tout
leur pouvoir la conftitution du royaume, décrétée par l'affemblée nationale & acceptée par le roi; d'étre fidèles à la nation,
à la loi & au roi, & de remplir avec exactitude & impartialité
les fonctions de leurs offices.*

#### IV.

APRÈS ce ferment prêté, les membres du confeil
général de la commune, defcendus dans le parquet, inftalle-
ront les juges, & au nom du peuple prononceront pour
lui l'engagement de *porter au tribunal & à fes jugemens
le refpect & l'obéiffance que tout citoyen doit à la loi & à fes
organes.*

V.

### V.

LES officiers du miniftère public feront reçus & prêteront le ferment devant les juges, avant d'être admis à l'exercice de leurs fonctions.

### VI.

LES juges de paix feront tenus, avant de commencer leurs fonctions, de prêter le même ferment que les juges, devant le confeil général de la commune du lieu de leur domicile.

## TITRE VIII.

### Du Miniftère public.

#### ARTICLE PREMIER.

LES officiers du miniftère public font *agens du pouvoir exécutif* auprès des tribunaux. Leurs fonctions confiftent à faire obferver, dans les jugemens à rendre, les loix qui intéreffent l'ordre général, & à faire exécuter les jugemens rendus. Ils porteront le titre de *commiffaires du roi*.

### II.

AU civil, les commiffaires du roi exerceront leur miniftère, non par voie d'action, mais feulement par celle de réquifition, dans les procès dont les juges auront été faifis.

### III.

ILS feront entendus dans toutes les caufes des pupilles, des mineurs, des interdits, des femmes mariées, & dans celles où les propriétés & les droits, foit de la nation, foit d'une commune, feront intéreffés. Ils feront chargés en outre de veiller pour les abfens indéfendus.

*Tome I.* M m m m m m m

### I V.

LES commiffaires du roi ne feront point accufateurs publics, mais ils feront entendus fur toutes les accufations intentées & pourfuivies, fuivant le mode que l'affemblée nationale fe réferve de déterminer. Ils requerront pendant le cours de l'inftruction pour la régularité des formes, & avant le jugement, pour l'application de la loi.

### V.

LES commiffaires du roi, chargés de tenir la main à l'exécution des jugemens, pourfuivront d'office cette exécution dans toutes les difpofitions qui intérefferont l'ordre public ; & en ce qui concernera les particuliers, ils pourront, fur la demande qui leur en fera faite, foit enjoindre aux huiffiers de prêter leur miniftère, foit ordonner les ouvertures de porte, foit requérir main-forte lorfqu'elle fera néceffaire.

### V I.

LE commiffaire du roi en chaque tribunal veillera au maintien de la difcipline & à la régularité du fervice dans le tribunal, fuivant le mode qui fera déterminé par l'affemblée nationale.

### V I I.

AUCUN des commiffaires du roi ne pourra être membre des corps adminifttatifs, ni des directoires, ni des corps municipaux.

## TITRE IX.

### *Des Greffiers.*

#### ARTICLE PREMIER.

LES greffiers feront nommés au fcrutin & à la majorité abfolue des voix par les juges, qui leur délivreront une commiffion & recevront leur ferment. Ils ne pourront être parens ni alliés au troifième degré des juges qui les nommeront.

### I I.

IL y aura en chaque tribunal un greffier âgé au moins de vingt-cinq ans, lequel sera tenu de préfenter aux juges & de faire admettre au ferment un ou plufieurs commis, également âgés au moins de vingt-cinq ans, en nombre fuffifant pour le remplacer en cas d'empêchement légitime, defquels il fera refponfable.

### I I I.

LES greffiers feront tenus de fournir un cautionnement de douze mille livres en immeubles, qui fera reçu par les juges.

### I V.

ILS feront nommés à vie, & ne pourront être deftitués que pour caufe de prévarication jugée.

### V.

LE fecrétaire-greffier, que le juge de paix pourra commettre, prêtera ferment devant lui, & fera difpenfé de tout cautionnement. Il fera de même inamovible.

### T I T R E X.
#### Des Bureaux de paix & du Tribunal de famille.
##### A R T I C L E  P R E M I E R.

DANS toutes les matières qui excèderont la compétence du juge de paix, ce juge & fes affeffeurs formeront un bureau de paix & de conciliation.

### I I.

AUCUNE action principale ne fera reçue au civil devant les juges de diftrict, entre parties qui feront toutes domiciliées dans le reffort du même juge de paix, foit à la ville, foit à la campagne, fi le demandeur n'a pas donné en tête de fon exploit

Mm m m m m m m z

copie du certificat du bureau de paix, conftatant que fa partie a été inutilement appelée à ce bureau, ou qu'il a employé fans fruit fa médiation.

### III.

DANS le cas où les deux parties comparoîtront devant le bureau de paix, il dreffera un procès-verbal fommaire de leurs dires, aveux ou dénégations fur les points de fait ; ce procès-verbal fera figné des parties, ou, à leur requête, il fera fait mention de leur refus.

### IV.

EN chaque ville où il y aura un tribunal de diftrict, le confeil général de la commune formera un bureau de paix compofé de fix membres choifis pour deux ans, parmi les citoyens recommandables par leur patriotifme & leur probité, dont deux au moins feront hommes de loi.

### V.

AUCUNE action principale ne fera reçue au civil dans le tribunal de diftrict, entre parties domiciliées dans les refforts de différens juges de paix, fi le demandeur n'a pas donné copie du certificat du bureau de paix du diftrict, ainfi qu'il eft dit dans l'article II ci-deffus ; & fi les parties comparoiffent, il fera de même dreffé procès-verbal fommaire par le bureau, de leurs dires, aveux ou dénégations fur les points de fait, lequel procès-verbal fera également figné d'elles, ou mention fera faite de leur refus.

### VI.

LA citation faite devant le bureau de paix fuffira feule pour autorifer les pourfuites confervatoires, lorfque d'ailleurs elles feront légitimes ; elle aura auffi l'effet d'interrompre la prefcription lorfqu'elle aura été fuivie d'ajournement.

### VII.

L'APPEL des jugemens des tribunaux de diftrict ne fera

pas reçu , fi l'appelant n'a pas fignifié copie du certificat du bureau de paix du diftrict où l'affaire a été jugée, conftatant que fa partie adverfe a été inutilement appelée devant ce bureau , pour être conciliée fur l'appel, ou qu'il a employé fans fruit fa médiation.

## V I I I.

Le bureau de paix du diftrict fera en même-temps bureau de jurifprudence charitable , chargé d'examiner les affaires des pauvres qui s'y préfenteront, de leur donner des confeils , & de défendre ou faire défendre leurs caufes.

## I X.

Le fervice qui fera fait par les hommes de loi dans les bureaux de paix & de jurifprudence charitable leur vaudra d'exercice public des fonctions de leur état auprès des tribunaux, & le temps en fera compté pour l'éligibilité aux places de juges.

## X.

Tout appelant dont l'appel fera jugé mal fondé fera condamné à une amende de neuf livres pour un appel de jugement des juges de paix , & de foixante livres pour l'appel d'un jugement du tribunal de diftrict , fans que cette amende puiffe être remife ni modérée fous aucun prétexte.

Elle aura également lieu contre les intimés qui n'auront pas comparu devant le bureau de paix , lorfque le jugement fera réformé , & elle fera double contre ceux qui , ayant appelé fans s'être préfentés au bureau de paix & en avoir obtenu le certificat, . feront par cette raifon jugés non-recevables.

## X I.

Le produit de ces amendes, verfé dans la caiffe de l'adminiftration de chaque diftrict , fera employé au fervice des bureaux de jurifprudence charitable.

## X I I.

S'IL s'élève quelque contestation entre mari & femme, père & fils, grand-père & petit-fils, frères & sœurs, neveux & oncles, ou entre alliés aux degrés ci-dessus, comme aussi entre les pupilles & leurs tuteurs, pour choses relatives à la tutelle, les parties feront tenues de nommer des parens, ou, à leur défaut, des amis ou voisins pour arbitres, devant lesquels ils éclairciront leur différend, & qui, après les avoir entendues & avoir pris les connoissances nécessaires, rendront une décision motivée.

## X I I I.

CHACUNE des parties nommera deux arbitres, & si l'une s'y refuse, l'autre pourra s'adresser au juge, qui, après avoir constaté le refus, nommera des arbitres d'office pour la partie refusante. Lorsque les quatre arbitres se trouveront divisés d'opinion, ils choisiront un sur-arbitre pour lever le partage.

## X I V.

LA partie qui se croira lésée par la décision arbitrale pourra se pourvoir par appel devant le tribunal du district, qui prononcera en dernier ressort.

## X V.

SI un père ou une mère, ou un aïeul, ou un tuteur a des sujets de mécontentement très-graves sur la conduite d'un enfant ou d'un pupille dont il ne puisse plus réprimer les écarts, il pourra porter sa plainte au tribunal domestique de la famille assemblée, au nombre de huit parens les plus proches ou de six au moins, s'il n'est pas possible d'en réunir un plus grand nombre; & à défaut de parens, il y sera suppléé par des amis ou des voisins.

## X V I.

LE tribunal de famille, après avoir vérifié les sujets de

plainte , pourra arrêter que l'enfant , s'il est âgé de moins de vingt ans accomplis, sera renfermé pendant un temps qui ne pourra excéder celui d'une année , dans les cas les plus graves.

## XVII.

L'ARRÊTÉ de la famille ne pourra être exécuté qu'après avoir été présenté au président du tribunal de district, qui en ordonnera ou refusera l'exécution, ou en tempérera les dispositions, après avoir entendu le commissaire du roi, chargé de vérifier , sans forme judiciaire , les motifs qui auront déterminé la famille.

## TITRE XI.

### *Des Juges en matière de Police.*

#### ARTICLE PREMIER.

LES corps municipaux veilleront & tiendront la main , dans l'étendue de chaque municipalité , à l'exécution des loix & des règlemens de police, & connoîtront du contentieux auquel cette exécution pourra donner lieu.

## II.

LE procureur de la commune poursuivra d'office les contraventions aux loix & aux règlemens de police , & cependant chaque citoyen qui en ressentira un tort ou un danger personnel pourra intenter l'action en son nom.

## III.

LES objets de police confiés à la vigilance & à l'autorité des corps municipaux sont :

1º. Tout ce qui intéresse la sûreté & la commodité du passage dans les rues, quais , places & voies publiques; ce qui comprend le nétoyement, l'illumination, l'enlèvement des encombremens , la démolition ou la réparation des bâtimens menaçant ruine., l'interdiction de rien expofer aux fenêtres ou autres parties des bâtimens qui puiffe nuire par fa chûre, & celle de rien jeter qui puiffe bleffer ou endommager les paffans , ou caufer des exhalaifons nuifibles ;

2°. Le foin de réprimer & punir les délits contre la tranquillité publique , telles que les rixes & difputes accompagnées d'a-meutemens dans les rues, le tumulte excité dans les lieux d'affemblée publique , les bruits & attroupemens nocturnes qui troublent le repos des citoyens ;

3°. Le maintien du bon ordre dans les endroits où il fe fait de grands raffemblemens d'hommes., tels que les foires , marchés, réjouiffances & cérémonies publiques , fpectacles , jeux , cafés , églifes & autres lieux publics ;

4°. L'infpection fur la fidélité du débit des denrées qui fe vendent au poids , à l'aune ou à la mefure , & fur la falubrité des comeftibles expofés en vente publique ;

5°. Le foin de prévenir par les précautions convenables , & celui de faire ceffer par la diftribution des fecours néceffaires , les accidens & fléaux calamiteux , tels que les incendies , les épidémies , les épizooties , en provoquant auffi , dans ces deux derniers cas , l'autorité des adminiftrations de département & de diftrict ;

6°. Le foin d'obvier ou de remédier aux évènemens fâcheux qui pourroient être occafionnés par les infenfés ou les furieux laiffés en liberté, & par la divagation des animaux malfaifans ou féroces.

## ♥V I.

LES fpectacles publics ne pourront être permis & auto-rifés que par les officiers municipaux. Ceux des entrepreneurs & directeurs actuels qui ont obtenu des autorifations, foit des gouverneurs des anciennes provinces , foit de toute autre manière , fe pourvoiront devant les officiers municipaux , qui confirmeront leur jouiffance pour le temps qui

en

en refte à courir, à charge d'une redevance envers les pauvres.

### V.

Les contraventions à la police ne pourront être punies que de l'une de ces deux peines, ou de la condamnation à une amende pécuniaire, ou de l'emprifonnement par forme de correction, pour un temps qui ne pourra excéder trois jours dans les campagnes, & huit jours dans les villes, dans les cas les plus graves.

### V I.

Les appels des jugemens en matière de police feront portés au tribunal du diftrict ; & ces jugemens feront exécutés par provifion, nonobftant l'appel & fans y préjudicier.

### V I I.

Les officiers municipaux font fpécialement chargés de diffiper les attroupemens & émeutes populaires, conformément aux difpofitions de la loi martiale, & refponfables de leur négligence dans cette partie de leur fervice.

## TITRE XII.

### Des Juges en matière de Commerce.

#### ARTICLE PREMIER.

Il fera établi un tribunal de commerce dans les villes où l'adminiftration de département, jugeant ces établiffemens néceffaires, en formera la demande.

### I I.

Ce tribunal connoîtra de toutes les affaires de commerce tant de terre que de mer, fans diftinction.

*Tome I.*                          N n n n n n n n

### I I I.

IL fera fait un règlement particulier, pour déterminer d'une manière précife l'étendue & les limites de la compétence des juges de commerce.

### I V.

CES juges prononceront en dernier reffort fur toutes les demandes dont l'objet n'excèdera pas la valeur de mille livres : tous leurs jugemens feront exécutoires par provifion nonobftant l'appel, en donnant caution, à quelque fomme ou valeur que les condamnations puiffent monter.

### V.

LA contrainte par corps continuera d'avoir lieu pour l'exécution de tous leurs jugemens. S'il furvient des conteftations fur la validité des emprifonnemens, elles feront portées devant eux, & les jugemens qu'ils rendront fur cet objet feront de même exécutés par provifion nonobftant l'appel.

### V I.

CHAQUE tribunal de commerce fera compofé de cinq juges ; ils ne pourront rendre aucun jugement, s'ils ne font au nombre de trois au moins.

### V I I.

LES juges de commerce feront élus dans l'affemblée des négocians, banquiers, marchands, manufacturiers, armateurs & capitaines de navire de la ville où le tribunal fera établi.

### V I I I.

CETTE affemblée fera convoquée huit jours en avant par affiches & à cri public, par les juges-confuls en exercice dans les lieux où ils font actuellement établis, & pour la première fois par les officiers municipaux, dans les lieux où il fera fait un établiffement nouveau.

### I X.

. NUL ne pourra être élu juge d'un tribunal de commerce , s'il n'a réfidé & fait le commerce au moins depuis cinq ans dans la ville où le tribunal fera établi , & s'il n'a trente ans accomplis. Il faudra être âgé de trente-cinq ans , & avoir fait le commerce depuis dix ans pour être préfident.

### X.

L'ÉLECTION fera faite au fcrutin individuel , & à la pluralité abfolue des fuffrages ; & lorfqu'il s'agira d'élire le préfident, l'objet fpécial de cette élection fera annoncé avant d'aller au fcrutin.

### X I.

LES juges du tribunal de commerce feront deux ans en exercice : le préfident fera renouvelé par une élection particulière tous les deux ans ; les autres juges le feront tous les ans par moitié. La première fois les deux juges qui auront eu le moins de voix fortiront de fonctions à l'expiration de la première année ; les autres fortiront enfuite à tour d'ancienneté.

### X I I.

LES juges de commerce établis dans une des villes d'un diftrict connoîtront des affaires de commerce dans toute l'étendue du diftrict.

### X I I I.

DANS les diftricts où il n'y aura pas de juges de commerce, les juges du diftrict connoîtront de toutes les matières de commerce, & les jugeront dans la même forme que les juges de commerce. Leurs jugemens feront de même fans appel jufqu'à la fomme de mille livres, exécutoires nonobftant l'appel, au-deffus de mille livres en donnant caution, & produifant dans tous les cas la contrainte par corps.

### X I V.

Dans les affaires qui feront portées aux tribunaux de commerce, les parties auront la faculté de confentir à être jugées fans appel, auquel cas les juges de commerce prononceront en premier & dernier reffort.

---

### Du même jour 16 Août 1790.

L'ASSEMBLÉE nationale a décrété :

### ARTICLE PREMIER.

Les articles décrétés jufqu'à-préfent fur l'organifation judiciaire feront préfentés à l'acceptation & fanction du roi, & il fera fupplié d'en faire inceffamment l'envoi aux corps adminiftratifs, aux municipalités & aux tribunaux.

### I I.

Aussi-tôt que les directoires de département les auront reçus, ils les feront publier, & les enverront fans retard aux directoires de diftrict.

### I I I.

En chaque diftrict, le procureur-fyndic convoquera les électeurs dans la huitaine de la réception des décrets, & indiquera le jour pour l'élection, de manière qu'il y ait au moins huit jours francs entre le jour de la convocation & celui de l'affemblée des électeurs.

### I V.

L'ASSEMBLÉE nationale fe réferve de diftinguer dans les articles ci-deffus les difpofitions qui font conftitutionnelles de celles qui ne font que réglementaires.

Nous avons accepté & fanctionné, & par ces préfentes, fignées de notre main, acceptons & fanctionnons lefdits décrets.

Mandons & ordonnons à tous les tribunaux, corps adminiftratifs & municipalités, que les préfentes ils faffent tranfcrire fur leurs regiftres, lire, publier & afficher dans leurs refforts & départemens refpectifs, & exécuter comme loi du royaume. En foi de quoi nous avons figné & fait contrefigner cefdites préfentes, auxquelles nous avons fait appofer le fceau de l'état. A Paris, le vingt-quatrième jour du mois d'août, l'an de grâce mil fept cent quatre-vingt-dix, & de notre règne le dix-feptième. *Signé* LOUIS. *Et plus bas,* ✠ L'ARCHEVÊQUE DE BORDEAUX. Et fcellées du fceau de l'état.

# L O I

*Qui désigne les Villes où seront placés les Tribunaux de District.*

Données à Paris, le 28 Août 1790.

LOUIS, par la grâce de Dieu & par la loi constitutionnelle de l'état, ROI DES FRANÇOIS : A tous présens & à venir ; SALUT. L'assemblée nationale a décrété, & nous voulons & ordonnons ce qui suit :

*DÉCRET de l'Assemblée nationale, du 23 Août 1790.*

## TRIBUNAUX DE DISTRICT.

L'ASSEMBLÉE nationale, après avoir entendu les rapports de son comité de constitution, a décrété que les tribunaux seront placés dans les villes, ainsi qu'il suit :

### Département de L'A I N.

Bourg.
Trévoux.
Montluel. ( *Pont-de-Vaux est chef-lieu du district.* )
St.-Triviers.
Pont-de-Vesle. ( *Châtillon est chef-lieu du district.* )
Belley.
Amberieux. ( *Saint-Rambert est chef-lieu du district.* )
Nantua.
Gex.

### Département de L'A I S N E.

Soissons.
Laon.

Saint-Quentin.
Château-Thierry.
Guife. ( *Vervins demeurera chef-lieu du diftrict.* )
Couci. ( *Chauni demeurera chef-lieu du diftrict.* )

### Département de L'ALLIER.

Moulins.
Le Donjon.
Cuffet.
Gannat.
Montmaraut.
Montluçon.
Bourbon l'Archambaut. (*Cerilly demeurera chef-lieu du diftrict.* )

### Département des HAUTES ALPES.

Gap.
Embrun.

Briançon.
Serrés.

### Département des BASSES ALPES.

Digne.
Manofque. ( *Forcalquièr eft chef-lieu du diftrict.* )
Sifteron.
Caftellane.
Barcelonnette.

### Département de L'ARDÈCHE.

| Diftricts | Sièges des Tribunaux. | Sièges de l'Adminiftration. |
|---|---|---|
| du Mézin. | Annonay. | Tournon. |
| du Coiron. | Villeneuve-de-Berg. | Aubenas. |
| du Tarnagues. | Largentière. | Joyeufe. |

### Département des ARDENNES.

Charleville.
Sedan.

Rhetel.
Rocroi.
Attigni. ( *Vouziers eft chef-lieu du diftrict.* )
Buzanci. ( *Grandpré eft chef-lieu du dift-ict.* )

## Département de L'ARRIÈGE.

Foix. ( *Tarafcon eft chef-lieu du diftrict.* )
Saint-Lizier. ( *Saint-Girons eft chef-lien du diftrict.* )
Pamiers. ( *Mirepoix eft chef-lieu du diftrict.* )

## Département de L'AUBE.

| | |
|---|---|
| Troyes. | Bar-fur-Aube. |
| Nogent-fur-Seine. | Bar-fur-Seine. |
| Arcis-fur-Aube. | Ervi. |

## Département de L'AUDE.

| | |
|---|---|
| Carcaffonne. | Limoux. |
| Caftelnaudari. | Narbonne. |
| La Graffe. | Quillan. |

## Département de L'AVEIRON.

Rhodès.
Villefranche.
Aubin.
Mur-de-Barrès.
Sevérac-le-Château.
Milhau.
Sainte-Affrique.
Efpalion. ( *Saint-Geniés eft chef-lieu du diftrict.* )
Sauveterre.

*Département*

## Département des Bouches du RHÔNE.

Aix.
Arles.
Marseille.
Saint-Remi. { *Tarascon est chef lieu du district, & l'alternat pour Saint-Remi n'aura pas lieu.*
Apt.
Salon.

## Département du CALVADOS.

Caen.
Bayeux.
Falaise.

Lisieux.
Pont-l'Évêque.
Vire.

## Département du CANTAL.

Saint-Flour.
Aurillac.
Salers. ( *Mauriac est chef lieu du dist. id.* )
Murat.

## Département de la CHARENTE.

Angoulême.
La Rochefoucault.
Confolens.

Ruffec.
Cognac.
Barbesieux.

## Département de la CHARENTE inférieure.

Saintes.
La Rochelle.
Saint-Jean-d'Angely.
Rochefort.
Marennes.
Pons.
Montguyon. ( *Montlieu est chef-lieu du district.* )

*Tome I.*                          O o o o o o o o

## Département du CHER.

Bourges.
Vierzon.
Sancerre.
Saint-Amand.
Lignieres. ( *Château-Meillant est chef-lieu du district.* )
Dun-le-Roi. ( *Sancoins est chef-lieu du district.* )
Henrichemond. ( *Aubigny est chef-lieu du district.* )

## Département de la CORRÈZE.

Tulle. — Uzerches.
Brive. — Uffel.

## Département de la CORSE.

Bastia. — Cervionné.
Oletta. — Ajaccio.
L'Isle-Rousse. — Vico.
La Porta d'Ampugnani. — Tallano.
Corté.

## Département de la CÔTE-D'OR.

Dijon. — Is-fur-Tille.
Saint-Jean-de-Lône. — Arnay-le-Duc.
Châtillon-fur-Seine. — Beaune.
Semur en Auxois.

## Département des CÔTES DU NORD.

Saint-Brieuc. — Loudéac.
Dinant. — Broon.
Lamballe. — Pontrieu.
Guingamp. — Rofternen.
Lannion.

### *Département de la* C R E U S E.

Gueret.
Aubuffon.
Feiletin.
Bouflac.
La Souterraine.
Bourganeuf.
Chambon. ( *Evaux eft chef-lieu du diftrict.* )

### *Département de la* D O R D O G N E.

Périgueux.
Sarlat.
Bergerac.
Nontron.
Exideuil.
Teraffon. ( *Montignac eft chef-lieu du diftrict.* )
Riberac.
Montpazier. ( *Belvès eft chef-lieu du diftrict.* )
Montpont. ( *Muffidant eft chef-lieu du diftrict.* )

### *Département du* D O U B S.

Befançon.
Quingey.
Ornans.

Pontarlier.
Saint-Hippolyte.
Baune.

### *Département de la* D R ô M E.

Romans.
Valence.
Le Creft.
Die.
Montlimart.
Le Buis. ( *Nyons eft le chef-lieu du diftrict.* )

## *Département de* L'EURE.

Évreux.
Bernay.
Pont-Audemer.
Louviers.
Gifors. ( *Les Andelis eft chef-lieu du diftrict.*)
Verneuil.

## *Département de* L'EURE & LOIRE.

Chartres.
Dreux.
Château-neuf en Thimeray.

Nogent-le-Rotrou.
Châteaudun.
Janville.

## *Département du* FINISTÈRE.

Breft.
Landernau.
Lefneven.
Morlaix.
Carhaix.

Châteaulin.
Quimper.
Quimperlé.
Pont-Croix.

## *Département du* GARD.

Baucaire.
Uzès.
Nimes.
Sommières.

Saint-Hippolyte.
Alais.
Le Vigamp.
Le Pont-Saint-Efprit.

## *Département de la* HAUTE GARONNE.

Touloufe.
Rieux.
Villefranche de Lauraguais.
Caftel-Sarrafin.
Muret.

Saint-Gaudins.
Revel.
Beaumont. ( *Grenade eft chef-lieu du diftrict.* )

### Département du G E R S.

Auch.
Lectoure.
Condom.
Plaifance. ( *Nogarot eft chef-lieu du diftrict.* )
Lombès. ( *l'Isle-en-Jourdain eft chef-lieu du diftrict* )
Mirande.

### Département de la G I R O N D E.

Bordeaux.
Libourne.
La Réole.
Bazas.
Cadillac.
Blaye. ( *Bourg eft le chef-lieu du diftrict.* )
Lefparre.

### Département de L'H É R A U L T.

| Montpellier. | Lodève. |
| Beziers. | Saint-Pons. |

### Département de L'I L L E & V I L A I N E.

| Rennes. | La Guerche. |
| Saint-Malo. | Bain. |
| Dol. | Rédon. |
| Fougères. | Montfort. |
| Vitré. | |

## *Département de* L'I N D R E.

Iſſoudun.                    Argenton.
Châteauroux.                 Le Blanc.
La Châtre.                   Châtillon-ſur-Indre.

## *Département de* L'I N D R E & L O I R E.

Tours.
Amboiſe.
Château-Renaud.
Loches.
Chinon.
Preuilly.
Bourgueil. ( *Langeais eſt le chef-lieu du diſtrict.* )

## *Département de* L'I S È R E.

Grenoble.
Vienne.
Saint-Marcellin.
Bourgoin. ( *La Tour-du-Pin eſt chef-lieu du diſtrict.* )

## *Département du* J U R A.

Dôle.
Salins. ( *Arbois eſt chef-lieu du diſtrict.* )
Poligny.
Lons-le-Saulnier.
Orgelet.
Saint-Claude.

L'aſſemblée électorale de ce département alternera dans les villes déſignées pour l'alternat de l'aſſemblée de département.

*Département des* L A N D E S.

Mont-de-Marſan.  
Saint-Sever.  
Tartas.  
Dax.

*Département du* L O I R & *du* C H E R.

Blois.  
Vendôme.  
Romorantin.  
Montdoubleau.  
Mers.  
Montrichard. ( *Saint-Aignan eſt chef-lieu du diſtrict.* )

*Département de la* H A U T E   L O I R E.

Le Puy.  
Brioude.  
Yſſengeaux. ( *Moniſtrol eſt chef-lieu du diſtrict.* )

*Département de la* L O I R E   I N F É R I E U R E.

Nantes.  
Ancenis.  
Châteaubriant.  
Blain.  
Savenai.  
Cliſſon.  
Guerande.  
Paimbœuf.  
Machecoul.

*Département du* L O I R E T.

Orléans.  
Beaugenci.  
Neuville.  
Pethiviers.  
Montargis.  
Gien.  
Bois-Commun.

## Département du L O T.

Cahors.
Montauban.
Moiffac.
Gourdon.
Martel *a l'option, dans la hui-*
*taine, du tribunal ou du* } *St.-Céré eft chef-lieu du diftrict.*
*diftrict.*
Figeac.

## Département du L O T & G A R O N N E.

Agen.
Nérac.
Caftel-Jaloux.
Tonneins.
Marmande.

Villeneuve.
Valence.
Mont-Flanquin.
Lauzun.

## Département de la L O Z È R E.

Mende.
Marvejols.
Florac.
Langogne.

Villefort.
Meirveys.
Saint-Chely.

## Département de M A Y E N N E & L O I R E.

Angers.
Saumur.
Baugé.
Châteauneuf.
Ségré.
Beaupreau. ( *Saint-Florent eft chef-lieu du diftrict.* )
Cholet.
Vihiers.

* *Département*

## Département de la MANCHE.

Avranches.
Coutances.
Cherbourg.
Valogne.
Perriers. ( *Carentan eft chef-lieu du diftrict.* )
Saint-Lô.
Mortain.

## Département de la MARNE.

| | |
|---|---|
| Châlons. | Vitry-le-François. |
| Reims. | Épernai. |
| Sainte-Menehould. | Séfanne. |

## Département de la HAUTE MARNE.

Chaumont.
Langres.
Bourbonne
Bourmont.
Joinville.
Vafly. ( *Saint-Dizier eft chef-lieu du diftrict.* )

## Département de MAYENNE.

Ernée.
Mayenne.
Villaine. ( *Laffai eft chef-lieu du diftrict.* )
Sainte-Sufanne. ( *Évron eft ch.j-lieu du diftrict.* )
Laval.
Craon.
Château-Gonthier.

*Tome I.*                P p p p p p p p

### Département de la MEURTHE.

Nancy,
Lunéville.
Blamont.
Saarbourg.
Dieuze.
Vic. ( *Château-Salins est chef-lieu du district.* )
Pont-à-Mousson.
Toul.
Vézelise.

### Département de la MEUSE.

Bar-le-Duc.
Gondrecourt *qui a l'option,*⎫ *Vaucouleurs est chef-lieu du*
*dans la huitaine, du tri-*⎬ *district.*
*bunal ou du district.*⎭
Commercy.
Saint-Mihiel.
Verdun.
Verennes. ( *Clermont est chef-lieu du district.*
Étain.
Stenay. ( *Montmédi est chef-lieu du district.* )

### Département du MORBIHAN.

Vannes.
Aurai.
L'Orient. ( *Hennebon est chef-lieu du district.* )
Le Faouet.
Pontivi.
Josselin.
Ploërmel.
Rochefort.
La Roche-Bernard.

### *Département de la* MOZELLE.

Metz.
Longuyon. ( *Longwi est chef-lieu du district.* )
Briey.
Thionville.
Bouzonville. ( *Saarlouis est chef-lieu du district.* )
Boulay.
Sarguemines.
Bitche.
Faulquemont. ( *Morhange est chef-lieu du district.* )

### *Département de la* NIÈVRE.

Nevers.
Saint-Pierre-le-Moutier.
Décize.
Moulins-en-Gilbert.
Château-Chinon.
Lorme. ( *Corbigni est chef-lieu du district.* )
Clamecy.
Cofne.
La Charité.

### *Département du* NORD.

Valenciennes.
Le Quefnoy.
Avefnes.
Cambray.
Douay.
Lille.
Bailleul. ( *Hazebrouch est chef-lieu du district.* )
Dunkerque. ( *Bergues est chef-lieu du district.* )

### *Département de* L'OISE.

Beauvais.                    Grandvilliers.
Chaumont.                    Breteuil.

Pppppppp 2

| | |
|---|---|
| Clermont. | Compiegne. |
| Senlis. | Crépy. |
| Noyon. | |

## Département de L'ORNE.

| | |
|---|---|
| Alençon. | L'Aigle. |
| Domfront. | Bellefme. |
| Argentan. | Mortagne. |

## Département de PARIS.

*Ajourné.*

## Département du PAS-DE-CALAIS.

Arras.
Calais.
Saint-Omer.
Béthune.
Bapeaume.
Saint-Pol.
Boulogne.
Hefdin. ( *Montreuil eft chef-lieu du diftriſt.* )

## Département du PUY-DE-DÔME.

| | |
|---|---|
| Clermont. | Iffoire. |
| Riom. | Beffe. |
| Ambert. | Billiom. |
| Thiers. | Montaigu. |

## Département des HAUTES PYRÉNÉES.

Tarbes.
Vic.
Bagnières.

Lourdes. ( *Argelès est chef-lieu du district.* )
Castelnau. ( *La Barthe-de-Nesle est chef-lieu du district.* )

### Département des BASSES PYRÉNÉES.

Pau.
Orthès.
Oleron.
Mauleon.
Saint-Palais.
Bayonne. ( *Ustaritz est chef-lieu du district.* )

### Département des PYRÉNÉES ORIENTALES.

Perpignan.                    Prades.
Ceret.

### Département du HAUT RHIN.

Colmar.                       Belfort.
Altkirch.

### Département du BAS RHIN.

Strasbourg.
Saverne. ( *Haguenau est chef-lieu du district.* )
Wissembourg.
Scheleftat. ( *Benfeld est chef-lieu du district.* )

### Département de RHÔNE & LOIRE.

La ville de Lyon.
La campagne de Lyon ( *séant dans la ville.* )
Saint-Étienne.
Montbrison.
Roanne.
Villefranche.

### *Département de la* HAUTE SAÔNE.

Vefoul.
Gray.
Lure.

Luxeuil.
Juffey.
Champlitte.

### *Département de* SAÔNE & LOIRE.

Mâcon.
Châlons.
Louhans.
Autun.
Bourbon-Lancy.
Charolles.
Sémur en Brionnois. ( *Marcigny eft chef-lieu du diftrict.* )

### *Département de la* SARTHE.

Le Mans.
Saint-Calais.
Château-du-Loir.
La Flèche.
Sablé.

Sillé-le-Guillaume.
Frefnay-le-Vicomte.
Mamers.
La Ferté-Bernard.

### *Département de* SEINE & L'OISE.

Verfailles.
Saint-Germain.
Mantes.
Pontoife.
Rambouillet. ( *Dourdan eft chef-lieu du diftrict.* )
Montfort.
Étampes.
Corbeil.
Montmorency. ( *Goneffe eft chef-lieu du diftrict.* )

*Département de la* S E I N E  I N F É R I E U R E.

Rouen.
Caudebec.
Le Havre. ( *Montivilliers eſt chef-lieu du diſtriĉt.* )
Cany.
Dieppe.
Neufchâtel.
Gournay.

*Département de* S E I N E  & M A R N E.

Melun.
Meaux.
Provins.
Nemours.
Coulommiers. ( *Roſoi eſt chef-lieu du diſtriĉt.* )

*Département des* D E U X  S È V R E S.

Niort.
Saint-Maixant.
Partenay.
Thouars.
Melle.
Breſſuire. ( *Châtillon eſt chef-lieu du diſtriĉt.* )

*Département de la* S O M M E.

Amiens.            Dourlens.
Abbeville.         Montdidier.
Péronne.

*Département du* T A R N.

Caſtres.           Gailhac.
Lavaur.            La Caune.
Alby.

## Département du V A R.

Toulon.
Grasse.
Hyères.
Draguignan.
Saint-Maximin.

Brignolles.
Fréjus.
Saint-Paul-lès-Vence.
Barjols.

## Département de la V E N D É E.

Fontenai-le-Comte.
La Châteigneraye.
Montaigu.

Challans.
Les Sables d'Olonne.
La Roche-fur-Yon.

## Département de la V I E N N E

Poitiers.
Châtellerault.
Loudun.

Montmorillion.
Lufignan.
Civray.

## Département de la H A U T E  V I E N N E.

Limoges.
Le Dorat.
Bellac.
Rochechouart. ( *Saint-Junien eft chef-lieu du diftrict.* )
Saint-Yriex.
Saint-Léonard.

## Département des V O S G E S.

Épinal.
Mirecourt.
Saint-Dié.
Rambervilliers.
Remiremont.

Bruyères.
Darney.
Neutchâteau.
La Marche.

*Département*

## Département de l'Yonne.

| | |
|---|---|
| Auxerre. | Avallon. |
| Sens. | Tonnerre. |
| Joigny. | Saint-Florentin. |
| Saint-Fargeau. | |

Nous avons fanctionné, & par ces préfentes, fignées de notre main, fanctionnons le préfent décret.

Mandons & ordonnons à tous les tribunaux, corps adminiftratifs & municipalités, que les préfentes ils faffent tranfcrire fur leurs regiftres, lire, publier & afficher dans leurs refforts & départemens refpectifs, & exécuter comme loi du royaume. En foi de quoi nous avons figné & fait contrefigner cefdites préfentes, auxquelles nous avons fait appofer le fceau de l'état. A Paris, le vingt-huitième jour du mois d'août, l'an de grâce mil fept cent quatre-vingt-dix, & de notre règne le dix-feptième. *Signé* LOUIS. *Et plus bas*, ✠ L'Archevêque de Bordeaux. Et fcellées du fceau de l'état.

# PROCLAMATION DU ROI,

*Sur le décret de l'Affemblée nationale, du 14 Août 1790, relatif à l'échange des Billets de la Caiffe d'Efcompte & des Promeffes d'Affignats.*

Du 29 Août 1790.

V U par le roi le décret de l'affemblée nationale, dont la teneur fuit :

*DÉCRET de l'Affemblée nationale, du 14 Août 1790.*

L'ASSEMBLÉE nationale, défirant concilier les difpofitions de fon décret du 7 août avec celles néceffaires pour conftater fur les regiftres de la caiffe d'efcompte, l'annihilation des billets de cette caiffe ; & voulant en même-temps accélérer autant qu'il eft poffible les échanges de ces billets & des promeffes d'affignats, a décrété ce qui fuit :

### A R T I C L E  P R E M I E R.

LE timbre portant ces mots ; *échangé & nul*, qui fera appliqué fur les promeffes d'affignats, comme fur les billets de la caiffe d'efcompte, fera affez large pour qu'il tombe en entier & foit frappé fur les trois fignatures, & puiffe les maculer.

### I I.

LES adminiftrateurs de la caiffe d'efcompte pourront, dans chaque bureau d'échange, fe faire fuppléer par des prépofés, pour la vérification des billets & promeffes d'affignats,

lefquels figneront tous les jours les procès-verbaux d'échange.
Lefdits adminiftrateurs feront feulement tenus de donner perfonnellement tous les famedis une reconnoiffance du nombre
& de l'efpèce des billets de caiffe échangés pendant la
femaine, lefquels leur feront alors remis pour qu'ils puiffent
en conftater fucceffivement l'annihilation fur leurs regiftres
de contrôle.

### I I I.

CHAQUE mois les billets de caiffe, dont les livres de
création à la caiffe d'efcompte auront été déchargés, feront
reportés à la caiffe de l'extraordinaire, pour, en préfence de
M.rs les commiffaires de l'affemblée nationale, être détruits &
brûlés; & à cet effet, cette formalité, qui, aux termes de
l'article IX du décret du 7 août, devoit être remplie le
lundi de chaque femaine, aura lieu feulement les premiers
lundis de chaque mois, en fe conformant d'ailleurs aux autres
difpofitions dudit décret, du 7 courant.

### I V.

LES regiftres de création de billets de la caiffe d'efcompte
portant promeffe d'affignats, ayant été remis précédemment
aux archives de l'affemblée nationale, feront remis par l'ar-
chivifte aux commiffaires de l'affemblée nationale, chargés
de veiller aux opérations de la caiffe de l'extraordinaire; &
les opérations de contrôle, de reconnoiffance & d'extinction
fur les regiftres, auront lieu dans les bureaux de ladite caiffe.

### V.

DANS l'échange des dix mille affignats à diftribuer par
jour, le tréforier de la caiffe de l'extraordinaire fera autorifé
à délivrer pendant les deux premiers mois des affignats de
deux cents livres & de trois cents livres contre les billets de
caiffe ou promeffes d'affignats de mille livres, & l'échange
fera fait indiftinctement contre ceux revenant des provinces

Qqqqqqq 2

avec l'endoffement du tréforier, & ceux qui n'auroient pas été revêtus de cet endoffement.

COLLATIONNÉ à l'original, par nous, préfident & fecrétaires de l'affemblée nationale. A Paris, le dix-huit août mil fept cent quatre vingt-dix. Ainfi *figné* : DUPONT DE NEMOURS, *préfident* ; KYTSPOTTER, DINOCHEAU, PINTEVILLE, BUZOT & CHARLES CLAUDE DE LA COUR, *fecrétaires*.

LE ROI a fanctionné & fanctionne ledit décret, pour être exécuté felon fa forme & teneur. FAIT à Paris, le vingt-neuf août mil fept quatre-vingt-dix. *Signé* LOUIS. *Et plus bas*, GUIGNARD.

# PROCLAMATION DU ROI,

*Sur le décret de l'Assemblée nationale, du 15 Août 1790, relatif aux Soumissions des Municipalités & des Particuliers, pour l'acquisition de Domaines nationaux.*

### Du 29 Août 1790.

Vu par le roi le décret dont la teneur suit :

*Décret de l'Assemblée nationale, du 15 Août 1790.*

L'ASSEMBLÉE nationale, voulant accélérer les travaux pour l'aliénation des domaines nationaux, & simplifier ceux des directoires de département & de district dans leur correspondance avec le comité, a décrété & décrète ce qui suit :

### ARTICLE PREMIER.

LES municipalités & les particuliers qui feront à l'avenir des soumissions pour l'acquisition de domaines nationaux feront tenus d'envoyer trois copies de leur soumission ; une au comité d'aliénation à Paris, une au directoire du département, & une au directoire du district dans l'étendue desquels font situés les domaines nationaux qu'ils se proposent d'acquérir.

### I I.

LES municipalités & les particuliers qui ont déjà fait des soumissions feront tenus, dans le plus court délai, de compléter le triple envoi prescrit par l'article premier.

### I I I.

LE comité de l'aliénation & les directoires de département

& de diſtrict pourront, dans leur correſpondance, n'envoyer que des extraits des foumiſſions qu'ils auront reçues, les copies de ces foumiſſions devant ſe trouver à l'avenir, d'après le préſent décret, & au comité, & dans chacun des directoires du départeḿent & du diſtrict dans le reſſort deſquels les domaines nationaux ſeront ſitués.

> COLLATIONNÉ à l'original, par nous, préſident & ſecrétaires de l'aſſemblée nationale. A Paris, le ſeize août mil ſept cent quatre-vingt-dix. *Signé* DUPONT DE NEMOURS *préſident;* DE KYTSPOTTER & DINOCHEAU, *ſecrétaires.*

LE ROI a ſanctionné & ſanctionne ledit décret, pour être exécuté ſelon ſa forme & teneur. FAIT à Paris, le vingt-neuf août mil ſept cent quatre-vingt-dix. *Signé* LOUIS. *Et plus bas*, par le roi, GUIGNARD.

# PROCLAMATION DU ROI,

*Sur les décrets de l'Assemblée nationale, relatifs aux Postes & Messageries.*

Du 29 août 1790.

VU par le roi les décrets de l'assemblée nationale, des 22, 23, 24 & 26 août 1790, dont la teneur suit :

L'ASSEMBLÉE nationale a décrété & décrète ce qui suit :

### DIRECTION ET ADMINISTRATION GÉNÉRALES.

#### ARTICLE PREMIER.

LES postes aux lettres, les postes aux chevaux & les messageries continueront à être séparées quant à l'exploitation ; mais pour que ces établissemens puissent s'entr'aider & ne pas se nuire, ils seront réunis dès-à-présent sous les soins du commissaire des postes nommé par le roi, en vertu du décret du 19 juillet dernier, pour remplir les fonctions des ci-devant intendans des postes & des messageries. Dans les cas d'absence ou de maladie du commissaire des postes, il sera suppléé dans ses fonctions par le plus ancien des administrateurs présens.

#### II.

AVANT le premier septembre prochain, les commissaires des postes & les administrateurs prêteront serment entre les mains du roi, de garder & observer fidèlement la foi due au secret des lettres, & de dénoncer aux tribunaux qui seront indiqués toutes les contraventions qui pourroient avoir lieu, & qui parviendroient à leur connoissance. Les employés dans les postes prêteront sans frais le même serment devant les juges ordinaires des lieux, d'ici au premier octobre prochain,

### I I I.

Le bail des poftes paffé à *J. B. Poinfignon*, par le réfultat du confeil, du 2 avril 1786, pour finir au 31 décembre 1791, enfemble les foumiffions des fermiers poftérieures au bail, notamment celle du 29 feptembre 1789, portant abandon, à titre de don patriotique, de la totalité des trois quarts du bail des poftes, auront leur pleine & entière exécution.

### I V.

Le tarif de 1759, & tous les règlemens d'après lefquels font actuellement adminiftrées les poftes aux lettres & les poftes aux chevaux, continueront à avoir leur pleine & entière exécution jufqu'au premier janvier 1792. Avant cette époque, & d'après les inftructions que le pouvoir exécutif fournira, il fera procédé par le corps légiflatif à la rectification du tarif, à celle des règlemens & ufages des poftes, des traités avec les offices des poftes étrangères ; de l'organifation actuelle des poftes aux lettres & des poftes aux chevaux, aux nouveaux établiffemens relatifs à la divifion actuelle du royaume, & à ceux que follicite le commerce ; enfin, aux améliorations & aux économies dont ces différens fervices font fufceptibles.

### V.

Pour faciliter au pouvoir exécutif les moyens de fournir les inftructions dont il eft chargé par l'article précédent, pour affurer l'exactitude du fervice des poftes, & réduire pour l'avenir cette adminiftration à l'économie dont elle eft fufceptible, l'affemblée a cru devoir en établir les principales bafes. En conféquence, à dater du premier janvier 1792, l'adminiftration générale des poftes aux lettres, des poftes aux chevaux & des meffageries, fera régie par les foins d'un directoire des poftes, compofé d'un préfident & de quatre adminiftrateurs non intéreffés dans les produits.

V I.

### V I.

LEURS traitemens & frais de bureaux réunis, feront de quatre-vingt-mille livres ; favoir , pour le préfident , vingt mille livres , & pour chacun des quatre adminiftrateurs , quinze mille livres. Le pouvoir exécutif fera dès-à-préfent , dans l'adminiftration actuelle , le choix de fes agens, qui feront logés à l'hôtel des poftes.

## *P O S T E   A U X   C H E V A U X.*

### ARTICLE PREMIER.

A dater du premier feptembre prochain , la dépenfe annuelle des bureaux du commiffaire du roi , remplaçant ceux des ci-devant ·intendance & fur-intendance des poftes , qui s'élevoit à la fomme de foixante-cinq mille livres , fera réduite à trente mille fix cents livres, qui continueront à être payées par la caiffe des poftes ; favoir :

*Bureau pour le fervice des poftes aux chevaux.*

Un chef de bureau. . . . . . . . . . . . 3,600 liv.
Un Tous-chef de bureau. . . . . . . . . 2,400.
Deux commis à 1800 liv. . . . . . . . 3,600.
Deux *idem* à 1200 liv. . . . . . . . . . 2,400.

*Bureau pour le fervice des poftes aux lettres pour les affaires étrangères.*

Un chef de bureau . . . . . . . . . . . 3,600.
Deux commis à 1800 liv. . . . . . . . 3,600.

*Bureau des meffageris.*

Un chef de bureau . . . . . . . . . . 3,000.
Un commis . . . . . . . . . . . . . . . 1,800.
Un garçon de bureau . . . . . . . . . . 600.
Frais de bureau communs aux trois bureaux. . . . . . . . . . . . . . . 6,000.

TOTAL. . . . . . . . 30,600 liv.

*Tome I.*                    R r r r r r r

## I I.

LES fonctions des ci-devant infpecteurs, vifiteurs & officiers
du confeil des poftes, feront remplies par deux contrôleurs-
généraux des poftes, dont le traitement fera de fix mille
livres pour chacun.

## I I I.

LES maîtres des poftes aux chevaux continueront d'être
pourvus de brevets du roi, pour faire le fervice qui leur a
été attribué jufqu'à ce jour, aux charges & conditions décrétées.

## I V.

LES municipalités des lieux où font établis des relais de
pofte conftateront, chaque quartier, le nombre de chevaux entretenus dans les relais, & en délivreront fans frais un certificat
aux maîtres de poftes.

## V.

SUR le vu des certificats des municipalités, vifés par le
préfident du directoire des poftes, & d'après l'état arrêté
par le corps légiflatif, il fera payé chaque quartier, fur la
caiffe des poftes, ce qui reviendra au maître de chaque
relai.

## V I.

LES maîtres de poftes continueront de fournir gratuitement
les chevaux néceffaires aux prépofés des poftes, pour faire les
tournées & infpections relatives aux fervices des poftes aux
lettres & des poftes aux chevaux.

## V I I.

LES contrôleurs généraux & contrôleurs provinciaux
faifant ce fervice feront feuls dans le cas de l'article ci-deffus,
& le nombre des chevaux fournis par les maîtres de poftes ne
pourra s'élever au-delà de trois.

## *MESSAGERIES.*

### ARTICLE PREMIER.

LE droit connu fous le nom de *droit de permis*, & celui du tranfport exclufif des voyageurs, matières ou efpèces d'or & d'argent, des balles & ballots, marchandifes, paquets, de quelque poids qu'ils foient, font abolis; enfemble les procès & actions qui auroient été intentés pour contravention auxdits droits, lefquels ne pourront être jugés que pour les frais des procédures faites antérieurement à la publication du préfent décret.

### I I

A COMPTER de la même époque, tout particulier pourra voyager, conduire ou faire conduire librement les voyageurs, ballots, paquets, marchandifes, ainfi & de la manière dont les voyageurs, expéditionnaires & voituriers conviendront entre eux, à la charge par les voituriers de fe conformer à la difpofition contenue en l'article fuivant, & fans qu'il foit permis à aucun particulier ou compagnie, autres que ceux exceptés ci-après, d'annoncer des départs à jour & heure fixes, ni d'établir des relais, non plus que de fe charger de reprendre & conduire des voyageurs qui arriveroient en vcitures fufpendues, fi ce n'eft d'après un intervalle du jour au lendemain, entre l'époque de l'arrivée defdits voyageurs & celle de leur départ

### I I I.

CHAQUE particulier qui aura l'intention de louer des chevaux, ou d'entreprendre le tranfport des voyageurs ou marchandifes, fera tenu, à peine, en cas de contravention, d'une amende de cinquante livres, applicable aux établiffemens de charité, de faire préalablement fa déclaration dans les huit premiers jours de chaque année, au greffe de la municipalité du lieu où il fera domicilié, & de la renouveler dans les huit premiers jours de chaque année, s'il eft dans l'intention de continuer ce commerce.

## I V.

Il. sera établi une ferme générale des messageries, coches & voitures d'eau, aux conditions & charges suivantes :

1°. Les fermiers auront seuls le droit des départs à jour & heure fixes & de l'annonce desdits départs, ainsi que celui de l'établissement de relais à des points fixes & déterminés.

2°. Ils jouiront comme par le passé, dans les villes où cet usage avoit lieu, de la facilité que leurs voitures & guimbardes ne soient visitées qu'aux lieux de leurs bureaux; mais ils seront chargés d'acquitter la dépense des établissemens que cette facilité nécessite.

3°. Les voitures, chevaux, harnois, servant à l'usage du service public des messageries ne pourront être saisis dans aucun cas & sous quelque prétexte que ce soit.

4°. Les fermiers seront tenus de remplir exactement les conditions de leurs départs & relais, aux heures & points fixes & déterminés; ils seront également tenus de pourvoir à ce que, non-seulement les principales routes du royaume, mais encore les communications particulières, suivant l'état qui sera jointt au bail, soient exactement desservies.

5°. D'après les déclarations, évaluations & prix de transport convenus de gré à gré, mais qui dans aucun cas ne pourront excéder les taux fixés ou maintenus par l'arrêt du conseil & les tarifs y joints de l'année 1776, les fermiers demeureront, jusqu'à décharge, responsables de tous les paquets, balles, ballots, marchandises & espèces qui leur seront confiés; mais ni lesdits fermiers ni tous autres entrepreneurs de voitures ou transports ne pourront se charger d'aucune lettre ou papiers, autres que ceux relatifs à leur service personnel & particulier, & ceux des procédures en sac.

### V.

D'APRÈS les inftruétions que le pouvoir exécutif fournira, il fera inceffamment procédé à la confeétion d'un règlement particulier, pour l'exploitation & le fervice des meffageries, & fur-tout à la rédaétion du tarif des coches & voitures d'eau.

### V I.

LE pouvoir exécutif recevra, aux conditions ci-deffus énoncées, les offres qui pourroient lui être faites pour l'entreprife & l'exploitation de la ferme des meffageries, & fur le compte qui fera rendu à l'affemblée, elle décrètera ce qu'il appartiendra.

### V I I.

LE bail aétuel des meffageries, paffé fous le nom de *Durdan*, ainfi que les fous-baux, enfemble le traité des fermiers avec les adminiftrateurs des poftes pour le tranfport des malles, ainfi que les fous-traités pour les mêmes fervices, demeureront réfiliés à compter du premier janvier prochain, & jufques-là, lefdits baux, fous-baux & traités continueront d'avoir leur exécution en tout ce à quoi il n'eft pas expreffément dérogé par le préfent décret.

### V I I I.

IL fera procédé en la manière accoutumée à l'examen & à la vérification des indemnités qui pourroient être dues aux fermiers ou fous-fermiers aétuels des meffageries, foit pour les non-jouiffances forcées par les circonftances, foit pour la réfiliation de tout ou partie de leurs baux, & au partage defdites indemnités entre les différentes compagnies ou particuliers qui y prétendront droit, pour, les décifions qui feront intervenues & les débats qui pourroient être préfentés contre lefdits réfultats, être portés au comité de liquidation, qui en rendra compte à l'affemblée, le tout en conformité du décret du 17 juillet, relatif aux créances arriérées & aux fonétions de fon comité de liquidation.

*ATTRIBUTION des vérifications, contestations & plaintes, sur les services des postes aux lettres, des postes aux chevaux & des messageries.*

### ARTICLE PREMIER.

LES assemblées & directoires de département & de district, les municipalités ni les tribunaux ne pourront ordonner aucun changement dans le travail, la marche & l'organisation des services des postes aux lettres, des postes aux chevaux & des messageries. Les demandes & les plaintes relatives à ces services seront adressées au pouvoir exécutif.

### I I.

LES vérifications renvoyées par les règlemens des postes & des messageries aux ci-devant intendans des provinces seront faites à la réquisition des chefs d'administration des postes, par les soins des directoires de département.

### I I I.

LES contestations dont les jugemens sont aussi envoyés, par les règlemens des postes & des messageries, aux ci-devant intendans des provinces & lieutenant de police de Paris, ainsi que celles qui s'élèveront à l'occasion de l'exécution des décrets, des tarifs de perception & des recouvremens desdites parties, seront portées devant les juges ordinaires des lieux.

> COLLATIONNÉ à l'original, par nous, président & secrétaires de l'assemblée nationale. A Paris, le vingt-six août mil sept cent quatre-vingt-dix. *Signé* DUPONT DE NEMOURS, *président;* DINOCHEAU, C. C. DE LA COUR, DE KYTSPOTTER, PINTEVILLE, BUZOT, *secrétaires.*

LE ROI a sanctionné & sanctionne lesdits décrets, pour être exécutés selon leur forme & teneur. FAIT à Paris, le vingt-neuf août mil sept cent quatre - vingt - dix. *Signé* LOUIS. *Et plus bas*, par le roi, GUIGNARD.

# PROCLAMATION DU ROI,

*Sur un décret de l'Assemblée nationale, portant qu'il ne pourra être rien exigé des personnes appelées à remplir des fonctions publiques, pour les Actes de prestation de serment.*

### Du 29 Août 1790.

VU par le roi le décret dont voici la teneur :

*Décret de l'Assemblée nationale, du 26 Août 1790.*

L'ASSEMBLÉE nationale décrète ce qui suit :

IL ne pourra être exigé des personnes appelées à remplir des fonctions publiques aucunes sommes, sous quelques dénominations & sous quelques prétextes que ce soit, pour les actes de prestation de serment dont elles seroient tenues ou à leur occasion.

Le Roi sanctionnant ledit décret, a ordonné & ordonne qu'il sera observé & exécuté. FAIT à Paris, le vingt-neuf août mil sept cent quatre-vingt-dix. *Signé* LOUIS. *Et plus bas*, par le roi, GUIGNARD.

# LOI PROVISOIRE,

*Relative au Conseil du Roi.*

Données à Paris, le 29 Août 1790.

LOUIS, par la grâce de Dieu & par la loi constitutionnelle de l'état, ROI DES FRANÇOIS : A tous présens & à venir ; SALUT. L'assemblée nationale a décrété, & nous voulons & ordonnons ce qui suit :

*DÉCRET de l'Assemblée nationale, du 15 Octobre 1789.*

L'ASSEMBLÉE nationale décrète que, jusqu'à ce qu'elle ait déterminé l'organisation du pouvoir judiciaire & celle des administrations provinciales, le conseil du roi est autorisé à continuer ses fonctions comme par le passé, à l'exception des arrêts de propre mouvement, & de ceux portant évocation des affaires au fond, lesquels ne pourront plus avoir lieu à compter de ce jour ; décrète en outre qu'il sera pris dans le comité de réformation des loix quatre commissaires pour examiner le surplus du mémoire du garde-des-sceaux, & en faire leur rapport à l'assemblée.

*DÉCRET de l'Assemblée nationale, du 20 Octobre 1789.*

L'ASSEMBLÉE nationale a décrété que, jusqu'à ce qu'elle ait organisé le pouvoir judiciaire & celui d'administration, le conseil du roi sera autorisé à prononcer sur les instances qui y sont actuellement pendantes, & qu'au surplus il continuera provisoirement ses fonctions comme par le passé, à l'exception néanmoins des arrêts de propre mouvement, ainsi que des évocations, avec retenue du fond des affaires, lesquels ne pourront plus avoir lieu à compter de ce jour ; mais le roi pourra toujours ordonner les proclamations nécessaires pour procurer & assurer l'exécution littérale de la loi.

MANDONS.

MANDONS & ordonnons à tous les tribunaux, corps adminiftratifs & municipalités, que les préfentes ils faffent tranf-
trire fur leurs regiftres, lire, publier & afficher dans leurs
refforts & départemens refpeétifs, & exécuter comme loi
du royaume. En foi de quoi nous avons figné & fait contrefigner cefdites préfentes, auxquelles nous avons fait appofer
le fceau de l'état. A Paris, le vingt-neuvième jour du mois
d'août, l'an de grace mil fept cent quatre-vingt-dix, & de
notre règne le dix-feptième. *Signé* LOUIS. *Et plus bas,*
✠ L'ARCHEVÊQUE DE BORDEAUX. Et fcellées du fceau de
l'état.

# PROCLAMATION DU ROI,

*Sur le décret de l'Assemblée nationale , du 29 Janvier 1790 , concernant les Haras.*

Du 31 Août 1790.

VU par le roi le décret dont voici la teneur :

*Décret de l'Assemblée nationale , du 29 Janvier 1790.*

L'ASSEMBLÉE nationale a décrété & décrète ce qui suit :

### ARTICLE PREMIER.

LE régime prohibitif des haras est aboli.

### II.

LES dépenses des haras sont supprimées, à compter du premier janvier courant, & il sera pourvu à la dépense & entretien des chevaux en la forme accoutumée , jusqu'à ce que les assemblées de département y ayent pourvu.

LE ROI a sanctionné & sanctionne ledit décret , pour être exécuté selon sa forme & teneur. FAIT à Saint-Cloud , le trente-un août mil sept cent quatre-vingt-dix. *Signé* LOUIS. *Et plus bas* , par le roi, GUIGNARD.

# PROCLAMATION DU ROI,

*Sur le décret de l'Assemblée nationale, concernant la Chasse dans le grand & petit Parc de Versailles.*

#### Du 31 Août 1790.

VU par le roi le décret dont la teneur suit :

*DÉCRET de l'Assemblée nationale, du 31 Août 1790.*

L'ASSEMBLÉE nationale, après avoir entendu son comité des domaines & de féodalité, les charge de lui présenter, d'ici au 15 septembre prochain, un projet de décret sur les chasses du roi, & jusqu'à ce qu'il y ait été statué, suspend, à l'égard de tous particuliers, l'exercice de la chasse sur leurs propriétés enclavées dans le grand & petit parc de Versailles.

Décrète que les garde-chasses & autres préposés à la conservation des propriétés nationales dans lesdits parcs ne pourront employer pour cet objet que les moyens qui sont indiqués par les décrets de l'assemblée nationale, sanctionnés par le roi.

L'assemblée charge son président de porter dans le jour le présent décret à la sanction du roi.

LE ROI a sanctionné & sanctionne ledit décret, pour être exécuté suivant sa forme & teneur. Enjoint aux garde-chasses & autres préposés à la conservation des propriétés nationales, dans le grand & petit parc de Versailles, de s'y conformer ponctuellement. Mande & ordonne, tant au directoire du département de la Seine & de l'Oife qu'au directoire du diſtrict & à la municipalité de Verfailles, ainſi qu'aux autres municipalités qui ſe trouvent enclavées dans leſdits parcs, de tenir la main à ſon exécution. FAIT à Saint-Cloud, le trente-un août mil ſept cent quatre-vingt-dix. *Signé* LOUIS. *Et plus bas*, par le roi, GUIGNARD.

*Fin du tome premier.*

Made at Dunstable, United Kingdom
2022-09-21
http://www.print-info.eu/

86141270R00454